国家出版基金项目
NATIONAL PUBLICATION FOUNDATION

中国近代
思想家文库

◎

彭林编

王国维卷

中国人民大学出版社
·北京·

总　序

对于近代的理解，虽不见得所有人都是一致的，但总的说来，对于近代这个词所涵的基本意义，人们还是有共识的。一个国家、一个民族走入近代，就意味着以工业化为主导的经济取代了以地主经济、领主经济或自然经济为主导的中世纪的经济形态，也还意味着，它不再是孤立的或是封闭与半封闭的，而是以某种形式加入到世界总的发展进程。尤其重要的是，它以某种形式的民主制度取代君主专制或其他不同形式的专制制度。中国是个幅员广大、人口众多、历史悠久的多民族国家，由于长期历史发展是自成一体的，与外界的交往比较有限，其生产方式的代谢迟缓了一些。如果说，世界的近代是从 17 世纪开始的，那么中国的近代则是从 19 世纪中期才开始的。现在国内学界比较一致的认识，是把 1840 年到 1949 年视为中国的近代。

中国的近代起始的标志是 1840 年的鸦片战争。原来相对封闭的国门被拥有近代种种优势的英帝国以军舰、大炮再加上种种卑鄙的欺诈打开了。从此，中国不情愿地加入到世界秩序中，沦为半殖民地。原来独立的大一统的中央集权的君主专制国家，如今独立已经极大地被限制，大一统也逐渐残缺不全，中央集权因列强的侵夺也不完全名实相符了。后来因太平天国运动，地方军政势力崛起，形成内轻外重的形势，也使中央集权被弱化。经历第二次鸦片战争、中法战争、甲午战争、八国联军入侵的战争以及辛亥革命后的多次内外战争，直至日本全面侵略中国的战争，致使中国的经济、政治、教育、文化，都无法顺利走上近代发展的轨道。古今之间，新旧之间，中外之间，混杂、矛盾、冲突。总之，鸦片战争后的中国，既未能成为近代国家，更不能维持原有的统治秩序。而外患内忧咄咄逼人，人们都有某种程度"国将不国"的忧虑。

"天下兴亡，匹夫有责"，读书明理的士大夫，或今所谓知识分子，尤为敏感，在空前的危机与挑战面前，皆思有所献替。于是发生种种救亡图存的思想与主张。有的从所能见及的西方国家发展的经验中借鉴某些东西，形成自己的改革方案；有的从历史回忆中拾取某些智慧，形成某种民族复兴的设想；有的则力图把西方的和中国所固有的一些东西加以调和或结合，形成某种救亡图强的主张。这些方案、设想、主张，从世界上"最先进的"，到"最落后的"，几乎样样都有。就提出这些方案、设想、主张者的初衷而言，绝大多数都含着几分救国的意愿。其先进与落后，是否可行，能否成功，尽可充分讨论，但可不必过为诛心之论。显而易见，既然救国的问题最为紧迫，人们所心营目注者自然是种种与救国的方案直接相关的思想学说，而作为产生这些学说的更基础性的理论，及其他各种知识、思想，则关注者少。

围绕着救国、强国的大议题，知识精英们参考世界上种种思想学说，加以研究、选择，认为其中比较适用的思想学说，拿来向国人宣传，并赢得一部分人的认可。于是互相推引，互相激励，更加发挥，演而成潮。在近代中国，曾经得到比较广泛的传播的思想学说，或者够得上思潮的，主要有以下几种：

（一）进化论。近代西方思想较早被引介到中国，而又发生绝大影响的，要属进化论。中国人逐渐相信，进化是宇宙之铁则，不进化就必遭淘汰。以此思想警醒国人，颇曾有助于振作民族精神。但随后不久，社会达尔文主义伴随而来，不免发生一些负面的影响。人们对进化的了解，也存在某些片面性，有时把进化理解为一条简单的直线。辩证法思想帮助人们形成内容更丰富和更加符合实际的发展观念，减少或避免片面性的进化观念的某些负面影响。

（二）民族主义。中国古代的民族主义思想，其核心是"非我族类，其心必异"，所以最重"华夷之辨"。鸦片战争前后一段时期，中国人的民族思想，大体仍是如此。后来渐渐认识到"今之夷狄，非古之夷狄"，"西人治国有法度，不得以古旧之夷狄视之"。但当时中国正遭受西方列强的侵略和掠夺，追求民族独立是民族主义之第一义。20世纪初，中国知识精英开始有了"中华民族"的概念。于是，渐渐形成以建立近代民族国家为核心的近代民族主义。结束清朝君主专制，创立中华民国，是这一思想的初步实现。第一次世界大战爆发，中国加入"协约国"，第一次以主动的姿态参与世界事务，接着俄国十月革命爆发，这两件事对近代中国的发展历程造成绝大影响。同时也将中国人的民族主义提升到一个新的层次，即与国际主义（或世界主义）发生紧密联系。也可以说，中国人更加自觉地用世界的眼光来观察中国的问题。新生的中国共产党和改组后的国民党都是如此。民族主义成为中国的知识精英用来应对近代中国所面临的种种危机和种种挑战的一个重要的思想武器。

（三）社会主义。社会主义作为一种模糊的理想是早在古代就有的，而且不论东方和西方都曾有过。但作为近代思潮，它是于19世纪在批判近代资本主义的基础上产生的。起初仍带有空想的性质，直到马克思和恩格斯才创立起科学社会主义。20世纪初期，社会主义开始传入中国。当时的传播者不太了解科学社会主义与以往的社会主义学说的本质区别。有一部分人，明显地受到无政府主义的强烈影响，更远离科学社会主义。直到五四新文化运动兴起之后，中国人始较严格地引介、宣传科学社会主义。但有一段时间，无政府主义仍是一股很大的思想潮流。中国共产党的成立，从思想上说，是战胜无政府主义的结果。中国共产党把在中国实现社会主义乃至共产主义作为自己的奋斗目标。此后，社会主义者，多次同各种非科学社会主义思想的信仰者进行论争并不断克服种种非科学社会主义思想的影响。

（四）自由主义。自由主义也是从清末就被介绍到中国来，只是信从者一直寥寥。直到五四新文化运动兴起，具有欧美教育背景的知识精英的数量渐渐多起来，自由主义始渐渐形成一股思想潮流。自由主义强调个性解放、意志自由和自己承担责任，在政治上反对一切专制主义。在中国的社会条件下，自由主义缺乏社会基础。在政治激烈动荡的时候，自由主义者很难凝聚成一股有组织的力量；在稍稍平和的时候，他们往往更多沉浸在自己的专业中。所以，在中国近代史上，自由主义不曾有，也不可能有大的作为。

（五）激进主义与保守主义。处于转型期的社会，旧的东西尚未完全退出舞台，新的东西也还未能巩固地树立起来，新旧冲突往往要持续很长的时间，有时甚至达到很激烈的程度。凡助推新东西成长的，人们便视为进步的；凡帮助旧东西排斥新东西的，人们便视为保守的。其实，与保守主义对应的，应是进步主义；与顽固主义相对的则应是激进主义。不过在通常话语环境中人们不太严格加以区分。中国历史悠久，特别是君主专制制度持续两千余年，旧东西积累异常丰富，社会转型极其不易。而世界的发展却进步甚速。中国的一部分精英分子往往特别急切地想改造中国社会，总想找出最厉害的手段，选一条最捷近的路，以最快的速度实现全盘改造。这类思想、主张及其采取的行动，皆属激进主义。在中共党史上，它表现为"左"倾或极左的机会主义。从极端的激进主义到极端的顽固主义，中间有着各种程度的进步与保守的流派。社会的稳定，或社会和平改革的成功，都依赖有一个实力雄厚的中间力量。但因种种原因，中国社会的中间力量一直未能成长到足够的程度。进步主义与保守主义，以及激进主义与顽固主义，不断进行斗争，而实际所获进步不大。

（六）革命与和平改革。中国近代史上，革命运动与和平改革运动交替进行，有时又是平行发展。两者的宗旨都是为改变原有的君主专制制度而代之以某种形式的近代民主制度。有很长一个时期，有两种错误的观念，一是把革命理解为仅仅是指以暴力取得政权的行动，二是与此相关联，把暴力革命与和平改革对立起来，认为革命是推动历史进步的，而改革是维护旧有统治秩序的。这两种论调既无理论根据，也不合历史实际。凡是有助于改变君主专制制度的探索，无论暴力的或和平的改革都是应予肯定的。

中国近代揭幕之时，西方列强正在疯狂地侵略与掠夺殖民地和半殖民地，中国是它们互相争夺的最后一块、也是最大的资源地。而这时的中国，沿袭了两千年的君主专制制度已到了奄奄一息的末日，统治当局腐朽无能，对外不足以御侮，对内不足以言治，其统治的合法性和统治的能力均招致怀疑。革命运动与改革的呼声，以及自发的民变接连不断。国家、民族的命运真的到了千钧一发之际，危机极端紧迫。先觉分子救国之心切，每遇稍具新意义的思想学说便急不可待地学习引介。于是西方思想学说纷纷涌进中国，各阶层、各领域，凡能读书读报者，受其影响，各依其家庭、职业、教育之不同背景而选择自以为不错的一种，接受之，信仰之，传播之。于是西方几百年里相继风行的思想学说，在短时期内纷纷涌进中国。在清末最后的十几年里是这样，五四时期在较高的水准上重复出现这种情况。

这种情况直接造成两个重要的历史现象：一个是中国社会的实际代谢过程（亦即社会转型过程）相对迟缓，而思想的代谢过程却来得格外神速。另一个是在西方原是差不多三百年的历史中渐次出现的各种思想学说，集中在几年或十几年的时间里狂泻而来，人们不及深入研究、审慎抉择，便匆忙引介、传播，引介者、传播者、听闻者，都难免有些消化不良。其实，这种情况在清末，在五四时期，都已有人觉察。我们现在指出这些问题并非苛求前人，而是要引为教训。

同时我们也看到，中国近代思想无比的多样性与复杂性呈现出绚丽多彩的姿态，各种思想持续不断地展开论争，这又构成中国近代思想史的一个突出特点。有些论争为我们留下了非常丰富的思想资料。如兴洋务与反洋务之争，变法与反变法之争，革命与改良之争，共和与立宪之争，东西文化之争，文言与白话之争，新旧伦理之争，科学与人生观之争，中国社会性质的论争，社会史的论争，人权与约法之争，全盘西化与本位文化之争，民主与独裁之争，等等。这些争论都不同程度地关联着一直影响甚至困扰着中国人的几个核心问题，即所谓中西问题、古今问题与心物关系问题。

中国近代思想的光谱虽比较齐全，但各种思想的存在状态及其影响力是很不平衡的。有些思想信从者多，言论著作亦多，且略成系统；有些可能只有很少的人做过介绍或略加研究；有的还可能因种种原因，只存在私人载记中，当时未及面世。然这些思想，其中有很多并不因时间久远而失去其价值。因为就总的情况说，我们还没有完成社会的近代转型，所以先贤们对某些问题的思考，在今天对我们仍有参考借鉴的价值。我们编辑这套《中国近代思想家文库》，希望尽可能全面地、系统地整理出近代中国思想家的思想成果，一则借以保存这份珍贵遗产，再则为研究思想史提供方便，三则为有心于中国思想文化建设者提供参考借鉴的便利。

考虑到中国近代思想的上述诸特点，我们编辑本《文库》时，对于思想家不取太严格的界定，凡在某一学科、某一领域，有其独立思考、提出特别见解和主张者，都尽量收入。虽然其中有些主张与表述有时代和个人的局限，但为反映近代思想发展的轨迹，以供今人参考，我们亦保留其原貌。所以本《文库》实为"中国近代思想集成"。

本《文库》入选的思想家，主要是活跃在 1840 年至 1949 年之间的思想人物。但中共领袖人物，因有较为丰富的研究著述，本《文库》则未收入。

编辑如此规模的《文库》，对象范围的确定，材料的搜集，版本的比勘，体例的斟酌，在在皆非易事。限于我们的水平，容有瑕隙，敬请方家指正。

《中国近代思想家文库》编纂委员会

目　录

导　言

王国维（1877—1927），字伯隅、静安，号观堂、永观，谥忠悫，光绪三年农历十月二十九日（1877 年 12 月 3 日）生于浙江海宁州城双仁巷之私第，在哲学、美学、文学、教育、戏曲、文献学、古器物学、古文字学、经学、史学、敦煌学、边疆史地等领域均卓有建树，是独步海内外学坛、享有国际盛誉的巨擘。

一、哲学与文学研究

1892 年，王国维先生考中秀才，其后两次到杭州应乡试，均不中，遂退出科场。1898 年，到上海《时务报》馆任书记校对。鸦片战争之后，西学东渐，上海则是中华国土上西方文化最为集中的地区。这种迥异于中华文明的文化，引起王先生极大的兴趣，先是到"东文学社"研习外交与西学。1901 年，得罗振玉资助，赴日本留学，次年因病归国。1903 年 3 月，到通州师范学校任教，次年到江苏师范学校任教，其间开始研究西洋哲学，开始读汗（康）德的《纯理批评》（今译《纯粹理性批判》），其后读叔本华之书而尤其喜好之。"自癸卯之夏，以至甲辰之冬，皆与叔本华之书为伴侣之时代也。"（《静安文集·序》）并以哲学为最高学问："天下有最神圣、最尊贵而无与于当世之用者，哲学与美学是已。"（《论哲学家与美学家之天职》）在这一时期，翻译《西洋论理学史要》，撰写《哲学辨惑》、《叔本华像赞》、《汗德像赞》、《就伦理学上之二元论》、《叔本华之遗传说》、《汗德之哲学说》、《叔本华之哲学及其教育学说》、《叔本华与尼采》、《教育家之希尔列尔传》、《德国哲学大家汗德传》、《汗德之伦理学及宗教论》等；进而思考如何通过教育提升民众素质，解决吸毒等社会问题，先后撰写《论教育之宗旨》、《教育小言十二则》、《奏定经学科大学文学科大学章程书后》、《去毒篇（鸦片烟之根本治疗法及将来教育上之注意）》、《论普及教育之根本办法（条陈学部）》、《人间嗜好之研究》、《论小学校唱歌科之材料》等。

王先生研究西方哲学的最大收获，是于 1903 年，王先生撰《红楼梦评论》。中华传统的美学精神，是始离终合、始困终亨，而以"大团圆"终结，《桃花扇》堪称典范。清代的《红楼梦》研究，则以考据派、索隐派为主流，烦琐细碎，不见大格局。王先生不落窠臼，以叔本华的悲剧学说为基础，揭示《红楼梦》的悲剧特征与别具一格的美学价值，可谓凿破鸿蒙，在红学界引起强烈震动。

1908 年，在《人间词话》中提出著名的"意境"说。"意境"一词，在唐人王昌龄的《师格》中即已出现，但仅仅是与"物境"、"情境"并列的概念，后人不断完善与补充之，使其成为最常用的范畴之一，但边界模糊，不甚严谨。王先生从"意境"的构成、类型、创作等不同角度进行理论总结，将其提升为文学艺术内在本质的最高范畴，并用于文艺评论之中。提出"能写真景物、真感情者，谓之有境界，否则谓之无境界"的见解，认为境界有"有我之境"与"无我之境"两种："以我观物，故物皆著我之色彩"，是为"有我之境"；"以物观物，故不知何者为我，何者为物"，是为"无我之境"。他提出三种境界说："古今之成大事业、大学问者，必经过三种之境界：'昨夜西风凋碧树。独上高楼，望尽天涯路'，此弟一境也；'衣带渐宽终不悔，为伊消得人憔悴'，此弟二境也；'众里寻他千百度，回头蓦见，那人却在，灯火阑珊处'，此弟三境也。"脍炙人口，传诵不绝。王先生是学界公认的运用西方哲学观点和方法研究中国古典美学的奠基者。

随着研究的深入，王先生对叔本华哲学不再满足，开始发疑。"然于其人生之哲学观，其观察之精锐与议论之犀利，亦未尝不心怡神释也。后渐觉其有矛盾之处，去夏所作《红楼梦评论》，其立论虽全在叔氏之立脚地，然于第四章内已提出绝大之疑问。旋悟叔氏之说，半出于其主观之气质，而无关于客观之知识。此意于《叔本华及尼采》一文中始畅发之。"（《静安文集·序》）又说："余疲于哲学有日矣。哲学上之说，大都可爱者不可信，可信者不可爱。""知其可信而不能爱，觉其可爱而不能信，此近二三年中最大之烦闷。"（《静安文集续编·自序二》）又如，康德将美学定义为"天才之创作"，王国维认为有些并非出自天才之手的作品，如商、周之钟鼎，秦、汉之摹印，汉、魏至唐、宋之碑帖，以及刘向、蔡邕等学者的文章，同样具有很高的美学价值，他在1907年发表的《古雅之在美学上之位置》中提出"古雅"说，论证它的性质、特征及其在美学上的地位，以及后天修养与天才、修养的关系，在理论上弥补了康德天才论的缺陷，拓宽了美学研究的范围，因而极具影响。

二、戏曲研究

　　1906年，王先生随罗振玉进京，次年在学部总务司行走，任学部图书编译局编译，学术视野进一步扩展。1907年6月，王先生在其《三十自序二》中称，其研究兴趣将由哲学转向文学，并有志于戏曲之研究，成为其学术生涯的重要转折。自此之后，广泛涉猎先秦诸子，撰《孟子之伦理思想一斑》、《列子之学说》、《屈子文学之精神》、《墨子之学说》、《老子之学说》、《孔子之学说》等；同时又研究文学理论，先后撰作、刊行《人间词甲稿》、《人间词乙稿》，以及《文学小言十七则》等；同时开始关注词，辑《唐五代二十家词辑》、《南唐二主词》，撰《词录》及《词录序例》等，元曲于是进入王先生的视野。

　　自古以来，一代有一代之文学，如唐诗、宋词、元曲等。中国是戏曲大国，而以元代为盛。遗憾的是，学者多以戏曲为无足称道的末技，鲜有研究者，故该领域满目榛莽，令王先生无限伤感："独元人之曲，为时既近，托体稍卑，故两朝史志与《四库》集部均不著于录，后世儒硕皆鄙弃不复道。而为此学者，大率不学之徒，即有一二学子以余力及此，亦未有能观其会通，窥其奥窔者。遂使一代文献郁湮沈晦者且数百年，愚甚惑焉。"

　　此后数年，王先生撰《〈曲品新传奇〉跋》，校《录鬼簿》，撰《〈元曲选〉跋》、《古剧脚色考》、《〈元刊杂剧三十种〉序录》、《曲录》、《戏曲考源》、《唐宋大曲考》、《优语录》、《录曲余谈》、《曲调源流表》等，全面考证戏曲史与戏曲理论，广为蒐集金、元、明、清曲本，其数量多达3 178种，堪称前无古人。如此从各方面做足功课，最终撰作了中国戏曲研究史上具有开创之功的《宋元戏曲考》。

　　此书以"巫"与"优"为两条主线，考察中国戏剧形成的源头，又以"以歌舞演故事"为基本特点，考察两汉之"角抵百戏"、北齐之

"兰陵王"、隋唐之"歌舞戏"等，认为直到唐、五代，戏剧"或以歌舞为主，而失其自由；或演一事，而不能被以歌舞。其视南宋、金、元之戏剧，尚未可同日而语也"，尚未成为真正意义上的戏剧。

先生详尽考察宋代的小说杂戏、乐曲、官本杂剧段数等，旨在从形式（即元剧所用调牌）和材料（即内容题材）两方面寻找严格意义上的戏剧的直接源头，认为元杂剧渊源于宋、金"旧曲"与宋、金"古剧"。

先生以《录鬼簿》等文献为依据，将元剧分为三期：一、蒙古时代，二、一统时代，三、至正时代。第一期作者最多，且皆为北人，北地为"杂剧之渊源地"，第二期杂剧中心南移至杭州，走向式微。至蒙古灭金，而科目之废达八十年，为自有科目来未有之事。作者认为，元剧的结构，以一宫调之曲一套为一折，普通杂剧，大抵四折。若意有未尽，则以楔子足成之。

关于元剧的最高艺术成就，先生评价道："然元剧最佳之处，不在其思想结构，而在其文章。其文章之妙，亦一言以蔽之，曰：有意境而已矣。何以谓之有意境？曰：写情则沁人心脾，写景则在人耳目，述事则如其口出是也。古诗词之佳者，无不如是，元曲亦然。明以后，其思想结构尽有胜于前人者，唯意境则为元人所独擅。"

先生还考证了南戏的渊源及时代，以及元南戏之文章，认为"其出于古曲者，更较元北曲为多"，"其故事关目，皆有所由来，视元杂剧对古剧之关系，更为亲密也"，"现存南戏，其最古者，大抵作于元、明之间"等，皆堪称睿智卓识。

先生断言："吾辈宁谓辽、金之剧皆自宋往，而宋之杂剧不自辽、金来，较可信也。至元剧之结构，诚为创见。然创之者实为汉人，而亦大用古剧之材料与古曲之形式，不能谓之自外国输入也。"

《宋元戏曲考》的问世，标志着中国戏曲史正式形成，具有里程碑式的意义，它的结构、研究方法以及诸多观点，都足启后学。随着研究的深入，尽管某些结论需要补充或修正，但它的开创之功，无可替代。

三、甲骨学与殷周史研究

1911年辛亥革命后，王先生举家随罗振玉到日本。罗振玉与王国维做了深谈，对晚清以来强势而至的西学颇不以为然，"至西欧之学，其立论多似周、秦诸子，若尼采诸学说，贱仁义，薄谦逊，非节制，欲创新文化以代旧文化，则流弊滋多"，因而"劝公专研国学，而先于小学、训诂植其基"。王先生"闻而憬然，自恧以前所学未醇，乃取行箧《静安文集》百余册，悉摧烧之"，于是"尽弃所学"（《海宁王忠悫公传》），实现了他学术生涯中又一次重要转向，进入传统的经学与小学领域，寝馈于罗振玉带往日本的大云书库的五十万卷藏书，以及大量的古器物铭识拓本之中，旅居京都四年多，"成书之多，为一生冠"（赵万里《王静安先生年谱》）。

读王先生著述目录，王先生用力精勤，所校之书及有关著述有《梦溪笔谈》、《容斋随笔》、《大唐六典》、《尚书孔传》、《方言》、《水经注》、《龙龛手鉴》、《淮南鸿烈》、《抱朴子》、《封氏闻见记》、《急就篇》、《古本尚书孔氏传》、《净土三部经音义》、《一切经音义》、《苍颉篇》、《唐写本〈唐韵〉残卷校记》、《续声韵考》、《〈音学五书〉跋》、《唐写本〈切韵〉残卷跋》、《高邮王怀祖先生训诂音韵书稿叙录》、《尔雅草木虫鱼鸟兽释例》等；对音韵、训诂之学也投以极大热情，撰《〈唐韵〉别考》、《韵学余说》、《〈江氏音学十书〉跋》、《五声说》；辑《唐写本〈切韵〉残卷三种》；研究古籍的成果则有《古本〈竹书纪年〉辑校》、《今本〈竹书纪年〉疏证》、《乡饮礼席次图》、《书郭注〈方言〉后》、《书〈尔雅〉郭注后》、《敦煌石室碎金跋尾》、《宋刊〈后汉书·郡国志〉残叶跋》、《两浙古刊本考》、《〈明内阁藏书目录〉跋》等。凡此，均为王先生转入甲骨、铜器与商、周史的研究，奠定了坚实的基础。

清光绪年间，河南安阳小屯村的村民就在田间发现有字甲骨，但不识为何物。1899年，有古董商携带若干片到京城试售，引起时任国子监祭酒的王懿荣注意，判定"有古简之可能"，属于有价值的古物，并尽力收购。随后，刘鹗拓印甲骨出版，名为《铁云藏龟》；孙诒让作《名原》，首次考释甲骨文字。但是甲骨的确切出土地、甲骨的年代与研究价值等基本问题均若明若暗，难以说清。罗振玉是甲骨研究的功臣，他在积极蒐求甲骨的同时，派弟弟罗振常到殷墟考察，而知甲骨出土于洹水之南的小屯，又考证出此地乃殷商的故墟，甲骨乃殷商王朝的遗物，引起学界广泛关注。

王先生与罗振玉密切合作，深入探究，成果迭出，迅速将甲骨研究推向高峰，成为一门新的学问，学者称之为"罗王之学"。王先生对于甲骨学的贡献，主要表现在三个方面。

首先是释字。释读甲骨文字，是甲骨研究最基础的环节，舍此，则一切无从谈起。王先生撰有《说商》、《说亳》、《释史》、《释旬》、《释昱》、《释环玦》、《释珏释朋》、《释礼》、《释由》等篇，数量并不多，但都非常关键，且极有难度，例如有"旬"字的卜辞极多，但此字在甲骨中的写法非常怪异，殊难隶定。王先生综合各种线索，断定其为"旬"，铁证如山，无可撼动，从而使上百条含有此字的卜辞得以顺利通读。

其次是对殷代制度的研究。王先生所撰《殷卜辞中所见先公先王考》与《殷卜辞中所见先公先王续考》，从卜辞中完整地发掘出了殷王的世系，其功甚伟。最初，罗振玉撰《殷虚书契考证》时，在卜辞中发现王亥之名。之后，王国维读《山海经》、《竹书纪年》，而知王亥乃殷之先公，与《世本·作篇》之胲、《帝系篇》之核、《吕氏春秋》之王冰、《史记·殷本纪》及《三代世表》之振、《汉书·古今人表》之垓，为同一人。王国维进而在卜辞中发现殷人的另一位先公王恒，《楚辞·天问》说"该秉季德，厥父是臧"，又云"恒秉季德"，王亥即该，王恒即恒。罗振玉则考证出卜辞之季即冥。罗氏又找出报乙、报丙、报丁等三位先公，并认为卜辞中的示壬、示癸，即《史记·殷本纪》之主壬、主癸。王先生则随之从卜辞中发现上甲微，由此完整地找出了《史记·殷本纪》所记商开国君王汤之前的六位先公的庙号，并且发现《史记·殷本纪》报丁、报乙、报丙的排序，当是报乙、报丙、报丁之误。王先生进而又对卜辞中所见汤之后的历代先王庙号做了系统的剔发，"由是有商一代先公先王之名，不见于卜辞者殆鲜"，证明《史记·殷本纪》等所记商王世系基本可信。王先生的研究还引发祭祀、庙制、称谓的研究，甚至开创了甲骨缀合与断代研究的先河，从而将甲骨文字研究引入殷商史的研究，开辟了古史研究的全新局面。

此外，王先生还撰有《说自契至于成汤八迁》、《殷文存序》、《殷虚卜辞中所见地名考》、《殷礼征文》等，从更广泛的角度展开对殷商史的研究。

最后是对殷、周制度的比较研究。古人言必称三代，三代即夏、商、周。孔子说："殷因于夏礼，所损益可知也。周因于殷礼，所损益可知也。"故学者多认为，三代之制乃是递相损益而成，只有量变，没有质变。古书每每有以"殷、周"并称的现象。但是，王先生通过对卜辞所见制度的归纳与分析，撰写了他的代表作《殷周制度论》，提出了"中国政治与文化之变革，莫剧于殷、周之际"的著名论断。

他说，殷、周之间大变革的本质，是"旧制度废而新制度兴，旧文化废而新文化兴"，"其制度文物与其立制之本意，乃出于万世治安之大计，其心术与规摹，迥非后世帝王所能梦见也"。具体而言，周公制礼作乐、用以纲纪天下的核心制度有三条：一是立子立嫡之制。卜辞所见，殷人父辈均称父，兄辈均称兄，王位的传承，传子与传弟不定，均有可能，因而曾经"九世之乱"，出现长时期的王位纷争。周人立嫡，显然是吸取殷人教训而然。二是庙数之制。殷人祭祀，先公先王无一遗漏，殷晚期的祭祀周期长达一年，祭祀丰昵，靡费社会财富，而且易生厌烦不敬之心。周人则有七庙、五庙、三庙、一庙之制。三是同姓不婚之制。周人如此改革殷制，"其旨则在纳上下于道德，而合天子、诸侯、卿、大夫、士、庶民以成一道德之团体"。

王先生进一步分析周人之制的人文内涵："尊尊、亲亲、贤贤，此三者治天下之通义也。周人以尊尊、亲亲二义，上治祖祢，下治子孙，旁治昆弟，而以贤贤之义治官。故天子、诸侯世，而天子、诸侯之卿、大夫、士皆不世。"因为天子与诸侯，是"有土之君"，传子立嫡，可以避免王位纷争。而卿、大夫、士，是服务于朝廷的臣子，只有任贤，方能治天下之事。王先生指出，周初的三公，只有周公是武王母弟，召公是疏远之族的兄弟，太公是异姓，皆因贤能而在位。成、康之际，召公、芮伯、彤伯、毕公、卫侯、毛公为六卿，也是选贤的结果，所以周公、太公之子不在其列，足见卿位不世袭，诸侯国也是如此。所以《春秋》才"讥世卿"，世卿是后世才出现的乱制。

王先生论述了周代典制的内在学理，认为上古时代的"国家"，"非徒政治之枢机，亦道德之枢机也"。以道德为国家的枢机，就是以德治国，这是周人的创造，"使天子、诸侯、大夫、士各奉其制度、典礼，以亲亲、尊尊、贤贤，明男女之别于上，而民风化于下，此之谓治。反是，则谓之乱。是故，天子、诸侯、卿、大夫、士者，民之表也；制度、典礼者，道德之器也"。把制度作为道德之器械，这是"周人为政之精髓"。王先生的上述分析，对于学界深刻认识殷、周革命的历史意义，确切把握周代宗法制度的内涵，意义非凡，在学界有极大影响。

四、古器物研究

以传世铜器、碑刻为主要研究对象的金石学，兴起于北宋，到清代，士大夫竞相购藏研究，已蔚然成风。1911 年春，王先生撰《隋唐兵符图录附说》，开始研究古器物学，并广泛涉猎，而最突出的成就是在两周青铜礼器方面，著有《说俎》、《说盂》、《不娶敦盖铭考释》、《毛公鼎考释》、《商三句兵跋》、《夜雨楚公钟跋》、《齐侯二壶跋》、《兮甲盘跋》、《剌鼎跋》、《父乙卣跋》、《商鞅量跋》、《秦公敦跋》、《梁伯戈跋》、《颂壶跋》、《散氏盘考释》、《攻吴王大差鉴跋》等。王先生精于考证，识见过人，成果巨丰。下举三例，可略见一斑。

《说文》有"斝"字，云："从叩，从斗、冂，象形，与爵同意。"《说文》说斝是与爵同类的酒器，至确，但许慎分解的三个部首，没有一个能给人以象形的联想。罗振玉最早从甲骨文中发现"斝"字的初文，认为《说文》"斝"字乃由此转讹而来。此外，金文有一字与卜辞之"斝"字形相近，后人误认此字为"散"。他指出，韩《诗》说饮器有散无斝，而传世礼器有斝无散，因而推论"散"与"斝"应是一字。王先生赞同罗说，并再添四条证据：其一，清末贵族端方所藏古斯禁上陈设的酒器，有一爵、一觚、二觯、一角、一斝，而《仪礼·特牲馈食礼》记载酒器有二爵、二觚、四觯、一角、一散，两者在器的数量上尽管有差异，但斝与散之器名正好对应。其二，《礼书》言斝则不言散，言散则不言斝，可见两者为同一物。其三，斝者，假也，大也，斝容量大，故常常用作盛郁鬯的灌尊。其四，《诗·邶风》"公言锡爵"，毛传以散释爵，经文原本当做"斝"，后讹为"散"，因不合韵，故改为"爵"。罗、王二氏的论证，使以往文献中的含混由此廓清，得到学界一致认同。

文献屡屡提及的酒器，有一种名为"兕觥"，如《诗·豳风·七月》："称彼兕觥，万寿无疆。"《诗·小雅·桑扈》："兕觥其觩，旨酒思柔。"但在宋以来金石家著录的器物中没有这一器种。王先生仔细辨认后发现，在被金石家称为"匜"的器群中，其实包含甲、乙两类器组：甲类器形浅而大，有足而无盖，流狭而长；乙类器形稍小而深，或有足或无足，但几乎都有盖，流侈而短。他提出三条理由，判定不是同类器物：其一，甲类器都自铭"匜"，乙类器则没有这种情况。其二，甲类器与盘配套使用，匜用于盛水沃手，盘放在下面接弃水；乙类器的铭文多为"作父某宝尊彝"之类，属于宗庙彝器，而非沃盥器。其三，甲类器既是用于沃盥，故无须器盖；乙类器属于酒器，所以得有器盖。他又提出三条证据，确认乙类器就是兕觥：第一，乙类器绝大多有器盖，盖端作牛首形，无盖者当是出土时失落。第二，《诗》云"兕觥其觩"，"觩"，《说文》作"觓"，与《诗·杕木》（今作《樛木》）之"杕"音义

相同，训曲，乙类器器盖前高后低，饮酒时酒不会外溢，器与盖两者皆
赩然有曲意。第三，根据《五经异义》所述，兕觥是饮酒器中容量最大
者，验诸实物，该器的容量确实比斝还大。王先生通过以上严密论证，
成功地将兕觥从宋儒所定的"匜"中分离出来，堪称卓识。

欧阳修《集古录》著录的一件铜器自名为"盉"，而古文献中并没
有称为"盉"的礼器。《说文》"盉"字下云："盉，调味也。""盉"用
来调什么味？学者自来无说。王先生认为，"盉者，盖和水于酒之器，
所以节酒之厚薄者也。"根据《仪礼》记载，古人设酒尊有两种情况：
一种是较为简单的礼仪，只设一个酒尊，内盛酒或醴，因设在堂上门户
的一侧，故称"侧尊"；另一种是较为隆重的礼仪，门户两边各设一尊，
一尊盛酒醴，另一尊盛玄酒。玄酒就是水。为何要设水？郑玄解释说：
"玄酒，新水也，虽今不用，犹设之，不忘古也。"贾公彦疏："上古无
酒，今虽有酒，犹设之，是不忘古也。"上古尚未发明酒，故以水代酒。
在酒发明之后犹设玄酒，意在教育后人不忘古昔。郑、贾的解释几乎无
人怀疑。王国维先生从礼义上找答案，他说《仪礼》记载，宾主之间行
献酢之礼，都必须"卒爵"，就是将酒器中的酒喝干。古代的酒爵很大，
容量有多至几升的，酒量小者势必感到为难，"其必饮者，礼也。其能
饮或不能饮者，量也"。在酒中兑水，就是最好的办法："先王不欲礼之
不成，又不欲人以成礼为苦，故为之玄酒以节之。"出土的盉，里面大
多插有一把勺，证明其用处确实如《说文》所说，是"调味也"，用以
调节酒味厚薄。王先生此说，不仅解决了这类礼器的定名，而且解决了
《仪礼》中为何要设玄酒的问题。

五、边疆史地研究

鸦片战争之后，西方列强涌入中国，各种名目的探险队、考察队进
入中国西北边地，如入无人之境。而这一时期，山川效灵，地不爱宝，
无数地下文物出土，被外国人劫掠走的难以估算。这种局面强烈地刺激
了中国学者的神经，因而研究边疆史地成为热点之一。早在 1911 年，
先生即撰《胡服考》、《鬼方昆夷玁狁考》，1919 年作《九姓回鹘可汗碑
跋》、《九姓回鹘可汗碑图记》、《摩尼教流行中国考》、《西域井渠考》，
其后又作《西胡考》。到清华任教后又撰《〈元朝秘史〉地名索引》、《蒙
文〈元朝秘史〉跋》。1925 年受聘为清华国学研究院导师，为国学研究

院讲《古史新证》、《尚书》、《仪礼》、《说文》，在经史、小学、金石等学科指导学生，同时转入西北史地研究。1926 年出版《蒙古史料四种校注》，发表《〈耶律文正公年谱〉余记》、《〈黑鞑事略〉序》、《〈〈圣武亲征录〉校注〉序》、《鞑靼考》、《〈〈长春真人西游记〉校注〉序》、《南宋人所传蒙古史料考》、《〈元朝秘史〉之主因亦儿坚考》、《金壤界考》等。

鞑靼是古代中国北方的游牧民族，与中原政权交往密切。作于唐武宗会昌二年（842）的李德裕的《会昌一品集》，即已记载鞑靼事迹，但写作"黑车子达怛"与"达怛"。新、旧《唐书》与《五代史》都有关于鞑靼的记载。《新五代史》已有《达怛传》。宋初太祖、太宗两朝，鞑靼曾三次入贡，后因西夏崛起，交通阻隔，与中原联系绝少。《辽史·营卫志》记载诸部族情况，《百官志》记载属国职名，都不再见有鞑靼；本纪中三见"达旦"，但都去其偏旁，读者不知所指。《金史》则绝无鞑靼踪迹。《明史》的《鞑靼传》，但实际上是蒙古传，与鞑靼无关。在辽、金两朝的三百余年中，鞑靼的历史扑朔迷离，学界鲜有人措意。

1889 年，俄国考古队领队雅德林采夫在今蒙古国呼舒柴达木湖畔发现阙特勤碑，碑正面及左右侧刻突厥文，记述后突厥汗国创立者毗伽可汗与其弟阙特勤之事迹，其中提到"三十姓鞑靼"与"九姓鞑靼"，引起学者关注。碑的背面为唐代玄宗亲书的汉文，故推测此碑立于唐玄宗开元二十年（732）。

《辽史·圣宗纪》载，辽开泰元年（1012）正月"达旦国兵围镇州"，同书的《萧图玉传》则说"开泰中，阻卜复叛，围图玉于可敦城"。而《辽史·圣宗纪》与《地理志》中的镇州设在原先的可敦城。王先生指出："《纪》、《传》所载地名既合，年岁又同，自是一事。而一称达旦，一称阻卜，是阻卜即鞑靼之证一。"再如，《续资治通鉴长编》载宋真宗咸平六年（1003）七月，太妃领兵三万，"西捍塔靼"；《辽史·圣宗纪》说辽统和十五年（997）三月，皇太妃献西边捷，九月，"萧挞凛奏讨阻卜捷"；而《辽史·萧挞凛传》说夏人梗边，军中号令太妃并委挞凛，挞凛"因讨阻卜之未服者"。再次证明"西捍塔靼"是阻卜，亦即鞑靼。

《金史·夹谷清臣传》载，"北阻𩣡叛"，右丞相襄奉命出征。同书内族《襄传》说襄的支军"为阻𩣡所围"，襄突击敌军并大破之，"众皆奔斡里札河，遣完颜安国追蹑之"。而《元朝秘史》记载此事说："大金因塔塔儿篾古真薛兀勒图不从他命，教王京丞相领军来剿捕，逆著浯漻札河，将篾古真薛兀勒图袭将来。"王先生指出，"王京"是"完颜"的对音，《圣武亲征录》、《元史·太祖纪》记载此事均作"丞相完颜襄"。浯漻札河，即《金史》之斡里札河（今乌尔载河），可见二书记载此事完全符合。而《金史》中的"阻䪁"、《元朝秘史》称为"塔塔儿"，与《辽史·萧图玉传》中的"阻卜"、《圣宗纪》作"达旦"者，前后一贯。"塔塔儿"是"鞑靼"的对音，足见"唐、宋间之鞑靼，在辽为阻卜，在金为阻䪁，在蒙古之初为塔塔儿"。

关于鞑靼的地理位置，日本学者箭内博士根据阙特勤碑突厥文两次提到"三十姓鞑靼"时，顺序都在黠戛斯、骨利幹之后，契丹、白雷之前，据此推断，黠戛斯在突厥西北，骨利幹又在其北，契丹、白雷都在突厥之东，则列于它们之间的三十姓鞑靼，当在突厥东北，此方位与金、元时期的塔塔儿正好相合。王先生赞同箭内博士之说，并将此三十姓鞑靼称为"东鞑靼"。王先生发现《唐书·地理志》引贾耽《入四夷道里记》历数回鹘周围山谷、车道、湖泊等，提到在回鹘牙帐东南数百里有"达旦泊"，他据此"疑以鞑靼人所居得名。九姓鞑靼所居，盖当在此"，并且称此部为"西鞑靼"。

另有漠南鞑靼，或称阴山鞑靼，见于文献的时间比漠北三十姓鞑靼及九姓鞑靼晚。其原因何在？王先生说，唐会昌初年，回鹘被黠戛斯攻破后，其一部南迁到中国近塞。《会昌一品集》所记近塞蕃族，没有鞑靼。唐咸通九年（868），鞑靼跟从蔚州刺史朱邪赤心讨伐庞勋，证明此时鞑靼已居于蔚州近塞，时间约在唐会昌（841—846）与咸通（860—873）之间。阴山鞑靼当是漠北鞑靼南下的一支，三十姓鞑靼与九姓鞑靼都有可能。《会昌一品集》所记三十姓鞑靼中的黑车子达怛，在唐末已南徙幽州近塞，其邻部的达怛同时南徙并州近塞。此外，回鹘被攻破后，九姓鞑靼相率南徙。如此，《新五代史》、《续通鉴长编》、《辽史》等所记阻卜的分布区域，与此三部鞑靼正相当。

唐、宋的鞑靼之名，为何到辽、金时期变成了阻卜、阻䪁？他说，"阻卜"或"阻䪁"，是"鞑靼"二字有意的倒误。证据有两条：《北盟会编》引《亡辽录》等文献可知，辽、金时有鞑靼，而且不讳言，其《国史》、《实录》亦当如此。而《辽史》、《金史》二史无之，是因为蒙古人讳言鞑靼。蒙古人原本就不是鞑靼，而汉人与南人好以鞑靼称呼之，这令蒙古人感到不悦。到了元末，连修史的汉臣已不知鞑靼与蒙古的区别。此外。辽、金史料中所记鞑靼之事，不是朝贡就是寇叛，史臣误以为蒙古之先朝曾经向辽、金进贡，顾虑有损于国家体面，所以讳之尤深。在蒙古强盛时，《元朝秘史》、《圣武亲征录》都记载太祖受金官职之事，而《宋史》、《辽史》、《金史》撰作于元顺帝之世，蒙古势力已经衰落，所以开始忌讳史书中的某些文字。例如，《续资治通鉴长编》于宋太祖乾德四年（966）、开宝二年（969）、太宗太平兴国八年（983），都记载鞑靼入贡之事。《建炎以来朝野杂记》也有类似记载。《宋史》诸本纪，于外国朝贡无一不书，唯独不见太祖、太宗朝鞑靼入贡之事。王明清《挥麈前录》引《使高昌记》，"鞑靼"共有六处，《宋史·高昌传》全录其文，唯独删去有鞑靼字之处。王先生认为，如此之类，"非元人修史时有意删去'鞑靼'字不可"。辽、金史料提及鞑靼之处极多，史臣删不胜删，故"省其偏旁作'达旦'字"。

最初记载鞑靼史事的《会昌一品集》与《册府元龟》等都写作"达怛"。新、旧《五代史》与《梦溪笔谈》写作"达靼"。南宋人所撰书刊乃写作"鞑靼"。北宋的韵书、字书当中还没有"鞑"字。加革旁之"鞑"当是因"靼"字而误。辽、金史料已有写作"鞑靼"的。"达靼"之倒文作"怛达"，或作"靼鞑"。"怛"与"阻"字形近，辽、金史料中已有少数将"怛"误作"阻"的现象出现，或者将"怛达"省作"阻卜"的。史臣乃将错就错，将史料中的不误者尽行改动，以避一时之忌讳。

清代乾嘉学派善于从同词异写的现象中归纳和解决问题，典型的是钱大昕的"上古无轻音"说。由本节的介绍可知，这种研究方法在先生手上得到了淋漓尽致的发挥，令人叹为观止。毋庸置疑，王先生的边疆史地研究同样具有开创的意义，足称典范。

六、"共三光而永光"的学术精神

正当王先生的事业如日中天之时，他却义无反顾地诀别了这个世界。1927年6月2日上午，先生于颐和园昆明湖鱼藻轩自沉，举世震悼！

王先生的死因，或说是为了殉清，或说是由于与罗振玉的恩怨，孰是孰非，已无法对证。先生的遗书云："五十之年，只欠一死；经此世变，义无再辱！"先生不愿道破自沉的原因，必有其缘由。后人所要做的，不是强作解人，徒滋纷争，扰乱逝者的清静，而是继承其精神遗产，将他的未竟之业推向前进，这才符合先生的期待。

1928年6月3日，是王先生逝世周年忌日，清华师生立《海宁王静安先生纪念碑》，碑文由陈寅恪先生亲自撰写。王先生之学，融汇中西，博大精深，据不完全统计，计有著译六十二种，批校之书一百九十余种，领域之宽广，研究之精深，无人可以企及。但是，陈先生并未历数其作品，因为"先生之著述，或有时而不章；先生之学说，或有时而可商"，任何一位学者都无力穷尽天下之学，所论所作不可能都是终极真理，所谓"前修未密，后出转精"，乃是普遍规律。陈先生最推崇的，乃是王先生的"独立之精神，自由之思想"，这是王先生人生理念的核心之所聚，也是他得以成为学术巨匠的真正原因。陈先生云，王先生这一献身真理的精神，将"历千万祀，与天壤而同久，共三光而永光"。

王先生是真正的有大格局的学者，他的一生，没有一刻不在追求真知。在他看来，"学无中西，亦无古今"，他将希腊哲学与中国美学打通，熔为一炉。他将西方实证主义的研究方法与乾嘉考据学嫁接，创为"二重证据法"，并娴熟地运用于新生的中国考古学。他的目光一旦投向某个领域，这一领域随即熠熠生辉。他不断将目光投向新的领域，为后学开辟一个又一个崭新的学科。

他是真正的境界高远的学者，他痛恨当时学界"风会否塞，习尚荒落"的衰败景象，以及不学无术之风，"京师号学问渊薮，而通达诚笃之旧学家，屈十指以计之，不能满也。其治西学者，不过为羔雁禽犊之资，其能贯串精博，终身以之如旧学家者，更难举其一二"（《〈国学丛刊〉序》）。因而他以继承中华本位文化为己任，治学之刻苦，罕有其匹。从某种意义上说，他提出的治学的三个境界说，与其说是一种美学理论，倒不如说是先生的自我写照来得更为贴切与生动。

他是真正的民族文化救亡者，在山河飘零、神州陆沉的岁月，他在学术领域全面捍卫民族文化的尊严。他鄙视"大道多歧，小雅尽废。番番良士，劣免儒硜。莘莘胄子，翻从城阙。或乃舍我熊掌，食彼马肝。土苴百王，秕糠三王"的全盘西化之士，坚信"先民有作，同惊风雨之晨。来者多方，终冀昌明之日"（《〈国学丛刊〉序》（代罗叔言参事））。他的《殷周制度论》，暗含着他的理想国的影子。

王先生是百科全书式的学术大师，犹如耸入云霄的高山，令人至今不敢望其项背。无论怎样的赞美词，用在他的身上，都会显得苍白与卑微。笔者书此，谨用以上数语，略表对王先生的崇敬之情于万一，"嘤其鸣矣，求其友声"，不知读者诸君以为然否？

彭林于清华大学荷清苑寓所

2014 年 6 月 18 日清晨

学术旨趣

《国学丛刊》序 * 代罗叔言参事

　　宣统辛亥，某始创《国学丛刊》于京师，遭遇国变，中道而辍。今年春，海上友人乞赓续之，亟允其请，编类既竟，乃书其端曰：秦、汉以还，迄于近世，学术兴替，可得而言。自九流之学，并起衰周；六艺之传，独出孔氏。战国以为迂阔，强秦燔其《诗》、《书》，而诸儒偃蹇戎马之间，崛强刀锯之下。鲋、腾父子，藏其家书。高、赤师弟，嬗其口说。犹闻制氏之乐，不废徐生之容。偶语之诛不能加，挟书之律无所用。暨乎中阳受命，王路小亨。柱下御史，独明律历。咸阳博士，还定朝仪。及孝武之表章，兼河间之好古，古文间出，绝学方兴。山岩甫出之书，遽登秘府。太常未立之学，或在民间。旋校中秘之文，并增博士之数。此一盛也。建武以降，群籍颇具。子春笃老，始通《周官》之读。康成晚出，爰综六艺之文。赵、张问难于生前，孙、王辨证于身后。此又一盛也。黄初君臣，雅擅词翰。正始贵胄，颇尚清谈。洎于六朝，此风犹盛。竭神思于五言，罄辨论于二氏。然而崔、皇特起于江南，徐、熊并驰于河北。二刘金声于隋代，孔贾玉振于唐初。综七经而定正义，历两朝而著功令。此又一盛也。先秦学术，萃于六经。炎汉以还，爰始分道。则有若子长述史，成一家之言。叔重考文，发六书之旨。善长山川之说，君卿制度之书，并自附庸，蔚为大国。义兼于述作，体绝于古今。此又旷世之鸿裁，难语一时之风会者矣。爰逮晚唐，兹音不嗣。天水肇建，文物鼎兴。原父《小传》，别启说经之途。次道二书，聿新方志之体。长睿《余论》，存中《笔谈》，并示考古之准绳，穷格物之能事。至于欧、赵之集金石，宣和之图彝器，南仲释吉金之文，鄱阳录汉碑之字，旨趣既博，闾涂大开。洎于元、明，流风稍坠。天道剥复，钟美本朝，顾、阎浚其源，江、戴拓其宇。小学之奥，启于金坛；名物之赜，理于通艺。根柢既固，枝叶遂繁。爰自乾、嘉以还，迄于同、光之际，大师间出，余裔方滋。专门若西京之师，博综继东都之业，规摹跨唐代之大，派别衍宋人之多，伊古以来，斯为极盛矣。昀昀先畴，巍巍遗构，高曾之所耕获，祖父之所经营，绵延不替，施于今日。保世滋大，责在后人。自顷孟陬失纪，海水横流，大道多歧，小雅尽废。番番良士，劣免儒硎。莘莘胄子，翻从城阙。或乃舍我熊掌，食彼马肝。土苴百王，秕糠三古。闵父知其将落，宣圣谓之不祥。非无道尽之悲，弥切天崩之惧。然而问诸故府，方策如新，瞻彼前修，典刑未沫。重以地不爱宝，天启之心，殷官太卜之所藏，周礼盟府之所载，两汉塞上之牍，有唐壁中之书，并出尘埃，丽诸日月。芒洛古冢，齐秦故墟，丝竹如闻，器车踵出。上世礼器之制，殊异乎叔孙；中古衣冠之奇，具存于明器。并昔儒所未见，幸后死之与闻。非徒兴起之资，弥见钻求之亟。至于先人底法，仅就椎轮。历代开疆，尚多瓯脱。作室俟堂构之饰，析薪资负荷之劳。功有相因，道无中止。譬诸注坡之马，造父不能制其势；建瓴之水，神禹不能回其流。观往昔之隆污，抚今兹之际会。盛衰之数，盖可知矣。某爰始志学，颇识前闻。暨乎遁荒，益多暇日。思欲标艺林以寸草，助学海以涓流。乃因同气之求，重续春明之梦。尽发敝箧，聿求友声。聊供研悦之新知，并刊散亡之故籍。先民有作，同惊风雨之晨。来者方多，终冀昌明之日。甲寅五月。

经学史

明堂庙寝通考 *

宫室恶乎始乎？《易传》曰："上古穴居而野处，后世圣人易之以宫室。"穴居者，穿土而居其中；野处则复土于地而居之，《诗》所谓"陶复陶穴"是者也。《说文》："复，地室也。"当是之时，唯有室而已，而堂与房无有也。初为宫室时亦然。故室者，宫室之始也。后世弥文，而扩其外而为堂，扩其旁而为房，或更扩堂之左右而为箱、为夹、为个。三者异名同实。然堂后及左右房间之正室，必名之曰"室"，此名之不可易者也。故通言之，则宫谓之室，室谓之宫；析言之，则所谓室者，必指堂后之正室，而堂也、房也、箱也，均不得蒙此名也。《说文》："室，实也。"以堂非人所常处，而室则无不实也，昼居于是，《玉藻》："君子之居恒当户。"户谓室户也。夜息于是，宾客于是。《曲礼》："将入户，视必下。"又："户外有二屦，言闻则入。"皆谓室户。其在庶人之祭于寝者，则诏祝于是，筵尸于是，其用如斯其重也。后庭前堂，左右有房，有户牖以达于堂，有侧户以达于房，有向以启于庭。东北隅谓之宧，东南隅谓之窔，西南隅谓之奥，西北隅谓之屋漏，其名如斯其备也。故室者，又宫室之主也。明乎室为宫室之始及宫室之主，而古宫室之制始可得而言焉。

我国家族之制古矣。一家之中，有父子，有兄弟，而父子、兄弟又各有其匹偶焉。即就一男子言，而其贵者有一妻焉，有若干妾焉。一家之人，断非一室所能容，而堂与房又非可居之地也。故穴居野处时，其情状余不敢知。其既为宫室也，必使一家之人所居之室相距至近，而后情足以相亲焉，功足以相助焉。然欲诸室相接，非四阿之屋不可。四阿者，四栋也。为四栋之屋，使其堂各向东西南北。于外则四堂。后之四

---

* 据《观堂集林》卷第三，艺林三。

室,亦自向东西南北而凑于中庭矣。此置室最近之法,最利于用,而亦足以为观美。明堂、辟雍、宗庙、大小寝之制,皆不外由此而扩大之缘饰之者也。

古制中之聚讼不决者,未有如明堂之甚者也。《考工记》言五室,言堂而不言堂之数。《吕氏春秋·十二纪》、《小戴记·月令》均言一太室、四堂、八个。《尚书大传》略同,唯改四大庙为正室。《大戴记·盛德》篇则言九室。此三者之说,已不相合。今试由上章所言考之,则《吕氏春秋》之四堂、一太室实为古制。《考工记》中世室、五室、四旁、两夹、四阿、重屋等语,均与古宫室之制度合,唯"五室"、"凡室二筵"之文,则显与自说相牴牾。至《大戴》"九室"之说,实为秦制。《隋书·宇文恺传》引《礼图》,并见聂崇义《三礼图》。恐秦时据《考工记》五室、《吕览》四堂之文,昧古代堂与室之分,而以室之名概之,《尚书大传》以四堂为四正室,是秦、汉间人不知堂与室之分之证也。并四与五则为九矣。说明堂月令者又云:明堂九室、十二堂。见《玉藻》、《明堂位》疏引郑玄《驳五经异义》,后人误羼入《大戴记·盛德》篇中。则又恐据古之四堂八个、秦之九室而兼数之,所谓歧路之中又有歧者也。自汉以后,或主五室说,或主九室说。主五室者,多主一堂之说,而其位置此五室也各不同。或置诸堂之中央及四正,《艺文类聚·礼部》引引《三礼图》说。或置诸中央及四隅,郑玄《考工记》注并《玉藻》、《明堂位》疏引郑《驳五经异义》。或置诸堂个之后。汪中《明堂通释》与孔广森《明堂亿说》略同。其主四隅说者,或谓四室接太室之四角为之,聂崇义《三礼图》如此。戴震《考工记图》、张惠言《仪礼图》从之,而又参以《月令》之四堂八个。或谓四室不与太室相属,而远在堂之四隅。汪中《明堂通释》所图郑说如此。即同主一说者,其殊固已如此矣。其主九室说者,则或接太室之四角为四室,又接四室之四角为四室;聂氏《三礼图》谓为秦制,任启运《朝庙宫室考》从之。或三三相重,房间通街。后魏李峤所造如此。见《隋书·牛弘》及《宇文恺传》。又主调停说者,则有若贾思伯于太室四角为四室,以一室充二个之用,以当《考工记》之五室、《月令》之四堂、八个者矣;《魏书·贾思伯传》。有若焦循于太室之角接以四室,而又两分四室为句股形者八,以充五室及四堂、八个者矣;《群经宫室图》。有若唐仲友于一堂中画东西南北以为四堂、八个,而置五室于四堂之间者矣;《帝王经世图谱》。有若阮元以《考工记》虽言一堂而实有四堂,故为广九筵,修七筵之堂四于外,而于其中央方九筵之地置方二筵之室五,则又合唐氏之说以《考工记》之度矣。《擘经室续集》卷一。然太室二筵，褊陋已甚，四隅四室，取义云何？魏李谧、隋牛弘之所诤者不可夺也。又据阮氏之说，则中央之地修广九筵。今五室所占，纵横仅得六筵，则所余三筵之地如何？于是有若陈澧以三筵之地当五室之壁之厚，而谓壁厚半筵者矣。此外如《白虎通》、蔡邕《明堂论》、牛弘《明堂议》、李觏《明堂定制图》等，但务剿说而不能以图明之者，其数尚多。盖斯涂之荆棘久矣。自余说言之，则明堂之制，本有四屋、四堂相背于外，其左右各有个，故亦可谓之十二堂。堂后四室相对于内，中央有太室，是为五室。太室之上为圆屋以覆之，而出于四屋之上，是为重屋。其中除太室为明堂宗庙特制外，余皆与寻常宫室无异。其五室、四堂、四旁、两夹、四阿、重屋，皆出于其制度之自然。不然，则虽使巧匠为之，或烦碎而失宜，或宏侈而无当，而其堂与室，终不免穷于位置矣。

明堂之制，外有四堂，东西南北，两两相背。每堂又各有左右二个，其名则《月令》诸书谓之青阳太庙、青阳左个、青阳右个、明堂太庙、明堂左个、明堂右个、总章太庙、总章左个、总章右个、玄堂太庙、玄堂左个、玄堂右个。此四堂之名，除明堂外，青阳之名仅见于《尔雅》，总章之名一见于《尸子》，而玄堂则无闻焉。其名或出后人之缘饰，然其制则古矣。盖此四堂、八个，实与听朔布政之事相关。听朔之为古制，亦可由文字上旁证之。于文，王居门中为闰。《周礼·春官》"大史闰月诏王居门终月"，《玉藻》"闰月，则阖门左扉，立于其中"，先郑注《周礼》云："《月令》十二月，分在青阳、明堂、总章、玄堂左右之位，惟闰月无所居，居于门。故于文，王在门中为闰。"《说文》亦云："告朔之礼，天子居宗庙，闰月居门中，闰从王在门中。"《周礼》、《玉藻》之说，虽有可存疑之处，然文字之证据不可诬也。要之，明堂为古宫室之通制，未必为听朔布政而设。而其四堂、八个，适符十二月之数，先王因之而月异其居，以听朔布政焉。此自然之势也。然则古者听朔之事，可以闰字证之，而四堂、八个之制，又可由听朔证之，《月令》之说，固非全无依据矣。且《考工记》之记明堂，世所视为与《月令》绝异者也。《记》但言堂之修广，而不言堂数，故自汉以来，多以一堂解之。然其所言世室、五室、四旁、两夹、四阿、重屋，无不可见四堂之制。古者室在堂后，有室斯有堂。又一堂止一室，故房有东西也，夹有东西也，个有左右也，而从不闻有二室。今既有五室，则除中央太室外，他室之前必有一堂，有四室斯有四堂矣。四旁、两夹亦然，古夹、个两字音义皆同。《书·顾命》及《考工记》之夹，即《月令》之个也。《考工记》此句，自汉以来皆读四旁、两夹窗为句。孔广森《礼学卮言》始读四旁、两夹为句，而以窗字属下读，窗白盛为句。证以《大戴礼》之"赤缀户也，白缀牖也"，其读确不可易。每堂各有两夹，而四堂分居四旁，此所谓四旁、两夹也。若四阿之释，则或以为四注屋，郑氏《考工记》"西阿重屋"注。或以阿为屋翼，唐仲友《帝王经世图谱》。或以阿为楣。程瑶田《释宫小记》。然郑氏于《考工记·匠人》"王宫门阿之制五雉"注及《士昏礼》"当阿"注，皆云："阿，栋也。"盖屋当栋处最高，计屋之高，必自其最高处计之。门阿之制五雉，谓自屋之最高处至地凡五雉，自不能以屋翼及楣当之矣。郑以明堂止有一堂，一堂不能有四栋，故于四阿下解为四注屋。然此四阿与王宫门阿同在匠人一职，不容前后异义，自当从郑君后说。既有四栋，则为四堂无疑，故《考工记》所言明堂之制为四堂而非一堂，自其本文证之而有余。明堂合四堂而为一，故又有"合宫"之称，《尸子》曰："黄帝合宫，殷人总章，殷人阳馆，周人明堂。"益知四堂之说不可易也。

　　四堂之后，各有一室。古者宫室之制，堂后有室，室与堂同在一屋中，未有舍此不数而别求之于他处者也。则明堂五室中，除太室外，他四室必为四堂后之正室。乃主一堂说者，以为在堂上之四正，或以为在其四隅。其主四堂说者，则以在中庭之四隅，其说诡僻，不合于古宫室之制。且古之宫室，未有有堂而无室者。有之，则惟习射之榭为然。明堂非习射之所，故其五室中之四，必为堂后之正室，与太室而五焉。四堂、四室，制度宜然，不是之求，而以堂上庭中之四正四隅当之，可谓舍康庄而行蹊径者矣。

　　四堂、四室，两两对峙，则其中有广庭焉。庭之形正方，其广袤实与一堂之广相等。《左氏传》所谓"埋璧于太室之庭"，《史记·封禅书》载申公之言曰"黄帝接万灵明庭"，盖均谓此庭也。此庭之上有圆屋以覆之，故谓之太室。太室者，以居四室之中，又比四室绝大，故得此名。太者，大也，其在《月令》则谓之太庙太室。此太庙者，非中央别有一庙，即青阳、明堂、总章、玄堂之四太庙也。太庙之太，对左右个而言。太室之太，对四室而言。又谓之世室，世亦大也。古者太、大同字，世、太为通用字，故《春秋经》之"世子"，传作"太子"；《论语》之"世叔"，《左氏传》作"太叔"；又如"伯父"之称"世父"。皆以大为义。故《书·洛诰》、《礼·月令》、《春秋左氏》、《穀梁传》之"太室"，《考工记》、《明堂位》、《公羊传》并称"世室"。又太室居四堂、四室之中，故他物之在中央者或用以为名，嵩高在五岳之中，故古谓之"太室"，即以明堂太室之名名之也。然则太室者，以居中央及绝大为名，即此一语之中，而明堂之制已略具矣。

明堂之制，既为古代宫室之通制，故宗庙之宫室亦如之。古宗庙之有太室，即足证其制与明堂无异。殷商卜文中两见太室，《殷虚书契》卷一第三十六叶，又卷二第三十六叶。此殷宗庙中之太室也。周则各庙皆有之，《书·洛诰》"王入太室祼"，王肃曰："太室，清庙中央之室。"此东都文王庙之太室也。《明堂位》又言文世室、武世室。吴彝盖云"王在周成太室"，君夫敦盖云"王在周康宫太室"，鬲攸从鼎云"王在周康宫辟太室"，智鼎云"王在周穆王太□"，此字摩灭，疑是室字。伊敦云"王格穆太室"，则成王、康王、穆王诸庙皆有太室，不独文、武庙矣。至太室四面各有一庙，亦得于古金文字中证之。克钟云"王在周康剌宫"，剌宫即烈宫，古金文皆假剌为烈。颂鼎颂敦、颂壶、颂盘文同。云"王在周康邵宫"，邵字从召从卩，卩即古人字，《说文》作佋，经、传通用昭字。寰盘云"王在周康穆宫"，望敦云"王在周康宫新宫"。同在宗周之中，又同为康王之庙，而有昭、穆、烈、新四宫，则虽欲不视为一庙中之四堂，不可得也。康宫如此，他亦宜然。此由太室之制度言之，固当如是，若从先儒所说古宗庙之制，则更无太室之可言矣。

明堂之制，太室之外，四堂各有一室，故为五室。宗庙之制亦然。古者寝、庙之分，盖不甚严，庙之四宫后，王亦寝处焉。则其有室也必矣，请举其证。望敦云："唯王十有三年六月初吉戊戌，王在周康宫新宫。旦，王格太室。"寰盘云："唯廿有八年五月既望庚寅，王在周康穆宫。旦，王格太室。"颂鼎云："唯三年五月既死霸甲戌，王在周康邵宫。旦，王格太室。"此三器之文，皆云"旦，王格太室"，则上所云王在某宫者，必谓未旦以前王所寝处之地也。且此事不独见于古金文，虽经传亦多言之。《左传》昭二十二年："单子逆悼王于庄宫，以归王子。还，夜取王以如庄宫。"二十三年："王子朝入于王城郹罗，纳诸庄宫。"案：庄宫，庄王之庙。而《传》文曰"逆"、曰"如"、曰"纳"，皆示居处之意。《礼运》："天子适诸侯，必舍其祖庙。"《周语》："襄王使太宰文公及内史兴赐晋文公命，上卿逆于境，晋侯郊劳，馆诸宗庙。"《聘礼·记》"卿馆于大夫，大夫馆于士，士馆于工商"，郑注："馆者必于庙，不于敌者之庙，为太尊也。"以此观之，祖庙可以舍国宾，亦可以自处矣。既为居息之地，自不能无室，又所居不恒在一宫，故每宫皆当有之。四宫四室，并太室为五，与明堂同，而明堂五室，其四当分属于四堂，又可于此得其确证矣。

庙中太室之为四宫中之广廷，又可由古代册命之礼证之。古天子、诸侯之命群臣也，必于庙中。《周礼·春官·司几筵》："凡封国命诸侯，王位设黼依，依前南乡，设莞筵，左右玉几。"又《大宗伯》"王命诸侯则摈"，郑注："王将出命，假祖庙立依前，南乡，摈者进，当命者延之，命使登。内史由王右以策命之，降，再拜稽首。登，受策以出。"《祭统》："祭之日一献，君降立于阼阶之南，南乡，所命北面，史由君右执策命之。"前者为天子命诸侯之礼，后者为诸侯命诸臣之礼。然古金文所纪册命之礼，颇与此殊。颂鼎云："唯二年五月既死霸甲戌，王在周康邵宫。旦，王格太室，即位。宰弘右颂入门立中廷。尹氏受王命书。王呼史虢生册命颂。中略。颂拜稽首，受命册佩以出，反入觐章。"寰盘："唯廿有八年五月既望庚寅，王在周康穆宫。旦，王格太室，即位。宰頵右寰入门立中廷，北乡。史萯受王命书。王呼史减册锡寰。"他器文类此者颇多，凡上言"王格太室"者，下均言所命者"立中庭，北乡"。就所谓中廷之地，颇有寻绎者焉。案：《礼经》中言庭，皆谓自堂下至门之庭。其言中庭者，则谓此庭南北之中。然则上诸器文系中廷于入门后，自当为门内之廷。又云立中廷北乡，则又当为南乡屋之廷也。然有大不可解者，如上诸器所言，臣立中廷，北乡，而王即位于太室，则王必于太室之北设黼依几筵而立焉。假使依《考工》所记，堂脩七筵、广九筵，而正方形之太室，其脩当如堂九筵之广，则王位与中廷间，有太室之脩九筵，堂脩七筵，又加以庭脩之半，前人谓庭脩当堂脩之三倍。则王与所命者之间，相距在二十六筵以上。即二百二十二尺。即令堂室之脩大减于《考工》所记，亦必在十筵以上，况以室之南北墉与庭北之碑三重隔之，面不得相觊，语不得相闻，决非天子命臣之意也。余谓此中廷当谓太室之廷，但器文于所命者入门后，略去升堂、入室诸节耳。盖太室之地，在寻常宫室中本为广廷，太室虽上有重屋，然太室屋与四宫屋之间，四旁通明，汉时犹谓之通天屋，《隋书·牛宏传》引蔡邕《明堂论》。故可谓之廷。而此廷南北之中，亦谓之中廷。此中廷与《礼经》所谓中庭指前廷南北之中者绝异。太室之脩九筵，则所命者立于中廷，距王位不过四筵，故史得受命书于王，所命者得佩命册以出，而册命之礼乃得行焉。且古人于太室本有廷称，《左传》"楚共王与巴姬密埋璧于太室之廷"，亦指此地，否则太室居四屋之中，何缘有廷？若指四屋之前廷，则不得系之太室。所谓太室之廷，犹班固言"承明金马著作之廷"云尔。故余断言，诸器中之中廷，即太室南北之中也。凡此册命之礼，皆与古宫室之制相关，故不得不详辨之也。然则宗庙之制有太室，有四宫，而每宫又各有一室，四宫五室，与明堂之制无异。且明堂五室之四分属四堂，亦于宗庙中始得其最确之证明。而明堂为古宫室之通制，亦至是而益明矣。

明堂之制既为古宫室之通制，故宗庙同之。然则路寝如何？郑玄于《毛诗》笺、《考工记》及《玉藻》注，均谓明堂、宗庙、路寝同制，而于《顾命》所纪路寝之制不得其解，遂谓成王崩时在西都，文王迁丰镐作灵台辟雍而已，其余犹诸侯制度焉。盖视《顾命》所纪路寝之制与明堂异也。以余观之，路寝无太室，自与明堂、宗庙异。至于四屋相对，则为一切宫室之通制，《顾命》所纪，乃康王即位受册之礼，于路寝正屋行之，自无从纪东西北三屋，即就正屋言之，但纪西夹而不纪东夹。然则谓无东夹可乎？因所不纪而遂疑其无，此可谓目论者矣。余意，宁从明堂、宗庙、燕寝之制以推定路寝之制亦有东西南北四屋，似较妥也。

至燕寝之四屋相对，则有可言者焉。古之燕寝有东宫，有西宫，有南宫，有北宫。其南宫之室谓之适室，士以下无正寝，即以燕寝之南宫为正寝。北宫之室谓之下室，东西宫之室则谓之侧室。四宫相背于外，四室相对于内，与明堂宗庙同制。其所异者，唯无太室耳。何以言之？《公羊》僖二十年传："西宫灾。西宫者，小寝也。小寝则曷谓之西宫？有西宫则有东宫矣。鲁子曰：'以有西宫，亦知诸侯之有三宫也。'"何休注："礼，夫人居中宫，少在前。右媵居西宫，左媵居东宫，少在后。"然《丧服传》言大夫、士、庶人之通制，乃有"四宫"，《传》曰："昆弟之义无分，故有东宫，有西宫，有南宫，有北宫，异居而同财。"诸侯三宫，每宫当有相对之四屋。至士、庶人四宫，当即此相对之四屋之名。《内则》所谓"自命士以上，父子皆异宫"，殆是也。《士丧礼》云"死于适室"，又云"朔月若荐新，则不馈于下室"，《丧大记》"大夫世妇卒于适寝，内子未命则死于下室，迁尸于寝"。此适室、下室，两两对举，则适室、下室为南北相对之室矣。适室、下室苟为南北相对之室，则侧室当为东西相对之室，《内则》"妻将生子，及月辰，居侧室"是也。又云"庶人无侧室者，及月辰，夫出居群室"，群室当谓门塾之室。则或以东西宫之室为昆弟所居，或以仅有南乡一屋而已。

　　然则燕寝南北东西四宫，何以知其非各为一宫，而必为相对之四屋乎？曰：以古宫室之"中霤"知之也。中霤一语，自来注家皆失其解。《释名》："室中央曰中霤。古者复穴，后室之霤，当今之栋下直室之中。"郑注《月令》亦曰："中霤犹中室也。古者复穴，是以名室为霤云。"《正义》引庾蔚之云："复穴皆开其上取明，故雨霤之。是以后因名室为中霤。"郑又云："祀中霤之礼，主设于牖下。"《正义》以此为郑引《逸中霤礼》文。《正义》申之曰："开牖象霤，故设主于牖下也。"余谓复穴雨霤，其理难通，开牖象霤，义尤迁曲。其实中霤者，对东西南北四霤言之，而非四屋相对之宫室，不能兼有东西南北四霤及中霤也。案：《燕礼》"设洗当东霤"，郑注："当东霤者，人君为殿屋也。"《正义》云："汉时殿屋四向注水，故引汉以况周。"《乡饮酒礼》"磬，阶间缩霤，北面鼓之"，此南霤也。凡四注屋有东西南北四霤，两下屋有南、北二霤，而皆不能有中霤。今若四屋相对如明堂之制，则无论其为四注屋或两下屋，凡在东者皆可谓之东霤，在西者均可谓之西霤，南北放此。若夫南屋之北霤、北屋之南霤、东屋之西霤、西屋之东霤，将何以名之哉？虽欲不谓之中霤，不可得也。其地在宫室之中为一家之要地，故曰"家主中霤而国主社"。然则此说于古有征乎？曰：有。《檀弓》曰："掘中霤而浴，毁灶以缀足，殷道也，学者行之。"案：《士丧礼》："浴时，甸人掘坎于阶间，少西，巾栉鬖蚤埋于坎。"周人所掘既在阶间，则殷人所掘之中霤，必在室外而不在室内矣。《说文·广部》："庿，中庭也。"按：古文但有廷字，后世加广作庭，义则无异。由《说文》之例，庭字当为廷下重文。然《说文》收廷字于廴部，庭字于广部，而释之曰"廷，中朝也"，"庭，宫中也"，则许君之疏也。然廷、庭二字之释，辞虽微异而义则无殊。段氏《说文注》乃谓"无屋曰廷，有屋曰庭"，并援郑君"中霤犹中室"之言，乱许君"庿，中庭"之古义，不知许君释庭为宫中，正指无屋之处。证之本书"闱，宫中之门也"，"壸，宫中道也"，皆指无屋之处言。若在屋下，则有户无门，又恶得有道乎？故"廷，中朝也"，"庭，宫中也"，其义一也。然则许君所云"庿，中庭也"，亦指中央无屋之处，与上文所言中霤之地位合，固非余之创说矣。故中庭者，对东西南北四屋之前庭言之；中霤者，对东西南北四霤言之。中庭之四旁，以中霤为之界，故曰"庿，中庭也"。然非发见古宫室之通制，亦无以定中霤之地位；而由中霤之地位，又足以证四屋相对之为古宫室之通制矣。

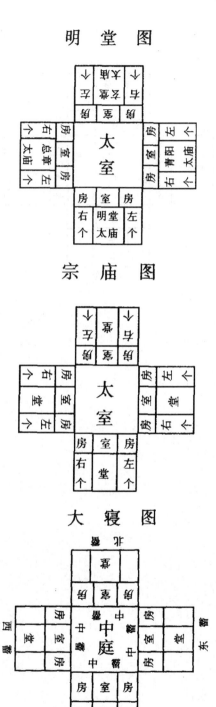

明 堂 图

宗 庙 图

大 寝 图

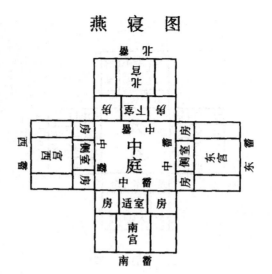

燕　寝　图

说　斝[*]

　　《说文解字》：“斝从吅，从斗、冂，象形，与爵同意。”罗参事振玉。《殷虚书契考释》云：“案：斝从吅，不见与爵同意之状，从冂亦不能象斝形。卜辞斝字作𣃓，上象柱，下象足，形似爵而腹加硕，甚得斝状。知许书从門作者，乃由𣃓而讹。卜辞从�，象手持之，许书所从之斗，殆又由此转讹者也。又古彝文有𣃓字，与此正同，但省𣃓耳，其形亦象二柱、三足、一耳，而无流与尾，与传世古斝形状吻合，可为卜辞𣃓字之证。又古散字作𢼽，与𣃓字形颇相近，故后人误认斝为散。韩《诗》说诸饮器有散无斝，今传世古酒器有斝无散，大于角者惟斝而已，诸经中‘散’字疑皆‘斝’字之讹”云云。余案：参事说是也。浭阳端忠敏方。所藏古斯禁上备列诸酒器，其饮器中有爵一、觚一、觯二、角一、斝一，与《特牲馈食礼》之实二爵、二觚、四觯、一角、一散，数虽不同，而器则相若。其证一也。《礼》言饮器之大者，皆散角或斝角连文，《礼器》：“礼有以小为贵者，宗庙之祭，尊者献以爵，卑者献以散；尊者举觯，卑者举角。”《明堂位》加以璧散、璧角，而《郊特牲》则云“举斝角，诏妥尸”，皆与角连文。言散则不言斝，言斝则不言散，明二者同物。其证二也。斝为爵之大者，故名曰斝。斝者，假也，大也。古人不独以为饮器，又以为灌尊，《周礼·司尊彝》：“秋尝、冬蒸，祼用斝彝、黄彝。”余见日本住友男爵家所藏一斝，其器至大，殆与壶尊之大者所受同，盖即古之灌尊。则斝彝者，其器即以斝为之。郑君彝画禾稼之说决不然矣。《明堂位》：“灌尊，夏后氏以鸡夷，殷以斝，周以黄目。”《左氏》昭十七年传：“若我用瓘斝玉瓒。”案：“瓘”当作“灌”，灌斝即灌尊，

---

　　[*] 据《观堂集林》卷第三，艺林三。

斝所以盛鬯，瓒所用以灌也。是古之灌尊亦以斝为之。而《周礼·鬯人》职则云"凡疈事用散"。散既为饮器，又为灌尊，明系斝字之讹。其证三也。《诗·邶风》"赫如渥赭，公言锡爵"，毛传云："祭有畀煇胞翟阍者，惠下之道，见惠不过一散。"经言爵而传言散，虽以《礼》诂《诗》，为毛传通例，然疑经文"爵"字本作"斝"，转讹为"散"，后人因散字不得其韵，故改为爵。实则散乃斝之讹字。赭、斝为韵，不与上文篑、翟为韵。其证四也。《礼》有散爵，乃杂爵之意。《燕礼》与《大射仪》公与诸臣异尊，公尊谓之膳尊，诸臣之尊谓之散；酌于公尊谓之酌膳，酌于诸臣之尊谓之酌散；公爵谓之膳爵，诸臣之爵谓之散爵。是散者对膳言之。《祭统》以散爵献士，亦对献卿之玉爵献大夫之瑶爵言之。散爵犹言杂爵也。是散本非器名。其证五也。比而书之，知小学上之所得，有证之古制而悉合者，盖如斯也。

说　觥*

　　凡传世古礼器之名，皆宋人所定也。曰钟、曰鼎、曰鬲、曰甗、曰
敦、曰簠、曰簋、曰尊、曰壶、曰盉、曰盘、曰匜、曰盦，皆古器自载
其名，而宋人因以名之者也。曰爵、曰觚、曰觯、曰角、曰斝，古器铭
辞中均无明文，宋人但以大小之差定之。然至今日，仍无以易其说。知
宋代古器之学，其说虽疏，其识则不可及也。若国朝人所命名，则颇有
可议者。如阮文达元。所藏器有子燮兕觥，其器今在吴县潘氏，不可得
见。据文达所记则云："器制似爵而高大，盖作牺首形，有两角。"文达
名之曰"兕觥"，又为之说曰："《毛诗·卷耳》'我姑酌彼兕觥'，传云
'角爵也'。毛说盖以兕觥为似角之爵，其制无双柱、无流，同于角；有
三足，同于爵。诂训甚明，非谓以兕角为之也"云云。案：阮释毛传非
是。然由其所说，足知此器无双柱而有三足，又比爵为高大，与宋以来
所名为角者无一不合，惟盖作牛首形，与他角盖异。余谓此亦角也，其
盖作牛首者，亦由浭阳端氏所藏飞燕角，其盖作燕张两翅形，皆古人随
意象物，未足为兕觥之明证也。《揅经室四集》（七）《赋得周兕觥诗》注云：
觥高七寸，下器皆如爵，上有盖，盖作牺首。其诗云：兕觥高似爵，有盖制特强。
盖流作牺首，斜然额角长。盖叶亦如叶，相合诚相当，左右各有缺，双柱居其旁。
则又有流有柱，与《积古斋款识跋》中所记互异。去岁，见贝子溥伦延鸿阁所藏父
丙角盖，亦作牺首形，有流无柱。端氏飞燕角则并无流，不知阮氏器究何如也。又
潍县陈氏有妇关兕觥，未见原器及全形拓本，其制或与阮氏器同。然则传世古器
中无兕觥乎？曰：有。兕觥之为物，自宋以来冒他器之名，而国朝以
后，又以他器冒兕觥之名，故知真兕觥者寡矣。案：自宋以来，所谓匜
者有二种：其一器浅而巨，有足而无盖，其流狭而长；其一器稍小而

深，或有足，惟《博古图》之文姬匜有之，他器则否。或无足，而皆有盖，其无盖者，乃出土时失之。其流侈而短，盖皆作牛首形。估人谓之虎头匜，实则牛首也。《博古图》十四匜中之启匜、凤匜、三夔匜、父癸匜、文姬匜、遍地雷纹匜、风夔匜七器，《西清古鉴》三十匜中之司寇匜、祖匜、伯和匜、女匜、山匜、般匜、利匜、举匜、二牺匜、饕餮匜十一器，及端氏所藏诸女匜、蠡弘匜、甫人匜三器，皆属此种。余如《积古斋》著录之父辛匜、父癸匜盖，《筠清馆》著录之奉册匜、父辛匜、册父乙匜，《攈古录》著录之亚匜盖、戫匜、文父丁匜、诸女匜，并予所见拓本中之析子孙父乙匜、父戊匜、作父乙匜，虽未见原器，然观其铭文，属乙类无疑。中有二匜盖，尤其证也。余以为此非匜也，何以明之？甲类之匜，其铭皆云"某作宝匜"，或云"作旅匜"，或云"作媵匜"，皆有匜字；而乙类三十余器中绝无匜字。惟端氏之甫人匜铭云"甫人父作旅匜其万人用"。然其铭后刻，乃摹吴县曹氏之甫人匜为之者。曹匜有图，乃甲类，非乙类也。此一证也。匜乃燕器，非以施之鬼神，而乙类之器，其铭多云"作父某宝尊彝"，如父辛匜，乃与吴县曹氏、诸城刘氏之父辛（尊）同文。诸女匜亦与沨阳端氏之诸女方爵同文，皆祭器之证。其为孝享之器，而非沃盥之器可知。此二证也。古者盥水盛于盘，洗匜惟于沃盥时一用之，无须有盖，而乙类皆有之。此三证也。然则既非匜矣，果何物乎？曰：所谓兕觥者是已。何以明之？曰：此乙类二十余器中，其有盖者居五分之四，其盖端皆作牛首，绝无他形，非如阮氏兕觥仅有一器也。其证一。《诗·小雅》、《周颂》皆云"兕觥其觩"，毛于觩字无训，郑惟云"觩然陈设"而已。案：觩，《说文》作觓，当与朹木今《诗》作樛木。之朹音义同。觓者，曲也，从丩得声之字，如句、之、纠等皆有曲意。今《诗》作觩，又假借作捄，以《诗》证之，则《大东》云"有捄棘匕"，又云"有捄天毕"，《良耜》云"有捄其角"，《泮水》云"角弓其觩"，凡匕与角、与弓，其形无不曲者。毕之首有歧，亦作曲形，则兕觥形制亦可知矣。今乙类匜器盖皆前昂后低，当流处必高于当柄处若干，此由使饮酒时酒不外溢而设，故器、盖二者均觩然有曲意，与《小雅》、《周颂》合。其证二。《诗》疏引《五经异义》述毛说并礼图，皆云觥大七升，是于饮器中为最大，今乙类匜比受五升，韩《诗》说。若六升《说文》引或说。之斝尤大，其为觥无疑。斝者，假也。觥者，光也，充也，廓也，皆大之意。其证三。觥有至大者，所容与尊壶同。《诗·卷耳》"我姑酌彼兕觥"与上章"我姑酌彼金罍"，文例正同。金罍为尊，则兕觥亦尊也。《七月》"称彼兕觥"，则为饮器。盖觥兼盛酒与饮酒二用，与斝同也。立此六证，乙类匜之为兕觥甚明。然此说虽定于余，亦自宋人发之，宋无名氏《续考古图》有兕觥二，其器皆属匜之乙类，此书伪器错出，定名亦多误，独名乙类匜为兕觥，乃至当不可易，今特为疏通证明之。然则古礼器之名，虽谓之全定自宋人，无不可也。

说　盉[*]

　　盉见于宋人书中为最早，欧阳公《集古录》已著录一器，其铭曰："伯玉毃子作宝盉。"然古未尝知有是器，亦未尝有是名也。《说文》："盉，调味也。"不云器名。自宋以后，知其为器名，然皆依傍许氏之说，以为调味之器也。余观渼阳端氏所藏殷时斯禁上列诸酒器，有尊二、卣二，皆盛酒之器，古之所谓尊也；有爵一、觚一、觯二、角一、斝一，皆饮酒之器，古之所谓爵也；有勺二，则自尊挹酒于爵者也。诸酒器外惟有一盉，不杂他器。使盉谓调味之器，则宜与鼎鬲同列，今厕于酒器中，是何说也？余谓盉者，盖和水于酒之器，所以节酒之厚薄者也。古之设尊也，必有玄酒，故用两壶。其无玄酒而但用酒若醴者，谓之侧尊，乃礼之简且古者。惟《冠礼》父之醴子，《昏礼》赞之醴妇、酳媵，及《聘礼》礼宾等用之，其余嘉礼、宾礼、吉礼，其尊也无不有玄酒。此玄酒者，岂真虚设而但贵其质乎哉？盖古者宾主献酢，无不卒爵。又爵之大者，恒至数升，其必饮者，礼也。其能饮或不能饮者，量也。先王不欲礼之不成，又不欲人以成礼为苦，故为之玄酒以节之。其用玄酒奈何？曰：和之于酒而已矣。《昏礼》记妇人入寝门，赞者彻尊幂，酌玄酒，三属于尊。此和之于尊者也。《周礼·春官·司尊彝》："凡六尊、六彝之酌，郁齐献酌，醴齐缩酌，盎齐涗酌，凡酒脩酌。"郑注："凡酒谓三酒也。脩读如涤濯之涤，涤酌以水和而泲之，今齐人命浩酒曰涤，是脩酌用水也。"《郊特牲》云："明水涗齐，贵新也。"是涗酌亦用水也。此和之于酌时者也。和水于尊者，挹彼注兹而已。至于酌酒时以水和而泲之，于尊则已巨，于爵则已细。此盉者，盖用以和水之器。自其形制言之，其有梁或鋬者，所以持而荡涤之也。其有盖及细长之喙者，所以使荡涤时酒不泛溢也。其有喙者，所以注酒于爵也。然则盉之为用，在受尊中之酒与玄酒而和之，而注之于爵。故端氏铜禁所列诸酒器中有是物，若以为调味之器，则失之远矣。

说 彝 *

尊、彝皆礼器之总名也。古人作器，皆云"作宝尊彝"，或云"作宝尊"，或云"作宝彝"。然尊有大共名之尊，礼器全部。有小共名之尊；壶，卣、罍等总称。又有专名之尊；盛酒器之侈口者。彝则为共名，而非专名。吕与叔《考古图》虽列彝目，其中诸器，有无足方鼎，有甗，有尊，有卣，有《博古图》以降所谓彝，则吕氏亦未尝以彝为一专名也。《博古图》始以似敦而小者为彝，谓为古代盛明水及郁鬯之器，即以《周礼·司尊彝》之六彝当之。嗣后，金文家及图录家均从其说。曩窃疑诸家所谓彝之形制，与尊、壶、卣等绝不类，当为盛黍稷之器，而非盛酒之器，苦不得其证。后见潍县陈氏所藏陈侯彝铭曰："用作孝武桓公祭器镈。"即敦字异文。浭阳端氏所藏玑彝，《陶齐吉金录》作□彝。其铭曰："玑作厥敦，两其万年用乡宾。"上虞罗氏所藏一彝，其铭曰："白作宝敦。"其器皆世之所谓"彝"，而其铭皆作"敦"，可知凡彝皆敦也。第世所谓彝，以商器为多，而敦则大半周器。盖商敦恒小，周敦恒大，世以其大小不同，加以异名耳。此说亦非余始发之。陈氏《簠斋藏器目》有敦无彝，其所藏陈侯彝，著录家名之为彝，而陈《目》作"敦"。吴县潘文勤《攀古楼彝器款识》中有伯矩彝等四器，然其家拓本流传者亦有敦无彝。伯矩彝四器，拓本上皆有"敦"字朱记，盖簠斋晚年已确知彝之为敦，故毅然去彝目，文勤闻其说而从之。然陈、潘皆无说，故特记之，以正《博古图》以来千载之误耳。

说俎上 *

　　传世古器，乐器如钟、磬，煮器如鼎、鬲、甗，脯醢器如豆，黍稷器如敦与簠、簋，酒器如尊、壶、卣、罍、勺、爵、觚、觯、角、斝、盉，洗器如盘、匜，兵器如戈、戟、矛、剑，世皆有之。惟俎用木为之，岁久腐朽，是以形制无传焉。案《说文》："俎，礼俎也。从半肉在且上。"《诗·鲁颂》"笾豆大房"，毛传云："大房，半体之俎也。"郑笺则云："大房，玉饰俎也。其制：足间有横，下有跗。似乎堂后有房。"《少牢馈食礼》："肠三、胃三，长皆及俎拒。"郑注："拒读为介距之距。俎距，胫中当横节也。"《明堂位》："俎，有虞氏以梡，夏后氏以嶡，殷以椇，周以房俎。"郑注："梡断木为四足而已。嶡之言蹶也，谓中足为横距之象，《周礼》谓之距。椇之言枳椇也，谓曲桡之也。房谓足下跗也，上下两间，有似于堂房。"总郑君《诗》、《礼》三注，则俎之为物，下有四足，足间有木以相距，所谓横《说文》：横，阑木也。也；横或中足，或在足胫，其足当横以下谓之距，同柜。《说文》：柜，阑足也。亦谓之房，与毛语大异。然有不可通者，《周语》："禘郊之事则有全烝，王公立饫则有房烝，亲戚飨宴则有肴烝。"韦注："全烝，全其牲体而升之。房，大俎也，谓半解其体，升之房也。肴烝，升体解节折之俎也。"则房烝者，对全烝言之。盖升半体之俎当有两房，半体各置其一，合两房而牲体全，故谓之房俎。毛公云"大房半体之俎"，许君云"俎从半肉在且上"，意正如此。既有两房，则中必有以隔之者。案：《公食大夫礼》，肠、胃、肤皆横诸俎垂之。既垂于俎外，则郑注俎足之说是也。由文字上证之，则俎字篆文作俎，象半肉在且旁。而殷虚卜文及貉子卣则作🐚、作🐚，具见两房两肉之形，而其中之横画，即所以隔之之物也。由是言之，则有虞氏之梡，梡者，完也。殷以棋，棋者，具也。皆全牷之俎。周用半体之俎，以其似宫室之有左右房，故谓之房俎。若足跗则不具房形，郑君堂房之说殊为迂远矣。

说俎下 *

　　《方言》、《广雅》皆云："俎，几也。"此盖古训。《说文》："俎，从半肉在且上。"又："且，荐也，从几，足有二横，一其下地也。𠥓，古文以为且，又以为几字。"此十一字出小徐本，大徐无。则篆字俎从且，且从几。古文又且、几同字。盖古时俎、几形制略同，故以一字象之。此说有征乎？曰：有。许书篆文几字与古文𠥓字皆作从正面视形，然金文作ﾉ、ﾄ或ﾄﾞ、ﾄ二形，皆作从侧面视形。案：殷礼器铭屡有𤰞语，其异文或作𤰞，父癸爵。或作𤰞，齐妇鬲。《殷虚书契》卷七第二叶亦有此字。自宋以来，均释为"析子孙"三字。余谓此乃一字，象大人抱子置诸几间之形。子者，尸也。《曲礼》曰"君子抱孙不抱子"，此言孙可以为王父尸，子不可为父尸。《曾子问》："孔子曰：祭成丧者必有尸，尸必以孙，孙幼则使人抱之。"是古之为尸者，其年恒幼，故作大人抱子之形。其上或两旁之非，则《周礼》所谓左右玉几也。《周礼·司几筵》："凡大朝觐、大飨射，凡封国、命诸侯，王位设黼依，左右玉几，祀先王、昨席亦如之。"不言祭祀席。然下言"诸侯祭祀席，右雕几；昨席，左彤几。"则天子祭祀席左右玉几可知。《冢宰》职："享先王赞玉几、玉爵"。注："玉几所以依神，天子左右玉几。"《书·顾命》"牖间、西序、东序、西夹神席皆有几。"则左右几者，天子尸之几也。其但作ﾄﾞ者，诸侯以下尸右几也。几在尸左右，故以ﾄﾞ、ﾄ二形象之。依几之尸，象正面左右之几，不得不象侧面矣。此ﾄﾞ、ﾄ二形象几之证也。其又象俎者何？曰：古𤰞字象匕肉于鼎之形，古者鼎中之肉皆载于俎。又匕载之

---

　　* 据《观堂集林》卷第三，艺林三。

时，匕在鼎左，俎在鼎右，今𤎅字之左从匕，则其右之廾象俎明矣。俎作廾形者，象其西缩《有司彻》。也。据《礼经》，俎或西肆，或西缩，而独象其西缩者，从文字结构之便也。此又古以廾并象俎之证也。廾字变纵为横，则为丌字。《说文》："丌，下基也，荐物之丌，象形，读若箕同。"其所以与廾、卝异形者，荐物之时加诸其上而已，作丌形而义已见。又文字之结构亦当如是。其与廾、卝固非有二字、有二义也。《说文》所载古文丌字，亦丌字丌亦古文。金文中其、典等均从之。之变。自丌行而廾、卝废，遂以卝为片字，廾为爿字，义别而音亦大变，遂忘其朔矣。由是言之，则俎、几二物，始象以廾，继象以丌，其同形可知。但俎或加阑而界为二，几乃无之，余则无不同也。秦、汉之俎与几全同，故直名几为俎，《史记·项羽本纪》"为高俎，置太公其上"，如淳曰："高俎，几之上。"又名切肉之器为俎，《项羽本纪》："如今人方为刀俎，我为鱼肉。"今传世汉画象所图切肉之器，正作丌形。汉之俎、几形制如此，则三代俎、几之形盖可知矣。要之，古文图字与篆文且字，象自上观下之形；廾、卝乃自其侧观之；丌与几自其正面观之。合此三形，俎制略具矣。

汉魏博士考 *

博士一官，盖置于六国之末，而秦因之。

《汉书·百官公卿表》序："博士，秦官。"

《宋书·百官志》："博士，班固云秦官。史臣案：六国时往往有博士。"

案：班、沈二说不同。考《史记·循吏传》："公仪休，鲁博士也。"褚先生补《龟策传》："宋有博士卫平。"《汉书·贾山传》："祖祛，故魏王时博士弟子也。"沈约所谓"六国时往往有博士"者指此。公仪休即《孟子》之公仪子，缪公时为鲁相，时在战国之初，卫平在宋元王时，亦与孟子同时。疑当时未必置博士一官，《史记》所云博士者，犹言儒生云尔。惟贾祛为魏王博士弟子，则六国末确有此官，且教授弟子，与秦、汉博士同矣。至秦之博士则有定员，《史记·秦始皇本纪》"始皇置酒咸阳宫，博士七十人前为寿"，又"侯生、卢生相与谋曰：博士虽七十人，特备员不用"，是秦博士员多至七十人。其姓名可考者，博士仆射有周青臣，《汉书·百官公卿表》：仆射，秦官。自侍中尚书博士郎皆有。《始皇本纪》上言博士七十人前为寿，下言仆射周青臣进颂。是青臣实博士仆射也。博士有淳于越、齐人，《史记·秦始皇本纪》。有伏生、济南人，《史记·儒林传》。有叔孙通、薛人，《史记》本传。有羊子、《汉书·艺文志》儒家：《羊子》四篇。自注：百章，故秦博士。有黄疵、同上。法家：《黄公》四篇。自注：名疵，为秦博士。有正先、《汉书·京房传》：昔秦时，赵高用事，有正先者，非刺高而死。孟康曰：姓正，名先，秦博士也。有鲍白令之，《说苑·

---

* 据《观堂集林》卷第四，艺林四。

至公》篇。仅七人。其中盖不尽经术之士，如黄公之书，《七略》列于法家，而《秦始皇本纪》云"使博士为仙真人诗"，又有占梦博士，殆诸子、诗赋、术数、方伎皆立博士，非徒六艺而已。又《始皇本纪》有诸生，《叔孙通传》则连言博士诸生，是秦博士亦置弟子。又始皇二十六年议帝号，丞相绾等奏"臣等谨与博士议"云云，是秦博士亦议典礼政事，与汉制同矣。

汉兴因秦制，员至数十人。

《汉书·百官公卿表》序："博士，秦官，掌通古今，员多至数十人。"

《汉官仪》：《大唐六典》卷二十二《国子博士》注引。"文帝博士七十余人。"

案：此汉初之制，未置五经博士前事也，员数与秦略同。亦不尽用通经之士，如高帝二年即以叔孙通为博士，通非专经之士也；又文帝时，齐人公孙臣上书，陈终始五德传，文帝召以为博士，臣亦非专经之士也。盖犹袭秦时诸子百家各立博士之制。

文帝始置一经博士，

《后汉书·翟酺传》："孝文皇帝始置一经博士。"案：北宋景祐、南宋嘉定本作"一经"，何焯校宋本作"五经"。

案：《汉书·武帝纪》及《百官公卿表》皆云"武帝始置五经博士"，翟酺乃言孝文皇帝始置一经博士者，盖为经置博士，始于文帝，而限以五经，则自武帝建元五年始也。考文、景时博士如张生、如晁错，乃《书》博士；如申公、如辕固、如韩婴，皆《诗》博士；如胡母生、如董仲舒，乃《春秋》博士。是专经博士文、景时已有之，但未备五经，而复有传记博士，故班固言置五经博士自武帝始也。

并立传记，

《汉书·刘歆传》："至孝文皇帝，始使掌故晁错从伏生受《尚书》。《诗》始萌芽，天下众书往往颇出，皆诸子传记，犹广立于学官，为置博士。"

赵岐《孟子题辞》："孝文皇帝欲广游学之路，《论语》、《孝经》、《孟子》、《尔雅》皆置博士。"

武帝始罢黜百家，专立五经，而博士之员大减。

《汉书·武帝纪》："建元五年春，置五经博士。"《百官公卿表》序同。

赵岐《孟子题辞》："后罢传记博士，独立五经而已。"

案：文、景时已有《诗》、《书》、《春秋》博士，则武帝所新置者，《易》与《礼》而已。《易》之有博士，始于田王孙，在武帝时。《礼》之有博士，可考者始于后苍，在昭、宣二帝之世，而苍又兼传《齐诗》，不知为《齐诗》博士与？《礼》博士与？疑武帝时，《礼》博士或阙而未补，或以他经博士兼之，未能详也。

又案：传记博士之罢，钱氏大昕以为即在置五经博士时，其说盖信。然《论语》、《孝经》、《孟子》、《尔雅》虽同时并罢，其罢之之意则不同。《孟子》，以其为诸子而罢之也。至《论语》、《孝经》，则以受经与不受经者皆诵习之，不宜限于博士而罢之者也。刘向父子作《七略》，六艺一百三家，于《易》、《书》、《诗》、《礼》、《乐》、《春秋》之后，附以《论语》、《孝经》、《尔雅》附。小学三目。六艺与此三者，皆汉时学校诵习之书。以后世之制明之，小学诸书者，汉小学之科目；《论语》、《孝经》者，汉中学之科目；而六艺则大学之科目也。武帝罢传记博士，专立五经，乃除中学科目于大学之中，非遂废中小学也。汉时教初学之所，名曰书馆，其师名曰书师，其书用《仓颉》、《凡将》、《急就》、《元尚》诸篇，其旨在使学童识字习字。《论衡·自纪》篇："充八岁出于书馆。书馆小僮百人以上皆以过失袒谪，或以书丑得鞭。充书日进，又无过失。"《后汉书·皇后纪》："邓皇后六岁能史书，十二通《诗》、《论语》。""梁皇后少善女工，好史书，九岁能诵《论语》。"是汉人就学，首学书法，其业成者得试为吏，此一级也。其进则授《尔雅》、《孝经》、《论语》，有以一师专授者，亦有由经师兼授者。《汉书·平帝纪》："元始三年立学官，郡国曰学，县、道、邑、侯国曰校，校学置经师一人。乡曰庠，聚曰序，序、庠置《孝经》师一人。"《魏志·邴原传》注引《原别传》："邻有书舍，原遂就书，一冬之间，诵《孝经》、《论语》。"此由一师专授者也。《平帝纪》："元始四年，征天下以一经、《论语》、《孝经》、《尔雅》教授者。"此由经师兼授者也。且汉时但有受《论语》、《孝经》、小学而不受一经者，无受一经而不先受《论语》、《孝经》者。《汉书·昭帝纪》："诏曰：朕通《保傅传》,《孝经》、《论语》、《尚书》,未云有明。"《宣帝纪》:"霍光议奏曰:孝武皇帝曾孙病已,有诏掖庭养视,师受《诗》、《论语》、《孝经》。"《景十三王传》:"广川王去,师受《易》、《论语》、《孝经》,皆通。"《疏广传》:"皇太子年十二岁通《论语》、《孝经》。"《后汉书·范升传》:"九岁通《论语》、《孝经》。及长,受《梁邱易》,皆通。"是通经之前,皆先通《论语》、《孝经》,亦有但云《论语》者。《汉书·王尊传》:"受《尚书》、《论语》。"《后汉书·邓皇后纪》:"十二通《诗》、《论语》。"《梁皇后纪》:"九岁能诵《论语》,治韩《诗》。"《马严传》:"子续七岁能通《论语》,十三明《尚书》。"《荀爽传》:"年十二通《春秋》、《论语》。"《论衡·自纪》篇:"充手书既成,辞师受《论语》、《尚书》。"此数事,或举《论语》以该《孝经》,或但受《论语》而不及《孝经》,均不可考。要之,无不受《论语》者。汉人受书次第:首小学,次《孝经》、《论语》,次一经。此事甚明。诸书或倒言之,乃以书之尊卑为次,不以受书之先后为次,受书时由卑及尊乃其所也。《汉官仪》所载博士举状,于五经外必兼《孝经》、《论语》,故汉人传《论语》、《孝经》者,皆他经大师,无以此二书专门名家者。如传齐《论》者,有王吉父子、宋畸、贡禹、五鹿充宗、胶东庸生。中惟宋畸无考,王吉则传韩《诗》,王骏及五鹿充宗传梁邱《易》,贡禹传公羊《春秋》,庸生传古文《尚书》。传鲁《论》者有龚奋、夏侯胜、韦贤、鲁扶卿、萧望之、张禹、朱云。奋与扶卿无考,夏侯胜则传《尚书》,韦贤传鲁《诗》,萧望之传齐《诗》,张禹传施氏《易》,朱云传孟氏《易》。传《孝经》者有长孙氏、江翁、后苍、翼奉、张禹。长孙氏无考,江翁则传鲁《诗》与穀梁《春秋》,后苍、翼奉传齐《诗》,苍又传《礼》。盖经师授经,亦兼授《孝经》、《论语》,犹今日大学之或有豫备科矣。然则汉时《论语》、《孝经》之传实广于五经,不以博士之废置为盛衰也。

宣帝之末,增员至十二人。

《汉书·宣帝纪》:"甘露三年,立梁邱《易》、大、小夏侯《尚书》、穀梁《春秋》博士。"

又《百官公卿表》序:"博士,宣帝黄龙元年,增员至十二人。"

又《艺文志》:《易》"讫于宣、元,有施、孟、梁邱、京氏立

于学官";《书》"讫孝宣,有欧阳、大、小夏侯氏立于学官";《诗》
"鲁、齐、韩三家皆立于学官";《礼》"讫孝宣世,后苍最明,戴德、
戴圣、庆普皆其弟子,三家皆立于学官";《春秋》"四家之中,公
羊、穀梁立于学官"。

又《刘歆传》:"往者博士,《书》有欧阳,《春秋》公羊、《易》
则施、孟,然孝宣皇帝犹复广立穀梁《春秋》、梁邱《易》、大、小
夏侯《尚书》。"

又《儒林传》赞:"初《书》惟有欧阳,《礼》后,《易》杨,
《春秋》公羊而已。至孝宣世,复立大、小夏侯《尚书》,大、小戴
《礼》,施、孟、梁邱《易》,穀梁《春秋》。"

《后汉书·章帝纪》:"建初四年十一月壬戌,诏曰:'汉承秦
后,褒显儒术,建立五经,为置博士。孝宣皇帝以去圣久远,学不
厌博,故遂立大、小夏侯《尚书》。"

案:宣帝增置博士事,纪、表、志、传所纪互异。纪系于甘露
三年,表系于黄龙元年,一不同也。纪与《刘歆传》均言立梁邱
《易》、大、小夏侯《尚书》、穀梁《春秋》,而《儒林传》赞复数
"大、小戴《礼》",《艺文志》复数"庆氏《礼》",二不同也。又博
士员数,表与传亦不同。据《刘歆传》,则合新旧仅得八人,如
《儒林传》赞,则合新旧得十二人,似与表合矣。然二传皆不数
《诗》博士。案:申公、韩婴均于孝文时为博士,辕固于孝景时为
博士,则文、景之世,鲁、齐、韩三家《诗》已立博士。特孝宣时
于《诗》无所增置,故刘歆略之。《儒林传》赞综计宣帝以前立博
士之经,而独遗《诗》鲁、齐、韩三家,则疏漏甚矣。又,宣帝于
《礼》博士亦无所增置,《儒林传》赞乃谓"宣帝立大、小戴
《礼》",不知戴圣虽于宣帝时为博士,实为后氏《礼》博士,尚未
自名其家与大戴分立也。《艺文志》谓庆氏亦立学官者,误与此同。
今参伍考之,则宣帝末所有博士,《易》则施、孟、梁邱,《书》则
欧阳、大、小夏侯,《诗》则齐、鲁、韩,《礼》则后氏,《春秋》
公羊、穀梁,适得十二人。《儒林传》赞遗《诗》三家,因刘歆之
言而误。赞又数大、小戴《礼》,《艺文志》并数庆氏《礼》,则又
因《后汉》所立而误也。又宣帝增置博士之年,纪、表虽不同,然
皆以为在论石渠之后。然《儒林传》言欧阳高孙地余为博士,论石
渠;又林尊事欧阳高为博士,论石渠;张山拊事小夏侯建为博士,

论石渠。则论石渠时，似欧阳有二博士，小夏侯亦已有博士，与纪、传均不合，盖所纪历官时代有错误也。又《易》施、孟二博士，亦宣帝所立，但在甘露、黄龙前。则《儒林传》赞所言是也。

元帝复立京氏《易》博士，未几而废。

《汉书·儒林传》赞："至元帝世，复立京氏《易》。"

《后汉书·范升传》："先帝前世有疑于此，故京氏虽立，辄复见废。"

平帝复立古文《尚书》、毛《诗》、《逸礼》、《乐经》、左氏《春秋》，增员至三十人。

《汉书·儒林传》赞："平帝时，又立左氏《春秋》、毛《诗》、《逸礼》、古文《尚书》。"

又《王莽传》："元始四年，立《乐经》，益博士员，经各五人。"

又《艺文志》："《周官经》六篇，王莽、刘歆置博士。"

《三辅黄图》："六经三十博士。"

案：平帝时增五经为六经，博士经各五人，则六经三十人。然综计当时所立之学不及三十家，盖一家博士不止一员也。

后汉初博士共十四人。

《续汉书·百官志》："博士十四人。"本注曰："《易》四：施、孟、梁邱、京氏；《尚书》三：欧阳、大、小夏侯氏；《诗》三：鲁、齐、韩氏；《礼》二：大、小戴氏；《春秋》二：《公羊》严、颜氏。"

《后汉书·儒林传》序："光武中兴，爱好儒术，立五经博士，各以家法教授。《易》有施、孟、梁邱、京氏，《尚书》欧阳、大、小夏侯，《诗》齐、鲁、韩、毛，此字衍。《礼》大、小戴，《春秋》严、颜，凡十四博士。"

案：后汉初，曾置庆氏《礼》，当时为《礼》博士者，如曹充、如曹褒、如董钧，皆传《庆氏礼》者也。传二戴《礼》而为博士者，史反无闻。疑当时《礼》有庆、大、小戴三氏，故班氏《艺文志》谓"《礼》三家皆立于学官"，盖误以后汉之制本于前汉也。后庆氏学微，博士亦中废，至后汉末，《礼》博士只有大、小戴二家，故司马彪、范晔均遗之耳。

后立《春秋》左氏、穀梁博士，未几而罢。

《后汉书·陈元传》："时议欲立左氏《传》博士，范升与元相辨难，凡十余上。帝卒立左氏学，太常选博士四人，元为第一。帝以元新忿争，乃用其次司隶从事李封。于是诸儒以左氏之立，议论谌哗，自公卿以下数廷争之，会封病卒，左氏复废。"

又《贾逵传》："至光武皇帝奋独见之明，兴立左氏、穀梁，会二家先师不晓图谶，故令中道而废。"

自是讫后汉之末，无所增损。至魏立穀梁《春秋》、《礼记》，而古文家经如费《易》、古文《尚书》、毛《诗》、《周礼》、左氏《春秋》遂并立于学官，博士亦增于汉矣。

《魏志·文帝纪》："黄初五年立太学，制五经课试之法，置《春秋》穀梁博士。"

又《高贵乡公纪》："甘露元年，夏四月丙辰，帝幸太学"云云。

又《王肃传》："肃为《尚书》、《诗》、《论语》、三《礼》、《左氏》解，及撰定父朗所作《易传》，皆列于学官。"

《魏略·儒宗传》：《后汉书·儒林传》注、《魏志·杜畿传》注引。"乐详，黄初中，征拜博士。于时太学初立，有博士十余人。"

《宋书·百官志》："博士，魏及晋西朝置十九人，江左初减为九人，皆不知掌何经。"

案：汉世所立十四博士，皆今文学也。古文诸经，终汉之世未得立于学官。惟后汉中叶后，博士之选，不如先汉之严，故周防以治古文《尚书》为博士，卢植本事马融，兼通今古学，亦为博士。又中平五年所征博士十四人，若荀爽，若郑元，若陈纪，亦古文学家。爽等三人，虽征而不至，若周防、卢植，固尝任职矣。而当时实未立古文学，此三人者，盖以古文学家为今文学博士，犹孔安国虽传古文《尚书》而实为今文《尚书》博士。观安国之学传为兒宽，宽之传为欧阳高可知。胡常、翟方进虽兼传左氏，而实为穀梁博士也。古文学之立于学官，盖在黄初之际。自董卓之乱，京洛为墟，献帝托命曹氏，未遑庠序之事，博士失其官守，垂三十年。今文学日微，而民间古文之学乃日兴月盛。逮魏初复立太学博士，已无复昔人，其所以传授课试者，亦绝非曩时之学。盖不必有废置明文，而汉家四百年学官，今文之统已为古文家取而代之矣。试取魏时诸博士考之，邯郸淳传古文《尚书》者也，乐详、周生烈传左氏《春秋》者也，宋均、田琼皆亲受业于郑元，张融、马照亦私淑郑氏者也，苏林、张揖通古今字指，则亦古文学家也。余如高堂隆上书述古文《尚书》、《周官》、左氏《春秋》，赵怡、淳于峻、庾峻等亦称述郑学，其可考者如此，则无考者可知。又以高贵乡公幸太学问答考之，所问之《易》，则郑注也；所讲之《书》，则贾逵、马融、郑元、王肃之注也；所问之《礼》，则《小戴记》，盖亦郑元、王肃注也。《王肃传》明言其所注诸经皆列于学官，则郑注五经亦列于学官可知。然则魏时所立诸经，已非汉代之今文学，而为贾、马、郑、王之古文学矣。《晋书·荀崧传》崧上疏言："晋初太学有石经古文，先儒典训，贾、马、郑、杜、服、孔、王、何、颜、尹之徒章句传注，众家之学，置博士十九人。"《宋书·礼志》文同。《宋书·百官志》以为魏博士员数亦与之同，其说虽未可尽信，然大略不甚相远。今以荀崧所举家数，与沈约所纪魏博士员数差次之。魏时除《左传》杜注未成，《尚书》孔传未出外，荀崧言晋初章句传注有孔氏，盖谓孔安国《书传》。晋初已立《孔传》与否，虽不可考，然魏时确未立《孔传》。何以证之？《孔传》释《尧典》"曰若稽古"为顺考古道，与贾、马、王肃同。而庾峻对高贵乡公问，仅言贾、马及肃皆以为顺考古道，不及孔安国，是魏时未立《尚书》孔传之证也。《易》有郑氏、王氏，《书》有贾、马、郑、王氏，《诗》及三《礼》郑氏、王氏，《春秋左传》服氏、王氏，《公羊》颜氏、何氏，《穀梁》尹氏，适得十九家，与博士十九人之数相当。沈约之说，虽他无所征，盖略近之矣。此十九博士中，惟《礼记》、公、穀三家为今学，余皆古学。于是西京施、孟、梁邱、京氏之《易》，欧阳、大、小夏侯之《书》，齐、鲁、韩之《诗》，庆氏、大戴之《礼》，严氏之《春秋》，皆废于此数十年之间，不待永嘉之乱而其亡可决矣。学术变迁之在上者，莫剧于三国之际，而自来无能质言之者，此可异也。

蜀汉与吴亦置博士，虽员数无考，而风尚略同。

《蜀志·许慈传》："慈事刘熙，善郑氏学，治《易》、《尚书》、三《礼》、毛《诗》、《论语》。中略。先主定蜀，承丧乱历纪，学业衰废，乃鸠合典籍，沙汰众学，慈为博士。”

又《尹默传》："益部多贵今文而不崇章句，默知其不博，乃远游荆州，就司马德操、宋仲子等受古学，皆通诸经史。又专精于《左氏春秋》，自刘歆条例，郑众、贾逵父子、陈元方、服虔注说，咸略诵述，不复案本。子宗传其业，为博士。"

《晋书·儒林传》："文立，蜀时游大学，专毛《诗》、三《礼》。"《华阳国志》同。

《虞翻别传》：《吴志·虞翻传》注引。"翻奏郑元解《尚书》违失事曰：'宜命学官定此三事。'又曰：'又元所注五经，违义尤甚者百六十七事，不可不正，行乎学校，传乎将来，臣窃耻之。'"

案：蜀、吴学校均行古学，蜀之博士皆古学家，既有征矣。吴虞翻所上奏在孙权世，时尚未立五经博士，孙休永安元年始立五经博士。而翻言郑注"行乎学校"，盖指民间教授言之，后立博士，韦昭实为祭酒，韦亦古学家也。然则蜀、吴所立博士，当与魏略同，盖可识矣。

博士自六国秦时已有弟子，汉兴仍之。

《汉书·贾山传》"祖祛，故魏王时博士弟子也。"

《史记·叔孙通传》："陈胜起，二世召博士诸儒生问曰：'于公何如？'博士诸生三十余人对曰"云云。

《汉书·循吏传》："文翁，景帝末为蜀郡守，选郡县小吏开敏有材者张叔等十余人，遣诣京师，受业博士。"

武帝特为博士置弟子五十人，

《汉书·武帝纪》："元朔四年夏六月，诏曰：'盖闻导民以礼，风之以乐。今礼坏乐崩，朕甚闵焉。故详延天下方闻之士，咸荐诸朝。其令礼官劝学，讲议洽闻，举遗兴礼，以为天下先。太常其议予博士弟子，崇乡党之化，以厉贤材焉'。丞相弘请为博士置弟子员，学者益广。"

又《儒林传》："丞相、御史言：'请为博士官置弟子五十人，复其身。太常择民年十八以上，仪状端正者，补博士弟子。郡国县官有好文学，敬长上，肃政教，顺乡里，出入不悖所闻，令相长丞上所属二千石。二千石谨察可者，常与计偕，诣太常，得受业如弟子。'"

其后大增员数。

《汉书·儒林传》:"昭帝时增弟子员满百人,宣帝时增倍之。元帝好儒,能通一经者皆复。数年,以用度不足,更为设员千人。成帝末,或言孔子布衣养徒三千人,今天子太学弟子少,于是增弟子员三千人。岁余,复如故。平帝时王莽秉政,增元士之子得受业如弟子,勿以为员。"

《后汉书·党锢传》:"太学诸生三万余人。"

又《儒林传》:"本初元年,梁太后诏曰:'大将军下及六百石,悉遣子就学。'自是游学增盛,至三万余生。"

《魏略·儒宗传》序:《魏志·王肃传》注引。"黄初元年之后,新主乃复始扫除太学之灰炭,补旧石经之缺坏,备博士之员录,依汉甲乙以考课。申告州郡,有欲学者,皆遣诣太学。太学始开,有弟子数百人。至太和、青龙中,中外多事,人怀避就,虽性非解学,多求请太学。太学诸生有千数。"

博士之于弟子,职在教授及课试。

《汉书·儒林传》:"博士弟子,一岁皆辄课,能通一艺以上,补文学掌故缺;高可以为郎中,太常籍奏。即有秀才异等,辄以名闻。若下材不能通一艺,辄罢之,而请诸能称者。"

又:"岁课甲科四十人为郎中,乙科二十人为太子舍人,丙科四十人补文学掌故云。"

《后汉书·徐防传》:"永元十四年,防上疏曰:'伏见太学试博士弟子,皆以意说,不修家法,私相容隐,开生奸路。每有策试,辄兴诤讼,议论纷错,互相是非。臣以为博士及甲乙策试,宜从其家章句,开五十难以试之。解释多者为上第,引文明者为高说。若不依先师,义有所伐,皆正以为非。五经各取上第六人,《论语》不宜射策,虽所失或久,差可矫革。'诏书下公卿,皆从防言。"

又《顺帝纪》:"阳嘉元年秋七月丙辰,以太学新成,试明经,下第者补弟子,增甲乙科员各十人。"

又《质帝纪》:"本初元年夏四月,令郡国举明经,年五十以上、七十以下诣太学。自大将军至六百石,皆遣子受业。岁满课试，以高第五人补郎中，次五人太子舍人。"

《通典》：十三。"桓帝建和初，诏诸学生年十六比郡国明经试，次第上名。高第五十人、上第十六人为郎中，中第十七人为太子舍人，下第十七人为王家郎。"

同上，"永寿二年，诏复课试诸生，补郎舍人。"

《后汉书·宦者传》："诸博士试甲乙科，争第高下，更相告讼。亦有私行金货，定兰台漆书经字，以合其私文。"

《魏志·文帝纪》："黄初五年夏四月，立太学，制五经课试之法。"

《通典》：五十三。"魏文帝黄初五年，立太学于洛阳。时慕者始请太学为门人。满二岁，试通一经者称弟子，不通一经者罢遣。弟子满二岁，试通二经者补文学掌故，不通二经者听须后辈试。试通二经亦得补掌故。掌故满二岁，试通三经者擢高第，为太子舍人；不第者随后辈试，试通亦为太子舍人。舍人满二岁，试通四经者擢其高第，为郎中；不通者随后辈复试，试通亦为郎中。郎中满二岁，能通五经者擢高第，随才叙用，不通者随后辈复试，试通亦叙用。"

案：此即《魏志·文帝纪》所谓"五经课试之法"也。《通典》卷十三《选举门》，系此事于桓帝永寿二年之后；而《吉礼门》则以为魏黄初五年事。又《北堂书钞》六十七并《太平御览》五百三十四杂引此中文句，谓出挚虞《决疑要注》，亦以为魏时事，且与汉制不类，疑《吉礼门》所纪是也。

《魏略·儒宗传》序：《魏志·王肃传》注引。"黄初中，备博士之员录，依汉甲乙以考课。告州郡有欲学者，皆遣诣太学。太学始开，有弟子数百人。至太和、青龙中，中外多事，人怀避就，虽性不解学，皆求请太学。太学诸生有千数，本亦避役，竟无能竟学。冬来春去，岁岁如是。又虽有精者，而台阁举格太高，加不念统其大义，而问字指墨法点注之间，百人同试，度者未十。"

《魏志·明帝纪》："太和四年春二月壬午，诏曰：'其郎吏明经才任牧民，博士课试擢其高第者亟用，其浮华不务道本者皆罢去之。'"

后汉中叶以后，课试之法密，而教授之事轻。

《后汉书·儒林传》："自安帝览政，薄于艺文，博士倚席不讲，朋徒相视怠散。"

《通典》：五十三。"建安中，侍中鲍衡奏：'今学，博士并设，表章而无所教授。'"

《魏略·儒宗传》：《魏志·杜畿传》注引。"乐详，黄初中征拜博士。于时太学初立，有博士十余人，学多偏狭，又不熟悉，略不亲教，备员而已。"

又《儒宗传》序：《魏志·王肃传》注引。"太和、青龙中，诸博士率皆粗疏，无以教弟子。弟子本亦避役，竟无能习学。"

又汉博士皆专经教授，魏则兼授五经。

《魏略·儒宗传》："乐详五业并授。"

《魏志·高堂隆传》："景初中，帝以苏林、秦静等并老，恐无能传业者，乃诏科郎吏高才解经义者三十人，从光禄大夫隆、散骑常侍林、博士静，分受四经、三《礼》，主者具为设课试之法。"

案：三人分授四经、三《礼》，是一人所授非一经也。此虽非博士教弟子之法，然博士授业亦当准之。又秦静身为博士，弟子甚多，而虑其年老无能传业。是当时博士但备员数，未尝亲授弟子也。

汉博士弟子专受一经，后汉以后则兼受五经。

后汉建初残墓砖："十五入大学受《礼》，十六受《诗》，十七受□，十八受《易》，十九受《春秋》。"

汉博士课试弟子惟以一艺，后汉以后则兼试五经。

《通典》五十三。二则见上。

此其异也。汉博士秩卑而职尊，除教授弟子外，或奉使，

《汉书·武帝纪》："元狩六年夏，遣博士大等六人分循行天下。"

同上，"元鼎二年夏，大水。秋，遣博士中等分循行。"

同上，《终军传》："元鼎中，博士徐偃使行风俗。"

同上，《元帝纪》："建昭四年，临遣谏大夫博士赏等二十一人循行天下。"

同上，《王尊传》："博士郑宽中使行风俗。"

同上，《成帝纪》："河平四年，遣光禄大夫博士嘉等，行举濒河之郡，水所毁伤，贫乏不能自存者。"

同上，"阳朔二年秋，关东大水，流民欲入函谷、天井、壶口、五阮关者，勿苛留，遣谏大夫博士分行视。"

同上，《孔光传》："光为博士，成帝初即位，数使录冤狱，行风俗，赈赡流民，奉使称旨。"

同上，《平当传》："当为博士，使行流民幽州。"

或议政，

《汉书·贾谊传》："文帝召谊为博士，每诏令议下，诸老先生未能言，谊尽为之对。"

同上，《文帝纪》后元年："诏曰：'间者数年，岁比不登，又有水旱疾疫之灾，朕甚忧之。其与丞相、列侯、吏二千石、博士议之，有可以佐百姓者，率意远思，无有所隐。'"

同上，《武帝纪》："元朔元年冬十一月，诏曰：'朕深诏执事，兴廉举孝，今或阖郡而不举一人，其与中二千石、礼官、博士议，不举者罪。'"

同上，《儒林传》："元朔五年，诏太常：其议与博士弟子、丞相、御史言，谨与太常臧、博士平等议"云云。

《史记·三王世家》："大司马去病请定皇子位。丞相臣青翟、御史大夫臣汤昧死言：'臣谨与列侯臣婴齐、中二千石二千石臣贺、谏大夫博士臣安等议'"云云。又"臣青翟等与列侯、吏二千石、谏大夫、博士臣庆等议"云云。

《汉书·张汤传》："武帝时，匈奴求和亲。群臣议上前，博士狄山曰：'和亲便。'"

同上，《律历志》："元封七年，太中大夫壶遂、太史令司马迁等言：'历纪废坏，宜改正朔。'是时，御史大夫兒宽明经术，上乃诏宽曰：'与博士共议。'"

同上，《杜延年传》："始元四年，丞相车千秋即召中二千石、博士会公车门，议问侯史吴法。"

同上，《霍光传》："昌邑王即位，行淫乱，光遂召丞相、御史、将军、列侯、中二千石、大夫、博士会议未央宫。"

同上，《夏侯胜传》："宣帝初即位，诏曰：'孝武皇帝功德茂盛，而庙乐未称，朕甚悼焉，其与列侯、二千石、博士议。'"

同上，《韩延寿传》："萧望之劾延寿上僭不道，愿下丞相、中二千石、博士议其罪。"

同上，《韦玄成传》："永光四年，乃下诏，先议罢郡国庙，曰：'其与将军、列侯、中二千石、诸大夫、博士议。'"

同上，"后月余，复下诏曰：'盖闻明王制礼，立亲庙四，祖宗之庙万世不毁，所以明尊祖敬宗，著亲亲也。朕获承祖宗之重，惟大礼未备，战栗恐惧，不敢自颛，其与将军、列侯、中二千石、二千石、诸大夫、博士议。'"

同上，《郊祀志》："成帝初即位，丞相衡、御史大夫谭奏言：'甘泉泰畤、河东后土之祠宜可徙置长安，愿与群臣议定。'奏可。右将军王商、博士师丹、议郎翟方进等五十人以为，甘泉、河东之祠非神灵所飨，宜徙就正阳大阴之处。"

同上，《薛宣传》："哀帝初即位，宣子况赇客杨明，遮斫申咸宫门外。事下有司，御史中丞众等奏：'况、明皆弃市。'廷尉直以为：'明当以贼伤人不直，况与谋皆爵减，完为城旦。'上以问公卿。丞相孔光、大司空师丹以中丞议是，自将军以下至博士、议郎皆是廷尉。"

同上，《朱博传》："左将军彭宣等劾奏博及赵玄、傅晏，请诏谒者召诣廷尉诏狱。制曰：'将军、中二千石、二千石、诸大夫、博士、议郎议。'"

同上，《王嘉传》："孔光等请谒者召嘉诣廷尉诏狱。制曰：'票骑将军、御史大夫、中二千石、二千石、诸大夫、博士、议郎议。'"

同上，《韦玄成传》："哀帝即位，丞相光、大司空武奏言：'迭毁之制，宜以时定。臣请与群臣杂议。'于是，光禄勋彭宣、詹事满昌、博士左咸等五十三人，皆以为继祖宗以下，五庙而迭毁，孝武皇帝亲尽，其毁。"

同上，"元始五年，大司马王莽奏：'臣谨与太师孔光、长乐少府平晏、大司农左咸、中垒校尉刘歆、大中大夫朱阳、博士薛顺、议郎国由等六十七人议，皆曰：'宜如建始时丞相衡等议，复南北郊如故。'"

中兴以后，此制渐废，专议典礼而已。

《后汉书·光武纪》："建武二年，博士丁恭议曰：'古帝王封诸侯不过百里，故利以建侯，取法于雷，强干弱枝，所以为治也。今封诸侯四县，不合法则。'"

《续汉书·祭祀志》："建武七年五月，诏三公曰：'汉当郊尧。其与卿、大夫、博士议。'"

同上，"建武十九年，张纯、朱浮奏：'礼，为人子事大宗，降其私亲。愿下有司议先帝四庙，当代亲庙者及皇考庙事。'下公卿、博士、议郎议。"

《晋书·律历志》："黄初中，董巴议改历"云云。

案：董巴，魏博士，见后。

《魏书》：《魏志·明帝纪》注引。"景初三年，史官复著言，宜改正朔。乃诏三公、特进、九卿、中郎将、大夫、博士、议郎、千石、六百石博议。"

《宋书·礼志》："明帝即位，议改正朔。博士秦静、赵怡等以为宜改。"

同上，"博士乐祥议，正月旦受朝贺，群臣奉贽。"

《通典》：八十一。"太和六年四月，博士乐祥议明帝为外祖母服。"

同上，七十五。"青龙二年，博士高堂隆议执贽。"

同上，五十五。"青龙五年，博士秦静议正朔服色。"

同上，九十一。"魏明帝景初中，尚书祠部问曰：'同母异父昆弟，服应几月？'太常曹毗述博士赵怡据子游郑注，大功九月。"

同上，一百四十七。"博士赵怡议祀天地用宫县。"

同上，四十四。"博士秦静议蜡祭。"

同上，五十五。"博士秦静议凉州刺史上灵命瑞图，醮告太庙。"

同上，六十九。"博士田琼议异姓不相为后。"

同上，八十三。"蒋济奏：'吊丧去冠，非礼意。'博士杜希议"云云。

博士秩，汉初四百石，宣帝后为比六百石。

《汉书·百官公卿表》："博士秩比六百石。"

《续汉书·百官志》："博士十四人，比六百石。本注：'本四百石，宣帝增秩。'"

魏时为第五品，

《通典》：三十六。"魏官九品，第五品太学博士。"

其长，自秦以后谓之仆射，中兴后为祭酒。

《汉书·百官公卿表》序："仆射，秦官，自侍中、尚书、博士、郎皆有，取其领事之号。"

《续汉书·百官志》："博士祭酒一人，秩六百石，本仆射，中兴转为祭酒。"

博士任用，或征召，

《汉书·贾谊传》："文帝召以为博士。"

同上，《张苍传》："文帝召公孙臣以为博士。"

同上，《公孙弘》、《疏广》、《贡禹》、《龚舍》、《夏侯胜传》，《后汉书·卢植》、《樊英传》，皆云"征为博士"。

《后汉书·曹褒》、《郭宪传》皆云"征拜博士"。

或荐举，

《汉书·成帝纪》："阳朔二年，诏曰：'丞相、御史其与中二千石、二千石杂举可充博士位者，使卓然可观。'"

同上，《彭宣》、《孔光传》"举为博士"。

同上，《儒林·施雠传》："梁邱贺荐雠，束发事师数十年，贺不能及，诏拜为博士。"

同上，《孟喜传》："博士缺，众人荐喜，上闻喜改师法，遂不用喜。"

同上，《王式传》："诸博士皆素闻其贤，共荐式，诏除下为博士。"

《汉官仪》：《后汉书·朱浮传》注及《通典》引。"博士举状曰：'生事爱敬，丧没如礼，通《易》、《尚书》、《诗》、《礼》、《春秋》、《孝经》、《论语》，兼综载籍，穷微阐奥，师事某官，见授门徒五十人以上。隐居乐道，不求闻达。身无金痍痼疾三十六属，不与妖恶交通。王侯赏赐，行应四科，经任博士，下言某官某甲保举。'"

《后汉书·杨震传》："先是，博士选举多不以实，震举明经名士陈留杨伦等。"

同上，《儒林·周防传》："太尉张禹荐补博士。"

《魏志·张邰传》："邰虽武将，而爱乐儒士，尝荐同乡卑湛经明行修，诏擢为博士。"

《晋书·郑袤传》："袤为太常，高贵乡公议立明堂、辟雍，精选博士。袤举刘毅、刘寔、程咸、庾峻，后并至公辅大位。"

同上，《张华传》："郡守鲜于嗣荐华为太常博士。"

或选试，

《汉书·张禹传》："试为博士。"

《续汉书·百官志·太常》本注："每选试博士，奏其能否。"

《后汉书·朱浮传》："旧事，策试博士，必广求详选，爰自畿夏，延及四方。是以博举明经，惟贤是登。学者精励，远近同慕。伏闻诏书更试五人，惟取现在洛阳城者。臣恐自今以往，将有所失，求之密迩，容或未尽，而四方之学无所劝乐。"

同上，《伏恭传》："太常试，经第一，拜博士。"

同上，《陈元传》："太常选博士四人，元为第一。帝以元新忿争，乃用其次司隶从事李封，为博士。"

又《儒林·张元传》："会颜氏博士缺，元策试第一，拜为博士。"

或以贤良、文学、明经诸科进，

《汉书·公孙弘传》："武帝初即位，以贤良征为博士。元光五年，复举贤良文学，拜为博士。"

同上，《平当传》："以明经为博士。"

同上，《师丹传》："建昭中，州举茂才，复补博士。"

《后汉书·赵咨传》："延熹元年，大司农陈豨举咨至孝有道，仍迁博士。"

同上，《李法传》："永光九年，应贤良方正对策，除为博士。"

同上，《方术·郭宪传》："光武即位，求天下有道之人。乃征宪，拜博士。"

或由他官迁，

《汉书·晁错传》："错为太子舍人门大夫，迁博士。"

同上，《翼奉传》："奉以中郎为博士。"

同上，《匡衡传》："上以为郎中，迁博士。"

同上，《翟方进传》："举明经，迁议郎，河平中转为博士。"

同上，《儒林·欧阳生传》："欧阳地余以太子中庶子授太子，后为博士。"

《后汉书·范升传》："建武二年，光武征诣怀宫，拜议郎，迁博士。"

博士或兼给事中。

《汉书·百官公卿表》序："给事中亦加官，所加或大夫、博士、议郎，掌顾问应对，位次中常侍。"

同上，《平当传》："为博士给事中。"

同上，《韦贤传》："征为博士给事中。"

同上，《匡衡传》："迁博士给事中。"

同上，《薛宣传》："哀帝初即位，博士申咸给事中。"

同上，《师丹传》："给事中博士申咸、炔钦上书。"云云。

《献帝传》：《魏志·文帝纪》注引。"给事中博士苏林、董巴上表"云云。

《魏略》：《魏志·王粲传》注引。"黄初初，以邯郸淳为博士给事中。"

同上，《魏志·刘劭传》注引。"苏林，黄初中为博士给事中。"

《魏志·高堂隆传》："明帝以隆为给事中博士。"

其迁擢也，于内则迁中二千石、二千石，

《汉书·叔孙通传》："汉二年，汉王拜通为博士，号稷嗣君。七年拜为奉常。"中二千石。

同上，《公孙弘传》："拜为博士，待诏金马门，一岁中至左内史。"二千石。

同上，《百官公卿表》："博士后苍为少府。"中二千石。

同上，《平当传》："为博士给事中，奉使十一人为最，迁丞相司直。"比二千石。

同上，《韦贤传》："征为博士给事中，进授昭帝《诗》，稍迁光禄大夫。"比二千石。

同上，《夏侯胜传》："征为博士光禄大夫。"

同上，《匡衡传》："迁博士给事中，迁为光禄大夫。"

同上，《张禹传》："试为博士，授皇太子《论语》，由是迁为光禄大夫。"

同上，《儒林传》："郑宽中以博士授太子，迁光禄大夫，领尚书事。"

《后汉书·桓荣传》："荣为博士，拜博士张佚为太子太傅，中二千石。而以荣为少傅。"比二千石。

同上，《儒林·甄宇传》："征拜博士，稍迁太子少傅。"

同上，《鲁恭传》："拜为《鲁诗》博士，迁侍中。"比二千石。

同上，《曹褒传》："征拜博士，又拜侍中。"

同上，《李法传》："除博士，迁侍中。"

同上，《儒林·张兴传》："为博士，迁侍中。"

同上，《承宫传》："拜博士，迁左中郎将。"比二千石。

同上，《方术·李郃传》："父颉，官至博士，迁左中郎将。"

或迁千石及八百石，

《汉书·贾谊传》："谊为博士超迁，岁中至太中大夫。"比千石。

同上，《疏广传》："征为博士太中大夫。"

同上，《晁错传》："迁博士，拜为太子家令。"八百石。

同上，《翼奉传》："以中郎为博士谏大夫。"比八百石。

同上，《孔光传》："是时博士选三科，高为尚书，次为刺史，其不通政事，以久次为诸侯王太傅。光以高第为尚书。"六百石。

于外则为郡国守相，

《汉书·董仲舒传》："为博士，以贤良对策为江都相。"

同上，《萧望之传》："是岁选博士、谏大夫通政事者，补郡国守相。"

《后汉书·卢植传》："征为博士，出为九江太守。"

同上，《儒林·牟长传》："拜博士，稍迁河内太守。"

同上，《儒林·周防传》："补博士，稍迁陈留太守。"

同上，《儒林·伏恭传》："拜博士，迁常山太守。"

或为诸侯王太傅，

《汉书·儒林传》："辕固以博士为清河王太傅。"

同上，《彭宣传》："举为博士，迁东平太傅。"

同上，《师丹传》："复为博士，出为东平王太傅。"

《后汉书·杨伦传》："特征博士，为清河王傅。"

或为部刺史、州牧，

《汉书·禹贡传》："征为博士，凉州刺史。"

同上，《翟方进传》："转为博士，数年迁朔方刺史。"

同上，《儒林传》："胡常以明《穀梁春秋》为博士、部刺史。"

同上，《儒林传》："琅邪徐良斿卿为博士、州牧、郡守。"

或为县令，

《汉书·朱云传》："由是为博士，迁杜陵令。"

盖清要之官，非同秩之文吏比矣。

魏石经考一[*]

汉、魏石经，同立于太学，其时相接，其地又同，昔人所记，往往互误，故欲考魏石经之经数、石数，必自汉石经始矣。汉石经经数，据《后汉书·灵帝纪》、《卢植传》、《儒林传》序、《宦者传》，皆云五经，《蔡邕传》、《儒林传·张驯》下则云六经，《隋书·经籍志》云七经。其目，则《洛阳记》《后汉书·蔡邕传》注引。举《尚书》、《周易》、《公羊传》、《礼记》、《论语》五种，《洛阳伽蓝记》举《周易》、《尚书》、《公羊》、《礼记》四种，《隋志》则有《周易》、《尚书》、《鲁诗》、《仪礼》、《春秋》、《公羊传》、《论语》七种，据拓本。宋时存《诗》、《书》、《仪礼》、《公羊传》、《论语》五种。据残石。此先儒所谓五、六、七经之不同，不可得而详者也。其石数，则《西征记》《太平御览》卷五百八十九引。云四十枚，《洛阳记》云四十六枚，《洛阳伽蓝记》云四十八碑，《水经注·谷水》篇复以四十八碑为魏三字石经，《北齐书·文宣帝纪》云五十二枚，此亦先儒所谓不可得而详者也。余谓欲知汉石经之经数、石数，当以二者参伍定之。今用此法互相参校，则经数莫确于《隋志》，石数莫确于《洛阳记》。《记》云："大学在洛城南开阳门外，讲堂长十丈，广二丈。堂前石经四部，本碑四十六枚，西行：《尚书》、《周易》、《公羊传》十六碑存，十二碑毁；南行：《礼记》十五碑悉崩坏；东行：《论语》三碑，二碑毁。"《后汉书·蔡邕传》注引此，但云"《洛阳记》"，而《光武纪》注引首三语，云"陆机《洛阳记》"，则全文亦当为机语。然陆机时，汉石经当未崩毁，《魏志·王肃传》注引《魏略》，黄初后，扫除大学之灰炭，补旧石经之缺坏。是汉石经虽经董卓之乱，已修补完具。自是迄

---

* 据《观堂集林》卷第二十，史林十二。

晋初，洛阳初无兵火，自无崩坏之理。则所引疑非机书。考《隋志》载《洛阳记》四卷，无撰人姓名。《洛阳记》一卷，陆机撰。《洛阳图》一卷，晋怀州刺史杨佺期撰。佺期曾为龙骧将军，《后书·儒林传》注引杨龙骧《洛阳记》，是佺期《图》亦有《记》称。《元和郡县图志》又引华延俊《洛阳记》，新旧两《唐书志》皆有戴延之《洛阳记》一卷。是《洛阳记》共有四五种。然其记碑之方位存毁，较《水经注》、《洛阳伽蓝记》为详，固当在郦道元、杨衒之二书前矣。惟所记经数则不无舛误。《记》于西行二十八碑中失记《鲁诗》及《春秋》二经，又南行十五碑之《礼记》，实指《仪礼》言，皆得以诸经字数证之。汉石经，据传世宋拓本《尚书》、《论语》，大率每行七十三四字，因古本、今本字数不同，故不能决其每行若干字。他经当准之。又据《洛阳记》载《朱超石与兄书》"石经高丈许，广四尺"，则纵得七十余字者，横当得三十余字。今以一碑卅五行、行七十五字计，则每碑得二千六百二十五字。又汉、魏石经皆表里刻字，则每碑得五千二百五十字，二十八碑当得十有四万七千字。而《洛阳记》谓"西行《尚书》、《周易》、《公羊传》十六碑存，十二碑毁"。似此二十八碑止书三经。今据唐石经字数，则《周易》二万四千四百三十七字，《尚书》二万七千一百三十四字，而汉石经无伪古文二十五篇并孔安国序，仅得一万八千六百五十字。又唐石经《公羊传》四万四千七百四十八字，汉石经《公羊传》无经文并何休序，仅得二万七千五百八十三字。三经共七万六百七十字，则十五碑已足容之，无须二十八碑。惟加以《诗》四万八百四十八字，据唐石经《毛诗》字数，《鲁诗》字数未必与《毛》同，然当不甚相远，他经放此。《春秋经》一万六千五百七十二字，据宋李焘《春秋古经后序》所计，癸亥季冬，雒阳新出汉石经《春秋》僖公、昭公经，足证余说之不谬。共十有二万八千又九十字，约需二十有六碑。而据《隶释》所载汉石经残字，则《鲁诗》每章之首与《公羊传》每年之首，皆空一格，又经后各有校记、题名，恐正需二十八碑。此西行二十八碑于《易》、《书》、《公羊传》外，当有《诗》、《春秋》二经之证也。《记》又云"南行，《礼记》十五碑"。魏、晋以前，亦以今之《仪礼》为《礼记》，郑君《诗·采蘩笺》引《少牢馈食礼》，郭璞《尔释传诂注》引《士相见礼》，《释言注》引《有司彻》，《释草注》引《丧服传》，皆云《礼记》。非指《小戴记》之四十九篇。以经字证之，《礼记》九万八千九百九十九字，据唐石经。非汉石十五碑所能容，以汉石经每碑字数计须十有九碑。惟《仪礼》五万七千一百一十一字，则需十一碑，其余当为校记、题名，此南行十五碑之《礼记》实为《仪礼》之证也。又案：《仪礼》经文仅需十一碑，加以校记，亦不过十二碑。而有十五碑者，疑他三碑乃表奏之属。《后汉书》注引陆机《洛阳记》云，《礼记》碑上有马日碑，蔡邕名。今洛阳所出残石，有一石有刘宽堂、谿典诸人名，其里面又有诸经博士郎中姓名，其文甚长，或非一碑所能容，当在十五碑中也。其所云"东行：《论语》三碑"，原作二碑，顾氏《石经考》引改为三碑，以碑数计之，顾改是也。与《论语》字数正合。然则以碑数与经文字数互校，汉石经经数当为《易》、《书》、《诗》、《礼》《仪礼》。《春秋》五经，并《公羊》、《论语》二传，故汉时谓之五经，或谓之六经，《隋志》谓之七经。除《论语》为专经者所兼习，不特置博士外，其余皆当时博士之所教授也。其石数当为四十六碑，而《洛阳伽蓝记》所举之《礼记》，后魏时专谓四十九篇者谓《礼记》。《隋志》注之梁时《郑氏尚书》八卷、《毛诗》二卷，既非博士所业，又增此三种，则与石数不能相符，此皆可决其必无者。汉石经之经数、石数既明，然后魏石经之经数、石数可得而考矣。

魏石经考二[*]

　　魏石经所刊经数，据《西征记》、《洛阳伽蓝记》，为《尚书》、《春秋》二部；《隋书·经籍志》所载，亦仅有《三字石经尚书》九卷、梁有十三卷。《三字石经尚书》五卷、《三字石经春秋》三卷。梁有十二卷。惟《旧唐书·经籍志》乃有《三字石经尚书古篆》三卷、《三字石经左传古篆书》十三卷，《唐书·艺文志》同，惟《左传》十三卷作十二卷。是于《尚书》、《春秋》二经外，又有《左氏传》。《隶续》录洛阳苏望所刊魏石经遗字，除《尚书》、《春秋》外，亦有《左氏》桓七年传九字、桓十七年传二十六字，然以古书所记魏石经石数参证之，则疑窦不一而足。案：魏石经石数，据《水经注·谷水》篇则四十八碑，据《西征记》《御览》卷五百八十九引。则三十五碑，据《洛阳伽蓝记》则二十五碑。而无论二十五碑、三十五碑、四十八碑，均不足以容《尚书》、《春秋》、《左传》三书字数。考唐石经，《尚书》二万七千一百三十四字，《春秋左氏传》十九万八千九百四十五字，共得二十二万六千又七十九字，除伪古文二十五篇并孔安国序八千四百八十四字，杜预序一千六百又七字，共一万又九十一字，计得二十一万五千九百八十八字，每字三体，当得六十四万七千九百六十四字。而魏石经每石字数仅四千有奇，余就黄县丁氏所藏魏石经残石，此石光绪间出洛阳，潍县估人范某，得之洛阳某村路旁茶肆。其面已遭椎击。范估见其似有字迹而不存笔画，摸索石背则字迹显然。乃以五千钱购归，售诸黄县丁氏。此范估亲为罗叔言参事言者。以经文排比之，则每行得六十字；更以此行款排比《隶续》所录魏石经《尚书》、《春秋》残字，亦无一不合，知每石皆每行六十字。又量其字之长短，则每

---

　　* 据《观堂集林》卷第二十，史林十二。

八字当汉建初尺一尺弱，六十字当得建初尺七尺有半，碑之上下当有余地，则与《西征记》及《水经注》所云"石长八尺"者合矣。《水经注》复云"石长八尺，广四尺"，八尺之长，除上下余地得六十字，则四尺之广，不止容三十字，以各石相接，故左右不须有空处。当得三十四五字。今以每碑三十五行、行六十字计之，则每碑得二千一百字，加以表里刻字，《洛阳伽蓝记》所云如是。今丁氏残石虽仅存一面，然其他面尚隐隐有字迹。则得四千二百字。故《尚书》、《春秋》、《左传》三经字数，须一百五十五石乃能容之。此不独与古书所记石数无一相合，亦恐非正始数年中所能办。且考之隋以前纪载，不及《左传》，核之石数，又不能容三经，疑当时所刊《左传》，实未得全书十之二三。《隶续》所录《左传》文，乃桓公末年事。案：《左氏》隐、桓二公传，共九千三百三十九字，加以《尚书》一万八千六百五十字，《春秋》一万六千五百七十二字，篇题字未计。共四万四千五百六十一字。每字三体，得十有三万三千六百八十三字。今依《西征记》三十五碑字数计之，得十有四万七千字。盖所刊《左氏传》，当至庄公中叶而止。若如《洛阳伽蓝记》所云二十五碑，则尚不足容《尚书》、《春秋》二经字数。如上所计，以二十五碑字数校二经，字数之三倍尚不足六百六十六字。而《水经注》之四十八碑，实为汉石经石数。故魏石经石数，当以《西征记》为最确也。其经数，则《尚书》、《春秋》外，《左传》本未刊成，故六朝及唐初人纪载均未之及。唐、宋以后，蒐求残石及遗拓始及之。而《新》、《旧》二《志》十二卷或十三卷之数，殆兼《春秋经》言之，且未必遽为全卷，固非可据以难上文所论述也。

魏石经考三 *

汉一字石经，为《周易》、《尚书》、《诗》、《仪礼》、《春秋》、《公羊传》、《论语》七种。除《论语》不在经数、不立博士外，余皆立于学官之经，博士之所讲授者也。且汉石经后各有校记，盖尽列学官所立诸家异同。《隶释》谓："石经有一段二十余字，零落不成文。惟有《叔于田》一章及'女曰鸡'八字可读。其间有'齐'、'韩'字，盖叙二家异同之说。"是汉石经用《鲁诗》本，而兼存《齐》、《韩》二家异字也。又《隶释》所录《公羊》哀十四年传后有三行，皆有颜氏有无语，是汉石经《公羊》用严氏本，而兼存颜氏异字也。《论语》后有包周及盍毛包周字，是《论语》亦用某本而兼存盍毛包周诸本异字也。以上《诗》之鲁、齐、韩，《公羊》之严、颜，皆立于学官之书，石经以一本为主，而复著他本异同于后，则当时学官所立诸家经本，已悉具于碑。是蔡邕等是正《六经》文字之本旨，而后儒所以咸取正于是者也。由是推之，汉石经《易》、《书》、《礼》三经，其校记虽不存一字，然后汉博士《易》有施、孟、梁邱、京氏四家，《书》有欧阳、大、小夏侯三家，《礼》有大、小戴二家。石经本亦必以一家为主，而于后著诸家之异同，如《鲁诗》、《公羊传》例盖可断也。盖汉自石渠、虎观二议，已立讲五经同异之帜。嗣是章帝令贾逵撰欧阳、大、小夏侯《尚书》与古文同异，又撰齐、鲁、韩《诗》与毛氏异同，马融亦著《三传异同》。郑玄注《周官》，存古书字，又著"杜子春读为某"，"郑大夫、郑司农读为某"，是亦著杜、郑二家之异同。注《礼经》则著古今文之异同，注《论语》则存鲁读，当时学风已可概见。况石经之刊，为万世定本，既

---

* 据《观堂集林》卷第二十，史林十二。

不能尽刊诸家，又不可专据一家，则用一家之本，而于后复列学官所立诸家之异同，固其所也。然汉学官所立皆今文，无古文。故石经但列今文诸经异同，至今文与古文之异同，则未及也。而自后汉以来，民间古文学渐盛，至与官学抗行，逮魏初复立大学。暨于正始，古文诸经盖已尽立于学官。此事史传虽无明文，然可得而征证也。考《魏略》言："黄初中，太学初立，有博士十余人。"《后汉书·儒林传》注及《魏志·杜畿传》注引。《魏志·文帝纪》言："黄初五年夏四月，立大学，制五经课试之法，置《春秋穀梁》博士。"似魏初博士之数与后汉略同，但增置《春秋穀梁》一家。然考其实际，则魏学官所立诸经，乃与后汉绝异。《齐王芳纪》："正始六年十二月辛亥，诏故司徒王朗所作《易传》，今学者得以课试。"即博士课试五经所用。《王肃传》："肃为《尚书》、《诗》、《论语》、三《礼》、《左氏》解，及撰定父朗所作《易传》，皆立于学官。"又《高贵乡公纪》载："其幸太学之问，所问之《易》，则郑玄注也；所讲之《书》，则马融、郑玄、王肃之注也；所讲之《礼》，则《小戴记》，盖亦郑玄、王肃注也。"是魏时学官所立诸经，已为为贾、马、郑、王之学，其时博士可考者，亦多古文家，且或为郑氏弟子也。详见余《汉魏博士考》。当时学官所立者既为古学，而太学旧立石经，犹是汉代今文之学，故刊古文经传以补之。《隋志》载梁有《三字石经尚书》十三卷、《三字石经春秋》十二卷，此盖魏石经二经足本。十三卷者，后来伪《孔传》之卷数，与马融、王肃注本之十一卷、郑玄注本之九卷，分卷略同，而与欧阳、大、小夏侯之二十九卷或三十一卷及壁中书之五十八篇为四十六卷者绝异，乃汉、魏间分卷之法。其《春秋》十二卷，则犹是《汉志》"《春秋古经》"之篇数，亦即贾逵三家经本训诂之卷数，贾以《左氏经》为底本。与《汉志》公、穀二家经各十一卷者不同。盖汉、魏以前，左氏所传《春秋经》皆如是也。魏时学官所立《尚书》既为马、王、郑三家，则石经亦当用三家之本。三家虽同为古文《尚书》，然其本已改今字，陆氏《释文》所引马、郑本经文，绝非壁中书，王肃本亦然。敦煌本未改字，《尚书释文》云："此篇既是王注，应作今文，相承以续《孔传》，故亦为古字。"今本为宋时陈鄂辈删去。是王肃本亦作今字。而此具古、篆、隶三体者，壁中本古文《尚书》，后汉时尚在秘府，许慎见之，郑玄亦见之，中更董卓之乱，虽未必存，然当时未必无传写之本。《隋志》谓晋世秘府所存有古文《尚书》经文。《尚书正义》引束皙云："《盘庚序》'将治亳殷'，孔子壁中书作'将始宅殷'。皙所据壁中书，盖即晋秘府之古文《尚书》，虽未必为壁中原书，亦当自壁中本出矣。且汉、魏间除秘府本外，尚有民间传写之本，卫恒《四体书势》谓其祖敬侯即卫觊。尝写《邯郸淳尚书》以示淳，而淳不别。"案：淳虽以传古文书法名，然书法与书体亦不能强别。且《魏略》言淳于黄初中为博士，是淳盖亦传古文《尚书》而为《书》博士者。其本宜有所受之，是魏时《尚书》古文，固有秘府本及民间本矣。至古文《春秋经》及《左氏传》，至魏时尚存否，虽不可考，然《周礼·小宗伯》注引古文《春秋经》"公即位"为"公即立"，是郑君犹及见之。正始距郑君之卒不过数十年，或当时尚有传写之本矣。且汉、魏之间，字指之学大兴，魏时博士如邯郸淳，如苏林，如张揖，皆通古今字指者也。《王粲传》注引《魏略》，邯郸淳善苍雅虫篆、许氏字指。又《刘劭传》注引《魏略》，苏林通古今字指。《隋志》张揖有《古今字诂》三卷。字指，《旧唐志》作字旨。或谓字义之学。然《隋志》有《杂字指》一卷，后汉太子中庶子郭显卿撰。又《字指》二卷，晋朝议大夫李彤撰。《汗简》多引郭显卿字指、李彤集字，其字皆古文。是字指殆谓古今字之学，其体例当如《汉志》之八体六技及卫宏古文官书也。又《魏略·儒宗传》序谓："太和、青龙中，太学课试，台阁举格太高，加不念统其大义而问字指墨法点注之间。"是课试诸生亦用字指。魏之石经古文果壁中本，若其子本，抑用当时字指学家自定之本，均不可知。然即令出于字指学家之手，而字指学家之所据，亦不外壁中古文，因汉时除壁中《书》及张苍所传《春秋左氏传》外，别无古文故也。《说文·序》虽言郡国山川所出彝器与古文相似，然实未引一字。今就魏石经遗字中古文观之，多与《说文》所载壁中古文及篆文合，《说文》篆文中本多古文。且有与殷、周古文谓殷虚书契文字及古金文。至壁中书，则多先秦文字也。合而为许书所未载者。然则谓魏石经古文出于壁中本，或其三写、四写之本，当无大误。即谓出于当时字指学家之手，然虽非壁中之本，犹当用壁中之字，固不能以杜撰讥之矣。至其与壁中本相异者，亦可得而言。壁中《尚书》五十八篇，为四十六卷，而魏石经据《隋志》注仅十三卷，且壁中本尚有《逸书》十六篇，建武时亡《武成》一篇，为十五篇。而魏石经若数逸篇，则三十五碑不能刊至《左传》桓、庄间，是其篇数当与马、郑本同，是卷数、篇数均异于壁中本也。又石经《尚书》十三卷，虽若与梅赜本卷数同，然无梅本所增之二十五篇，此亦可以石数字数证之。又梅本《书序》分冠各篇之首，而石经残字中，《吕刑》与《文侯之命》相接处，除《文侯之命》篇题外，无容《书序》之余地，故知石经《书序》亦自为一卷，与马、郑本同，而与梅本绝异也。要之，汉、魏石经皆取立于学官者刊之。汉博士所授者皆今文，故刊今文经。魏学官所立《尚书》为马、郑、王三家，故但刊三家所注之三十四篇，其逸篇绝无师说，又不立学官，且当时亦未必存，故不复刊。亦犹《尚书》、《逸礼》、《春秋左氏传》同为古文，《逸礼》绝无师说，又不立学官，故仅刊古文《尚书》及《春秋左氏传》也。其刊此三经者，以汉世所未刊。其不刊《逸书》及《逸礼》者，以学官所不立。至《费氏易》、《毛诗》、《周官》、《礼记》、《穀梁春秋》，魏时亦已立学官，而石经无之者，盖《礼记》、《穀梁传》均为今学，《费易》、《毛诗》虽为古学，或已无古文之本，而魏石经必具三体，故未之及，或欲刊而未果，与《左传》之未毕工者同。《隋志》一字石经《鲁诗》六卷下注：梁有《毛诗》二卷，亡。案：汉时《毛诗》未立学官，决无刊《毛诗》之理。如果有《毛诗》，或出魏时所刊。后人以用一字与汉石经同，遂附之《鲁诗》下耳。然则汉、魏石经皆刊当时立于学官之经，为最显著之事实矣。

魏石经考四 [*]

拓石之事，未识始于何时，然拓本之始见于纪载者，实自石经始。《后汉书·蔡邕传》："碑始立，其观视及摹写者，车乘日千余两。"《晋书·赵至传》："至游太学，遇嵇康于学写石经。"《石季龙载记》："遣国子博士诣洛阳写石经。"是自汉至晋之中叶，尚无拓墨之法。《隋志》注载梁有"一字石经"、"三字石经"，其为拓本或写本，盖无可考。惟《隋志》著录之二种石经，确为拓本，《志》与《封氏闻见记》均明言之。观其所存卷数，梁时所有魏石经《尚书》、《春秋》均系完帙，当是后魏初年之物。唐初所藏，则为迁邺前后之物矣。《隋志》所录魏石经拓本，为《尚书》九卷，又五卷，即九卷中之复本。《春秋》三卷。《旧唐书·经籍志》又有《三字石经尚书古篆》三卷、《三字石经左传古篆书》十三卷，《新志》作十二卷。既云"三字石经"，复云"古篆书"，疑唐人就三字石经拓本中专录其古、篆二体，未必即是拓本。且《左传》有十三卷之多，非六朝人所记魏石经碑数所能容，其中当有《春秋》而误视为《左传》者，犹宋苏望所刊《尚书春秋残字》，自臧氏琳以前均谓之"《左传》遗字"也。又唐初《春秋》拓本仅存三卷，不应中叶以后并《春秋左传》乃得十三卷，然则《唐志》所录，殆不能视为拓本也。《大唐六典》国子监书学博士掌教国子，以石经、《说文》、《字林》为业。石经三体，三年业成。《说文》二年，《字林》一年。石经业成年限多于《说文》、《字林》，则存字当必不少。然六朝旧拓，唐中叶后盖已无存，偶有残拓，珍重与钟、王真迹等。则书学博士所用以教授者，亦当为写本，而非拓本。且唐初脩《隋志》时，现存之拓本，至中、睿以后颇已散佚。徐浩《古迹记》载，中宗时以内府真

---

* 据《观堂集林》卷第二十，史林十二。

迹赐安乐公主、太平公主，下至宰相、驸马等。自此，内库真迹散入诸家。《隋志》所录石经拓本之散佚，亦当在此时。至开元时，仅得十三纸。郭忠恕《汗简略叙目录》云："开元时，得《三字石经春秋》，臣仪缝，案："缝"上当有"押"字。石经面题云：'臣钟绍京一十三纸'。又有'开元字印'、'翰林院印'，后有许公苏颋、梁公姚崇、昭文学士马怀素、崇文学士褚无量、左金吾长史魏哲、左骁卫兵曹陆元悌、左司御录事刘怀信、直秘书监王昭远、陪戎副尉张善装。《墨池编》卷十四卢元卿跋尾记载《齐高帝书》一卷，后有开元五年十一月五日诸臣列名，与此同，惟多宋璟一人。其诸臣列名次第，首张善，终宋璟，与此适相反。又张善作张善庆，王昭远作王知逸，魏哲作魏晢。魏、陆、刘、王四人名下皆有监字。至建中二年，知书楼直官、贺幽奇、刘逸己等检校，内侍伯宋游瓖、掖庭令茹兰芳跋状尾焉。其真本即太子宾客致仕马胤孙家藏之。周显德中，嗣太子借其本传写在焉。"句中正《三字孝经序》见《墨池编》。所记略同。窦臮《述书赋》注云："今见三字石经打本四纸，石既寻毁，其本最希。唐中叶后，魏石经拓本见于纪载者，惟此而已。宋皇祐癸巳，洛阳苏望得拓本于故相王文康家，刊以行世。"欧阳棐《集古录目》谓其莫辨真伪。余疑其即开元内府之十三纸。何则？《隶续》所录苏氏刊本，今详加分析，则《尚书》六段、《春秋》七段、《左传》一段，共十四段，与开元之十三纸止差一纸，其中当有两段在一纸上者。且开元十三纸，后周时尚在马胤孙家，至宋初尚存，郭忠恕见之，句中正亦见之。中正《三字孝经序》云，永泰中，相国马胤孙藏得拓本数纸，今所书文字悉准之。王文康家之本，当即马本，苏氏刊之，而遗其跋尾，遂使人昧其所出耳。厥后胡宗愈复据苏本刊之锦官西楼，洪适于会稽蓬莱阁亦刊数十字。今苏、胡、洪三刻皆不可见，惟《隶续》所录者尚无恙。然则魏石经拓本，自开元以后迄于有宋之初，除窦臮所见四纸外，只此十三纸。郭忠恕《汗简》引魏石经一百二十二字，其见于苏刻者七十四字；夏竦《古文四声韵》引一百十四字，其见于苏刻者六十三字，余皆出《汗简》。其在苏刻及《汗简》外者，仅十二字。而郭、夏二书中苏刻所无之字，颇有苏刻所遗者，苏跋谓取其完者刻之，则十三纸中磨泐及不完之字，苏未尝刊。郭、夏二氏或能辨而录之也。亦有《尚书》、《春秋》、《左传》三书中本无此字者，则亦未必尽出石经。郭、夏所见，未必遽多于此矣。宋以后，苏、胡诸刻尽亡，魏石经一线之传，惟存于《隶续》，若存若亡者又六百年。今幸《周书》残石出于洛阳，我辈始得见正始原刻，固足傲欧、洪诸君于千载之上矣。

魏石经考五*

　　孔壁、汲冢古文之书法，吾不得而见之矣。《说文》中古文，其作法皆本壁中书，其书法，在唐代写本与篆文体势无别，雍熙刊板则古、篆迥异。案宋初校刊《说文》，篆文当出徐铉手，古、籀二体当出句中正与王惟恭二人之手。《宋史·儒林传》，句中正与徐铉重校定《说文》摹印。《说文》后附《进书表》，亦并列王惟恭、葛湍、句中正、徐铉四人名。中正有《三字孝经》，惟恭有《黄庭经》，亦以古文书之。夏竦《进古文四声韵表》云，翰林少府监丞王惟恭，写读古文，笔力尤善。是句、王皆以古文名。《说文》中古、籀二体，必句、王二人所书明矣。此种书体，在唐以前不能征之，自宋以后，则郭忠恕之《汗简》、夏竦之《古文四声韵》、吕大临、王楚、王俅、薛尚功辈所摹之三代彝器，皆其一系。洎近世古器大出，拓本流行，然后知三代文字决无此体。惟吴县潘氏藏不知名古铜器一，笔意近之，而结体复异，乃六国时物也。今溯此体之源，当自三字石经始矣。卫恒《四体书势》谓："魏初传古文者出于邯郸淳，至正始中立三字石经，转失淳法，因科斗之名，遂效其形。"然则魏石经残字之丰中锐末或丰上锐下者，乃依傍科斗之名而为之，前无此也。自此以后，所谓"古文"者，殆专用此体。郭忠恕辈之所集，决非其所自创，而当为六朝以来相传之旧体也。自宋以后，句中正辈用以书《说文》古文，吕大临辈用以摹古彝器。至国朝，《西清古鉴》等书所摹古款识，犹用是体。盖行于世者几二千年，源其体势，不得不以魏石经为滥觞矣。

---

* 据《观堂集林》卷第二十，史林十二。

书《毛诗故训传》后*

　　《后汉书·儒林传》云:"赵人毛苌传《诗》,是为《毛诗》。"《隋书·经籍志》亦云:"《毛诗》二十卷,河间太守毛苌传。"惟郑氏《诗谱》云:"鲁人大毛公为《训诂传》于其家,河间献王得而献之,以小毛公为博士。"陆玑《毛诗草木虫鱼鸟兽疏》亦云:"《毛诗》,荀卿授鲁国毛亨,毛亨作《诂训传》,以授赵国毛苌。"则以《故训传》为毛亨作。余谓二说皆是也。盖故训者,大毛公所作,而传则小毛公所增益也。汉初《诗》家,故与传皆别行。《汉书·艺文志》:"《诗》,《鲁故》二十五卷,《鲁说》二十八卷,《齐后氏故》二十卷,《齐孙氏故》二十七卷,《齐后氏传》三十九卷,《齐孙氏传》二十八卷,《韩故》三十六卷,《韩内传》四卷,《韩外传》六卷。"故与传,皆各自为书。《毛诗》独合故训、传为一书。然故训与传固不必为一人所作,例以齐、鲁、韩三家之学固可知也。然则何以知传为小毛公作也? 曰:《毛诗》故训,多本《尔雅》,而传之专言典制义理者,则多用《周官》。《周官》一书,得于河间,不独汉初齐、鲁诸儒皆未之见,即周、秦人著书,亦未有征引一二者。大毛公,鲁人,又亲受《诗》于荀子,是生于周、秦之间,何缘得见《周官》而引之? 今案:《毛传》之用《周官》者,如《召南·行露传》曰"昏礼纯帛不过五两",《摽有梅传》曰"三十之男,二十之女,礼未备,则不待礼会而行之者,所以蕃育人民也",前传直用《地官·媒氏》职文,后传则用《媒氏》职义也。《鄘风·定之方中传》曰"度日出日入,以知东西,南视定,北准极,以正南北",《大雅·笃公刘传》曰"考于日景,参之高冈",则用《考工记·匠氏》义也。《鄘

---

　　* 据《观堂别集》卷一。

风·干旄传》曰“鸟隼曰旟”，又曰“析羽为旌”；《小雅·出车传》曰
“龟蛇曰旐”，又曰“鸟隼曰旟”；《六月传》曰“日月为常”；《大雅·桑
柔传》曰“鸟隼曰旟”、“龟蛇曰旐”；《韩奕传》曰“交龙为旂”。则
《春官·司常》职文也。《王风·大车传》曰“天子大夫四命，其出封五
命，如子男之服，服毳冕以决讼”，《唐风·无衣传》曰“侯伯之礼七
命，冕服七章”，又曰“天子之卿六命，车旂衣服，以六为节”，则《春
官·典命》及《司服》职文也。《秦风·车邻传》曰“寺人，内小臣
也”，内小臣者，《天官》之属也。《驷骥传》曰“冬献狼，夏献麛，秋
冬献鹿豕群兽”，则《天官·兽人》职文也。《终南传》曰“黑与青谓之
黻，五色备谓之绣”，《小雅·采菽传》曰“白与黑谓之黼”，则《考工
记》画缋之事也。《无衣传》曰“戈长六尺六寸，矛长二丈”，亦《考工
记》义也。《豳风·七月传》曰“大兽公之，小兽私之”，则《夏官·大
司马》职文也。《小雅·常棣传》曰“王与亲戚燕则尚毛”，亦《秋官·
司仪》职义也。《天保传》曰“春曰祠，夏曰禴，秋曰尝，冬曰蒸”，则
《春官·大宗伯》职义也。《正月传》曰“古者有罪不入于刑，则役之圜
土以为臣仆”，则《地官·司救》、《秋官·司圜》义也。《大雅·绵传》
曰“贲，大鼓，长一丈二尺”，则《考工记·韗人》义也。《生民传》曰
“尝之日，莅卜来岁之芟。狝之日，莅卜来岁之戒。社之日，莅卜来岁
之稼”，则《春官·肆师》职文也。《行苇传》曰“天子之弓，合九而成
规”，则《夏官·司弓矢》、《考工记·弓人》职文也。《云汉传》曰“国
有凶荒，则索鬼神而祭之”，则《地官·大司徒》职文也。《鲁颂·駉
传》曰“诸侯六闲，马四种，有良马，有田马，有戎马，有驽马”，则
《夏官·校人》及《马质》职文也。凡出《周官》者二十七条，盖小毛
公为河间献王博士，得见《周官》，因取以传《诗》，附诸故训之后。虽
《诗序》之中，亦有为小毛公增益者，如《周南·关雎序》说诗有六义，
语本《春官·太师》；《卫风·有狐序》云“古者国有凶荒，则杀礼而多
昏”，语本《地官·大司徒》；《王风·大车序》云“男女之讼”，亦本
《地官·媒氏》；《齐风·东方未明序》云“挈壶氏不能举其职”，本《夏
官·挈壶氏》；《南山序》“鸟兽之行”，本《夏官·大司马》。盖均非大
毛公本文。先汉人书，惟刘向所次《乐记》有《窦公》一篇，乃《春
官·大司乐》职文。《大戴记·朝事》，义取《秋官·典瑞》、《大行人》、
《小行人》、《司仪》四职文。《小戴记·内则》取《天官·食医》、《庖
人》、《内饔》三职文。《玉藻》取《春官·占人》职文。《燕义》取《夏

官·诸子》职文。此外惟贾谊《新书·礼》篇云"拜生民之数及谷数"，与《春官·天府》、《秋官·司民》说同，其余无引《周官》一事者。虽《左传》、《国语》等古文之早出者，亦无一与《周官》相发明。惟《毛诗传》言典制合于《周官》者，其多如此，固足证其出于河间，而与周、秦间之鲁人大毛公无与焉尔。

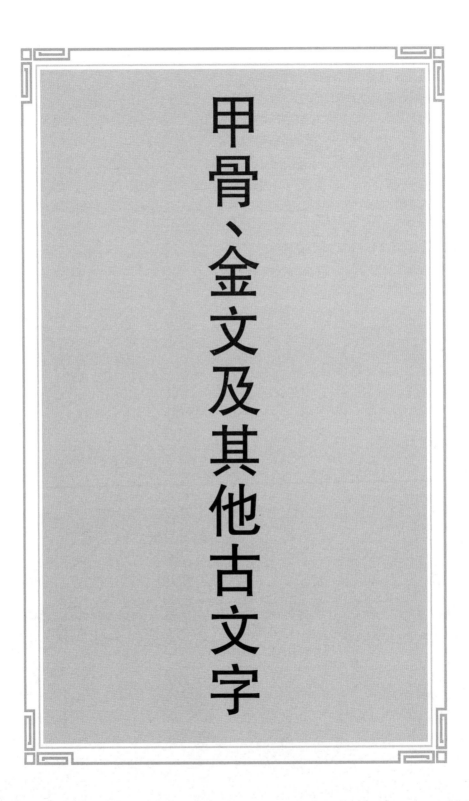

甲骨、金文及其他古文字

释　史[*]

《说文解字》："史，记事者也，从又持中。中，正也。其字古文、篆文并作 ，从 。"秦泰山刻石御史大夫之史，《说文》大、小徐二本皆如此作。案：古文中正之字作 、 、 、 、 诸形，而"伯仲"之仲作 ，无作 者，唯篆文始作 。且中正，无形之物德，非可手持。然则史所从之中，果何物乎？吴氏大澂曰："史象手执简形。"然 与简形殊不类。江氏永《周礼疑义举要》云："凡官府簿书谓之中，故诸官言'治中'、'受中'，《小司寇》'断庶民狱讼之中'，皆谓簿书，犹今之案卷也。此中字之本义，故掌文书者谓之史，其字从又从中。又者，右手，以手持簿书也。吏字、事字皆有中字，天有司中星，后世有治中之官，皆取此义。"江氏以中为簿书，较吴氏以中为简者得之。简为一简，簿书则需众简。顾簿书何以云中？亦不能得其说。案《周礼·大史》职"凡射事饰中、舍筭"，《大射仪》"司射命释获者设中，大史释获。小臣师执中先首坐设之，东面退。大史实八筭于中，横委其余于中西。又释获者坐取中之八筭，改实八筭，兴执而俟。乃射，若中，则释获者每一个释一筭，上射于右，下射于左。若有余筭，则反委之。又取中之八筭，改实八筭于中，兴执而俟"云云。此即《大史》职所云"饰中、舍筭"之事。是中者，盛筭之器也。中之制度，《乡射记》云："鹿中髹，前足跪，凿背容八筭。释获者奉之，先首。"又云："君国中射则皮树中，于郊则闾中，于竟则虎中，大夫兕中，士鹿中。"是周时中制皆作兽形，有首有足，凿背容八筭，亦与 字形不类。余疑中作兽形者，乃周末弥文之制，其初当如 形，而于 之上横凿空以立筭，达于下横，

其中央一直，乃所以持之，且可建之于他器者也。考古者简与筹为一物。古之简策，最长者二尺四寸；其次二分取一，为一尺二寸；其次三分取一，为八寸；其次四分取一，为六寸。详见余《简牍检署考》。筹之制，亦有一尺二寸与六寸二种。射时所释之筹，长尺二寸；投壶筹长尺有二寸。《乡射记》"箭筹八十，长尺有握，握素"，注："箭，筹也。筹，筹也。握，本所持处也。素，谓刊之也。刊本一肤。"贾疏云："长尺复云有握。"则握在一尺之外，则此筹尺四寸矣。云刊本一肤者，《公羊传》僖三十一年："肤寸而合。"何休云："侧手为肤。"又《投壶》"室中五扶"，注云："铺四指曰扶，案：《文选·应休琏与从弟君苗君胄书》注引《尚书大传》曰："扶寸而合，不崇朝而雨天下。"郑玄曰："四指为扶。"是扶、肤一字。一指案寸。"皆谓布四指，一指一寸，四指则四寸。引之者，证握、肤为一，谓刊四寸也。所纪筹之长短，与《投壶》不同。疑《乡射记》以周八寸尺言，故为尺四寸。《投壶》以周十寸尺言，故为尺有二寸。犹《盐铁论》言"二尺四寸之律"，而《史记·酷吏传》言"三尺法"，《汉书·朱博传》言"三尺律令"，皆由于八寸尺与十寸尺之不同，其实一也。计历数之算则长六寸，《汉书·律历志》："筹法用竹径一分长六寸。"《说文解字》："筹长六寸。"计历数者尺二寸与六寸，皆与简策同制。故古筹、策二字往往互相。《既夕礼》"主人之史请读赗，执筹，从枢东"，注："古文筹皆作策。"《老子》"善计者不用筹策"，意谓不用筹策也。《史记·五帝本纪》"迎日推策"，《集解》引晋灼曰："策，数也，迎数之也。"案：策无数义。惟《说文解字》云："算，数也。"则晋灼时本当作"迎日推算"，又假策为算也。汉荡阴令张迁碑："八月策民。"案：《后汉书·皇后纪》："汉法常以八月算人。"是"八月策民"即"八月算民"，亦以策为算，是古筹、策同物之证也。射时舍筹，既为史事，而他事用筹者，亦史之所掌。《周礼·冯相氏》、《保章氏》皆大史属官。《月令》乃命大史守典奉法、司天日月星辰之行，是计历数者史之事也。又古者筮多用策以代蓍，《易·系辞传》言乾之策、坤之策，《士冠礼》"筮人执策"，又周、秦诸书多言龟策，罕言蓍龟，策、筹实一字。而古者卜筮亦史掌之，《少牢馈食礼》筮者为史，《左氏传》亦有筮史，是筮亦史事。筹与简策本是一物，又皆为史之所执，则盛筹之中，盖亦用以盛简。简之多者，自当编之为篇。若数在十简左右者，盛之于中，其用较便。《逸周书·尝麦解》："宰乃承王中，升自客阶。作策、执策，从中，宰坐尊中于大正之前。"是中、策二物相将，其为盛策之器无疑。故当时簿书亦谓之中。《周礼·天府》"凡官府、乡州及都鄙之治中，受而藏之"，

《小司寇》"以三刺断民狱讼之中"，又"登中于天府，乡士、遂士、方士狱讼成，士师受中"，《楚语》"左执鬼中"，盖均谓此物也。然则史字从又持中，义为持书之人，与尹之从又持丨象笔形。者同意矣。

　　然则谓中为盛筭之器，史之义不取诸持筭而取诸持筴，亦有说乎？曰有：持筭为史事者，正由持筴为史事故也。古者书筴皆史掌之，《书·金縢》："史乃册祝。"《洛诰》："王命作册逸祝册。"又："作册逸诰。"《顾命》："大史秉书，由宾阶阼，御王册命。"《周礼·大史》："掌建邦之六典，掌法掌则，凡邦国都鄙及万民之有约剂者藏之，以贰六官。六官之所登，大祭祀，戒及宿之日，与群执事读礼书而协事。祭之日，执书以次位常。大会同朝觐，以书协礼事。及将币之日，执书以诏王。大师抱天时，与大师同车。大迁国抱法以前，大丧执法以莅劝防。遣之日读诔。"《小史》："掌邦国之志，奠系世，辨昭穆。若有事，则诏王之忌讳。大祭读礼法，史以书辨昭穆之俎簋。卿大夫令之贰，以考政事，以逆会计。凡命诸侯及公卿大夫则册命之。凡四方之事书，内史读之。王制禄，则赞为之。以方出之。"《内史》："掌书王命，遂贰之。"《外史》："掌书外令，掌四方之志，掌三皇五帝之书，掌达书名于四方，若以书使于四方，则书其令。"《御史》："掌赞书。"《女史》："掌书内令。"《聘礼》："夕币，史读书展币。"又："誓于其竟，史读书。"《觐礼》："诸公奉篋服，加命书于其上，升自西阶，东面，大史是右，侯氏升，西面立，大史述命。"注：读王命书也。《既夕礼》："主人之史请读赗。"又："公史自西方东面，读遣卒命。"《曲礼》："史载笔。"《王制》："大史典礼，执简记奉讳恶"。《玉藻》："动则左史书之，言则右史书之。"《祭统》："史由君右执策命之。"《毛诗·静女传》："古者后夫人必有女史彤管之法，史不记过其罪杀之。"又周六官之属掌文书者，亦皆谓之史，则史之职专以藏书、读书、作书为事，其字所从之中，自当为盛筴之器，此得由其职掌证之也。

　　史为掌书之官，自古为要职。殷商以前，其官之尊卑虽不可知，然大小官名及职事之名，多由史出，则史之位尊地要可知矣。《说文解字》："事，职也，从史，之省声。"又："吏，治人者也。从一，从史，史亦声。"然殷人卜辞皆以史为事，是尚无事字。周初之器，如毛公鼎、番生敦二器，卿事作事，大史作史，始别为二字。然毛公鼎之事作𡙕，小子师敦之卿事作𡙕，师寰敦之嗇事作𡙕，从中，上有斿，又持之，亦史之繁文，或省作𡙕，皆所以微与史之本字相别，其实犹是一字也。古

之官名多由史出，殷、周间王室执政之官，经传作"卿士"，《书·牧誓》
"是以为大夫卿士"，《洪范》"谋及卿士"，又"卿士惟月"，《顾命》"卿士邦君"，
《诗·商颂》"降予卿士"，是殷、周间已有卿士之称。而毛公鼎、小子师敦、
番生敦作"卿事"，殷虚卜辞作"卿史"，《殷虚书契前编》卷二第二十三叶，
又卷四第二十一叶。是卿士本名史也。又天子、诸侯之执政通称"御事"，
《书·牧誓》："我友邦冢君御事。"《大诰》："大诰猷尔多邦，越尔御事。"又："肆
余告我友邦君、越尹氏，庶士、御事。"《酒诰》："厥诰毖庶邦庶士，越少正、御
事。"又："我西土棐，徂邦君御事、小子。"《梓材》："王其效邦君越御事。"《召
诰》："诰告庶殷越，自乃御事。"又："王先服殷御事，比介于我有周御事。"《洛
诰》："予旦以多子越御事。"《文侯之命》："即我御事，罔或耆寿，俊在厥服。"多
以邦君、御事并称，盖谓诸侯之执政者也。而殷虚卜辞则称御史，《殷虚书契前
编》卷四第二十八叶。是御事亦名史也。又古之六卿，《书·甘誓》谓之
"六事"。司徒、司马、司空，《诗·小雅》谓之"三事"，又谓之"三有
事"，《春秋左氏传》谓之"三吏"，此皆大官之称事，若吏即称史者也。
《书·酒诰》"有正有事"，又"兹乃允惟王正事之臣"，《立政》"立政立
事"，"正"与"事"对文。长官谓之正，若政，庶官谓之事，此庶官之
称事，即称史者也。史之本义为持书之人，引申而为大官及庶官之称，
又引申而为职事之称。其后，三者各需专字，于是史、吏、事三字于小
篆中截然有别，持书者谓之史，治人者谓之吏，职事谓之事。此盖出于
秦、汉之际，而《诗》、《书》之文尚不甚区别，由上文所征引者知
之矣。

殷以前史之尊卑虽不可考，然卿事、御事均以史名，则史官之秩亦
略可知。《曲礼》"天子建天官，先六大，曰：大宰、大宗、大史、大
祝、大士、大卜，典司六典"，注："此盖殷时制，大史与大宰同掌天
官，固当在卿位矣。"《左传》桓十七年："天子有日官，诸侯有日御，
日官居卿以底日。"以日官为卿，或亦殷制。周则据《春官·序官》：
"大史，下大夫二人，上士四人。小史，中士八人，下士十有六人。内
史，中大夫一人，下大夫二人，上士四人，中士八人，下士十有六人。
外史，上士四人，中士八人，下士十有六人。御史，中士八人，下士十
有六人。"其中官以大史为长。郑注：大史，史官之长。或疑《书·酒诰》称
大史友、内史友，《大戴礼记·盛德》篇云："大史、内史，左右手也。"似大史、
内史，各自为寮，不相统属。且内史官在大史上，尤不得为大史之属。然毛公鼎云
御事寮、大史寮；番生敦云御事大史寮，不言内史。盖析言之，则大史、内史为二
寮；合言之，则为大史一寮。又《周官》长贰不问官之尊卑，如乡老以公、乡大夫

以卿，而为大司徒之属；世妇以卿，而为大宗伯之属。皆是。则内史为大史之属，亦不嫌也。秩以内史为尊，内史之官虽在卿下，然其职之机要，除冢宰外，实为他卿所不及。自《诗》、《书》、彝器观之，内史实执政之一人，其职与后汉以后之尚书令，唐、宋之中书舍人、翰林学士，明之大学士相当，盖枢要之任也。此官周初谓之作册，其长谓之尹氏。尹字从又持丨，象笔形。《说文》所载尹之古文作𦘛，虽传写讹舛，未可尽信，然其下犹为聿形，可互证也。持中为史，持笔为尹，作册之名亦与此意相会，试详证之。《书·洛诰》"王命作册逸祝册"，又"作册逸告"。"作册"二字，伪《孔传》以王为册书释之。《顾命》"命作册度"，传亦以命史为册书法度释之。孙氏诒让《周官正义》始云："尹逸盖为内史，以其所掌职事言之，谓之作册。"《古籀拾遗·宄卣跋》略同。始以作册为内史之异名。余以古书及古器证之，孙说是也。案：《书·毕命》序："康王命作册毕，分居里，成周东郊，作《毕命》。"《史记·周本纪》作"康王命作册毕公"，盖不知作册为官名，毕为人名，而以毕公当之，为伪古文《毕命》之所本。《汉书·律历志》引《逸毕命》、《丰刑》曰："王命作册丰刑。"《逸周书·尝麦解》亦有"作策"。此皆作册一官之见于古书者。其见于古器者，则癸亥父己鼎云"王赏作册丰贝"，𪭑卣云"王姜命作册𪭑安夷"，伯吴尊盖云"宰朏右作册吴入门"，皆以作册二字冠于人名上，与《书》同例。而吴尊盖之"作册吴"，虎敦、牧敦皆作"内史吴"，是作册即内史之明证也。亦称"作册内史"，师艅敦"王呼作册内史册命师艅"，尤盂"王在周，命作册内史锡尤卤□□"。亦称"作命内史"，剌鼎"王呼作命内史册命剌"是也。内史之长曰"内史尹"，亦曰"作册尹"，师兑敦"王呼内史尹册命师兑"，师晨鼎"王呼作册尹册命师晨"，尤敦"王受作册尹者假为诸字。俾册命尤"是也。亦单称"尹氏"，《诗·大雅》"王谓尹氏，命程伯休父"，颂鼎、寰盘"尹氏受王命书"，克鼎"王呼尹氏册命克"，师𨭉敦"王呼尹氏册命师𨭉"是也。或称"命尹"，古命、令同字，命尹即令尹。楚正卿令尹之名盖出于此。伊敦"王呼命尹邦册命伊"是也。作册、尹氏皆《周礼》内史之职，而尹氏为其长，其职在书王命与制禄、命官，与大师同秉国政，故《诗·小雅》曰："赫赫师尹，民具尔瞻。"又曰："赫赫师尹，不平谓何。"又曰："尹氏大师，维周之氏，秉国之钧。"诗人不欲斥王，故呼二执政者而告之。师与尹乃二官，与《洪范》之"师尹惟日"、《鲁语》"百官之政事师尹"同，非谓一人而师其官，尹其氏也。《书·大诰》："肆予告我友邦君，越尹氏庶士御事。"《多方》："诰尔四国多方，越尔殷侯尹民。"
"民"当为"氏"字之误也。尹氏在邦君殷侯之次，乃侯国之正卿，殷、
周之间已有此语。说《诗》者乃以《诗》之尹氏为大师之氏，以《春
秋》之尹氏当之，不亦过乎？且《春秋》之尹氏亦世掌其官，因以为氏
耳。然则尹氏之号，本于内史，《书》之庶尹、百尹，盖推内史之名以
名之，与卿事、御事之推史之名以名之者同，然则前古官名多从史出，
可以觇古时史之地位矣。

释　旬*

卜辞有❺、❻诸字，亦不下数百见。案：使夷敦云"金十❻"，**厩敖**敦盖云"金十❺"。考《说文》钧之古文作鋆，是❺、❻即鋆字，❺即旬字矣。卜辞又有"❻之二日"语，见《铁云藏龟》第六叶。亦可证❻、❺即旬字。余遍搜卜辞，凡云"贞旬亡囚"者，亦不下数百见，皆以癸日卜。知殷人盖以自甲至癸为一旬，而于此旬之末卜下旬之吉凶，云"旬亡囚"者，犹《易》言"旬无咎"矣。日自甲至癸而一遍，故旬之义引申为遍。《释诂》云"宣旬，遍也"，《说文》训里之勹，实即此字。后世不识，乃读若包，殊不知勹乃旬之初字，旬字从车、从勹，亦会意兼形声也。

释 脖[*]

　　归安吴氏藏一鼎，其铭曰："䏿侯□作父乙鼎。"又某氏藏一匜，其铭曰："䏿侯作□妊□縢匜，其眉寿万年，子子孙孙永宝用。"，䏿、䏿二字旧释为胥、为脖，余谓此薛国之本字也。其字所从之羋、乎，即《说文》亏字，其音古读如辥。见上释。此字从月、亏声，与薛字从艸、辥声同，而脖侯匜言"脖侯作□妊□縢匜"，则脖为任姓之国，其为滕薛之薛审矣。

---

* 据《观堂集林》卷第六，艺林六。

释 礼[*]

　　《说文》示部云："礼，履也，所以事神致福也。从示、从豊，豊亦声。"又豊部："豊，行礼之器也。从豆，象形。"案：殷虚卜辞有豊字，其文曰："癸未卜贞醴豊。"《殷虚书契后编》卷下第八叶。古玨、珏同字。卜辞珏字作玨、羊、详三体，则豊即豊矣。又有珏字《书契前编》卷六第三十九叶。及珏字，《后编》卷下第二十九叶。珏、珏又一字。卜辞𧯟字《后编》卷下第四叶。或作𧯟，《铁云藏龟》第一百四十三叶。其证也。此二字即小篆豊字所从之曲，古凵、凵一字。卜辞出或作𠙶，或作𠙻，知曲可作珏、珏矣。豊又其繁文。此诸字皆象二玉在器之形。古者行礼以玉，故《说文》曰："豊，行礼之器。"其说古矣。惟许君不知玨字即珏字，故但以从豆象形解之，实则豊从珏在凵中，从豆乃会意字，而非象形字也。盛玉以奉神人之器谓之曲、若豊，推之而奉神人之酒醴亦谓之醴，又推之而奉神人之事通谓之礼。其初，当皆用曲若豊二字，卜辞之醴豊，醴字从酒，则豊当假为酒醴字。其分化为醴、礼二字，盖稍后矣。

---

* 据《观堂集林》卷第六，艺林六。

《毛公鼎考释》序*

三代重器存于今日者，器以盂鼎、克鼎为最巨，文以毛公鼎为最多。此三器，皆出道光、咸丰间，而毛公鼎首归潍县陈氏，其打本、摹本亦最先出，一时学者竞相考订。嘉兴徐寿臧明经、同柏。海丰吴子苾阁学、式芬。瑞安孙仲颂比部、诒让。吴县吴清卿中丞大澂。先后有作。明经首释是器，有凿空之功，阁学矜慎，比部闳通，中丞于古文字尤有县解，于是此器文字可读者十且八九。顾自周初讫今垂三千年，其讫秦、汉亦且千年。此千年中，文字之变化脉络不尽可寻，故古器文字有不可尽识者势也。古代文字假借至多，自周至汉，音亦屡变。假借之字，不能一一求其本字，故古器文义有不可强通者亦势也。自来释古器者，欲求无一字之不识，无一义之不通，而穿凿附会之说以生。穿凿附会者非也，谓其字之不可识、义之不可通而遂置之者亦非也。文无古今，未有不文从字顺者。今日通行文字，人人能读之、能解之，《诗》、《书》、彝器亦古之通行文字，今日所以难读者，由今人之知古代不如知现代之深故也。苟考之史事与制度文物，以知其时代之情状；本之《诗》、《书》，以求其文之义例；考之古音，以通其义之假借；参之彝器，以验其文字之变化。由此而之彼，即甲以推乙，则于字之不可释、义之不可通者，必间有获焉。然后阙其不可知者，以俟后之君子，则庶乎其近之矣。孙、吴诸家之释此器，亦大都本此方法，惟用之有疏密，故得失亦准之。今为此释，于前人之是者证之，未备者补之，其有所疑则姑阙焉。虽于诸家外所得无多，然可知古代文字自有其可识者与可通者，亦有其不可识与不可强通者，而非如世俗之所云云也。丙辰四月。

---

* 据《观堂集林》卷第六，艺林六。

《宋代金文著录表》序[*]

　　古器之出，盖无代而蔑有。隋、唐以前，其出于郡国山川者，虽颇见于史，然以识之者寡，而记之者复不详，故其文之略存于今者，惟美阳仲山父二鼎与秦权、莽量而已。赵宋以后，古器愈出，秘阁太常既多藏器。士大夫如刘原父、欧阳永叔辈，亦复蒐罗古器，征求墨本。复有杨南仲辈为之考释，古文之学勃焉中兴。伯时与叔复图而释之，政宣之间，流风益煽，《籀史》所载著录金文之书至三十余家。南渡后，诸家之书犹多不与焉，可谓盛矣。今就诸书之存者论之，其别有三：与叔《考古》之图、宣和《博古》之录，既写其形，复摹其款，此一类也；《啸堂集录》、薛氏《法帖》，但以录文为主，不以图谱为名，此二类也；欧、赵金石之目，才甫古器之评，长睿东观之论，彦远广川之跋，虽无关图谱，而颇存名目，此三类也。国朝乾、嘉以后，古文之学复兴，辄鄙薄宋人之书，以为不屑道。窃谓《考古》、《博古》二图，摹写形制，考订名物，用力颇巨，所得亦多。乃至出土之地，藏器之家，苟有所知，无不毕记，后世著录家当奉为准则。至于考释文字，宋人亦有凿空之功。国朝阮、吴诸家不能出其范围。若其穿凿纰缪，诚若有可讥者，然亦国朝诸老之所不能免也。今错综诸书，列为一表，器以类聚，名从主人，其有异同，分条于下。诸书所录古器有文字者，胥具于是。惟《博古》所图钱镜，《啸堂》所集古印，较近世所出，厥数甚鲜，姑阙焉，以供省览之便云尔。至于厘订名称，是正文字，则非此表之所有事矣。甲寅五月。

---

　　* 据《观堂集林》卷第六，艺林六。

《国朝金文著录表》序*

　　古器物及古文字之学，一盛于宋，而中衰于元、明。我朝开国百年之间，海内承平，文化溥洽。乾隆初，始命儒臣录内府藏器，放《宣和博古图》为《西清古鉴》。海内士夫闻风承流，相与购致古器，蒐集拓本。其集诸家器为专书者，则始于阮文达之《集古斋钟鼎彝器款识》，而莫富于吴子苾阁学之《攈古录金文》；其著录一家藏器者，则始于钱献之别驾之《十六长乐堂古器款识》，而讫于端忠敏之《陶斋吉金录》。著录之器，殆四倍于宋人焉。数十年来，古器滋出，其新出土者，与以前散在人间未经著录者，又略得著录者之半。光绪间，宗室伯羲祭酒广蒐墨本，拟续阮、吴诸家之书。时郁华阁金文拓本之富，号海内第一，然仅排比拓本，未及成书也。稍后，罗叔言参事亦从事于此，其所蒐集者又较祭酒为多。辛亥国变后，祭酒遗书散出。所谓郁华阁金文者，亦归于参事，合两家之藏，其富过于阮、吴诸家远甚。汰其重复，犹得二千通，可谓盛矣。国维东渡后，时从参事问古文字之学，因得尽阅所藏拓本。参事属分别其已著录者与未著录者，将以次编类印行。又属通诸家之书列为一表，自甲寅孟夏讫于仲秋，经涉五月，乃始毕事。书成，都六卷。长夏酷暑，墨本堆案，或一器而数名，或一文而数器，其间比勘一器，往往检书至十余种，阅拓本至若干册，穷日之力，不过尽数十器而已。既具稿，复质之参事，略加检定，然著录之器既以千计，拓本之数亦复准之，文字同异不过豪厘之间，摹拓先后又有工拙之别，虽再三覆勘，期于无误，然复重遗漏，固自不免，庶竺古君子董而教之。甲寅八月。

---

* 据《观堂集林》卷第六，艺林六。

战国时秦用籀文六国用古文说*

余前作《〈史籀〉篇疏证〉序》，疑战国时秦用籀文，六国用古文，并以秦时古器遗文证之。后反覆汉人书，益知此说之不可易也。班孟坚言："《苍颉》、《爰历》、《博学》三篇文字多取诸《史籀》篇，而字体复颇异，所谓秦篆者也。"许叔重言："秦始皇帝初兼天下，丞相李斯乃奏同文字，罢其不与秦文合者。斯作《仓颉》篇，中车府令赵高作《爰历》篇，太史令胡毋敬作《博学》篇，皆取《史籀》大篆，或颇省改，所谓小篆者也。"是秦之小篆本出大篆，而《仓颉》三篇未出、大篆未省改以前，所谓秦文即籀文也。司马子长曰："秦拨去古文。"扬子云曰："秦划灭古文。"许叔重曰："古文由秦绝。"案：秦灭古文，史无明文。有之，惟一文字与焚《诗》、《书》二事。六艺之书行于齐、鲁，爰及赵、魏，而罕流布于秦，犹《史籀》篇之不行于东方诸国。其书皆以东方文字书之。汉人以其用以书六艺，谓之古文。而秦人所罢之文与所焚之书，皆此种文字，是六国文字即古文也。观秦书八体中有大篆无古文，而孔子壁中书与《春秋左氏传》，凡东土之书，用古文不用大篆，是可识矣。故古文、籀文者，乃战国时东、西二土文字之异名，其源皆出于殷、周古文。而秦居宗周故地，其文字犹有丰镐之遗，故籀文与自籀文出之篆文，其去殷、周古文反较东方文字即汉世所谓古文。为近。自秦灭六国，席百战之威，行严峻之法，以同一文字，凡六国文字之存于古籍者，已焚烧划灭，而民间日用文字又非秦文不得行用。观传世秦权量等，始皇廿六年诏后，多刻二世元年诏，虽亡国一二年中，而秦法之行如此，则当日同文字之效可知矣。故自秦灭六国以至

* 据《观堂集林》卷第七，艺林七。

楚汉之际十余年间，六国文字遂遏而不行。汉人以六艺之书皆用此种文字，又其文字为当日所已废，故谓之古文。此语承用既久，遂若六国之古文即殷、周古文，而籀、篆皆在其后，如许叔重《说文·序》所云者，盖循名而失其实矣。

《史记》所谓古文说[*]

　　自秦并天下，同一文字，于是篆、隶行而古文、籀文废。然汉初古文、籀文之书未尝绝也。《史记·张丞相列传》："张丞相苍好书律历，秦时为御史，典柱下方书。"而许氏《说文·序》言"北平侯张苍献《春秋左氏传》"，盖即"柱下方书"之一，是秦柱下之书至汉初未亡也。《太史公自序》言："秦拨去古文，焚灭《诗》、《书》，故明堂石室金匮玉版图籍散乱。"而武帝元封三年，司马迁为太史令，绅史记石室金匮之书，是秦石室金匮之书至武帝时未亡。故太史公修《史记》时所据古书，若《五帝德》，若《帝系姓》，若《谍记》，若《春秋历谱谍》，若《国语》，若《春秋左氏传》，若《孔氏弟子籍》，凡先秦六国遗书，非当时写本者，皆谓之古文。《五帝本纪》云："孔氏所传宰予《五帝德》及《帝系姓》，儒者或不传。余尝西至崆峒，北过涿鹿，东渐于海，南浮江淮矣。至长老皆各各称黄帝、尧、舜之处，风教固殊焉，总之不离古文者近是。"《索隐》云："古文谓《帝德》、《帝系》二书也。"是《五帝德》及《帝系姓》二篇本古文也。《三代世表》云："余读《谍记》，黄帝以来皆有年数，稽其《历谱谍》、《终始五德之传》，古文咸不同乖异。"是《谍记》与《终始五德传》褚先生补《三代世表》引《黄帝终始传》。是《终始五德传》亦书命名。亦古文也。《十二诸侯年表》云："太史公读《春秋历谱谍》。"又云："《谱谍》独记世谥，其辞略，欲一观诸要难。于是谱十二诸侯，自共和始讫孔子，表见《春秋》、《国语》，学者所讥盛衰大指著于篇，为成学治古文者要删焉。"由是言之，太史公作《十二诸侯年表》，实为《春秋》、《国语》作目录，故云"为成学治古文者

─────────────

　　* 据《观堂集林》卷第七，艺林七。

要删"，是《春秋》、《国语》皆古文也。《吴太伯世家》云："余读《春秋》古文，乃知中国之虞与荆蛮句吴兄弟也。"此即据《左氏传》宫之奇所云"太伯、虞仲，太王之昭者"以为说，而谓之"《春秋》古文"，是太史公所见《春秋左氏传》亦古文也。《七十二弟子列传》云："《弟子籍》，出孔氏古文近是。"此孔氏古文非谓壁中书，乃谓孔氏所传旧籍，而谓之古文，是《孔子弟子籍》亦古文也。然则太史公所谓古文，皆先秦写本旧书，其文字虽已废不用，然当时尚非难识，故《太史公自序》云："年十岁则诵古文。"太史公自父谈时已掌天官，其家宜有此种旧籍也。惟六艺之书为秦所焚，故古写本较少。然汉中秘有《易》古文经，河间献王有古文先秦旧书《周官》、《尚书》、《礼》、《礼记》，固不独孔壁书为然。至孔壁书出，于是《尚书》、《礼》、《春秋》、《论语》、《孝经》皆有古文。孔壁书之可贵，以其为古文经故，非徒以其文字为古文故也。盖汉景、武间，距用古文之战国时代不及百年，其识古文当较今日之识篆、隶为易。乃《论衡·正说》篇谓："鲁恭王得百篇《尚书》于屋壁中，使使者取视，莫能读者。"作伪《孔安国尚书序》者仍之，谓："科斗书废已久，时人莫能知。"卫恒《四体书势》亦云："汉武时鲁恭王坏孔子宅，得《尚书》、《春秋》、《论语》、《孝经》。时人已不复知有古文，谓之'科斗书'是亦疏矣。"求之《史记》，但云"孔氏有古文《尚书》，而安国以今文读之，因以起其家。《逸书》得十余篇。"此数语，自来读者多失其解。王氏念孙《读书杂志》用其子伯申氏之说曰："当读'因以起其家'为句，'《逸书》'二字连下读。起，兴起也。家，家法也。汉世《尚书》多用今文，自孔氏治古文经，读之、说之，传以教人，其后遂有古文家。是古文家法自孔氏兴起也。故曰'因以起其家'。"又云：《汉书·艺文志》曰"凡《书》九家"，谓孔氏《古文》，伏生《大传》，欧阳、大、小夏侯说及刘向《五行传记》，许商《五行传记》，《逸周书》，《石渠议奏》也。《刘歆传》曰"数家之事，皆先帝所亲论，今上所考视"，谓《逸礼》、古文《尚书》、《春秋左氏》也。是古文《尚书》自为一家之证。《书序正义》引刘向《别录》曰："武帝末，民间有得《泰誓》，献之。与博士使读说之，数月皆起。"《后汉书·桓郁传》注引华峤书，明帝问郁曰：子几人能传学? 郁曰：臣子皆未能传学，孤兄子一人，学方起。帝曰：努力教之，有起者即白之。是起谓其学兴起也。盖古文《尚书》初出，其本与伏生所传颇有异同，而尚无章句训诂，安国因以今文定其章句，通其假借，读而传之，是谓"以今文读之"，其所谓"读"，与班孟坚所谓"齐人能正《苍颉》读"，马季长所谓"杜子春始通《周官》读"之"读"，无以异也。然则安国之于古文

《尚书》，其事业在读之、起之，至于文字，盖非当世所不复知如王仲任辈所云也。自武、昭以后，先秦古书传世益少，其存者往往归于秘府，于是古文之名渐为"壁中书"所专有。然秘府古文之书，学者亦类能读之，如刘向以中古文《易经》校施、孟、梁邱经及费氏经；以中古文《尚书》校欧阳、大、小夏侯三家经文。又谓《礼古经》与十七篇文多相似，多三十九篇。谓《孝经》诸家说不安处，古文字读皆异。刘歆校秘书，见古文《春秋左氏传》，大好之。子政父子皆未闻受古文字学，而均能读其书，是古文讫西京之末尚非难识如王仲任辈所云也。嗣是讫后汉，如杜伯山、卫敬仲、徐巡、班孟坚、贾景伯、马季长、郑康成之徒，皆亲见壁中书或其传写之本，然未有苦其难读者，是古文难读之说起于王仲任辈未见壁中书者。其说至魏、晋间而大盛。不知汉人初未尝有是事也。

《汉书》所谓古文说 *

　　后汉之初，所谓"古文"者，专指孔子壁中书，盖自前汉末亦然。《说文·叙》记亡新六书："一曰古文，孔子壁中书也。二曰奇字，即古文而异者也。"《汉书·艺文志》所录经籍，冠以"古文"二字，若"古"字者，惟《尚书古文经》四十六卷，为五十七篇。《礼古经》五十六卷，《春秋古经》十二篇，《论语》古二十一篇，《孝经古孔氏》一篇，皆孔子壁中书也。惟《礼古经》有淹中及孔壁二本。然中秘古文之书，固不止此。司马子长作《史记》时所据石室金匮之书，当时未必尽存，固亦不能尽亡，如《六艺略》所录孔子《徒人图法》二卷，未必非太史公所谓《弟子籍》，《数术略》所录《帝王诸侯世谱》二十卷、《古来帝王年谱》五卷，未必非太史公所谓《谍记》及《春秋历谱谍》。而《志》于诸经外书皆不著"古"、"今"字。盖诸经之冠以"古"字者，所以别其家数，非徒以其文字也。六艺于书籍中为最尊，而古文于六艺中又自为一派，于是"古文"二字遂由书体之名而变为学派之名，故《地理志》于古文《尚书》家说亦单谓之"古文"，如右扶风汧县下云："吴山在西，古文以为汧山。"又武功下云："太壹山，古文以为终南。垂山，古文以为敦物。皆在县东。"颍川郡崇高下云："古文以崇高为外方山。"江夏郡竟陵下云："章山在东，古文以为内方山。"又安陆下云："横尾山在北，古文以为陪尾山。"东海郡下邳下云："葛绎山，古文以为峄阳。"会稽郡吴县下云："具区泽在西扬州薮，古文以为震泽。"豫章郡历陵下云："傅易山，傅易川在南，古文以为敷浅原。"武威郡武威下云："休屠泽在东北，古文以为猪壄泽。"张掖郡居延下云："居延泽在

---

　　* 据《观堂集林》卷第七，艺林七。

东北，古文以为流沙。"凡汧山、终南、敦物、外方、内方、陪尾诸名，欧阳、大、小夏侯三家经文用字或异，而名称皆同，而《地理志》独云"古文以为"者，盖古文《尚书》家如王璜、《儒林传》作王璜，《沟洫志》作王横。桑钦、杜林等说《禹贡》，以右扶风汧县之吴山，为《禹贡》之汧山；以武功之太壹垂山，为《禹贡》之终南敦物。是《地理志》所谓古文，非以文字言，以学派言也。其以文字言者，则亦谓之古文，或谓之古文字。《郊祀志》言"张敞好古文字"，又载敞美阳得鼎议曰"臣愚不足以迹古文"，是孔壁书外之彝器文字亦谓之古文，与许叔重谓鼎彝之铭皆前代之古文同。然后汉以降，凡言古文者，大抵指壁中书，故许叔重言"古文者，孔子壁中书"，又云"孔氏古文"也。

《说文》所谓古文说[*]

许叔重《说文解字·叙》言"古文"者凡十，皆指汉时所存先秦文字言之。其一曰："周宣王太史籀著大篆十五篇，与古文或异。"此古文似指苍颉以来迄五帝三王之世改易殊体之文字，即余前所谓"殷、周古文"，以别于战国古文者。实则不然，叔重但见战国古文，未尝多见殷、周古文。《叙》云："郡国往往于山川得鼎彝，其铭即前代之古文，皆自相似。"潘文勤公《攀古楼彝器款识序》遂谓："《说文》中古文本于经文者，必言其所出；其不引经者，皆凭古器铭识也。"吴清卿中丞则谓："《说文》中古文皆不似今之古钟鼎，亦不言某为某钟、某为某鼎字，必响拓以前，古器无氈墨传布，许君未能足征。"余案：吴说是也。拓墨之法，始于南北朝之拓石经，浸假而用以拓秦刻石。至拓彝器文字，赵宋以前未之前闻。则郡国所出鼎彝，许君固不能一一目验，又无拓本可致，自难据以入书。全书中所有重文、古文五百许字，皆出壁中书及张苍所献《春秋左氏传》，其在正字中者亦然。故其所谓"籀文与古文或异"者，非谓《史籀》大篆与《史籀》以前之古文或异，而实谓许君所见《史籀》九篇与其所见壁中书时或不同。以其所见《史籀》篇为周宣王时书，所见壁中古文为殷、周古文，乃许君一时之疏失也。其二曰："至孔子书六经，左邱明述《春秋》，皆以古文。"此亦似谓殷、周古文。然无论壁中所出与张苍所献，未必为孔子及邱明手书。即其文字，亦当为战国文字，而非孔子及邱明时之文字。何则？许君此语，实根据所见壁中诸经及《春秋左氏传》言之。彼见其与《史籀》篇文字不类，遂以为即殷、周古文。不知壁中书与《史籀》篇文字之殊，乃战国时东、西

---

* 据《观堂集林》卷第七，艺林七。

二土文字之殊。许君既以壁中书为孔子所书，又以为即用殷、周古文，盖两失之。故此二条所云"古文"，虽似谓殷、周古文，实皆据壁中古文以为说。惟《叙》末云："其称《易》孟氏、《书》孔氏、《诗》毛氏、《礼》周官、《春秋》左氏、《论语》、《孝经》，皆古文也。"此"古文"二字，乃以学派言之，而不以文字言之，与《汉书·地理志》所用"古文"二字同意，谓说解中所称，多用孟、孔、毛、左诸家说，皆古文学家而非今文学家也。《易》孟氏非古文学家，特牵率书之。其余所云古文者六，皆指先秦古文，其尤显明者，曰"古文者，孔子壁中书也"，曰"皆不合孔氏古文"，又申之曰"壁中书者，鲁恭王坏孔子宅而得《礼记》、《尚书》、《春秋》、《论语》、《孝经》"，又"北平侯张苍献《春秋左氏传》"，其示《说文》中所收古文之渊源最为明白矣。至其述山川鼎彝，又分别言之曰："其铭即前代之古文，皆自相似。"云"前代古文"者，以别于孔壁之古文；云"皆自相似"者，以明与孔壁古文不甚相似也。汉代鼎彝所出无多，《说文》古文又自成一系，与殷、周古文截然有别，其全书中正字及重文中之古文，当无出壁中书及《春秋左氏传》以外者。即有数字不见于今经文，亦当在逸经中，或因古今经字有异同之故。学者苟持此说以读《说文》，则无所凝滞矣。

《说文》今叙篆文合以古籀说 *

许君《说文·叙》云："今叙篆文，合以古、籀。"段君玉裁注之曰："小篆因古、籀而不变者多，其有小篆已改古、籀，古、籀异于小篆者，则以古、籀附小篆之后，曰'古文作某'，'籀文作某'，此全书之通例也。其变例则先古、籀后小篆。"又于"皆取《史籀》大篆，或颇省改"下注曰："许所列小篆，固皆古文、大篆，其不云'古文作某'、'籀文作某'者，古、籀同于小篆也。其既出小篆，又云'古文作某'、'籀文作某'者，则所谓'或颇省改'者也。"此数语可谓千古卓识。二千年来治《说文》者，未有能言之明白晓畅如是者也。虽然，段君所举二例，犹未足以尽《说文》，何则？如段君之说，必古、籀所有之字篆文皆有而后可。然篆文者，乃秦并天下后所制定之文字。秦之政治文化皆自用而不徇人，主今而不师古。其易籀为篆，不独有所省改，抑且有所存废，凡三代之制度名物，其字仅见于六艺而秦时已废者，李斯辈作字书时必所不取也。今《苍颉》三篇虽亡，然足以窥其文字及体例者，犹有《急就》篇在。《急就》一篇，其文字皆《苍颉》中正字，其体例先名姓字，次诸物，次五官，皆日用必需之字；而六艺中字十不得四五，故古、籀中字篆文固不能尽有。且《苍颉》三篇，五十五章，章六十字，凡三千三百字，且尚有复字，加以扬雄《训纂》，亦只五千三百四十字。而《说文》正字多至九千三百五十三，此四千余字者，许君何自得之乎？曰：此必有出于古文、籀文者矣。故《说文》通例，如段君说，凡古、籀与篆异者，则出古文、籀文；至古、籀与篆同，或篆文有而古、籀无者，则不复识别。若夫古、籀所有而篆文所无，则既不能附

---

* 据《观堂集林》卷第七，艺林七。

之于篆文后，又不能置而不录，且《说文》又无于每字下各注"此古
文"、"此籀文"、"此篆文"之例，则此种文字必为本书中之正字审矣。
故《叙》所云"今叙篆文，合以古、籀"者，当以正字言，而非以重文
言。重文中之古、籀，乃古、籀之异于篆文及其自相异者。正字中之
古、籀，则有古、籀、篆文俱有此字者，亦有篆文所无而古、籀独有
者。全书中引经以说之字，大半当属此第二类矣。然则《说文解字》实
合古文、籀文、篆文而为一书。凡正字中，其引《诗》、《书》、《礼》、
《春秋》以说解者，可知其为古文，其引《史篇》者，可知其为籀文。
引杜林、司马相如、扬雄说者，当出《苍颉》、《凡将》、《训纂》诸篇，
可知其为篆文。虽《说文》诸字中有此标识者十不逮一，然可得其大
略。昔人或以《说文》正字皆篆文，而古文、籀文惟见于重文中者，殆
不然矣。

汉时古文本诸经传考*

一、《周易》

一、中古文本　《汉书·艺文志》："刘向以中古文《易经》校施、孟、梁邱经，或脱去'无咎'、'悔亡'，惟费氏经与古文同。"案：《七略》但云"《易经》十二篇，施、孟、梁邱三家"，而古文经与费、高二家经均未著录。然刘子政用以校四家经，则汉中秘有古文《易》审矣。《易》为卜筮之书，秦时未焚，其有古文本亦固其所。

二、费氏本　《后汉书·儒林传》："东莱费直传《易》，授琅邪王横，为费氏学，本以古字，号古文《易》。"然《汉书》无此语，或后人因刘向校费氏经与古文经同，遂傅会为是说与？

二、《尚书》

一、伏氏本　《史记·儒林传》："秦时焚书，伏生壁藏之。其后，兵大起，流亡。汉定，伏生求其书，亡数十篇，独得二十九篇，即以教于齐、鲁之间。"是伏生所藏，为秦未焚书以前写本，当是古文。其传授弟子则转写为今文。壁藏之本，当时已视为筌蹄，不复珍惜。当欧阳、大、小夏侯之世，盖已不复有原本矣。

二、孔壁本　《汉书·艺文志》："《尚书古文经》四十六卷，为五十七篇。"又云："古文《尚书》出孔子壁中。孔安国者，孔子后也，悉得其书，以考二十九篇，得多十六篇。安国献之，遭巫蛊事，未立于学官。刘向以中古文校欧阳、大、小夏侯三家经文，

---

* 据《观堂集林》卷第七，艺林七。

《酒诰》脱简一，《召诰》脱简二。率简二十五字者，脱亦二十五字，简二十二字者，脱亦二十二字，文字异者七百有余，脱字数十。"建武之际亡《武成》一篇。其余篇，迄后汉末尚在秘府。

三、河间本　《汉书·景十三王传》："河间献王所得书，皆古文先秦旧书，《周官》、《尚书》、《礼》、《礼记》、《孟子》、《老子》之属。"

三、《毛诗》

《汉书·艺文志》："《毛诗》二十九卷。"不言其为古文。《河间献王传》列举其所得古文旧书，亦无《毛诗》。至后汉，始以《毛诗》与古文《尚书》、《春秋左氏传》并称。其所以并称者，当以三者同为未列学官之学，非以其同为古文也。惟卢子幹言"古文科斗近于为实"，而下列举《毛诗》、《左传》、《周礼》三目，盖因《周礼》、《左传》而牵连及之，其实《毛诗》当小毛公、贯长卿之时，已不复有古文本矣。

四、《礼经》

一、淹中本　《汉书·艺文志》："《礼古经》五十六卷。"又云："《礼古经》者，出于鲁淹中及孔氏，学七十篇文相似，多三十九篇。"刘氏敞曰："学七十篇，当作'与十七篇文相似'，五十六卷除十七，正多三十九也。"

二、孔壁本　《汉书·艺文志》："鲁恭王坏孔子宅，欲以广其宫，而得古文《尚书》及《礼记》、《论语》、《孝经》，凡数十篇，皆古字也。"又云："《礼古经》者，出于鲁淹中及孔氏。"《说文·叙》："鲁恭王坏孔子宅，而得《礼记》、《尚书》、《春秋》、《论语》、《孝经》。"是孔壁中亦有《礼经》，或谓之《礼记》者，《礼》谓本经，《记》谓附经之记也。今十七篇之记，郑注亦多云"古文某为某"，或云"今文某为某"，是古文本兼有经、记，与今本同。而记之附经，自先秦已然矣。又《艺文志》所纪孔壁诸经，都篇数与其分篇数不合。既云"孔壁古文凡数十篇"，然其分篇数则《尚书》五十七篇、《春秋》十二篇、《论语》二十一篇、《孝经》一篇，已九十一篇，若加《礼经》五十六篇，当得百四十余篇。盖"数十篇"上夺一"百"字，或孔壁所得《礼古经》不过数篇，不及淹中之多与？

三、河间本　《汉书·景十三王传》："河间献王所得书，皆古

文先秦旧书,《周官》、《尚书》、《礼》、《礼记》、《孟子》、《老子》
之属。"

五、《礼记》

《汉书·景十三王传》:"河间献王所得书,皆古文先秦旧书,
《周官》、《尚书》、《礼》、《礼记》、《孟子》、《老子》之属。"案:
《汉志》及《说文·叙》皆云孔壁中有《礼记》,乃谓《礼古经》五
十六卷。此既言《礼》,复言《礼记》,《礼》盖谓《礼经》,《礼记》
盖谓《汉志》"礼家《记》百三十篇"之属。《隋书·经籍志》云:
"刘向考校经籍,得《记》百三十篇、《明堂阴阳记》三十三篇、
《孔子三朝记》七篇、《王史氏》二十一篇、《乐记》二十三篇,凡
五种,合二百十四篇。"《经典释文·叙录》引刘向《别录》云"古
文《记》二百十四篇",数正相合,则献王所得《礼记》,盖即《别
录》之古文《记》。是大、小戴《记》本出古文。《史记》以《五帝
德》、《帝系姓》、《孔氏弟子籍》为古文,亦其一证也。但其本不出
孔氏而出于河间,后经大、小戴二氏而为今文家之学,后世遂鲜有
知其本为古文者矣。

六、《周官》

《景十三王传》举河间献王所得古文旧书有《周官》,而《汉
志》著录《周官》经六篇,不冠以"古文"者,凡《汉志》言古
文,皆以与今学相别:言《尚书古文经》者,以别于欧阳、大、小
夏侯三家之二十九卷、若三十二卷;言《礼古经》者,以别于后氏
之十七篇;言《春秋古经》者,以别于公、穀二家之十一卷;言
《论语》古者,以别于齐、鲁二家;言《孝经古孔氏》者,以别于
长孙氏、江氏、后氏、翼氏四家。《周官》经无今学,自毋庸冠以
"古文"二字。然其原本之为古文审矣。后汉以降,诸儒所见,大
抵传写隶定之本。郑注《礼经》云"古文某为某",其注《周官》
则但云"故书某为某",此一因《礼经》有今、古文二本,而《周
官》无今文,故不得称古文;一则因所见《周官》旧本已非古文,
故变而称"故书"也。

七、《春秋经》

《汉书·艺文志》:"《春秋古经》十二篇。"不言其所从得之处。

《说文·序》则系之孔子壁中书。《周礼·小宗伯》注："郑司农云：立读为位，古者立、位同字。《古文春秋经》'公即位'为'公即立'。"是其本至后汉尚存矣。

八、《春秋左氏传》

《论衡·案书》篇："《春秋左氏传》者，盖出孔子壁中。孝武皇帝时，鲁共王坏孔子教授堂以为宫，得佚《春秋》三十篇，左氏传也。"然《说文·序》则云"北平侯张苍献《春秋左氏传》"，而叙孔壁中书，但有《春秋经》，无《左氏传》。《汉志》亦然。疑王仲任所云出孔壁中者，涉《春秋经》而误也。《汉志》所著录者，即古文本。《刘歆传》"歆校秘书，见古文《春秋左氏传》，大好之"是也。服虔注襄二十五年传云"古文篆书一简八字"，盖子慎之时，其原本或传写古文之本，犹有存焉者矣。

九、《论语》

《汉书·艺文志》："《论语》古二十一篇，出孔氏壁中，两《子张》。"其本亦至后汉尚存，故《说文解字》中颇引其字。

十、《孝经》

《汉书·艺文志》："《孝经古孔氏》一篇，二十二章。"又云："《孝经》诸家说不安处，古文字读皆异。"许冲《上〈说文解字〉表》云："古文《孝经》者，昭帝时鲁国三老所献，建武时给事中议郎卫宏所校。"是其本亦至后汉尚存。

以上十种，十有五本，其存于后汉者惟孔子壁中书及《左氏传》，故后汉以后，古文之名遂为壁中书所专有矣。

汉时古文诸经有转写本说[*]

上既述汉时诸经传古文本矣。夫今文学家诸经，当秦、汉之际，其
著于竹帛者，固无非古文，然至文、景之世，已全易为今文。于是鲁国
与河间所得者，遂专有古文之名矣。古文家经如《尚书》、《毛诗》、《逸
礼》、《周官》、《春秋左氏传》、《论语》、《孝经》，本皆古文，而《毛
诗》、《周官》后汉已无原书。惟孔壁之《尚书》、《礼经》、《春秋》、《论
语》、《孝经》及张苍所献之《春秋左氏传》尚存，于是孔壁之书遂专有
古文之名矣。然汉时古文经传盖已有传写本，虽无确证，然可得而悬度
也。《河间献王传》言："献王从民得善书，必为好写与之，留其真。"
此就真本可得者言之。若真本不可得，则必降而求写本矣。《传》记献
王所得古文旧书，有《尚书》、《礼》，此二书者，皆出孔壁，或出淹中，
未必同时更有别本出。而献王与鲁恭王本系昆弟，献王之薨，仅前于恭
王二年，则恭王得书之时献王尚存，不难求其副本，故河间之《尚书》
及《礼》，颇疑即孔壁之传写本。此可悬拟者一也。又鲁恭王得孔壁书，
当在景、武之际，而孔安国家献古文《尚书》，乃在天汉之后，《汉书·
刘歆传》及荀悦《汉纪》。鲁国三老献古文《孝经》更在昭帝时。许冲《上
〈说文解字〉表》。安国虽读古文以今文，未必不别为好写藏之而后献诸
朝。其迟之又久而始献者，亦未必不因写书之故。此可悬拟者二也。杜
林于西州得漆书古文《尚书》一卷，此卷由来，迄无可考。虽后汉之
初，秘府古文《尚书》已亡《武成》一篇。然杜林所得未必即秘府所
亡。又西州荒裔，非齐、鲁比，则此卷又不能视为西州所出，疑亦孔壁
之传写本。此可悬拟者三也。两汉古文《尚书》及《春秋左氏传》，人

---

* 据《观堂集林》卷第七，艺林七。

间均有传业，《后汉书·贾逵传》："帝令逵自选《公羊》严、颜诸生高才者二十人，教以《左氏》与简纸经传各一通。"是当时授业皆有经本，且其经本犹当为古文。观汉代古学家如张敞、杜林、卫宏、徐巡、贾逵、许慎等，皆以小学名家。盖以传古学者，均须研究古文字。故此可悬拟者四也。后汉古文学家如卫宏、贾逵、许慎、马融，或给事中，或领秘书，或校书东观，故得见中秘古文。然如郑玄平生未尝窥中秘，而其注《尚书》、《周官》颇引逸书，又其注《礼经》也不独以古文校今文，且其所据之古文亦非一本，如《聘礼》"缫三采"注云"古文缫或作藻，今文作璪"，《公食大夫礼》"设洗如飨"、又"皆如飨拜"注皆云"古文飨或作乡"，《士丧礼》"设决丽于擘"注云"古文丽亦为连"，《既夕礼》"夷床輁轴"注云"古文輁或作拱"，《士虞礼》"祝入尸谡"注云"古文谡或为休"，又"明日以其班祔"注云"古文班或为辨"，又"中月而禫"注云"古文禫或为导"，凡言"某古文或为某"者八，是其所据古文必非一本，且皆非中秘之本。夫两汉人未闻有传古文《礼》者，而传世之古文《礼》尚有数本，则古文《尚书》、《左氏传》等民间本有是学者，其有别本可知。此可悬拟者五也。卫恒《四体书势》言"魏初传古文者出于邯郸淳。恒祖敬侯尝写淳《尚书》以示淳，而淳不别"。是淳有古文《尚书》写本。《隋书·经籍志》亦言"晋秘府有古文《尚书》经文"。此种既不能视为壁中原本，当系由壁中本转写。此可悬拟者六也。立此六义，则汉时古文经皆有别本甚明。由是观之，不独魏三体石经之古文具有渊源，即梅赜之伪书，其古字亦非全出杜撰也。

商三句兵跋[*]

　　商句兵三，出直隶易州，今归上虞罗叔言参事。其一铭曰"大祖日己祖日丁祖日乙祖日庚祖日丁祖日己祖日己"，其二曰"祖日乙大父日癸大父日癸中父日癸父日癸父日辛父日己"，其三曰"大兄日乙兄日戊兄日壬兄日癸兄日癸兄日丙"。凡纪祖名八、父名六、兄名六。三器之文，蝉媚相承，盖一时所铸。曩见吴县吴愙斋中丞所藏一戈，有乙、癸、丁三字，不得其解。以此三器例之，盖亦祖父之名矣。所云"大祖"、"大父"、"大兄"，皆谓祖、父、兄行之最长者。大父即《礼·丧服经》及《尔雅·释亲》之世父，古世、大同字，如世子称大子，世室称大室，则世父当称大父，非后世所谓王父也。其器出易州，当为殷时北方侯国之器。而其先君皆以日为名，又三世兄弟之名先后骈列，皆用殷制，盖商之文化，时已沾溉北土矣。尝读《山海经》纪王亥有易事，恒以为无稽之说。及读殷人卜辞，见有王亥、王恒诸名，乃知《楚辞·天问》中"该秉季德"一节，实纪殷之先祖王亥、王恒及上甲微三世之事，与《山经》、《竹书》相表里。二书言王亥托于有易，《天问》作"有狄"，古者易、狄同字，有狄即有易。盖商自侯冥治河，已徙居河北，远至易水左右。逮盘庚迁殷，又从先王故居，则今易州有殷人遗器，固不足怪。往者嘉兴沈乙庵先生语余，箕子之封朝鲜事，非绝无渊源，颇疑商人于古营州之域，凤有根据，故周人因而封之。及示以此器拓本，先生又谓《北史》及《隋书·高丽传》之"大兄"，或犹殷之遗语乎？此说虽未能证实，然读史者不可无此达识也。因附记之。

---

[*] 据《观堂集林》卷第十八，史林十。

秦新郪虎符跋*

　　新郪虎符，文四行，错金书，云"甲兵之符，右在王，左在新郪，凡兴士被甲，用兵五十人以上，必会王符乃敢行之。燔燧事虽无会符行殴"。罗叔言参事得其影本，临以寄余。其文甲作甲，兵作兵，在作才，与秦阳陵符同；凡作凡，与散氏盘同；敢作敢，也作殴，与《诅楚文》同；余字皆同小篆。余谓此秦符也。新郪本魏地，《魏策》苏秦说魏王："大王之国，南有许鄢、昆阳、邵陵、舞阳、新郪，至安釐王时尚为魏有。"《史记·魏世家》"安釐王十一年，秦昭王四十一年。秦拔我郪丘"，应劭以为即新郪。然郪丘《秦本纪》作邢丘，《六国表》作"廪丘"，《秦本纪》言"是年攻魏，取邢丘怀"。邢丘与怀二地相接，自当以邢丘为长。其后公子无忌说魏王云"秦叶阳、昆阳与舞阳邻"，是彼时叶阳、昆阳属秦，舞阳属魏。新郪在舞阳之东，其中间又隔以楚之陈邑。时楚正都陈，秦不能越魏、楚地而东取新郪明矣。至昭王五十四年，楚徙巨阳。始皇五年，又徙寿春。新郪入秦，当在此前后。然则此符当为秦并天下前二三十年间物也。

---

　　* 据《观堂集林》卷第十八，史林十。

秦阳陵虎符跋[*]

　　阳陵铜虎符，藏上虞罗氏。长汉建初尺四寸许，左右二符胶固为一。金错篆书，文各十二，曰："甲兵之符，右在皇帝，左在阳陵。"实秦虎符也。案《汉书·景帝纪》"葬阳陵"，《地理志》："左冯翊阳陵县，故弋阳，景帝更名"，或据此以为汉景、武以后之物，然与汉符不合者有五：一、《史记》及《汉书·文帝纪》："二年九月，初与郡国守相为铜虎符、竹使符。"今传世汉虎符，其文皆云"与某郡守或大守。为虎符"，与此符文绝不同。又阳陵乃县名，非郡国名，无与为虎符之理。此与汉制不合者一也。汉符之数，应劭云"铜虎符第一至第五"。今传世汉符肋下皆有"某郡左几某国右几字"，皆记数字，此符无之。与汉制不合者二也。汉符传世者，其文刻于脊上，合之而后可读，如《周官》傅别之制。此符左右文同，皆在脊左右，如《周官》质剂之制。此其不合者三也。《史记正义》引崔豹《古今注》云"铜虎符银错书之"。今《古今注》无此条。今传世汉符皆系银错，此符独用金错。此其不合者四也。此符字画颇肥，而所错之金极薄，几与以泥金书者相等。若汉世金错器，如莽币"一刀平五千"之"一刀"二字，则字细而金厚，他器如安昌车饰等亦然。此其不合者五也。若云秦符则有四证焉：《汉志》阳陵虽云景帝所置，然《史记·高祖功臣侯年表》有"阳陵侯"，《傅宽列传》亦同，《索隐》云："阳陵，《楚汉春秋》作阴陵。"然潍县郭氏有"阳陵邑丞"封泥，邑丞者，侯国之丞，足证傅宽所封为阳陵而非阴陵。是高帝时已有阳陵，其因秦故名，盖无可疑。此一证也。此符字数左右各十二字，共二十四字，皆为六之倍数。案：《史记·秦始皇本记》称

数以六为纪，故秦一代刻石有韵之文，皆用六之倍数，此符亦同。此二证也。文字谨严宽博，骨劲肉丰，与泰山琅玡台刻石大小虽异，而体势正同，非汉人所能仿佛。此三证也。若云秦符，则其左右二符合并之，故亦可得而言焉。案：秦、汉虎符，右常在内，左常在外，不相合并，《秦始皇本纪》及《高祖本纪》皆云"秦王子婴奉天子玺符降轵道旁"，盖子婴于降汉之时，敛左符而并献之。秦玺入汉，既为传国之宝，此符虽不复用，亦必藏之故府，为国重器。合置既久，中生锈涩，遂不可开。否则右符既不常在外，左符亦无入京师之理，二符无自胶固矣。此四证也。或又谓此符长短与《始皇本纪》所云"符法冠皆六寸"者不合。然六寸之符谓竹使符，汉竹使符亦长六寸，同于秦制。若虎符则发兵之事贵于慎密，短则易藏而难见，故长仅四寸许，此又求之事理而可通者也。

李斯书存于今者，仅泰山十字耳。琅邪台刻石则破碎不复成字。即以拓本言，泰山刻石亦仅存二十九字，琅邪台虽有八十五字，而漫漶过半。此符乃秦重器，必相斯所书，而二十四字字字清晰，谨严浑厚，径不过数分而有寻丈之势，当为秦书之冠。惜系错金为之，不能拓墨耳。

此符甲字作甲，从古文甲，在字作十，亦犹用古文不用小篆。而会稽刻石"数动甲兵"之"甲"，峄山刻石"维初在昔"之"在"，皆与今小篆同。殆两刻皆在同一文字之后，此符之作，尚在其前也。

行文平阙之式，古金文中无有也。惟琅邪台残石则"遇始皇帝成功盛德及制曰可"等字皆顶格书，此为平阙之始。此符左右各十二字，分为二行，皇帝二字适在第二行首，可知平阙之制，自秦以来然矣。

古代文字极难作伪，如峄山刻石文虽不见于《史记》，然一读其文，可决其为嬴氏物也。此符虽寥寥十二言，然如"右在皇帝"四字，岂汉以后人所能作耶？

《齐鲁封泥集存》序 *

　　自宋人始为金石之学，欧、赵、黄、洪各据古代遗文以证经考史，咸有创获。然涂术虽启，而流派未宏，近二百年始益光大，于是三古遗物应世而出。金石之出于邱陇窟穴者，既数十倍于往昔。此外如洹阴之甲骨，燕、齐之陶器，西域之简牍，巴、蜀、齐、鲁之封泥，皆出于近数十年间，而金石之名乃不足以该之矣。之数者，其数量之多，年代之古，与金石同；其足以考经证史，亦与金石同。皆古人所不及见也。癸丑之岁，上虞罗叔言参事既印行敦煌古佚书及所藏洹阴甲骨文字，复以所藏古封泥拓本，足补潍县陈氏、海丰吴氏《封泥考略》之阙者甚多。因属国维就《考略》所无者，据《汉书》表志为之编次，得四百余种，付诸精印，以行于世。窃谓封泥与古玺印相表里，而官印之种类则较古玺印为尤夥。其足以考正古代官制地理者，为用至大。姑就此编所录，举其荦荦大者。以官制言之，则汉诸侯王官属与汉朝无异也。《汉书·诸侯王表》谓藩国宫室百官同制京师，《百官公卿表》谓诸侯王群大夫都官如汉朝，贾谊书亦谓天子之于诸侯，臣同、御同、宫墙门卫同，初疑其为充类之说，非尽实录。乃此编所载齐国属官，除丞相、御史大夫外，则大匠当汉之将作大匠，长秋当汉之大长秋，下至九卿所属令、丞，如大祝、祠祀、园寝诸官为奉常之属，郎中为郎中令之属，中厩丞为太仆之属，内官丞为宗正之属，大仓、大官、乐府、居室、谒者、御府、宦者诸官为少府之属，武库丞为中尉之属，食官为詹事之属，钟官为水衡之属，属官既备，长吏可知。始知贾生《等齐》之篇，孟坚同制之说，信而有征。此其关于官制者一也。若夫扶风《列表》，司马《续

---

　　* 据《观堂集林》卷第十八，史林十。

志》，成书较后，颇有阙遗。此篇所录，则汉朝官如雒阳宫丞、宫司空、私官丞、中私官丞，《汉书·张安世传》虽有私官，然《百官表》有私府无私官。王侯属官如齐武士丞、齐昌守丞、齐中右马、齐中左马、齐司空长、齐司宫丞、齐左工丞、菑川郎丞、载国大行，郡县属官如水丞、平丞、陶丞，余官如司空、祠官、橘监、发弩兵府、冶府，皆班《表》、马《志》所未载。余如挏马五丞中之有农丞，乐府之有钟官，此乐府铸钟镈之官，非水衡掌铸钱之钟官也。钟官之有火丞，班《表》亦仅列官府之目，未详分职之名。此关于官制者二也。至于考证地理，所裨尤多。以建置言之，则此编中郡守封泥有临菑、济北二郡，太守封泥有河间、即墨二郡，都尉封泥有城阳一郡，皆《汉志》所无。案《汉书·高帝纪》"以胶东、胶西、临淄、济北、博阳、城阳郡七十二县立子肥为齐王"，《史记·齐悼惠世家》"以齐之城阳郡立朱虚侯为城阳王，以齐济北郡立东牟侯为济北王"，则汉初及全齐之时，有临淄、城阳、济北三郡也。《楚元王世家》"取赵之河间郡立赵王遂弟辟疆为河间王"，是赵国有河间郡也。且济北建国，自兴居国除之后，安都侯未封之前，中为汉郡者十一年。城阳则共王徙淮南后，中为汉郡者四年，皆在孝景改郡守为大守、郡尉为都尉之前。则济北、城阳守尉二印，固所宜有也。惟临菑守一印，则齐国既建之后，当称内史，国除之后，又当称齐郡太守，此印云临菑守，必在高帝初叶，悼惠未封之时。且临菑二字，犹当为秦郡之名也。夫始皇既灭六国，所置诸郡，无即以其国名之者，东郡不云卫郡，颍川不云韩郡，邯郸不云赵郡，何独临淄乃称齐郡？然则汉之初郡，必袭秦名。则班固以齐郡为秦郡而不云故秦临淄郡者，非也。河间、即墨二大守封泥，皆孝景中二年以后物。即墨乃胶东国属县，而河间、胶东二国，自孝景以至孝平，未有绝世。光武中兴，乃并河间于信都，以胶东封贾复。然则此二郡大守之印，当在亡新之后，建武之初，与《封泥考略》之胶东大守、胶西大守二印，均足补《汉志》之阙者也。此外县邑封泥，如卢邱丞、梧里丞、稷丞等，前后二《志》均无此县。此关于地理之建置者一也。《汉表》称列侯所食县曰国，皇大后、皇后、公主所食曰邑。今此编中邑丞封泥二十有八，除琅邪为鲁元公主所食邑外，余皆列侯食邑，惟载国大行一封泥乃称国耳。此关于地理之称号者二也。又县邑之名，往往歧误，如齐悼惠王子罢军所封侯国，《史》、《汉》均作"管"，今封泥有"菅侯相印"，菅属济南，时为齐县王子所封，当在境内，则"管侯"乃"菅侯"之讹也。齐哀王舅驷钩所封国,《史记·孝文纪》作"清郭",《汉书·文帝纪》作"靖郭",《史表》作"清都",《汉表》作"邹",徐广注《史表》又云"一作枭"。今封泥有"请郭邑丞"、"请郭丞",则知前五名皆"请郭"之讹也。华毋害所封国,《史表》作"绛阳",《汉表》作"终陵",今有"绛陵邑丞"封泥,则《史记》"阳"字误,《汉书》"终"字误也。秘,彭祖之国,《史》、《汉》二《表》并作"戴",《索隐》音再,今有"载国大行"封泥,则音不误而字误也。余如临淄之为临菑、剧(劇)之为勮、莱芜之为来无、不其之为弗其、临辕之为临袁,均字有通假,形有增损,非有实物,孰能知之? 此关于地理者三也。至于二书违异,无所适从。如《汉表》"泫夷侯周舍",《史表》"泫"作"郊","郁根侯骄",《史表》"郁根"作"郁狼",今封泥有"郊侯邑丞"及"郁狼乡印",《左传》隐元年注亦云"高平方与县东南有郁郎亭",与此封泥字异音同,则《史》是而《汉》非也。济南著县,前后二《志》均为"著"字,韦昭读为"蓍龟"之蓍,师古非之。然后魏济南尚有蓍县,今封泥又有"蓍丞之印",则韦是而颜非也。东莱掖县,二《志》皆从手旁,《齐策》两云"夜邑",今封泥有"夜丞之印"及"夜印",则《齐策》是也。古地名有"歷"字者,字均作"磿",如《秦策》及《史记·春申君列传》之"濮磿"、《史记·侯表》之"磿侯"、《乐毅列传》之"磿室",今本皆转讹作"磨",今封泥有"磿城丞印",足证上三"磨"字皆"磿"之讹。此关于地理者四也。凡此数端,皆足以存一代之故,发千载之覆,决聚讼之疑,正沿袭之误,其于史学裨补非鲜。若夫书迹之妙,冶铸之精,千里之润,施及艺苑,则又此书之余事,而无待赘言者也。至封泥之由来与其运用,详余《简牍检署考》,其出土源流,则参事序中详之,并不赘云。

殷周史

生霸死霸考 *

　　《说文》："霸，月始生魄然也。承大月二日，小月三日。从月，霉声。《周书》曰'哉生霸'。"此所引者，乃壁中古文。《汉书·律历志》引古文《尚书·武成》亦作"霸"。其由孔安国写定者，则从今文作"魄"。马融注古文《尚书·康诰》云："魄，朏也。谓月三日始生兆朏，名曰魄。"此皆古文《尚书》说也。《法言·五百》篇："月未望，则载魄于西；既望，则终魄于东。"《汉书·王莽传》：太保王舜奏："公以八月载生魄庚子奉使朝，用书。"此平帝元始四年事。据《太初术》，是年八月己亥朔，二日得庚子，则以二日为载生魄。《白虎通·日月》篇："月三日成魄。"本《礼·乡饮酒义》及《孝经援神契》。此皆今文家说，与许、马古文说同。是汉儒于生霸、死霸无异辞也。《汉志》载刘歆《三统历》，独为异说曰："死霸，朔也。生霸，望也。"孟康申之曰："月二日以往，明生魄死，故言死魄。魄，月质也。"歆之说《顾命》曰："成王三十年四月庚戌朔，十五日甲子哉生霸。"则孟康之言，洵可谓得歆意者矣。伪古文《尚书》用其说，故于《武成》篇造"哉生明"一语，以配哉生魄。伪《孔传》用其说，故以旁死魄为月二日，以魄生明死为在十五日以后，以哉生魄为十六日。相承二千年，未有觉其谬者。近德清俞氏樾。作《生霸死霸考》，援许、马诸儒之说，以正刘歆，其论笃矣。然于诸日名，除哉生魄外，尚用歆说。如以既死魄为一日，旁死魄为二日，既生魄为十五日，旁生魄为十六日，既旁生魄为十七日。此皆与名义不能相符。余谓《说文》"霸，月始生魄然也"，"朏，月未盛之明也"，此二字同义，声亦相近。故马融曰："魄，朏也。"霸为月始生，

---

　　* 据《观堂集林》卷第一，艺林一。

为月未盛之明，则月之一日，霸死久矣。二日若承大月，则霸方生，谓之旁死霸，可乎？十五日以降，霸生已久，至是始谓之既生霸，不已晚乎？且朔与望，古自有初吉、既望二名。又智鼎铭先言"六月既望"，复云"四月既生霸"，一器之中，不容用两种记日法，则既生霸之非望，决矣。以既生霸之非望，可知既死霸之决非朔，而旁死霸之非二日，旁生霸之非十六日，又可决矣。余览古器物铭，而得古之所以名日者凡四：曰初吉，曰既生霸，曰既望，曰既死霸。因悟古者盖分一月之日为四分：一曰初吉，谓自一日至七、八日也；二曰既生霸，谓自八、九日以降至十四、五日也；三曰既望，谓十五、六日以后至二十二、三日；四曰既死霸，谓自二十三日以后至于晦也。八、九日以降，月虽未满，而未盛之明则生已久。二十三日以降，月虽未晦，然始生之明固已死矣。盖月受日光之处，虽同此一面，然自地观之，则二十三日以后月无光之处，正八日以前月有光之处，此即后世上弦、下弦之由分。以始生之明既死，故谓之既死霸。此生霸、死霸之确解，亦即古代一月四分之术也。若更欲明定其日，于是有哉生魄、《书·康诰》及《顾命》。旁生霸、《汉书·律历志》引古文《尚书·武成》、《逸周书·世俘解》，均作"既旁生霸"，"既"字疑衍。旁死霸古文《尚书·武成》及《周书·世俘解》。诸名。哉生魄之为二日或三日，自汉已有定说。旁者，溥也，义进于既。以古文《武成》差之，如既生霸为八日，则旁生霸为十日；既死霸为二十三日，则旁死霸为二十五日。事与义会，此其证矣。凡初吉、既生霸、既望、既死霸各有七日或八日。哉生魄、旁生霸、旁死霸各有五日若六日。而第一日亦得专其名。书器于上诸名，有作公名用者，如《顾命》："惟四月哉生魄，王不怿。甲子，王乃洮颒水。"哉生魄不日，至甲子乃日者，明甲子乃哉生魄中之一日。而王之不怿，固前乎甲子也。静敦云："惟六月初吉，王在莽京。丁卯，王命静司射。"宂彝云："惟六月初吉，王在郑。丁亥，王格大室。"郄敦云："惟二年正月初吉，王在周邵宫。丁亥，王格于宣榭。"初吉皆不日，至丁卯、丁亥乃日者，明丁卯、丁亥皆初吉中之一日。至王在莽、在郑、在周邵宫，固前乎丁卯、丁亥也。更证之他器，则虢季子白盘云"惟王十有二年正月初吉丁亥"，案：宣王十二年正月乙酉朔，丁亥乃月三日。吴尊云"惟二月初吉丁亥"，末云"惟王二祀"，案：宣王二年二月癸未朔，则丁亥乃月五日。师兑敦云"惟三年二月初吉丁亥"，案：幽王三年二月庚辰朔，丁亥乃月之八日。是一日至八日均可谓之初吉也。师虎敦云"惟元年六月既望甲戌"，案：宣王元年六月丁巳朔，十八日得甲戌，是十八日可谓之既望也。兮伯吉父盘亦称兮⊞盘。云"唯五年三月既死霸庚寅"，此器有伯吉父之名，有伐狎狁之事，当即《诗·六月》之文武吉甫所作，必宣王时器，而宣王五年三月乙丑朔，二十六日得庚寅。又如颂鼎、颂敦、颂壶诸器皆云"惟三年五月既死霸甲戌"，此诸器，自其文字辞命观之，皆厉、宣以降之器，而宣王三年六月乙亥朔，三十日得甲戌，是二十六日、三十日皆得谓之既死霸也。此为用公名者也。其用为专名者，如古文《武成》云："惟一月壬辰旁死霸，若翌日癸巳。"又云："粤若来二月既死霸，粤五日甲子。"又云："惟四月既旁生霸，粤五日庚戌。"《召诰》云："惟二月既望，越六日乙未。"此皆以旁死霸、既死霸、既旁生霸、既望等专属弟一日，然皆不日。惟《武成》之旁死霸独日，顾不云"旁死霸壬辰"，而云"惟一月壬辰旁死霸"者，亦谓旁死霸自壬辰始，而非壬辰所得而专有也。故欲精纪其日，则先纪诸名之弟一日，而又云"粤几日某某"以定之，如《武成》、《召诰》是也。否则，但举初吉、既生霸诸名，以使人得知是日在是月之弟几分，如《顾命》及诸古器铭是也。苟由此说以考书器所纪月日，皆四达而不悖。何以证之？古文《武成》云："惟一月壬辰旁死霸，若翌日癸巳，武王朝步自周，于征伐纣。"又云："粤若来二月既死霸，粤五日甲子，咸刘商王纣。"又云："惟四月既旁生霸，粤五日庚戌，武王燎于周庙。"由旧说推之，既以一月二日为壬辰，二月五日为甲子，则四月中不得有庚戌。史迁盖不得其说，于是移武王伐纣于十二月，移甲子诛纣于正月。今《史记·周本纪》作"二月甲子昧爽"。徐广曰："二月一作正。"刘歆不得其说，于是于二月后置闰。然商时置闰皆在岁末，故殷虚卜辞屡云"十三月"。武王伐纣之时，不容遽改闰法，此于制度上不可通者，不独以既死霸为朔，旁死霸为二日，既旁生霸为十七日，为名之不正而已。若用今说，则一月戊辰朔，二十五日壬辰旁死霸，次日得癸巳，此武王伐纣兴师之日也。二月戊戌朔，二十三日庚申既死霸，越五日至二十七日得甲子，是咸刘商王纣之日也。三月丁卯朔，四月丁酉朔，十日丙午既旁生霸，十四日得庚戌，是武王燎于周庙之日也。于是《武成》诸日月，不待改月置闰而可通。此旁生霸为十日、既死霸为二十三日、既旁死霸为二十五日之证也。或曰：如子说，则戊午为二月二十一日，一月无戊午。而《太誓序》言"一月戊午师渡盟津"，然则《书序》非欤？曰：史迁、刘歆之失，正由牵合《武成》与《太誓序》之故。《太誓序》言戊午在一月，于是不得不以《武成》之"二月既死霸"为"二月朔"。二月朔为庚申，则四月无庚戌。于是或改月、或置闰以通之。然史迁于《太誓》本有二说：《周本纪》以为武王十一年伐纣时作，《齐太公世家》以为九年观兵时作。今以前说就《武成》本文考之，一一符合。不当以系年不定之序乱经，是可决矣。又，智鼎纪事凡三节。弟一节云"惟王元年六月既望乙亥"，下纪王命智司卜事，智因作牛鼎之事。次三两节皆书约剂。次节云"惟王四月既生霸辰在丁酉"，则记小子𫐐讼事。三节则追纪匡人寇智禾后偿智之事。弟三节之首，明纪"昔馑岁"，则首次两节必为一岁中事。今以六月既望乙亥推之，假令既望为十七日，则是月己未朔，五月己丑朔，四月庚申朔，无丁酉，中间当有闰月。此器乃宗周中叶物。周置闰不在岁终，由《召诰》、《洛诰》三月十二日为乙卯，十二月有戊辰知之。若《武成》在武王伐商时固不得改闰法也。则四月当为庚寅朔，八日得丁酉，此既生霸为八日之证也。要之，古书残阙，古器之兼载数干支而又冠以生霸、死霸诸名者，又仅有智鼎一器。然据是器，已足破既生霸为望、既死霸为朔之说。既生霸非望，自当在朔望之间。既死霸非朔，自当在望后朔前。此皆不待证明者。而由是以考古书古器之存者，又无乎不合，故特著之。后之学者，可无惑于刘、孟之訾说矣。

女字说[*]

　　《曲礼》曰："女子许嫁，笄而字。"是古女子有字。然古书所以称女子者，名与？字与？今不可得而知也。《说文解字》女部于嫫至㚑十三字，皆注曰"女字"。其中除嫛、婳、始三字外，皆于经典无征。其所说者，古制与？抑汉制与？亦不可得而知也。余读彝器文字，而得周之女字十有七焉。苏冶妊鼎曰"苏冶妊作虢改鱼母腾鼎"，鼎字原夺，以他器例之，当有此字。改者，苏国之姓。改器作妃，从己，不从己。古文己姓之己作妃，妃匹字作妃，区别甚严。《郑语》曰："己姓，昆吾、苏、顾、温、董。"旧释为妃，非是。鱼母，其字也。陈侯鼎曰"陈侯作□妫囿母腾鼎"，陈侯匜曰"陬子作斨孟妫敫母腾匜"，妫者，陈姓。囿母、敫母，其字也。又王作鬲曰"王作姬□母尊鬲"，戏伯鬲曰"戏白作姬大母尊鬲"，应侯敦曰"应侯作姬遭母尊敦"，铸公簠曰"铸公作孟妊车母腾簠"，伯侯父盘曰"白侯父腾叔□此字从女，亦女姓。奔母鉴"，干氏叔子盘曰"干氏叔子作中姬客母腾盘"，凡此九器，皆母氏为其女作器，而称之曰"某母"者也。齐侯匜曰"齐侯作虢孟姬良母宝匜"，此夫氏为其妇作器，而称之曰"某母"者也。辛仲姬鼎曰"辛中姬皇母作尊鼎"，京姜鬲曰"京姜庚母作尊鬲"，姬盩母鬲曰"姬盩母作尊鬲"，姬莽母鬲曰"姬莽母作尊鬲"，郐姶鬲曰"郐姶此字从女，亦女姓。□母铸其羞鬲"，南旁敦曰"妖即《诗》'美孟弋矣'之弋，亦女姓。狸母作南旁宝敦"，仲婞匜曰"中婞义母作旅匜"，此皆女子自作器，或为他人作器，而自称曰"某母"者也。余谓此皆女字。女子之字曰"某母"，犹男子之字曰"某父"。案《士冠礼》记男子之字："曰伯某甫，仲、叔、季，惟其所当。"

---

　　* 据《观堂集林》卷第三，艺林三。

注云："甫者，男子之美称。"《说文》"甫"字注亦云："男子美称也。"然经典男子之字多作"某父"，彝器则皆作"父"，无作"甫"者，知父为本字也。男子字曰某父，女子曰某母，盖男子之美称莫过于父，女子之美称莫过于母。男女既冠笄，有为父母之道，故以某父某母字之也。汉人以某甫之甫为"且"字，《颜氏家训》并讥北人读某父之父与父母之父无别，胥失之矣。

殷卜辞中所见先公先王考 *

　　甲寅岁莫，上虞罗叔言参事撰《殷虚书契考释》，始于卜辞中发见"王亥"之名。嗣余读《山海经》、《竹书纪年》，乃知王亥为殷之先公，并与《世本·作篇》之胲、《帝系篇》之核、《楚辞·天问》之该、《吕氏春秋》之王冰、《史记·殷本纪》及《三代世表》之振、《汉书·古今人表》之垓，实系一人。尝以此语参事及日本内藤博士，虎次郎。参事复博蒐甲骨中之纪王亥事者，得七八条，载之《殷虚书契后编》。博士亦采余说，旁加考证，作《王亥》一篇，载诸《艺文杂志》，并谓自契以降诸先公之名，苟后此尚得于卜辞中发见之，则有裨于古史学者当尤巨。余感博士言，乃复就卜辞有所攻究。复于王亥之外得"王恒"一人。案：《楚辞·天问》云"该秉季德，厥父是臧"，又云"恒秉季德"。王亥即该，则王恒即恒，而卜辞之季之即冥，罗参事说。至是始得其证矣。又观卜辞中数十见之田字，从甲在口中。十古甲字。及通观诸卜辞，而知田即上甲微。于是参事前疑卜辞之㐀、囜、日即乙、丙、丁三字之在匸或匚中者，与田字甲在口中同意。即报乙、报丙、报丁者，至是亦得其证矣。又卜辞自上甲以降皆称曰"示"，则参事谓卜辞之示壬、示癸即主壬、主癸，亦信而有征。又观卜辞王恒之祀与王亥同，太丁之祀与太乙、太甲同，孝己之祀与祖庚同，知商人兄弟，无论长幼与已立未立，其名号典礼盖无差别。于是卜辞中人物，其名与礼皆类先王而史无其人者，与夫"父甲"、"兄乙"等名称之浩繁求诸帝系而不可通者，至是亦理顺冰释。而《世本》、《史记》之为实录，且得于

＊　据《观堂集林》卷第九，史林一。

今日证之。又卜辞人名中有夒字，疑即帝喾之名。又有"土"字，或亦相土之略。此二事虽未能遽定，然容有可证明之日。由是有商一代先公先王之名，不见于卜辞者殆鲜。乃为此考以质诸博士及参事，并使世人知殷虚遗物之有裨于经、史二学者有如斯也。丁巳二月。

夋

卜辞有夒字，其文曰"贞夒古燎字。于夒"，《殷虚书契前编》卷六第十八叶。又曰"夒于□牢"，同上。又曰"夒于夒六牛"，同上，卷七第二十叶。又曰"于夒夒牛六"，又曰"贞求年于夒九牛"，两见以上，皆罗氏拓本。又曰上阙。"又于夒"。《殷虚书契后编》卷上第十四叶。案：夒、夒二形象人首手足之形。《说文》夊部："夒，贪兽也，一曰母猴，似人从页，已止夊其手足。"毛公鼎"我弗作先王羞"之羞作夒，克鼎"柔远能迩"之柔作夒，番生敦作夒，而《博古图》、《薛氏款识》、盨和钟之"柔燮百邦"、晋姜鼎之"用康柔绥怀远廷"，柔并作夒，皆是字也。夒、羞、柔三字，古音同部，故互相通借。此称"高祖夒"，案：卜辞惟王亥称"高祖王亥"，《后编》卷上第廿二叶。或"高祖亥"，《戬寿堂所藏殷虚文字》第一叶。大乙称"高祖乙"，《后编》卷上第三叶。则夒必为殷先祖之最显赫者。以声类求之，盖即帝喾也。帝喾之名，已见《逸书书序》："自契至于成汤八迁，汤始居亳，从先王居，作帝告。"《史记·殷本纪》"告"作"诰"，《索隐》曰"一作俈"。案：《史记·三代世表》、《封禅书》、《管子·侈靡》篇皆以"俈"为"喾"。伪《孔传》亦云："契父帝喾都亳，汤自商丘迁亳，故曰从先王居。"若《书序》之说可信，则帝喾之名已见商初之书矣。诸书作喾或俈者，与夒字声相近。其或作夋者，则又夒字之讹也。《史记·五帝本纪》索隐引皇甫谧曰"帝喾名夋"，《初学记》九引《帝王世纪》曰"帝喾生而神灵，自言其名曰夋"，《太平御览》八十引作"逡"，《史记正义》引作"岌"。逡为异文，岌则讹字也。《山海经》屡称"帝俊"，凡十二见。郭璞注于《大荒西经》"帝俊生后稷"下云"俊宜为喾，余皆以为帝舜之假借"。然《大荒东经》曰"帝俊生仲容"，《南经》曰"帝俊生季厘"，是即《左氏传》之"仲熊季狸"，所谓"高辛氏之才子"也。《海内经》曰"帝俊有子八人，实始为歌舞"，即《左氏传》所谓"有才子八人"也。《大荒西经》"帝俊妻常羲生月十有二”，又传记所云“帝喾次妃诹訾氏女曰常仪，生帝挚”者也。案：《诗·大雅·生民》疏引《大戴礼·帝系》篇曰：帝喾下妃娵訾之女曰常仪，生挚。《家语》、《世本》其文亦然。《檀弓正义》引同，而作“娵氏之女曰常宜”。然今本《大戴礼》及《艺文类聚》十五、《太平御览》一百三十五所引《世本》，但云“次妃曰娵訾氏，产帝挚”，无“曰常仪”三字。以上文“有邰氏之女曰姜嫄”、“有娀氏之女曰简狄”例之，当有“曰常仪”三字。三占从二，知郭璞以帝俊为帝舜，不如皇甫以夋为帝喾名之当矣。《祭法》“殷人禘喾”，《鲁语》作“殷人禘舜”，舜亦当作夋，喾为契父，为商人所自出之帝，故商人禘之，卜辞称“高祖夋”，乃与王亥、大乙同称，疑非喾不足以当之矣。

相　土

殷虚卜辞有🔵字，其文曰“贞奏于🔵，三小牢，卯一牛”，《书契前编》卷一第二十四叶，又重见卷七第二十五叶。又曰“贞求年于🔵，九牛”，《铁云藏龟》第二百十六叶。又曰“贞🔵奏于🔵”，同上，第二百二十八叶。又曰“贞于🔵求”。《前编》卷五第一叶。🔵即“土”字，盂鼎“受民受疆土”之土作🔵，卜辞用刀契，不能作肥笔，故空其中作🔵，犹天之作🔵、■之作□矣。土疑即相土，《史记·殷本纪》：“契卒，子昭明立。昭明卒，子相土立。”相土之字，《诗·商颂》、《春秋左氏传》、《世本·帝系篇》皆作土，而《周礼·校人》注引《世本·作篇》“相土作乘马”作“士”，杨倞《荀子注》引《世本》此条作土。而《荀子·解蔽》篇曰“乘杜作乘马”，《吕览·勿躬》篇曰“乘雅作驾”，注：“雅，一作持。”持、杜声相近，则土是、士非。杨倞注《荀子》曰：“以其作乘马，故谓之乘杜。”是乘本非名，相土或单名土，又假用杜也。然则卜辞之🔵，当即相土。曩以卜辞有🔵🔵《前编》卷四第十七叶。字即“邦社”，假土为社，疑诸土字皆社之假借字。今观卜辞中殷之先公有季，有王亥，有王恒，又自上甲至于主癸，无一不见于卜辞，则此土亦当为相土，而非社矣。

季

卜辞人名中又有季，其文曰“辛亥卜□贞，季□求王”，《前编》卷五第四十叶两见。又曰“癸巳卜之于季”，同上，卷七第四十一叶。又曰“贞之于季”。《后编》卷上第九叶。季亦殷之先公，即冥是也。《楚辞·

天问》曰"该秉季德，厥父是臧"，又曰"恒秉季德"，则该与恒皆季之子，该即王亥，恒即王恒，皆见于卜辞。则卜辞之季，亦当是王亥之父冥矣。

王 亥

卜辞多记祭王亥事。《殷虚书契前编》有二事，曰"贞夒于王亥"，卷一第四十九叶。曰"贞之于王亥，卅牛，辛亥用"。卷四第八叶。《后编》中又有七事，曰"贞于王亥求年"，卷上第一叶。曰"乙巳卜□贞之于王亥十"，下阙。同上，第十二叶。曰"贞夒于王亥"，同上，第十九叶。曰"夒于王亥"，同上，第二十三叶。曰"癸卯□贞，□□高祖王亥，□□□"，同上，第二十一叶。曰"甲辰卜□贞，来辛亥夒于王亥，卅牛，十二月"，同上，第二十三叶。曰"贞登王亥羊"，同上，第二十六叶。曰"贞之于王亥，□三百牛"。同上，第二十八叶。《龟甲兽骨文字》有一事曰"贞夒于王亥，五牛"。卷一第九叶。观其祭日用辛亥，其牲用五牛、三十牛、四十牛乃至三百牛，乃祭礼之最隆者，必为商之先王先公无疑。案：《史记·殷本纪》及《三代世表》商先祖中无王亥，惟云"冥卒，子振立。振卒，子微立"。《索隐》："振，《系本》作核。"《汉书·古今人表》作垓。然则《史记》之振，当为"核"或为"垓"字之讹也。《大荒东经》曰："有困民国，句姓而食。有人曰王亥，两手操鸟，方食其头。王亥托于有易河伯仆牛，有易杀王亥取仆牛。"郭璞注引《竹书》曰："殷王子亥，宾于有易而淫焉。有易之君绵臣杀而放之，是故殷主甲微假师于河伯，以伐有易，克之，遂杀其君绵臣也。"此《竹书纪年》真本，郭氏隐括之如此。今本《竹书纪年》："帝泄十二年，殷侯子亥宾于有易，有易杀而放之。十六年，殷侯微以河伯之师伐有易，杀其君绵臣。"是《山海经》之王亥，古本《纪年》作"殷王子亥"，今本作"殷侯子亥"。又前于上甲微者一世，则为殷之先祖冥之子、微之父无疑。卜辞作"王亥"，正与《山海经》同。又祭王亥皆以亥日，则亥乃其正字，《世本》作"核"，《古今人表》作"垓"，皆其通假字。《史记》作"振"，则因与"核"或"垓"二字形近而讹。夫《山海经》一书，其文不雅驯，其中人物，世亦以子虚乌有视之。《纪年》一书，亦非可尽信者，而王亥之名竟于卜辞见之，其事虽未必尽然，而其人则确非虚构。可知古代传说存于周、秦之间者，非绝无根据也。

王亥之名及其事迹，非徒见于《山海经》、《竹书》，周、秦间人著书多能道之。《吕览·勿躬》篇："王冰作服牛。"案：篆文"冰"作ᚱ，与亥字相似，王ᚱ亦王亥之讹。《世本·作篇》"胲作服牛"《初学记》卷二十九引。又《御览》八百九十九引《世本》"鲧作服牛"，鲧亦胲之讹。《路史》注引《世本》"胲为黄帝马医，常医龙"，疑引宋衷注。《御览》引宋注曰"胲，黄帝臣也，能驾牛"，又云"少昊时人，始驾牛"，皆汉人说，不足据。实则《作篇》之胲，即《帝系篇》之核也。其证也。服牛者，即《大荒东经》之"仆牛"，古服、仆同音，《楚辞·天问》"该秉季德，厥父是臧，胡终弊于有扈，牧夫牛羊"，又曰"恒秉季德，焉得夫朴牛"，该即胲，有扈即有易，说见下。朴牛亦即服牛，是《山海经》、《天问》、《吕览》、《世本》皆以王亥为始作服牛之人。盖夏初奚仲作车，或尚以人挽之。至相土作乘马，王亥作服牛，而车之用益广。《管子·轻重戊》云："殷人之王，立帛牢服牛马，以为民利，而天下化之。"盖古之有天下者，其先皆有大功德于天下，禹抑鸿水，稷降嘉种，爰启夏、周；商之相土、王亥，盖亦其俦。然则王亥祀典之隆，亦以其为制作之圣人，非徒以其为先祖。周、秦间王亥之传说，胥由是起也。

卜辞言王亥者九，其二有祭日，皆以辛亥，与祭大乙用乙日、祭大甲用甲日同例。是王亥确为殷人以辰为名之始，犹上甲微之为以日为名之始也。然观殷人之名，即不用日辰者，亦取于时为多。自契以下，若昭明，若昌若，若冥，皆含朝莫明晦之意，而王恒之名亦取象于月弦，是以时为名或号者，乃殷俗也。夏后氏之以日为名者，有孔甲，有履癸，要在王亥及上甲之后矣。

王 恒

卜辞人名，于王亥外又有王ᚱ，其文曰"贞之于王ᚱ"，《铁云藏龟》第一百九十九叶及《书契后编》卷上第九叶。又曰"贞𓅱之于王ᚱ"，《后编》卷下第七叶。又作"王𓏸"，曰"贞王□□"。下阙。《前编》卷七第十一叶。案：ᚱ即"恒"字。《说文解字》二部"恆，常也，从心，从舟在二之间，上下心以舟施恒也。𠄎，古文恆，从月。《诗》曰'如月之恒。'"案：许君既云古文恆从月，复引《诗》以释从月之意，而今本古文乃作𠄎，从二，从古文外，盖传写之讹字，当作𠄅。又《说文》木部"橣，竟也，从木，恆声。𣐹，古文橣。"案：古从月之字，后或变而从舟，殷虚卜辞朝莫之朝作䩃，《后编》卷下第三叶。从日月在茻间，与莫字从日在茻间同意，而篆文作䡆，不从月而从舟。以此例之，夏本当作亘，智鼎有䡆字，从心、从亘，与篆文之恒从䡒者同，即恒之初字。可知夏、亘一字，卜辞䡔字从二、从䒑，卜辞月字或作䒑，或作䒑。其为䡒、亘二字或恒字之省无疑。其作䡔者，《诗·小雅》"如月之恒"，毛传："恒，弦也。"弦本弓上物，故字又从弓，然则䡔、二字确为恒字。王恒之为殷先祖，惟见于《楚辞·天问》，《天问》自"简狄在台喾何宜"以下二十韵，皆述商事。前夏事，后周事。其问王亥以下数世事曰："该秉季德，厥父是臧，胡终弊于有扈，牧夫牛羊？干协时舞，何以怀之？平胁曼肤，何以肥之？有扈牧竖，云何而逢？击床先出，其命何从？恒秉季德，焉得夫朴牛？何往营班禄，不但还来。昏微遵迹，有狄不宁，何繁鸟萃棘。负子肆情，眩弟并淫，危害厥兄，何变化以作诈，后嗣而逢长。"此十二韵以《大荒东经》及郭注所引《竹书》参证之，实纪王亥、王恒及上甲微三世之事。而《山海经》、《竹书》之"有易"，《天问》作"有扈"，乃字之误。盖后人多见有扈，少见有易，又同是夏时事，故改易为扈。下文又云"昏微遵迹，有狄不宁"，昏微即上甲微，有狄亦即有易也。古狄、易二字同音，故互相通假。《说文解字》辵部逷之古文作"逖"。《书·牧誓》"逖矣西土之人"，《尔雅》郭注引作"逷矣西土之人"。《书·多士》"离逖尔土"、《诗·大雅》"用逷蛮方"、《鲁颂》"狄彼东南"、毕狄钟"毕狄不龏"，此逖、逷、狄三字异文同义。《史记·殷本纪》之"简狄"，《索隐》曰"旧本作易"，《汉书·古今人表》作"简逷"，《白虎通·礼乐》篇"狄者，易也"，是古狄、易二字通，有狄即有易。上甲遵迹而有易不宁，是王亥弊于有易，非弊于有扈，故曰扈当为易字之误也。狄、易二字，不知孰正孰借，其国当在大河之北，或在易水左右。孙氏之骤说。盖商之先，自冥治河，王亥迁殷，今本《竹书纪年》：帝芒三十三年，商侯迁于殷。其时商侯即王亥也。《山海经》注所引真本《竹书》，亦称王亥为殷王子。亥称殷、不称商，则今本《纪年》此条，古本想亦有之。殷在河北，非亳殷。见余撰《三代地理小记》。已由商邱越大河而北，故游牧于有易高爽之地，服牛之利，即发见于此。有易之人乃杀王亥，取服牛，所谓"胡终弊于有扈，牧夫牛羊"者也。其云"有扈牧竖，云何而逢，击床先出，其命何从"者，似记王亥被杀之事。其云"恒秉季德，焉得夫朴牛"者，恒盖该弟，与该同秉季德，复得该所失服牛也。所云"昏微遵迹，有狄不宁"者，谓上甲微能率循其先人之迹，有易与之有杀父之雠，故为之不宁也。"繁鸟萃棘"以下，当亦记上甲事，书阙有间，不敢妄为之说。然非如王逸《章句》所说解居父及象事，固自显然。要之，《天问》所说，当与《山海经》及《竹书纪年》同出一源。而《天问》就壁画发问，所记尤详。恒之一人，并为诸书所未载。卜辞之王恒与王亥，同以王称，其时代自当相接。而《天问》之该与恒，适与之相当。前后所陈又皆商家故事，则中间十二韵自系述王亥、王恒、上甲微三世之事。然则王亥与上甲微之间，又当有王恒一世。以《世本》、《史记》所未载，《山经》、《竹书》所不详，而今于卜辞得之。《天问》之辞，千古不能通其说者，而今由卜辞通之，此治史学与文学者所当同声称快者也。

上 甲

《鲁语》"上甲微能帅契者也，商人报焉"，是商人祭上甲微，而卜辞不见上甲。郭璞《大荒东经》注引《竹书》作"主甲微"，而卜辞亦不见主甲。余由卜辞有𠂤、𠃓、𠃟三人名，其乙、丙、丁三字皆在匚或匸中，而悟卜辞中凡数十见之田或作田。即上甲也。卜辞中凡田狩之田字，其囗中横直二笔皆与其四旁相接，而人名之田，则其中横直二笔或其直笔必与四旁不接，与田字区别较然。田中十字，即古甲字。卜辞与古金文皆同。甲在囗中，与𠂤、𠃓、𠃟之乙、丙、丁三字在匚或匸中同意，亦有囗中横直二笔与四旁接而与田狩字无别者，则上加"一"作田，以别之。上加一者，古六书中指事之法，一在田上，与二字古文上字。之一在一上同意，去上甲之义尤近。细观卜辞中记田或田者数十条，亦惟上甲微始足当之。卜辞中云"自田或作田。至于多后衣"者五，《书契前编》卷二第二十五叶三见，又卷三第二十七叶、《后编》卷上第二十叶各一见。其断片云"自田至于多后"者三，《前编》卷二第二十五叶两见，又卷三第二十八页一见。云"自田至于武乙衣"者一。《后编》卷上第二十叶。衣者，古殷祭之名。又卜辞曰"丁卯贞，来乙亥告自田"，《后编》卷上第二十八叶。又曰"乙亥卜宾贞，囗大御自田"，同上，卷下第六叶。又曰上阙。"贞，翌甲囗𦥑自田"，同上，第三十四叶。凡祭告皆曰"自田"，是田实居先公先王之首也。又曰"辛巳卜大贞，之自田元示三牛，二示一牛，十三月"，《前编》卷三第二十二叶。又云"乙未贞，其求自田十又三示牛，小示羊"，《后编》卷上第二十八叶。是田为元示及十有三示之首。殷之先公称示，主壬、主癸卜辞，称示壬、示癸，则田又居先公之首也。商之先人王亥始以辰名，上甲以降皆以日名，是商人数先公当自上甲始，且田之为上甲，又有可征证者。殷之祭先，率以其所名之日祭之。祭名甲者用甲日，祭名乙者用乙日，此卜辞之通例也。今卜辞中凡专祭田者皆用甲日，如曰"在三月甲子□祭田"，《前编》卷四第十八叶。又曰"在十月又一即十有一月。甲申□酌祭田"，《后编》卷下第二十叶。又曰"癸卯卜，翌甲辰之田牛吉"，同上，第二十七叶。又曰"甲辰卜贞，来甲寅又伐田羊五卯牛一"，同上，第二十一叶。此四事，祭田有日者，皆用甲日。又云"在正月□□此二字阙。祭大甲田田"，同上，第二十一叶。此条虽无祭日，然与大甲同日祭，则亦用甲日矣。即与诸先王先公合祭时，其有日可考者，亦用甲日。如曰"贞，翌甲□田自田"，同上。又曰"癸巳卜贞，酌肜日自田至于多后衣，亡它，自□，在四月，惟王二祀"，《前编》卷三第二十七叶。又曰"癸卯王卜贞，酌翌日自田至多后衣，亡它，在□，在九月，惟王五祀"，后编卷上第二十叶。此二条以癸巳及癸卯卜，则其所云之"肜日"、"翌日"皆甲日也。是故田之名甲，可以祭日用甲证之。田字为十古甲字。在□中，可以田、田、田三名乙、丙、丁在□中证之。而此甲之即上甲，又可以其居先公先王之首证之。此说虽若穿凿，然恐殷人复起，亦无易之矣。《鲁语》称商人"报上甲微"，《孔丛子》引《逸书》"惟高宗报上甲微"，此魏、晋间伪书之未采入梅本者。今本《竹书纪年》武丁十二年报祀上甲微，即本诸此。报者，盖非常祭。今卜辞于上甲有合祭，有专祭，皆常祭也。又商人于先公皆祭，非独上甲，可知周人言殷礼已多失实，此孔子所以有文献不足之叹与！

报丁　报丙　报乙

自上甲至汤，《史记·殷本纪》、《三代世表》、《汉书·古今人表》有报丁、报丙、报乙、主壬、主癸五世，盖皆出于《世本》。案：卜辞有田、田、田三人，其文曰"乙丑卜□贞，王宾田祭"，下阙，见《书契后编》卷上第八叶，又断片二。又曰"丙申卜旅贞，王宾田□亡固"，同上。又曰"丁亥卜贞，王宾田肜日亡□"，同上。其乙、丙、丁三字皆在□或□中，又称之曰"王宾"，与他先王同。罗参事疑即报乙、报丙、报丁，而苦无以证之。余案：参事说是也。卜辞又有一条曰"丁酉酌品□中阙。田三、田三、示中阙。大丁十、大"，下阙，见《后编》卷上第八叶。此文残阙，然

"示"字下所阙，当为"壬"字，又自报丁经示壬。示癸、大乙而后及大丁、大甲，则其下又当阙"示癸"、"大乙"诸字。又所谓"𬋟三、𬋟三、大丁十"者，当谓牲牢之数，据此，则𬋟、𬋟在大丁之前，又在示壬、示癸之前，非报丙、报丁奚属矣。𬋟、𬋟既为报丙、报丁，则𬋟亦当即报乙。惟卜辞𬋟、𬋟之后即继以示字，盖谓示壬，殆以𬋟、𬋟、𬋟为次，与《史记》诸书不合。然何必《史记》诸书是而卜辞非乎？又报乙、报丙、报丁称报者，殆亦取"报上甲微"之报以为义，自是后世追号，非殷人本称。当时但称𬋟、𬋟、𬋟而已。上甲之甲字在□中，报乙、报丙、报丁之乙、丙、丁三字在匚或匸中，自是一例，意坛墠或郊宗石室之制，殷人已有行之者与？

主壬　主癸

卜辞屡见示壬、示癸，罗参事谓即《史记》之主壬、主癸，其说至确，而证之至难。今既知田为上甲，则示壬、示癸之即主壬、主癸亦可证之。卜辞曰"辛巳卜大贞，之自田元示三牛，二示一牛"，《前编》卷三第二十二叶。又曰"乙未贞，其求自田十又三示牛，小示羊"，《后编》卷上第二十八叶。是自上甲以降均谓之"示"，则主壬、主癸宜称示壬、示癸。又卜辞有示丁，《殷虚书契菁华》第九叶。盖亦即报丁。报丁既作𬋟，又作示丁，则自上甲至示癸，皆卜辞所谓元示也。又卜辞称自田十有三示，而《史记》诸书自上甲至主癸，历六世而仅得六君，疑其间当有兄弟相及而史失其名者，如王亥与王恒疑亦兄弟相及，而《史记》诸书皆不载。盖商之先公，其世数虽传而君数已不可考。又商人于先王先公之未立者，祀之与已立者同，见后。故多至十有三示也。

大　乙

汤名天乙，见于《世本》《书·汤誓》释文引。及《荀子·成相》篇，而《史记》仍之。卜辞有大乙，无天乙，罗参事谓天乙为大乙之讹。观于大戊，卜辞亦作天戊。《前编》卷四第二十六叶。卜辞之"大邑商"，《周书·多士》作"天邑商。"盖天、大二字形近，故互讹也。且商初叶诸帝，如大丁、如大甲、如大庚、如大戊，皆冠以"大"字，则汤自当称"大乙"。又卜辞曰"癸巳贞，又𬋟于伊其□大乙肜日"，《后编》卷上第二十二叶。又曰"癸酉卜贞，大乙伊其"，下阙，见同上。伊即伊尹，以大乙与伊尹并言，尤大乙即天乙之证矣。

唐

卜辞又屡见"唐"字，亦人名。其一条有唐、大丁、大甲三人相连，而下文不具。《铁云藏龟》第二百十四叶。又一骨上有卜辞三：一曰"贞于唐告🔲方"，二曰"贞于大甲告"，三曰"贞于大丁告🔲"。《书契后编》卷上第二十九叶。三辞在一骨上，自系一时所卜。据此，则唐与大丁、大甲连文而又居其首，疑即汤也。《说文》口部"🔲，古文唐，从口易。"与汤字形相近。《博古图》所载齐侯镈钟铭曰："虩虩成唐，有严在帝所，尃受天命。"又曰："奄有九州，处禹之都。"夫受天命有九州，非成汤其孰能当之？《太平御览》八十二及九百一十二引《归藏》曰："昔者桀筮伐唐，而枚占荧惑曰不吉。"《博物志》六亦云"案：唐亦即汤也"。卜辞之唐，必汤之本字，后转作喝，遂通作汤。然卜辞于汤之专祭必曰"王宾大乙"，惟告祭等乃称"唐"，未知其故。

羊 甲

卜辞有"羊甲"无"阳甲"，罗参事证以古"乐阳"作"乐羊"、"欧阳"作"欧羊"，谓"羊甲"即"阳甲"。今案：卜辞有"曰南庚曰羊甲"六字，《前编》卷上第四十二叶。羊甲在南庚之次，则其即阳甲审矣。

祖某　父某　兄某

有商一代二十九帝，其未见卜辞者，仲壬、沃丁、雍己、河亶甲、沃甲、廪辛、帝乙、帝辛八帝也。而卜辞出于殷虚，乃自盘庚至帝乙时所刻辞，自当无帝乙、帝辛之名，则名不见于卜辞者，于二十七帝中实六帝耳。又卜辞中人名，若🔲甲、《前编》卷一第十六叶，《后编》卷上第八叶。若祖丙、《前编》卷一第二十二叶。若小丁、同上。若祖戊、同上，第二十三叶。若祖己、同上。若中己、《后编》卷上第八叶。若南壬、《前编》卷一第四十五叶。若小癸，《龟甲兽骨文字》卷二第廿五叶。其名号与祀之之礼皆与先王同，而史无其人。又卜辞所见父甲、兄乙等人名颇众，求之迁殷以后诸帝之父兄，或无其人。曩颇疑《世本》及《史记》于有商一代帝系不无遗漏。今由种种研究，知卜辞中所未见之诸帝，或名亡而实存。至卜辞所有而史所无者，与夫父某、兄某等之史无其人以当之者，皆诸帝兄弟之未立而殂者，或诸帝之异名也。试详证之。一事，商之继统法，以弟及为主，而以子继辅之，无弟然后传子。自汤至于帝辛二十九帝中，以弟继兄者凡十四帝，此据《史记·殷本纪》。若据《三代世表》及《汉书·古今人表》，则得十五帝。其传子者亦多传弟之子，而罕传兄之子，盖周时以嫡庶长幼为贵贱之制，商无有也。故兄弟之中有未立而死者，其祀之也与已立者同。王亥之弟王恒，其立否不可考，而亦在祀典。且卜辞于王亥、王恒外又有王**大**，《前编》卷一第三十五叶两见，又卷四第三十三叶及《后编》卷下第四叶各一见。亦在祀典，疑亦王亥兄弟也。又自上甲至于示癸，《史记》仅有六君，而卜辞称自**田**十有三示，又或称九示、十示，盖亦并诸先公兄弟之立与未立者数之。逮有天下后亦然。《孟子》称大丁未立，今观其祀礼则与大乙、大甲同。卜辞有一节曰"癸酉卜贞，王宾此字原夺，以他文例之，此处当有宾字。父丁**野**三牛羿，兄己一牛，兄庚□□，此二字残阙，疑亦是"一牛"二字。亡□"，《后编》卷上第十九叶。又曰"癸亥卜贞，兄庚□羿，兄己□"，同上，第八叶。又曰"贞，兄庚□羿，兄己其牛"。同上。考商时诸帝中，凡丁之子，无己、庚二人相继在位者，惟武丁之子有孝己、《战国》秦、燕二策，《庄子·外物》篇，《荀子·性恶》、《大略》二篇，《汉书·古今人表》均有孝己。《家语·弟子解》云："高宗以后妻杀孝己。"则孝己，武丁子也。有祖庚，有祖甲，则此条乃祖甲时所卜，父丁即武丁，兄己、兄庚即孝己及祖庚也。孝己未立，故不见于《世本》及《史记》，而其祀典乃与祖庚同。然则上所举祖丙、小丁诸人名与礼视先王无异者，非诸帝之异名，必诸帝兄弟之未立者矣。周初之制犹与之同。《逸周书·克殷解》曰："王烈祖太王、太伯、王季、虞公、文王、邑考以列升。"盖周公未制礼以前殷礼固如斯矣。

二事，卜辞于诸先王本名之外，或称"帝某"，或称"祖某"，或称"父某"、"兄某"。罗参事曰："有商一代帝王，以甲名者六，以乙名者五，以丁名者六，以庚、辛名者四，以壬名者二，惟以丙及戊、己名者各一。其称大甲、小甲、大乙、小乙、大丁、中丁者，殆后来加之以示别。然在嗣位之君，则径称其父为父甲、其兄为兄乙。当时已自了然。故疑所称父某、兄某者，即大乙以下诸帝矣。"余案：参事说是也。非独父某、兄某为然，其云"帝"与"祖"者，亦诸帝之通称。卜辞曰"己卯卜贞，帝甲□中阙二字。其罕祖丁"，《后编》卷上第四叶。案：祖丁之前一帝为沃甲，则帝甲即沃甲，非《周语》"帝甲乱之"之帝甲也。又曰"祖辛一牛，祖甲一牛，祖丁一牛"，同上，第二十六叶。案：祖辛、祖丁之间惟有沃甲，则祖甲亦即沃甲，非武丁之子祖甲也。又曰"甲辰卜贞，王宾求祖乙、祖丁、祖甲、康祖丁、武乙衣，亡□"，同上，第二十叶。案：武乙以前四世为小乙、武丁、祖甲、庚丁，罗参事以庚丁为康丁之讹，是也。则祖乙即小乙，祖丁即武丁，非河亶甲之子祖乙，亦非祖辛之子祖丁也。又此五世中名丁者有二，故于庚丁实康丁。云"康祖丁"以别之，否则亦直云"祖"而已。然则商人自大父以上皆称曰"祖"，其不须区别而自明者，不必举其本号，但云"祖某"足矣。即须加区别时，亦有不举其本号而但以数别之者，如云"□□于三祖庚"，《前编》卷一第十九叶。案：商诸帝以"庚"名者，大庚弟一，南庚弟二，盘庚弟三，祖庚弟四，则三祖庚即盘庚也。又有称"四祖丁"者，《后编》卷上第三叶，凡三见。案：商诸帝以"丁"名者，大丁弟一，沃丁弟二，中丁弟三，祖丁弟四，则四祖丁即《史记》之祖丁也。以名庚者皆可称"祖庚"，名丁者皆可称"祖丁"，故加"三"、"四"等字以别之，否则赘矣。由是推之，则卜辞之祖丙或即外丙，祖戊或即大戊，祖己或即雍己、孝己。此祖己，非《书·高宗肜日》之祖己。卜辞称"卜贞，王宾祖己，与先王同"，而伊尹、巫咸皆无此称，固宜别是一人。且商时云祖某者，皆先王之名，非臣子可袭用，疑《尚书》误。故祖者，大父以上诸先王之通称也。其称"父某"者亦然。父者，父与诸父之通称。卜辞曰"父甲一牡，父庚一牡，父辛一牡"，《后编》卷上第二十五叶。此当为武丁时所卜，父甲、父庚、父辛即阳甲、盘庚、小辛，皆小乙之兄、而武丁之诸父也。罗参事说。又卜辞凡单称"父某"者，有父甲，《前编》卷一第二十四叶。有父乙，同上，第二十五及第二十六叶。有父丁，同上，第二十六叶。有父己，同上，第二十七叶及卷三第二十三叶，《后编》卷上第六、第七叶。有父庚，《前编》卷一第二十六及第二十七叶。有父辛。同上，第二十七叶。今于盘庚以后诸帝之父及诸父中求之，则武丁之于阳甲，庚丁之于祖甲，皆得称父甲；武丁之于小乙，文丁之于武乙，帝辛之于帝乙，皆得称父乙；廪辛、庚丁之于孝己，皆得称父己。余如父庚当为盘庚或祖庚，父辛当为小辛或廪辛，他皆放此。其称"兄某"者亦然。案：卜辞云"兄某"者有兄甲，《前编》卷一第三十八叶。有兄丁，同上，卷一第三十九叶，又《后编》卷上第七叶。有兄戊,《前编》卷一第四十叶。有兄己,《前编》卷一第四十及第四十一叶,《后编》卷上第七叶。有兄庚,《前编》卷一第四十一叶,《后编》卷上第七叶及第十九叶。有兄辛,《后编》卷上第七叶。有兄壬,同上。有兄癸。同上。今于盘庚以后诸帝之兄求之,则兄甲当为盘庚、小辛、小乙之称阳甲;兄己当为祖庚、祖甲之称孝己;兄庚当为小辛、小乙之称盘庚,或祖甲之称祖庚;兄辛当为小乙之称小辛,或庚丁之称廪辛;而丁、戊、壬、癸则盘庚以后诸帝之兄在位者,初无其人,自是未立而殂者,与孝己同矣。由是观之,则卜辞中所未见之雍己、沃甲、廪辛等,名虽亡而实或存。其史家所不载之祖丙、小丁、此疑即沃丁或武丁,对大丁或祖丁言,则沃丁与武丁自当称小丁,犹大甲之后有小甲,祖乙之后有小乙,祖辛之后有小辛矣。祖戊、祖己、中己、南壬等,或为诸帝之异称,或为诸帝兄弟之未立者,于是卜辞与《世本》、《史记》间毫无牴牾之处矣。

附　罗叔言参事二书

　　昨日下午,邮局送到大稿,灯下读一过,忻快无似。弟自去冬病胃,闷损已数月,披览来编,积疴若失。忆自卜辞初出洹阴,弟一见以为奇宝,而考释之事未敢自任。研究十年,始稍稍能贯通。往者写定考释,尚未能自慊,固知继我有作者,必在先生,不谓捷悟遂至此也。上甲之释,无可疑者。弟意田字即小篆𠂤字所从出。卜辞田字十外加囗,固以示别,与𠂤、冎、可同例,然疑亦用以别于数名之十,周人尚用此字,兮伯吉父盘之"兮田"即"兮甲"也。小篆复改作甲者,初以十嫌于数名之十古十七字。而加囗作田,既又嫌于田畴之田而稍变之。秦阳陵虎符"甲兵"之字作甲,变囗为𠀁,更讹𠀁为𠂆,讹十为丁,如《说文》𠂤字,而初形全失,反不如隶书甲字尚存古文面目也。弟因考卜辞,知今隶颇存古文,此亦其一矣。又田或作𤰞者,弟以为即"上甲"二字合文。许书"帝"古文作𥙫,注:"古文诸丄字皆从一,篆文皆从二,二古文上字。"考之卜辞及古金文,帝、示诸文,或从二,或从一,知古文二亦省作一。𤰞者,上甲也。许君之注当改正为"古文诸丄字,或从一,或从二,一与二皆古文上。"或淡长原文本如此,后人转写失之耳。尊稿当已写定,可不必改正。或以弟此书写附大著之后。奉读大稿，弟为忻快累日。此书寄到，公亦当揽纸首肯也。第一札。

前书与公论🔲即上甲二字合书，想公必谓然。今日补拓以前未选入之龟甲兽骨，得一骨上有🔲字，则竟作上田，为之狂喜。已而检《书契后编》，见卷下第四十二叶上甲字已有作🔲者，英人明义士所摹《殷虚卜辞》第二十九叶并一百十八叶亦两见🔲字。又为之失笑，不独弟忽之，公亦忽之，何耶？卜辞"上"字多作凵，"下"字作⊓，下字无所嫌，二作凵者，所以别于数名之二也。此🔲字两见，皆作凵。又上帝字作凵帝，其为上字无疑。🔲为🔲字之省，亦无可疑。不仅可为弟前说之证，亦足证尊说之精确。至今隶"甲"字全与田同，但长其直画，想公于此益信今隶源流之古矣。第二札。

丁巳二月，参事闻余考卜辞中殷先公先王，索稿甚亟。既写定，即以草稿寄之。复书两通，为余证成"上甲"二字之释。第一札作于闰二月之望，第二札则二十日也。余适以展墓反浙，至泸读此二书，开缄狂喜，丞录附于后。越七日，国维记。

殷卜辞中所见先公先王续考[*]

丁巳二月，余作《殷卜辞中所见先公先王考》。时所据者，《铁云藏龟》及《殷虚书契》前、后编诸书耳。逾月，得见英伦哈同氏《戬寿堂所藏殷虚文字》拓本，凡八百纸。又逾月，上虞罗叔言参事以养疴来海上，行装中有新拓之书契文字约千纸，余尽得见之。二家拓本中足以补证余前说者颇多，乃复写为一编，以质世之治古文及古史者。闰二月下旬，海宁王国维。

高祖夋

前考以卜辞之 🔣 及 🔣 为夋，即帝喾之名，但就字形定之，无他证也。今见罗氏拓本中有一条曰"癸巳贞于高祖 🔣"，下阙。案：卜辞中惟王亥称"高祖王亥"，《书契后编》卷上第二十二叶。或"高祖亥"，哈氏拓本。大乙称"高祖乙"，《后编》卷上第三叶。今 🔣 亦称"高祖"，斯为 🔣、🔣 即夋之确证，亦为夋即帝喾之确证矣。

上甲　报乙　报丙　报丁　主壬　主癸

前考据《书契后编》上第八叶一条，证 🔣、🔣 即报丙、报丁。又据此知卜辞以报丙、报丁为次，与《史记·殷本纪》及《三代世表》不同。比观哈氏拓本中有一片，有 🔣、🔣、示癸等字，而彼片有 🔣、🔣 等

---

* 据《观堂集林》卷第九，史林一。

字，疑本一骨折为二者。乃以二拓本合之，其断痕若合符节，文辞亦连续可诵，凡殷先公先王自上甲至于大甲，其名皆在焉。其文三行，左行，其辞曰"乙未酒燅𪅂田十、乙三、丙三、丁三、示壬三、示癸三、大丁十、大甲十"。下阙。此中曰"十"、曰"三"者，盖谓牲牢之数。上甲、大丁、大甲十而其余皆三者，以上甲为先公之首，大丁、大甲又先王而非先公，故殊其数也。示癸、大丁之间无大乙者，大乙为大祖，先公先王或均合食于大祖故也。据此一文之中，先公之名具在，不独田即上甲，乙、丙、丁即报乙、报丙、报丁，示壬、示癸即主壬、主癸，胥得确证，且足证上甲以后诸先公之次，当为报乙、报丙、报丁、主壬、主癸，而《史记》以报丁、报乙、报丙为次，乃违事实。又据此次序，则首甲、次乙、次丙、次丁，而终于壬、癸，与十日之次全同。疑商人以日为名号，乃成汤以后之事，其先世诸公生卒之日，至汤有天下后定祀典名号时已不可知，乃即用十日之次序以追名之，故先公之次乃适与十日之次同，否则不应如此巧合也。兹摹二骨之形状及文字如左：

多　后

卜辞屡云"自田至于多🦬衣"，见前考。曩疑"多🦬"亦先公或先王之名。今观《戬寿堂所藏殷虚文字》，乃知其不然。其辞曰"乙丑卜贞，王宾䍄祖乙□，亡尤"，又曰"乙卯卜即贞，王宾䍄祖乙、父丁䍄，亡尤"，又曰"贞䍄祖乙古十牛，四月"，又曰"贞䍄祖乙古十物牛，四月"，以上出《戬寿堂所藏殷虚文字》。又曰"咸䍄祖乙"，《书契前编》卷五第五叶。又曰"甲□□贞，翌乙□酒彤日于䍄祖乙，亡它"，《后编》卷上第二十叶。则䍄亦作䍄。卜辞又曰"□丑之于五䍄"，《前编》卷一第三十叶。合此诸文观之，则"多䍄"殆非人名。案：卜辞䍄字异文颇多，或作䍄，《前编》卷六第二十七叶。或作䍄，同上，卷二第二十五叶。或作䍄、作䍄、作䍄，均同上。或作䍄，同上，二十五叶。或作䍄，《后编》卷上第二十叶。字皆从女、从古，倒子。或从母、从古，象产子之形。其从八、𠃋、𢓵者，则象产子之有水液也。或从亻者，与从女、从母同意，故以字形言，此字即《说文》"育"之或体"毓"字。毓从每、从㐬，倒古文子。与此正同。吕中仆尊曰"吕中仆作䍄子宝尊彝，"䍄子即"毓子"，毓，稚也。《书》今文《尧典》"教育子"，《诗·豳风》"鬻子之闵斯"，《书·康诰》"兄亦不念鞠子哀"，《康王之诰》"无遗鞠子羞"。育、鬻、鞠三字通。然卜辞假此为"后"字。古者育、胄、后声相近，谊亦相通。《说文解字》："后，继体君也，象人之形，施令以告四方，故厂之，从一口。"是后从人，厂当即亻之讹变，一口亦古之讹变也。后字之谊，本从"毓"义引申，其后毓字专用毓、育二形，后字专用䍄，又讹为后，遂成二字。卜辞䍄又作𠂤，《后编》卷下第二十二叶。与䍄、䍄诸形皆象倒子在人后，故"先後"之後古亦作后，盖毓、后、後三字实本一字也。商人称先王为"后"，《书·盘庚》曰"古我前后"，又曰"女曷不念我古后之闻"，又曰"予念我先神后之劳尔先"，又曰"高后丕乃崇降罪疾"，又曰"先后丕降与汝罪疾"，《诗·商颂》曰"商之先后"，是商人称其先人为后，是故"多后"者，犹《书》言"多子"、"多士"、"多方"也。五后者，犹《诗》、《书》言"三后在天"、"三后成功"也。其与祖乙连言者，又假为"後"字，"後祖乙"谓武乙也。卜辞以䍄祖乙、父丁连文，考殷诸帝中父名乙、子名丁者，盘庚以后，惟小乙、武丁及武乙、文丁，而小乙卜辞称小祖乙，《戬寿堂所藏殷虚文字》。则䍄祖乙必武乙矣。商诸帝名乙者六，除帝乙外，皆有祖乙之称，而各加字以别之。是故高祖乙者谓大乙也，中宗祖乙者谓祖乙也，小祖乙者谓小乙也，武祖乙、后祖乙者谓武乙也。卜辞"君后"之后与"先後"之後，均用𠂤或䍄，知毓、后、後三字之古为一字矣。

中宗祖乙

《戬寿堂所藏殷虚文字》中有断片，存字六，曰"中宗祖乙牛吉"，称祖乙为"中宗"，全与古来《尚书》学家之说违异。惟《太平御览》八十三。引《竹书纪年》曰"祖乙滕即位，是为中宗，居庇"，今本《纪年》注亦云"祖乙之世，商道复兴，号为中宗"，即本此。今由此断片，知《纪年》是而古今《尚书》家说非也。《史记·殷本纪》以大甲为大宗，大戊为中宗，武丁为高宗，此本《尚书》今文家说。今征之卜辞，则大甲、祖乙往往并祭，而大戊不与焉。卜辞曰"□亥卜贞，三示御大乙、大甲、祖乙五牢"，罗氏拓本。又曰"癸丑卜□贞，求年于大甲十牢，祖乙十牢"，《后编》上第二十七叶。又曰"丁亥卜□贞，昔乙酉服🐚御中闕。大丁、大甲、祖乙百邑、百羊，卯三百牛。"下阙。同上，第二十八叶。大乙、大甲之后独举祖乙，亦中宗是祖乙、非大戊之一证。《晏子春秋·内篇·谏上》："夫汤、大甲、武丁、祖乙天下之盛君也。"亦以祖乙与大甲、武丁并称。

大示　二示　三示　四示

《戬寿堂所藏殷虚文字》中有一条，其文曰："癸卯卜，酒求贞乙巳自田廿示一牛、二示羊、🐚褒三示戠牢、四示犬。"前考以示为先公之专称，故因卜辞"十有三示"一语，疑商先公之数不止如《史记》所纪。今此条称"自田廿示"，又与彼云"十有三示"不同。盖"示"者，先公先王之通称。卜辞云"□亥卜贞，三示御大乙、大甲、祖乙五牢"，见前。以大乙、大甲、祖乙为三示，是先王亦称示矣。其有大示、亦云元示。二示、三示、四示之别者，盖商人祀其先自有差等，上甲之祀与报乙以下不同；大乙、大甲、祖乙之祀又与他先王不同。又诸臣亦称"示"，卜辞云"癸酉卜右伊五示"，罗氏拓本。伊谓伊尹。故有大示、二示、三示、四示之名，卜辞又有小示，盖即谓二示以下，小者，对大示言之也。

商先王世数

《史记·殷本纪》、《三代世表》及《汉书·古今人表》所记殷君数同，而于世数则互相违异。据《殷本纪》，则商三十一帝，除大丁为三十帝。共十七世。《三代世表》以小甲、雍己、大戊为大庚弟，《殷本纪》大庚子。则为十六世。《古今人表》以中丁、外壬、河亶甲为大戊弟，《殷本纪》大戊子。祖乙为河亶甲弟，《殷本纪》河亶甲子。小辛为盘庚子，《殷本纪》盘庚弟。则增一世，减二世，亦为十六世。今由卜辞证之，则以《殷本纪》所记为近。案：殷人祭祀中，有特祭其所自出之先王，而非所自出之先王不与者。前考所举"求祖乙、小乙。祖丁、武丁。祖甲、康祖丁、庚丁。武乙衣"，其一例也。今检卜辞中又有一断片，其文曰上阙。"大甲、大庚、中阙。丁、祖乙、祖中阙。一、羊一，南"，下阙。共三行，左读。见《后编》卷上第五叶。此片虽残阙，然于大甲、大庚之间不数沃丁，中丁、中字直笔尚存。祖乙之间不数外壬、河亶甲，而一世之中仅举一帝，盖亦与前所举者同例。又其上下所阙，得以意补之如左：

由此观之，则此片当为盘庚、小辛、小乙三帝时之物。自大丁至祖丁，皆其所自出之先王。以《殷本纪》世数次之，并以行款求之，其文当如是也。惟据《殷本纪》，则祖乙乃河亶甲子，而非中丁子。今此片中有中丁而无河亶甲，则祖乙自当为中丁子，《史记》盖误也。且据此则大甲之后有大庚，则大戊自当为大庚子，其兄小甲、雍己亦然。知《三代世表》以小甲、雍己、大戊为大庚弟者非矣。大戊之后有中丁，中丁之后有祖乙，则中丁、外壬、河亶甲自当为大戊子，祖乙自当为中丁子。知《人表》以中丁、外壬、河亶甲、祖乙皆为大戊弟者非矣。卜辞又云"父甲一牡、父庚一牡、父辛一牡"，《后编》卷上第二十五叶。甲为阳甲，庚则盘庚，辛则小辛，皆武丁之诸父，故曰"父甲"、"父庚"、"父辛"，则《人表》以小辛为盘庚子者非矣。凡此诸证，皆与《殷本纪》合，而与《世表》、《人表》不合。是故殷自小乙以上之世数，可由此二片证之；小乙以下之世数，可由祖乙、祖丁、祖甲、康祖丁、武乙一条证之。考古者得此，可以无遗憾矣。

附　　　　　　　　　　　殷世数异同表

帝名	《殷本纪》	《三代世表》	《古今人表》	卜辞
汤	主癸子	主癸子	主癸子	一世
大丁	汤子	汤子	汤子	汤子二世
外丙	大丁弟	大丁弟	大丁弟	
中壬	外丙弟	外丙弟	外丙弟	
大甲	大丁子	大丁子	大丁子	大丁子三世
沃丁	大甲子	大甲子	大甲子	
大庚	沃丁弟	沃丁弟	沃丁弟	大甲子四世
小甲	大庚子	大庚弟	大庚子	
雍己	小甲弟	小甲弟	小甲弟	
大戊	雍己弟	雍己弟	雍己弟	大庚子五世
中丁	大戊子	大戊子	大戊弟	大戊子六世
外壬	中丁弟	中丁弟	中丁弟	
河亶甲	外壬弟	外壬弟	外壬弟	
祖乙	阿亶甲子	河亶甲子	河亶甲弟	中丁子七世
祖辛	祖乙子	祖乙子	祖乙子	祖乙子八世
沃甲	祖辛弟	祖辛弟	祖辛弟	
祖丁	祖辛子	祖辛子	祖辛子	祖辛子九世
南庚	沃甲子	沃甲子	沃甲子	
阳甲	祖丁子	祖丁子	祖丁子	祖丁子十世
盘庚	阳甲弟	阳甲弟	阳甲弟	阳甲弟十世
小辛	盘庚弟	盘庚弟	盘庚子	盘庚弟十世
小乙	小辛弟	小辛弟	小辛弟	小辛弟十世

续前表

帝名	《殷本纪》	《三代世表》	《古今人表》	卜辞
武丁	小乙子	小乙子	小乙子	小乙子十一世
祖庚	武丁子	武丁子	武丁子	武丁子十二世
祖甲	祖庚弟	祖庚弟	祖庚弟	祖庚弟十二世
廪辛	祖甲子	祖甲子	祖甲子	
庚丁	廪辛弟	廪辛弟	廪辛弟	祖甲子十三世
武乙	庚丁子	庚丁子	庚丁子	庚丁子十四世
大丁	武乙子	武乙子	武乙子	
帝乙	大丁子	大丁子	大丁子	
帝辛	帝乙子	帝乙子	帝乙子	

殷周制度论[*]

中国政治与文化之变革，莫剧于殷、周之际。都邑者，政治与文化之标征也。自上古以来，帝王之都皆在东方：太皞之虚在陈，大庭氏之库在鲁，黄帝邑于涿鹿之阿，少皞与颛顼之虚皆在鲁、卫，帝喾居亳。惟史言尧都平阳、舜都蒲坂、禹都安邑，俱僻在西北，与古帝宅京之处不同。然尧号陶唐氏，而冢在定陶之成阳；舜号有虞氏，而子孙封于梁国之虞县；《孟子》称舜生卒之地皆在东夷。盖洪水之灾，兖州当其下游，一时或有迁都之事，非定居于西土也。禹时都邑虽无可考，然夏自太康以后以迄后桀，其都邑及他地名之见于经典者，率在东土，与商人错处河、济间盖数百岁。商有天下，不常厥邑，而前后五迁，不出邦畿千里之内。故自五帝以来，政治文物所自出之都邑，皆在东方。惟周独崛起西土。武王克纣之后，立武庚、置三监而去，未能抚有东土也。逮武庚之乱，始以兵力平定东方，克商践奄，灭国五十，乃建康叔于卫、伯禽于鲁、太公望于齐、召公之子于燕，其余蔡、郕、郜、雍、曹、滕、凡、蒋、邢、茅诸国，棋置于殷之畿内及其侯甸。而齐、鲁、卫三国，以王室懿亲，并有勋伐，居蒲姑、商、奄故地，为诸侯长。又作雒邑为东都，以临东诸侯，而天子仍居丰镐者凡十一世。自五帝以来，都邑之自东方而移于西方，盖自周始。故以族类言之，则虞、夏皆颛顼后。殷、周皆帝喾后，宜殷、周为亲。以地理言之，则虞、夏、商皆居东土，周独起于西方，故夏、商二代文化略同。"洪范九畴"，帝之所以锡禹者，而箕子传之矣。夏之季世，若胤甲，若孔甲，若履癸，始以日为名，而殷人承之矣。文化既尔，政治亦然。周之克殷，灭国五十。又

＊ 据《观堂集林》卷第十，史林二。

其遗民，或迁之雒邑，或分之鲁、卫诸国。而殷人所伐，不过韦、顾、昆吾，且豕韦之后仍为商伯。昆吾虽亡，而己姓之国仍存于商、周之世。《书·多士》曰："夏迪简在王庭，有服在百僚。"当属事实。故夏、殷间政治与文物之变革，不似殷、周间之剧烈矣。殷、周间之大变革，自其表言之，不过一姓一家之兴亡与都邑之移转；自其里言之，则旧制度废而新制度兴，旧文化废而新文化兴。又自其表言之，则古圣人之所以取天下及所以守之者，若无以异于后世之帝王；而自其里言之，则其制度文物与其立制之本意，乃出于万世治安之大计，其心术与规摹，迥非后世帝王所能梦见也。

欲观周之所以定天下，必自其制度始矣。周人制度之大异于商者，一曰立子立嫡之制，由是而生宗法及丧服之制，并由是而有封建子弟之制、君天子臣诸侯之制；二曰庙数之制；三曰同姓不婚之制。此数者，皆周之所以纲纪天下。其旨则在纳上下于道德，而合天子、诸侯、卿、大夫、士、庶民以成一道德之团体，周公制作之本意，实在于此。此非穿凿附会之言也，兹篇所论，皆有事实为之根据，试略述之。

殷以前无嫡庶之制。黄帝之崩，其二子昌意、玄嚣之后，代有天下。颛顼者，昌意之子。帝喾者，玄嚣之子也。厥后虞、夏皆颛顼后，殷、周皆帝喾后。有天下者，但为黄帝之子孙，不必为黄帝之嫡。世动言尧、舜禅让，汤、武征诛，若其传天下与受天下有大不同者。然以帝系言之，尧、舜之禅天下，以舜、禹之功，然舜、禹皆颛顼后，本可以有天下者也。汤、武之代夏、商，固以其功与德，然汤、武皆帝喾后，亦本可以有天下者也。以颛顼以来诸朝相继之次言之，固已无嫡庶之别矣。一朝之中，其嗣位者亦然。特如商之继统法，以弟及为主而以子继辅之，无弟然后传子。自成汤至于帝辛三十帝中，以弟继兄者凡十四帝；外丙、中壬、大庚、雍己、大戊、外壬、河亶甲、沃甲、南庚、盘庚、大辛、小乙、祖甲、庚丁。其以子继父者，亦非兄之子，而多为弟之子。小甲、中丁、祖辛、武丁、祖庚、廪辛、武乙。惟沃甲崩，祖辛之子祖丁立；祖丁崩，沃甲之子南庚立；南庚崩，祖丁之子阳甲立。此三事，独与商人继统法不合。此盖《史记·殷本纪》所谓中丁以后九世之乱，其间当有争立之事而不可考矣。故商人祀其先王，兄弟同礼，即先王兄弟之未立者，其礼亦同，是未尝有嫡庶之别也。此不独王朝之制，诸侯以下亦然。近保定南乡出句兵三，皆有铭，其一曰："大祖日己，祖日丁，祖日乙，祖日庚，祖日丁，祖日己，祖日己。"其二曰："祖日乙，大父日癸，大父曰癸，中父曰癸，父曰癸，父曰辛，父曰己。"其三曰："大兄曰乙，兄曰戊，兄曰壬，兄曰癸，兄曰癸，兄曰丙。"此当是殷时北方侯国勒祖父兄之名于兵器以纪功者。而三世兄弟之名先后骈列，无上下贵贱之别。是故大王之立王季也，文王之舍伯邑考而立武王也，周公之继武王而摄政称王也，自殷制言之，皆正也。殷自武乙以后四世传子。又《孟子》谓："以纣为兄之子，且以为君，而有微子启、王子比干。"《吕氏春秋·当务》篇云："纣之同母三人，其长子曰微子启，其次曰仲衍，其次曰受德。受德乃纣也，甚少矣。纣母之生微子启与仲衍也，尚为妾，已而为妻而生纣。纣之父、纣之母欲置微子启以为大子。大史据法而争之曰：有妻之子而不可置妾之子。纣故为后。"《史记·殷本纪》则云："帝乙长子为微子启，启母贱，不得嗣。少子辛，辛母正后，故立辛为嗣。"此三说虽不同，似商末已有立嫡之制。然三说已自互异，恐即以周代之制拟之，未敢信为事实也。舍弟传子之法，实自周始。当武王之崩，天下未定，国赖长君，周公既相武王克殷胜纣，勋劳最高，以德以长，以历代之制，则继武王而自立，固其所矣。而周公乃立成王而已摄之，后又反政焉。摄政者，所以济变也。立成王者，所以居正也。自是以后，子继之法遂为百王不易之制矣。

由传子之制而嫡庶之制生焉。夫舍弟而传子者，所以息争也。兄弟之亲本不如父子，而兄之尊又不如父，故兄弟间常不免有争位之事。特如传弟既尽之后，则嗣立者当为兄之子欤？弟之子欤？以理论言之，自当立兄之子；以事实言之，则所立者往往为弟之子。此商人所以有中丁以后九世之乱，而周人传子之制正为救此弊而设也。然使于诸子之中可以任择一人而立之，而此子又可任立其欲立者，则其争益甚，反不如商之兄弟以长幼相及者犹有次第矣。故有传子之法，而嫡庶之法亦与之俱生。其条例则《春秋左氏传》之说曰："太子死，有母弟则立之，无则立长。年钧择贤，义钧则卜。"《公羊》家之说曰："礼，嫡夫人无子立右媵，右媵无子立左媵，左媵无子立嫡侄娣，嫡侄娣无子立右媵侄娣，右媵侄娣无子立左媵侄娣。质家亲亲先立娣，文家尊尊先立侄。嫡子有孙而死，质家亲亲先立弟，文家尊尊先立孙。其双生也，质家据现在立先生，文家据本意立后生。"此二说中，后说尤为详密，顾皆后儒充类之说，当立法之初，未必穷其变至此。然所谓"立子以贵不以长，立适以长不以贤者"，乃传子法之精髓，当时虽未必有此语，固已用此意矣。盖天下之大利莫如定，其大害莫如争。任天者定，任人者争。定之以天，争乃不生。故天子、诸侯之传世也，继统法之立子与立嫡也，后世用人之以资格也，皆任天而不参以人，所以求定而息争也。古人非不知官天下之名美于家天下，立贤之利过于立嫡，人才之用优于资格，而终不以此易彼者，盖惧夫名之可藉而争之易生，其敝将不可胜穷，而民将无时或息也。故衡利而取重，絜害而取轻，而定为立子立嫡之法，以利天下后世。而此制实自周公定之，是周人改制之最大者，可由殷制比较得之，有周一代礼制，大抵由是出也。

是故，由嫡庶之制而宗法与服术二者生焉。商人无嫡庶之制，故不能有宗法。藉曰有之，不过合一族之人奉其族之贵且贤者而宗之。其所宗之人，固非一定而不可易，如周之大宗、小宗也。周人嫡庶之制，本为天子、诸侯继统法而设，复以此制通之大夫以下，则不为君统而为宗统，于是宗法生焉。周初宗法虽不可考，其见于七十子后学所述者，则《丧服小记》曰："别子为祖，继别为宗，继祢者为小宗。有五世而迁之宗，其继高祖者也。是故，祖迁于上，宗易于下。敬宗所以尊祖祢也。"《大传》曰："别子为祖，继别为宗，继祢者为小宗。有百世不迁之宗，有五世则迁之宗。百世不迁者，别子之后也。宗其继别子者，百世不迁者也。宗其继高祖者，五世则迁者也。尊祖故敬宗。敬宗，尊祖之义也。"是故，有继别之大宗，有继高祖之宗，有继曾祖之宗，有继祖之宗，有继祢之宗，是为五宗。其所宗者皆嫡也，宗之者皆庶也。此制为大夫以下设，而不上及天子、诸侯。郑康成于《丧服小记》注曰："别子，诸侯之庶子，别为后世为始祖者也。谓之别子者，公子不得祢先君也。"又于《大传》注曰："公子不得宗君。"是天子、诸侯虽本世嫡，于事实当统无数之大宗，然以尊故，无宗名。其庶子不得祢先君，又不得宗今君，故自为别子，而其子乃为继别之大宗。言礼者嫌别子之世近于无宗也，故《大传》说之曰："有大宗而无小宗者，有小宗而无大宗者，有无宗亦莫之宗者，公子是也。公子有宗道。公子之公，为其士、大夫之庶者，宗其士、大夫之适者。"注曰："公子不得宗君，君命适昆弟为之宗，使之宗之。"此《传》所谓"有大宗而无小宗"也。又若无适昆弟，则使庶昆弟一人为之宗，而诸庶兄弟事之如小宗，此《传》所谓"有小宗而无大宗"也。《大传》此说，颇与《小记》及其自说违异。盖宗必有所继，我之所以宗之者，以其继别若继高祖以下故也。君之嫡昆弟、庶昆弟皆不得继先君，又何所据以为众兄弟之宗乎？或云：立此宗子者，所以合族也。若然，则所合者一公之子耳。至此公之子与先公之子若孙间，仍无合之之道。是大夫、士以下皆有族，而天子、诸侯之子，于其族曾祖父母、从祖祖父母、世父母、叔父母以下服之所及者，乃无缀属之法，是非先王教人亲亲之意也。故由尊之统言，则天子、诸侯绝宗，王子、公子无宗可也；由亲之统言，则天子、诸侯之子，身为别子而其后世为大宗者，无不奉天子、诸侯以为最大之大宗，特以尊卑既殊，不敢加以宗名，而其实则仍在也。故《大传》曰："君有合族之道。"其在《诗·小雅》之《常棣》序曰"燕兄弟也"，其诗曰："傧尔笾豆，饮酒之饫。兄弟既具，和乐且孺。"《大雅》之《行苇》序曰"周家能内睦九族也"，其诗曰："戚戚兄弟，莫远具迩。或肆之筵，或授之几。"是即《周礼·大宗伯》所谓"以饮食之礼亲宗族兄弟"者，是天子之收族也。《文王世子》曰"公与族人燕则以齿"，又曰"公与族人燕则异姓为宾"，是诸侯之收族也。夫收族者，大宗之事也。又在《小雅》之《楚茨》曰"诸父兄弟，备言燕私"，此言天子、诸侯祭毕而与族人燕也。《尚书大传》曰"宗室有事，族人皆侍终日。大宗已侍于宾奠，然后燕私。燕私者何也？祭已而与族人饮也"，是祭毕而燕族人者，亦大宗之事也。是故天子、诸侯虽无大宗之名，而有大宗之实。（笃）《公刘》之诗曰"食之饮之，君之宗之"，传曰："为之君，为之大宗也。"《板》之诗曰"大宗维翰"，传曰："王者，天下之大宗。"又曰"宗子维城"，笺曰："王者之嫡子，谓之宗子。"是礼家之大宗限于大夫以下者，诗人直以称天子、诸侯。惟在天子、诸侯则宗统与君统合，故不必以宗名；大夫、士以下皆以贤才进，不必身是嫡子。故宗法乃成一独立之统系。是以《丧服》有为宗子及其母、妻之服皆齐衰三月，与庶人为国君、曾孙为曾祖父母之服同。适子、庶子祇事宗子，宗妇虽贵富，不敢以贵富入于宗子之家。子弟犹归器，祭则具二牲，献其贤者于宗子，夫妇皆齐而宗敬焉，终事而敢私祭。是故大夫以下、君统之外复戴宗统，此由嫡庶之制自然而生者也。

其次则为丧服之制。《丧服》之大纲四：曰亲亲，曰尊尊，曰长长，曰男女有别。无嫡庶，则有亲而无尊，有恩而无义，而丧服之统紊矣。故殷以前之服制，就令成一统系，其不能如周礼服之完密，则可断也。《丧服》中之自嫡庶之制出者，如父为长子三年，为众子期；庶子不得为长子三年；母为长子三年，为众子期；公为适子之长殇、中殇大功，为庶子之长殇、中殇无服；大夫为适子之长殇、中殇大功，为庶子之长殇小功，适妇大功，庶妇小功，适孙期，庶孙小功；大夫为嫡孙为士者期，庶孙小功；出妻之子为母期，为父后者则为出母无服，为父后者为其母缌；大夫之适子为妻期，庶子为妻小功；大夫之庶子为适昆弟期，为庶昆弟大功，为适昆弟之长殇、中殇大功，为庶昆弟之长殇小功，为适昆弟之下殇小功，为庶昆弟之下殇无服；女子子适人者，为其昆弟之为父后者期，为众昆弟大功。凡此，皆出于嫡庶之制，无嫡庶之世，其不适用此制明矣。又无嫡庶则无宗法，故为宗子与宗子之母、妻之服无所施。无嫡庶，无宗法，则无为人后者，故为人后者为其所后及为其父母昆弟之服亦无所用。故《丧服》一篇，其条理至精密纤悉者，乃出于嫡庶之制既行以后。自殷以前，决不能有此制度也。

为人后者为之子，此亦由嫡庶之制生者也。商之诸帝，以弟继兄者，但后其父而不后其兄，故称其所继者仍曰兄甲、兄乙，既不为之子，斯亦不得云为之后矣。又商之诸帝，有专祭其所自出之帝而不及非所自出者，卜辞有一条曰"大丁、大甲、大庚、大戊、中丁、祖乙、祖辛、祖丁牛一羊一"，《殷虚书契后编》卷上第五叶及拙撰《殷卜辞中所见先公先王续考》。其于大甲、大庚之间不数沃丁，是大庚但后其父大甲，而不为其兄沃丁后也；中丁、祖乙之间不数外壬、河亶甲，是祖乙但后其父中丁，而不为其兄外壬、河亶甲后也。又一条曰"□祖乙、小乙。祖丁、武丁。祖甲、康祖丁、庚丁。武乙衣"，《书契后编》卷上第二十叶并拙撰《殷卜辞中所见先公先王考》。于祖甲前不数祖庚，康祖丁前不数廪辛，是亦祖甲本不后其兄祖庚，庚丁不后其兄廪辛，故后世之帝，于合祭之一种中乃废其祀。其特祭仍不废。是商无为人后者为之子之制也。周则兄弟之相继者，非为其父后，而实为所继之兄弟后。以春秋时之制言之，《春秋经》文二年书"八月丁卯，大事于大庙，跻僖公"，《公羊传》曰："讥。何讥尔？逆祀也。其逆祀奈何？先祢而后祖也。"夫僖本闵兄，而传乃以闵为祖，僖为祢，是僖公以兄为弟闵公后，即为闵公子也。又《经》于成十五年书"三月乙巳，仲婴齐卒"，传曰："仲婴齐者，公孙婴齐也。公孙婴齐则曷为谓之仲婴齐？为兄后也。为兄后则曷为谓之仲婴齐？为人后者为之子也。为人后者为之子，则其称仲何？孙以王父字为氏也。然则婴齐孰后？后归父也。"夫婴齐为归父弟，以为归父后，故祖其父仲遂而以其字为氏。是春秋时为人后者无不即为其子。此事于周初虽无可考，然由嫡庶之制推之，固当如是也。

又与嫡庶之制相辅者，分封子弟之制是也。商人兄弟相及，凡一帝之子，无嫡庶长幼，皆为未来之储贰，故自开国之初，已无封建之事，矧在后世？惟商末之微子、箕子，先儒以微、箕为二国名，然比干亦王子而无封，则微、箕之为国名，亦未可遽定也。是以殷之亡，仅有一微子以存商祀，而中原除宋以外，更无一子姓之国。以商人兄弟相及之制推之，其效固应如是也。周人既立嫡长，则天位素定，其余嫡子、庶子，皆视其贵贱贤否，畴以国邑。开国之初，建兄弟之国十五，姬姓之国四十，大抵在邦畿之外；后王之子弟，亦皆使食畿内之邑。故殷之诸侯皆异姓，而周则同姓、异姓各半。此与政治文物之施行甚有关系，而天子、诸侯君臣之分，亦由是而确定者也。

自殷以前，天子、诸侯君臣之分未定也。故当夏后之世，而殷之王亥、王恒，累叶称王。汤未放桀之时，亦已称王。当商之末，而周之文、武亦称王。盖诸侯之于天子，犹后世诸侯之于盟主，未有君臣之分也。周初亦然，于《牧誓》、《大诰》皆称诸侯曰"友邦君"，是君臣之分亦未全定也。逮克殷践奄，灭国数十，而新建之国皆其功臣、昆弟、甥舅，本周之臣子；而鲁、卫、晋、齐四国，又以王室至亲为东方大藩，夏、殷以来古国，方之蔑矣。由是天子之尊，非复诸侯之长而为诸侯之君，其在《丧服》，则诸侯为天子斩衰三年，与子为父、臣为君同。盖天子、诸侯君臣之分始定于此。此周初大一统之规模，实与其大居正之制度相待而成者也。

嫡庶者，尊尊之统也，由是而有宗法，有服术。其效及于政治者，则为天位之前定、同姓诸侯之封建、天子之尊严。然周之制度，亦有用亲亲之统者，则祭法是已。商人祭法见于卜辞所纪者，至为繁复。自帝喾以下，至于先公先王先妣，皆有专祭，祭各以其名之日，无亲疏远迩之殊也。先公先王之昆弟，在位者与不在位者祀典略同，无尊卑之差也。其合祭也，则或自上甲至于大甲九世，或自上甲至于武乙二十世，或自大丁至于祖丁八世，或自大庚至于中丁三世，或自帝甲至于祖丁二世，或自小乙至于武乙五世，或自武丁至于武乙四世。又数言"自上甲至于多后衣"，此于卜辞屡见，必非周人三年一祫、五年一禘之大祭，是无毁庙之制也。虽《吕览》引《商书》言"五世之庙可以观怪"，而卜辞所纪事实乃全不与之合，是殷人祭其先无定制也。周人祭法，《诗》、《书》、《礼经》皆无明文。据礼家言，乃有七庙、四庙之说。此虽不可视为宗周旧制，然礼家所言庙制，必已萌芽于周初，固无可疑也。古人言周制尚文者，盖兼综数义而不专主一义之谓。商人继统之法不合尊尊之义，其祭法又无远迩尊卑之分，则于亲亲、尊尊二义皆无当也。周人以尊尊之义经亲亲之义而立嫡庶之制，又以亲亲之义经尊尊之义而立庙制，此其所以为文也。说庙制者，有七庙、四庙之殊，然其实不异。《王制》、《礼器》、《祭法》、《春秋穀梁传》皆言"天子七庙、诸侯五"。《曾子问》言"当七庙、五庙无虚主",《荀子·礼论》篇亦言"有天下者事七世,有一国者事五世"。惟《丧服小记》独言"王者禘其祖之所自出,以其祖配之而立四庙",郑注:"高祖以下也,与始祖而五也。"如郑说,是四庙实五庙也。《汉书·韦玄成传》:"玄成等奏:《祭义》曰:'王者禘其祖之所自出,以其祖配之而立四庙。'言始受命而王,祭天以其祖配,而不为立庙,亲尽也。立亲庙四,亲亲也。亲尽而迭毁,亲疏之杀,示有终。周之所以七庙者,以后稷始封,文王、武王受命而王,是以三庙不毁,与亲庙四而七。"《公羊》宣六年传何注云:"礼,天子、诸侯立五庙。周家祖有功,宗有德,立后稷、文、武庙,至于子孙,自高祖以下而七庙。"《王制》郑注亦云:"七者,太祖及文、武之祧,与亲庙四。"则周之七庙,仍不外四庙之制。刘歆独引《王制》说之曰:"天子三昭、三穆,与太祖之庙而七。七者,其正法,不可常数者也。宗不在此数中,宗变也。"是谓七庙之中,不数文、武,则有亲庙六。以礼意言之,刘说非也。盖礼有尊之统,有亲之统。以尊之统言之,祖愈远则愈尊,则如殷人之制,遍祀先公先王可也。庙之有制也,出于亲之统。由亲之统言之,则亲亲以三为五,以五为九,上杀、下杀、旁杀而亲毕矣。亲,上不过高祖,下不过玄孙,故宗法、服术皆以五为节。《丧服》有"曾祖父母服而无高祖父母服,曾祖父母之服不过齐衰三月"。若夫玄孙之生,殆未有及见高祖父母之死者;就令有之,其服亦不过袒免而止。此亲亲之界也,过是则亲属竭矣,故遂无服。服之所不及,祭亦不敢及,此礼服家所以有天子四庙之说也。刘歆又云:"天子七日而殡,七月而葬。诸侯五日而殡,五月而葬。"此丧事尊卑之序也,与庙数相应。《春秋左氏传》曰"名位不同,礼亦异数","自上以下,降杀以两,礼也",虽然,言岂一端而已。礼有以多为贵者,有以少为贵者,有无贵贱一者。车服之节,殡葬之期,此有等衰者也。至于亲亲之事,则贵贱无以异。以三为五,大夫以下用之;以五为九,虽天子不能过也。既有不毁之庙以存尊统,复有四亲庙以存亲统,此周礼之至文者也。宗周之初,虽无四庙明文,然祭之一种限于四世,则有据矣。《逸周书·世俘解》:"王克殷,格于庙,王烈祖自大王、大伯、王季、虞公、文王、邑考以列升。"此太伯、虞公、邑考与三王并升,犹用殷礼,然所祀者四世也。《中庸》言:"周公成文、武之德,追王大王、王季,上祀先公以天子之礼。"于先公之中追王二代,与文、武而四，则成王、周公时庙数虽不必限于四王，然追王者与不追王者之祭，固当有别矣。《书·顾命》所设几筵，乃成王崩，召公摄成王册命康王时依神之席，见拙撰《周书顾命考》及《顾命后考》。而其席则牖间、西序、东序与西夹凡四，此亦为大王、王季、文王、武王设。是周初所立，即令不止四庙，其于高祖以下，固与他先公不同。其后遂为四亲庙之制，又加以后稷、文、武，遂为七庙。是故遍祀先公先王者，殷制也；七庙、四庙者，七十子后学之说也。周初制度，自当在此二者间。虽不敢以七十子后学之说上拟宗周制度，然其不如殷人之遍祀其先，固可由其他制度知之矣。

以上诸制，皆由尊尊、亲亲二义出。然尊尊、亲亲、贤贤，此三者治天下之通义也。周人以尊尊、亲亲二义，上治祖祢，下治子孙，旁治昆弟，而以贤贤之义治官。故天子、诸侯世，而天子、诸侯之卿、大夫、士皆不世。盖天子、诸侯者，有土之君也。有土之君，不传子，不立嫡，则无以弭天下之争。卿、大夫、士者，图事之臣也，不任贤，无以治天下之事。以事实证之，周初三公，惟周公为武王母弟，召公则疏远之族兄弟，而太公又异姓也。成、康之际，其六卿为召公、芮伯、彤伯、毕公、卫侯、毛公，而召、毕、毛三公又以卿兼三公，周公、太公之子不与焉。王朝如是，侯国亦然，故《春秋》讥世卿。世卿者，后世之乱制也。礼有大夫为宗子之服，若如春秋以后世卿之制，则宗子世为大夫，而支子不得与，又何大夫为宗子服之有矣。此卿、大夫、士不世之制，当自殷已然，非属周制，虑后人疑传子立嫡之制通乎大夫以下，故附著之。

男女之别，周亦较前代为严。男子称氏，女子称姓，此周之通制也。上古女无称姓者，有之，惟一姜嫄。姜嫄者，周之妣，而其名出于周人之口者也。传言黄帝之子为十二姓，祝融之后为八姓。又言虞为姚姓，夏为姒姓，商为子姓。凡此纪录，皆出周世。据殷人文字，则帝王之妣与母皆以日名，与先王同，诸侯以下之妣亦然。传世商人彝器多有妣甲、妣乙诸文。虽不敢谓殷以前无女姓之制，然女子不以姓称，固事实也。《晋语》："殷辛伐有苏氏，有苏氏以妲己女焉。案：苏国己姓，其女称妲己。似己为女子称姓之始，然恐亦周人追名之。而周则大姜、大任、大姒、邑姜，皆以姓著。自是迄于春秋之末，无不称姓之女子。《大传》曰："四世而缌，服之穷也。五世祖免，杀同姓也。六世亲属竭矣。其庶姓别于上而戚单于下，婚姻可以通乎？"又曰："系之以姓而弗别，缀之以食而弗殊，虽百世而婚姻不通者，周道然也。"然则商人六世以后或可通婚；而同姓不婚之制，实自周始；女子称姓，亦自周人始矣。

是故有立子之制而君位定，有封建子弟之制而异姓之势弱、天子之位尊。有嫡庶之制，于是有宗法，有服术，而自国以至天下合为一家。有卿、大夫不世之制，而贤才得以进。有同姓不婚之制，而男女之别严。且异姓之国，非宗法之所能统者，以婚媾甥舅之谊通之。于是天下之国，大都王之兄弟、甥舅，而诸国之间亦皆有兄弟、甥舅之亲，周人一统之策实存于是。此种制度，固亦由时势之所趋，然手定此者，实惟周公。原周公所以能定此制者，以公于旧制本有可以为天子之道，其时又躬握天下之权，而顾不嗣位而居摄，又由居摄而致政，其无利天下之心？昭昭然为天下所共见。故其所设施，人人知为安国家、定民人之大计，一切制度遂推行而无所阻矣。

由是制度，乃生典礼，则"经礼三百、曲礼三千"是也。凡制度、典礼所及者，除宗法、丧服数大端外，上自天子、诸侯，下至大夫、士止，民无与焉，所谓"礼不下庶人"是也。若然，则周之政治但为天子、诸侯、卿、大夫、士设，而不为民设乎？曰：非也。凡有天子、诸侯、卿、大夫、士者，以为民也。有制度、典礼以治天子、诸侯、卿、大夫、士，使有恩以相治，有义以相分，而国家之基定，争夺之祸泯焉。民之所求者，莫先于此矣。且古之所谓国家者，非徒政治之枢机，亦道德之枢机也。使天子、诸侯、大夫、士各奉其制度、典礼，以亲亲、尊尊、贤贤，明男女之别于上，而民风化于下，此之谓治。反是，则谓之乱。是故，天子、诸侯、卿、大夫、士者，民之表也；制度、典礼者，道德之器也。周人为政之精髓，实存于此。此非无征之说也。以经证之，《礼经》言治之迹者，但言天子、诸侯、卿、大夫、士；而《尚书》言治之意者，则惟言庶民。《康诰》以下九篇，周之经纶天下之道胥在焉。其书皆以民为言，《召诰》一篇，言之尤为反覆详尽，曰命，曰天，曰民，曰德，四者一以贯之。其言曰："天亦哀于四方民，其眷命用懋，王其疾敬德。"又曰："今天其命哲，命吉凶，命历年。知今我初服，宅新邑，肆惟王其疾敬德。王其德之用，祈天永命。"又曰："欲王以小民受天永命。"且其所谓德者，又非徒仁民之谓，必天子自纳于德而使民则之，故曰"其惟王勿以小民淫用非彝"，又曰"其惟王位在德元，小民乃惟刑用于天下，越王显"。充此言以治天下，可云至治之极轨。自来言政治者，未能有高焉者也。古之圣人，亦岂无一姓福祚之念存于其心，然深知夫一姓之福祚与万姓之福祚是一非二，又知一姓万姓之福祚与其道德是一非二，故其所以祈天永命者，乃在"德"与"民"二字。此篇乃召公之言，而史佚书之以诰天下。《洛诰》云"作册逸诰"，是史逸所作《召诰》与《洛诰》日月相承，乃一篇分为二者，故亦史佚作也。文、武、周公所以治天下之精义大法，胥在于此。故知周之制度、典礼，实皆为道德而设。而制度、典礼之专及大夫、士以上者，亦未始不为民而设也。

周之制度、典礼，乃道德之器械，而尊尊、亲亲、贤贤、男女有别四者之结体也，此之谓民彝。其有不由此者，谓之非彝。《康诰》曰"勿用非谋非彝"，《召诰》曰"其惟王勿以小民淫用非彝"。非彝者，礼之所去，刑之所加也。《康诰》曰："凡民自得罪，寇攘奸宄，杀越人于货，暋不畏死，罔不憝。"又曰："元恶大憝，矧惟不孝不友。子弗祗服厥父事，大伤厥考心。于父不能字厥子，乃疾厥子。于弟弗念天显，乃弗克恭厥兄，兄亦不念鞠子哀，大不友于弟。惟吊兹，不于我政人得罪，天惟与我民彝大泯乱。曰：乃其速由文王作罚，刑兹无赦。"此周公诰康叔治殷民之道。殷人之刑惟寇攘奸宄，而周人之刑则并及不孝不友，故曰"惟吊兹，不于我政人得罪"，又曰"乃其速由文王作罚"，其重民彝也如此。是周制刑之意，亦本于德治、礼治之大经。其所以致太平与刑措者，盖可睹矣。

夫商之季世，纪纲之废，道德之隳极矣。周人数商之罪，于《牧誓》曰："今商王受，惟妇言是用，昏弃厥肆祀弗答，昏弃厥遗王父母弟弗迪，乃惟四方之多罪逋逃，是崇，是长，是信，是使，是以为大夫、卿士，以暴虐于百姓，以奸宄于商邑。"于《多士》曰："在今后嗣王，诞淫厥泆，罔顾于天显民祗"。于《多方》曰："乃惟尔辟，以尔多方，大淫图天之命，屑有辞。"于《酒诰》曰："在今后嗣王酗身，厥命罔显于民祗，保越怨不易。诞惟厥纵淫泆于非彝，用燕丧威仪，民罔不盡伤心。惟荒腆于酒，不惟自息乃逸。厥心疾很，不克畏死，辜在商邑，越殷国民无罹。弗惟德馨香祀，登闻于天，诞惟民怨，庶群自酒，腥闻在上，故天降丧于殷。罔爱于殷，惟逸。天非虐，惟民自速辜。"由前三者之说，则失德在一人；由后之说，殷之臣民其渐于亡国之俗久矣。此非敌国诬谤之言也，殷人亦屡言之，《西伯戡黎》曰："惟王淫戏用自绝。"《微子》曰："我用沈酗于酒，用乱败厥德于下。殷罔不小大，好草窃奸宄，卿士师师非度。凡有辜罪，乃罔恒获。小民方兴，相为敌雠。"又曰："天毒降灾荒殷邦,方兴沈酗于酒,乃罔畏畏,咈其耇长,旧有位人。今殷民乃攘窃神祇之牺牷牲用,以容将食无灾。"夫商道尚鬼,乃至窃神祇之牺牲,卿士浊乱于上,而法令隳废于下,举国上下,惟奸宄敌雠之是务,固不待孟津之会、牧野之誓,而其亡已决矣。而周自大王以后,世载其德,自西土邦君、御事小子,皆克用文王教。至于庶民,亦聪听祖考之彝训。是殷、周之兴亡,乃有德与无德之兴亡,故克殷之后,尤兢兢以德治为务。《召诰》曰:"我不可不监于有夏,亦不可不监于有殷。我不敢知曰:有夏受天命,惟有历年。我不敢知曰:不其延。惟不敬厥德,乃早坠厥命。我不敢知曰:有殷受天命,惟有历年。我不敢知曰:不其延。惟不敬厥德,乃早坠厥命。今王嗣受厥命,我亦惟兹二国命,嗣若功。王乃初服。"周之君臣,于其嗣服之初反覆教戒也如是,则知所以驱草窃奸宄相为敌雠之民而跻之仁寿之域者,其经纶固大有在。欲知周公之圣与周之所以王,必于是乎观之矣。

说自契至于成汤八迁*

《尚书序》："自契至于成汤八迁"，《正义》仅举其三。今考之古籍，则《世本·居篇》云"契居蕃"，见《水经注·渭水》篇。《通鉴地理通释》引《世本》作番，疑即《汉志》鲁国之蕃县，观相土之都在东岳下可知。契本帝喾之子，实本居亳，今居于蕃，是一迁也。《世本》又云"昭明居砥石"，《书正义》引。由蕃迁于砥石，是二迁也。《荀子·成相》篇云："契玄王，生昭明，居于砥石，迁于商。"是昭明又由砥石迁商，是三迁也。《左氏》襄九年传云："陶唐氏之火正阏伯居商邱，祀大火而火纪时焉，相土因之，故商主大火。"是以商邱为昭明子相土所迁。又定九年传，祝鮀论周封康叔曰："取于相土之东都，以会王之东蒐。"则相土之时曾有二都，康叔取其东都以会王之东蒐，则当在东岳之下，盖如泰山之祊为郑有者，此为东都；则商邱乃其西都矣。疑昭明迁商后，相土又东徙泰山下，后复归商邱，是四迁、五迁也。今本《竹书纪年》云："帝芬三十三年，商侯迁于殷。"《山海经》郭璞注引真本《纪年》有"殷王子亥"，"殷主甲微"，称殷不称商，则今本《纪年》此事或可信。是六迁也。又"孔甲九年，殷侯复归于商邱"，是七迁也。至"汤始居亳，从先王居"，则为八迁。汤至盘庚五迁，《书序》纪其四，而前之八迁，古未有说，虽上古之事若存若亡，《世本》、《纪年》亦未可尽信，然要不失为古之经说也。梁氏玉绳《史记志疑》引《路史·国名纪》上甲居邺，以当一迁。不知邺即殷也。

---

* 据《观堂集林》卷第十二，史林四。

说　商 *

　　商之国号，本于地名。《史记·殷本纪》云"契封于商"，郑玄、皇甫谧以为上雒之商，盖非也。古之宋国，实名商邱。邱者，虚也。《说文解字》："虚，大丘也。昆仑丘谓之昆仑虚。"又云："丘谓之虚，从丘，虍声。"宋之称商邱，犹洹水南之称殷虚，是商在宋地。《左传》昭元年"后帝不臧，迁阏伯于商邱，主辰，商人是因，故辰为商星。"又襄九年传："陶唐氏之火正阏伯居商邱，祀大火而火纪时焉。相土因之，故商主大火。"又昭十七年传："宋，大辰之虚也，大火谓之大辰。"则宋之国都，确为昭明、相土故地。杜预《春秋释地》以商邱为梁国睢阳，今河南归德府商邱县。又云"宋、商、商邱三名一地"，其说是也。始以地名为国号，继以为有天下之号。其后虽不常厥居，而王都所在，仍称大邑商，迄于失天下而不改。罗参事《殷虚书契考释序》云："史称盘庚以后，商改称殷，而遍搜卜辞，既不见'殷'字，又屡言'入商'，田游所至，曰'往'，曰'出'，商独言'入'，可知文丁、帝乙之世，虽居河北，国尚号商。"其说是也。且《周书·多士》云"肆予敢求尔于天邑商"，是帝辛、武庚之居犹称商也。至微子之封，国号未改，且处之商邱，又复其先世之地，故国谓之宋，亦谓之商。顾氏《日知录》引《左氏传》"孝惠娶于商"、哀二十四年。"天之弃商久矣"、僖二十二年。"利以伐姜，不利子商"，哀九年。以证宋之得为商。阎百诗《潜邱劄记》驳之，其说甚辨，然不悟周时多谓宋为商。《左氏》襄九年传："士弱曰：商人阅其祸败之衅，必始于火。"此答晋侯宋知天道之问。商人，谓宋人也。昭八年传："大蒐于红，自根牟至于商卫，革车千乘。"商卫，谓宋卫也。

---

　　* 据《观堂集林》卷第十二，史林四。

《吴语》："阙为深沟，通于商、鲁之间。"谓宋、鲁之间也。《乐记》："师乙谓子贡：商者，五帝之遗音也，商人识之，故谓之商。齐者，三王之遗音也，齐人识之，故谓之齐。"子贡之时，有齐人，无商人。商人即宋人也。余疑宋与商声相近，初本名商，后人欲以别于有天下之商，故谓之宋耳。然则商之名起于昭明，讫于宋国，盖于宋地终始矣。

鬼方昆夷猃狁考[*]

　　我国古时有一强梁之外族，其族西自汧、陇，环中国而北，东及太行、常山间，中间或分或合，时入侵暴中国，其俗尚武力，而文化之度不及诸夏远甚，又本无文字，或虽有而不与中国同。是以中国之称之也，随世异名，因地殊号。至于后世，或且以丑名加之。其见于商、周间者，曰鬼方，曰混夷，曰獯鬻。其在宗周之季，则曰猃狁。入春秋后，则始谓之戎，继号曰狄。战国以降，又称之曰胡，曰匈奴。综上诸称观之，则曰戎、曰狄者，皆中国人所加之名；曰鬼方、曰混夷、曰獯鬻、曰猃狁、曰胡、曰匈奴者，乃其本名。而鬼方之方、混夷之夷，亦为中国所附加。当中国呼之为戎狄之时，彼之自称决非如此，其居边裔者，尤当仍其故号。故战国时，中国戎狄既尽，强国辟土，与边裔接，乃复以其本名呼之。此族春秋以降之事，载籍稍具，而远古之事，则颇茫然，学者但知其名而已。今由古器物与古文字之助，始得言其崖略，倘亦史学家之所乐闻欤？

　　此族见于最古之书者，实为鬼方。《易·既济》爻辞曰："高宗伐鬼方，三年克之。"《未济》爻辞曰："震用伐鬼方，三年有赏于大国。"《诗·大雅·荡》之篇曰："内奰于中国，覃及鬼方。"《易》之爻辞，盖作于商、周之际，《大雅·荡》之篇作于周厉王之世，而托为文王斥殷纣之言，盖亦谓殷时已有此族矣。后人于《易》见鬼方之克需以三年，知其为强国；于《诗》见鬼方与中国对举，知其为远方。然皆不能质言其地。有以为在北者，干宝《易注》云："鬼方，北方国也。"李鼎祚《周易集解》引。有以为在西者，宋衷《世本》注云："鬼方，于汉则先零

　　* 据《观堂集林》卷第十三，史林五。

羌是也。"《文选》扬雄《赵充国颂》注引。有以为在南者，伪《竹书纪年》："武丁三十二年，伐鬼方，次于荆。"则以鬼方为荆以南之国。《黄氏日钞》且以为鬼方即荆楚矣。其余异说纷纭，不知所极。年代辽远，书阙无征，固自不足怪也。唯《竹书纪年》称"王季伐西落鬼戎"，此条见《后汉书·西羌传》及章怀太子注，乃真《纪年》之文。可知其地尚在岐周之西。今征之古器物，则宣城李氏所藏小盂鼎今佚。与潍县陈氏所藏梁伯戈，皆有"鬼方"字。案：大、小两盂鼎皆出陕西凤翔府郿县礼村沟岸间，其地西北接岐山县境，当为盂之封地。大盂鼎纪王遣盂就国之事，在成王二十三祀，吴氏大澂《盂鼎跋》以此鼎为成王时作。案：铭中尚述殷人酗酒事，以戒盂，与《酒诰》辞意略同，吴说是也。小盂鼎纪盂伐鬼方献俘受锡之事，在成王二十五祀，则伐鬼方事在盂就国之后，鬼方之地，自当与盂之封地相近。而岐山、郿县以东即是丰镐，其南又限以终南、太一，唯其西汧、渭之间，乃西戎出入之道。又西逾陇坻，则为戎地，张衡所谓"陇坻之险隔阂华戎"者也。由是观之，鬼方地在汧、陇之间，或更在其西，盖无疑义。虽游牧之族，非有定居，然殷、周间之鬼方，其一部落必在此地无疑也。然其全境，犹当环周之西、北二垂而控其东北。梁伯戈虽仅有"鬼方蠻"及"梁伯作"数字可辨，然自为梁伯伐鬼方时所铸；而梁伯之国，杜预谓在冯翊夏阳县。《史记·秦本纪》："惠文王十年，更名少梁为夏阳。"《汉志》亦云："夏阳，故少梁。"其地在今陕西西安府韩城县，又在宗周之东，其北亦为鬼方境，故有争战之事。据此二器，则鬼方之地，实由宗周之西而包其东北，与下所考昆夷、猃狁正同。此鬼方疆域之略可考者也。

至其种族之大小、强弱如何，《易》称"高宗伐鬼方，三年克之"，《纪年》称"王季伐西落鬼戎，俘其二十翟王"，观此二事，鬼方之非小部落可知。而小盂鼎所纪献俘之数，尤为详悉，虽字多残阙，犹得窥大略。此鼎唯有吴氏式芬释文，尚多疏略，今取其献俘一节更释之。其文曰："王□盂以□□伐鬼方□□□□□□二人□戒□□□□戒俘人万手八十一人俘□□□四□车□两俘牛□百□□□牛羊廿八羊。"又曰："执兽一人□□百卅七戒□□□□□俘□□三匹俘车两。"云云。铭中"鬼方"下第三字仅存下半"口"字，以下文"执兽一人"在戒前例之，当为兽字之渻。兽者，疑"首"之假借字。下文第九、第十两行间尚有"折兽"二字，殆即《易》所云"有嘉折首"，他器所云"折首执讯"矣。戒即"馘"字，虢季子白盘"桓桓子白，献戒于王"，其字从戈、从爪，诸家或释俘，或释馘。今此字从或、从爪，其为"馘"字无疑。兽者折首，馘者截耳也。"孚"即"俘"之本字。"手"则"三千"二字合文。兽与馘之数，虽摩灭不可知，然俘人之数至万三千有余，则兽馘之数亦可知矣。此事在宗周之初，自为大捷，而《书》阙不纪，又当成王全盛之时，而鬼方之众尚如此，则其强大亦可知。梁伯戈时代虽无可考，观其文字，当在盂鼎之后，可知宗周之世，尚有鬼方之名，不独殷、周间为然。此鬼方事实之略可考者也。

鬼方之名，《易》、《诗》作"鬼"，然古金文作"威"，或作"鬼"。盂鼎曰"王□盂以□□伐威方"，吴氏摹本威字半泐作戓，然第八行有威字鬼字之首，又稍磨泐。合观二字用笔位置，知确是威字也。其字从鬼、从戈。又梁伯戈云"鬼方蛮"，即蛮字。其字从鬼、从攴。二字不同，皆为古文"畏"字。案：大盂鼎"畏天畏"，二"畏"字上作𤰋下作𤰋。毛公鼎"愍天疾畏，敬念王畏"，二"畏"字皆作𤰋，皆从鬼、从卜者。尚盘"畏"字作𤰋，则从由、《说文》：由，鬼头也。从攴，卜与攴同音，又攴字之所从，当为攴之省字。而或从卜，在鬼字之右；或从攴，在鬼字之左；或从攴，在鬼头之下。此古文变化之通例，不碍其为一字也。从戈之威，亦即鬼字。凡从攴、从戈，皆有击意，故古文往往相通，如"薄伐玁狁"之"薄"，今《毛诗》作"薄"，薄者，迫也。而虢季子白盘之"博伐"从干，不娶敦之"章𢾭"从戈，师袁敦之"敦乃众"则又从卜。《书》之"外薄四海"，其义亦为迫，而《释文》引"一本作敦"。《诗·常武》之"铺敦淮渍"，《释文》引《韩诗》"铺"作"敷"。《后汉书·冯绲传》亦引作"敷敦"。案："敷敦"即"𢾭章"，则字亦从攴。可知从卜、从攴、从戈，皆可相通。则威字亦畏字也。其中𤰋、威二字见于周初之器，为字尤古。后从卜之字变而作"鬼"，从戈之字变而作"威"。古威字从戈、从女，邾公华、邾公轻二钟皆然。虢叔钟作𢼄、𢼄，亦戈形之变。而鬼、女二字皆象人跪形，形极相似，故变而从女。上虞罗氏所藏古钵有壅亡𢾭钵，"亡𢾭"即"亡畏"。此威、威、畏三字相关之证也。鬼字又变作𢾭，王孙遗诸钟之"畏娶即畏忌。趩趩"，沇儿钟之"盨于畏义"，即淑于威仪。皆如此作。既从卜，又从攴，则稍赘矣。由此观之，则威、鬼二字确为畏字，鬼方之名当作"畏方"。《毛诗传》："鬼方，远方也。"畏、远双声，故以声为训。汉人始以鬼为"鬼"字，张平子《东京赋》"况鬼戬与毕方"，薛综不识"鬼"字，以《说文》之"鬼"字释之。不知"鬼戬"用《小雅》"为鬼为蜮"语，尤为明白，决非指小儿鬼之魃。是周时"畏"字，汉人已用为"鬼"字，故《庄子·天地》篇之"门无畏"，《释文》门无鬼，司马本作无畏。郭象本作"门无鬼"，又杂篇之"徐无鬼"，亦当为"徐无畏"之误也。古人多以无畏、无忌为名，如《左传》之申之舟名无畏是也。由是观之，汉人以隶书写定经籍时，改"畏方"为"鬼方"，固不足怪。此古经中一字之订正，虽为细事，然由此一字，可知鬼方与后世诸夷之关系，其有裨于史学者，较裨于小学者为大也。

鬼方与昆夷、猃狁，其国名与地理上递嬗之迹，当详于下。其可特举者，则宗周之末尚有隗国，春秋诸狄皆为隗姓是也。《郑语》史伯告郑桓公云："当成周者，西有虞、虢、晋、隗、霍、扬、魏、芮。"案：他书不见有隗国。此隗国者，殆指晋之西北诸族，即唐叔所受之"怀姓九宗"。春秋隗姓，诸狄之祖也。原其国姓之名，皆出于古之畏方，可得而征论也。案：《春秋左传》凡狄女称"隗氏"，而见于古金文中则皆作"媿"。包君鼎、包君盉、郑同媿鼎、芮伯作叔媿鼎、邓公子敦五器皆如此作。经典所以作"隗"字者，凡女姓之字，金文皆从女作，而先秦以后所写经传，往往省去女旁，如己姓之己，金文作改、苏魏改鼎，苏公敦。作妃，见番妃鬲、虢仲鬲、虢文公子敦，皆女姓，非妃匹之妃。今《左传》、《国语》、《世本》皆作己字。庸姓之庸，金文作"媵"，杜伯鬲。今《诗》"美孟庸矣"作"庸"字。弋姓之弋，金文作"妖"，南旁敦。今《诗》"美孟弋矣"、《穀梁传》"葬我小君定弋"，皆作"弋"字。任姓，金文作"妊"，苏冶妊鼎、铸公簠等。今《诗》与《左传》、《国语》、《世本》皆作"任"字。然则媿字依晚周省字之例，自当作"鬼"。其所以作隗者，当因古文畏作𤰞、隗作𨼏，𤰞旁之卜与𨼏旁之𠂤，所差甚微，故又误为隗。然则媿、隗二字之于畏字，声既相同，形亦极近，其出于古之畏方无疑。畏方之畏，本种族之名，后以名其国，且以为姓，理或然也。我国周后，国姓之别颇严。然在商世，则如彭祖为彭姓、姺邳之姺为姺姓，皆以国为姓。况鬼方礼俗与中国异，或本无姓氏之制，逮入中国，与诸夏通婚媾，因以国名为姓。《世本》"陆终取鬼方氏之妹谓之女嬇"，《大戴礼·帝系》篇及《水经注·洧水》条所引作"女隤"，《汉书·古今人表》作"女溃"，而《史记·楚世家索隐》与《路史·后纪》所引皆作"女嬇"，鬼、贵同声，故馈字亦通作"馈"，则女嬇、女隤疑亦女媿、女隗之变，鬼方之为媿姓，犹猃狁之为允姓也。虽《世本》所纪上古之事未可轻信，又上古之女亦不尽以姓为称，然后世附会之说，亦必有所依据。而媿、隤二字，其音与媿、隗绝近，其形亦与媿、隗二字变化相同。或殷、周间之鬼方，已以媿为姓，作《世本》者因傅之上古欤？此鬼方姓氏及其遗裔之略可考者也。

混夷之名，亦见于周初之书，《大雅·绵》之诗曰"混夷駾矣"，《说文解字》马部引作"昆夷"，口部引作"犬夷"，而《孟子》及《毛诗·采薇》序作"昆"，《史记·匈奴传》作"绲"，《尚书大传》则作"畎夷"，颜师古《汉书·匈奴传》注云"畎音工犬反"。昆、混、绲并工本反，四字声皆相近，《礼记》衮亦作卷，是工本、工犬二音相通之证。余谓皆畏与鬼之阳声，又变而为"荤粥"，《史记·五帝本纪》及《三王世家》。为"薰育"，《史记·周本纪》。为"獯鬻"，《孟子》。又变而为"猃狁"，亦皆畏、鬼二音之遗。畏之为鬼，混胡本反，或胡浑反。之为昆、为绲、为畎、为犬，古喉牙同音也。畏之为混，鬼之为昆、为绲、为畎、为犬，古阴阳对转也。混、昆与荤、薰，非独同部，亦同母之字，古音喉牙不分。猃狁则荤薰之引而长者也。故鬼方、昆夷、薰育、猃狁，自系一语之变，亦即一族之称，自音韵学上证之有余矣。

然征之旧说，则颇不同。鬼方、混夷，古人无混而一之者；至混夷与獯鬻、猃狁，则又画然分而为二，《孟子》言"太王事獯鬻，文王事昆夷"，《诗序》言"文王之时，西有昆夷之患，北有猃狁之难"，《逸周书》序亦谓"文王立，西距昆夷，北备猃狁"。然《孟子》以獯鬻、昆夷并举，乃由行文避复之故。据《绵》诗本文，则太王所事，正是混夷。此诗自一章至七章，皆言太王迁都筑室之事，八章云"柞棫拔矣，行道兑矣。混夷駾矣，维其喙矣"，亦当言太王定都之后，伐木开道，混夷畏其强而惊走也。经于第九章"虞、芮质厥成"以下，殆言文王。郑笺以第八章系之文王，殊无所据。太王所喙者，既为混夷，则前此所事者亦当为混夷。《孟子》易以獯鬻者，以下文云"文王事昆夷"，故以异名同实之獯鬻代之，临文之道，不得不尔也。此古书之不可泥者一也。《诗序》所言，亦由误解经语。案：《出车》诗云，"赫赫南仲，猃狁于襄"，又云"赫赫南仲，薄伐西戎"，既云猃狁，复云西戎，郑君注《尚书大传》据之，遂云："南仲一行，并平二寇。"序《诗》者之意，殆亦以昆夷当经之西戎，与郑君同。不知西戎即猃狁，互言之以谐韵，与《孟子》之昆夷、獯鬻错举之以成文，无异也。不娶敦以猃狁与戎错举，正与《出车》诗同。此古书之不可泥者二也。然则旧说以昆夷与獯鬻、猃狁为二，盖无所据。昆夷之地，自太王之迁自北而南观之，则必从豳北入寇。又《史记》谓"自陇以西有绵诸、绲戎、翟獂之戎",杨恽亦谓"安定山谷之间昆戎旧壤",则其地又环岐周之西,与上所考鬼方疆域若合符节。而自殷之武丁,讫于周之成王,鬼方国大民众,常为西北患,不容太王、文王之时绝不为寇,而别有他族介居其间。后世猃狁所据之地,亦与昆夷略同。故自史事及地理观之,混夷之为畏夷之异名,又为猃狁之祖先,盖无可疑,不独有音韵上之证据也。

獯鬻、猃狁,皆宗周以前之称,而当时书器,均不见獯鬻二字。其见于传记者,以《孟子》为最古。《史记·五帝本纪》称"黄帝北逐荤粥",《匈奴传》亦云"唐虞以上,有山戎、猃狁、荤粥居于北蛮",晋灼曰"尧时曰荤粥",皆后世追纪之辞,不足为据。犹伊尹《四方令》、《周书·王会解》并有匈奴,非事实也。然以理势度之,尚当为猃狁以前之称。荤、薰之音同于混、昆,而猃字其声虽同,其韵已变,合"猃狁"二字,乃得"薰"音,其名或当在獯鬻之后也。《诗》猃狁之猃,《释文》云"本或作獫,音险"。《史记》以降,亦多作"猃狁"。古金文如兮甲盘、虢季子白盘作"厰狁",不嬰敦作"厰允",又作"㽙允",㽙即"厰"之异文,《说文》厂部:"厰,崟也。一曰地名,从厂、敢声。"案:厰、崟二字连文,厰崟即《穀梁传》之"岩唫",僖三十八年。《公羊传》作"嵌岩",则颠倒其文。孙愐《唐韵》"厰,鱼音反",以为厰即"唫"字,然则厰字之用为"厰崟"之厰者,一变而作"岩",再变而作"险";古岩、险同字,《尚书序》及《墨子·尚贤》篇之傅岩,《史记》作傅险,《左氏传》:制,岩邑也。《孟子》:不立于岩墙之下。岩即险字。《广韵》:岩,险也。其用为"厰允"之厰者,一变作"猃",再变作"猃"。自其最后之字,厰自当读"险",不当读"鱼音反",陆音是也。此字之音,与畏、混、荤、獯异部,其变化唯可于双声求之,殆先有獯音,而后有"猃狁"之二合音也。然则旧说之先獯鬻而后猃狁,或非无据矣。

獯鬻地理,一无可考,唯猃狁出入之地,则见于书器者较多。其见于《诗》者,曰焦获,曰泾阳,曰镐,曰方,曰朔方,曰太原。此六者,昔儒考证至多,未有定说也。更求之于金文中,则见于不嬰敦者,曰西俞,曰䣅,曰高陵;见于兮甲盘者,曰𤰈膚;见于虢季子白盘者,曰洛之阳。此十一地中,方与朔方、䣅与洛,当为一地,故得九地。九地之中,唯泾阳与洛阳此雍州浸之洛,非豫州之伊雒。以水得名,今尚可实指其地,而泾水自西北而东南,洛水自北而南,经流各千里,但曰泾阳、曰洛之阳,语意亦颇广莫也。欲定其地,非综此九地考之不可。

案：猃狁之寇周也，及泾水之北，而周之伐猃狁也，在洛水之阳，则猃狁出入，当在泾、洛之间。而泾、洛二水，其上游悬隔千里，至其下流入渭之处，乃始相近，则泾阳、洛阳，皆当在二水下游。泾阳既在泾水下游，则焦获亦当在泾水下游之北。陈氏启源《毛诗稽古编》：《诗》数猃狁之恶，故先言焦获，见其纵兵深入，迫处内地。继又追本其始，自远而来，故言镐与方，纪其外侵所经也。言泾阳，纪其内侵所极也。《正义》亦云：镐方虽在焦获之下，不必先焦获乃侵镐方。其说均是也。郭璞《尔雅注》以为在池阳瓠中者是也。不婴敦之高陵，亦当即《汉志》左冯翊之高陵县，其地西接池阳，亦在泾水之委。然先儒多以汉时泾阳县属安定郡，在泾水发源之处，疑《诗》之泾阳亦当在彼，不知秦时亦有泾阳，在泾水下游。案：《史记·秦始皇本纪》云"肃灵公居泾阳"，考秦自德公以降都雍，灵公始居泾阳，灵公子献公之世，又徙栎阳，则泾阳一地，当在雍与栎阳之间。而栎阳汉之万年县。西界向陵，距泾水入渭之处不远，则灵公所居之泾阳，自当在泾水下游，决非汉安定郡之泾阳也。又《穰侯列传》云："秦昭王同母弟曰高陵君、泾阳君。"盖一封高陵、一封泾阳。二君受封之年，史所不纪，然当在昭王即位，宣太后执政之初，时义渠未灭，汉安定郡之泾阳县，介在边裔，太后决不封其爱子于此，且与高陵君同封，亦当同壤。后昭襄王十六年，封公子市即泾阳君，《史记·秦本纪索隐》云：泾阳君名市。《穰侯列传索隐》乃云名显，误也。宛、公子悝即高陵君。邓，为诸侯。宛、邓二地相接，则前所食泾阳、高陵二地，亦当相接。然则秦之泾阳，当为今日之泾阳县，汉之池阳县。而非汉之泾阳。以秦之泾阳之非汉之泾阳，益知周之泾阳之非汉之泾阳矣。此三地者，皆在泾北，自此而东北，则至洛水。虢季子白盘云"博伐厰允于洛之阳"，今甲盘世称兮田盘。云"王初各伐厰允于뫼卢"，"뫼卢"亦在洛水东北。"뫼"字虽不可识，然必为从四、畾声。卢则古文"鱼"字。《周礼·天官·㱿人》释文："本或作鲛。"㱿、鲛同字，知卢、鱼亦一字矣。古鱼、吾同音，故往往假卢、㱿为吾。齐子仲姜镈云"保卢兄弟，保卢子姓"，即保吾兄弟，保吾子姓也。沇儿钟云"㱿以宴以喜"，即"吾以宴以喜"也。敦煌本隶古定《商书》"鱼家旄孙于荒"，日本古写本《周书》"鱼有民有命"，皆假鱼为吾。《史记·河渠书》"功无已时兮时吾山平"，吾山亦即"鱼山"也。古鱼、吾同音，衎从吾声，亦读如吾。뫼卢与《春秋》之"彭衙"为对音，뫼、彭声相近，卢、衙则同母兼同部字也。《史记·秦纪》"武公元年伐彭戏氏"，《正义》曰："戏

号也。盖同州彭衙故城是也。""戏"盖"虘"之讹字矣。彭衙一地,于
汉为左冯翊,衙县正在洛水东北,方、镐、太原,亦当于此间求之。然
则宣王之用兵于猃狁也,其初在泾水之北,《六月》第三章是也;其继
也在洛水之阳,《六月》四章及兮甲盘、虢季子白盘是也;而洛水东北
以往,即是西河,太原一地当在河东。《禹贡》:"既载壶口,治梁及岐,
既修太原,至于岳阳。"郑注、孔传均以太原为汉太原郡。然禹治冀州,
水实自西而东,疑壶口、梁、岐而往,至霍太山,其地皆谓之太原。
《左》昭元年传:"宣汾洮,障大泽,以处太原。"则太原之地,奄有汾、
洮二水,其地当即汉之河东郡,非汉太原郡矣。疑太原之名,古代盖兼
汉太原、西河、河东三郡地,而秦人置郡,晋阳诸县遂专其名,以古书
所纪太原地望证之,亦无不合。《后汉书·西羌传》:"穆王西伐犬戎,
取其五王,王遂迁戎于太原。"此事当出真本《竹书纪年》。案:范书《西
羌传》序,大都取材于《国语》、《史记》、《纪年》三书。此节白鹿、白狼事,本
《国语》、《史记》;则取五王及迁戎太原事,当出《纪年》。章怀太子注虽不引《纪
年》为证,然郭璞《穆天子传注》引《纪年》取其五王以东,则迁戎太原事必本
《纪年》无疑。穆王所迁者,盖即五王之众,郭璞引《纪年》云"取其五
王以东",则所迁之地亦当在东。《穆天子传》:"天子至于雷首,犬戎胡
觞天子于雷水之阿。"此亦犬戎既迁后事。案:雷首山在河东蒲坂县,
今蒲州。《纪年》与《穆传》所纪若果不谬,则太原在河东可知。后人或
东傅之于晋阳,西傅之于平凉,皆与史事及地理不合者也。凡此八地,
均在宗周东北,唯西俞一地,则在宗周之西。不娶敦云:"白氏曰:不
娶,驭方厥允,广伐西俞,王命余羞追于西,余来归献禽。今余命女,
御追于晷。女以我车宕伐厥允于高陵。"盖此时猃狁从东、西两道入寇,
故既追于西,归而复东追于洛。时西寇虽去,而东方之寇已深入,故未
及至洛而与之战于泾北之高陵也。是西俞之地实在周西,与《尔雅》之
"北陵西俞"、《赵策》、《赵世家》之"至分先俞",皆不相涉。周西之
地,以俞、隃、榆名者颇多,皆一字一音之偶合,讫不能指为何地。然
由"羞追于西"一语,可知猃狁自宗周之东北而包其西,与鬼方、昆夷
之地全相符合也。

　　猃狁之号,始于何时,讫于何代,其侵暴中国以何时为甚,亦有可
讨论者。《诗》咏伐猃狁事,有《采薇》、《出车》、《六月》三篇。《六
月》之为宣王时诗,世无异论;唯《采薇》、《出车》二诗,《毛传》及
《诗序》皆以为文王时诗。然其诗云"王事靡盬",又云"王命南仲",

又云"天子命我，城彼朔方"，皆不似诸侯之诗。《序》以为文王以天子之命，命将遣戍役，故其辞如此。然三家《诗》说，殊不尽然。《汉书·匈奴传》谓："懿王时，戎狄交侵，诗人始作，疾而歌之曰'靡室靡家，猃狁之故'，又曰'岂不日戒，猃狁孔棘'。"则班固以《采薇》为懿王时诗也。《出车》咏南仲伐猃狁之事。南仲亦见《大雅·常武》篇，其诗曰"王命卿士，南仲太祖，太师皇父"，《传》谓王命卿士南仲于太祖，皇父为太师。《白虎通》释"爵人于朝，封诸侯于庙"引《诗》曰："王命卿士，南仲太祖。"《白虎通》多用《鲁诗》，是鲁说亦与毛同，《笺》则以南仲为皇父之太祖，系文王时人。然《汉书·古今人表》系南仲于宣王时，在方叔、召虎之下，仲山甫之上，而文王时别无南仲。《后汉书·庞参传》载马融上书曰："昔周宣猃狁，侵镐及方，孝文匈奴，亦略上郡，而宣王立中兴之功，文帝建太宗之号，非唯两主有明睿之姿，抑亦扞城有虓虎之助，是以南仲赫赫，列在周《诗》，亚夫赳赳，载于汉策。"是班固、马融皆以南仲为宣王时人，融且以《出车》之南仲为即《常武》之南仲矣。今焦山所藏邢惠鼎云："司徒南中，入右邢惠。"其器称"九月既望甲戌"，有月日而无年，无由知其为何时之器。然其文字不类周初，而与召伯虎敦相似，则南仲自是宣王时人，《出车》亦宣王时诗也。征之古器，则凡纪猃狁事者，亦皆宣王时器。兮甲盘称："惟五年三月既死霸庚寅。"案：长术，宣王五年三月乙丑朔，二十六日得庚寅，此正与余既死霸之说合。虢季子白盘云："惟王十有二年正月初吉丁亥。"案：宣王十二年正月乙酉朔，三日得丁亥，亦与初吉之语合。而十二年正月丁亥为铸盘之日，则伐猃狁当为十一年事矣。由是观之，则周时用兵猃狁事，其见于书器者，大抵在宣王之世。而宣王以后即不见有猃狁事，是猃狁之称，不过在懿、宣数王间，其侵暴中国，亦以厉、宣之间为最甚也。

至猃狁之后裔如何？经传所纪，自幽、平以后，至于春秋隐、桓之间，但有"戎"号；庄、闵以后，乃有"狄"号。戎与狄，皆中国语，非外族之本名。戎者，兵也。《书》称"诘尔戎兵"，《诗》称"弓矢戎兵"，其字从戈、从甲，本为兵器之总称。引申之，则凡持兵器以侵盗者亦谓之戎。狄者，远也，字本作"逖"，《书》称"逖矣西土之人"，《诗》称"舍尔介狄"，皆谓远也。后乃引申之为驱除之于远方之义，《鲁颂》之"狄彼东南"，鼛狄钟之"鼛狄不龚"，曾伯霖簠之"克狄淮夷"，皆是也。因之凡种族之本居远方而当驱除者，亦谓之狄。且其字从犬，中含贱恶之意，故《说文》有"犬种"之说，其非外族所自名而为中国人所加之名，甚为明白。故宣王以后，有戎狄而无猃狁者，非猃狁种类一旦灭绝，或远徙他处之谓，反因猃狁荐食中国，为害尤甚，故不呼其本名，而以中国之名呼之。其追纪其先世也，且被以恶名，是故言昆戎则谓之犬戎，薰鬻则谓之獯鬻，厥允则谓之猃狁，盖周室东迁以后事矣。考《诗》、《书》、古器，皆无犬戎事。犬戎之名，始见于《左传》、《国语》、《山海经》、《竹书纪年》、《穆天子传》等，皆春秋战国以后呼昆夷之称，而獯鬻、猃狁亦被此名。《后汉书·西羌传》称"武乙暴虐，犬戎寇边，周古公逾梁山而迁于岐下"，是以獯鬻为犬戎也。《后汉书·西羌传》引《纪年》"穆王西征犬戎，取其五王，王遂迁戎于太原"，又引"夷王命虢公帅六师伐太原之戎"，又引"宣王二十七年王遣兵伐太原戎不克"；而《诗》云"薄伐猃狁，至于太原"，太原一地，不容有二戎，则又以猃狁为犬戎也。由是观之，古之獯鬻、猃狁，后人皆被以"犬戎"之名，则攻幽王、灭宗周之犬戎，亦当即宣王时之猃狁，不然，猃狁当懿、宣之间，仍世为患，乃一传至幽王时绝无所见，而灭宗周者乃出于他种族，此事理之必不可信者也。然则戎中最强大之犬戎既即猃狁，其余以戎名者，如汾、晋间诸戎，当即唐叔所受之怀姓九宗；又河南山北之阴戎、伊川之陆浑戎，皆徙自瓜州，所谓"允姓之奸居于瓜州"者，亦猃狁同族也。《春秋》庄、闵以后，戎号废而狄号兴，《春秋》所书，闵、僖以后无单称戎者，唯云某戎，或某某之戎而已。而狄之姓氏见于《左传》者，实为隗姓，后世有谓赤狄隗姓、白狄釐姓者，《世本》。又有谓隗姓赤狄、蟜姓白狄者，《潜夫论》。然秦、汉以后之隗姓，皆出白狄故地。秦始皇时丞相隗状，虽不知其所出，当为秦人。汉隗嚣一族，则天水成纪人。魏之隗禧，见《魏志·王肃传》。亦京兆人。则赤、白二狄，疑皆隗姓，皆鬼方、猃狁后裔或同族。及春秋中叶，赤狄诸国皆灭于晋，河南山北诸戎亦多为晋役属，白狄僻在西方，不与中国通，故戎狄之称泯焉。尔后强国并起，外族不得逞于中国，其逃亡奔走复其故土者，或本在边裔未入中国者，战国辟土时，乃复与之相接。彼所自称，本无戎狄之名，乃复以其本名呼之。于是胡与匈奴之名始见于战国之际，与数百年前之獯鬻、猃狁先后相应，其为同种，当司马氏作《匈奴传》时盖已知之矣。

《殷虚书契考释》序 *

　　商遗先生《殷虚书契考释》成，余读而叹曰：自三代以后，言古文字者未尝有是书也。炎汉以来，古文间出，孔壁、汲冢与今之殷虚而三。壁中所得简策殊多，《尚书》、《礼经》颇增篇数，而淹中五十六卷同于后氏者十七，孔氏四十五篇见于今文者廿九。因所已知，通彼未见，事有可藉，功非至难。而太常所肄，不出曲台之书；临淮所传，亦同济南之数。虽师说之重，在汉殊然，将通读之方，自古不易。至于误"廇"作"序"，以"袗"为"枸"，"文人"之作"宁人"，"大邑"之书"天邑"，古今异文而同缪，伏、孔殊师而沿讹。言乎释文，盖未尽善。晋世《中经》，定于荀束，今之存者，《穆传》而已。读其写定之书，间存隶、古之字，偏旁缔构，颇异古文。随疑分释，徒存虚语。校之汉人，又其次矣。其余郡国山川，颇出彝器，始自天水，讫于本朝。吕、薛编集于前，阮、吴考释于后。恒轩晚出，尤称绝伦。顾于创通，条例开拓，阃奥概乎，其未有闻也。夫以壁经、冢史，皆先秦之文。姬嬴汉晋，非绝远之世。彝器多出两周，考释已更数代。而校其所得，不过如此，况乎宣圣之所无征，史佚之所未见。去古滋远，为助滋寡者哉。殷虚书契者，殷王室命龟之辞，而太卜之所典守也。其辞或契于龟，或刻诸骨。大自祭祀、征伐，次则行幸、畋渔，下至牢鬯之数，风雨之占，莫不畛于鬼神。比其书命，爰自光绪之季，出于洹水之虚。先生既网罗以归，秘藏摹印以公天下，复于暇日撰为斯编。余受而读之，观其学足以指实，识足以洞微。发轫南阁之书，假途苍姬之器，会合偏旁之文，剖析挚乳之字，参伍以穷其变，比校以发其凡。悟一形繁简之殊，起两

---

　　* 据《观堂集林》卷第二十三，缀林一。

字并书之例。上池既饮，遂洞垣之一方；高矩攸陈，斯举隅而三反。颜黄门所谓"隐括有条例，剖析穷根源"者，斯书之谓矣。由是太乙、卜丙，正传写之讹文；入商、宅殷，辨国邑之殊号。至于诹日、卜牲之典，王宾、有奭之名，橚燎、薶沈之用，牛羊、犬豕之数，损益之事，羌难问于周京，文献之传，夐无征于商邑。凡诸放逸，尽在敷陈。驭烛龙而照幽都，拊彗星而扫荒翳。以视安国之所隶定，广微之所撰次者，事之难易，功之多寡，区以别矣。是知效灵者地，复开宛委之藏。弘道惟人，终伫召陵之说。后有作者，视此知津。甲寅冬。

《殷虚书契考释》后序 *

余为商遗先生书《殷虚考释》竟，作而叹曰：此三百年来小学之一结束也。夫先生之于书契文字，其蒐集流通之功，盖不在考释下。即以考释言，其有功于经史诸学者，盖不让于小学；以小学言，其有功于篆文者，亦不让古文。然以考释之根柢在文字，书契之文字为古文，故姑就古文言之。我朝学术所以超绝前代者，小学而已。顺、康之间，昆山顾亭林先生实始为《说文》、音韵之学。《说文》之学，至金坛段氏而洞其奥。《古韵》之学，经江、戴诸氏至曲阜孔氏、高邮王氏而尽其微。而王氏父子与栖霞郝氏，复运用之，于是诂训之学大明。使世无所谓古文者，谓小学至此观止焉可矣。古文之学，萌芽于乾、嘉之际，其时大师宿儒，或殂谢，或笃老，未遑从事斯业。仪征一书，亦第祖述宋人，略加铨次而已。而俗儒鄙夫，不通字例、未习旧艺者，辄以古文所托者高，知之者鲜，利荆棘之未开，谓鬼魅之易画，遂乃肆其私臆，无所忌惮。至庄葆琛、龚定庵、陈颂南之徒，而古文之厄极矣。近惟瑞安孙氏颇守矩矱，吴县吴氏独具县解。顾未有创通条例、开发奥窔如段君之于《说文》，戴、段、王、郝诸君之于声音、训诂者。余尝恨以段君之邃于文字，而不及多见古文。以吴君之才识，不后于段君，而累于一官，不获如段君之优游寿考，以竟其学，遂使我朝古文之学不能与诂训、《说文》、古韵三者方驾，岂不惜哉！先生早岁即治文字故训，继乃博综群籍，多识古器，其才与识，固段、吴二君之俦。至于从容问学，厌饫坟典，则吴君之所有志而未逮者也。而此书契文字者，又段、吴二君之所不及见也。物既需人，人亦需物。书契之出，适当先生之世，天其欲昌

我朝古文之学，使与诂训、《说文》、古韵匹，抑又可知也。余从先生游久，时时得闻绪论。比草此书，又承写官之乏，颇得窥知大体。扬榷细目，窃叹先生此书，铨释文字，恒得之于意言之表，而根源脉络，一一可寻。其择思也至审，而收效也至宏。盖于此事，自有神诣。至于分别部目，创立义例，使后人治古文者于此得其指归，而治《说文》之学者亦不能不探源于此。窃谓我朝三百年之小学，开之者顾先生，而成之者先生也。昔顾先生音学书成，山阳张力臣为之校写。余今者亦得写先生之书，作书拙劣，何敢方力臣？而先生之书足以弥缝旧阙，津逮来学者，固不在顾书下也。甲寅冬。

周开国年表*

文王元祀。

《书·酒诰》："乃穆考文王肇国在西土，厥诰毖庶邦庶士，越少正御事，朝夕曰祀兹酒，惟天降命，肇我民，惟元祀。"

案：元祀之义，《尚书》古今文说皆不传。伪《孔传》云："惟天下教命，始令我民知作酒者惟为祭祀。"江氏声《尚书集注》、孙氏星衍《尚书古今文注疏》均袭其说。余由经文决之，知其说不然。降命之命，即谓天命，自人言之，谓之受命；自天言之，谓之降命。惟天降命者，犹《康诰》曰"天乃大命文王"，毛公鼎云"惟天庸集乃命矣"。下云："天降威我民，用大乱丧，亦罔非酒惟行，越大邦用丧，亦罔非酒惟辜。"又曰："群庶自酒，闻腥在上，故天降丧于殷。"降威、降丧，正降命之反也。又曰："我西土棐徂邦君御事，小子尚克用文王教，不腆于酒，故我至于今克受殷之命。"其义一也。天之降命如何？"肇我民，惟元祀"是也。元祀者，受命称王、配天改元之谓，《洛诰》曰："王肇称殷礼，祀于新邑，咸秩无文。"又曰："惇宗将礼，称秩元祀，咸秩无文。"又曰："记功，宗以功，作元祀。"是为成王初平天下后之元祀。而《酒诰》之"肇我民，惟元祀"，是为文王受命之元祀。武王即位克商，未尝改元。《洪范》称"惟十有三祀，王访于箕子"，十有三祀者，文王受命之十三祀，武王克殷后之二年也。自克商后计之，则为第二年。故《金縢》曰"既克商二年"，称年不称祀者，克殷之时未尝改元故也。成王即位、周公摄政之初，亦未尝改元。《洛诰》曰

---

* 据《观堂别集》卷一。

"惟七年",是岁为文王受命之十八祀,武王克商后之七年。成王嗣位,于兹五岁,始祀于新邑,称秩元祀。经乃云"惟七年",而不云"惟十有八祀"、"惟元祀"者,盖欲书文王十有八祀,则是岁已改元祀,欲书元祀,则经已两见,不烦复举,故改书惟七年。七年者,武王克商后之七年,举其近者言之。且以见成王之元祀即克商后之七年,书法亦至密矣。周初称祀、称年之例,与其年数皆箸于经。而《尚书大传》、《史记》所系事亦往往与经合。乃一乱于刘歆之《三统历》,再乱于郑玄之《尚书注》,三乱于伪古文《尚书》,遂使有周开国岁月终古茫昧,岂不痛哉!今先揭其旨要于首,其证则俟诸后焉。

《尚书大传》:"文王受命一年,断虞、芮之质。

《史记·周本纪》:"诗人道西伯,盖受命之年称王,而断虞、芮之讼。"

二祀。

《尚书大传》:"文王受命二年伐于。"

《史记·周本纪》:"明年伐犬戎。"

三祀。

《尚书大传》:"三年伐密须。"《周本纪》同。

四祀。

《尚书大传》:"四年伐畎夷。"《周本纪》作:明年败耆国。

五祀。

《尚书大传》:"五年伐耆。"《周本纪》作:明年伐邘。

六祀。

《尚书大传》:"六年伐崇。"《周本纪》同。

七祀。

《尚书大传》:"七年而崩。"《周本纪》同。

案:《孟子·公孙丑》言"文王之德百年而后崩",此百年谓文王生卒之年。《无逸》言"文王受命惟中身,厥享国五十年",谓文王在位之年。《大传》、《史记》言"文王受命七年而崩",则谓其称王后之年也。

八祀。武王即位元年。

九祀。武王二年。

《史记·周本纪》："九年，武王上祭于毕，《大传》作：惟四月，太子发上祭于毕。东观兵至于盟津。"

十祀。武王三年。

十一祀。武王四年。

《书·多方》："天惟五年，须夏之子孙，诞作民主，罔可念听。"

《尚书序》："惟十有一年，武王伐殷。一月戊午，师渡孟津，作《泰誓》。"

《史记·周本纪》："十一年十二月，师毕渡盟津。二月甲子昧爽，武王朝至于商郊牧野。"又《齐太公世家》："武王十一年正月甲子，誓于牧野，伐商纣。"又《鲁周公世家》："武王十一年，伐纣至牧野。"

《汉书·律历志》引《武成》篇"唯一月壬辰旁死霸，《逸周书·世俘解》作：惟一月丙辰旁生魄，若翼日丁巳。若翌日癸巳，王朝步自周，于征伐纣。粤若来二月既死霸，粤五日甲子，咸刘商王纣。"

案：《史记》系月与《武成》及《书序》不同。师渡盟津，《书序》系之一月，《武成》言"惟一月壬辰旁死霸"，则戊午为一月之二十八日，唯《史记》系之十二月，殊不可解。疑"十二"两字乃"一"字之误。若史公意果为十一年十二月，则下"二月甲子"上当书"十二年"或"明年"，以清眉目。又"二月"又当改作"一月"，以十二月有戊午，则甲子不得在二月故也。"十二"两字，明出后世传写之误。

十二祀。武王五年，既克商一年。

十三祀。武王六年，既克商二年。

《书·洪范》："唯十有三祀，王访于箕子。"

《书·金滕》："既克商二年，王有疾，弗豫。中略。武王既丧。"下略。

《史记·周本纪》："武王既克殷后二年，问箕子殷所以亡，箕子不忍言殷恶，以存亡国宜告。武王亦丑，故问以天道。武王病，天下未集，群公惧，穆卜，周公乃祓斋，自为质，欲代武王，武王有瘳后而崩。

又《封禅书》："武王克殷二年，天下未宁而崩。"

案：《史记》所记武王伐纣及崩年，根据最古。《金縢》于武王之疾书年，于其丧也不书年，明武王之崩即在是年。《史记》云"武王有瘳后而崩"，可谓隐括经文而得其要旨矣。其伐殷之年本于《书序》，文王崩之年本于《尚书大传》，皆有师说可据。然此事当先秦时已有异说。《吕氏春秋·首时》篇："武王不忘王门之辱，立十二年而成甲子之事。"则以克殷为在武王十二年。《逸周书·作雒解》以武王崩在克殷之年。《管子·七主》、《七臣》篇以为在克殷七年。刘歆《三统历》则以文王崩在受命九年，后四年克殷，后七年武王崩，与经文及《史记》皆大不合，后世说经者皆从刘歆说。原歆之所以为此说者，则由过信后世传记而不求之于古也。歆之言曰："文王十五而生武王，受命九年而崩。崩后四年而武王克殷，克殷之岁八十六矣。后七岁而崩，故《礼记·文王世子》曰：'文王九十七而终，武王九十三而终。'"观此数语，则知《三统历》所系年，全从《文王世子》立说。盖从《金縢》及《史记》之说，则文、武之崩相距才六年。若文王崩年九十七，武王崩年九十三，则文王崩时武王年已九十，必文王七岁生武王而后可。故于文王在位之年加二，武王在位之年加五，以求合于《文王世子》。于是文王崩年与克殷之年均后二岁，武王崩年乃后七岁，与经及《尚书》家师说均不合矣。然文王十五生武王，武王八十一生成王，与《文王世子》所云武王崩年，俱为周、秦以后不根之说。文王之年，据《书·无逸》及《孟子》，自当至九十余。至武王之年，则明见于《史记》。《史记》载："武王克殷至于周，自夜不寐。告周公曰：'惟天不飨殷，自发未生，于今六十年，麋鹿在牧，蜚鸿满野。'"《周书·度邑解》具有其文。徐广以为亦见《随巢子》。随巢子，墨子弟子，亦战国初年书也。此篇渊懿古奥，类宗周以前之书，与《文王世子》等秦、汉间之书文体大异，自为实录。据此，则克殷之前六十年武王尚未生，又二年而崩，年当近六十。《路史》引真本《竹书纪年》，谓武王崩年五十四，事较近之。以此差之，则文王生武王，武王生成王，均当在四十岁左右，与事理相合。后儒人人读《史记》，无据此以驳正《文王世子》者，殊不可解。歆之根据既破，则其所克殷及文、武崩年皆不足信，固不待论也。

十四祀。既克商三年，成王元年。
十五祀。既克商四年，成王二年。
十六祀。既克商五年，成王三年。

　　《尚书大传》："周公摄政，一年救乱。"

十七祀。既克商六年，成王四年。

　　《书·金縢》："周公居东二年，则罪人斯得。"
　　《尚书大传》："二年克殷。"

十八祀。既克商七年，成王五年。

　　《诗·豳风》："我徂东山，自我不见，于今三年。"
　　《孟子》："伐奄，三年讨其君。"
　　《尚书大传》："三年践奄。"

十九祀。既克商八年，成王六年。

　　《尚书大传》："四年建侯卫。"

成王元祀。既克商九年。

　　《书·召诰》："惟太保先周公相宅。越若来三月惟丙午朏，越三日戊申，太保朝至于洛，卜宅，厥既得卜，则经营。中略。乙卯，周公朝至于洛。中略。甲子，周公乃朝用书命庶殷侯甸男邦伯，厥既命殷庶，庶殷丕作。"
　　《洛诰》："王肇称殷礼，祀于新邑，咸秩无文。"
　　又，"今王即命曰：记宗功，以功作元祀。"
　　又，"惇宗将礼，称秩元祀，咸秩无文。"
　　又，"戊辰，王在新邑，烝祭岁，文王骍牛一，武王骍牛一。王命作册逸祝册，唯告周公其后，王宾，杀禋咸格，王入太室祼。王命周公后，作册逸诰，在十有二月。惟周公诞保文武受命，惟七年。"
　　《尚书大传》："五年营成周。"
　　案：是年为成王元祀，见于《洛诰》。而据《洛诰》，则营成周事亦在是年。《洛诰》年月，伏生、刘歆、郑玄说各不同。今据经文，则全篇记成王、周公问答之语，自在成王至新邑之后。案：周公至洛，在三月乙卯。十二日。成王至洛，《召诰》与《洛诰》均不书。然周公告成王云："予惟乙卯，朝至于洛师。"乙卯不月，则成王至洛当在五月乙卯以前。周公曰："伻来以图及献卜。"成王曰："公既定宅，伻来来视，予卜休恒吉，我二人共贞。"伻者，俾也。伻来谓俾成王来共定宅，故又曰"我二人共贞"，贞谓贞卜也。

古诸侯称王说[*]

　　世疑文王受命称王，不知古诸侯于境内称王，与称君、称公无异。《诗》与《周语》、《楚辞》称契为玄王，其六世孙亦称王亥，《山海经》作王亥，郭璞注引古本《竹书纪年》作殷王子亥。今殷虚卜辞中屡见王亥，是《山海经》称名不误。《吕氏春秋》王夊作服牛；夊乃古文亥字之误。此犹可曰后世追王也。汤伐桀，誓师时已称王。《史记》又云"汤自立为武王"，此亦可云史家追纪也。然观古彝器铭识，则诸侯称王者，颇不止一二觏。徐楚之器无论已。矢王鼎云"矢王作宝尊"，散氏盘云"乃为图矢王于豆新宫东廷"，而矢伯彝则称"矢伯"，是矢以伯而称王者也。录伯戎敦盖云："王若曰：录伯戎□自乃祖考有劳于周邦。"又云："戎拜手稽首，对扬天子丕显休，用作朕皇考釐王宝尊敦。"此釐王者，录伯之父。录伯祖考有劳于周邦，则其父釐王非周之僖王可知。是亦以伯而称王者也。竹伯敦云："王命仲到归竹伯裘。王若曰：竹伯，朕丕显祖玟、斌应受大命，乃祖克□先生翼自他邦，有□于大命，我亦弗望假为忘字。享邦，锡女□裘。竹伯拜手稽首，天子休，弗望小□邦归夆，敢对扬天子丕显鲁休，用作朕皇考武竹几王尊敦。"竹伯之祖自文、武时已为周属，则亦非周之支庶，其父武竹几王，亦以伯而称王者也。而录伯、竹伯二器，皆纪天子锡命以为宗器，则非不臣之国。盖古时天泽之分未严，诸侯在其国自有称王之俗，即徐楚吴楚之称王者，亦沿周初旧习，不得尽以僭窃目之。苟知此，则无怪乎文王受命称王而仍服事殷矣。

---

[*] 据《观堂别集》卷一。

文献学

太史公行年考*

　　公姓司马氏，名迁，字子长，案：子长之字，《史记·自序》与《汉书》本传皆不载。扬子《法言·寡见》篇：或问司马子长有言，五经不如《老子》之约也。又《君子》篇：多爱不忍，子长也。仲尼多爱，爱义也。子长多爱，爱奇也。子长二字之见于先汉人著述者始此。嗣是，王充《论衡·超奇》、《变动》、《须颂》、《案诸书》篇，张衡《应间》，皆称司马子长，或单称子长，是子长之字两汉人已多道之，正不必以不见《史》、《汉》为疑矣。左冯翊夏阳人也。案：《自序》：司马氏入少梁，在晋随会奔秦之岁，即鲁文公七年，周襄王之三十二年，越二百九十一年，至秦惠文王八年，而魏入少梁河西地于秦。十一年，改少梁曰夏阳。自司马氏入少梁，迄史公之生，凡四百七十五年。《自序》云："昔在颛顼，至于夏、商，重黎氏世序天地。其在周，程伯休父其后也。当周宣王时，失其守而为司马氏。司马氏世典周史。惠、襄之间，司马氏去周适晋。晋中军随会奔秦，而司马氏入少梁。自司马氏去周适晋，分散，或在卫，或在赵，或在秦。在秦者名错，与张仪争论，于是惠王使错将伐蜀，遂拔，因而守之。错孙靳，事武安君白起。与武安君共坑赵长平军，还而与之俱死杜邮，葬于华池。《集解》引晋灼曰：地名，在鄂县。《索隐》云：晋灼非也。案：司马迁碑在夏阳西北四里。国维案：《水经·河水》注：陶渠水又东南径华池南，池方三百六十步，在夏阳城西北四里许。故司马迁碑文云：高门华池，在兹夏阳。城西北，汉阳太守殷济精舍四里所。此《索隐》所本也。靳孙昌，昌为秦主铁官。昌生无泽，《汉书》作毋泽。无泽为汉市长。无泽生喜，喜为五大夫，卒，皆葬高门。《集解》引苏林曰：长安北门。瓒曰：长安城无高门。《索隐》云：苏说非也。案：迁

* 据《观堂集林》卷第十一，史林三。

碑，高门在夏阳西北，去华池三里。国维案：《水经·河水》注：陶渠水又南径高门原，盖层峦骛缺，故流高门之称矣。又云：高门原东去华池三里。《太平寰宇记》同州韩城县下引《水经注》：高门原南有层阜，秀出云表，俗谓马门原。《正义》引《括地志》亦云：高门原，俗名马门原。盖亦本古本《水经注》。马门原或以司马氏冢地名矣。喜生谈，谈为太史公。说见后。太史公学天官于唐都，《律书》：今上即位，招致方士唐都分其天部，而巴落下闳运算转历，然后日辰之度与夏正同。《天官书》：自汉之为天文者，星则唐都，气则王朔。《汉书·律历志》：元封七年造汉历，方士唐都、巴郡落下闳与焉。又《公孙宏传论》：治历，则唐都、落下闳。是唐都实与于太初改历之役。考司马谈卒于元封元年，而其所师之唐都，至七年尚存，则都亦寿考人矣。受《易》于杨何，《儒林列传》：《易》，汉兴，田何传东武人王同子仲，子仲传菑川人杨何。何以《易》，元光元年征官至中大夫。《汉书·儒林传》：何字叔元。习道论于黄子，《集解》徐广曰：《儒林传》曰，黄生好黄老之术。案：《传》云：辕固生孝景时为博士，与黄生争论。是黄生与司马谈时代略相当，徐说殆是也。谈既习道论，故《论六家要旨》颇右道家，与史公无与。乃杨雄云，司马子长有言五经不如《老子》之约。班彪讥公先黄老而后六经。是认司马谈之说为史公之说矣。仕于建元、元封之间。有子曰迁。"即公是也。

汉景帝中五年丙申，公生，一岁。

案：《自序索隐》引《博物志》："太史令茂陵显武里大夫司马，此下夺迁字。年二十八，三年六月乙卯除，六百石也。"今本《博物志》无此文，当在逸篇中。又茂先此条当本先汉记录，非魏晋人语，说见后。案：三年者，武帝之元封三年。苟元封三年史公年二十八，则当生于建元六年。然张守节《正义》于《自序》"为太史令五年而当太初元年"下云"案：迁年四十二岁"，与《索隐》所引《博物志》差十岁。《正义》所云，亦当本《博物志》。疑今本《索隐》所引《博物志》年二十八，张守节所见本作年三十八，三讹为二，乃事之常；三讹为四，则于理为远。以此观之，则史公生年当为孝景中五年，而非孝武建元六年矣。

又案：《自序》"迁生龙门"，龙门在夏阳北。《正义》引《括地志》云"龙门山在同州韩城县北五十里"，而华池则在韩城县西南十七里，相去七十里。似当司马谈时，公家已徙而向东北。然公自云生龙门者，以龙门之名见于《夏书》，较少梁夏阳为古，故乐用之，未必专指龙门山。下又云"耕牧河山之阳"，则所谓龙门，固指山南河曲数十里间矣。

武帝建元元年辛丑，六岁。

五年乙巳，十岁。

案：《自序》"年十岁则诵古文"，《索隐》引刘伯庄说，谓即《左传》、《国语》、《世本》等书是也。考司马谈仕于建元、元封间，是时当已入官。公或随父在京师，故得诵古文矣。自是以前，必已就闾里书师受小学书，故十岁而能诵古文。

元光元年丁未，十二岁。

二年戊申，十三岁。

案：《汉旧仪》：《太平御览》卷二百三十五引。"司马迁父谈，世为太史。迁年十三，使乘传行天下，求古诸侯之史记。"《西京杂记》卷六文略同。考《自序》云"二十而南游江、淮"，则卫宏说非也。或本作"二十"，误倒为"十二"，又讹"二"为"三"与？

元朔元年癸丑，十八岁。

三年乙卯，二十岁。

案：《自序》："二十而南游江、淮，上会稽，探禹穴，窥九疑，浮于沅、湘；北涉汶、泗，讲业齐、鲁之都，观孔子之遗风，乡射邹、峄；厄困鄱、薛、彭城，过梁、楚以归。"考《自序》所纪，亦不尽以游之先后为次。其次当先浮沅、湘，窥九疑，然后上会稽，自是北涉汶、泗，过楚及梁而归。否则既东复西，又折而之东北，殆无是理。史公此行，据卫宏说，以为奉使乘传行天下求古诸侯之史记也。然公此时尚未服官。下文云"于是迁始仕为郎中"，明此时尚未仕，则此行殆为宦学，而非奉使矣。

又案：史公游踪见于《史记》者，《五帝本纪》曰："余尝西至空同，北过涿鹿，东渐于海，南浮江、淮矣。"《封禅书》曰"余从祭天地诸神、名山川而封禅焉。"《河渠书》曰："余南登庐山，观禹疏九江，遂至于会稽大湟，上姑苏，望五湖；东窥洛汭、大邳，迎河，行淮、泗、济、漯、洛渠；西瞻蜀之岷山及离碓；北至龙门，至于朔方。"《齐太公世家》曰："吾适齐，自泰山属之琅邪，北被于海，膏壤二千里。"《魏世家》曰："吾适故大梁之墟。"《孔子世家》曰："余适鲁，观仲尼庙堂、车服、礼器，诸生以时习礼其家，余低徊留之不能去云。"《伯夷列传》曰："余登箕山，其上盖有许由冢云。"《孟尝君列传》曰："吾尝过薛，其俗闾里率多暴桀子弟，与邹、鲁殊。"《信陵君列传》曰："吾过大梁之墟，求问其所谓夷门。夷门者，城之东门也。"《春申君列传》曰："吾适楚，观春申君故城宫室，盛矣哉。"《屈原贾生列传》曰："余适长沙，观屈原所自沈渊。"《蒙恬列传》曰："吾适北边，自直道归。行观蒙恬所为秦筑长城亭障，堑山湮谷，通直道，固已轻百姓力矣。"《淮阴侯列传》曰："吾如淮阴。淮阴人为言，韩信虽为布衣时，其志与众异，其母死，贫无以葬，然乃行营高敞地，令其旁可置万家。余视其母冢，良然。"《樊郦滕灌列传》曰："吾适丰沛，问其遗老，观故萧、曹、樊哙、滕公之冢。"《自序》曰："奉使西征巴、蜀以南，南略邛、笮、昆明。"是史公足迹，殆遍宇内。所未至者，朝鲜、河西、岭南诸初郡耳。此上所引，其有年可考者，仍各系之于其年下。余大抵是岁事也，是岁所历各地，以先后次之如左：

适长沙，观屈原所自沈渊。《屈原贾生列传》。浮于沅、湘，《自序》。窥九疑，同上。南登庐山，观禹疏九江，遂至于会稽大湟。《河渠书》。上会稽，探禹穴。《自序》。上姑苏，望五湖。《河渠书》。适楚，观春申君故城宫室。《春申君列传》。据《越绝书》则春申君故城宫室在吴。适淮阴。《淮阴侯列传》。行淮、泗、济、漯。《河渠书》。北涉汶、泗，讲业齐、鲁之都，观孔子之遗风，乡射邹、峄。《自序》。适鲁，观仲尼庙堂、车服、礼器，诸生以时习礼其家。《孔子世家》。厄困鄱、薛、彭城。《自序》。过薛。《孟尝君列传》。适丰沛。《樊郦滕灌列传》。过梁、楚以归。《自序》。适大梁之墟。《魏世家》及《信陵君列传》。

又案：《汉书·儒林传》，司马迁亦从孔安国问故，迁书载《尧典》、《禹贡》、《洪范》、《微子》、《金縢》诸篇，多古文说。公从安国问古文《尚书》，其年无考，《孔子世家》但云："安国为今皇帝博士，至临淮太守，蚤卒。安国生骧，骧生印。"既云"早卒"，而又及纪其孙，则安国之卒当在武帝初叶。以《汉书·兒宽传》考之，则兒宽为博士弟子时，安国正为博士。而宽自博士弟子补廷尉文学卒史，则当张汤为廷尉。汤以元朔三年为廷尉，至元狩三年迁御史大夫，在职凡六年。宽为廷尉史，至北地视畜数年，始为汤所知。则其自博士弟子为廷尉卒史，当在汤初任廷尉时也。以此推之，则安国为博士，当在元光、元朔间，考诸大亦以此时为博士，至元狩六年犹在职。然安国既云蚤卒，则其出为临淮太守，亦当在此数年中，时史公年二十左右，其从安国问古文《尚书》，当在此时也。又史公于《自序》中述董生语，董生虽至元狩、元朔间尚存，然已家居，不在京师，则史公见董生，亦当在十七八以前。以此二事证之，知《博物志》之"年二十八为太史令"，"二"确为"三"之讹字也。

元狩元年己未，二十四岁。

元鼎元年乙丑，三十岁。

　　案：《自序》云："于是迁仕为郎中。"其年无考，大抵在元朔、元鼎间。其何自为郎，亦不可考。

四年戊辰，三十三岁。

　　案：《封禅书》："明年冬，天子郊雍，诏曰：'今上帝朕亲郊，而后土无祀，则礼不答也。'有司与太史公、祠官宽舒议：'天地牲角茧栗。今陛下亲祠后土，宜于泽中为五坛，坛一黄犊太牢具，已祠尽瘗，而从祠衣上黄。'于是天子遂东，始立后土祠汾阴脽邱，如宽舒等议。"考《汉书·武帝纪》，是岁冬十月"行幸雍，祠五畤，行自夏阳，东幸汾阴。十一月甲子，立后土祠于汾阴脽上"。则司马谈等议立后土，乃十月事也。谈为太史令，始见此。

五年己巳，三十四岁。

　　案：《五帝本纪》："余尝西至空同。"考《汉书·武帝纪》，是岁冬十月"行幸雍，祠五畤，遂逾陇登空同，西临祖厉河而还"。公西至空同，当是是岁十月扈从时事。

　　又案：《封禅书》："公卿言'皇帝始郊见太一云阳，有司奉瑄玉嘉牲。是夜有美光，及昼，黄气上属天。'太史公、祠官宽舒等曰：'神灵之休，祐福兆祥，宜因此地光域，立太畤坛，以明应。令太祝领，秋及腊间祠。三岁一郊见。'"案：《汉书·武帝纪》，是岁十一月"立太畤于甘泉，天子亲郊见"。则太史谈等议泰畤典礼，当在是月。

元封元年辛未，三十六岁。

　　案：《自序》："奉使西征巴、蜀以南，南略邛、笮、昆明，还报命。是岁，天子始建汉家之封，而太史公留滞周南，不得与从事，故发愤且卒。而子迁适使反，见父于河、洛之间。"云云。考《汉书·武帝纪》，元鼎六年，"定西南夷，以为武都、牂柯、越巂、沈黎、文山郡"。史公奉使西南，当在置郡之后。其明年，元封元年。"春正月，行幸缑氏，登崇高，遂东巡海上。夏四月癸卯，还，登封泰山，复东巡海上，自碣石至辽西，历北边九原，归于甘泉"。盖史公自西南还报命，当在春间，时帝已东行，故自长安赴行在，其父谈当亦扈驾至缑氏、崇高间。或因病不得从，故留滞周南，适史公使反，遂遇父于河、洛之间也。史公见父后，复从封泰山，故《封禅书》曰："余从巡祭天地诸神、名山川而封禅焉。"后复从帝海上，自碣石至辽西。故《齐太公世家》曰："吾适齐，自泰山属之琅邪，北被于海。"又历北边九原，归于甘泉。故《蒙恬传》曰："吾适北边，自直道归。"直道者，自九原抵云阳即甘泉。之道。《秦始皇本纪》所谓"除道，道九原抵云阳，堑山堙谷，直通之"者也。父谈之卒，当在是秋，或在史公扈驾之日矣。

二年壬申，三十七岁。

案：《河渠书》："余从负薪塞宣房。"考《汉书·武帝纪》，是岁春，"幸缑氏，遂至东莱。夏四月，还祠泰山，至瓠子，临决河，命从臣将军以下皆负薪塞河堤，作《瓠子之歌》"。史公既从塞宣房，则亦从至缑氏、东莱、泰山矣。

三年癸酉，三十八岁。

案：《自序》，太史公"卒三岁，而迁为太史令，䌷史记石室金匮之书"。《索隐》引《博物志》："太史令茂陵显武里大夫司马迁，年二十八，当作三十八，说见上。三年六月乙卯除，六百石也。"考史公本夏阳人，而云"茂陵显武里"者，父谈以事武帝，故迁茂陵也。大夫者，汉爵第五级也。汉人履历，辄具县里及爵。《扁鹊仓公列传》有"安陵阪里公乘项处"。敦煌所出新莽时木简有"敦德亭间田东武里士伍王参"是也。或并记其年，敦煌汉简有"新望兴盛里公乘□杀之年卅八"，又有"□□中阳里大夫吕年，年廿八"，此云"茂陵显武里大夫司马迁年三十八"，与彼二简正同。乙卯者，以颛顼历及殷历推之，均为六月二日。由此数证，知《博物志》此条乃本于汉时簿书，为最可信之史料矣。

又案：公官为太史令，《自序》具有明文。然全书中自称及称其父谈皆曰"太史公"。其称父为公者，颜师古及司马贞均谓迁自尊其父，称之曰"公"。其自称公者，桓谭《新论》谓"太史公造书成，示东方朔。朔为平定，因署其下"。太史公者，皆东方朔所加之也。见《孝武本纪》及《自序索隐》引。韦昭则以为外孙杨恽所称，见《孝武本纪集解》。张守节《正义》则以为迁所自称。案：东方朔卒年虽无可考，要当在《史记》成书之前。且朔与公友也，藉令有平定之事，不得称之为公。又秦、汉间人著书，虽有以公名者，如《汉书·艺文志》：《易》家有《蔡公》二篇，阴阳家有《南公》三十一篇，名家有《黄公》四篇、《毛公》九篇，然此或后人所加，未必其所自称。则桓谭、张守节二说均有所不可通。惟公书传自杨恽，公于恽为外王父，父谈又其外曾祖父也，称之为公，于理为宜。韦昭一说，最为近之矣。自易"令"为"公"，遂滋异说。《汉仪注》谓："太史公，武帝置，位在丞相上。天下计书先上太史公，副上丞相，序事如古《春秋》。迁死后，宣帝以其官为令，行太史公文书而已。"《太史公自序集解》、《汉书》本传注如淳说，皆引此文。《西京杂记》卷六语略同，亦吴均用《汉仪注》文也。又云："太史公秩二千石，卒史皆秩二百石。"《自序正义》引《汉旧仪》。案：《汉旧仪》与《汉仪注》本一书，皆《汉旧仪注》之略称，卫宏所撰也。臣瓒驳之曰："《百官表》无太史公，茂陵中书司马谈以太史丞为太史令。"《集解》引。晋灼驳之曰："《百官表》无太史公在丞相上，且卫宏所说多不实，未可以为正。"《汉书》本传注引。虞喜《志林》又为调停之说曰："古者主天官者皆上公，自周至汉，其职转卑。然朝会坐位犹居公上。尊天之道，其官属犹以旧名，尊而称公也。"《自序索隐》引。国维案：汉官皆承秦制，以丞相、太尉、御史大夫为三公，以奉常、郎中令等为九卿，中间名有更易，员有增省，而其制不变。终先汉之世，惟末置三师在丞相上，他无所闻。且太史令一官，本属奉常，与太乐、太祝、太宰、太卜、太医五令丞联事，无独升置丞相上之理。且汉之三公，官名上均无"公"字，何独于太史称太史公？史公《报任安书》云："仆之先人，非有剖符丹书之功，文史星历，近乎卜祝之间。固主上所戏弄，倡优畜之，流俗之所轻也。"宋祁援此语以破卫宏，其论笃矣。且汉太史令之职，掌天时星历，《续汉志》。不掌纪事，则卫宏"序事如古《春秋》"之说，亦属不根。既不序事，自无受天下计书之理。晋灼谓卫宏所说多不实，其说是也。窃谓司马谈以太史丞为太史令，见《茂陵中书》。公为大史令，见于《自序》。较之卫宏所记，自可依据。至太史令之秩，《汉书·百官公卿表》无文，或以为千石。《报任安书》："乡者，仆尝厕下大夫之列。"臣瓒曰："汉太史令秩千石，故比下大夫，或以为八百石。"《汉书·律历志》太史令张寿王上书言历，有司"劾寿王吏八百石，古之大夫服儒衣，诵不祥之辞，作妖言欲乱制度，不道"。据此，则太史令秩八百石。或以为六百石，则《汉旧仪》、《北堂书钞》卷三十五引。《续汉书·百官志》皆同。又据《索隐》所引《博物志》，则史公时秩亦六百石。案：史公自称"仆尝厕下大夫之列"，而《自序》又称壶遂为上大夫。太初元年事。据《汉书·律历志》，壶遂此时为大中大夫。而大中大夫秩千石，千石为上大夫，则八百石为中大夫，六百石为下大夫矣。汉时官秩，以古制差之，则丞相、太尉、御史大夫当古三公，中二千石、二千石、比二千石当古上、中、下三卿，千石、八百石、六百石当上、中、下三大夫，五百石以下至二百石当上、中、下士。《续汉志》引《汉旧注》即《汉旧注仪》。三公东西曹掾比四百石，余掾比三百石，属比二百石，故曰"公府掾比古元士三命者"也。元士四百石，则下大夫六百石审矣。又《汉书·百官表》，凡吏秩比二千石以上皆银印青绶，比六百石以上皆铜印墨绶，比二百石以上皆铜印黄绶。是亦隐以比二千石以上当古之卿，比六百石以上当古大夫，比二百石以上当古之士。则下大夫之为秩六百石，盖昭昭矣。臣瓒千石之说，别无他据。元凤中，太史令张寿王之秩八百石，或以他事增秩。据史公所自述，自以六百石之说为最长矣。

四年甲戌，三十九岁。

案：《五帝本纪》："余北过涿鹿。"考《汉书·武帝纪》，是年冬十月，"行幸雍，祠五畤。通回中道，遂北出萧关，历独鹿、鸣泽，自代而还"。服虔曰："独鹿，山名，在涿郡遒县北界。"今案：《汉书·地理志》，涿鹿县在上谷，不在涿郡。然《五帝本纪集解》引服虔云"涿鹿在涿郡"，是服虔固以独鹿、涿鹿为一地。史公北过涿鹿，盖是年扈跸时所经。

太初元年丁丑，四十二岁。

案：《汉书·律历志》："武帝元封七年，汉兴百二岁矣。大中大夫公孙卿、壶遂、太史令司马迁等言:'历纪废坏,宜改正朔。'于是乃诏御史曰:'乃者有司言历未定,广延宣问,以考星度,未能雠也。盖闻古者黄帝合而不死,名察发敛,定清浊,起五部,建气物分数。然则上矣。书缺乐弛,朕甚难之。依违以惟,未能修明。其以七年为元年。'遂诏卿、遂、迁与侍郎尊、大典星射姓等议造《汉历》。乃定东西,立晷仪,下漏刻,以追二十八宿相距于四方,举终以定朔晦分至,躔离弦望。乃以前历上元泰初四千六百一十七岁,至于元封七年,复得阏逢摄提格之岁,中冬十一月甲子朔旦冬至,日月在建星,大岁在子,已得太初本星度新正。姓等奏,不能为算,愿募治历者,更造密度,各自增减,以造汉《太初历》。乃选治历邓平及长乐司马可、酒泉候宜君、侍郎尊及与民间治历者,凡二十余人,方士唐都、巴郡落下闳与焉。都分天部,而闳运算转历。其法以律起历,曰:'律容一龠,积八十一寸,则一日之分也。与长相终,律长九寸,百七十一分而终复,三复而得甲子。夫律,阴阳九六,爻象所从出也。故黄钟纪元气之谓律。律,法也,莫不取法焉。'与邓平所治同。于是皆观新星度、日月行,更以算推,如闳、平法。法,一月之日二十九日八十一分日之四十三。先藉半日,名曰阳历;不藉,名曰阴历。所谓阳历者,先朔月生;阴历者,朔而后月乃生。平曰:'阳历朔皆先旦月生,以朝诸侯王群臣便。'乃诏迁用邓平所造八十一分律历,罢废尤疏远者十七家,复使校历律昏明。宦者淳于陵渠复覆《太初历》,晦朔弦望,皆最密,日月如合璧,五星如连珠。陵渠奏状,遂用邓平历,以平为太史丞。"云云。如是,则太初改历之议发于公,而始终总其事者亦公也。故《韩长孺列传》言"余与壶遂定律历",《汉志》言"乃诏迁用邓平所造八十一分律历",盖公为太史令,星历乃其专职。公孙卿、壶遂虽与此事,不过虚领而已。孔子言"行夏之时",五百年后卒行于公之手。后虽历术屡变,除魏明帝、伪周武氏外,无敢复用亥、子、丑三正者,此亦公之一大事业也。

又案:《自序》:"五年而当太初元年,十一月甲子朔旦冬至,天历始改,建于明堂,诸神受纪。太史公曰:'先人有言:自周公卒五百岁而有孔子。孔子卒后至于今五百岁,有能绍明世,正《易传》,继《春秋》,本《诗》、《书》、《礼》、《乐》之际?'意在斯乎!意在斯乎!小子何敢让焉。"云云。于是论次其文,是史公作《史记》，虽受父谈遗命，然其经始则在是年，盖造历事毕，述作之功乃始也。

天汉元年辛巳，四十六岁。
三年癸未，四十八岁。

案：《自序》："七年而太史公遭李陵之祸，幽于缧绁。"徐广曰"天汉三年"，《正义》亦云："案：从太初元年至天汉三年，乃七年也。"然据《李将军》、《匈奴列传》及《汉书·武帝纪》、《李陵传》，陵降匈奴在天汉二年，盖史公以二年下吏，至三年尚在缧绁，其受腐刑亦当在三年而不在二年也。

太始元年乙酉，五十岁。

案：《汉书》本传，"迁既被刑之后，为中书令，尊宠任职事"，当在此数年中。《盐铁论·周秦》篇"今无行之人，一旦下蚕室，创未愈，宿卫人主，出入宫殿，得由受奉禄食太官享赐，身以尊荣，妻子获其饶"云云，是当时下蚕室者，刑竟即任以事。史公父子素以文学登用，奉使扈从，光宠有加，一旦以言获罪，帝未尝不惜其才。中书令一官，设于武帝，或竟自公始任此官，未可知也。

又案：《汉书·百官公卿表》："少府属有中书谒者、黄门、钩盾、尚方、御史、永巷、内者、宦者八官令丞。"中书令即中书谒者令之略也。《汉旧仪》：《大唐六典》卷九引。"中书令领赞尚书出入奏事，秩千石。"《汉书·佞幸传》："萧望之建白，以为：'尚书百官之本，国家枢机，宜以通明公正处之。武帝游宴后庭，始用宦者，非古制也。宜罢中书宦官。'元帝不听。"《成帝纪》："建始四年春，罢中书宦官，置尚书员五人。"《续汉书·百官志》："尚书令一人，承秦所置，武帝用宦者更为中书谒者令。成帝用士人复故"。据此，似武帝改尚书为中书，复改士人用宦者，成帝复故。然《汉书·张安世传》："安世，武帝末为尚书令。"《霍光传》："尚书令读奏。"《诸葛丰传》有"尚书令尧"。《京房传》："中书令石显颛权，显友人五鹿充宗为尚书令。"事皆在武帝之后，成帝建始之前。是武帝虽置中书，不废尚书，特于尚书外增一中书令，使之出受尚书事，入奏之于帝耳。故《盖宽饶传》与《佞幸传》亦谓之"中尚书"，盖谓中官之干尚书事者，以别于尚书令以下士人也。《汉旧仪》《北堂书钞》卷五十七引。尚书令并掌诏奏，既置中书，掌诏诰答表，皆机密之事。盖武帝亲揽大政，丞相自公孙弘以后，如李蔡、庄青翟、赵周、石庆、公孙贺等，皆以中材备员，而政事一归尚书。霍光以后，凡秉政者，无不领尚书事。尚书为国政枢机，中书令又为尚书之枢机，本传所谓"尊宠任职"者，由是故也。

太始四年戊子，五十三岁。

案：公《报益州刺史任安书》，在是岁十一月。《汉书·武帝纪》是岁春三月，"行幸太山。夏四月，幸不其。五月，还幸建章宫"，书所云"会从上东来"者也。又冬十二月，"行幸雍，祠五畤"，书所云"今少卿抱不测之罪，涉旬月，迫季冬，仆又薄从上上雍"者也。是《报安书》作于是冬十一月无疑。或以任安下狱坐受卫太子节当在征和二年；然是年无东巡事，又行幸雍在次年正月，均与《报书》不合。《田叔列传》后载褚先生所述武帝语曰："任安有当死之罪甚众，吾尝活之。"是安于征和二年前曾坐他事，公《报安书》自在太始末，审矣。

征和元年己丑，五十四岁。
后元元年癸巳，五十八岁。
昭帝始元元年乙未，六十岁。

案：史公卒年，绝不可考。惟《汉书·宣帝纪》载："后元二年，武帝疾，往来长杨、五柞宫，望气者言长安狱中有天子气。上遣使者分条中都官狱系者，轻重皆杀之。内谒者令郭穰夜至郡邸狱，丙吉拒闭，使者不得入。"此"内谒者令"，师古注云："内者，署属少府。"不云内谒者，二刘《汉书刊误》因以"谒"为衍字。又案：《刘屈氂传》有"内者令郭穰"，在征和三年，似可为刘说之证。然《丙吉传》亦称"内谒者令郭穰"，与《宣纪》同。然则果《宣帝纪》与《丙吉传》衍"谒"字，抑《刘屈氂传》夺"谒"字，或郭穰于征和三年为内者令，至后元二年又转为内谒者令，均未可知也。如"谒"字非衍，则内谒者令当即中谒者令，亦即中书谒者令。《汉书·百官公卿表》："成帝建始四年，更名中书谒者令为中谒者令。"然中谒者本汉初旧名。《樊郦滕灌列传》："汉十月，拜灌婴为中谒者。"《汉书·魏相传》述高帝时有中谒者赵尧等，高后时始用宦官。《汉书·高后纪》："少帝八年，封中谒者张释卿为列侯。"《史记·吕后本纪》作"大中谒者张释"，又称"宦官令张泽"，自是一人。大中谒者乃中谒者之长，犹言中谒者令也。《成帝纪》注引臣瓒曰："汉初中人有中谒者令，孝武加中谒者为中书谒者令，置仆射。"其言当有所本。《贾捐之传》："捐之言中谒者不宜受事。"此即指宣帝后中书令出取封事见《霍光传》。言之。是则中书谒者，武帝后亦兼称中谒者，不待成帝始改矣。由是言之，《宣帝纪》与《丙吉传》之内谒者令，疑本作中谒者令，隋人讳忠，改中为内，亦固其所。此说果中，则武帝后元二年郭穰已为中谒者令，时史公必已去官，或前卒矣。要之，史公卒年虽未可遽知，然视为与武帝相终始，当无大误也。

《史记》纪事，公自谓"讫于太初"，班固则云"讫于天汉"。案：史公作记，创始于太初中，故原稿纪事，以元封、太初为断。此事于诸表中踪迹最明，如《汉兴以来诸侯年表》、《建元以来王子侯者年表》，皆讫太初四年，此史公原本也。《高帝功臣年表》则每帝一格，至末一格则云"建元元年至元封六年三十六"，又云"太初元年尽后元二年十八"，以武帝一代截而为二。明前三十六年事为史公原本，而后十八年事为后人所增入也。《惠景间侯者年表》与《建元以来侯者年表》末，太初已后一格，亦后人所增。殊如《建元以来侯者年表》，元封以前六元各占一格，而太初以后五元并为一格，尤为后人续补之证。表既如此，书传亦宜然。故欲据《史记》纪事以定史公之卒年，尤不可恃。故据《屈原贾生列传》，则讫孝昭矣；据《楚元王世家》，则讫宣帝地节矣；据《历书》及《曹相国世家》，则讫成帝建始矣；据《司马相如列传》，则讫成、哀之际矣。凡此在今《史记》本文，而与褚先生所补无与者也。今观《史记》中最晚之记事，得信为出自公手者，唯《匈奴列传》之李广利降匈奴事，征和三年。余皆出后人续补也。史公虽居茂陵，然冢墓尚在夏阳。《水经·河水》注："陶渠水又东南径夏阳县故城，又历高阳宫北，又东南历司马子长墓北，墓前有庙，庙前有碑。永嘉四年，汉阳太守殷济瞻仰遗文，大其功德，遂建石室，立碑树桓。《太史公自序》曰'迁生于龙门'，是其坟墟所在矣。"案：汉永嘉无四年，晋永嘉时又无汉阳郡。此云"永嘉四年，汉阳太守殷济"，疑四字或误。《括地志》《正义》引。"汉司马迁墓在韩城县南二十二里夏阳县故东南"，与《水经》注合，又云"司马迁冢在高门原上"，则误也。

　　史公子姓无考。《汉书》本传："至王莽时，求封迁后为史通子。"是史公有后也。女适杨敞，《汉书·杨敞传》"敞子忠，忠弟恽。恽母，司马迁女也。"又云："大将军光谋欲废昌邑王更立，议既定，使大司农田延年报敞。敞惊惧不知所言，汗出洽背，唯唯而已。延年起至更衣，敞夫人遽从东箱谓敞曰：'此国大事，今大将军议已定，使九卿来报君侯，君侯不疾应与大将军同心，犹豫无决，先事诛矣。'延年从更衣还，敞夫人与延年参语许诺，请奉大将军教令。遂共废昌邑王，立宣帝。"案：恽为敞幼子，则《敞传》与延年参语之夫人，必公女也。废立之是非，姑置不论，以一女子而明决如此，洵不愧为公女矣。

　　史公交游，据《史记》所载，《屈原贾生列传》有贾嘉，《刺客列传》有公孙季功、董生，《樊郦滕灌列传》有樊它广，《郦生陆贾列传》有平原君子，朱建子。《张释之冯唐列传》有冯遂，字王孙，《赵世家》亦云："余闻之冯王孙。"《田叔列传》有田仁，《韩长孺列传》有壶遂，《卫将军骠骑列传》有苏建，《自序》有董生，而公孙季功、董生非仲舒。曾与秦夏无且游。考荆轲刺秦王之岁，下距史公之生，凡八十有三年，二人未必能及见。史公道荆轲事，又樊它广及平原君子辈行，亦远在史公前。然则此三传所纪，史公或追纪父谈语也。自冯遂以下，皆与公同时。《汉书》所纪，有临淮太守孔安国、骑都尉李陵、益州刺史任安，皇甫谧《高士传》所纪有处士挚峻。

　　史公所著百三十篇，后世谓之《史记》，《史记》非公所自名也。史公屡称"史记"，非自谓所著书。《周本纪》云："太史伯阳读史记。"《十二诸侯年表》云："孔子西观周室，论史记旧闻。"又云："鲁君子左邱明因孔子史记具论其语，成《左氏春秋》。"《六国表》云："秦既得意，烧天下《诗》、《书》，诸侯史记尤甚，为其有所刺讥也。"又曰："史记独藏周室，以故灭。"《天官书》云："余观史记，考行事。"《孔子世家》云："乃因鲁史记作《春秋》。"《自序》云："绅史记石室金匮之书。"凡七称"史记"，皆谓古史也。古书称史记者亦然，《逸周书》有《史记解》，《盐铁论·散不足》篇云："孔子读史记，喟然而叹。"《公羊》疏引《春秋》说谓《春秋纬》。云："邱揽史记。"又引闵因叙云："孔子使子夏等十四人求周史记，得百二十国宝书，《感精符》、《考异邮》、《说题辞》，具有其文。"至后汉犹然，《越绝书》十四。云："夫子作经揽史记。"《东观汉记》《初学记》卷二十一引。云："时人有上言班固私改作史记。"《后汉书》改"史记"为"国史"。《公羊》庄七年传何休注云："不修春秋，谓史记也。"是汉人所谓"史记"，皆泛言古史，不指太史公书。明太史公书当时未有史记之名，故在前汉，则著录于向、歆《七略》者，谓之"太史公百三十篇"，《杨恽传》谓之"太史公记"，《宣元六王传》谓之"太史公书"；其在后汉，则班彪《略论》，王充《论衡·超奇》、《案书》、《对作》等篇，宋忠注《世本》《左传正义》引。亦谓之"太史公书"，应劭《风俗通》谓之"太史公记"，见卷一及卷六。亦谓之"太史记"。见卷二。是两汉不称"史记"之证。惟《后汉书·班彪传》称"司马迁作《史记》"，乃范晔语。《西京杂记》卷二。称"司马迁发愤作《史记》"，则吴均语耳。称"太史公书"为《史记》，盖始于《魏志·王肃传》，乃"太史公记"之略语。晋荀勖《穆天子传序》亦称"太史公记"，《抱朴子》内篇犹以"太史公记"与"史记"互称，可知以"史记"名书，始于魏、晋间矣。窃意，史公原书本有小题而无大题，此种著述，秦、汉间人本谓之"记"。《六国表》云"太史公读《秦记》"，《汉书·艺文志·〈春秋〉类》"《汉著记》百九十卷"，后汉班固、刘珍等在东观所作者，亦谓之《汉记》，蔡邕等所续者谓之《后汉记》，则称史公所撰为《太史公记》，乃其所也。其略称《史记》者，犹称《汉旧仪注》为《汉旧仪》、《汉旧注》，《说文解字》为《说文》，《世说新语》为《世说》矣。

《史记》一书，传播最早。《汉书》本传："迁既死后，其书稍出。宣帝时，迁外孙平通侯杨恽祖述其书，遂宣播焉。"其所谓"宣播"者，盖上之于朝，又传写以公于世也。《七略》"《春秋》类"有"太史公百三十篇"，《宣元六王传》"成帝时，东平王宇来朝，上书求太史公书"，是汉秘府有是书也。《盐铁论·毁学》篇："大夫曰：'司马子有言，天下攘攘，皆为利往。'"见《货殖列传》。此桓宽述桑宏羊语。考桑宏羊论盐铁，在昭帝始元六年，而论次之之桓宽乃宣帝时人，此引《货殖传》语，即不出宏羊之口，亦必为宽所润色。是宣帝时民间亦有其书，嗣是冯商、褚先生、刘向、扬雄等均见之。盖在先汉之末，传世已不止一二本矣。

汉世百三十篇，往往有写以别行者。《后汉书·窦融传》"光武赐融以太史公《五宗》、《外戚世家》、《魏其侯列传》",又《循吏传》明帝赐王景《河渠书》是也。

记言、记事,虽古史职,然汉时太史令但掌天时星历,不掌纪载,故史公所撰书仍私史也。况成书之时,又在官中书令以后,其为私家著述甚明。故此书在公生前未必进御。乃《汉旧仪注》《自序集解》引。云:"司马迁作《景帝本纪》,极言其短及武帝之过,帝怒而削去之。"《西京杂记》卷六同。《魏志·王肃传》亦云:"汉武帝闻迁述《史记》,取孝景及己本纪览之,于是大怒,削而投之。于今此两纪有录无书,后遭李陵事,遂下迁蚕室。"此二说最为无稽。《自序》与《报任安书》,皆作于被刑之后,而《自序》最目有"孝景、今上两本纪",《报任安书》亦云"本纪十二",是无削去之说也。

《隋书·经籍志》别集类有"《汉中书令司马迁集》一卷",盖后人所辑,书已久佚。今其遗文存者,《悲士不遇赋》,见《艺文类聚》卷三十。《报任安书》见《汉书》本传及《文选》。与《挚伯陵书》见皇甫谧《高士传》,《悲士不遇赋》,陶靖节《感士不遇赋序》及刘孝标《辨命论》俱称之,是六朝人已视为公作,然其辞义殊未足与公他文相称。若《与挚伯陵书》,则直恐是赝作耳。

《隋志》子部五行家,载梁有"《太史公素王妙义》二卷,亡"。他书所引,则作"《素王妙论》"。《史记·越王句践世家集解》、《北堂书钞》卷四十五、《太平御览》卷四百四及四百七十二各引一条,其书似《货殖列传》,盖取《货殖传》素封之语,故曰"素王"。非《殷本纪》素王九主之事,亦非"仲尼素王"之素王,殆魏、晋人所依托也。

明抄本《水经注》跋 *

　　明抄本《水经注》四十卷，海盐朱氏藏，每半叶十一行，行二十字，与宋刊残本明柳大中抄本、吴门顾氏所藏明影宋抄本行款并同。取宋刊残本校此本，凡佳处、误处与字之别构，一一相同。取《永乐大典》本、孙潜夫本、袁寿阶所校明影宋抄本校之，亦十同八九，盖即从宋刊本抄出也。今宋刊本仅存十一卷有奇，《永乐大典》本存二十卷，孙潜夫、袁寿阶校本存十五卷，余如柳大中本、归震川本、赵清常本、陆孟凫、钱遵王、顾抱冲诸家所藏旧钞本，今已无可踪迹，而此本独首尾完具。今日郦书旧本，不得不推此本为弟一矣。余既以此本校于朱王孙本上，以与旧校宋刊本、《大典》本相参证，复以宋本、《大典》本所阙诸卷，就戴校聚珍本勘之，知戴本于明抄佳处亦十得八九，盖本于《大典》。其有明抄不误，而戴本仍从通行本或别本改者，如《颍水》注："颍水又东径项城中，楚襄王所郭以为别都。都内西南小城，项县故城也，旧预州治。"案："预"者，"豫"之别字，诸本并讹作"颍"。考项县在汉、魏时本属豫州汝南郡，至后魏孝昌四年始置颍州，不得为项县地。而天平二年置北扬州，乃治项城，是项县故城当是旧豫州治，不得为后魏颍州治也。且下文云"又东径刺史贾逵祠"，"刺史"上不著州名，乃承上文旧豫州治言之，《魏志》本传逵为豫州刺史。则此本作"预州"是，诸本作"颍"者误也。《沔水》注引《世本》"舜居饶内"，明黄省曾刊本同。"饶内"，诸本并作"妫汭"。案："饶内"乃"嬴内"之讹，唐写本《尚书释文》于《尧典》末出"嬴内"二字，云："嬴字又作嬴，居危反。又水名，内音汭，如锐反。"《周语》"武王反及嬴内"，

---

* 据《观堂集林》卷第十二，史林四。

宋公序《补音》曰"上音妤,下音汭,今案:别本或作嬴,非是。古文《尚书》作'嬴',与'妤'同。"案:嬴字无读居危反之理,当从别本作"嬴",天圣明道本上嬴内作嬴下,故谓之嬴乱作嬴。盖即宋公序所谓别本也。宋校本尽改作嬴。宋说非是。然可证梅本《尚书》本作"嬴内",或讹为"嬴内",嬴、嬴、饶字相近,因讹为"饶"矣。诸本改为"妤汭",非是。《温水》注:"林邑都治典冲,中略。秦、汉象郡之象林邑也,中略。后去象,有林邑之号。"诸本并作"后去象林林邑之号"。案:郦意谓林邑国号本出象林,后省"象"字,故为"林邑"。若如诸本,则不辞矣。《叶榆水》注:"晋《太康地记》:封溪县属交阯,马援以西于治远,路径千里,分置斯县。"诸本"西于"并作"西南"。黄省曾本作西干。案:《汉书·地理志》、《续汉书·郡国志》交阯郡皆有"西于县",下注亦云:"其次一水东径封溪县南,又西南径西于县南。"则上注亦当作"西于"明矣。余如《汝水》注"筠柏交阴",诸本"阴"并作"荫";《渠水》注"卫褚师圃亡在中牟",诸本"圃"并作"固";又"徙邦于大梁",黄本同。诸本"邦"并作"都";又"以为夏州后灭之",诸本"灭"并作"城";《阴沟水》注"从事史右北平无终牟化",诸本"牟"并作"年";《睢水》注"蠡南如西",诸本作"蠡台而西",戴校作"蠡台如西";又"东与淖湖水合",诸本"淖"并作"泮";又"顾访病妪,即其母也",诸本"妪"并作"姬";《瓠子水》注"扬雄《河东赋》",诸本"东"并作"水";《泗水》注"诸孔氏丘封",诸本并夺"丘"字;《巨洋水》注"迫至巨眛水上",黄本同。诸本"眛"并作"洋";《淄水》注"淄水未下",诸本并作"淄水来山下";《沔水》注"温泉水冬夏扬汤",诸本"扬汤"并作"汤汤";《涢水》注"初流浅狭,后乃宽广",诸本"宽广"并作"广厚";《江水》注"吾斗大极",黄本同。诸本并作"疲极",戴本作"大亟";又"刘备自涪攻之",诸本并作"刘备自将攻雒";《叶榆水》注"江北对交阯朱载县",诸本"北"并作"水"。均以此本为长,而戴校并不从。不识《大典》本与此本有异同,抑由戴氏校勘未密,或竟舍《大典》本而从他本。要之,宋本与《大典》本既残阙,益感此本之可贵矣。三百年来,治郦氏书者殆近十家,然朱王孙虽见宋本,而所校不尽可据。全氏好以己所订正之处托于其先人所见宋本。戴氏则托于《大典》本。而宋本与《大典》本胜处,朱、戴二本亦未能尽之。虽于郦书不为无功,而于事实则去之弥远。若以此本为主,尽列诸本异同及诸家订正之字于下,亦今日不可已之事业欤!甲子二月。

聚珍本戴校《水经注》跋[*]

　　壬戌春，余于乌程蒋氏传书堂见《永乐大典》四册，全载《水经注》"河水"至"丹水"二十卷之文，因思戴校聚珍板本出于《大典》，乃亟取以校戴本。颇怪戴本胜处全出《大典》本外，而《大典》本胜处戴校未能尽之，疑东原之言不实，思欲取全、赵二家本一校戴本，未暇也。既而嘉兴沈乙庵先生以明黄省曾刊本属余录《大典》本异同，则又知《大典》本与黄本相近。先生复劝余一校朱王孙本，以备旧本异同，亦未暇也。癸亥入都，始得朱王孙本，复假江安傅氏所藏宋刊残本十一卷半、孙潜夫手校残本十五卷，校于朱本上，又校得吴琯《古今逸史》本，于是于明以前旧本沿袭，得窥崖略。乃复取全、赵二家书，并取赵氏《朱笺刊误》所引诸家校本以校戴本，乃更恍然于三四百年诸家厘订之勤。盖《水经注》之有善本，非一人之力也：更正错简，则明有朱王孙，国朝有孙潜夫、黄子鸿、胡东樵；厘订经注，则明有冯开之，国朝有全谢山、赵东潜；捃补逸文，则有全、赵二氏；考证史事，则有朱王孙、何义门、沈绎旃；校定文字，则吴、朱、孙、沈、全、赵诸家。皆有不可没之功。戴东原氏成书最后，遂奄有诸家之胜。而其书又最先出，故谓郦书之有善本，自戴氏始可也。戴氏自刊郦注，经始于乾隆三十七年，见孔荭谷序。而告成则在其身后。所校官本，刊于乾隆三十九年，逮五十九年赵氏书出，戴氏弟子段懋堂氏讶其与戴书同也，于是有致梁曜北二书，疑梁氏兄弟校刊赵书时，以戴改赵。道光甲辰，张石舟穆。得谢山乡人王䑲轩梓材。所传钞全氏七校本，乃谓戴、赵皆袭全氏，而于戴书攻击尤力。至光绪中叶，薛叔耘刊全氏书于宁波，于是戴氏窃书之案，几成定谳。然全校本初刊时，校勘者已谓王梓材重录本往往据戴改全，林晋霞颐山。尤致不满，至诋为赝造。于是长沙王氏合校本遂不取全本一字。然薛氏所刊全本，实取诸卢氏、林氏所藏黏缀底本及殷氏所藏清本，非专据王梓材本，未可以其晚出而疑之也。余曩以《大典》本半部校戴校聚珍本，始知戴校并不据《大典》本，足证石舟之说。惟石舟谓《提要》所云脱简有自数十字至四百余字，此又《大典》绝无之事。今案：卷十八《渭水注》中脱简一叶，四百余字，《大典》实有之，张氏此说未谛。又以孙潜夫校本及全、赵二本校之，知戴氏得见全、赵二家书之说盖不尽诬。何以知之？赵氏本书即曰"梁处素兄弟据戴改之"矣。然其《朱笺刊误》中所引之全说，戴氏何以多与之合也？全氏之书即曰"王艨轩据戴改之"矣。然全本校语及所引赵氏校语，戴氏又何以多与之合也？夫书籍之据他书校改者，苟所据之原书同，即令十百人校之，亦无不同，未足以为相袭之证据也。至据旧本校改，则非同见此本不能同用此字，如柳大中本、孙潜夫本，谢山见于扬州马氏者。东潜则见谢山传校本《渭水注》中脱简一叶，全、赵据柳、孙二本补之，戴氏自言据《大典》补之。今《大典》原本具在，戴氏所补，乃不同于《大典》本而反同于全、赵本，谓非见全、赵之书不可矣。考全氏书未入《四库》馆，赵氏书之得著录《四库》，当在东原身后，戴校本屡云此注内之小注与全氏说同，而赵书题要则驳此说，故知此篇非出东原手。而其书之入《四库》馆，则远在其前。案：《浙江采集遗书总目》成于乾隆三十九年，其凡例内载浙江进书凡十二次，前十次所进书目，通编为甲、乙至壬、癸十集，而第十一、第十二次所进者则编为闰集。今考赵氏《水经注释》及沈释觞《水经注集释订讹》，其目均在戊集中，则必为第十次以前所进书，亦必前乎三十九年矣。而东原入馆在三十八年之秋，其校《水经注》成在三十九年之冬，当时必见赵书无疑。然余疑东原见赵氏书，尚在乾隆戊子三十五年。修直隶《河渠书》时。东原修此书，实承东潜之后。当时物力丰盛，赵氏《河渠书》稿百三十卷，戴氏《河渠书》稿百十卷，并有数写本。又赵校《水经注》，全氏双韭山房录有二部，则全氏校本赵氏亦必有之。《水经注》为纂《河渠书》时第一要书，故全、赵二校本，局中必有写本无疑。东原见之，自必在此时矣。至厘定经注，戴氏是否本诸全、赵，殊不易定。据段氏所撰《东原年谱》，自定《水经》一卷，系于乾隆三十年乙酉。段刊《东原文集》，《书水经注后》一篇亦署乙酉秋八月。此篇虽不见于孔氏刊本，然段氏刊《文集》及《年谱》

均在乾隆壬子，五十七年。其时赵书未出，赵、戴相袭之论未起也，则所署年月自尚可信。而东原撰官本提要，所举厘定经注条例三则，至简至赅，较之全、赵二家说尤为亲切，全说见五校本题辞，赵说谨附见于《朱笺刊误》卷末。则东原于此事，似非全出因袭。且金宇文虚中、蔡正甫、明冯开之已发此论，固不必见全、赵书而始为之也。余颇疑东原既发见此事，遂以郦书为己一家之学。后见全、赵书与己同，不以为助，而反以为雠。故于其校定郦书也，为得此书善本计，不能不尽采全、赵之说，而对于其人、其书，必泯其迹而后快。于是尽以诸本之美归诸《大典》本，尽掠诸家厘订之功以为己功。其弟子辈过尊其师，复以意气为之辨护，忿戾之气相召，遂来张石舟辈窃书之讥，亦有以自取之也。东原学问才力，固自横绝一世，然自视过高，骛名亦甚。其一生心力，专注于声音、训诂、名物、象数，而于六经大义所得颇浅。晚年欲夺朱子之席，乃撰《孟子字义疏证》等书，虽自谓“欲以孔孟之说还之孔孟，宋儒之说还之宋儒”，顾其书虽力与程朱异，而亦未尝与孔孟合。其著他书，亦往往述其所自得而不肯言其所自出。其平生学术出于江慎修，故其古韵之学根于等韵，象数之学根于西法，与江氏同，而不肯公言等韵、西法，与江氏异。其于江氏，亦未尝笃在三之谊，但呼之曰“婺源老儒江慎修”而已。其治郦书也亦然，黄、胡、全、赵诸家之说，戴氏虽尽取之，而气矜之隆，雅不欲称述诸氏。是固官书体例宜然，然其自刊之本亦同官本，则不可解。又戴书简严，例不称引他说，然于序录中亦不著一语，则尤不可解也。以视东潜之祖述谢山，谢山之于东潜称道不绝口者，其雅量高致，固有间矣。由此气矜之过，不独厚诬《大典》本，抹摋诸家本。如张石舟之所讥，且有私改《大典》，假托他本之迹，如蒋氏所藏《大典》本第一卷，有涂改四处：《河水一》“遐记绵邈”，“遐”、“邈”二字中，惟辶辶二偏旁系《大典》原本，叚、貌二文皆系刮补，乃从朱王孙笺；今官本作“经记绵褫”，当是再改之本。又“令河不通利”，“令”字《大典》作“今”，乃从全、赵二本改“今”字下半作‘令’”；“天魔波旬”，《大典》与诸本同，乃改“天”字首笔作“夭”，以实其校语中“夭、妖字通”之说。《河水二》“自析支以西滨于河首左右居也”，《大典》与诸本同作“在右居也”，乃从全、赵二本改“在”字为“左”。全、赵从孙潜夫校。盖戴校既托诸《大典》本，复虑后人据《大典》以驳之也，乃私改《大典》原本以实其说。其仅改卷首四处者，当以其不胜改而中止也。此汉人私改兰台漆书之故智，不谓东原乃复为之。又戴氏官本校语，除朱本及所谓近刻外，从未一引他本，独于卷三十一、卷三十二、卷四十中五引归有光本，今核此五条，均与全、赵本同。且归氏本久佚，惟赵清常、何义门见之。全氏曾见赵、何校本，于此五条并不著归本如此。孙潜夫传校赵本，其卷四十尚存，亦不言归本有此异同。以东原之厚诬《大典》观之，则所引归本，疑亦伪托也。凡此等学问上可忌、可耻之事，东原胥为之而不顾，则皆由气矜之一念误之。至于掩他人之书以为己有，则实非其本意，而其迹则与之相等。平生尚论古人，雅不欲因学问之事伤及其人之品格，然东原此书方法之错误，实与其性格相关，故纵论及之，以为学者戒。当知学问之事，无往而不当用其忠实也。甲子二月。

宋越州本《礼记正义》跋[*]

　　南海潘氏藏《礼记正义》七十卷，每半页八行，行大十五六字，小二十二字，卷末有绍熙壬子三山黄唐跋，并校正官衔名十二行。其黄唐结衔为朝请郎提举两浙东路茶盐常平公事，余亦多浙东官属，乃浙东漕司所刊，即岳倦翁所谓"越中旧本注疏"也。此书旧藏吴中吴企晋舍人家，惠定宇先生曾取以校汲古阁本，一时颇多传录，阮文达校勘记所据即是也。然惠氏校本未录黄唐跋及校正诸人衔名。日本人所撰《七经孟子考文》并《经籍访古志》虽载黄跋，而未录衔名，故世无知为越本者。案黄跋云："六经疏义，自京、监、蜀本皆省正文及注，又篇章散乱，览者病焉。本司旧刊《易》、《书》、《周礼正义》，注疏萃见一书。绍熙辛亥仲冬，唐备员司庾遂取《礼记》、《毛诗》疏义，如前三经编汇，精加雠校，用锓诸木。"云云。又庆元庚申越帅沈作宾作《春秋正义后序》云："诸经正义既刊于仓台，而此书复刊于郡治，合五为六，炳乎相辉。"余曩读黄、沈二跋，见沈跋仓台五经云云，与黄跋语合，又检宝庆《会稽续志》提举题名，知黄唐以绍熙二年十一月任浙东提举，因定黄唐所刊书为越州本。今见此本校正衔名，足证余说之不谬矣。又据黄、沈二跋，则越本注疏首刊《易》、《书》、《周礼》三种，黄唐益以《毛诗》、《礼记》二疏，沈氏又益以《左传疏》，共得六种。而黄刊《礼记》与沈刊《左传》行款全同。今传世宋刊注疏本与此本同行款者，如常熟瞿氏所藏《周易注疏》十三卷，日本足利学校所藏《尚书注疏》二十卷，皆即越本。余又见江安傅氏所藏《周礼注疏》，仅存《春官·大司乐》职一页，行款亦与此同，其经文大字下接以释经之疏，

---

　　* 据《观堂集林》卷第二十一，史林十三。

小字双行，乃以一大"注"字间之，其下为注文，亦小字双行，注文后空一格，乃为释注之疏，其体例与他注疏异，亦与越本他经注疏异，而行款则同，盖亦越州本也。闻江右李氏有全书，惜未见。京师图书馆藏《论语注疏解经》残卷，潘氏又藏《孟子注疏解经》残卷，存卷二、卷三，行款全与此本同，此又在六经之外，盖刊于庆元庚申以后，是越本殆具十三经矣。其书皆每半页八行，用监中经注本行款，分卷则从单疏本，与建十行本绝不相同。目录家知有越本注疏自今日始，然非此本题跋、衔名具存，亦无以推知之矣。又宋、元间别有一种注疏，与越本行款略同，如日本森立之《留真谱》所摹《周易兼义》、乌程张氏所藏《尚书注疏》、吾乡陈氏士乡堂所藏《毛诗注疏》，皆半页八行，行大十八字，小二十五字，板心大小亦同越本。然张氏《尚书疏》分卷与建本同。陈氏《毛诗疏》并附释音，疑用越本行款重刊建本者，不知刊于何时何地也，附记于此。

《两浙古刊本考》序 *

　　雕板之兴，远在唐代。其初见于纪载者，吴、蜀也，而吾浙为尤先。元微之作《白氏长庆集序》自注曰："杨越间多作书摹勒乐天及予杂诗，卖于市肆之中。"夫刻石亦可云摹勒，而作书鬻卖，自非雕板不可，则唐之中叶，吾浙已有刊板矣。《册府元龟》载后唐长兴中，冯道、李愚奏云："尝见吴、蜀之人鬻印板文字，色类繁多。"则五季之顷，其行转盛。及宋有天下，南并吴越，嗣后国子监刊书，若《七经正义》，若《史》、《汉》三史，若南北朝七史，若《唐书》，若《资治通鉴》，若诸医书，皆下杭州镂板。北宋监本刊于杭者，殆居泰半。南渡以后，临安为行都，胄监在焉，书板之所萃集，宋亡，废为西湖书院，而书库未毁，明初移入南京国子监，而吾浙之宝藏俄空焉。又元代官书若《宋》、《辽》、《金》三史，私书若《文献通考》，若《国朝文类》，亦皆于杭州刊刻。盖良工之所萃，故镂板必于是也。至私家刊刻，在北宋时已亘四部。而宋季临安书肆，若陈氏父子遍刊唐、宋人诗集，有功于古籍甚巨。至诸州刊板，天水以后，公库郡库，仍世刊刻，而绍兴为监司安抚驻所，刊书之多，几与临安埒。元时一代大著述，如胡氏《通鉴音注》、王氏《玉海》，皆于其乡学刊行。又四部以外，湖之思溪，杭之南山，均有《大藏》全板。元初刊《西夏字全藏》，亦于杭州开局。自古刊板之盛，未有如吾浙者。闽、蜀二方，方之褊矣。宋、元人所撰方志，若《宝庆四明志》，若《新定续志》，若《至正四明续志》，颇记郡中板刻，而他郡阙如。今最录世有传本及见于纪载者，为《两浙古刊本考》，分郡罗列，厘为二卷，虽可考见者十不得四五，然大略可睹矣。壬戌二月。

---

　　* 据《观堂集林》卷第二十一，史林十三。

古本《竹书纪年》辑校

五 帝

昌意降居若水，产帝乾荒。《山海经·海内经》注。

帝王之崩曰陟。《韩昌黎集·黄陵庙碑》。

国维案：此昌黎隐括本书之语，非原文如是。

黄帝既仙去，其臣有左彻者，削木为黄帝之像，帅诸侯朝奉之。《太平御览》七十九引《抱朴子》曰"汲郡中《竹书》"云云。今《抱朴子》无此文。

黄帝死七年，其臣左彻乃立颛顼。《路史·后纪六》。

颛顼产伯鲧，是维若阳，居天穆之阳。《山海经·大荒西经》注。

帝尧元年丙子。《隋书·律历志》引"丙"作"景"，避唐讳。《路史·后记十》引无"帝"字。

后稷放帝朱于丹水《山海经·海内南经》注。《史记·高祖本纪》正义引"后稷放帝子丹朱于丹水"。《五帝本纪》正义引"后稷放帝子丹朱"。

命咎陶作刑。《北堂书钞》十七。

三苗将亡，天雨血，夏有冰，地坼及泉，青龙生于庙，日夜出，昼日不出。《通鉴外纪》一注引《隋巢子》、《汲冢纪年》。《路史·后纪十二》注云："《纪年》、《墨子》言龙生广，夏冰，雨血，地坼及泉，日夜出，昼不见。"与《外纪》所引小异。

夏后氏

禹

居阳城。《汉书·地理志》注、《续汉书·郡国志》注。

黄帝至禹，为世三十。《路史·发挥三》。

国维案：此亦罗长源隐括本书之语，非原文。

禹立四十五年。《太平御览》八十二。

启

启曰会。《路史·后纪十三》："启曰会。"注见《纪年》。

益干启位，启杀之。《晋书·束晳传》。《史通·疑古》篇、《杂说》篇两引"益为后启所诛"。

九年，舞《九韶》。《路史·后纪十三》注引"启登后九年舞《九韶》"。《大荒西经》注引"夏后开舞《九韶》也"。

二十五年，征西河。《北堂书钞》十三引"启征西河"四字。《路史·后纪十三》云"既征西河"，注："《纪年》在二十五年。"

即位三十九年亡，年七十八。《真诰》十五。《路史·后纪十三》注引作"二十九年，年九十八"。

国维案：《太平御览》八十二引《帝王世纪》："启升后十年，舞《九韶》。三十五年，征河西。"而《通鉴外纪》引皇甫谧曰："启在位十年。"则《世纪》不得有启"三十五年"之文，疑本《纪年》而误题《世纪》也。此与《真诰》所引启"三十九年亡"符同。《路史》注既引《纪年》启在位"二十九年"，故征西河亦云在"二十五年"矣。未知孰是。

大康

大康居斟鄩。《水经·巨洋水》注、《汉书·地理志》注、《史记·夏本纪》正义引傅瓒曰："《汲冢古文》'大康居斟鄩，羿亦居之，桀亦居之'。"

乃失邦。《路史·后纪十三》注。

（羿居斟鄩。）《水经·巨洋水》注、《汉书·地理志》注、《史记·夏本纪》正义。

仲 康

相

后相即位，居商邱。《太平御览》八十二。

国维案：《通鉴外纪》"相失国，居商邱"，盖亦本《纪年》。《通鉴地理通释》四。云："商邱当作帝邱。"

元年，征淮夷、畎夷。《后汉书·西羌传》引"后相即位元年，乃征畎夷"。《太平御览》八十二引"元年征淮夷"。《路史·后纪十三》"征淮、畎"，注：

"淮夷、畎夷,《纪年》云元年。"

二年,征风夷及黄夷。《太平御览》八十二。《路史·后纪十三》"二年,征风、黄夷",注:"并《纪年》。"《后汉书·东夷传》注及《通鉴外纪》二均引"二年,征黄夷"。

七年,于夷来宾。《后汉书·东夷传》注、《路史·后纪十三》注。《通鉴外纪》二引"于"作"干"。

相居斟灌。《水经·巨洋水》注、《汉书·地理志》注、《路史·后纪十三》引臣瓒所述《汲冢古文》。

少 康

少康即位,方夷来宾。《后汉书·东夷传》注。《路史·后纪十三》注引此下有"献其乐舞"四字,疑涉帝发时事而误。

杼

帝宁居原,自原迁于老邱。《太平御览》八十二、《路史·后纪十三》注。《御览》作"自迁于老邱"。《路史》注"宁"作"予","邱"作"王"。

柏杼子征于东海,及三寿,得一狐,九尾。《山海经·海外东经》注。《太平御览》九百九引"夏伯杼子东征,获狐九尾"。《路史·后纪十三》:"帝杼五岁,征东海,伐三寿",注:"本作王寿。《纪年》云:'夏伯杼子之东征,获狐九尾。'又《国名纪己》云:"后杼征东海,伐王寿。"

芬

后芬即位,三年,九夷来御。《后汉书·东夷传》注、《太平御览》七百八十、《通鉴外纪》二、《路史·后纪十三》。《御览》"芬"作"方",又此下有"曰畎夷、于夷、方夷、黄夷、白夷、赤夷、玄夷、风夷、阳夷"十九字,郝兰皋曰:"疑本注文,误入正文也。"

后芬立四十四年。《太平御览》八十二、《路史·后纪十三》注。

荒

后荒即位,元年,以玄珪宾于河,命九东狩于海,获大鸟。《北堂书钞》八十九。《初学记》十三引"珪"作"璧","鸟"作"鱼",无"命九东"三字。《太平御览》八十二引"荒"作"芒","鸟"作"鱼",无"命九"二字。国维案:"九"字下或夺"夷"字,疑谓后芬时来御之九夷。

后芒陟位,五十八年。《太平御览》八十二。《路史·后纪十三》注引作"后芒陟,年五十八"。

泄

后泄二十一年,命畎夷、白夷、赤夷、玄夷、风夷、阳夷。《后汉书·东夷传》注。《通鉴外纪》二引"帝泄二十一年,如畎夷等爵命"。《路史·后纪十三》注引下有"繇是服从"四字。

二十一年（陟）。《路史·后纪十三》注。

不　降

不降即位，六年，伐九苑。《太平御览》八十二、《路史·后纪十三》注。

六十九年，其弟立，是为帝扃。《太平御览》八十二、《路史·后纪十三》注云："《纪年》云六十九陟。"

扃

厪

帝厪，一名胤甲。《太平御览》八十二。

胤甲即位，居西河。《山海经·海外东经》注、《太平御览》八十二、《通鉴外纪》二。《开元占经》六引作"胤甲居西河"，《御览》四引作"胤甲居于河西"。

天有妖孽，十日并出，其年胤甲陟。《山海经·海外东经》注、《开元占经》六、《太平御览》四及八十二引上二句。《山海经》注无"天"字，《占经》无"妖"、"十"二字。《通鉴外纪》二引"十日并出，其年胤甲陟"。《路史·后纪十三》："胤甲在位四十岁，后居西河，天有妖孽，十日并照于东阳，其年胤甲陟。"注云："以上《纪年》。"案：《路史》此条或有增字。又《御览》四引"十日并出"下有"又言本有十日，迭次而运照无穷"十三字，则恐是注文也。

孔　甲

昊

后昊立三年。《太平御览》八十二。

发

后发一名后敬，或曰发。《太平御览》八十二。《路史·后纪十三》："帝敬发，一曰惠。"注曰："见《纪年》。"

后发即位，元年，诸夷宾于王门再保庸会于上池，诸夷入舞。《北堂书钞》八十二。《后汉书·东夷传》注、《御览》七百八十引均无"再保庸"以下七字，《通鉴外纪》二、《路史·后纪十三》引亦同。《外纪》末句作"献其乐舞"乃改本书句，《路史》仍之。

其子立为桀。《太平御览》八十二。

桀

（居斟鄩。）《水经·巨洋水》注、《汉书·地理志》注、《史记·夏本纪》正义。

（畎夷入居邠岐之间。）《后汉书·西羌传》。案：《西羌传》三代事多本《汲冢纪年》，而语有增损。

后桀伐岷山，进女于桀二人，曰琬，曰琰。桀受二女，无子，刻其名于苕华之玉，苕是琬，华是琰，而弃其元妃于洛，曰末喜氏。末喜氏以与伊尹交，遂以间夏。《太平御览》一百三十五。《艺文类聚》八十三引无末四句，《御览》八十二引无末二句。"后桀伐岷山"，《御览》八十二引作"后桀命扁伐山民，进女于桀二人"。《类聚》引作"岷山庄王女于桀二人"。《御览》八十二引作"山民女于桀二人，桀受二女"。《御览》八十二作"桀爱二人"。"琰"，《御览》引皆作"玉"。"刻其名"，《类聚》及《御览》八十二引皆作"斲其名"，《北堂书钞》二十二亦引"斲苕华"三字。

筑倾宫，饰瑶台。《文选·吴都赋》注。《文选·东京赋》注引作"夏桀作琼宫、瑶台，殚百姓之财"，《太平御览》八十二引"桀倾宫，饰瑶台，作琼室，立玉门"。

夏桀末年，社坼裂，其年为汤所放。《太平御览》八百八十。《路史·后纪十三》注引"桀末年，社震裂"六字。

汤遂灭夏，桀逃南巢氏。《太平御览》八十二。

自禹至桀十七世，有王与无王，用岁四百七十一年。《太平御览》八十二。《文选·六代论》注引"凡夏自禹至于桀十七王"十字，《史记·夏本纪》集解引末二句，《通鉴外纪》二引"四百七十一年"六字，《路史·后纪十三》注："《纪年》并穷、寒四百七十二年。"

商

汤

汤有七名而九征。《太平御览》八十三。

外 丙

外丙胜即位，居亳。《太平御览》八十三。

仲 壬

仲壬即位，居亳，命卿士伊尹。《春秋经传集解·后序》。《尚书·咸有一德》疏、《通鉴外纪》三引《纪年》，《太平御览》八十三引杜《后序》，均作"其卿士伊尹"。

仲壬崩，伊尹放大甲于桐，乃自立。《春秋经传集解·后序》、《尚书·咸有一德》疏、《通鉴外纪》三。《太平御览》八十三引《汲冢琐语》同，但无"于桐"二字，又"立"下有"四年"二字。

大 甲

伊尹即位，放大甲。七年，大甲潜出自桐，杀伊尹，乃立其子伊陟、伊奋，命复其父之田宅而中分之。《春秋经传集解·后序》、《尚书·咸有一德》疏、《通鉴外纪》三。《外纪》"放大甲"作"于大甲"。《文选·豪士赋序》注引"大甲即出自桐，杀伊尹"九字。

（十二年陟。）《史记·鲁世家》索隐：“《纪年》大甲惟得十二年。”

沃　丁

沃丁绚即位，居亳。《太平御览》八十三。

小　庚

小庚辨即位，居亳。《太平御览》八十三。

小　甲

小甲高即位，居亳。《太平御览》八十三。

雍　己

雍己伷即位，居亳。《太平御览》八十三。

大　戊

仲　丁

仲丁即位，元年，自亳迁于嚣。《太平御览》八十三。

征于蓝夷。《后汉书·东夷传》注、《太平御览》七百八十。

外　壬

外壬居嚣。《太平御览》八十三。

河亶甲

河亶甲整即位，自嚣迁于相。《太平御览》八十三。

征蓝夷，再征班方。《太平御览》八十三。

祖　乙

祖乙滕即位，是为中宗，居庇。《太平御览》八十三。《路史·国名纪丁》引“滕”作“胜”。

祖　辛

开　甲

帝开甲踰即位，居庇。《太平御览》八十三。

祖　丁

祖丁即位，居庇。《太平御览》八十三。

南　庚

南庚更自庇迁于奄。《太平御览》八十三、《路史·国名纪丁》。

阳　甲

阳甲即位，居奄。《太平御览》八十三。

盘　庚

盘庚旬自奄迁于北蒙，曰殷。《太平御览》八十三。《水经·洹水》注引无“旬”字。《史记·项羽本纪》索隐、《殷本纪》正义均引作“盘庚自奄迁于北冢，曰殷虚"。《尚书·盘庚》疏引"盘庚自奄迁于殷"七字。《路史·国名纪丁》引"旬"下有"即位"二字。

殷在邺南三十里。《尚书·盘庚》疏。《史记·项羽本纪》索隐引作"南去邺三十里"，《殷本纪》正义引作"南去邺四十里"。

国维案：此七字乃注文。

自盘庚徙殷，至纣之灭，七百七十三年，更不徙都。《史记·殷本纪》正义。案："七百"朱辑本改作"二百"，又下有"纣时稍大其邑，南距朝歌，北据邯郸及沙邱，皆为离宫别馆"二十三字，盖误以张守节释《史记》语为《纪年》本文也。

国维案：此亦注文，或张守节隐括本书之语。

小 辛

小辛颂即位，居殷。《太平御览》八十三。

小 乙

小乙敛居殷。《太平御览》八十三。

武 丁

祖 庚

祖庚曜居殷。《太平御览》八十三。

祖 甲

帝祖甲载居殷。《太平御览》八十三。

和甲西征，得一丹山。《山海经·大荒北经》注。

国维案："和"、"祖"二字形相近，今本《纪年》系之阳甲，乃有阳甲名和之说矣。

冯 辛

冯辛先居殷。《太平御览》八十三。

庚 丁

庚丁居殷。《太平御览》八十三。

武 乙

武乙即位，居殷。《太平御览》八十三。

三十四年，周王季历来朝，王赐地三十里，玉十珏，马八匹。《太平御览》八十三。

三十五年，周王季伐西落鬼戎，俘二十年翟王。《后汉书·西羌传》注。《通鉴外纪》二引"武乙三十五年，周俘狄王"十字。

大　丁

大丁二年，周人伐燕京之戎，周师大败。《后汉书·西羌传》注。《通鉴外纪》二"周人"作"周公季"。

三年，洹水一日三绝。《太平御览》八十三。

四年，周人伐余无之戎，克之。周王季命为殷牧师。《后汉书·西羌传》注。《文选·典引》注引"武乙即位，周王季命为牧师"，与此异。

七年，周人伐始呼之戎，克之。《后汉书·西羌传》注。

十一年，周人伐翳徒之戎，捷其三大夫。《后汉书·西羌传》注。

文丁杀季历。《晋书·束皙传》、《史通·疑古》篇、《杂说》篇。《北堂书钞》四十一引《纪年》云"文丁杀周王"云云。

帝　乙

帝乙居殷。《太平御览》八十三。

二年，周人伐商。《太平御览》八十三。

帝　辛

帝辛受居殷。《太平御览》八十三。

六年，周文王初禴于毕。《通鉴前编》。《唐书·历志》"纣六祀，周文王初禴于毕"，虽不著所出，当本《纪年》。

毕西于丰三十里。《汉书·刘向传》注。

　　国维案：此亦注文。

殷纣作琼室，立玉门。《文选·东京赋》注及《吴都赋》注。

天大曀。《开元占经》一百一引"帝辛受时，天大曀"。

汤灭夏，以至于受，二十九王，用岁四百九十六年。《史记·殷本纪》集解。《文选·六代论》注引"殷自成汤灭夏，以至于受，二十九王"十四字，《通鉴外纪》二引"二十九王，四百九十六年"十字。

周

武　王

十一年庚寅，周始伐商。《唐书·历志》。

王率西夷诸侯伐殷，败之于坶野。《水经·清水》注。

王亲禽帝受辛于南单之台，遂分天之明。《水经·淇水》注。《初学记》二十四引"周武王亲禽受辛于南单之台"十一字。

武王年五十四。《路史·发挥四》。

成　王

康　王

康王六年，齐太公望卒。《太公吕望墓表》。

晋侯做宫而美，康王使让之。《北堂书钞》十八。

成、康之世，天下安宁，刑措四十年不用。《文选·贤良诏》注。《太平御览》八十四引"十"下有"余"字。

昭　王

昭王十六年，伐楚荆，涉汉，遇大兕。《初学记》七。

十九年，天大曀，雉兔皆震。丧六师于汉。《初学记》七。《开元占经》一百一、《太平御览》九百七引无末句。

昭王末年，夜清，五色光贯紫微。其年，王南巡不反。《太平御览》八百七十四。《路史·发挥三》注引"清"作"有"。

穆　王

穆王元年，筑祇宫于南郑。《穆天子传》注。

自周受命至穆王百年。《晋书·束皙传》。

穆王以下都于西郑。《汉书·地理志》注臣瓒曰云云，不言出何书，然其下所云郑桓公灭邻居郑事，皆出《纪年》，则此亦宜然。

> 国维案：上二条皆束皙、臣瓒隐括本书之语。据第二条则《纪年》穆王、共王、懿王元年，均当书"王即位，居西郑"矣。

穆王所居郑宫、春宫。《太平御览》一百七十三。《初学记》二十四引下四字。

北唐之君来见，以一骊马，是生绿耳。《穆天子传》注、《史记·秦本纪》集解。"骊马"集解引作"骊马"。

穆王北征，行流沙千里，积羽千里。《山海经·大荒北经》注。《穆天子传》注引"穆王北征，行积羽千里"九字。

（西征犬戎，）取其五王以东，（王遂迁戎于太原。）《穆天子传》注引"取其五王以东"六字，《后汉书·西羌传》："王乃西征犬戎，获其五王，王遂迁戎于太原。"考《西羌传》前后文皆用《纪年》，此亦当隐括《纪年》语。

十三年，西征，至于青鸟之所憩。《艺文类聚》九十一。《山海经·西次三经》注引"穆王西征，至于青鸟所解"十字。

十七年，西征昆仑邱，见西王母，西王母止之曰："有鸟谞人。"《穆天子传》注。《艺文类聚》七引至"西王母止之"，《史记·周本纪》集解、《太平御览》三十八引至"见西王母"，又二书"西征"下均有"至"字。

西王母来见，宾于昭宫。《山海经·西次三经》注、《穆天子传》注。《山海经》注引作"穆王五十七年，然《穆传》注引"其年来见"，其年即承上文十七年，则《山海经》注所引衍一"五"字。

三十七年，伐越，大起九师，东至于九江，叱鼋、鼍以为梁。《文选·恨赋》注。"三十七年"，《文选·汇赋》注、《艺文类聚》九、《初学记》七、《太平御览》九百三十二、《通鉴外纪》三引同，《御览》三百五、《路史·国名纪己》均引作"四十七年"，《广韵》二十二元引作"十七年"，《御览》七十三引作"七年伐越"，《北堂书钞》一百十四引作"伐大越"，《类聚》九、《外纪》三引作"伐楚"，《御览》三百五引作"伐纣"，《路史·国名纪己》作"伐纤"，"纣"乃"纤"之讹。"叱"，《类聚》、《初学记》均引作"比"，《书钞》引作"驾"，《御览》七十三及三百五均引作"架"，《文选·江赋》注引作"叱"，与此同。

穆王南征，君子为鹤，小人为飞鸮。敦煌唐写本《修文殿御览》残卷。

穆王东征天下二亿二千五百里，西征亿有九万里，南征亿有七百三里，北征二亿七里。《开元占经》四。《穆天子传》注引"穆王西征还里天下亿有九万里"十三字。

共　王

懿　王

懿王元年，天再旦于郑。《太平御览》二、《事类赋注》一。《开元占经》三引"懿王元年天再启"。

孝　王

孝王七年冬，大雨雹，牛马死，江、汉俱冻。《太平御览》八百七十八引《史记》。案：《史记》无此事，殆《纪年》文也。

夷　王

夷王二年，蜀人、吕人来献琼玉，宾于河，用介珪。《北堂书钞》三十一、《太平御览》八十四。

三年，王致诸侯，烹齐哀公于鼎。《太平御览》八十四。《史记·周本纪》正义引作"三年致诸侯，蒯齐哀公鼎"。

猎于桂林，得一犀牛。《太平御览》八百九十。

命虢公率六师伐太原之戎，至于俞泉，获马千匹。《后汉书·西羌传》注，见《纪年》。

七年冬，雨雹，大如砺。《初学记》二、《太平御览》十四。

厉　王

淮夷入寇，王命虢仲征之，不克。《后汉书·东夷传》。案：此条章怀太子注不云出《纪年》，然范史《四裔传》三代事皆用《史记》及《纪年》修之，此条不见《史记》，当出《纪年》也。

共伯和干王位。《史记·〈周〉本纪》索隐。《庄子·让王》篇释文引作"共伯和即于王位"。

共和十四年，大旱，火焚其屋，伯和篡位，立。秋，又大旱。其年周厉王死，宣王立。《太平御览》八百九十七引《史记》，然《史记》无此文，当出《纪年》。

宣　王

四年。使秦仲伐西戎，为戎所杀。《后汉书·西羌传》。

秦无历数，周世陪臣，自秦仲之前，初无年世之纪。《广宏明集》十一。

　　　国维案：此亦注文。

王召秦仲子襄公，与兵七千人，伐戎破之。《后汉书·西羌传》。

三十年，有兔舞镐。《太平御览》九百七。《初学记》二十九引作"宣王三年，有兔舞镐"，《通鉴外纪》三作"三十年，有兔舞于镐京"。

（三十一年，）王师伐太原之戎，不克。《后汉书·西羌传》。

三十三年，有马化为狐。《开元占经》一百十九。《占经》作"周灵王三十三年"，"宣"、"灵"形相近，字之误也。《御览》八百八十七、《广韵》四十祃均引"周宣王时，马化为狐"，《御览》九百九引"宣王时乌化为狐"，"乌"亦字误。

（三十六年，）王伐条戎、奔戎，王师败绩。《后汉书·西羌传》。

（三十八年，）晋人败北戎于汾、隰。《后汉书·西羌传》。

戎人灭姜侯之邑。《后汉书·西羌传》。

（三十九年，）王征申戎，破之。《后汉书·西羌传》。

晋

殇　叔

《春秋经传集解·后序》："《纪年》无诸国别，惟特记晋国，起自殇叔，次文侯、昭侯，以至曲沃庄伯，庄伯之十一年十一月，鲁隐公之元年正月也，皆用夏正，建寅之月为岁首，编年相次，晋国灭，独纪魏事。"案：殇叔在位四年，其元年为周宣王四十四年，其四年为幽王元年，然则《竹书》以晋纪年，当自殇叔四年始。

文　侯

（元年，周）幽王命伯士伐六济之戎，军败，伯士死焉。《后汉书·西羌传》。

二年，同惠王子多父伐郐，克之，乃居郑父之邱，名之曰郑，是曰桓公。《水经·洧水》注。案："同惠"疑"周厉"之讹。又《汉书·地理志》注引臣瓒曰："郑桓公寄奴与财于虢、会之间，幽王既败，二年而灭会，四年而灭虢，居于郑公之邱，是以为郑。"傅瓒亲校《竹书》，其言又与《洧水》注所引《纪年》略同，盖亦本《纪年》。然臣瓒以伐邻为在幽王既败二年，《水经注》以为晋文侯二年，未知孰是。

（七年，）幽王立褒姒之子伯服以为太子。《太平御览》八十四。《御览》一百四十七引"幽王"下有"八年"二字，《左传》昭二十六年疏引"平王奔西申而立伯盘以为太子"，"服"作"盘"。

平王奔西申。《左传》昭二十六年疏。

（九年，）幽王十年，九月，桃杏实。《太平御览》九百六十八。

（十年，）伯盘与幽王俱死于戏。先是申侯、鲁侯及许文公立平王于申。幽王既死，而虢公翰又立王子余臣于携，周二王并立。《左传》昭二十六年疏。

自武王灭殷，以至幽王，凡二百五十七年。《史记·周本纪》集解。《通鉴外纪》三引《汲冢纪年》"西周二百五十七年"。

二十一年，携王为晋文公所杀。《左传》昭二十六年疏。

昭　侯

孝　侯

曲沃庄伯

晋庄伯元年，不雨雪。《太平御览》八百七十九引《史记》。案：《史记》无此语，又不以庄伯纪元，当出《纪年》也。

二年，翟人俄伐翼，至于晋郊。《太平御览》八百七十九引《史记》。

八年，无云而雷。十月，庄伯以曲沃叛。《太平御览》八百七十六引《史记》。

庄伯以曲沃叛，伐翼。公子万救翼，荀叔轸追之，至于家谷。《水经·浍水》注。《水经注》引此条不系年，然首句与上条《御览》所引《史记》同，知在是年，又足证《御览》所引《史记》实《纪年》也。

十二年，翼侯焚曲沃之禾而还。作为文公。《水经·浍水》注。

鲁隐公及邾庄公盟于姑蔑。《春秋经传集解·后序》。据《后序》在庄伯十二年正月。

武　公

晋武公元年，尚一军。芮人乘京，荀人、董伯皆叛。《水经·河水》注。

翼侯伐曲沃，大捷，武公请成于翼，至桐庭乃返。《水经·涑水》注。

七年，芮伯万之母芮姜逐万，万出奔魏。《水经·河水》注、《路史·国名纪戊》。

八年，周师、虢师围魏，取芮伯万而东之。《水经·河水》注、《路史·国名纪戊》。

九年，戎人逆芮伯万于郊。《水经·河水》注。《路史·国名纪戊》注引作"九年，戎人逆之郑"。

（十三年，）楚及巴灭邓。《路史·国名纪》戊引"桓王十七年"云云。

（二十三年，）齐襄公灭纪、邢、鄗、郚。《史记·秦始皇本纪》正义。

三十九年，齐人歼于遂。《唐书·刘贶传》。

武公灭荀，以赐大夫原氏黯，是为荀叔。《水经·汾水》注、《汉书·地理志》注。《文选·北征赋》注引"荀"作"郇"，"原氏黯"作"原点"。

献　公

献公二年，周惠王居于郑。郑人入王府，多取玉焉，玉化为蜮射人。《开元占经》一百二十、《太平御览》九百五十。

（十七年，）卫懿公及赤翟战于泽洞。《春秋经传集解·后序》。《后序》云"洞"当作"泂"。

郑弃其师。《唐书·刘贶传》。

十九年，献公会虞师伐虢，灭下阳。虢公丑奔卫。公命瑕父、吕甥邑于虢都。《水经·河水》注、《路史·国名纪戊》注。《春秋·后序》引"晋献公会虞师伐虢，灭下阳"十一字，"下阳"《路史》注作"夏阳"。

（二十一年，）重耳出奔。《史通·疑古》篇。

二十五年正月，翟人伐晋。周有白兔舞于市。《水经·涑水》注。

惠　公

晋惠公二年，雨金。《太平御览》八百七十七引《史记》。

秦穆公十二年。取灵邱。《古文苑》注一引王顺伯《诅楚文跋》。

六年，秦穆公涉河伐晋。《太平御览》八百七十七引《史记》。

惠公见获。《史通·疑古》篇。

（十一月，）陨石于宋五。《史记〔通〕·惑经》篇。

十五年，秦穆公帅帅〔师〕送公子重耳，涉自河曲。《水经·河水》注。围令狐、桑泉、臼衰，皆降于秦师。狐毛与先轸御秦，至于庐柳，乃谓秦穆公使公子絷来与师言，退舍，次于郇，盟于军。《水经·涑水》注。

文　公

（五年，）周襄王会诸侯于河阳。《春秋经传集解·后序》。

文公城荀。《汉书·地理志》注、《文选·北征赋》注引作"郇"。

襄　公

晋襄公六年，洛绝于泂。《水经·洛水》注。

灵　公

成　公

景　公

（十一年，）齐国佐来献玉磬、纪公之献〔瓶〕。《春秋经传集解·后序》。

厉　公

悼　公

平　公

昭　公

晋昭公元年，河水赤于龙门三里。《水经·河水》注。

六年十二月，桃杏华。《太平御览》九百六十八。

顷　公

定　公

晋定公六年，汉不见于天。《太平御览》八百七十五。

十八年，青虹见。《太平御览》十四。

淇绝于旧卫。《水经·淇水》注。

（燕简公卒，次孝公立。）《史记·燕世家》索隐：“王邵案《纪年》，简公后次孝公，无献公。”据《史记·十二诸侯年表》，简公卒在是年。

二十年，洛绝于周。《水经·洛水》注。

二十五年，西山女子化为丈夫，与之妻，能生子。其年，郑一女而生四十人。《开元占经》一百十三。

三十一年，城顿邱。《水经·淇水》注。

（三十五年，）宋杀其大夫皇瑗于丹水之上。《水经·获水》注。

出　公

晋出公五年，浍绝于梁。《水经·浍水》注。

丹水三日绝，不流。《水经·沁水》注。

六年，齐、郑伐卫。《水经·济水》注。

荀瑶城宅阳。《水经·济水》注。

宅阳一名北宅。《史记·穰侯列传》正义。

　　　　国维案：此亦注文。

十年十一月，於粤子句践卒，是为茭执，次鹿郢立。《史记·越世家》索隐。

卫悼公卒于越。《史记·卫康叔世家》“悼公五年卒”索隐引《纪年》云：

"四年卒于越。"据《左氏》哀二十六年传，悼公四年，当鲁出公十年。

十二年，河绝于扈。《水经·河水》注。

十三年，智伯瑶城高梁。《水经·汾水》注。

（十六年，於粤子鹿郢卒，次不寿立。）《史记·越世家》索隐引《纪年》"鹿郢立六年卒"。

荀瑶伐中山，取穷鱼之邱。《水经·巨马水》注、《初学记》六、《太平御览》六十四。

十九年，晋韩庞取卢氏城。《水经·洛水》注。

（燕孝公卒，次成侯载立。）《史记·燕世家》："孝公十二年，韩、赵、魏灭智伯。十五年，孝公卒。"索隐曰："《纪年》智伯灭在成公三年。"又曰："案《纪年》成侯名载。"今据此补。

（二十二年，赵襄子、韩康子、魏桓子共杀智伯，尽并其地。）《史记·晋世家》："哀公四年，赵襄子、韩康子、魏桓子共杀智伯，尽并其地。"索隐："如《纪年》之说，乃出公二十二年事。"今据补。

二十三年，出公奔楚，乃立昭公之孙，是为敬公。《史记·晋世家》索隐。

敬　公

（三年，）於粤子不寿立十年。见杀，是谓盲姑，次朱句立。《史记·越世家》索隐。

六年，魏文侯初立。《史记·晋世家》索隐引"敬公十八年，魏文侯初立"。案：《魏世家》索隐引《纪年》，文侯五十年卒，武侯二十六年卒，由武侯卒年上推之，则文侯初立当在敬公六年，索隐作十八年，"十八"二字乃"六"字误离为二也。

（十一年，）田庄子卒。《史记·田敬仲世家》索隐引《纪年》："齐宣公十二年，田庄子卒。"案：宣公十二年当晋敬十一年。

（十二年，）田悼子立。《史记·田敬仲世家》索隐。

燕成公十六年。卒，燕文公立。《史记·晋世家》索隐。

幽　公

幽公三年，鲁季孙会晋幽公于楚邱，取葭密，遂城之。《水经·济水》注。《太平寰宇记》曹州乘氏县下引作"幽公十三年"。

七年，大旱，地长生盐。《北堂书钞》一百四十六。

九年，丹水出，相反击。《水经·沁水》注。

十年九月，桃杏实。《太平御览》九百六十八。

十二年，无云而雷。《太平御览》八百七十六引《史记》。

（十四年，）於粤子朱句三十四年。灭滕。《史记·越世家》索隐。

燕文公二十四年。卒，简公立。《史记·燕世家》索隐。

（十五年，）於粤子朱句三十五年。灭郯，《史记·越世家》索隐。以郯子鸪归。《水经·沂水》注。《水经注》引作“晋烈公四年，於越子朱句伐郯，以郯子鸪归”，系年与索隐不合。

（秦灵公卒。）《史记·秦始皇本纪》“萧灵公”，索隐曰：“《纪年》及《系本》无‘肃’字，立十年。”

（十七年，）於粤子朱句三十七年。卒。《史记·越世家》索隐。

十八年，晋夫人秦嬴贼公于高寝之上。《史记·晋世家》索隐。

烈　公

晋烈公元年，赵简子城泫氏。《水经·沁水》注。

韩武子都平阳。《水经·汾水》注。

三年，楚人伐我南鄙，至于上洛。《水经·丹水》注、《路史·国名纪己》。

四年，赵城平邑。《水经·河水》注、《初学记》八。

五年，田公子居思伐邯郸，围平邑。《水经·河水》注。

国维案：田居思即《战国策》之田期思，《史记·田敬仲世家》之田臣思。巨思之讹。《水经·济水》注引《纪年》作田期，《史记·田敬仲世家》引《纪年》谓之徐州子期。而据《济水》注“齐田期伐我东鄙”在惠成王十七年，距此凡五十三年，且此时三家尚未分晋，赵不得有邯郸之称，疑《河水》注所引“晋烈公五年”或有误字也。

（六年，）秦简公九年。卒，次敬公立。《史记·秦本纪》索隐。

（九年，）三晋命邑为诸侯。《史记·燕世家》索隐。

十年，齐田肸及邯郸韩举战于平邑，邯郸之师败逋，获韩举，取平邑新城。《水经·河水》注。

十一年，田悼子卒，（次田和立。）田布杀其大夫公孙孙，公孙会以廪邱叛于赵。田布围廪邱，翟角、赵孔屑、韩师救廪邱，及田布战于龙泽，田布败逋。《水经·瓠子水》注。《史记·田敬仲世家》索隐引“齐宣公五十一年，公孙会以廪邱叛于赵”十五字，“次田和立”四字亦据索隐补。

十二月，齐宣公薨。《史记·田敬仲世家》索隐。

十二年，王命韩景子、赵烈子、翟员伐齐，入长城。《水经·汶水》注。

景子名虔。《史记·韩世家》索隐。

国维案：此司马贞据《纪年》为说，非原文。

（十五年，）魏文侯五十年。卒。《史记·魏世家》索隐。

（十六年，）齐康公五年。田侯午生。《史记·田敬仲世家》索隐。

（十八年，）秦敬公十二年。卒，乃立惠公。《史记·秦本纪》索隐。

二十二年，国大风，昼昏，自旦至中。明年，太子喜出奔。《太平御览》八百七十九引《史记》，今《史记》无此文，当出《纪年》。

国维案：《史记·晋世家》索隐引《纪年》，魏武侯以晋桓公十九年卒。以武侯卒年推之，则烈公当卒于是年。烈公既卒，明年太子喜出奔，立桓公，后二十年为三家所迁。是当时以桓公为未成君，故《纪年》用晋纪元，盖讫烈公。明年桓公元年，即魏武侯之八年，则以魏纪元矣。《御览》引晋烈公二十二年，知《纪年》用晋纪元讫于烈公之卒。《史记》索隐引魏武侯十一年、二十二年、二十三年、二十六年而无七年以前年数，知《纪年》以魏纪元自武侯八年后始矣。至《魏世家》索隐引武侯元年封公子缓，则惠成王元年之误也。说见后。

魏

武　侯

武侯十一年，城洛阳及安邑王垣。《史记·魏世家》索隐。

宋悼公十八年。卒。《史记·宋世家》索隐。

（十七年，）於粤子翳三十三年。迁于吴。《史记·越世家》索隐。

（十八年，）齐康公二十二年。田侯剡立。《史记·田敬仲世家》索隐。

（二十年）於粤子翳三十六年。七月，於粤太子诸咎弑其君翳。十月，粤杀诸咎。粤滑，吴人立，子错枝为君。《史记·越世家》索隐。

（二十一年，）於粤大夫寺区定粤乱，立无余之。《史记·越世家》索隐。

齐田午弑其君及孺子喜而为公。《史记·田敬仲世家》索隐。

国维案：《史记·田敬仲世家》索隐："《纪年》齐康公五年，田侯午生。二十二年，田侯剡立。后十年，齐田午弑其君及孺子喜而为公。"又据索隐引《纪年》，齐宣公薨与公孙会之叛同年。而据

《水经·瓠子水》注引，则公孙会之叛在晋烈公十一年，宣公于是年卒，则康公元年当为晋烈公十二年，二十二年当为魏武侯十八年，此事又后十年，当为梁惠成王二年。然索隐又引梁惠王十三年当齐桓公十八年，后威王始见，又案：《魏世家》索隐引齐幽王之十八年而成王立，幽公或桓公之讹。则桓公即田午。十八年当惠成王十三年，其自立当在是年矣。年代参错，未知孰是。

韩灭郑，哀侯入于郑。《史记·韩世家》索隐。

二十二年，晋桓公邑哀侯于郑，韩山坚贼其君哀侯，而韩若山立。《史记·韩世家》索隐。《晋世家》索隐引"晋桓公十五年，韩哀侯卒"。

赵敬侯卒。《史记·晋世家》索隐引"晋桓公十五年，赵敬侯卒"。

二十六年，武侯卒。《史记·魏世家》索隐。

燕简公四十五年。卒。《史记·燕世家》索隐。

梁惠成王

元年，韩共侯、赵成侯迁晋桓公于屯留。《水经·浊漳水》注、《史记·晋世家》索隐。

昼晦。《开元占经》一百一。

封公子缓。赵侯种、韩懿侯伐我取蔡，而惠成王伐赵围浊阳。《史记·魏世家》："初武侯卒也，子莹与公中缓争为太子。"索隐引《纪年》曰："武侯元年，封公子缓。赵侯种、韩懿侯伐我取蔡，而惠成王伐赵围浊阳。七年，公子缓如邯郸以作难。"云云。案：武侯元年当作惠成王元年，据本文自明。《水经·沁水》注引"梁惠成王元年，赵成侯偃、韩懿侯若伐我葵"，《路史·国名纪己》引同，惟"葵"作"郊"，索隐引作"蔡"，乃字之误。

邺师败邯郸之师于平阳。《水经·浊漳水》注。

二年，齐田寿帅师伐我，围观，观降。《水经·河水》注。

魏大夫王错出奔韩。《史记·魏世家》集解。

三年，郑城邢邱《水经·河水》注。

秦子向命为蓝君。《水经·渭水》注。《太平寰宇记》"雍州蓝田县"引"惠王命秦子向为蓝田君"，《长安志》引作"梁惠成王命太子向为蓝田君"。

四年，河水赤于龙门三日。《水经·河水》注。

五年，公子景贾帅师伐郑，韩明战于阳，我师败逋。《水经·济水》注。

六年四月甲寅，徙都于大梁。《水经·渠水》注。《汉书·高帝纪》注臣瓒曰："《汲冢古文》惠王之六年，自安邑迁于大梁。"《史记·魏世家》集解、《孟子正义》皆引"梁惠成王九年四月甲寅徙都大梁"。

於粤寺区弟思弒其君莽安，次无颛立。《史记·越世家》索隐。

七年，公子缓如邯郸以作难。《史记·魏世家》索隐。

雨碧于郢。《太平御览》八百九、《广韵》二十二昔、《路史·发挥一》注。

地忽长十丈有余，高半尺。《太平御览》八百八十。

八年，惠成王伐邯郸，取列人，伐邯郸，取肥。《水经·浊漳水》注。

雨黍于齐。《太平御览》八百四十二引"惠成王八年，雨黍"七字，又八百七十七引全文作《史记》。

雨骨于赤脾。《路史·发挥一》注。

齐桓公十一年。弒其君母。《史记·田敬仲世家》索隐。

九年，与邯郸、榆次、阳邑。《水经·洞涡水》注。

晋取泫氏。《太平御览》一百六十三、《太平寰宇记》"泽州高平县"条、《路史·国名纪己》注。

王会郑釐侯于巫沙。《水经·济水》注。

十年，入河水于甫田。又为大沟而引甫水。《水经·渠水》注。

瑕阳人自秦导岷山青衣水来归。《水经·青衣水》注。

十一年，郑釐侯使许息来致地，平邱、户牖、首垣诸邑及郑驰道。

我取轵道，与郑鹿。《水经·河水》注。

东周惠公杰薨。《史记·六国表》集解。

十二年，龙贾帅师筑长城于西边。《水经·济水》注。

楚师出河水，以水长垣之外。《水经·河水》注。

郑取屯留、尚子、涅。《水经·浊漳水》注。《太平寰宇记》"潞州长子县"下引"郑取屯留、长子"六字。

十三年，王及郑釐侯盟于巫沙，以释宅阳之围，归厘于郑。《水经·济水》注。

齐威王立。《史记·魏世家》索隐引"齐幽公之十八年而威王立"，又《田敬仲世家》引"梁惠王十三年当齐桓公十八年，后威王始见"，今据补。

十四年，鲁共侯、宋桓侯、卫成侯、郑釐侯来朝。《史记·魏世家》索隐。

於粤子无颛八年。薨，是为菼慑卯。《史记·越世家》索隐。

十五年，鲁共侯来朝。《史记·六国表》集解。

邯郸成侯会燕成侯于安邑。《史记·六国表》集解。

遣将龙贾筑阳池以备秦。《太平寰宇记》"郑州原武县"下。

郑筑长城自亥谷以南。《水经·济水》注："自亥谷以南，郑所城矣。《竹书》曰：梁惠成王十五年筑也。"

十六年，秦公孙壮帅师伐郑，围焦城，不克。《水经·渠水》注。

秦公孙壮帅师城上枳、安陵、山氏。《水经·渠水》注。

邯郸伐卫，取漆富邱，城之。《水经·济水》注。

齐师及燕战于泃水，齐师遁。《水经·鲍邱水》注。

邯郸四曀，室坏多死。《开元占经》一百一引作周显王四年。

十七年，宋景敳、卫公孙仓会齐师，围我襄陵。《水经·淮水》注。

齐田期伐我东鄙，战于桂阳，我师败逋。《水经·济水》注。《史记·孙子吴起列传》索隐："王劭案：《纪年》梁惠王十七年，齐田忌败我桂陵，与此文异。"又《田敬仲世家》"田臣思"索隐："《战国策》作田期思，《纪年》谓之徐州子期。"

东周与郑高都、利。《水经·伊水》注。

郑釐侯来朝中阳。《水经·渠水》注。

有一鹤三翔于郢市。敦煌唐写本《修文殿御览》残卷。

十八年，王以韩师败诸侯师于襄陵。《水经·淮水》注。

齐侯使楚景舍来求成。《水经·淮水》注。

王会齐、宋之围。《水经·淮水》注。

赵败魏桂陵。《史记·魏世家》索隐。

十九年，晋取玄武、濩泽。《水经·沁水》注。

二十年，齐筑防以为长城。《水经·汶水》注。《史记·苏秦传》正义引"齐"下有"湣王"二字。

（二十四年，）楚伐徐州。《史记·越世家》索隐。

二十五年，绛中地坼，西绝于汾。《水经·汾水》注。

二十六年，败韩马陵。《史记·魏世家》索隐。

二十七年十二月，齐田朌败梁马陵。《史记·孙子吴起列传》索隐。案：《魏世家》索隐引"二十八年与齐田战于马陵"。二十七年十二月，在周正为二十八年二月，是《魏世家》索隐已改算为周正也。《田敬仲世家》索隐引"齐威王十四年，田朌伐梁战马陵"。考《纪年》齐威王以梁惠王十三年立，至此正得十四年。

二十八年，穰苴帅师及郑孔夜战于梁赫，郑师败逋。《水经·渠水》注。

二十九年五月，齐田朌及宋人伐我东鄙，围平阳。《水经·泗水》注。《史记·魏世家》索隐引作"二十九年五月齐田朌伐我东鄙"。

九月，秦卫鞅伐我西鄙。《史记·魏世家》索隐。《商君列传》索隐引无月。

十月，邯郸伐我北鄙。《史记·魏世家》索隐。

王攻卫鞅，我师败绩。《史记·魏世家》索隐。

（秦孝公会诸侯于）逢泽。《史记·六国表》惠王二十九年秦孝公二十年，会诸侯于泽，徐广曰："《纪年》作逢泽。"《水经·渠水》注引徐说略同。

三十年，城济阳。《水经·济水》注。

秦封卫鞅与邬，故名曰商。《水经·浊漳水》注、《路史·国名纪己》。《后汉书·光武帝纪》注引作"卫鞅封于郡"。

三十一年三月，为大沟于北郛，以行圃田之水。《水经·渠水》注。

邳迁于薛，改名徐州。《水经·泗水》注。《史记·鲁世家》索隐引"梁惠王三十一年，下邳迁于薛"，《孟尝君列传》正义引"梁惠王三十年，下邳迁于薛，改名徐州"，"三十"下夺"一"字。

（三十二年，）与秦战岸门。《史记·秦本纪》索隐。此年据《史记·六国表》补。

三十六年。《春秋经传集解·后序》："惠王三十六年，改元从一年始，至十六年而称惠成王卒。"

一年。《春秋经传集解·后序》。

（二年，）郑昭侯武薨，次威侯立。《史记·韩世家》索隐。

（九年，郑）威侯七年。与邯郸围襄陵。五月，梁惠王会威侯于巫沙。十月，郑宣王朝梁。《史记·韩世家》索隐。

（十年，）齐田朌及邯郸韩举战于平邑，邯郸之师败逋，获韩举，取平邑、新城。《水经·河水》注。

> 宋氏右曾曰：此事《水经注》引作晋烈公十年，索隐云《纪年》败韩举当韩威王八年，计相距七十八岁，不应有两田朌、两韩举。考《赵世家》云："肃侯二十三年，韩举与齐、魏战，死于桑邱。"肃侯元年当梁惠王二十二年，下逮后元十年，为肃侯之二十五年，盖《赵世家》误"五"为"三"，《水经注》误"惠成后元十年"为"晋烈公十年"也。至《韩世家》以韩举为韩将，则更舛矣。

十一年，（会韩威侯、齐威王于）平阿。《史记·孟尝君列传》："田婴与韩昭侯、魏惠王会齐宣王东阿南，盟而去。"索隐曰："《纪年》当惠王之后元十一年，作平阿。但齐之威、宣二王文舛互不同也。"案：韩昭侯《纪年》亦当作韩威侯。

十三年，会齐威王于甄。《史记·孟尝君列传》索隐。

四月，齐威王封田婴于薛。十月，齐城薛。《史记·孟尝君列传》索隐。

婴初封彭城。《史记·孟尝君列传》索隐。

国维案：此司马贞据《纪年》为说，非本文。

十四年，薛子婴来朝。《史记·孟尝君列传》索隐。

十五年，齐威王薨。《史记·孟尝君列传》索隐。

十六年，惠成王卒。《春秋经传集解·后序》。

今　王

（四年，）郑侯使韩辰归晋阳及向。二月，城阳、向，更名阳为河雍，向为高平。《水经·济水》注引无年，《史记·赵世家》集解："徐广曰：《纪年》云魏襄王四年，改河阳曰河雍，向曰高平。"据此补。又《秦本纪》集解："徐广曰：《汲冢纪年》云魏哀王二十四年，改宜阳曰河雍，向曰高平。"案：《纪年》终于今王二十年，不得有二十四年，"二十"字衍。

碧阳君之诸御产二龙。《开元占经》一百十三。

（五年，）燕子之杀公子平。《史记·燕世家》索隐。

齐人禽子之而醢其身。《史记·燕世家》集解。

赵立燕公子职。《史记·六国表》集解。《赵世家》："赵召燕公子职于韩，立以为燕王，使乐池送之。"集解："徐广曰：《纪年》亦云尔。"

六年，秦取我焦。《路史·国名纪己》。

齐地暴长，长丈余，高一尺。《太平御览》八百八十引作周隐王二年。

七年，韩明帅师伐襄邱。《水经·济水》注。

秦王来见于蒲坂关。《水经·河水》注。

四月，越王使公孙隅来献乘舟，始罔及舟三百，箭五百万，犀角、象齿。《水经·河水》注。

齐宣王八年。杀其王后。《史记·田敬仲世家》索隐。

楚景翠围雍氏。《史记·韩世家》集解。

秦助韩，共败楚屈匄。《史记·韩世家》集解。

韩宣王卒。《史记·韩世家》集解。

齐、宋围煮枣。《史记·韩世家》集解。

八年，翟章伐卫。《史记·魏世家》索隐。

秦褚里疾围蒲不克，而秦惠王薨。《史记·樗里子列传》索隐。本不系年，以秦惠王薨年考之列此。

九年，洛入成周，山水大出。《水经·洛水》注。

五月，张仪卒。《史记·韩世家》及《张仪传》索隐。

楚庶章帅师来会我，次于襄邱。《水经·济水》注。

十年十月，大霖雨，疾风，河水溢酸枣郛。《水经·济水》注。

十二年，秦公孙爰帅师伐我，围皮氏，翟章帅师救皮氏围，疾西风。《水经·汾水》注。

十三年，城皮氏。《水经·汾水》注。

（十四年，）秦内乱，杀其太后及公子雍、公子壮。《史记·穰侯传》索隐。

（十六年，秦拔我蒲坂、）晋阳、封谷。《史记·魏世家》："哀王十六年，秦拔我蒲坂、阳晋、封陵。"索隐曰："《纪年》作晋阳、封谷。"

十七年，邯郸命吏大夫奴迁于九原，又命将军、大夫、适子、戍吏皆貉服。《水经·河水》注。

十九年，薛侯来，会王于釜邱。《水经·济水》注。

楚入雍氏，楚人败。《史记·韩世家》集解。

二十年。《春秋经传集解·后序》："今王终二十年。"

附　无年世可系者

洛伯用与河伯冯夷斗。《水经·洛水》注。

殷王子亥宾于有易而淫焉，有易之君绵臣杀而放之，故殷主甲微假帅于河伯以伐有易，灭之，遂杀其君绵臣。《山海经·大荒东经》注。

河伯仆牛。《山海经·大荒东经》注："河伯、仆牛皆人姓名，见《纪年》。"

不窋之舅孙。《尔雅·释亲》注。

应。《水经·潕水》注、《汉书·地理志》注引臣瓒曰："《汲冢古文》殷时已有应国。"

留昆。《穆天子传》注："留昆国见《纪年》。"

盟于大室。《北堂书钞》二十二。

执我行人。《史通·惑经》篇。

楚共王会宋平公于湖阳。《水经·沘水》注。

宋大水，丹水壅不流。《水经·获水》注。

子南弥牟。《史记·周本纪》集解、《水经·汝水》注、《汉书·武帝纪》注皆引臣瓒曰："《汲冢古文》谓卫将军文子为子南弥牟。"

子南劲朝于卫，后惠成王如卫，命子南为侯。《史记·周本纪》集解、《水经·汝水》注、《汉书·武帝纪》注。

梁惠王废逢忌之薮以赐民。《左传·哀十一年》疏。《汉书·地理志》注引"废"作"发"。

齐师逐郑太子齿奔张城、南郑。《水经·涑水》注。

秦师伐郑，次于怀城、殷。《水经·沁水》注、《路史·国名纪丁》。《太平寰宇记》怀州下引"秦师伐郑，至于怀、殷"。

宋桓侯璧兵。《史记·宋世家》"辟公辟兵"，索隐曰："《纪年》作桓侯璧兵。"

宋剔成肝废其君璧而自立。《史记·宋世家》索隐。

纺子。《太平寰宇记》赵州高邑县下："《史记》云'赵敬肃侯救燕，燕与中山公战于房子，惠文王四年城之'是也，《竹书纪年》作纺子。"

卫孝襄侯。《史记·卫康叔世家》索隐："乐资据《纪年》以嗣君即孝襄侯。"

魏殿臣、赵公孙哀伐燕，还取夏屋，城曲逆。《水经·滱水》注。

燕人伐赵，围浊鹿，赵武灵王及代人救浊鹿，败燕师于勺梁。《水经·滱水》注。

壬寅，孙何侵楚，入三户郭。《水经·丹水》注。

孙何取澹阳。《水经·颍水》注。

楚吾得帅师及秦伐郑，取纶氏。《水经·伊水》注、《后汉书·黄琼传》注、《路史·后纪十三》。

秦胡苏帅师伐郑，韩襄败秦胡苏于酸水。《水经·济水》注。

翟章救郑，次于南屈。《水经·河水》注、《汉书·地理志》注。

魏章帅师及郑师伐楚，取上蔡。《水经·汝水》注。

齐师伐赵东鄙，围中牟。《水经·渠水》注、《左传·定九年》疏。

救山塞，集胥口。《史记·苏秦传》集解。

今本《竹书纪年》疏证

自　序

　　昔元和惠定宇徵君作《古文尚书考》，始取伪古文《尚书》之事实文句，一一疏其所出，而梅书之伪益明。仁和孙颐谷侍御复用其法，作《家语疏证》。吾乡陈仲鱼孝廉叙之曰："是犹捕盗者之获得真赃。"诚哉是言也！余治《竹书纪年》，既成《古本辑校》一卷。复怪今本《纪年》为后人蒐辑，其迹甚著，乃近三百年学者疑之者固多，信之者亦且过半，乃复用惠、孙二家法，一一求其所出，始知今本所载，殆无一不袭他书。其不见他书者，不过百分之一，又率空洞无事实，所增加者年月而已。且其所出，本非一源，古今杂陈，矛盾斯起。既有违异，乃生调停，纷纠之因，皆可剖析。夫事实既具他书，则此书为无用，年月又多杜撰，则其说为无征。无用无征，则废此书可，又此《疏证》亦不作可也。然余惧后世复有陈逢衡辈为是纷纷也，故写而刊之，俾与《古本辑校》并行焉。丁巳孟夏，海宁王国维。

卷　上

黄帝轩辕氏

　　杜预《春秋经传集解·后序》云："《纪年》篇起自夏、殷、周。"《晋书·束晳传》云："《纪年》十三篇，记夏以来。"惟《史记·魏世家》集解引和峤云："《纪年》起自黄帝。"

母曰附宝，见大电绕北斗枢星，光照郊野，感而孕。二十五月而生帝于寿邱。弱而能言，龙颜，有圣德。劾百神朝而使之，应龙攻蚩尤，战虎豹熊罴四兽之力。以女魃止淫雨。天下既定，圣德光被，群瑞毕臻。有屈轶之草生于庭，佞人入朝，则草指之，是以佞人不敢进。以上出《宋书·符瑞志》。案：《宋志》此节杂采《大戴·五帝德》、《春秋元命苞》、《山海经》、《史记·五帝本纪》、《帝王世纪》诸书为之，但伪为附志者，实袭《宋志》，故但引《宋志》证之，不复旁及他书，以下放此。

元年，帝即位，居有熊。《白虎通·爵》篇："黄帝有天下，号为有熊。"《史记·五帝本纪》集解："谯周曰：黄帝，有熊国君少典之子也。"

初制冕服。《易·系辞传》："黄帝、尧、舜垂衣裳而天下治。"《士冠礼》疏引《世本》："黄帝作冕旒。"

二十年，景云见。《艺文类聚》一、《太平御览》七十一引《春秋演孔图》："黄帝将兴，黄云升于堂上。"《左传》昭十七年疏引服虔曰："黄帝将兴，有景云之瑞。"

以云纪官。《左传·昭十七年传》："昔者黄帝氏以云纪，故为云师而云名。"

有景云之瑞，赤方气与青方气相连。赤方中有两星，青方中有一星，凡三星皆黄色，以天清明时见于摄提，名曰景星。帝黄服斋于宫中，坐于元扈、洛水之上。有凤皇集，不食生虫，不履生草，或止帝之东园，或巢于阿阁，或鸣于庭，其雄自歌，其雌自舞。麒麟在囿，神鸟来仪，有大蝼如羊，大螾如虹。帝以土气胜，遂以土德王。《宋书·符瑞志》。

五十年秋七月庚申，凤鸟至，帝祭于洛水。《宋书·符瑞志》"五十年秋七月庚申，天雾三日三夜"云云，均见附注，此条即隐括为之。

庚申，天雾三日三夜，昼昏，帝问天老、力牧、容成曰："于公何如？"天老曰："臣闻之，国安，其主好文，则凤皇居之；国乱，其主好武，则凤皇去之。今凤皇翔于东郊而乐之，其鸣音中夷则，与天相副。以是观之，天有严教以赐帝，帝勿犯也。"召史卜之，龟燋，史曰："臣不能占也，其问之圣人。"帝曰："已问天老、力牧、容成矣。"史北面再拜曰："龟不违圣智，故燋。"雾既降，游于洛水之上，见大鱼，杀五牲以醮之，天乃甚雨，七日七夜，鱼流于海，得图、书焉。《龙图》出河，《龟书》出洛，赤文篆字，以授轩辕，接万神于明庭，今塞门谷口是也。《宋书·符瑞志》。

五十九年，贯胸氏来宾，长股氏来宾。《山海经·海外南经》注引《尸子》曰："四夷之民，有贯胸者，有深目者，有长肱者，黄帝之德常致之。"《路史·后纪五》注引"长肱"作"长股"，乃此条所本。

七十七年，昌意降若居水，产帝乾荒。《海内经》注引古本《纪年》，无年数。

一百年，地裂。《开元占经》四引《尚书说》："黄帝将亡则地裂。"

帝陟。《戴记·五帝德》："黄帝生而人得其利百年。"《史记·五帝本纪》集解、《类聚》十一、《御览》七十九引《帝王世纪》："黄帝在位百年而崩。"

> 帝王之崩皆曰陟。《韩昌黎集·黄陵庙碑》引《纪年》"帝王之崩曰陟"，不云出注中。《书》称"新陟王"，谓新崩也。帝以土德王，应地裂而陟。葬，群臣有左彻者，感思帝德，取衣冠几杖而庙飨之，诸侯大夫岁时朝焉。《御览》七十九引《抱朴子》："汲郡冢中《竹书》言黄帝既仙去，其臣有左彻者，削木为黄帝之象，帅诸侯朝奉之。故司空张茂先撰《博物志》，亦云：黄帝仙去，其臣思恋罔极，或刻木立像而朝之，或取其衣冠而葬之，或立庙而四时祀之。"上注即本此。

帝挚少昊氏

> 约案：帝挚少昊氏，《左传》昭十七年传："我高祖少皞挚之立也。"母曰女节，见星如虹，下流华渚，既而梦接意感，生少昊。登帝位，有凤皇之瑞。出《宋书·符瑞志》。或曰名清，不居帝位，帅鸟师，居西方，以鸟纪官。《逸周书·尝麦解》："黄帝乃命少皞清司马鸟师，以正五帝之官，故名曰质。"《汉书·律历志》引《帝考德》曰："少昊曰清。"

帝颛顼高阳氏

> 母曰女枢，见瑶光之星，贯月如虹，感己于幽房之宫，生颛顼于若水。首戴干戈，有圣德。生十年而佐少昊氏。二十而登帝位。《宋书·符瑞志》。

元年，帝即位，居濮。《左传》昭十七年传："卫，颛顼之虚也，故曰帝邱。"注："卫，今濮阳县。"《史记·五帝本纪》集解引皇甫谧曰："颛顼都帝邱，今东郡濮阳是也。"

十三年，初作历象。《汉书·艺文志》：《颛顼历》二十一卷。

二十一年，作《承云》之乐。《吕氏春秋·古乐》篇："颛顼乃命飞龙作效八风之音，命曰之《承云》。"

三十年，帝产伯鲧，居天穆之阳。《大荒西经》注引《竹书》曰："颛顼产伯鲧，是维若阳，居天穆之阳。"无年。

七十八年，帝陟。《史记·五帝本纪》集解、《类聚》九、《御览》七十九引《帝王世纪》："颛顼在位七十八年。"

术器作乱，辛侯灭之。《海内经》："共工生术器。术器首方颠，是复土壤，以处江水。"《周语》注："贾侍中云：'共工，诸侯，炎帝之后，姜姓也。颛顼氏衰，共工氏侵陵诸侯，与高辛氏争而王也。'或云：'共工，尧时诸侯，为高辛所灭。'昭谓言为高辛所灭，安得为尧诸侯，又尧时共工，与此异也。"维案：此条实据《海内经》与《周语》注为之。

帝喾高辛氏

生而骈齿，有圣德，初封辛侯，代高阳氏王天下。使瞽人拊鞞鼓，击钟磬，凤皇鼓翼而舞。出《宋书·符瑞志》，惟《志》无"初封辛侯"四字。

元年，帝即位，居亳。《尚书序》："汤始居亳，从先王居。"孔传："契父帝喾，都亳。"《水经·谷水》注引皇甫谧曰："帝喾作都于亳。"

十六年，帝使重帅师灭有郐。《逸周书·史记解》："昔有郐君啬俭，灭爵损禄群臣卑让，上下不临，后□小弱，禁罚不行，重氏伐之，郐君以亡。"案：重氏，盖国名，作伪者删"氏"字，以为重黎之"重"，遂系之帝喾时。

四十五年，帝锡唐侯命。

六十三年，陟。《御览》八十引陶宏景云："帝喾在位六十三年。"《路史·后纪九》亦云："帝六十有三载崩。"此条本之。《史记》集解、《类聚》九引《帝王世纪》则云："帝喾在位七十年。"《御览》八十引又作"七十五年"。

帝子挚立，九年而废。《史记》索隐引卫宏云："挚立九年。"正义及《御览》八十引《帝王世纪》亦云："挚在位九年。"

帝尧陶唐氏

母曰庆都，生于斗维之野，常有黄云覆其上。及长，观于三河，常有龙随之。一旦龙负图而至，其文要曰："亦受天佑。"眉八采，须发长七尺二寸，面锐上丰下，足履翼宿。既而阴风四合，赤龙感之，孕十四月而生尧于丹陵，其状如图。及长，身长十尺，有圣德，封于唐，梦攀天而上。高辛氏衰，天下归之。出《宋书·符瑞志》。

元年丙子。《隋书·律历志》、《路史·后纪十》注引古本《纪年》。

帝即位，居翼。《左氏》哀六年传引《夏书》："惟彼陶唐，帅彼天常，有此冀方。"伪书《五子之歌》同。

命羲和历象。《书·尧典》："乃命羲和，钦若昊天，历象日月星辰。"

五年，初巡狩四岳。《书·舜典》："五载一巡狩。"此盖据《舜典》推之。

七年，有麟。《路史·后纪十》："尧在位七年，麒麟游于薮泽。"案：《拾遗记》一："尧在位七十年，有鸾雏岁岁来集，麒麟游于薮泽。"《路史》本之，而讹"七十年"为"七年"，伪《纪年》遂云"七年有麟"矣。

十二年，初治兵。

十六年，渠搜氏来宾。《书·禹贡》："织皮、昆仑、析枝、渠搜，西戎即叙。"

十九年，命共工治河。《书·尧典》："共工方鸠僝功。"郑注："共工，水官名。"《周语》："昔共工弃是道也，虞于湛乐，淫失其身，欲壅防百川，堕高堙庳，以害天下。"是共工本是水官，又曾治水，故遂有先鲧治河之说。

二十九年春，僬侥氏来朝，贡没羽。《类聚》十一、《御览》八十引《帝王世纪》："尧时僬侥氏来贡没羽。"

四十二年，景星出于翼。《初学记》九、《御览》八十、又八百七十二、八百九十三引《尚书中侯》："帝尧即政七十载，景星出翼。"《论衡·是应》篇引作"尧时，景星见于轸"。《公羊传》宣二年疏引《春秋感精符》："灭苍者，翼也。"彼注云："尧，翼星之精，在南方，其色赤。"

五十年，帝游于首山。《文选·宣德皇后令》注、《御览》八十、《路史·余论七》引《论语比考谶》："尧率舜游首山。"

乘素车玄驹。《文选·辩命论》注、《初学记》九、又二十四、《御览》八十引《尸子》："君天下者，麒麟、青龙，而尧素车玄驹。"《五帝德》："尧丹车白马。"《五帝本纪》："尧彤车，乘白马。"

五十三年，帝祭于洛。《初学记》六、又九引《尚书中侯》："尧率群臣东，沈璧于洛。"

五十八年，帝使后稷放帝子朱于丹水。《海内南经》注引古本《纪年》："后稷放帝朱于丹水。"《史记·五帝本纪》及《高祖本纪》正义引"后稷放帝子丹朱"。

六十一年，命崇伯鲧治河。《周语》："其在有虞，有崇伯鲧，播其淫心，称遂共工之过。"

六十九年，黜崇伯鲧。《书·尧典》："帝曰：'咨，四岳，汤汤洪水方割，荡荡怀山襄陵，浩浩滔天，下民其咨，有能俾乂。'佥曰：'於，鲧哉！'帝曰：'往，钦哉！'九载绩用弗成。"是鲧治水凡九载，但此实以六十九年，则妄矣。

七十年春正月，帝使四岳锡虞舜命。《书·尧典》："帝曰：'朕在位七十载，汝能庸命，巽朕位。'岳曰：'否德忝帝位。'曰：'明明扬侧陋。'师锡帝曰：'有鳏在下，曰虞。'"

　　帝在位七十年，景星出翼，凤皇在庭，朱草生，嘉禾秀，甘露润，醴泉出，日月如合璧，五星如连珠。厨中自生肉，其薄如箑，摇动则风生，食物寒而不臭，名曰"箑脯"。又有草夹阶而生，月朔始生一荚，月半而生十五荚，十六日以后日落一荚，及晦而尽，月小则一荚焦而不落，名曰"蓂荚"，一曰"历荚"。洪水既平，归功于舜，将以天下禅之，乃洁斋修坛场于河、洛，择良日率舜等升首山，遵河渚。有五老游焉，盖五星之精也，相谓曰："《河图》将来告帝以期，知我者重瞳黄姚。"五老因飞为流星，上入昴。二月辛丑昧明，礼备，至于日昃，荣光出河，休气四塞，白云起，回风摇，乃有龙马衔甲，赤文绿色，缘坛而上，吐《甲图》而去。甲似龟，背广九尺，其图以白玉为检，赤土为柙，泥以黄金，约以青绳，检文曰："闿色授帝舜。"言虞夏当受天命。帝乃写其言，藏于东序。后二年二月仲辛，率群臣东，沈璧于洛，礼毕退俟，至于下昃，赤光起，元龟负书而出，背甲赤文成字，止于坛。其书言当禅舜，遂让舜。出《宋书·符瑞志》。

　　七十一年，帝命二女嫔于舜。《书·尧典》："厘降二女于妫汭，嫔于虞。"

　　七十三年春正月，舜受终于文祖。《书·尧典》："帝曰：'格汝舜，询事考言，乃言底可绩，三载，汝陟帝位。'舜让于德，弗嗣，正月上日，受终于文祖。"

　　七十四年，虞舜初巡狩四岳。《尚书大传》："维元祀，巡狩四岳八伯。"郑注："祀，年也。元年，谓月正元日，舜假于文祖之年也。"此以为受终文祖之后一年。

　　七十五年，司空禹治河。《书·舜典》："伯禹作司空。"

　　七十六年，司空伐曹魏之戎，克之。《吕氏春秋·召类》篇："禹攻曹魏、屈骜、有扈，以行其教。"

　　八十六年，司空入觐，贽用玄圭。《书·禹贡》："禹锡玄圭，告厥成功。"《史记·河渠书》引《夏书》："禹抑洪水十三年。"此司空禹治河在七十五年，入觐在八十六年，盖本之。

　　八十七年，初建十有二州。《书·舜典》："肇十有二州。"

　　八十九年，作游宫于陶。《史记·货殖传》："昔尧作游成阳。"如淳曰："作，起也。成阳，在定陶。"

　　九十年，帝游居于陶。《史记·五帝本纪》："尧立七十年得舜，二十年而老。"

　　九十七年，司空巡十有二州。《吴越春秋》四："尧号禹曰伯禹，官曰司空，领统州伯，以巡十二部。"

一百年，帝陟于陶。案：《史记·五帝本纪》、《论衡·气寿》篇、《帝王世纪》皆云："尧在位九十八年。"然据《虞书》云："朕在位七十载。"此尧举舜之岁。又云："询事考言，乃言厎可绩，三载，汝陟帝位。"此舜摄政之岁。又云："二十有八载，帝乃殂落。"此尧崩之岁。前后得一百一年。孙传与王肃注以尧得舜试舜共在一年，故尧在位百年，此从之。

帝子丹朱避舜于房陵。舜让，不克。承朱遂封于房，为虞宾。三年，舜即天子之位。《路史·后纪十》："帝崩，虞氏国之于房，为房侯。"

帝舜有虞氏

母曰握登，见大虹意感，而生舜于姚墟。目重瞳子，故名重华。龙颜大口，黑色，身长六尺一寸。舜父母憎舜，使其涂廪，自下焚之，舜服鸟工衣服飞去。又使浚井，自上填之以石，舜服龙工衣自傍而出。耕于历，梦眉长与发等，遂登庸。出《宋书·符瑞志》，但《志》无末三字。

元年己未，帝即位，居冀。《左传》哀六年注："唐虞及夏皆都冀方。"

作《大韶》之乐。《书·益稷》："《箫韶》九成。"《类聚》十一、《御览》八十引《帝王世纪》："乃作《大韶》之乐。"

即帝位，蓂荚生于阶，凤皇巢于庭，击石拊石，以歌《九韶》，百兽率舞，景星出于房，地出乘黄之马。出《宋书·符瑞志》。

三年，命咎陶作刑。《北堂书钞》十七引《纪年》："命咎陶作刑。"不系年世。

九年，西王母来朝。《大戴礼·少间》篇："昔舜以天德嗣尧，西王母来献其白琯。"《类聚》十一、《御览》八十引《雒书灵准听》："舜受终，西王母授益地图。"《中论·爵禄》篇："舜受终于文祖，称曰余一人，则西王母来献白环。"

西王母之来朝，献白环、玉玦。出《宋书·符瑞志》，但《志》无"之来朝"三字。

十四年，卿云见，命禹代虞事。此隐括下附注为说，附注出《宋书·符瑞志》，而《宋志》实本《尚书大传》文。《书钞》一百六十、《路史·发挥五》杂引《宋志》所引《大传》中语，首句皆云："惟十有四祀。"

在位十有四年，奏钟石笙筦未罢，而天大雷雨，疾风发屋拔木，桴鼓播地，钟磬乱行，舞人顿伏，乐正狂走。舜乃磬堵持衡而笑曰："明哉，天下非一人之天下也，亦乃见于钟石笙筦乎？"乃荐禹于天，使行天子事也。于是和气普应，庆云兴焉。若烟非烟，若云非云，郁郁纷纷，萧索轮囷，百工相和，而歌《卿云》。帝乃倡之曰："庆云烂兮，纠缦缦兮。日月光华，旦复旦兮。"群臣咸进，稽首曰："明明上天，烂然星陈。日月光华，宏于一人。"帝乃再歌曰："日月有常，星辰有行。四时从经，万姓允诚。于予论乐，配天之灵。迁于圣贤，莫不咸听，鼖乎鼓之，轩乎舞之。精华已竭，褰裳去之。"于是八风循通，庆云丛集，蟠龙奋迅于其藏，蛟鱼踊跃于其渊，龟鳖咸出其穴，迁虞而事夏。舜乃设坛于河，依尧故事，至于下昃，荣光休至，黄龙负图，长三十二尺，广九尺，出于坛畔，赤文绿错，其文言当禅禹。出《宋书·符瑞志》。

十五年，帝命夏后有事于太室。《考工记·匠人》："夏后氏世室。"

十七年春二月，入学初用万。《夏小正》："二月丁亥，万舞入学。"

二十五年，息慎氏来朝，贡弓矢。

二十九年，帝命子义钧封于商。案：此仿古本《纪年》"放帝子朱于丹水"句为之。

三十年，葬后育于渭。《汉书·地理志》："右扶风陈仓有黄帝孙舜妻盲冢祠。"案："盲"、"育"字形相近。

三十二年，帝命夏后总师。伪《书·大禹谟》："帝曰：'格汝禹，朕宅帝位三十有三载，耄期倦于勤，汝惟不怠，总朕师。'"

遂陟方岳。

三十三年春正月，夏后受命于神宗。伪《书·大禹谟》："正月朔旦，受命于神宗。"

遂复九州。《汉书·地理志》："尧遭洪水，天下分绝，为十二州，禹平水土，更置九州。"

三十五年，帝命夏后征有苗，有苗氏来朝。伪《书·大禹谟》："帝曰：'咨禹，惟时有苗弗率，汝徂征。'三旬，苗民逆命。七旬，有苗格。"

四十二年，玄都氏来朝。贡宝玉。《逸周书·史记解》有玄都氏。

四十七年冬，陨霜，不杀草木。《吕氏春秋·应同》篇："禹之时，天先见草木秋冬不杀。"

四十九年，帝居于鸣条。《孟子·离娄下》："舜卒于鸣条。"

五十年，帝陟。《书·舜典》："五十载，陟方乃死。"

　　义钧封于商，是谓商均。后育，娥皇也。鸣条有苍梧之山，帝崩遂葬焉，今海州。案：《隋书·地理志》："东海郡，梁置南、北二青州，东魏改为海州。"此附注如出沈约，不当有"今海州"语。考《困学纪闻》五云："苍梧山在海州界。"此作伪者所本。

帝禹夏后氏

母曰修己，出行见流星贯昴，梦接意感，既而吞神珠，修己背剖，而生禹于石纽。虎鼻大口，两耳参镂，首戴钩铃，胸有玉斗，足文履已，故名文命。长有圣德。长九尺九寸，梦自洗于河，取水饮之。又有白狐九尾之瑞。当尧之时，舜举之。禹观于河，有长人白面鱼身，出曰："吾河精也。"呼禹曰："文命治水。"言讫授禹《河图》，言治水之事，乃退入于渊。禹治水既毕。天锡玄珪，以告成功。夏道将兴，草木畅茂，青龙止于郊，祝融之神降于崇山。乃受舜禅，即天子之位。洛出龟书，是为《洪范》。以上出《宋书·符瑞志》。三年丧毕，都于阳城。《孟子·万章上》："舜崩，三年之丧毕，禹避舜之子于阳城。"

元年壬子，帝即位，居冀。《汉书·地理志》"颍川郡阳翟"下臣瓒曰："《世本》禹都阳城，《汲郡古文》亦云居之。"是古本《纪年》不云"居冀"也。今本于尧、舜、禹皆云"居冀"者，盖以《左传》哀六年杜预注云"唐、虞及夏皆都冀方"故云然。

颁夏时于邦国。《戴记·礼运》："吾得夏时焉。"《史记·夏本纪》："孔子正夏时，学者多传《夏小正》云。"

二年，咎陶薨。《史记·夏本纪》："帝禹立而举皋陶荐之，且授政焉，而皋陶卒。"

五年，巡狩，会诸侯于涂山。《左传》哀七年传："禹合诸侯于涂山。"

南巡狩，济江，中流有二黄龙负舟，舟人皆惧。禹笑曰："吾受命于天，屈力以养人。生，性也；死，命也。奚忧龙哉！"龙于是曳尾而逝。出《宋书·符瑞志》。

八年春，会诸侯于会稽，杀防风氏。《鲁语》："昔禹致群神于会稽之山，防风氏后至，禹杀而戮之。"

夏六月，雨金于夏邑。《述异记》下："先儒说夏禹时天雨金三日。"

秋八月，帝陟于会稽。《史记·夏本纪》："十年，帝东巡狩，至于会稽而崩。"

禹立四十五年。《御览》八十二引古本《纪年》如此，今本既云"八年帝陟"，又云"禹立四十五年"，足见杂综诸书，未加修正。

禹荐益于天。七年,禹崩。三年丧毕,天下归启。出《孟子·万章上》。

帝 启

元年癸亥,帝即位于夏邑。

大飨诸侯于钧台。《左传》昭四年传:"夏启有钧台之享。"

诸侯从帝归于冀都。

大飨诸侯于璿台。《文选·王元长曲水诗序》:"至如夏后,二龙载驱璿台之上。"注引《易归藏》曰:"昔者夏后启筮享神于晋之墟,作为璿台于水之阳。"

二年,费侯伯益出就国。《晋书·束皙传》引《纪年》:"益干启位,启杀之。"《史通·疑古》篇、《杂说》篇两引"益为后启所诛"。此独云"二年,费侯伯益出就国",盖故与古本立异。观后附注于"伊尹自立"云"误以摄政为真",于"太甲杀伊尹"云"文与前后不类",此则易其本文,彼则加以案语,盖正文与注出于一人所蒐集也。

王帅师伐有扈,大战于甘。原注:"有扈,在始平鄠县。"《尚书序》:"启与有扈氏战于甘之野,作《甘誓》。"《甘誓》:"大战于甘。"原注七字,《左传》昭元年注文。

六年,伯益薨,祠之。《越绝书》:"益死之后,启岁善牺牲以祠之。"

八年,帝使孟涂如巴莅讼。《海内南经》:"夏后启之臣曰孟涂,是司神于巴,巴人请讼于孟涂之所。"

十年,帝巡狩,舞《九韶》于大穆之野。《海外西经》:"大乐之野,夏后启于此舞《九代》。一曰大遗之野。"郭注:"《大荒经》云'天穆之野'。"《大荒西经》:"夏后开上三嫔于天,得《九辨》与《九歌》以下,此大穆之野,高二千仞,开焉得始歌《九招》。"郭注:"《竹书》曰:'夏后开儛《九韶》也。'"《御览》八十二引《帝王世纪》:"启升后十年,舞《九韶》。"

十一年,放王季子武观于西河。原注:"武观即五观也。观国,今顿邱卫县。"《楚语》:"启有五观。"韦注:"五观,启子,太康昆弟也。"《墨子·非乐下》"于《武观》曰'启乃淫溢康乐,野于饮食'"云云,是《武观》乃书篇名非人名,此以"五观"为"武观",乃杂采二书为之。"观国,今顿邱卫县",亦《左传》昭元年注文。

十五年,武观以西河叛。《汉书·地理志》东郡有畔观县。案:本畔、观二县,自宋本以下,皆误以为一县,联缀不分。

彭伯寿帅师征西河,武观来归。《书钞》十三引《纪年》:"启征西河。"《路史·后纪十三》:"既征西河。"注:"《纪年》在二十五年。"《御览》八十二引《帝王世纪》"启三十五年征河西",此系之十五年者,以此既依《路史》启十六年陟,则不得有二十五年、三十五年也。《逸周书·尝麦解》:"其在殷之五子,志伯禹之命，假国无正，用胥兴作乱，遂亡厥国，皇天哀禹，赐彭寿思正夏略。"

十六年，陟。《路史·后纪十三》："启在位十有六岁，年九十一。"此本之。《真诰》十五引《竹书》："启即位三十九年亡，年七十八。"《路史》注引《纪年》："启二十九年，年九十八。"与今本迥异。《御览》八十二引《帝王世纪》："启在位九年。"《通鉴外纪》："启在位九年。"又引皇甫谧曰"十年"。

帝太康

元年癸未，帝即位，居斟寻。《水经·巨洋水》注、《汉书·地理志》注、《史记·夏本纪》正义引臣瓒曰："《汲冢古文》：'太康居斟寻。'"

畋于洛表。伪《书·五子之歌》："畋于有洛之表。"

羿入居斟寻。《水经·巨洋水》注、《汉书·地理志》注、《史记·夏本纪》正义引臣瓒曰："《汲冢古文》：'太康居斟寻，羿亦居之。'"

四年，陟。《帝王世纪》、《通鉴外纪》皆云"在位二十九年"，《路史·后纪十三》云"在位盖十有九岁，失政，又十岁而死"，并与此异。

帝仲康

元年己丑，帝即位，居斟寻。

五年秋九月庚戌朔，日有食之。《新唐书·历志》："张说《历议》：新历，仲康五年癸巳岁九月庚戌朔，日蚀在房二度。"

命胤侯帅师征羲和。伪《书·胤征》："惟仲康肇位四海，胤侯命掌六师，羲和废厥德，酒荒于厥邑，胤后承王命徂征。"

六年，锡昆吾命作伯。《郑语》："昆吾为夏伯矣。"

七年，陟。《通鉴外纪》："仲康在位十三年。"《路史》注引《绍运图》同。《年代历》："二十六年。"《路史·后纪》："仲康十有八岁崩。"均与此互异。

世子相出居商邱，依邳侯。原注："一作'依同姓诸侯斟灌、斟寻'。"《御览》八十二引《帝王世纪》："乃徒商邱，依同姓诸侯斟灌氏、斟寻氏。"

帝 相

元年戊戌，帝即位，居商。《御览》八十二引《纪年》："帝相即位，处商邱。"

征淮夷。《御览》八十二引《纪年》："元年征淮夷。"《路史·后纪十三》"征淮、畎"注："淮夷、畎夷。《纪年》云元年。"《后汉书·西羌传》："后相即位，乃征畎夷。"此仅采《御览》所引。

二年，征风及黄夷。《御览》八十二及《后汉书·东夷传》注引《纪年》："二年，征风夷及黄夷。"《通鉴外纪》引："二年，征黄夷。"

七年，于夷来宾。《后汉书·东夷传》注、《外纪》注、《路史·后纪十三》注均引《纪年》："七年，于夷来宾。"

八年，寒浞杀羿，使其子浇居过。见《左》襄四年传，但《左传》杀羿封浇非一年事。

九年，相居于斟灌。《水经·巨洋水》注、《汉书·地理志》注、《路史·后纪十三》引臣瓒曰："《汲冢古文》'相居斟灌'。"

十五年，商侯相土作乘马。《周礼·校人》注、《荀子·解蔽》篇注引《世本》："相土作乘马。"

遂迁于商邱。《左传》襄九年传："昔陶唐之火正阏伯居商邱，相土因之。"

二十年，寒浞灭戈。《左》襄四年传："寒浞处浇于戈。"

二十六年，寒浞使其子帅师灭斟灌。《左》襄四年传："使浇用师灭斟灌及斟寻氏。"

二十七年，浇伐斟鄩，大战于潍，覆其舟，灭之。《楚辞·天问》："覆舟斟寻，何道取之。"

二十八年，寒浞使其子浇弑帝，后缗归于有仍。《左》哀元年传："昔有过浇杀斟灌以伐斟寻，灭夏后相。后缗方娠，逃出自窦，归于有仍，生少康焉。"

伯靡出奔鬲。《左》襄四年传："靡奔有鬲氏。"但《传》次在家众杀羿之后。

> 斟灌之墟，是为帝邱。后缗方娠，逃出自窦，归于有仍。三句见上。伯靡奔有鬲氏。见上。

夏世子少康生。原注："丙寅年。"《左》哀元年传："后缗方娠，逃出自窦，归于有仍，生少康焉。"

少康自有仍奔虞。原注："乙酉年。"《左》哀元年传："少康为仍牧正，浇使椒求之，逃奔有虞。"

伯靡自鬲帅斟鄩、斟灌之师以伐浞。《左》襄四年传："靡自有鬲氏收二国之烬以灭浞，而立少康。"

世子少康使汝艾伐过杀浇。原注："甲辰年。"《左》襄四年传："少康灭浇于过。"又哀元年传："使女艾谍浇。"

伯子杼帅师灭戈。《左》襄四年传："后杼灭豷于戈。"又哀元年传："使季杼诱豷。"

伯靡杀寒浞。见上。

少康自纶归于夏邑。原注："乙巳年。"《左》哀元年传："虞思于是妻之以二姚，而邑诸纶。"案原本小注："寒浞自丙寅至乙巳，凡四十年。"《通鉴外纪》："羿八年，浞三十二年，亦四十年。"而此书附注云："夏有王与无王，用岁四百七十一年。"去寒浞四十年，得四百三十一年，与《易纬稽览图》云"禹四百三十一年"合，盖即据《稽览图》以定寒浞之年也。

> 明年，后缗生少康。既长，为仍牧正，惎浇，能戒之。浇使椒求之，将至仍，少康逃奔有虞，为之庖正，以除其害。虞思于是妻

之以二姚，而邑诸纶。有田一成，有众一旅，能布其德，而兆其谋，以收夏众，抚其官职。以上出《左》哀元年传。夏之遗臣伯靡，自有鬲氏收二斟以伐浞。见上。浞恃浇皆康娱，日忘其恶，而不为备。出《楚辞·离骚》。少康使汝艾谍浇。见上。初，浞娶纯狐氏，有子早死，其妇曰女歧，寡居。浇强圉，往至其户，阳有所求，女歧为之缝裳，共舍而宿。汝艾夜使人袭断其首，乃女歧也。浇既多力，又善走，艾乃畋猎，放犬逐兽，因嗾浇颠陨，乃斩浇以归于少康。出《楚辞·天问》而又为之辞。于是夏众灭浞，奉少康归于夏邑。诸侯始闻之，立为天子，祀夏配天，不失旧物。末二语出《左》哀元年传。

帝少康

元年丙午，帝即位，诸侯来朝，宾虞公。

二年，方夷来宾。《后汉书·东夷传》注引《纪年》："少康即位，方夷来宾。"《路史·后纪十三》注同。

三年，复田稷。《周语》："昔我先王世后稷以服事虞夏。及夏之衰，弃稷弗务，我先王不窋用失其官，而自窜于戎狄之间。"

后稷之后不窋失官，至是而复。见上。

十一年，使商侯冥治河。《鲁语》及《祭法》："冥勤其官。"郑氏《祭法》注："冥，契六世之孙也，其官玄冥，水官也。"

十八年，迁于原。此因《御览》引《纪年》有"帝宁居原"之文，故云。

二十一年，陟。《通鉴外纪》："少康在位二十一年。"《路史·后纪十三》："在位四十有六岁。"

帝 杼

元年己巳，帝即位，居原。《御览》八十二引《纪年》："帝宁居原。"《路史·后纪十三》注引："帝予居原。"

五年，自原迁于老邱。《御览》八十二引《纪年》："自迁于老邱。"《路史·后纪十三》注引作："自原迁于老王。"

八年，征于东海及三寿，得一狐九尾。《海外东经》注引《汲郡竹书》："伯杼子征于东海及三寿，得一狐九尾。"

十三年，商侯冥死于河。《鲁语》及《祭法》："冥勤其官而水死。"

十七年，陟。《御览》八十二引《帝王世纪》："帝宁在位十七年。"《通鉴外纪》从之。《路史·后纪》："二十有七岁陟。"

"杼"或作"帝宁"，一曰"伯杼"。均见上。杼能帅禹者也，故夏后氏报焉。出《鲁语》。

帝 芬

元年戊子,帝即位。

三年,九夷来御。《后汉书·东夷传》注引《纪年》:"后芬即位,三年,九夷来御。"《外纪》、《路史·后纪》引并同。

十六年,洛伯用与河伯冯夷斗。《水经·洛水》注引《纪年》:"洛伯用与河伯冯夷斗。"不云何年。

三十三年,封昆吾氏子于有苏。《郑语》:"己姓:昆吾、苏、顾、温、董。"《唐书·宰相世系表》:"昆吾之子封于苏。"

三十六年,作圜土。

四十四年,陟。《御览》八十二引《纪年》:"后芬立四十四年。"又引《帝王世纪》:"芬在位二十六年。"《外纪》从之。《路史·后纪十三》:"二十有六岁陟。"注:"《世纪》二十八年,《纪年》四十四年,非。"

"芬"或曰"芬发"。

帝 芒

元年壬申,帝即位,以玄珪宾于河。《书钞》八十九、《初学记》十三、《御览》八十二引《纪年》:"后荒即位,元年,以玄珪宾于河。"《初学记》"珪"作"璧",《御览》"荒"作"芒"。

十三年,东狩于海,获大鱼。《书钞》、《初学记》、《御览》引《纪年》与"玄珪宾河"为一年事,《书钞》"鱼"作"鸟"。

三十三年,商侯迁于殷。此因《山海经》引《纪年》有"殷王子亥",故设迁殷一事。

五十八年,陟。《御览》八十二引《纪年》:"后芒陟位,五十八年。"《路史·后纪十三》注引:"后芒陟,年五十八。"《外纪》:"在位十八年。"又引《帝王本纪》云:"十三年。"《路史》从《外纪》。

"芒"或曰"帝荒"。见上。

帝 泄

元年辛未,帝即位。

十二年,殷侯子亥宾于有易,有易杀而放之。《大荒东经》注引《竹书》:"殷王子亥宾于有易而淫焉,有易之君绵臣杀而放之。是故殷主甲微假师于河伯以伐有易,灭之,遂杀其君绵臣也。"

十六年,殷侯微以河伯之师伐有易,杀其君绵臣。见上。

殷侯子亥宾于有易而淫焉，有易之君绵臣杀而放之。故殷上甲
微假师于河伯以伐有易，灭之，遂杀其君绵臣。见上。中叶衰而上
甲微复兴，故商人报焉。出《鲁语》。

二十一年，命畎夷、白夷、玄夷、风夷、赤夷、黄夷。《后汉书·东
夷传》注引《纪年》："后泄二十一年，命畎夷、白夷、赤夷、玄夷、阳夷。"
《外纪》及《路史·后纪十三》所引略同。

二十五年，陟。《路史·后纪十三》注引《纪年》作"二十一"。《御览》八
十二引《帝王世纪》："帝泄在位十六年。"《外纪》从之。《路史·后纪》："帝泄二
十六岁陟。"注："《世纪》同，《年代历》十六年，《纪年》二十一，皆非。"

帝不降

元年己亥，帝即位。

六年，伐九苑。《御览》八十二引《纪年》："不降即位，六年，伐九苑。"
《路史》引同。

三十五年，殷灭皮氏。《逸周书·史记解》："信不行，义不立，则哲士凌
君政，禁而生乱，皮氏以亡。"

五十九年，逊位于弟扃。《御览》八十二引《纪年》："六十九年，其弟立，
是为帝扃。"《外纪》："帝不降在位五十九年。"《路史·后纪》："五十九岁陟。"注：
"《世纪》、《年代历》同，《纪年》六十九。"

帝 扃

元年戊戌，帝即位。

十年，帝不降陟。见上。

　　三代之世内禅，惟不降实有圣德。

十八年，陟。《御览》八十二引《帝王世纪》："帝扃在位二十一年。"《外
纪》、《路史》从之。

帝 廑

　　一名胤甲。《御览》八十二引《纪年》："帝廑一名胤甲。"

元年己未，帝即位，居西河。《海外东经》注、《通鉴外纪》、《路史·后
纪》注、《御览》八十二引《纪年》："胤甲即位，居西河。"《御览》四引"胤甲居
于河西"。

四年，作西音。《吕氏春秋·音初》篇："殷整甲徙宅西河，犹思故处，实
始作为西晋。"此系之夏胤甲，失之。

昆吾氏迁于许。原注："己姓，名樊，封于卫，夏衰为伯，迁于旧许。"
《左》昭十二年传："昔我皇祖伯父昆吾，旧许是宅。"盖谓陆终之子昆吾，不得在

胤甲时。

八年，天有祅孽，十日并出，其年陟。《海外东经》注、《通鉴外纪》、《路史·后纪》注引《纪年》："天有妖孽，十日并出，其年胤甲陟。"不著何年。《御览》八十二引《帝王世纪》："帝廑在位二十年。"《外纪》、《路史》皆从之。

帝孔甲

元年乙巳，帝即位，居西河。

废豕韦氏，使刘累豢龙。《左》昭二十九年传："陶唐氏既衰，其后有刘累，学扰龙于豢龙氏，以事孔甲，能饮食之。夏后嘉之，赐氏曰御龙，以更豕韦之后。"

三年，王畋于萯山。《吕氏春秋·音初》篇："夏后孔甲畋于东阳萯山。"

五年，作东音。《吕氏春秋·音初》篇："孔甲乃作《破斧》之歌，实始为东音。"

七年，刘累迁于鲁阳。《左》昭二十九年传："龙一雌死，潜醢以食夏后，既而使求之，惧而迁于鲁县。"杜注："鲁县，今鲁阳也。"

王好事鬼神，肆行淫乱，诸侯化之，夏政始衰。略本《史记·夏本纪》。田于东阳萯山，天大风，晦盲，孔甲迷惑，入于民室。主人方乳，或曰："后来见，良日也，之子必大吉。"或又曰："不胜也，之子必有殃。"孔甲闻之曰："以为余一人子，夫谁殃之？"乃取其子以归。既长，为斧所戕，乃作《破斧》之歌，是为东音。《吕氏春秋·音初》篇。刘累所畜龙一雌死，潜醢以食夏后，夏后飨之，既而使求之，惧而迁于鲁阳，其后为范氏。《左》昭二十九年传。

九年，陟。《通鉴外纪》："孔甲在位三十一年。"《路史》注引《年代历》同。《路史》以胤甲、孔甲为一人，云"在位四十岁"。

殷侯复归于商邱。

帝　昊

昊一作皋。《左》僖三十三年传："其北陵，夏后皋之墓也。"

元年庚辰，帝即位。

使豕韦氏复国。原注："夏衰，昆吾、豕韦相继为伯。"此因帝孔甲时废豕韦氏，故云然。

三年，陟。《御览》八十二引《纪年》："后昊立三年。"《通鉴外纪》、《路史·后纪》皆云"十一年"。

帝　发

一名后敬，或曰发惠。《御览》八十二引《纪年》："后发一名后敬，或曰发。"《路史·后纪》:"帝敬发,一曰惠。"注:"见《纪年》。"

元年乙酉,帝即位。

诸侯宾于王门,再保墉会于上池。诸夷入舞。《书钞》八十二引《纪年》:"后发即位,元年,诸侯宾于王门,再保墉会于上池,诸夷入舞。"又《后汉书·东夷传》注、《御览》七百八十、《通鉴外纪》、《路史·后纪》分引。

七年,陟。《通鉴外纪》:"发在位十三年。"又引《帝王本纪》云"十二年"。《路史》同。

泰山震。《述异记》上:"桀时泰山走,山石泣。先儒说桀之将亡,泰山三日泣。"

帝　癸

　　一名桀。

元年壬辰,帝即位,居斟鄩。《水经·巨洋水》注、《汉书·地理志》注、《史记·夏本纪》正义引臣瓒曰:"太康居斟寻,桀亦居之。"

三年,筑倾宫。《文选·吴都赋》注引《纪年》:"桀筑倾宫。"

毁容台。《御览》八十二引《尸子》:"昔夏桀之时,容台振而掩覆。"亦见《淮南·览冥训》。

畎夷入于岐以叛。《后汉书·西羌传》:"后桀之乱,畎夷入居邠、岐之间。"

六年,岐踵戎来宾。《吕氏春秋·当染》篇:"桀染于羊卒、岐踵戎。"

十年,五星错行,夜中,星陨如雨。

地震。

伊、洛竭。《周语》:"昔伊、洛竭而夏亡。"

十一年,会诸侯于仍,有缗氏逃归,遂灭有缗。《左》昭四年传:"夏桀为仍之会,有缗叛之。"

十三年,迁于河南。《史记·吴起列传》:"夏桀之居,伊阙在其南,羊肠在其北。"瓒曰:"今河南城为直之。"

初作辇。《后汉书·井丹传》:"桀乘人车。"《通典》六十六:"夏氏末代制辇。"

十四年,扁帅师伐岷山。原注:"一作山民。"《艺文·类聚》八十三、《御览》一百三十五引《纪年》:"桀伐岷山。"《御览》八十二引作"山民"。

　　癸命扁伐山民,山民女于桀二人,曰琬,曰琰。后爱二人,女无子焉,斫其名于苕华之玉,苕是琬,华是琰。而弃其元妃于洛,曰妹喜,于倾宫饰瑶台居之。(出《御览》八十二引《纪年》)。

十五年,商侯履迁于亳。原注:"成汤元年。"《尚书序》:"汤始居亳。"

十七年，商使伊尹来朝。《孟子·告子下》："五就汤、五就桀者，伊尹也。"

二十年，伊尹归于商，及汝鸠、汝方，会于北门。《尚书序》："伊尹去亳适夏，既丑有夏，复归于亳，入自北门，乃遇汝鸠、汝方，作《汝鸠》、《汝方》。"

二十一年，商师征有洛，克之。《逸周书·史记解》："昔者有洛氏宫室无常，池囿广大，工功日进，以后更前，民不得休，农失其时，饥馑无食，成商伐之，有洛以亡。"

遂征荆，荆降。《越绝书》三："汤行仁义，敬鬼神。天下皆一心归之。当是时，荆伯未从也，汤于是乃饰牺牛以事荆伯，乃委其诚心。"

二十二年，商侯履来朝，命囚履于夏台。《史记·夏本纪》："桀乃召汤而囚之于夏台。"

二十三年，释商侯履，诸侯遂宾于商。《书钞》十引《尚书大传》："桀无道，囚汤，后释之，诸侯八译来朝者六国。"

二十六年，商灭温。《郑语》："己姓：昆吾、苏、顾、温、董，则夏灭之矣。"

二十八年，昆吾氏伐商。

商会诸侯于景亳。昭四年《左传》："商汤有景亳之命。"

遂征韦，商师取韦，遂征顾。《诗·商颂》："韦、顾既伐。"

太史令终古出奔商。《吕氏春秋·先识》篇："夏桀迷惑，暴乱愈甚，太史令终古乃出奔如商。"《淮南·氾论训》："太史令终古即奔商，三年而桀亡。"此系之二十八年，本之。

二十九年，商师取顾。

三日并出。《开元占经》六引《尚书考灵耀》："黑帝之亡，三日并照。"又引《孝经纬》："夏时二日并出，谶曰：桀无道，两日照。"

费伯昌出奔商。《博物志》十："夏桀之时，费昌之河上，见二日，在东者烂烂将起，在西者沈沈将灭，若疾雷之声。昌问于冯夷曰：'何者为殷？何者为夏？'冯夷曰：'西夏，东殷。'于是费昌徙族归殷。"

冬十月，凿山穿陵，以通于河。《御览》八十二引《六韬》："桀时有瞿山之地，十月凿山陵，通之于河。"

三十年，瞿山崩。《御览》引《六韬》："桀时有瞿山之地"。"地"字疑本作"崩"。

杀其大夫关龙逢。《庄子·人间世》："昔者桀杀关龙逢。"

商师征昆吾。《诗·商颂》："韦、顾既伐，昆吾、夏桀。"

冬，聆隧灾。《周语》："夏之亡也，回禄信于聆隧。"

三十一年，商自陑征夏邑。《尚书序》："伊尹相汤伐桀，升自陑。"

克昆吾。《诗·商颂》笺："昆吾、夏桀，同时诛也。"详孔疏。

大雷雨，战于鸣条。《尚书序》："遂与桀战于鸣条之野。"

夏师败绩，桀出奔三朡，商师征三朡。《尚书序》："夏师败绩，汤遂从之，遂伐三朡。"

战于郕。《吕氏春秋·简选》篇："以戊子战于郕。"

获桀于焦门。《淮南·主术训》："擒之焦门。"

放之于南巢。《御览》八十三引《纪年》："汤遂灭夏，桀逃南巢氏。"伪《书·仲虺之诰》："成汤放桀于南巢。"

自禹至桀十七世，有王与无王，用岁四百七十一年。原注："始壬子，终壬戌。"《御览》八十二引《纪年》、《文选·六代论》注、《史记·夏本纪》集解引。《路史·后纪》注引《纪年》："并穷、寒四百七十二年。"

案：此都数与上诸帝在位之年数不合。综计上诸帝在位年数，则禹八年，启十六年，太康四年，仲康七年，相二十八年，少康二十一年，杼十七年，芬四十四年，芒五十八年，泄二十五年，不降五十九年，扃十八年，廑八年，孔甲九年，昊三年，发七年，癸三十一年，凡三百七十三年。必无王之世有九十八年，然可得四百七十一年之数，则少康陟时年已百二十岁，事难征信。又本书诸帝即位之年，各著岁名。以岁名核之，则夏后氏始壬子，终壬戌，凡四百三十一年，而寒浞四十年亦在其中。考昔人所以定寒浞为四十年者，以古本《纪年》云"夏四百七十一年"，而《汉书·律历志》云"四百三十二岁"，《易纬·稽览图》云"禹四百三十一年"，差四十年，遂以此四十年为无王之世以调停之。盖古言历者有此说，故《通鉴外纪》云羿八年，浞三十二年，共四十年。然《外纪》用《汉志》说，以夏为四百三十二年。此书用《稽览图》说，以夏为四百三十一年，而无王之年仍入此中，遂与古《纪年》四百七十一年之都数不能相应。至诸帝在位年数，复与此四百三十一年之都数不合者，因作伪者复假设丧毕即位之说。故启在位年数以岁名差之，得十九年，而本书云十六年陟，则禹崩逾三年始即位。太康在位年数以岁名差之，当得八年，而本书云太康四年陟，则启崩逾四年始即位。其余放此。然如芒、扃、桀三帝，又皆逾年即位，其参差无例亦甚矣。

殷商成汤

名履。

汤有七名而九征。《御览》八十三引《纪年》。放桀于南巢而还，诸侯八译而朝者千八百国。奇肱氏以车至，乃同尊天乙履为天子，三让，遂即天子之位。初高辛氏之世妃曰简狄，以春分玄鸟至之日，从帝祀郊禖，与其妹浴于玄郊之水，有玄鸟衔卵而坠之，五色甚好，二人竞取，覆以玉筐，简狄先得而吞之，遂孕，胸剖而生契。长为尧司徒，成功于民，受封于商。后十三世生主癸。主癸之妃曰扶都，见白气贯月，意感，以乙日生汤，号天乙。丰下锐上，晢而有髯，句身而扬声，长九尺，臂有四肘，是为成汤。汤在亳，能修其德，伊挚将应汤命，梦乘船过日月之傍。汤乃东至于洛，观帝尧之坛，沈璧退立，黄鱼双踊，黑鸟随之，止于坛，化为黑玉，又有黑龟，并赤文成字，言"夏桀无道，成汤遂当代之"。梼杌之兽，见于邳山。有神牵白狼衔钩而入商朝。金德将盛，银自山溢。汤将奉天命放桀，梦及天而舐之，遂有天下。商人后改天下之号曰殷。出《宋书·符瑞志》。

十八年癸亥，王即位，居亳。《唐书·历志》张说《五星议》："成汤伐桀，岁在壬戌，其明年，汤始建国，为元祀。"

始屋夏社。《尚书序》："汤既胜夏，欲迁其社，不可，作《夏社》。"《郊特牲》："是故丧国之社屋之。"

十九年，大旱。

氐羌来宾。《诗·商颂》："昔有成汤，自彼氐羌，莫敢不来享，莫敢不来王。"

二十年，大旱。

夏桀卒于亭山。《荀子·解蔽》篇："桀死于亭山。"

禁弦歌舞。《书钞》九、《类聚》八十二、《初学记》九、《御览》三十五等引《尸子》："汤之救旱也，弦歌鼓舞者禁之。"

二十一年，大旱。

铸金币。《管子·轻重八》："汤以庄山之金铸币，而赎民之无糧卖子者。

二十二年，大旱。

二十三年，大旱。

二十四年，大旱。

王祷于桑林，雨。《吕氏春秋·顺民》篇："汤克夏而正天下，天大旱，五年不收，汤乃以身祷于桑林，雨乃大至。"云云。上五年连书大旱，亦本此。

二十五年，作《大濩》乐。《吕氏春秋·古乐》篇："汤乃命伊尹作为《大濩》。"

初巡狩，定献令。《逸周书·王会解》："汤问伊尹曰：其为四方献令。"

二十七年，迁九鼎于商邑。《左》宣三年传："桀有昏德，鼎迁于商。"

二十九年，陟。《御览》八十三引《韩诗内传》："汤为天子十三年，百岁而崩。"《汉书·律历志》："成汤方即世崩没之时，为天子用事十三年矣。商十二月乙丑朔冬至，故《书序》曰：'成汤既没，太甲元年，使伊尹作《伊训》。'《伊训》曰：'惟太甲元年十有二月乙丑朔。'"据此，则自汤元年至太甲元年为十三年，汤在天子位凡十二年。

外 丙

名胜。《御览》八十三引《纪年》："外丙胜居亳。"

元年乙亥，王即位，居亳。见上。

命卿士伊尹。

二年，陟。《孟子·万章上》："外丙二年。"《史记》同。

仲 壬

名庸。

元年丁丑，王即位，居亳，命卿士伊尹。《春秋经传集解·后序》引《纪年》："仲壬即位，居亳，命卿士伊尹。"《书·咸有一德》疏、《通鉴外纪》引"命"作"其"。

四年，陟。《孟子·万章上》："仲壬四年。"《史记》同。

太 甲

名至。

元年辛巳，王即位，居亳，命卿士伊尹。

伊尹放太甲于桐，乃自立。《春秋·后序》、《书》疏、《外纪》引《纪年》："仲壬崩，伊尹放太甲于桐，乃自立。"

约按：伊尹自立，盖误以摄政为真尔。

七年，王潜出自桐，杀伊尹，天大雾三日，乃立其子伊陟、伊奋，命复其父之田宅而中分之。《春秋·后序》、《书》疏、《外纪》引《纪年》："伊尹即位，放太甲。七年，太甲潜出自桐，杀伊尹，乃立其子伊陟、伊奋，命复其父之田宅而中分之。"又《书》疏及《初学记》二引《帝王世纪》："伊尹卒，年百有余岁，大雾三日。"

约按：此文与前后不类，盖后世所益。

十年，大飨于太庙。《书·盘庚》："兹余大享于先王。"

初祀方明。《汉书·律历志》："《伊训》篇：'维太甲元年十有二月乙丑朔，伊尹祀于先王，诞资有牧方明。'"是本元年事，此乃系之十年。

十二年，陟。《史记·鲁周公世家》索隐："案《纪年》，太甲惟得十二年。"

沃　丁

名绚。《御览》八十三引《纪年》："沃丁绚即位，居亳。"

元年癸巳，王即位，居亳。见上。

命卿士咎单。《尚书序》："沃丁既葬伊尹于亳，咎单遂训伊尹事，作《沃丁》。"

八年，祠保衡。《尚书》疏、《初学记》二引《帝王世纪》："沃丁八年，伊尹卒，年百有余岁，大雾三日。沃丁葬以天子之礼，祀以太牢，亲自临丧三年，以报大德。"

十九年，陟。《通鉴外纪》："沃丁在位二十九年。"

小　庚 约案：《史记》作"太庚"。

名辨。《御览》八十三引《纪年》："小庚辨即位，居亳。"

元年壬子，王即位，居亳。见上。

五年，陟。《御览》八十三引《史记》："帝太庚在位二十五年崩。"《外纪》从之。案：《史记》："商诸帝无在位年数，盖采他书补之。"后仿此。

小　甲

名高。《御览》八十三引《纪年》："小甲高即位，居亳。"

元年丁巳，王即位，居亳。见上。

十七年，陟。《御览》八十三引《史记》："帝小甲在位十七年。"《外纪》："在位三十六年。"又引《帝王本纪》云"五十七年。"

雍　己

名伷。《御览》八十三引《纪年》："雍己伷即位，居亳。"

元年甲戌，王即位，居亳。见上。

十二年，陟。《御览》八十三引《史记》："帝雍己在位十二年崩。"《外纪》"十三年"。

大　戊

名密。

元年丙戌，王即位，居亳。

命卿士伊陟、臣扈。《书·君奭》："在大戊时则有若伊陟、臣扈，格于上帝。"

七年，有桑、谷生于朝。《尚书序》："伊陟相大戊，亳有祥，桑、谷共生于朝。"

十一年，命巫咸祷于山川。

二十六年，西戎来宾，王使王孟聘西戎。《海外西经》注："殷帝大戊使王孟采药，从西王母。"

三十一年，命费侯中衍为车正。《史记·秦本纪》："大费玄孙曰孟戏、中衍，鸟身人言。帝太戊闻而卜之使御，吉，遂致使御而妻之。"

三十五年，作寅车。《诗·小雅·六月》传："殷曰寅车，先疾也。"

四十六年，大有年。

五十八年，城蒲姑。

六十一年，东九夷来宾。

七十五年，陟。《书·无逸》："肆中宗之享国七十有五年。"《御览》八十三引《史记》："中宗在位七十有五年崩。"

大戊遇祥桑，侧身修行，三年之后，远方慕明德重译而至者七十六国，商道复兴，庙为中宗。原注："《竹书》作太宗。"案：《史记·殷本纪》以太甲为太宗，大戊为中宗。《御览》八十三引《纪年》以祖乙为中宗，则大戊或有称太宗之理。然作此注者固不能见汲冢原书，或见他书所引《纪年》有此说与？

仲　丁

名庄。

元年辛丑，王即位，自亳迁于嚣，于河上。《御览》八十三引《纪年》："仲丁即位，元年，自亳迁于嚣。"

六年，征蓝夷。《后汉书·东夷传》注引《纪年》："仲丁即位，征于蓝夷。"

九年，陟。《御览》八十三引《纪年》："帝仲丁在位十一年。"《外纪》同。

外　壬

名发。

元年庚戌，王即位，居嚣。《御览》八十三引《纪年》："外壬居嚣。"

邳人、侁人叛。《左》昭元年传："商有姺、邳。"

十年，陟。《御览》八十三引《史记》："帝外壬在位一十五年。"《外纪》同。

河亶甲

名整。《御览》八十三引《纪年》："河亶甲整即位。"

元年庚申，王即位，自嚣迁于相。《御览》八十三引《纪年》："河亶甲整即位，自嚣迁于相。"

三年，彭伯克邳。《郑语》："大彭、豕韦，为商伯矣。"

四年，征蓝夷。《御览》八十三引《纪年》："河亶甲征蓝夷。"

五年，佪人入于班方。彭伯、韦伯伐班方，佪人来宾。《御览》八十三引《纪年》："河亶甲再征班方。"

九年，陟。《御览》八十三引《史记》："河亶甲在位九年。"《外纪》同。

祖　乙

　　名滕。《御览》八十三引《纪年》："祖乙滕即位。"

元年己巳，王即位，自相迁于耿。

命彭伯、韦伯。见上。

二年，圮于耿。《尚书序》："祖乙圮于耿，作《祖乙》。"

自耿迁于庇。《御览》八十三引《纪年》："祖乙滕即位，是为中宗，居庇。"

三年，命卿士巫贤。《书·君奭》："在祖乙时，则有若巫贤。"

八年，城庇。

十五年，命邠侯高圉。

十九年，陟。《御览》八十三引《史记》："祖乙在位十九年。"《外纪》同。

　　祖乙之世，商道复兴，庙为中宗。原注："《史记》与《无逸》皆无之。"案：《御览》引《纪年》："祖乙滕即位，是为中宗。"

祖　辛

　　名旦。

元年戊子，王即位，居庇。

十四年，陟。《御览》八十三引《史记》："祖辛在位十六年。"《外纪》同。

开　甲原注："《史记》作沃甲。"《史记》索隐："沃甲，《系本》作开甲也。"

　　名踰。《御览》八十三引《纪年》："帝开甲踰即位，居庇。"

元年壬寅，王即位，居庇。见上。

五年，陟。《御览》八十三引《史记》："沃甲在位二十五年。"《外纪》："在位二十年。"

祖　丁

　　名新。

元年丁未，王即位，居庇。《御览》八十三引《纪年》："祖丁即位，居庇。"

九年，陟。《御览》八十三引《史记》："祖丁在位三十二年。"《外纪》同。

南 庚

名更。《御览》八十三引《纪年》："南庚更。"

元年丙辰，王即位，居庇。

三年，迁于奄。《御览》八十三引《纪年》："南庚更自庇迁于奄。"

六年，陟。《御览》八十三引《史记》："南庚在位二十九年。"《外纪》同。

阳 甲原注："一名和甲"。

名和。

元年壬戌，王即位，居奄。《御览》八十三引《纪年》："阳甲即位，居奄。"

三年，西征丹山戎。《大荒北经》注引《竹书》曰："和甲西征，得一丹山。"案：隶书"和"、"祖"二字形相近，"和甲"疑"祖甲"之讹。此据郭注讹字，乃有阳甲名和之说矣。

四年，陟。《御览》八十三引《史记》："阳甲在位十七年。"《外纪》"七年"。又引《帝王本纪》云"十七年"。

盘 庚

名旬。《御览》八十三引《纪年》："盘庚旬。"

元年丙寅，王即位，居奄。

七年，应侯来朝。《水经·潕水》注、《汉书·地理志》注引臣瓒曰："《汲冢古文》殷时已有应。"

十四年，自奄迁于北蒙，曰殷。《御览》八十三引《纪年》："盘庚旬自奄迁于北蒙，曰殷。"余见《古本纪年辑校》。

十五年，营殷邑。

十九年，命邠侯亚圉。

二十八年，陟。《御览》八十三引《史记》："盘庚在位二十八年。"《外纪》同。

小 辛

名颂。《御览》八十三引《纪年》："小辛颂即位，居殷。"

元年甲午，王即位，居殷。见上。

三年，陟。《御览》八十三引《史记》："盘庚在位二十一年。"《外纪》同。

小 乙

名敛。《御览》八十三引《纪年》："小乙敛即位，居殷。"

元年丁酉，王即位，居殷。见上。

六年，命世子武丁居于河，学于甘盘。《书·无逸》："其在高宗，旧劳于外。"伪《书·说命》："余小子旧学于甘盘，既乃遁于荒野，入宅于河。"

十年，陟。《御览》八十三引《史记》："小乙在位二十八年。"《外纪》"二十一年"。

武　丁

名昭。

元年丁未，王即位居殷。

命卿士甘盘。《书·君奭》："在武丁时则有若甘盘。"

三年，梦求傅说得之。《尚书序》："高宗梦得说。"伪《书·说命》："王宅忧，亮阴三祀，既免丧，其惟弗言，曰：梦帝赉予良弼，其代予言。"

六年，命卿士傅说。

视学养老。《王制》："凡养老，殷人以食礼。"又："殷人养国老于右学，养庶老于左学。"又："殷人缟衣而养老。"

十二年，报祀上甲微。《鲁语》："上甲微能师契者也，商人报焉。"《孔丛子·论书》篇："《书》曰：惟高宗报上甲微。"

二十五年，王子孝己卒于野。《尸子》："殷高宗之子曰孝己，其母早死，高宗惑后妻言，放之而死。"

二十九年，肜祭太庙，有雉来。《尚书序》："高宗祭成汤，有飞雉升鼎耳而雊，祖己训诸王，作《高宗肜日》。"

三十二年，伐鬼方。《易·下经》："高宗伐鬼方。"

次于荆。《诗·商颂》："挞彼殷武，奋伐荆楚。"

三十四年，师克鬼方。《易·下经》："高宗伐鬼方，三年克之。"

氐羌来宾。

四十三年，王师灭大彭。《郑语》："彭姓：彭祖、豕韦、诸稽，则商灭之矣。"

五十年，征豕韦，克之。见上。

五十九年，陟。古文《尚书·无逸》："肆高宗之享国五十有九年。"《御览》八十三引《帝王世纪》："武丁在位五十九年。"此从之。《隶释》录汉石经："肆高宗之享国百年。"

　　王，殷之大仁也。《汉书·贾捐之传》。力行王道，不敢荒宁，嘉靖殷邦，至于小大，无时或怨。四语出《书·无逸》。是时舆地东不过江、黄，西不过氐羌，南不过荆蛮，北不过朔方，而颂声作。

《汉书·贾捐之传》。礼废而复起。庙号高宗。

祖 庚

　　名曜。《御览》八十三引《纪年》："祖庚曜居殷。"

元年丙午，王即位，居殷，作高宗之训。见上。

十一年，陟。《御览》八十三引《史记》："祖庚在位七年。"《外纪》同。

祖　甲原注："《国语》作帝甲。"

　　名载。《御览》八十三引《纪年》："帝祖甲载居殷。"

元年丁巳，王即位，居殷。见上。

十二年，征西戎。

冬，王返自西戎。原注："祖甲西征，得一丹山。"案：此《大荒北经》注引《竹书》，"祖甲"原注作"和甲"。

十三年，西戎来宾。

命邠侯组绀。

二十四年。重作汤刑。《左》昭五年传："商有乱政，而作汤刑。"

二十七年，命王子嚣、王子良。《西京杂记》："霍将军妻产二子，疑所为兄弟。霍光闻之，答书曰：'昔殷王祖甲一产二子，曰嚣，曰良。'"

三十三年，陟。《书·无逸》："肆祖甲之享国三十有三年。"案：昔人多以祖甲为太甲，郑玄以为武丁子帝甲。《御览》八十三引《史记》："祖甲在位十六年。"《外纪》同。

　　王旧在野，及即位，知小人之依，能保惠庶民，不侮鳏寡。《书·无逸》。迫其末也，繁刑以携远，殷道复衰。原注："《国语》曰：'玄王勤商，十有四世，帝甲乱之，七世而陨。'"

冯　辛原注："《史记》作'廪辛'。《汉书·古今人表》亦作'冯辛'。"

　　名先。《御览》八十三引《纪年》："冯辛先居殷。"

元年庚寅，王即位，居殷。见上。

四年，陟。《御览》八十三引《史记》："廪辛在位六年。"《外纪》同。

庚　丁

　　名嚣。

元年甲午，王即位，居殷。《御览》八十三引《纪年》："庚丁居殷。"

八年，陟。《御览》八十四引《史记》："庚丁在位三十一年。"《外纪》："六年。"又《帝王本纪》云:"二十三年。"

武 乙

名瞿。

元年壬寅,王即位,居殷。《御览》八十三引《纪年》:"武乙即位,居殷。"

邠迁于岐周。《孟子·梁惠王下》:"太王去邠,逾梁山,邑于岐山之下居焉。"

三年,自殷迁于河北。《史记·殷本纪》:"武乙立,殷复去亳迁河北。"案:正义引《纪年》:"自盘庚迁殷,至纣之灭,更不迁都。"此妄取《史记》乱之。

命周公亶父赐以岐邑。

十五年,自河北迁于沬。《史记·周本纪》正义引《帝王本纪》:"帝乙复济河,北徙朝歌。"

二十一年,周公亶父薨。

二十四年,周师伐程,战于毕,克之。《逸周书·史记解》:"昔有毕程氏,损禄增爵,群臣貌匮,比而戻民,毕程氏以亡。"

三十年,周师伐义渠,乃获其君以归。《逸周书·史记解》:"昔者义渠氏有两子,异母皆重,君疾,大臣分党而争,义渠以亡。"

三十四年,周公季历来朝,王赐地三十里,玉十珏,马十匹。《御览》八十三引《纪年》:"武乙三十四年,周王季历来朝,武乙赐地三十里,玉十珏,马十匹。"

三十五年,周公季历伐西落鬼戎。《后汉书·西羌传》注引《纪年》:"武乙三十五年,周王季伐西落鬼戎,俘其二十翟王。"

王畋于河、渭,暴雷震死。《史记·殷本纪》:"武乙猎于河、渭之间,暴雷震死。"《外纪》:"武乙在位三年。"又云:"《竹书纪年》'武乙三十五年,周俘狄王',与《帝王本纪》不同。然则三年者,《帝王本纪》说也。"

文 丁 原注:"《史记》作'大丁',非。"案:《后汉书·西羌传》注、《太平御览》、《通鉴外纪》引《纪年》皆作"大丁",惟《北堂书钞》四十一引《纪年》作"文丁",《御览》八十三引《帝王本纪》"'文丁'一曰'大丁'"。

名托。

元年丁丑,王即位,居殷。原注:"自沬归殷邑。"

二年,周公季历伐燕京之戎,败绩。《后汉书·西羌传》注引《纪年》:"太丁三年,周人伐燕京之戎,周师大败。"

三年,洹水一日三绝。《御览》八十三引《纪年》:"太丁三年,洹水一日三绝。"

四年，周公季历伐余无之戎，克之，命为牧师。《后汉书·西羌传》注引《纪年》："太丁四年，周人伐余无之戎，克之，周王季命为殷牧师。"

五年，周作程邑。《路史·国名纪》："程，王季之居。"

七年，周公季历伐始呼之戎，克之。《后汉书·西羌传》注引《纪年》："太丁七年，周人伐始呼之戎，克之。"

十一年，周公季历伐翳徒之戎，获其三大夫，来献捷。《后汉书·西羌传》注引《纪年》："十一年，周人伐翳徒之戎，捷其三大夫。"《外纪》引作"十三年"。

王杀季历。《晋书·束皙传》、《史通·疑古》篇、《杂说》篇引《纪年》："文丁杀季历。"《书钞》四十一引"文丁杀周王"云云。

> 王嘉季历之功，锡之圭瓒、秬鬯，九命为伯，既而执诸塞库，季历困而死，因谓文丁杀季历。原注："执王季于塞库，羁文王于玉门，郁尼之情，辞以作歌，其传久矣。"案：虞信齐王宪碑："囚箕子于塞库，羁文王于玉门。"

十二年，原注："周文王元年。"有凤集于岐山。《周语》："周之兴也，鸑鷟鸣于岐山。"

十三年，陟。《御览》八十三引《史记》："太丁在位三年。"《外纪》同。

帝 乙

> 名羡。

元年庚寅，王即位，居殷。《御览》八十三引《纪年》："帝乙居殷。"

三年，王命南仲，西拒昆夷，城朔方。《诗·小雅》："王命南仲，往城于方。"传："王，殷王也。"

夏六月，周地震。《吕氏春秋·制乐》篇："周文王立国八年，岁六月，文王寝疾，五日而地动，东西南北，不出国郊。"

九年，陟。《御览》八十三引《帝王本纪》："帝乙在位三十七年。"《外纪》同。

帝 辛

> 名受。原注："即纣也，曰受辛。"

元年己亥，王即位，居殷。《御览》八十三引《纪年》："帝辛受居殷。"

命九侯、周侯、邘侯。原注："周侯为西伯昌。"《史记·殷本纪》："以西伯、九侯、鄂侯为三公。"徐广曰："'鄂'一作'邘'。"

三年，有雀生鹯。《说苑·敬慎》篇："昔者殷王帝辛之时，爵生鸢于城之隅。"

四年，大蒐于黎。《左》昭四年传："商纣为黎之蒐，东夷叛之。"

作炮烙之刑。《史记·殷本纪》："乃重辟刑，有炮烙之法。"

五年夏，筑南单之台。

雨土于亳。《墨子·非攻下》："还至于商王纣，天不序其德，祀用失时，兼夜中，十日，雨土于薄。"

六年，西伯初禴于毕。《唐书·历志》："至纣六祀，周文王初禴于毕。"

九年，王师伐有苏，获妲己以归。《晋语》："殷辛伐有苏，有苏氏以妲己女焉。"

作琼室，立玉门。《文选·东京赋》、《吴都赋》注引《纪年》："殷纣作琼室，立玉门。"

十年夏六月，王畋于西郊。《御览》八十三引《帝王世纪》："纣六月，发民猎于西土。"

十七年，西伯伐翟。

冬，王游于淇。《水经·淇水》注："老人晨将渡淇，而沈吟难济。纣问其故，左右曰：'老者髓不实，故晨寒也。'纣乃于此斮胫而视髓也。"

二十一年春正月，诸侯朝周。

伯夷、叔齐自孤竹归于周。《史记·伯夷列传》："伯夷、叔齐闻西伯昌善养老，盍往归焉。"

二十二年冬，大蒐于渭。

二十三年，囚西伯于羑里。《史记·殷本纪》："纣囚西伯羑里。"

二十九年，释西伯，诸侯逆西伯，归于程。《左》襄二十一年："纣囚文王七年，诸侯皆从之囚，纣于是乎惧而归之。"《逸周书·程寤解》："文王去商在程。"

三十年春三月，西伯率诸侯入贡。《左》襄四年传："文王率商之叛国以事纣。"

三十一年，西伯治兵于毕，得吕尚以为师。《史记·齐太公世家》："西伯猎，遇太公望于渭之阳，立为师。"

三十二年，五星聚于房。《文选·始出尚书省诗》注、《褚渊碑》注、《安陆昭王碑》注、《类聚》十、《御览》五引《春秋元命苞》："殷纣之时，五星聚于房。"

有赤乌集于周社。《墨子·非攻下》："赤乌衔珪，降周之岐社，曰：'天命周文王，伐殷有国。'"

密人侵阮，西伯帅师伐密。《诗·大雅》："密人不恭，敢拒大邦，侵阮徂共，王赫斯怒，爰整其旅，以遏徂旅。"

三十三年，密人降于周师，遂迁于程。《逸周书·大匡解》："惟周王宅程。"

王锡命西伯，得专征伐。《史记·殷本纪》："乃赦西伯，赐之弓矢、斧钺，得专征伐。"

　　约案：文王受命九年，大统未集，盖得专征伐，受命自此年始。

三十四年，周师取耆及邘，遂伐崇，崇人降。《史记·周本纪》："受命，明年伐犬戎，明年伐密须，明年败耆国，明年伐邘，明年伐崇侯虎，而作丰邑。明年西伯崩。"《左》襄三十一年正义："《尚书大传》：文王一年质虞、芮，二年伐于，三年伐密须，四年伐畎夷，纣乃囚之。"《文王世子》正义引《大传》："五年文王出，则克耆，六年伐崇，则称王。"二说不同，此本《大传》及《史记》，而系年又异。

冬十二月，昆夷侵周。《诗·采薇》正义引《帝王世纪》："文王受命四年春正月丙子，昆夷侵周，一日三至周之东门。"此在受命三年冬十二月，盖以殷正差之也。

三十五年，周大饥。《逸周书·大匡解》："惟周王宅程三年，遭天之大荒。"

西伯自程迁于丰。《诗·大雅》："既伐于崇，作邑于丰。"

三十六年春正月，诸侯朝于周，遂伐昆夷。《尚书大传》："四年伐畎夷。"

西伯使世子发营镐。《诗·大雅》："考卜维王，宅是镐京，维龟正之，武王成之。"

三十七年，周作辟雍。《诗·大雅》："镐京辟雍。"

三十九年，大夫辛甲出奔周。《史记·周本纪》："辛甲大夫之徒，皆往归焉。"

四十年，周作灵台。《诗·大雅》："经始灵台。"

王使胶鬲求玉于周。《韩非子·喻老》："周有玉版，纣令胶鬲索之，文王不与。"

四十一年春三月，西伯昌薨。原注："周文王葬毕，毕西于丰三十里。"《汉书·刘向传》："文王、周公葬于毕。"注："臣瓒曰：'《汲郡古文》：毕西于丰三十里。'"

四十二年，原注："周武王元年。"西伯发受丹书于吕尚。《大戴礼记》："武王践阼三日，召师尚父而问焉，曰：'昔黄帝、颛顼之道存乎？'师尚父曰：'在丹书。'"

有女子化为丈夫。《墨子·非攻下》："时有女为男。"

四十三年春，大阅。

峣山崩。《淮南·俶真训》："逮至殷纣，峣山崩，三月涸。"又《览冥训》："峣山崩而薄落之水涸。"

四十四年，西伯发伐黎。《书·西伯戡黎》。

四十七年，内史向挚出奔周。《吕氏春秋·先识览》："殷内史向挚见纣之愈乱迷惑也，于是载其图法，出亡之周。"

四十八年，夷羊见。《周语》："商之亡也，夷羊在牧。"

二日并出。《通鉴外纪》："纣即位以来，两日见。"

五十一年冬十一月戊子，周师渡孟津而还。《尚书序》："惟十有一年，武王伐殷，一月戊午，师渡孟津。"

王囚箕子，杀王子比干，微子出奔。《论语》："微子去之，箕子为之奴，比干谏而死。"

五十二年庚寅，周始伐殷。《唐书·历志》引《纪年》："武王十一年庚寅，周始伐商。"

秋，周师次于鲜原。《逸周书·和寤解》："王乃出图商，至于鲜原。"

冬十有二月，周师有事于上帝，庸、蜀、羌、髳、微、卢、彭、濮从周师伐殷。原注："伐殷至邢邱，更名邢邱曰怀。"伪《书·武成》："底商之罪，告于皇天后土。"《书·牧誓》："及庸、蜀、羌、髳、微、卢、彭、濮人。"原注十六字见《韩诗外传》三。

　　汤灭夏，以至于受，二十九王，用岁四百九十六年。原注："始癸亥，终戊寅。"《史记·殷本纪》集解引《纪年》、《文选·六代论》注、《通鉴外纪》分引。原注"戊寅"乃"庚寅"之讹。案：自癸亥至庚寅，实五百八年，而以诸帝积年计之亦同，并与都数不合。盖以汤元年为癸亥，本于《唐书·历志》张说《历议》，而以周始伐商为庚寅，则本《历议》所引《纪年》，二者本不同源，无怪与古《纪年》积年不合也。原注见其不合，乃改为"戊寅"，然不免与本书诸帝积年及岁名相龃龉。盖书与注亦非尽出一人之手，或虽出一手而前后未照也。古《纪年》用岁四百九十六年，与《易纬稽览图》同。

卷　下

周武王

　　名发。初，高辛氏之世妃曰姜嫄，助祭郊禖，见大人迹履之，当时歆如有人道感己，遂有身而生男。以为不详，弃之陋巷，羊牛避而不践；又送之山林之中，会伐林者〈荐覆之〉；又取而置寒冰上，大鸟以一翼藉覆之。姜嫄以为异，乃收养焉，名之曰弃。枝颐有异相，长为尧稷官，有功于民。后稷之孙曰公刘，有德，诸侯皆以天子之礼待之。初，黄帝之世谶言曰："西北为王，期在甲子，昌制命，发行诛，旦行道。"及公刘之后，十三世而生季历。季历之十年，飞龙盈于殷之牧野，此盖圣人在下位将起之符也。季历之妃曰太任，梦长人感己，溲于豕牢而生昌，是为周文王。龙颜虎肩，身长十尺，胸有四乳。太王曰："吾世当有兴者，其在昌乎！"季历之兄曰太伯，知天命在昌，适越终身不反，弟仲雍从之，故季历为嗣以及昌。昌为西伯，作邑于丰。文王之妃曰太姒，梦商庭生棘，太子发植梓树于阙间，化为松柏棫柞，以告文王，文王币率群臣，与发并拜吉梦。季秋之甲子，赤爵衔书及丰，置于昌户，昌拜稽首受。其文要曰："姬昌苍帝子，亡殷者纣王。"将畋，史编卜之曰："将大获，非熊非罴，天遣太师以佐昌，臣太祖史畴为禹卜畋，得皋陶，其兆类此。"至于磻溪之水，吕尚钓于涯，王下趋拜曰："望公七年，乃今见光景于斯。"尚立变名答曰："望钓得玉璜，其文要曰：'姬受命，昌来提，撰尔洛钤，报在齐。'"尚出游，见赤人自洛出，授尚书："命曰吕，佐昌者子。"文王梦日月著其身，又鸑鷟鸣于岐山。孟春六旬，五纬聚房。后有凤皇衔书，游文王之都，书又曰："殷帝无道，虐乱天下。星命已移，不得复久。灵祇远离，百神吹去。五星聚房，昭理四海。"文王既没，太子发代立，是为武王，武王骈齿望羊。将伐纣，至于孟津，八百诸侯不期而会，咸曰："纣可伐矣！"武王不从。及纣杀比干，囚箕子，微子去之，乃伐纣。渡孟津，中流，白鱼跃入王舟，王俯取鱼，长三尺，目下有赤文成字，言纣可伐，王写以世字，鱼文消，燔鱼以告天。有火自天止于王屋，流为赤乌，乌衔谷焉。谷者，纪后稷之德；火者，燔鱼以告天，天火流下，应以告也。遂东伐纣，胜于牧野，兵不血刃，而天下归之。乃封吕尚于齐。周德既隆，草木茂盛，蒿堪为宫室，因名蒿室。既有天下，遂都于镐。以上除首二字、末八字，皆出《宋书·符瑞志》。

十二年辛卯，王率西夷诸侯伐殷，败之坶野。《水经·清水》注引《纪年》："王率西夷诸侯伐殷，败之于坶野。"

王亲禽受于南单之台，遂分天之明。《水经·淇水》注引《纪年》："王亲禽帝受辛于南单之台，遂分天之明。"《初学记》二十四引："王亲禽受于南单之台。"

立受子禄父，是为武庚。《史记·殷本纪》："封纣子武康禄父，以续殷祀。"

夏四月，王归于丰，飨于太庙。《汉书·律历志》："《逸书·武成》：'惟四月既旁生霸，粤六日庚戌，武王燎于周庙。'"伪《书·武成》："厥四月哉生明，王来自商，至于丰，丁未祀于周庙。"

命监殷。《逸周书·作雒解》："武王克殷，乃立王子禄父，俾守商祀，建管叔于东，建蔡叔、霍叔于殷，俾监殷臣。"

遂狩于管。《逸周书·大匡解》又《文政解》："惟十有三祀，王在管。"

作《大武》乐。《吕氏春秋·古乐》篇："武王乃命周公作为《大武》。"

十三年，巢伯来宾。《尚书序》："巢伯来朝，芮伯作《旅巢命》。"

荐殷于太庙。《逸周书·世俘解》："辛亥，荐俘殷王鼎。癸丑，荐殷俘王士百人。"案：此是克殷年事。

遂大封诸侯。《尚书序》："武王既胜殷，邦诸侯。"

秋，大有年。《诗·周颂》："绥万邦，屡丰年。"

十四年，王有疾，周文公祷于坛墠，作《金縢》。《书·金縢》："既克商二年，王有疾，弗豫。"序："周公作《金縢》。"

十五年，肃慎氏来宾。《鲁语》："昔武王克商，通道于九夷八蛮，肃慎氏贡楛矢、石弩。"

初狩方岳，诰于沬邑。《书·酒诰》："王若曰：明大命于妹邦。"

冬，迁九鼎于洛。《左》桓二年传："武王克商，迁九鼎于洛邑。"

十六年，箕子来朝。《史记·宋微子世家》："其后箕子朝周。"

秋，王师灭蒲姑。《左》昭九年传："及武王克商，蒲姑、商、奄，我东土也。"

十七年，命王世子诵于东宫。《逸周书·武儆解》："惟十有二祀四月，王告梦。丙辰，出金枝郊宝开和细书，命召周公旦立后嗣，属小子诵文及宝典。"

冬十有二月，王陟，年九十四。《史记·周本纪》集解："皇甫谧曰：武王定位元年，岁在乙酉，六年庚寅崩。"《逸周书·作雒解》："武王克殷既归，乃岁十二月崩镐。"《御览》八十四引《帝王世纪》："十年冬，王崩于镐，时年九十三岁。"《路史·发挥四》："案《竹书纪年》，武王年五十四。"

成　王

名诵。《逸周书·武儆解》："属小子诵。"《史记·周本纪》："武王崩，太子诵代立。"

元年丁酉春正月，王即位，命冢宰周文公总百官。《史记·周本纪》："成王少，周公乃摄行政当国。"

庚午，周公诰诸侯于皇门。《逸周书·皇门解》："惟正月庚午，周公格左闳门，会群臣。"

夏六月，葬武王于毕。《逸周书·作雒解》："元年夏六月，葬武王于毕。"

秋，王加元服。《大戴礼记·公冠》篇："成王冠。"

武庚以殷叛。《史记·周本纪》："周公乃摄行政当国，管叔、蔡叔群弟疑周公，与武庚作乱畔周。"

周文公出居于东。《书·金縢》："周公居东。"

二年，奄人、徐人及淮夷入于邶以叛。《逸周书·作雒解》："周公立相天子，三叔及殷东徐、奄及熊盈以略。"

秋，大雷电以风，王逆周文公于郊。《书·金縢》："秋大熟，未获，天大雷电以风，王曰：'今天动威以彰周公之德，惟朕小子其新迎。'王出郊。"

遂伐殷。《尚书序》："周公相成王，将黜殷，作《大诰》。"

三年，王师灭殷，杀武庚禄父。《逸周书·作雒解》："二年，又作师旅，临卫政殷，殷大震溃，降辟三叔，王子禄父北奔。"

迁殷民于卫。《尚书序》："成王以殷余民封康叔。"《左》定四年传："分康叔以殷民七族。"

遂伐奄。《孟子·滕文公下》："伐奄，三年讨其君。"

灭蒲姑。原注："姑与四国作乱，故周文公伐之。"《汉书·地理志》："薄姑氏与四国共作乱，成王灭之。"

四年春正月，初朝于庙。《诗序》："《闵予小子》，嗣王朝于庙也。"

夏四月，初尝麦。《逸周书·尝麦解》："惟四年孟夏，王乃尝麦于大祖。"

王师伐淮夷，遂入奄。《尚书序》："成王东伐淮夷，遂践奄，作《成王政》。"

五年春正月，王在奄，迁其君于蒲姑。《尚书序》："成王既践奄，将迁其君于蒲姑。"

夏五月，王至自奄。《书·多方》："惟五月丁亥，王来自奄，至于宗周。"

迁殷民于洛邑。《尚书序》："成周既成，迁殷顽民。"

遂营成周。《尚书大传》："五年营成周。"

六年，大蒐于岐阳。《左》昭四年传："成有岐阳之蒐。"

七年，周公复政于王。《明堂位》："七年，致政于成王。"《尚书大传》："七年，致政成王。"

春二月，王如丰。《书·召诰》："惟二月既望，越六日乙未，王朝步自周，则至于丰。"

三月，召康公如洛度邑。《书·召诰》："越若来三月，惟丙午朏，越三日戊申，太保朝至于洛，卜宅，厥既得卜，则经营。"

甲子，周文公诰多士于成周，遂城东都。《书·召诰》："甲子，周公乃朝用书命庶殷：侯、甸、男、邦伯。厥既命殷庶，庶殷丕作。"又《多士》："惟三月，周公初于新邑洛，用告商王士。"

王如东都，诸侯来朝。《书·洛诰》："孺子来相宅。"又云："汝其敬识百辟享。"

冬，王归自东都。《书·洛诰》："戊辰，王在新邑。在十有二月，惟周公诞保文武受命，惟七年。"历家皆以戊辰为十二月晦，此云"冬，王归自东都"者，盖伪此书者以古《纪年》用夏正，故云尔也。

立高圉庙。《鲁语》："高圉、大王，能帅稷者也，周人报焉。"

八年春正月，王初莅阼亲政。《文王世子》："成王幼，不能莅阼。"

命鲁侯禽父、齐侯伋迁庶殷于鲁。《左》定四年传："分鲁公以殷民六族。"

作《象舞》。《吕氏春秋·古乐》篇："商人服象，为虐于东夷，周公遂以师逐之，至于江南，乃为《三象》，以彰其德。"

冬十月，王师灭唐，迁其民于杜。《左》襄二十四年传："在周为唐杜氏。"又昭元年传："及成王灭唐。"

九年春正月，有事于太庙，初用《勺》。《春秋繁露·三代改制质文》篇："周公辅成王，作《汋乐》以奉天。"

肃慎氏来朝，王使荣伯锡肃慎氏命。《尚书序》："成王既伐东夷，息慎来贺，王俾荣伯作《贿息慎之命》。"

十年，王命唐叔虞为侯。《左》昭元年传："及成王灭唐，而封大叔焉。"

越裳氏来朝。《尚书大传》："成王之时，越裳重译而来朝。"

周文公出居于丰。《通鉴外纪》："周公归政，三年之后老于丰。"

十一年春正月，王如丰。

唐叔献嘉禾，王命唐叔归禾于周文公。《尚书序》："唐叔得禾，异亩同颖，献诸天子，王命唐叔归周公于东，作《归禾》。周公既得命禾，旅天子之命，作《嘉禾》。"

王命周平公治东都。《尚书序》："周公既没，命君陈分正东郊成周，作《君陈》。"

约按：周平公即君陈，周公之子，伯禽之弟。

十二年，王师、燕师城韩。《诗·大雅》："溥彼韩城，燕师所完。"

王锡韩侯命。《左》僖二十四年传："邗、晋、应、韩，武之穆也。"

十三年，王师会齐侯、鲁侯伐戎。

夏六月，鲁大禘于周公庙。《明堂位》："季夏六月，以禘礼祀周公于太庙。"

十四年，秦师围曲城，克之。"秦"，孙之骒本作"齐"。《晏子春秋·内篇·谏下第二》："丁公伐曲沃，胜之。"《类聚》二十四引作"丁公伐曲城"。

冬，洛邑告成。

十八年春正月，王如洛邑定鼎。《左》宣三年传："成王定鼎于郏鄏。"

凤皇见，遂有事于河。《宋书·符瑞志》，见下附注。

武王没，成王少，周公旦摄政七年，制礼作乐，神鸟凤皇见，蓂荚生。乃与成王观于河、洛，沈璧，礼毕，王退俟，至于日昃，荣光并出幕河，青云浮至，青龙临坛，衔玄甲之图，坐之而去。礼于洛，亦如之，玄龟、青龙、苍光止于坛，背甲刻书，赤文成字，周公援笔以世文写之，书成文消，龟随甲而去。其言自周公讫于秦、汉盛衰之符。麒麟游苑，凤皇翔庭，成王援琴而歌曰："凤皇翔兮于紫庭，余何德兮以感灵，赖先王兮恩泽臻，于胥乐兮民以宁。"出《宋书·符瑞志》。

十九年，王巡狩侯、甸、方岳，召康公从。《周礼·大行人》："十有二岁，王巡狩殷国。"作伪者以成王亲政，至是十有二年，故为此语。

归于宗周，遂正百官。伪《书·周官》："惟周王抚万邦，巡侯、甸，归于宗周，董正治官。"

黜丰侯。《说文解字·丰部》："乡饮酒有丰侯者。"阮谌《三礼图》："丰，国名也，坐酒亡国。"崔骃《酒箴》："丰侯沈湎，荷罂抱缶。自戮于世，图形戒后。"

二十一年，除治象。《周礼·太宰》："乃县治象之法于象魏。"

周文公薨于丰。《尚书序》："周公在丰，将没，欲葬成周。公薨，成王葬于毕。"

二十二年，葬周文公于毕。见上。

二十四年，於越来宾。

二十五年，王大会诸侯于东都，四夷来宾。《逸周书·王会解》，文繁不具。

冬十月，归自东都，大事于太庙。

三十年，离戎来宾。《逸周书·史记解》："昔者林氏召离戎之君而朝之，至而不礼，留而不亲，离戎逃而去之，林氏伐之，天下叛林氏。"

约按：离戎，骊山之戎也，为林氏所伐，告于成王。

三十三年，王游于卷阿，召康公从。《诗序》："《卷阿》，召康公戒成王也。”

归于宗周。

命世子钊如房逆女，房伯祈归于宗周。《周语》：“昭王娶于房，曰房后。”此以为康王，殆涉昭王而误。

三十四年，雨金于咸阳。《述异记》下：“周成王时，咸阳雨金。”

> 约案：咸阳天雨金，三年，国有大丧。

三十七年夏四月乙丑，王陟。《书·顾命》：“惟四月哉生魄，王不怿。乙丑，王崩。”《汉书·律历志》：“成王三十年四月庚戌朔，十五日甲子哉生霸，故《顾命》曰：‘惟四月哉生霸，王有疾，不豫。甲子，王乃洮沬水。’作《顾命》，翌日乙丑，成王崩。”《通鉴外纪》：“成王在位三十年，通周公摄政三十七年。”

康　王

> 名钊。见《书·顾命》、《康王之诰》。《史记·周本纪》：“成王崩，太子钊立。”

元年甲戌春正月，王即位，命冢宰召康公总百官。

诸侯期于丰宫。《左》昭四年传：“康有丰宫之朝。”

三年，定乐歌。

吉禘于先生〔王〕。

申戒农官，告于庙。《诗序》：“《臣工》，诸侯助祭，遣于庙。”朱子《集传》：“此戒农官之诗也。”

六年，齐太公薨。《太公吕望表》引《纪年》：“康王六年，齐太公望卒。”

九年，唐迁于晋，作宫而美，王使人让之。《书钞》十八引《纪年》：“晋侯作宫而美，康王使让之。”

十二年夏六月壬申，王如丰，锡毕公命。《汉书·律历志》：“康王十二年六月戊辰朔，三日庚午，故《毕命丰刑》曰：‘惟十有二年六月庚午胐，王命作册《丰刑》。’”伪《书·毕命》：“惟十有二年六月庚午胐，越三日壬申，王朝步自宗周至于丰，以成周之众命毕公，保厘东郊。”

秋，毛懿公薨。

十六年，锡齐侯伋命。

王南巡狩，至九江、庐山。《御览》五十四引《寻阳记》：“庐山西南有康王谷。”

十九年，鲁侯禽父薨。《汉书·律历志》：“成王元年，此命伯禽俾侯于鲁之岁也。鲁公伯禽推即位四十六年，至康王十六年而薨。”此作十九年。案：下“二十一年，鲁作茅阙门”，乃炀公时事，二十一年炀公已即位，前此尚有考公四年，则此书亦当从《汉志》说，以鲁公薨在康王十六年也。"十九年"三字疑衍。

二十一年，鲁筑茅阙门。《史记·鲁周公世家》："鲁公伯禽卒，子考公酋立。考公四年卒，立弟熙，是为炀公。炀公筑茅阙门。"以《汉志》伯禽薨年推之，此岁为炀公元年。

二十四年，召康公薨。

二十六年秋九月己未，王陟。《御览》八十四引《帝王世纪》："康王在位二十六年崩。"《外纪》同。

昭　王

名瑕。《史记·周本纪》："康王崩，子昭王瑕立。"

元年庚子春正月，王即位，复设象魏。案：前于成王二十一年云"除治象"，至此复设象魏，凡四十三年。盖作伪者见《文选》注及《御览》引《纪年》"成、康之世，天下安宁，刑措四十余年不用"，乃书此以影射之也。

六年，王锡郇伯命。《诗·曹风》："四国有王，郇伯劳之。"

冬十二月，桃李华。

十四年夏四月，恒星不见。《广宏明集》十一释法琳引《周书异记》："周昭王即位二十四年甲寅岁四月八日，江河泉池忽然泛涨，井泉并皆溢出，宫殿人舍山川大地悉皆震动，其夜五色光气入贯紫微，遍于西方，尽作青红色。周昭王问太史苏由曰：'此何祥也？'由对曰：'有大圣人生于西方，故现此瑞。'"

秋七月，鲁人弑其君宰。《史记·鲁世家》："炀公六年卒，子幽公宰立。幽公十四年，幽公弟溃杀幽公而自立。"

十六年，伐楚，涉汉，遇大兕。《初学记》七引《纪年》："周昭王十六年，伐楚荆，涉汉，遇大兕。"

十九年春，有星孛于紫微。《御览》八百七十四引《纪年》："周昭王末年，夜清，五色光贯紫微，其年王南巡不返。"

祭公、辛伯从王伐楚。《吕氏春秋·音初》篇："周昭王将亲征荆蛮，辛余靡长且多力，为王右，还反及汉，梁败，王及祭公陨于汉中，辛余靡振王北济，反振祭公，周乃侯之于西翟。"

天大曀，雉兔皆震，丧六师于汉。《初学记》七引《纪年》："周昭王十九年，天大曀，雉兔皆震，丧六师于汉。"《开元占经》一百一、《御览》九百七引上二句。

王陟。《御览》八十四引《帝王世纪》："昭王在位五十一年。"《外纪》同。又引皇甫谧曰："在位二年。"

穆　王

名满。《史记·周本纪》："立昭王子满，是为穆王。"

元年己未春正月，王即位，作昭宫。

命辛伯余靡。《吕氏春秋·音初》篇语，见上。

冬十月，筑祇宫于南郑。《穆天子传》注引《纪年》："穆王元年，筑祇宫于南郑。"

　　　　自武王至穆王，享国百年。《晋书·束皙传》引《纪年》。穆王以下都于南郑。《汉书·地理志》注。

六年春，徐子诞来朝，锡命为伯。《后汉书·东夷传》："穆王分东方诸侯，命徐偃王主之。"

八年，北唐来宾，献一骊马，是生骒耳。《穆天子传》注引《纪年》："北唐之君来见，以一骊马，是生骒耳。"《史记·秦本纪》集解引"骒"作"骝"。

九年，筑春宫。原注："王所居有春宫、郑宫。"《御览》一百七十三引《纪年》："穆王所居春宫、郑宫。"

十一年，王命卿士祭公谋父。

十二年，毛公班、井公利、逄公固帅师从王伐犬戎。《穆天子传》："命毛班、逄固先至于周，又乃命井利、梁固逮将六师。"

冬十月，王北巡狩，遂征犬戎。《穆天子传》："天子北征于犬戎。"

十三年春，祭公帅师从王西征，次于阳纡。《类聚》九十一引《纪年》："穆王十三年，西征，至于青鸟之所憩。"《穆天子传》："天子西征，鹜行至于阳纡之山，河宗柏天先白□，天子使郲父受之。"

秋七月，西戎来宾。

徐戎侵洛。《后汉书·东夷传》："徐夷僭号，乃率九夷，以伐宗周，西至河上。"

冬十月，造父御王，入于宗周。《史记·秦本纪》："造父以善御幸于周缪王，得赤骥、温骊、骅骝、騄耳之驷，西巡狩，乐而忘归。徐偃王作乱，造父为缪王御，长驱归周，一日千里以救乱。"

十四年，王帅楚子伐徐戎，克之。《后汉书·东夷传》："穆王后得骥騄之乘，乃使造父御之告楚，令伐徐，一日而至，于是楚文王大举兵而灭之。"

夏四月王畋于军邱。《穆天子传》："□辰，天子次于军邱，以畋于蕨□。"

五月，作范宫。《穆天子传》："甲寅，天子作居范宫。"

秋九月，翟人侵毕。《穆天子传》："季秋，□乃宿于房，毕人告戎曰：'陵翟来侵。'"

冬，蒐于萍泽。《穆天子传》："季冬丙辰，天子筮猎苹泽。"

作虎牢。《穆天子传》："有虎在于葭中，天子将至，七萃之士高奔戎请生捕虎，必全之，乃生捕虎而献之，天子命之为柙，而畜之东虞，是为虎牢。"

十五年春正月，留昆氏来宾。《穆天子传》："留昆归玉百枚。"注："留昆国见《纪年》。"

作重璧台。《穆天子传》:"天子乃为之台,是曰重璧之台。"

冬,王观于盐泽。原注:"一作'王幸安邑,观盐池',非是。"《穆天子传》:"仲冬戊子,至于盐。"注:"盐,盐池。"

十六年,霍侯旧薨。《穆天子传》:"霍侯旧告薨。"

王命造父封于赵。《史记·秦本纪》:"缪王以赵城封造父。"

十七年,王西征昆仑邱,见西王母。其年,西王母来朝,宾于昭宫。《穆天子传》注引《纪年》:"穆王十七年,西征昆仑邱,见西王母。其年来见,宾于昭宫。"《西次三经》注引:"穆王五十七年,西王母来见,宾于昭宫。"

秋八月,迁戎于太原。《汉书·西羌传》:"王乃西征犬戎,获其五王,遂迁戎于太原。"

> 王北征,行流沙千里,积羽千里,《大荒北经》注引《纪年》。征犬戎,取其五王以东。《穆天子传》注引《纪年》。西征,至于青鸟所解。原注:三危山。《西次三经》注引《纪年》。西征还,里天下亿有九万里。《穆天子传》注引《纪年》。

十八年春正月,王居祇宫,诸侯来朝。

二十一年,祭文公薨。《逸周书·祭公解》:"谋父疾维不瘳。"

二十四年,王命左史戎夫作记。《逸周书·史记解》:"维正月,王在成周,昧爽,召三公左史戎夫曰:'今夕朕寤,遂事惊予,乃取遂事之要戒,俾戎戎夫主之,朔望以闻。'"

三十五年,荆人入徐,毛伯迁帅师败荆人于沛。

三十七年,大起九师,东至于九江,架鼋鼍以为梁,遂伐越,至于纡。《文选·恨赋》注引《纪年》:"穆王三十七年伐越,大起九师,东至于九江,叱鼋鼍以为梁。"《路史·国名纪》:"纡,穆王伐之,大起九师,东至九江,蚔蝉为梁。"亦本《纪年》。此兼取二书,遂云"伐越至于纡"矣。

荆人来贡。《类聚》九引《纪年》:"穆王三十七年伐楚。"

三十九年,王会诸侯于涂山。《左》昭四年传:"穆有涂山之会。"

四十五年,鲁侯溃薨。《史记·周鲁公世家》:"幽公弟溃杀幽公而自立,是为魏公,魏公五十年卒。"

五十一年,作《吕刑》,命甫侯于丰。《书·吕刑》:"惟吕命王享国百年,耄荒,度作刑以诘四方。"案:《史记·周本纪》言"穆王即位,春秋已五十矣",《吕刑》云"王享国百年",故系之于五十一年。

五十五年,王陟于祇宫。《御览》八十四引《史记》:"穆王在位五十五年。"《帝王世纪》同。《左》昭十二年传:"王是以获没于祇宫。"

共　王

名繄扈。《史记·周本纪》："穆王崩，子共王繄扈立。"索隐："《世本》作'伊扈'。"

元年甲寅春正月，王即位。

四年，王师灭密。《周语》："共王游于泾上，密康公从，有三女奔之，康公弗献，一年王灭密。"

九年春正月丁亥，王使内史良锡毛伯迁命。《考古图·郱敦铭》："惟二年正月初吉，王在周邵宫。丁亥，王格于宣射，毛伯内门立中庭，右祝郱，王呼为史册命郱。""郱"从"鼻"，即"迁"字，前人当有释为"迁"字者，乃伪为此条。不如敦铭中毛伯与郱实二人，非一人也。

十二年，王陟。《御览》八十四引《帝王世纪》："共王在位二十年。"《外纪》："在位十年。"又引皇甫谧曰："在位二十五年。"

懿　王

名坚。《史记·周本纪》："共王崩，子懿王囏立。"索隐："《世本》作'坚'。"

元年丙寅春正月，王即位。

天再旦于郑。《事类赋》注、《御览》二引《纪年》："懿王元年，天再旦于郑。"

七年，西戎侵镐。见下。

十三年，翟人侵岐。《汉书·匈奴传》："至穆王之孙懿王时，王室遂衰，戎狄交侵，暴虐中国。"此与上条即据《汉书》为之。

十五年，王自宗周迁于槐里。《汉书·地理志》："右扶风槐里，周曰犬邱，懿王都之。"

十七年，鲁厉公擢薨。《史记·鲁周公世家》："魏公卒，子厉公擢立，厉公三十七年卒。"

二十一年，虢公帅师北伐犬戎，败逋。

二十五年，王陟。《御览》八十四引《史记》："懿王在位二十五年。"《外纪》同。

懿王之世，兴起无节，号令不时，挈壶氏不能共其职，于是诸侯携德。

孝　王

名辟方。《史记·周本纪》："懿王崩，共王弟辟方立，是为孝王。"

元年辛卯春正月，王即位。

命申侯伐西戎。《史记·秦本纪》："申侯之女为大骆妻，生子成，为适。申侯乃言孝王曰：'昔我先骊山之女为戎胥轩妻，生中潏，以亲故归周，保西垂，西垂以其故和睦。今我复与大骆妻，生适子成申，骆重婚，西戎皆服，所以为王。'"

五年，西戎来献马。

七年冬，大雨电，江、汉水。原注："牛马死，是年厉王生。"《御览》八十四引《史记》："周孝王七年，厉王生，冬大雨雹，牛马死，江、汉俱冻。"

八年初，牧于汧、渭。《史记·秦本纪》："非子居犬邱，周孝王召使主马于汧、渭之间。"

九年，王陟。《御览》八十四引《史记》："孝王在位十五年。"《外纪》同。

夷　王

名燮。《史记·周本纪》："孝王崩，诸侯复立懿王太子燮，是为夷王。"

元年庚子春正月，王即位。

二年，蜀人、吕人来献琼玉，宾于河，用介珪。《书钞》三十一、《御览》八十四引《纪年》："夷王二年，蜀人、吕人来献琼玉，宾于河，用介珪。"

三年，王致诸侯，烹齐哀公于鼎。《御览》八十四引《纪年》："三年，王致诸侯，烹齐哀公于鼎。"《史记》正义引作"鬻齐哀公鼎"。

六年，王猎于社林，获犀牛一以归。《御览》八百九十引《纪年》："王猎于桂林，得一犀牛。"

七年，虢公帅师伐太原之戎，至于俞泉，获马千匹。《后汉书·西羌传》："夷王衰弱，荒服不朝，乃命虢公率六师伐太原之戎，至于俞泉，获马千匹。"注见《竹书纪年》。

冬，雨雹，大如砺。《初学记》二、《御览》十四引《纪年》："夷王七年冬，雨雹，大如砺。"

楚子熊渠伐庸，至于鄂。《史记·楚世家》："当周夷王之时，熊渠甚得江、汉间民心，乃兴兵伐庸、杨粤，至于鄂。"

八年，王有疾，诸侯祈于山川。《左》昭二十六年传："至于夷王，王愆于厥身，诸侯莫不并走期望，以祈王身。"

王陟。《史记》正义、《御览》八十四引《帝王世纪》："十六年王崩。"《外纪》"十五年"。

厉　王

名胡。原注："居彘，有汾水焉，故又曰汾王。"《史记·周本纪》："夷王崩，子厉王胡立。"

元年戊申春正月，王即位，作夷宫。《周语》："宣王命鲁孝公于夷宫。"

命卿士荣夷公落。《周语》："厉王说荣夷公，既荣公为卿士。"

楚人来献龟贝。

三年，淮夷侵洛，王命虢公长父征之，不克。《后汉书·东夷传》："厉王无道，淮夷入寇，王命虢仲征之，不克。"《吕氏春秋·当染》篇："厉王染于虢公长父，荣夷终。"

齐献公山薨。《史记·齐太公世家》："周夷王之时，哀公之同母少弟山杀胡公而自立，是为献公。九年，献公卒，子武公寿立。武公九年，周厉王出奔居彘。"

六年，楚子延卒。《史记·楚世家》："熊延生熊勇，熊勇六年而周人作乱，攻厉王，厉王出奔彘。"

八年，初监谤。《周语》："厉王得卫巫，使监谤者。"

芮良夫戒百官于朝。《逸周书序》："芮伯稽古作训，纳王于善，暨执政小臣咸省厥躬，作《芮良夫》。"

十一年，西戎入于犬邱。《史记·秦本纪》："周厉王无道，诸侯或叛之，西戎反王室，灭大骆犬邱之族。"

十二年，王亡奔彘。《周语》："监谤后三年，乃流王于彘。"

国人围王宫，执召穆公之子杀之。《周语》："彘之乱，宣王在召公之宫，国人围之，乃以其子代宣王。"

十三年，王在彘，共伯和摄行天子事。原注："号为共和。"《庄子·让王》篇释文引《纪年》："共伯和即于王位。"《史记》索隐引："共伯和即干王位。"

十四年，猃狁侵宗周西鄙。

召穆公帅师追荆蛮，至于洛。

十六年，蔡武侯薨。《史记·管蔡世家》："武侯之时，周厉王失国。"《十二诸侯年表》："蔡武侯尽共和四年。"

楚子勇卒。《史记·楚世家》："熊勇六年，厉王出奔彘，十年卒。"《十二诸侯年表》："楚熊勇尽共和四年。"

十九年，曹夷伯薨。《史记·曹叔世家》："夷伯喜二十三年，厉王奔彘，三十年卒。"《十二诸侯年表》："曹夷伯尽共和七年。"

二十二年，大旱。

陈幽公薨。《史记·陈杞世家》："幽公十二年，周厉王奔于彘，二十三年幽公卒。"《十二诸侯年表》："陈幽公尽共和十年。"

二十三年，大旱。

宋釐公薨。《史记·宋微子世家》："釐公十七年，周厉王出奔彘，二十八年釐公卒。"《十二诸侯年表》："宋釐公尽共和十一年。"

二十四年，大旱。

杞武公薨。《史记·陈杞世家》："谋娶公当周厉王时，谋娶公生武公，武公立四十七年卒。"

二十五年，大旱。

楚子严卒。《史记·楚世家》："熊勇卒，弟熊严为后，熊严十年卒。"《十二诸侯年表》同。楚熊严尽共和十四年，此较前一年。

二十六年，大旱，王陟于彘。《御览》八百七十九引《史记》："共和十四年，大旱，火焚其屋，伯和篡位立。其年周厉王流彘而死，立宣王。"

周定公、召穆公立太子靖为王。《史记·周本纪》："召公、周公二相行政，号曰'共和'。共和十四年，厉王死于彘，太子静长于召公之家，二相乃共立之为王。"

共伯和归其国，遂大雨。《庄子·让王》篇："共伯得乎邱首。"《吕氏春秋·慎人》篇："共伯得乎共首。"

　　大旱既久，庐舍俱焚，会汾王崩，卜于大阳，兆曰厉王为祟，周公、召公乃立太子靖，共和遂归国。和有至德，尊之不喜，废之不怒，逍遥自得于共山之首。

宣　王

　　名靖。《史记·周本纪》作"静"，正义引《鲁连子》作"靖"。

元年甲戌春正月，王即位，周定公、召穆公辅政。《史记·十二诸侯年表》："宣王元年甲戌。"又《周本纪》："宣王即位，二相辅之。"

复田赋。

作戎车。《诗·小雅》："六月栖栖，戎车既饬。"又："元戎十乘，以先启行。"传："周曰元戎，先良也。"

燕惠侯薨。《史记·燕召公世家》："共和之时，惠侯卒，子釐侯立，是岁周宣王初即位。"《十二诸侯年表》："燕惠侯尽宣王元年。"

二年，锡太师皇父、司马休父命。《诗·大雅》："赫赫明明，王命卿士，南仲太祖，太师皇父。"又："王谓尹氏，命程伯休父，左右陈行，戎我师旅。"

鲁慎公薨。《史记·鲁周公世家》："真公二十九年，宣王即位，三十年真公卒。"《十二诸侯年表》："鲁真公尽宣王二年。""真公"，《汉书·律历志》作"慎公"。

曹公子苏弑其君幽伯疆。《史记·曹叔世家》："幽伯疆九年，弟苏杀幽伯代立，是为戴伯。戴伯元年，周宣王已立三岁。"《十二诸侯年表》："曹幽伯尽宣王二年。"

三年，王命大夫仲伐西戎。《史记·秦本纪》：“周宣王即位，乃以秦仲为大夫，诛西戎。”《后汉书·西羌传》：“及宣王立四年，使秦仲伐戎。”

齐武公寿薨。《史记·齐太公世家》：“武公寿二十四年，宣王立，二十六年武公卒。”《十二诸侯年表》：“齐武公尽宣王三年。”

四年，王命蹶父如韩，韩侯来朝。《诗·大雅》：“蹶父孔武，靡国不到，为韩姞相攸，莫如韩乐。”又：“韩侯入觐。”

五年夏六月，尹吉甫帅师伐狎狁，至于太原。《诗·小雅》：“六月栖栖，戎车既饬。”又：“文武吉甫，万邦为宪。”又：“薄伐狎狁，至于太原。”

秋八月，方叔帅师伐荆蛮。《诗·小雅》：“蠢尔蛮荆，大邦为雠，方叔元老，克壮其犹。”

六年，召穆公帅师伐淮夷。《诗序》：“《江汉》，尹吉甫美宣王也。能兴衰拨乱，命召公平淮夷。”

王帅师伐徐戎，皇父、休父从王伐徐戎，次于淮。《诗·大雅》：“王奋厥武。”又：“王命卿士，南仲大祖，太师皇父，整我六师，以修我戎。”又：“王谓尹氏，命程伯休父，左右陈行，戒我师旅，率彼淮浦，省此徐土。”

王归自伐徐。《诗·大雅》：“徐方不回，王曰还归。”

锡召穆公命。《诗·大雅》：“王命召虎，来旬来宣。”又：“肇敏戎公，用锡尔祉，釐尔圭瓒，秬鬯一卣，告于文人，锡山土田。”

西戎杀秦仲。《史记·秦本纪》：“宣王乃以秦仲为大夫，诛西戎，西戎杀秦仲。”《十二诸侯年表》：“秦仲尽宣王六年。”

楚子霜卒。《史记·楚世家》：“熊霜元年，周宣王初立，熊霜六年卒。”《十二诸侯年表》：“楚熊霜尽宣王六年。”

七年，王锡申伯命。《诗序》：“《崧高》，尹吉甫美宣王也。天下复平，能建国亲诸侯，褒赏申伯焉。”

王命樊侯仲山甫城齐。《诗·大雅》：“王命仲山甫，城彼东方。”又：“仲山甫徂齐。”

八年，初考室。《诗序》：“《斯干》，宣王考室也。”

鲁武公来朝，锡鲁世子戏命。《周语》：“鲁武公以括与戏见王，王立戏。”《史记·周本纪》鲁武公来朝在十二年，《鲁世家》在武公九年，即宣王十一年。

九年，王会诸侯于东都，遂狩于甫。《诗序》：“《车攻》，宣王复古也。宣王能内修政事，外攘夷狄，复会诸侯于东都。”又《诗》曰：“东有甫草，驾言行狩。”

十二年，鲁武公薨。《史记·鲁周公世家》：“武公九年夏卒。”《十二诸侯年表》：“武公尽十年，正当宣王十二年。”

齐人弑其君厉公无忌，立公子赤。《史记·齐太公世家》：“武公卒，子厉公无忌立。厉公暴虐，齐人攻杀厉公，乃立厉公子赤，是为文公。"《十二诸侯年表》："厉公尽宣王十二年。"

十五年，卫釐侯薨。《史记·卫康叔世家》："釐侯二十八年，周宣王立，四十二年釐侯卒。"《十二诸侯年表》："卫釐侯尽宣王十五年。"

王锡虢文公命。《周语》："宣王即位，不藉千亩，虢文公谏。"云云。

十六年，晋迁于绛。《诗谱》："晋成侯、孙穆侯又徙于绛。"案：《十二诸侯年表》："是岁晋穆侯初立。"《通鉴外纪》："宣王十六年，晋献侯薨，子穆侯弗生立，自曲沃徙都绛。"

十八年，蔡夷侯薨。《史记·管蔡世家》："夷侯十一年，周宣王即位，二十八年夷侯卒。"《十二诸侯年表》："蔡夷侯尽宣王十八年。"

二十一年，鲁公子伯御弑其君懿公戏。《史记·鲁周公世家》："懿公九年，懿公兄括之子伯御与鲁人攻杀懿公而自立。"《十二诸侯年表》："鲁懿公尽宣王二十一年。"

二十二年，王锡王子多父命居洛。《史记·郑世家》："宣王立二十二年，初封友于郑。"

二十四年，齐文公赤薨。《史记·齐太公世家》："文公十二年卒。"《十二诸侯年表》："齐文公尽宣王二十四年。"

二十五年，大旱，王祷于郊庙，遂雨。《诗·大雅》："旱既太甚，蕴隆虫虫，不殄禋祀，自郊徂宫。"

二十七年，宋惠公覵薨。《史记·宋微子世家》："惠公四年，周宣王即位，三十年惠公卒。"《十二诸侯年表》："宣王二十八年宋惠公薨。"

二十八年，楚子狗卒。《史记·楚世家》："熊狗十六年，郑文公初封于郑，二十二年卒。"《十二诸侯年表》："楚熊狗尽宣王二十八年。"

二十九年，初不藉千亩。《周语》："宣王即位，不藉千亩。"

三十年，有兔舞于镐京。《御览》九百七引《纪年》："宣王三十年，有兔舞镐。"《初学记》二十九引作"三年"。

三十二年，王师伐鲁，杀伯御。《周语》："三十二年春，宣王伐鲁，立孝公。"

命孝公称于夷宫。《周语》："宣王欲得国子之能导训诸侯者，樊穆仲曰：'鲁侯孝。'乃命鲁孝公于夷宫。"

陈僖公孝薨。《史记·陈杞世家》："釐公孝六年，周宣王即位，三十六年釐公卒。"《十二诸侯年表》："陈釐侯尽宣王三十二年。"

有马化为人。《通鉴外纪》："宣王三十年，有马化为人。"

三十三年，齐成公薨。《史记·齐太公世家》："成公脱立九年卒。"《十二诸侯年表》："齐成公尽宣王三十三年。"

王师伐太原之戎，不克。《后汉书·西羌传》："宣王立四年，使秦仲伐戎。后二十七年，王遣兵伐太原戎，不克。"

三十七年，有马化为狐。《开元占经》一百十八引《纪年》："周宣王三十三年，有马化为狐。"《外纪》亦系之三十三年。

燕僖侯薨。《史记·燕召公世家》："惠侯卒，子釐侯立，是岁周宣王初即位，三十六年釐侯卒。"《十二诸侯年表》："燕釐侯尽宣王三十七年。"

楚子鄂卒。《史记·楚世家》："熊狗卒，子熊鄂立，熊鄂九年卒。"《十二诸侯年表》："楚熊鄂尽宣王三十七年。"

三十八年，王师及晋穆侯伐条戎、奔戎，王师败逋。《后汉书·西羌传》："王遣兵伐太原戎。后五年，王伐条戎、奔戎，王师败绩。"《左》桓二年传："晋穆侯之夫人姜氏，以条之役生太子。"

三十九年，王师伐姜戎，战于千亩，王师败逋。《周语》："宣王三十九年，战于千亩，王师败绩于姜氏之戎。"

四十年，料民于太原。《周语》："宣王既丧南国之师，乃料民于太原。"

戎人灭姜邑。《后汉书·西羌传》："后二年，晋人败北戎于汾隰，戎人灭姜侯之邑。"

晋人败北戎于汾隰。见上。

四十一年，王师败于申。《后汉书·西羌传》："明年，王征申戎破之。"

四十三年，王杀大夫杜伯。《墨子·明鬼下》："周宣王杀其臣杜伯而不辜。"

其子隰叔出奔晋。《晋语》："昔隰叔子违周难，奔于晋。"注："隰叔，杜伯之子，宣王杀杜伯，隰叔避害适晋。"

晋穆侯费生薨，弟殇叔自立，世子仇出奔。《史记·十二诸侯年表》："宣王四十三年，晋穆侯卒，弟殇叔自立，太子仇出奔。"

四十四年。原注："晋殇叔元年丁巳。"《春秋经传集解·后序》："《纪年》无诸国别，惟特记晋国，起自殇叔。"《史记·十二诸侯年表》："宣王四十四年，晋殇叔元年。"

四十六年，王陟。《史记·周本纪》："四十六年，宣王崩。"

幽　王

名湦。《史记·周本纪》："宣王崩，子幽王宫湦立。"

元年庚申春正月，王即位。

晋世子仇归于晋，杀殇叔，晋人立仇，是为文侯。《史记·晋世家》："殇叔三年，周宣王崩。四年，穆侯太子仇率其徒袭殇叔而立，是为文侯。"

王锡太师尹氏皇父命。《诗序》："《节南山》，家父刺幽王也。"其诗曰：

"尹氏太师。""《十月之交》，大夫刺幽王也。"其诗曰："皇父卿士。"

二年。原注："辛酉，晋文侯元年。"《史记·十二诸侯年表》："幽王二年，晋文侯仇元年。"

泾、渭、洛竭，岐山崩。《周语》："幽王二年，西周三川皆震，是岁三川竭，岐山崩。"注："三川，泾、渭、汭。"

初增赋。

晋文侯同王子多父伐邻，克之。乃居郑父之邱，是为郑桓公。《水经·洧水》注引《纪年》："晋文侯二年，同惠王子多父伐邻，克之。乃居郑父之邱，名之曰郑，是为桓公。"说见《古本纪年辑校》。

三年，王嬖褒姒。《史记·周本纪》："三年，幽王嬖爱褒姒。"

冬，大震电。《诗·小雅》："晔晔震电。"

四年，秦人伐西戎。《史记·秦本纪》："庄公生子三人，其长男世父。世父曰：'戎杀我大父仲，我非杀戎王，则不敢入邑。'遂将击戎，让其弟襄公。"案：《年表》襄公立在次年。

夏六月，陨霜。《诗·小雅》："正月繁霜。"传："正月，夏之四月。则周六月也。"古《纪年》用夏正，而此从周正，殊为未照。

陈夷公薨。《史记·陈杞世家》："武公卒，子夷公说立，是岁周幽王即位，夷公三年卒。"《十二诸侯年表》："陈夷公尽幽王三年。"

五年，王世子宜臼出奔申。《史记·周本纪》："幽王得褒姒，爱之，欲废申后，并去太子宜臼。"

皇父作都于向。《诗·小雅》："皇父孔圣，作都于向。"

六年，王命伯士帅师伐六济之戎，王师败逋。《后汉书·西羌传》："王破申戎，后十年，幽王命伯士伐六济之戎，军败，伯士死焉。"注并见《竹书纪年》。

西戎灭盖。《后汉书·西羌传》："其年，戎围犬邱，虏秦襄公之兄伯父。"此云"灭盖"，乃"犬邱"二字讹合为"盖"字耳。

冬十月辛卯朔，日有食之。《诗·小雅》："十月之交，朔日辛卯，日有食之，亦孔之丑。"序："《十月之交》，大夫刺幽王也。"《唐书·历志》："张说《日蚀议》：'《小雅》：十月之交，朔日辛卯。虞𠠎以历推之，在幽王六年。'"

七年，虢人灭焦。《水经·河水》注："陕东城，即虢邑之上阳也。虢仲之所都，为南虢。其大城中有小城，故焦国也。"

八年，王锡司徒郑伯多父命。《郑语》："幽王八年，而桓公为司徒。"

王立褒姒之子曰伯服，以为太子。《御览》一百四十七引《纪年》："幽王八年，立褒姒之子伯服以为太子。"《左传》昭二十六年疏引："平王奔西申，而立伯盘以为太子。"

九年，申侯聘西戎及鄫。《郑语》："申、缯、西戎方强。"

十年春，王及诸侯盟于太室。《书钞》二十二引《纪年》"盟于太室"四字。《左》昭四年传："周幽为太室之盟，戎狄叛之。"

秋九月，桃杏实。《御览》九百六十八引《纪年》："幽王十年九月，桃杏实。"

王师伐申。《郑语》："王欲杀太子以成伯服，必求之申，申人弗畀，必伐之。"

十一年春正月，日晕。《通鉴外纪》："幽王之末，日晕再重。"

申人、鄫人及犬戎入宗周，弑王及郑桓公。《史记·周本纪》："申侯与缯、西夷、犬戎攻幽王，逐杀幽王骊山下。"《郑世家》："犬戎杀幽王于骊山下，并杀桓公。"

犬戎杀王子伯服。《左传》昭二十六年疏引《纪年》："伯盘与幽王俱死于戏。"

执褒姒以归。《史记·周本纪》："虏褒姒而去。"

申侯、鲁侯、许男、郑子立宜臼于申，虢公翰立王子余臣于携。原注："是为携王，二王并立。"《左传》昭二十六年疏引《纪年》："先是申侯、鲁侯、许文公立平王于申，以本太子，故称天王。幽王既死，而虢公翰又立王子余臣于携，周二王并立。二十一年，携王为晋文公所杀。以本非适，故称携王。"

武王灭殷，岁在庚寅，二十四年岁在甲寅，定鼎洛邑，至幽王二百五十七年，共二百八十一年。自武王元年己卯，至幽王庚午，二百九十二年。《史记·周本纪》集解引《纪年》："自武王灭殷以至幽王，凡二百五十七年。"《通鉴外纪》引《汲冢纪年》："西周二百五十七年。"此"二百八十一年"与古《纪年》不合，乃自幽王十一年逆数，至其前二百五十七年，以此为成王定鼎之岁，以与古《纪年》积年相调停。盖既从《唐志》所引《纪年》，以武王伐殷之岁为庚寅，而共和以后之岁名又从《史记》，无怪其格格不入也。余疑《隋志》所引尧元年丙子，《唐志》所引武王十一年庚寅，皆历家追名之，非《纪年》本文，盖虽古《纪年》中亦多羼入之说也。

平　王原注："名宜臼。"《史记》作"宜咎"。

自东迁以后，始纪晋事，王即位皆不书。《春秋经传集解·后序》："纪年无诸国别，惟特记晋国，晋国灭，独纪魏事。"

元年辛未，王东徙洛邑。《史记·周本纪》："平王立，东迁于雒邑。"

锡文侯命。《尚书序》："平王锡晋文侯桓圭秬鬯，作《文侯之命》。"

晋侯会卫侯、郑伯、秦伯，以师从王入于成周。《史记·卫康叔世家》："犬戎杀周幽王，武公将兵往，佐周平戎甚有功。"又《秦本纪》："襄公以兵送周平王。"

二年，秦作西畤。《史记·十二诸侯年表》："平王元年，秦初立西畤，祠白帝。"

鲁孝公薨。《史记·鲁周公世家》："孝公立二十七年卒。"《十二诸侯年表》："鲁孝公尽平王二年。"

赐秦、晋以邠、岐之田。《史记·秦本纪》："襄公以兵往送周平王，平王命襄公为诸侯，赐之岐以西之地，曰：'戎无道，侵夺我岐、丰之地，秦能攻逐戎，即有其地。'与誓封爵之。"

三年，齐人灭祝。

王锡司徒郑伯命。《诗·郑风序》："《缁衣》，美武公也。父子并为周司徒。"

四年，燕顷侯卒。《史记·燕召公世家》："顷侯二十年，周幽王为犬戎所杀，二十四年顷侯卒。"《十二诸侯年表》："燕顷侯尽平王四年。"

郑人灭虢。《汉书·地理志》注臣瓒曰："郑桓公寄奴与贿于虢、会之间，幽王既败，二年而灭会，四年而灭虢。"

五年，秦襄公帅师伐戎，卒于师。《史记·十二诸侯年表》："平王五年，秦襄公伐戎，至岐而死。"

宋戴公薨。《史记·宋微子世家》："戴公二十九年，周幽王为犬戎所杀，三十四年戴公卒。"《十二诸侯年表》："宋戴公尽平王五年。"

六年，燕哀侯卒。《史记·燕召公世家》："哀侯二年卒。"《十二诸侯年表》："燕哀侯尽平王六年。"

郑迁于溱、洧。《诗谱》："幽王为犬戎所杀，桓公死之，其子武公与晋文侯定平王于东都王城，卒取史伯所云十邑之地，左洛右济，前华后河，食溱、洧焉。"

七年，楚子仪卒。《史记·楚世家》："熊咢卒，子熊仪立，是为若敖。若敖二十年，周幽王为犬戎所杀，二十七年若敖卒。"《十二诸侯年表》："楚若敖尽平王七年。"

八年，郑杀其大夫关其思。《韩非子·说难》："郑武公欲伐胡，先以其女妻胡君，因问于群臣：'吾欲用兵，谁可伐者？'大夫关其思曰：'胡可伐。'武公怒而戮之。"

十年，秦迁于汧、渭。《史记·秦本纪》："文公三年，以兵七百人东猎，四年，至渭、汧之会，即营邑之。"

十三年，卫武公薨。《史记·卫康叔世家》："武公五十五年卒。"《十二诸侯年表》："卫武公尽平王十三年。"

十四年，晋人灭韩。《诗·大雅·韩奕序》笺："韩，姬姓之国也，后为晋所灭。"

十八年，秦文公大败戎师于岐，来归岐东之田。《史记·秦本纪》："十六年，文公以兵伐戎，戎败走，于是文公遂收周余民有之，地至岐，岐以东献之周。"秦文公十六年当平王二十一年。

二十一年，晋文侯杀王子余臣于携。《左传》昭二十六年疏引《纪年》："二十一年，携王为晋文公所杀。"

二十三年，宋武公薨。《史记·宋微子世家》："武公立十八年卒。"《十二诸侯年表》："宋武公尽平王二十三年。"

二十四年，秦作陈宝祠。《史记·秦本纪》："文公十九年，得陈宝。"《封禅书》："文公获若石云，于陈仓北坂城祠之，号曰陈宝。"

二十五年，晋文侯薨。《史记·晋世家》："三十五年，文侯仇卒。"《十二诸侯年表》："晋文侯尽平王二十五年。"

秦初用族刑。《史记·秦本纪》："文公二十年，法初有三族之罪。"

二十六年。原注："丙申，晋昭侯元年。"《史记·十二诸侯年表》："平王二十六年，晋昭侯元年。"

晋封其弟成师于曲沃。《左》桓二年传："惠之二十四年，晋始乱，故封桓叔于曲沃。"《史记·晋世家》："昭侯元年，封文侯弟成师于曲沃。"

三十二年，晋潘父弑其君昭侯，纳成师，不克，立昭侯之子孝侯，晋人杀潘父。《左》桓二年传："惠之三十年，潘父弑昭侯而纳桓叔，不克，晋人立孝侯。"《史记·晋世家》："七年，晋大臣潘父弑其君昭侯，而迎曲沃桓叔，晋人发兵攻桓叔，共立昭侯子平为君，是为孝侯，诛潘父。"

三十三年。原注："癸卯，晋孝侯元年。"《史记·十二诸侯年表》："平王三十三年，晋孝侯二年。"案：昭侯上年被杀，是年当为孝侯元年。

楚人侵申。《诗·王风·扬之水序》笺："申国在陈、郑之南，迫近强楚，王室微弱，而数见侵伐。"

三十六年，卫庄公卒。《史记·卫康叔世家》："庄公二十三年卒。"《十二诸侯年表》："卫庄公尽平王三十六年。"

王人戍申。《诗·王风》："彼其之子，不与我戍申。"

四十年，齐庄公卒。《史记·齐太公世家》："庄公二十四年，周始徙雒，六十四年庄公卒。"《十二诸侯年表》："齐庄公尽平王四十年。"

晋曲沃桓叔成师卒，子鳝立，是为庄伯。原注："自是晋侯在翼，称翼侯。"《史记·晋世家》："孝侯八年，曲沃桓叔卒，子鳝代桓叔，是为曲沃庄伯。"

四十一年原注："辛亥，庄伯元年。"春，大雨雪。《御览》八百七十九引《史记》："晋庄伯元年，不雨雪。"

四十二年，狄人伐翼，至于晋郊。《御览》八百七十九引《史记》："庄伯二年，翟人俄伐翼，至于晋郊。"

宋宣公薨。《史记·宋微子世家》："武公卒，子宣公力立，十九年，宣公卒。"《十二诸侯年表》："平王四十二年宣公卒。"

鲁惠公使宰让请郊庙之礼，王使史角如鲁谕止之。《吕氏春秋·当染》篇："鲁惠公使宰让请郊庙之礼于天子，桓王使史角往，惠公止之。"

四十七年，晋曲沃庄伯人翼，弑孝侯，晋人逐之，立孝侯子郄，是为鄂侯。《左》桓二年传："惠之四十五年，曲沃庄伯伐翼，弑孝侯，翼人立其弟鄂侯。"《史记·十二诸侯年表》："平王四十七年，曲沃庄伯杀孝侯，晋人立孝侯子郄为鄂侯。"

四十八年。原注："戊午，晋鄂侯郄元年。"《史记·十二诸侯年表》："平王四十八年，晋鄂侯郄元年。"

无云而雷。《御览》八百七十六引《史记》："晋庄伯八年，无云而雷。"《通鉴外纪》："平王四十八年，晋无云而雷。"

鲁惠公卒。《史记·鲁周公世家》："惠公立四十六年卒。"《十二诸侯年表》："鲁惠公尽平王四十八年。"

四十九年。原注："己未，鲁隐公元年，《春秋》始此。"《史记·十二诸侯年表》："平王四十九年，鲁隐公息姑元年。"

鲁隐公及邾庄公盟于姑蔑。《春秋经传集解·后序》引《纪年》："鲁隐公及邾庄公盟于姑蔑。"

五十一年春二月乙巳，日有食之。《春秋经》隐三年："春王二月乙巳，日有食之。"

三月庚戌，王陟。《春秋经》隐三年："三月庚戌，天王崩。"

桓　王原注："名林。"《史记·周本纪》："平王崩，太子洩父蚤死，立其子林，是为桓王。"

元年壬戌十月，庄伯以曲沃叛，伐翼，公子万救翼，荀叔轸追之，至于家谷。《御览》八百七十六引《史记》："晋庄公八年，无云而雷。十月，庄伯以曲沃叛。"《水经·浍水》注引《纪年》："庄伯以曲沃叛，伐翼，公子万救翼，荀叔轸追之，至于家谷。"据《御览》，此事当在平王四十九年。

翼侯焚曲沃之禾而还。《水经·浍水》注引《纪年》："晋庄伯十二年，翼侯焚曲沃之禾而还，作为文公。"

翼侯伐曲沃，大捷，武公请成于翼，至相而还。原注：'相'一作'桐'。"《水经·涑水》注引《纪年》："翼侯伐曲沃，大捷，武公请成于翼，至桐庭乃返。"

二年，王使虢公伐晋之曲沃。晋鄂侯卒，曲沃庄伯复攻晋，晋立鄂侯子光，是为哀侯。《左》隐五年传："曲沃叛王，秋，王命虢公伐曲沃，而立哀侯于翼。"《史记·晋世家》："鄂侯六年卒，曲沃庄伯闻鄂侯卒，乃兴兵伐晋，周平王使虢公将兵伐曲沃庄伯，庄伯走保曲沃，晋人共立鄂侯子光，是为哀侯。"

公子万救翼，荀叔轸追之，至于家谷。重出。

三年甲子。原注："晋哀侯光元年。"《史记·十二诸侯年表》："甲子，桓王三年，晋哀侯光元年。"

四年，曲沃庄伯卒，子称立，是为武公，尚一军。《史记·晋世家》："哀侯二年，曲沃庄伯卒，子称代庄伯立，是为曲沃武公。"《水经·河水》注引《纪年》："晋武公元年，尚一军。"

五年。原注："曲沃武公元年。"芮人乘京，荀人、董伯皆叛曲沃。《水经·河水》注引《纪年》："晋武公元年，芮人乘京，荀人、董伯皆叛。"案：《左》桓九年传："虢仲、芮伯、梁伯、荀侯、贾伯伐曲沃。"殆是一事，与此差十二年。

十一年。原注："晋小子侯元年。"《史记·十二诸侯年表》："桓王十一年，晋小子侯元年。"

曲沃获晋哀侯。《左》桓三年传："曲沃武公伐翼，逐翼侯于汾隰，骖絓而止，夜获之。"

晋人立哀侯子为小子侯。《史记·晋世家》："哀侯九年，曲沃武公伐晋，于汾旁虏哀侯。晋人乃立哀侯子小子为君，是为小子侯。"

芮伯万出奔魏。《水经·河水》注引《纪年》："晋武公七年，芮伯万之母芮姜逐万，万出奔魏。"

十二年，王师、秦师围魏，取芮伯万而东之。《左》桓四年传："王师、秦师围魏，执芮伯以归。"《水经·河水》注引《纪年》："晋武公八年，周师、虢师围魏，取芮伯万而东之。"《路史·国名纪》引《纪年》："桓王十二年冬，王师、秦师围魏，取芮伯万而东之。"

十三年冬，曲沃伯诱晋小子侯杀之。《左》桓七年传："冬，曲沃伯诱晋小子侯杀之。"此较前二年。《史记·十二诸侯年表》、《晋世家》皆云："小子侯四年，曲沃武公杀之。"此较前一年。

晋曲沃灭荀，以其地赐大夫原氏黯，是为荀叔。《水经·汾水》注、《汉书·地理志》注引《纪年》："晋武公灭荀，以赐大夫原氏黯，是为荀叔。"

戎人逆芮伯万于郊。《水经·河水》注引《纪年》："晋武公九年，戎人逆芮伯万于郊。"《路史·国名纪》引"郊"作"郑"。

十四年，王命虢仲伐曲沃，立晋哀侯弟缗于翼，为晋侯。《左》桓八年传："冬，王命虢仲立晋哀侯弟缗于晋。"此较前二年。

十五年。原注："晋侯缗元年。"案：《史记·十二诸侯年表》以桓王十四年为晋侯缗元年。

十六年春，灭翼。《左》桓八年传："春，灭翼。"

十九年，郑庄公卒。《春秋经》桓十有一年："夏五月癸未，郑伯寤生卒。秋七月，葬郑庄公。"《史记·十二诸侯年表》："郑庄公尽桓王十九年。"

二十三年三月乙未，王陟。《春秋经》桓十有五年："三月乙未，天王崩。"《史记·周本纪》："二十三年，桓王崩。"

庄　王原注："名佗。"《史记·周本纪》："桓王崩，子庄王佗立。"

元年乙酉，曲沃尚一军，异于晋。《水经·河水》注引《纪年》："晋武公元年，尚一军。"

六年五月，葬桓王。《春秋经·桓三年》："五月，葬桓王。"

十五年，王陟。《史记·周本纪》："十五年，庄王崩。"

釐　王原注："名胡齐。"《史记·周本纪》："庄王崩，子釐王胡齐立。"

元年庚子春，齐桓公会诸侯于北杏，以平宋乱。《春秋经》庄十有三年："齐侯、宋人、陈人、蔡人、邾人会于北杏。"《传》："会于北杏，以平宋乱。"

三年，曲沃武公灭晋侯缗，以宝献王，王命武公以一军为晋侯。《史记十二诸侯年表》："釐王三年，曲沃武公灭晋侯缗，以宝献周，周命武公为晋君。"《左》庄十六年传："王使虢公命曲沃伯以一军为晋侯。"较后一年，此本《史记》。

四年。原注："晋武公二十八年。"《史记·十二诸侯年表》："釐王四年，晋武公称并晋，已立二十八年，不更元。"

晋犹不与齐桓公之盟。原注："《左传》注：'晋侯缗是年灭。'"案：杜注无是语，疏约言之。

五年，晋武公卒，子诡诸立为献公。《史记·十二诸侯年表》："釐王五年，晋武公二十九年，武公卒，子诡诸立为献公。"

王陟。《史记·周本纪》："五年，釐王崩。"

惠　王原注：名閬。《史记·周本纪》："釐王崩，子惠王閬立。"

元年乙巳。原注："晋献公元年。"《史记·十二诸侯年表》："惠王元年，晋献公诡诸元年。"

晋献公朝王，如成周。《左》庄十八年传："虢公、晋侯朝王。"

周阳白兔舞于市。《水经·涑水》注引《纪年》："晋献公二十五年，翟人伐晋，周有白兔舞于市。"

二年，王子颓乱。《左》庄十九年传："五大夫奉子颓以伐王，冬，立子颓。"

王居于郑，郑人入王府，多取玉，玉化为蜮，射人。《开元占经》一百二十、《御览》九百五十引《纪年》："晋献公二年，周惠王居于郑，郑人入王府，多取玉焉，玉化为蜮，射人。"

九年，晋城绛。《左》庄二十六年传："晋士蒍为大司空。夏，士蒍城绛，以深其宫。"

十六年，晋献公作二军，灭耿，以赐大夫赵夙，灭魏，以赐大夫毕万。原注:"晋灭于大夫韩、赵、魏,始于此。"《左》闵元年传:"晋侯作二军,以灭耿,灭霍,灭魏。赐赵夙耿,赐毕万魏,以为大夫。"

十七年,卫懿公及赤翟战于洞泽。原注:"'洞'当作'洞'。"《春秋经传集解·后序》:"《纪年》又称:'卫懿公及赤翟战于洞泽。'"疑"洞"当为"洞",即《左传》所谓荧泽也。

十九年,晋献公会虞师伐虢,灭下阳,虢公丑奔卫,公命瑕父、吕甥邑于国都。《水经·河水》注引《纪年》:"晋献公十九年,献公会虞师伐虢,灭下阳,虢公丑奔卫。公命瑕父、吕甥邑于虢都。"

二十五年春正月,狄人伐晋。《水经·涑水》注引《纪年》:"晋献公二十五年正月,翟人伐晋。"此误以为惠王二十五年。

王陟。《春秋经》僖八年:"冬十有二月丁未,天王崩。"《史记·周本纪》:"二十五年,惠王崩。"

襄 王原注:"名郑。"《史记·周本纪》:"惠王崩,子襄王郑立。"

元年庚午,晋献公卒,立奚齐,里克杀之,及卓子,立夷吾。《史记·十二诸侯年表》:"襄王元年,晋献公卒,立奚齐,里克杀之,及卓子,立夷吾。"

二年。原注:"辛未,晋惠公元年。"《史记·十二诸侯年表》:"襄王二年,晋惠公夷吾元年。"

晋杀里克。《春秋经》僖十年:"晋杀其大夫里克。"

三年,雨金于晋。《御览》八百七十七引《史记》:"晋惠公二年,雨金。"

七年,秦伯涉河伐晋。《御览》八百七十七引《史记》:"惠公六年,秦伯涉河伐晋。"

十五年,晋惠公卒,子怀公圉立。《史记·晋世家》:"惠公十四年九月卒,太子圉立,是为怀公。"《十二诸侯年表》:"襄王十五年,圉立为怀公。"

秦穆公帅师送公子重耳,围令狐、桑泉、臼衰,皆降于秦师。狐毛与先轸御秦,至于庐柳,乃谓秦穆公使公子絷来与师言,次于郇,盟于军。《水经·涑水》注引《纪年》:"晋惠公十有五年,秦穆公帅师送公子重耳,围令狐、桑泉、臼衰,皆降于秦师。狐毛与先轸御秦师,至于庐柳,乃谓秦穆公使公子絷来与师言,退舍,次于郇,盟于军。"

公子重耳涉自河曲。《水经·河水》注引《纪年》:"晋惠公十五年,秦穆公帅师送公子重耳,涉自河曲。"

十六年。原注:"乙酉,晋文公元年。"《史记·十二诸侯年表》:"襄王十六年,晋文公元年。"

晋杀子圉。《史记·十二诸侯年表》"晋文公元年,诛子圉。"

十七年,晋城荀。《汉书·地理志》注引《纪年》:"文公城荀。"《文选·北

《征赋》注引作"郇"。

二十年，周襄王会诸侯于河阳。《春秋经传集解·后序》引《纪年》："周襄王会诸侯于河阳。"

二十二年，齐师逐郑太子齿奔张城、南郑。《水经·涑水》注引《纪年》："齐师逐郑太子齿奔张城、南郑。"不云何年。

二十四年，晋文公卒。《史记·十二诸侯年表》："襄王二十四年，晋文公薨。"

二十五年。原注："甲午，晋襄公骧元年。"《史记·十二诸侯年表》："甲午，襄王二十五年，晋襄公骧元年。"

三十年，洛绝于泂。《水经·洛水》注引《纪年》："晋襄公六年，洛绝于泂。"

三十一年，晋襄公卒。《史记·十二诸侯年表》："襄王三十一年，晋襄公卒。"

三十二年。原注："辛丑，晋灵夷皋元年。"《史记·十二诸侯年表》："襄王三十二年，晋灵公夷皋元年。"

三十三年，王陟。《史记·周本纪》："三十三年，襄王崩。"

顷　王《史记·周本纪》："襄王崩，子顷王壬臣立。"

元年癸卯。

六年，彗星入北斗。《春秋经》文十四年："秋七月，有星孛入于北斗。"

王陟。《史记·周本纪》："顷王六年崩。"

匡　王《史记·周本纪》："顷王崩，子匡王班立。"

元年己酉。

六年，王陟。《左》宣二年传："冬十月乙亥，天王崩。"《史记·周本纪》："匡王六年崩。"

晋灵公为赵穿所杀，赵盾使穿迎公子黑臀于周，立之。《左》宣二年传："赵穿攻灵公于桃园。宣子使赵穿迎公子黑臀于周而立之。"

定　王《史记·周本纪》："匡王崩，弟瑜立，是为定王。"

元年己卯。原注："晋成公元年。"《史记·十二诸侯年表》："定王元年，晋成公黑臀元年。"

六年，晋成公与狄伐秦，获秦谍，杀之绛市，六日而苏。《左》宣八年传："春，白狄及晋平。夏，会晋伐秦，晋人获秦谍，杀诸绛市，六日而苏。"

七年，晋成公卒于扈。《春秋经》宣九年："晋侯黑臀卒于扈。"《史记·十二诸侯年表》："定王七年，晋成公薨。"

八年。原注："壬戌，晋景公元年。"《史记·十二诸侯年表》："定王八年，晋景公据元年。"

十八年，齐国佐来献玉磬、纪公之甗。《春秋经传集解·后序》引《纪年》："齐国佐来献玉磬、纪公之甗。"

二十一年，王陟。《春秋经》成五年："十一月己酉，天王崩。"《史记·周本纪》："二十一年，定王崩。"

简　王　《史记·周本纪》："定王崩，子简王夷立。"

元年丙子。

五年，晋景公卒。《春秋经》成十年："晋侯獳卒。"《史记·晋世家》："十九年，景公卒。"《史记·十二诸侯年表》："晋景公尽简王五年。"

六年。原注："辛巳，晋厉公元年。"《史记·十二诸侯年表》："简王六年，晋厉公寿曼元年。"

十三年，晋厉公卒。《春秋经》成十八年："晋弑其君州蒲。"《十二诸侯年表》："简王十三年，栾书、中行偃弑厉公。"

楚共王会宋平公于湖阳。《水经·沘水》注引《纪年》："楚共王会宋平公于湖阳。"不云何年。

十四年。原注："己丑，晋悼公元年。"《史记·十二诸侯年表》："简王十四年，晋悼公元年。"

王陟。《春秋经》襄元年："九月辛酉，天王崩。"《史记·周本纪》："十四年，简王崩。"

灵　王　《史记·周本纪》："简王崩，子灵王泄心立。"

元年庚寅。

十四年，晋悼公卒。《史记·十二诸侯年表》："灵王十四年，晋悼公薨。"

十五年。原注："甲辰，晋平公元年。"《史记·十二诸侯年表》："甲辰，灵王十五年，晋平公彪元年。"

二十七年，王陟。《春秋经》襄二十有八年："十有二月甲寅，天王崩。"《史记·周本纪》："二十七年，灵王崩。"

景　王　《史记·周本纪》："灵王崩，子景王贵立。"

元年丁巳。

十三年春，有星出婺女。《左》昭十年传："春王正月，有星出于婺女。"

十月，晋平公卒。《春秋经》昭十年："秋七月戊子，晋侯彪卒。"《史记·十二诸侯年表》："景王十三年春，有星出婺女，十月，晋平公卒。"

十四年。原注："庚午，晋昭公元年。"《史记·十二诸侯年表》："景王十四年，晋昭公夷元年。"

河水赤于龙门三里。《水经·河水》注引《纪年》："晋昭公元年，河水赤于龙门三里。”

十九年，晋昭公卒。《史记·十二诸侯年表》：“景王十九年，晋昭公卒。”

冬十二月，桃杏华。《御览》九百六十八引《纪年》：“昭公六年十二月，桃杏华。”

二十年。原注：“丙子，晋顷公元年。”《史记·十二诸侯年表》：“景王二十年，晋顷公弃疾元年。”

二十五年，晋顷公平王室乱，立敬王。《史记·十二诸侯年表》：“景王二十五年，周室乱，顷公平乱，立敬王。”

敬　王《史记·周本纪》：“晋人立丐，是为敬王。”

元年壬午。

八年，晋顷公卒。《史记·十二诸侯年表》：“敬王八年，晋顷公薨。”

九年。原注：“庚寅，晋定公元年。”《史记·十二诸侯年表》：“敬王九年，晋定公午元年。”

十四年，汉不见于天。《御览》八百七十五引《纪年》：“晋定公六年，汉不见于天。”

二十六年，晋青虹见。《御览》十四引《纪年》：“晋定公十八年，青虹见。”

二十八年，洛绝于周。《水经·洛水》注引《纪年》：“晋定公二十年，洛绝于周。”

三十六年，淇绝于旧卫。《水经·淇水》注引《纪年》：“晋定公二十八年，淇绝于旧卫。”一作“十八年”。

三十九年，晋城顿邱。《水经·淇水》注引《纪年》：“晋定公三十一年，城顿邱。”

四十三年，宋杀其大夫皇瑗于丹水之上，丹水壅不流。《水经·获水》注引《纪年》曰：“宋杀其大夫皇瑗于丹水之上。”又曰：“宋大水，丹水壅不流。”本是二事，此误合为一。又本不系年，此据《左》哀十七年传定之。

四十四年，王陟。《史记·周本纪》：“四十二年，敬王崩。”《十二诸侯年表》：“敬王四十三年甲子崩。”惟《周本纪》集解引皇甫谧曰：“敬王四十四年，元己卯，崩壬戌。”此元壬午、崩乙丑，盖在位之年，从皇甫谧，而岁名则从《史记》也。

元　王《史记·周本纪》：“敬王崩，子元王仁立。”

元年丙寅，晋定公卒。《史记·六国表》：“元王二年，晋定公卒，岁在丙寅。”此以元王元年为丙寅，故以下皆递差一年。

二年。原注：“晋出公元年。”《史记·六国表》：“元王三年，晋出公错元年。”

四年，於越灭吴。《史记·六国表》：“元王四年，越灭吴。”

六年，晋浍绝于梁。《水经·浍水》注引《纪年》："晋出公五年，浍绝于梁。"

丹水三日绝不流。《水经·沁水》注引《纪年》："晋出公五年，丹水三日绝不流。"

七年，齐人、郑人伐卫。《水经·济水》注引《纪年》："晋出公六年，齐、郑伐卫。"

王陟。《史记·周本纪》："元王八年崩。"《六国表》同。此于敬王增一年，故元王减一年。

贞定王《史记·周本纪》："元王崩，子定王介立。"集解引皇甫谧《帝王世纪》作"贞定王"。

元年癸酉，於越徙都琅玡。《吴越春秋》六："句践二十五年，霸于关东，从琅玡起观台，周七里，以望东海。"

四年十一月，於越子句践卒，是为鹿执，次鹿郢立。《史记·越王句践世家》索隐引《纪年》："晋出公十年十一月，於粤子句践卒，是为菼执。"又引："次鹿郢立，六年卒。"

六年，晋河绝于扈。《水经·河水》注引《纪年》："晋出公十二年，河绝于扈。"

七年，晋荀瑶城南梁。原注："一本'晋出公二十年'。"《水经·汾水》注："晋出公三十年，知伯瑶城高梁。"案：出公无三十年，据伪此书者所见之本，当作"十三年"。

十年，於越子鹿郢卒，不寿立。《史记·越王句践世家》索隐引《纪年》："句践卒，次鹿郢立，六年卒。"又云："不奉立。"

十一年，晋出公出奔齐。《史记·晋世家》："出公于七年，奔齐，道死。"

十二年，河水赤三日。《通鉴外纪》："定王十二年，晋河水赤三日。"

荀瑶伐中山，取穷鱼之邱。《水经·巨马水》注、《初学记》八、《御览》六十四引《纪年》："荀瑶伐中山，取穷鱼之邱。"皆不云何年。

十三年，晋韩庞取秦武城。《水经·洛水》注引《纪年》："晋出公十九年，晋韩庞取卢氏城。"

十六年。原注："晋出公二十二年。"

十七年，晋出公薨，乃立昭公之孙，是为敬公。《史记·晋世家》索隐引《纪年》："出公二十三年，奔楚，乃立昭公之孙，是为敬公。"

十八年。原注："己丑，晋敬公元年。"

二十年，於越子不寿见杀，是为盲姑，次朱句立。《史记·越王句践世家》索隐引《纪年》："不寿立十年见杀，是为盲姑，次朱句立。"

二十二年，楚灭蔡。《史记·六国表》："定王二十二年，楚灭蔡。"

二十四年，楚灭杞。《史记·六国表》："定王二十四年，楚灭杞。"

二十八年。原注："晋敬公十一年。"

王陟。《史记·周本纪》："二十八年，元王崩。"

考　王《史记·周本纪》："定王崩，哀王立。三月，思王立。五月，少弟嵬立，是为考王。"

元年。原注："晋敬公十八年。"案："十八年"当作"十二年"。

魏文侯立。《史记·晋世家》索隐："《纪年》：魏文侯初立在敬公十八年。"案："十八年"乃"六年"之讹，说见《古本纪年辑校》。

十年，楚灭莒。《史记·六国表》："考王十年，楚灭莒。"

十一年，晋敬公卒。案：据此敬公在位二十二年。《史记·十二诸侯年表》："晋出公错十八年，晋哀公忌二年，晋懿公骄十七年。"（此据《史记正义》说，今本并夺懿公。）《晋世家》出公十七年，哀公骄十八年，此懿公为哀公，皆无敬公。

十二年。原注："晋幽公柳元年。"《史记·六国表》："考王四年，晋幽公柳元年。"

鲁悼公卒。《史记·六国表》："考王十二年，鲁悼公卒。"

十四年，鲁季孙会晋幽公于楚邱。《水经·济水》注引《纪年》："晋幽公三年，鲁季孙会晋幽公于楚邱，取葭密，遂城之。"《太平寰宇记》引作"幽公十三年"。

十五年，王陟。《史记·周本纪》："考王十五年崩。"

威烈王《史记·周本纪》："考王崩，子威烈王午立。"

元年丙辰。《史记·十二诸侯年表》"威烈王元年"集解："徐广曰：丙辰。"

三年，晋大旱，地生盐。《书钞》一百四十六引《纪年》："晋幽公七年，大旱，地长生盐。"

五年，晋丹水出，反击。《水经·沁水》注引《纪年》："晋幽公九年，丹水出，相反击。"

六年，晋大夫秦嬴贼幽公于高寝之上，魏文侯立幽公子止。《史记·六国表》："威烈王六年，盗杀幽公。"《晋世家》索隐引《纪年》："夫人秦嬴贼公于高寝之上。"《晋世家》："十八年，盗杀幽公，魏文侯以兵诛晋乱，立幽公子止，是为烈公。"案：《史记》幽公在位十八年，此仅十年，盖缩幽公之年以为敬公之年。如"丹水出，相反击"，《水经》注引古《纪年》以为幽公九年事，而《通鉴外纪》系之考王十年，据此，则刘恕所见《纪年》敬公仅得十二年，此以敬公为在位二十二年，乃不得不减幽公以补之矣。

七年。原注："壬戌，晋烈公元年。"《史记·六国表》："威烈王七年，晋烈公元年。"

赵献子城泫氏。《水经·沁水》注引《纪年》："晋烈公元年，赵献子城泫氏。"

韩武子都平阳。《水经·汾水》注引《纪年》："晋烈公元年,韩武子都平阳。"

八年,赵城平邑。《水经·河水》注、《初学记》八引《纪年》:"晋烈公四年,赵城平邑。"

九年,楚人伐我南鄙,至于上洛。《水经·丹水》注、《路史·国名纪》引《纪年》:"晋烈公三年,楚人伐我南鄙,至于上洛。"

十一年,田公子居思伐邯郸,围平邑。《水经·河水》注引《纪年》:"晋烈公五年,田公子居思伐邯郸,围平邑。"说见《古本纪年缉校》。

於越灭滕。《史记·越王句践世家》索隐引《纪年》:"於粤子朱句三十四年灭滕。"《路史·国名纪》引作"朱句三十年"。

十二年,於越子朱句伐郯,以郯子鸪归。《水经·沂水》注引《纪年》:"晋烈公四年,於越子朱句伐郯,以郯子鸪归。"《史记》索隐引"朱句三十五年灭郯"。

十四年,於越子朱句卒,于翳立。《史记·越王句践世家》引《纪年》:"朱句三十七年卒。"

十六年,齐田肦及邯郸韩举战于平邑,邯郸之师败逋,遂获韩举,取平邑、新城。《水经·河水》注引《纪年》:"晋烈公十年,齐田肦及邯郸韩举战于平邑,邯郸之师败逋,遂获韩举,取平邑、新城。"说见《古本纪年辑校》。

十七年,魏文侯伐秦至郑,还筑汾阴、郃阳。《史记·魏世家》:"魏文侯十七年,西攻秦,至郑而还,筑雒阴、合阳。"《六国表》略同,皆在威烈王十八年。惟《水经·河水》注云:"周威烈王之十七年,魏文侯伐秦,至郑还,筑汾阴、郃阳。"此本之。

田悼子卒,田布杀其大夫公孙孙,公孙会以廪邱叛于赵。田布围廪邱,翟角、赵孔屑、韩氏救廪邱,及田布战于龙泽,田师败逋。《水经·瓠子水》注引《纪年》:"晋烈公十一年,田悼子卒,田布杀其大夫公孙孙,公孙会以廪邱叛于赵。田布围廪邱,翟角、赵孔屑、韩师救廪邱,及田布战于龙泽,田师败逋。"

十八年,王命韩景子、赵烈子及我师伐齐,入长垣。《水经·汶水》注引《纪年》:"晋烈公十二年,王命韩景子、赵烈子及翟员伐齐,入长城。"

二十三年,王命晋卿魏氏、赵氏、韩氏为诸侯。《史记·周本纪》:"威烈王二十三年,命韩、魏、赵为诸侯。"

二十四年,王陟。《史记·周本纪》:"威烈王二十四年崩。"

安　王《史记·周本纪》:"威烈王崩,子安王骄立。"

元年庚辰。《史记·六国表》"安王元年"集解:"徐广曰:庚辰。"

九年，晋烈公卒，子桓公立。原注：“《韩非子》作'桓侯'。”《史记·晋世家》："二十年，烈公卒，子孝公顷立。"索隐："《纪年》以孝公为桓公，故《韩子》有晋桓侯。"

十年己丑。原注："晋桓公顷元年。"《史记·六国表》："安王十年，晋孝侯顷元年。"

十五年，魏文侯卒。原注："在位五十年。"《史记·六国表》安王十六年为魏武侯元年，是文侯卒于十五年，计在位三十八年。然古《纪年》载文侯、武侯在位年数，均与《史记》不同。《史记·魏世家》索隐引《纪年》云："文侯五十年卒，武侯二十六年卒。"以惠成王元年逆推之，文侯之卒当在安王五年。

大风，昼昏。见下。

晋太子喜出奔。《御览》八百七十九引《史记》："烈公二十二年，国大风，昼昏，自旦至中。明年，太子喜出奔。"

十六年。原注："乙未，魏武侯击元年。"《史记·六国表》："安王十六年，魏武侯元年。"

封公子缓。《史记·魏世家》索隐引《纪年》："魏武侯元年，封公子缓。"说见《古本纪年辑校》。

二十一年，韩灭郑，哀侯入于郑。《史记·韩世家》索隐引《纪年》："魏武侯二十一年，韩灭郑，哀侯入于郑。"此以为安王二十一年，误。

二十三年，於越迁于吴。《史记·越王句践世家》索隐引《纪年》："翳三十三年，迁于吴。"

三十六年，王陟。《史记·周本纪》："安王立二十六年崩。"

魏城洛阳及安邑、王垣。《史记·魏世家》索隐引《纪年》："魏武侯十一年，城洛阳及安邑、王垣。"

七月，於越太子诸咎弑其君翳。十月，越人杀诸咎越滑，吴人立孚错枝为君。《史记·越王句践世家》索隐引《纪年》："翳三十六年七月，太子诸咎弑其君翳。十月，粤杀诸咎粤滑，吴人立子错枝为君。"

烈　王　《史记·周本纪》："安王崩，子烈王喜立。"

元年丙午。《史记·六国表》"烈王元年"集解："徐广曰：丙午。"

魏公子缓如邯郸以作难。《史记·魏世家》索隐引《纪年》："惠成王七年，公子缓如邯郸以作难。"

於越大夫寺区定越乱，立初无余，是为莽安。《史记·越王句践世家》索隐引《纪年》："明年，大夫寺区定粤乱，立无余之。"

二年，秦胡苏帅师伐韩，韩将韩襄败胡苏于酸水。《水经·济水》注引《纪年》："秦胡苏帅师伐郑，韩襄败胡苏于酸水。"不云何年。

魏觞诸侯于范台。《魏策》："梁主魏婴觞诸侯于范台。"

晋桓公邑哀侯于郑，韩山坚贼其君哀侯。《史记·韩世家》索隐引《纪年》："魏武侯二十二年，晋桓公邑哀侯于郑，韩山坚贼其君哀侯。"

六年。原注："辛亥，梁惠成王元年。"《史记·六国表》："烈王六年，魏惠王元年。"

韩共侯、赵成侯迁晋桓公于屯留。原注："以后更无晋事。"《史记·晋世家》索隐引《纪年》："桓公二十年，赵成侯、韩共侯迁桓公于屯留。"《水经·浊漳水》注引："梁惠成王元年，韩共侯、赵成侯迁晋桓公子屯留。"索隐云："以后更无晋事。"

赵成侯偃、韩懿侯若伐我葵。《水经·沁水》注引《纪年》："梁惠成王元年，赵成侯偃、韩懿侯若伐我葵。"《史记》索隐引："武侯元年，封公子缓。赵侯种、韩懿侯伐我，取蔡。"年与人、地名俱讹。

七年，王陟。《史记·周本纪》："七年，烈王崩。"

我师伐赵，围蜀阳。《史记·魏世家》索隐引《纪年》："惠成王伐赵，围浊阳。"

齐田寿帅师伐我，围观，观降。《水经·河水》注引《纪年》："梁惠成王三年，齐田寿帅师伐我，围观，观降。"

魏大夫王错出奔韩。《史记·魏世家》集解引《纪年》："惠王二年，魏大夫王错出奔韩。"

显　王　《史记·周本纪》："烈王崩，弟扁立，是为显王。"

元年癸丑。《史记·六国表》"显王元年"集解："徐厂曰：癸丑。"

郑城邢邱。原注："自此韩改称曰郑。"《水经·河水》注引《纪年》："梁惠成王三年，郑城邢邱。"

秦子向命为蓝君。《水经·渭水》注引《纪年》："梁惠成王三年，秦子向命为蓝君。"

二年，河水赤于龙门三日。《水经·河水》注引《纪年》："梁惠成王四年，河水赤于龙门三日。"

三年，公子景贾帅师伐郑，韩明战于韩，我师败逋。《水经·济水》注引《纪年》："惠成王五年，公子景贾帅师伐郑，韩明战于阳，我师败逋。"

四年夏四月甲寅，徙都于大梁。《水经·渠水》注引《纪年》："梁惠成王六年四月甲寅，徙都于大梁。"《汉书·高帝纪》注引亦作"六年"，《史记·魏世家》集解、《孟子正义》引皆作"九年"。

王发逢忌之薮以赐民。《汉书·地理志》注臣瓒引《纪年》："梁惠王发逢忌之薮以赐民。"《左》哀十一年疏引"发"作"废"。

於越寺区弟思弑其君莽安，次无颛立。《史记·越王句践世家》索隐："无余之十二年，寺区弟思弑其君莽安，次无颛立。"

五年，雨碧于郢。《御览》八百九、《广韵》二十二皆引《纪年》："惠成王七年，雨碧于郢。"

地忽长十丈有余，高尺半。《御览》八百八十引《纪年》："梁惠成王七年，地忽长十丈有余，高尺半。"

六年，我师伐邯郸，取列人；我师伐邯郸，取肥。《水经·浊漳水》注引《纪年》："梁惠成王八年，惠成王伐邯郸，取列人；伐邯郸，取肥。"

雨黍于齐。《御览》八百七十七引《史记》："梁惠成王八年，雨黍于齐。"

七年，我与邯郸赵榆次、阳邑。《水经·洞涡水》注引《纪年》："梁惠成王九年，与邯郸榆次、阳邑。"

王会郑釐侯于巫沙。《水经·济水》注引《纪年》："梁惠成王九年，王会郑釐侯于巫沙。"

八年，入河水于圃田，又为大沟而引圃水。《水经·渠水》注引《纪年》："梁惠成王十年，入河水于甫田，又为大沟而引甫水。"

瑕阳人自秦导岷山青衣水来归。《水经·青衣水》注引《纪年》："梁惠成王十年，瑕阳人自秦导岷山青衣水来归。"

九年，秦师伐郑，次于怀，城殷。《水注·沁水》注引《纪年》："秦师伐郑，次于怀，城殷。"不云何年。

十年，楚师出河水，以水长垣之外。《水经·河水》引《纪年》："梁惠成王十二年，楚师出河水，以水长垣之外。"

龙贾帅师筑长城于西边。《水经·济水》注引《纪年》："梁惠成王十二年，龙贾帅师筑长城于西边。"

郑取屯留、尚子。《水经·浊漳水》注、《御览》一百六十三引《纪年》："梁惠成王十二年，郑取屯留、尚子、涅。"

十一年，郑釐侯使许息来致地平邱、户牖、首垣诸邑及郑驰地。我取枳道，与郑鹿。《水经·河水》注引《纪年》："梁惠成王十一年，郑釐侯使许息来致地平邱、户牖、首垣诸邑及郑驰地。我取枳道，与郑鹿。"此误为显王十一年事。

王及郑釐侯盟于巫沙，以释它阳之围，归釐于郑。《水经·济水》注引《纪年》："梁惠成王十三年，王及郑釐侯盟于巫沙，以释宅阳之围，归釐于郑。"

十二年，鲁恭侯、宋桓侯、卫成侯、郑釐侯来朝。《史记·魏世家》索隐引《纪年》："梁惠成王十四年，鲁恭侯、宋桓侯、卫成侯、郑釐侯来朝。"

於越子无颛卒，是为菼蠋卯，次无疆立。《史记·越王句践世家》索隐引《纪年》："无颛八年薨，是为菼蠋卯。"

十三年，邯郸成侯会燕成侯于安邑。《史记·六国表》集解引《纪年》："惠王十五年，邯郸成侯会燕成侯于安邑。"

十四年，秦公孙壮伐郑，围焦城，不克。《水经·渠水》注引《纪年》："梁惠成王十六年，秦公孙壮伐郑，围焦城，不克。"

秦公孙壮帅师城上枳、安陵、山民。《水经·渠水》注引《纪年》："梁惠成王十六年，秦公孙壮帅师城上枳、安陵、山氏。"

邯郸伐卫，取漆富兵〔邱〕，城之。《水注·济水》注引《纪年》："梁惠成王十六年，邯郸伐卫，取漆富邱，城之。"

齐师及燕战于泃水，齐师遁。《水经·鲍邱水》注引《纪年》："梁惠成王十六年，齐师及燕战于泃水，齐师遁。"

十五年，齐田期伐我东鄙，战于桂阳，我师败逋。《水经·济水》注引《纪年》："梁惠成王十七年，齐田期伐我东鄙，战于桂阳，我师败逋。"

东周与郑高都。《水经·伊水》注引《纪年》："梁惠成王十七年，东周与郑高都、利。"

郑釐侯来朝中阳。《水经·渠水》注引《纪年》："梁惠成王十七年，郑釐侯来朝中阳。"

宋景㪍、卫公孙仓会师，围我襄陵。《水经·淮水》注引《纪年》："梁惠成王十七年，宋景㪍、卫公孙仓会齐师，围我襄陵。"

十六年，王以韩师、诸侯师县于襄陵。《水经·淮水》注引《纪年》："梁惠成王十八年，王以韩败诸侯师于襄陵。"

齐侯使楚景舍来求成。《水经·淮水》注引《纪年》："齐侯使楚景舍来求成。"与前事同年。

邯郸之师败我师于桂陵。原注："秦伐韩阆与，惠成王使赵灵破之，不知是何年。"《史记·魏世家》索隐："梁惠成王十八年，赵又败魏桂陵。"

十七年，燕伐赵，围浊鹿，赵灵王及代人救浊鹿，败燕师于勺。《水经·滱水》注引《纪年》："燕人伐赵，围浊鹿，赵武灵王及代人救浊鹿，败燕师于勺梁。"不云何年。

晋取玄武、濩泽。原注："即雷泽，舜渔处。"《水经·沁水》注引《纪年》："梁惠成王十九年，晋取玄武、濩泽。"

十八年，齐筑防以为长城。《水经·汶水》注引《纪年》："梁惠成王二十年，齐筑防以为长城。"

十九年，王如卫，命公子南为侯。《水经·汝水》注、《史记·周本纪》集解、《汉书·武帝纪》注引《纪年》："子南劲朝于魏，后惠成王如卫，命子南为侯。"不云何年。

二十年。

二十一年，魏殷臣、赵公孙裒伐燕，还取夏屋，城曲逆。《水经·滱水》注引《纪年》："魏殷臣、赵公孙裒伐燕，还取夏屋，城曲逆。"不云何年。

二十二年壬寅，孙何侵楚，入三户郭。《水经·丹水》注引《纪年》："壬寅，孙何侵楚，入三户郭。"不云何年。

楚伐徐州。《史记·越王句践世家》索隐引《纪年》："越子无颛薨，后十年，楚伐徐州。"

二十三年，魏章师师及郑师伐楚，取上蔡。《水经·汝水》注引《纪年》："魏章率师及郑师伐楚，取上蔡。"不云何年。

孙何取澶阳。《水经·颍水》注引《纪年》："孙何取澶阳。"不云何年。

秦孝公会诸侯于逢泽。《史记·六国表》："显王二十七年，秦孝公会诸侯于泽。"集解："徐广曰：《纪年》作逢泽。"《水经·渠水》注同。

绛中地坼，西绝于汾。《水经·汾水》注引《纪年》："梁惠成王二十五年，绛中地坼，西绝于汾。"

二十四年，魏败韩马陵。《史记·魏世家》索隐引《纪年》："惠成王二十六年，败韩马陵。"

二十五年。

二十六年，穰疵帅师及郑孔夜战于梁赫，郑师败逋。《水经·渠水》注引《纪年》："梁惠成王二十八年，穰疵帅师及郑孔夜战于梁赫，郑师败逋。"

与齐田朌战于马陵。《史记·魏世家》索隐引《纪年》："二十八年，与齐田朌战于马陵。"《孙子吴起列传》索隐引作"惠成王二十七年十二月"，乃《纪年》本文。《魏世家》索隐作"二十八年"，则改从周正。

二十七年五月，齐田朌及宋人伐我东鄙，围平阳。《水经·泗水》注引《纪年》："梁惠成王二十九年五月，齐田朌及宋人伐我东鄙，围平阳。"

九月，秦卫鞅伐我西鄙。《史记·魏世家》索隐引《纪年》："梁惠成王二十九年五月，齐田朌伐我东鄙。九月，秦卫鞅伐我西鄙。十月，邯郸伐我北鄙。王攻卫鞅，我师败绩。"

十月，邯郸伐我北鄙。见上。

王攻卫鞅，我师败逋。见上。

二十八年，城济阳。《水经·济水》注引《纪年》："梁惠成王三十年，城济阳。"

秦封卫鞅于邬，改名曰尚。《水经·浊漳水》注、《路史·国名纪》引《纪年》："梁惠成王三十年，秦封卫鞅于邬，改名曰商。"

二十九年，邳迁于薛。《水经·泗水》注引《纪年》："梁惠成王三十一年，邳迁于薛。"《史记》索隐引同，正义引作"三十年"。

三月，为大沟于北郛，以行圃田之水。《水经·渠水》注引《纪年》："梁惠成王三十一年三月，为大沟于北郛，以行圃田之水。"

三十年。

　　三十一年，秦苏胡帅师伐郑，韩襄败秦苏胡于酸水。原注："不知何年，附此。"重出。

　　三十二年。

　　三十三年，郑威侯与邯郸围襄陵。《史记·韩世家》索隐引《纪年》："威侯七年，与邯郸围襄陵。"当在显王四十二年。

　　三十四年，魏惠成王三十六年，改元称一年。《春秋经传集解·后序》："惠王三十六年改元，从一年始，至十六年而称惠成王卒。"《史记·魏世家》集解："今案《古文》：'惠成王三十六年，改元称一年，改元后十七年卒。'"

　　王与诸侯会于徐州。《史记·六国表》："魏襄王元年，与诸侯会徐州以相王。"

　　於越子无疆伐楚。《史记·越王句践世家》："越遂释齐而伐楚。"

　　三十五年，楚吾得帅师及秦伐郑，围纶氏。原注："不知何年，附此。"《水经·伊水》注、《后汉书·黄琼传》注、《路史·后纪十三》引《纪年》："楚吾得帅师及秦伐郑，围纶氏。"皆不云何年。

　　三十六年，楚围齐于徐州，遂伐於越，杀无疆。《史记·六国表》："显王三十六年，楚围齐于徐州。"《越王句践世家》："楚大败越，杀王无疆，尽取吴故地，至浙江，北破齐于徐州。"徐广曰："周显王之四十六年。"案：《六国表》"四十六年"乃"三十六年"之讹，此本《表》言之。

　　三十七年。

　　三十八年，龙贾及秦师战于雕阴，我师败逋。《史记·魏世家》："襄王五年，秦败我龙贾军四万五千于雕阴。"

　　王会郑威侯于巫沙。《史记·韩世家》索隐引《纪年》："成侯七年，王会郑威侯于巫沙。"此较前四年。

　　三十九年，秦取我汾阴、皮氏。《史记·六国表》："显王四十年，魏襄王六年，秦取我汾阴、皮氏。"

　　四十年。

　　四十一年，秦归我焦、曲沃。《史记·六国表》："显王四十年，魏襄王八年，秦归我焦、曲沃。"

　　四十二年，九鼎沦泗，没于渊。《史记·封禅书》："或曰：宋太邱社亡，而九鼎没于泗水彭城下，其后百一十五年而秦并天下。"案：此距秦并天下一百五年。

　　四十三年。

　　四十四年。

　　四十五年，楚败我襄陵。《史记·六国表》："显王四十六年，楚败魏襄陵。"

　　四十六年。

四十七年。

四十八年，王陟。《史记·周本纪》："四十八年，显王崩。"

慎靓王《史记·周本纪》："显王崩，子慎靓王定立。"

元年辛丑。《史记·六国表》"慎靓王元年"集解："徐广曰：辛丑。"

秦取我曲沃、平周。《史记·六国表》："显王四十七年，魏襄王十三年，秦取曲沃、平周。"此较后二年。

二年，魏惠成王薨。《春秋经传集解·后序》："《纪年》：'惠王三十六年，改元从一年始，至十六年而称惠成王卒。'"《史记》集解谓："惠成王三十六年，改元称一年，改元后十七年卒。"此从集解说。

三年，今王元年。《史记·六国表》："慎靓王三年，魏哀王元年。"

四年。

五年。

六年，郑侯使韩辰归晋阳及向。二月，城阳、向更名，阳为河雍，向为高平。《水经·济水》注引《纪年》："郑侯使韩辰归晋阳及向。二月，城阳、向更名，阳为河雍，向为高平。"不云何年。《史记·赵世家》集解引末二句，作"魏襄王四年"，此从之。

隐　王原注："《史记》作赧王，名延，盖'赧'、'隐'声相近。"《史记·周本纪》："慎靓王立六年崩，子赧王延立。"

元年丁未。《史记·六国表》"周赧王元年"集解："徐广曰：丁未。"

十月，郑宣王来朝梁。《史记·韩世家》索隐引《纪年》："威侯七年十月，郑宣王朝梁。"系此误。

燕子之杀公子平，不克。齐师杀子之，醢其身。《史记·燕召公世家》索隐引《纪年》："子之杀公子平。"集解引："齐人禽子之而醢其身。"据《六国表》，事在此年。

二年，齐地暴长，长丈余，高一尺。《御览》八百八十引《纪年》："周隐王二年，齐地暴长，长丈余，高一尺。"

魏以张仪为相。《史记·六国表》："赧王二年，张仪来相楚。"此误以为相魏。

三年，韩明帅师伐襄邱。《水经·济水》注引《纪年》："魏襄王七年，韩明帅师伐襄邱。"

秦王来见于蒲坂关。《水经·河水》注引《纪年》："魏襄王七年，秦王来见于蒲坂关。"

四月，越王使公师隅来献舟三百，箭五百万，及犀角、象齿。《水经·河水》注："魏襄王七年四月，越王使公师隅来献乘舟，始罔及舟三百，箭五百万，犀角、象齿焉。"

五月，张仪卒。《史记·张仪传》索隐引《纪年》："梁哀王九年五月卒。"

四年，翟章伐卫。《史记·魏世家》索隐引《纪年》："梁哀王八年，翟章伐卫。"

魏败赵将韩举。《史记·韩世家》索隐引《纪年》："败韩举在威侯八年。"说见《古本纪年辑校》。

五年，洛入成周，山水大出。《水经·洛水》注引《纪年》："魏襄王九年，洛入成周，山水大出。"

六年十月，大霖雨，疾风，河水酸枣。《水经·济水》注引《纪年》："魏襄王十年十月，大霖雨，疾风，河水溢酸枣郛。"

楚庶章帅师来会我，次于襄邱。《水经·济水》注引《纪年》："魏襄王九年，楚庶章帅师来会我，次于襄邱。"

七年，翟章救郑，次于南屈。原注："此年未的。"《水经·河水》注、《汉书·地理志》注引《纪年》："翟章救郑，次于南屈。"不云何年。

八年，秦公孙爰帅师伐我皮氏，翟章帅师救皮氏围，疾西风。《水经·汾水》注引《纪年》："魏襄王十二年，秦公孙爰帅师伐我，围皮氏，翟章帅师救皮氏围，疾西风。"

九年，城皮氏。《水经·汾水》注引《纪年》："魏襄王十三年，城皮氏。"

十年。

十一年。

十二年，秦拔我蒲坂、晋阳、封谷。《史记·魏世家》："哀王十六年，秦拔我蒲坂、阳晋、封陵。"索隐云："《纪年》作晋阳、封谷。"

十三年，邯郸命吏大夫奴迁于九原，将军、大夫、适子、代史皆貂服。《水经·河水》注引《纪年》："魏襄王十七年，邯郸命吏大夫奴迁于九原，又命将军、大夫、适子、戍吏皆貉服。"

十四年。

十五年，薛侯来会王于釜邱。《水经·济水》注引《纪年》："魏襄王十九年，薛侯来会王于釜邱。"

楚入雍氏，楚人败。《史记·韩世家》集解："《周本纪》赧王八年之后云：'楚围雍氏。'此当韩襄王十二年，魏哀王十九年。《纪年》于此亦说：'楚入雍氏，楚人败。'"

十六年，王与齐王会于韩。《史记·六国表》："赧王十六年，魏哀王二十年，魏王与齐王会于韩。"

今王终二十年。《春秋经传集解·后序》："《纪年》：今王终二十年。"《史记·魏世家》索隐："《汲冢纪年》终于哀王二十年。"

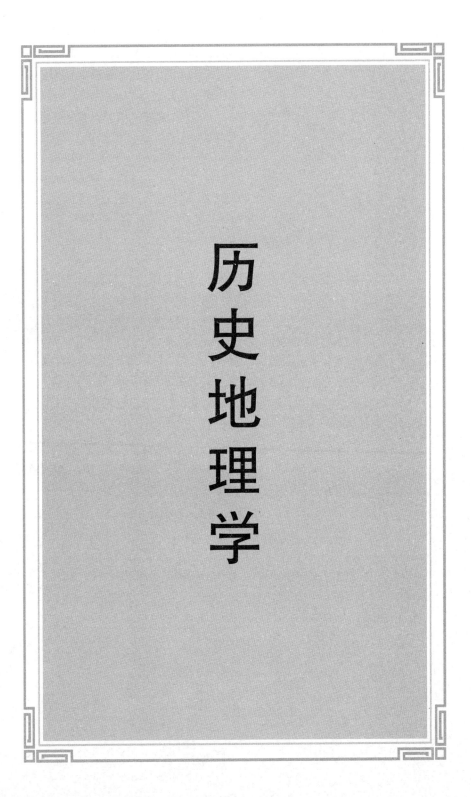

历史地理学

秦都邑考*

秦之祖先，起于戎狄，当殷之末，有中潏者，已居西垂，大骆、非子以后，始有世系可纪，事迹亦较有据。其历世所居之地，曰西垂，曰犬邱、曰秦，曰渭汧之会，曰平阳，曰雍，曰泾阳，曰栎阳，曰咸阳，此九地中，惟西垂一地，名义不定。犬邱、泾阳二地，有异实而同名者，后人误甲为乙，遂使一代崛起之地与其经略之迹不能尽知，世亦无正其误者。案：西垂之义，本谓西界。《史记·秦本纪》："中潏在西戎，保西垂。"又："申侯谓孝王曰：昔我先郦山之女，为戎胥轩妻，生中潏，以亲故归周，保西垂，西垂以其故和睦。"又云庄公"为西垂大夫"。以语意观之，西垂殆泛指西土，非一地之名。然《封禅书》言："秦襄公既侯，居西垂。"《本纪》亦云："文公元年居西垂宫。"则又似特有西垂一地。《水经·漾水》注以汉陇西郡之西县当之，其地距秦亭不远。使西垂而系地名，则郦说无以易矣。唯犬邱一地，徐广曰："今槐里也。"案：槐里之名犬邱，班固《汉书·地理志》、宋衷《世本注》均有此说。此乃周地之犬邱，非秦大骆、非子所居之犬邱也。《本纪》云"非子居犬邱"，又云"大骆地犬邱"，夫槐里之犬邱为懿王所都，而大骆与孝王同时，仅更一传，不容为大骆所有。此可疑者一也。又云宣公子庄公以"其先大骆地犬邱为西垂大夫"。若西垂泛指西界，则槐里尚在雍岐之东，不得云西垂。若以西垂为汉之西县，则槐里与西县相距甚远。此可疑者二也。且秦自襄公后始有岐西之地，厥后文公居汧渭之会，宁公居平阳，德公居雍，皆在槐里以西，无缘大骆、庄公之时已居槐里。此可疑者三也。案：《本纪》又云"庄公居其故西犬邱"，此西犬

---

* 据《观堂集林》卷第十二，史林四。

邱实对东犬邱之槐里言，《史记》之文，本自明白，但其余犬邱字上均略去"西"字。余疑犬邱、西垂本一地，自庄公居犬邱、号西垂大夫，后人因名西犬邱为西垂耳。然则大骆之起，远在陇西，非子邑秦，已稍近中国。庄公复得大骆故地，则又西徙。逮襄公伐戎至岐，文公始逾陇而居汧渭之会，其未逾陇以前，殆与诸戎无异。自徐广以犬邱为槐里，《正义》仍之，遂若秦之初起已在周畿内者，殊失实也。此稿既成，检杨氏守敬《春秋列国图》，图西犬邱于汉陇西郡西县地，其意正与余合。

《史记》于《始皇本纪论赞》后复叙秦世系、都邑、陵墓所在，其言与《秦本纪》相出入；所纪秦先公谥号及在位年数，亦与《本纪》及《六国表》不同，盖太史公别记所闻见之异辞，未必后人羼入也。其中云"肃灵公即《秦本纪》之灵公。居泾阳"，为《秦本纪》及《六国表》所未及。泾阳一地，注家无说，余曩作《玁狁考》，曾据此及泾阳君、高陵君之封，以证《诗·六月》之泾阳非汉安定郡之泾阳县。今更证之，考春秋之季，秦、晋不交兵者垂百年。两国间地在北方者，颇为诸戎蚕食。至秦厉共公十六年，始堑河旁，以兵二万伐大荔，取其王城，则今之陕西同州府大荔县也。二十一年始县频阳，则今之蒲城、同官二县间地也。至灵公六年，晋城少梁，秦击之。《六国表》作"七年，与魏战少梁"。十三年城藉姑，皆今之韩城县地。然则厉共公以后，秦方东略，灵公之时，又拓地于东北，与三晋争霸，故自雍东徙泾阳。泾阳者，当在泾水之委，今之泾阳县地。决非汉安定郡之泾阳也。且此时义渠方强，绵诸未灭，安定之泾阳与秦，中隔诸戎，势不得为秦有。即令秦于西北有斗入之地，而东略之世，决无反徙西北之理。厥后灵公子献公徙治栎阳，栎阳在今高陵县境，西距泾水入渭之处不远，则泾阳自当在高陵之西，今泾阳之境矣。余说详《玁狁考》中，然则有周一代，秦之都邑分三处，与宗周、春秋、战国三期相当，曰西垂，曰犬邱，曰秦，其地皆在陇坻以西，此宗周之世秦之本国也。曰汧渭之会，曰平阳，曰雍，皆在汉右扶风境，此周室东迁、秦得岐西地后之都邑也。曰泾阳，曰栎阳，曰咸阳，皆在泾渭下游，此战国以后秦东略时之都邑也。观其都邑，而其国势从可知矣。

又案：《秦本纪》于献公即位前说："秦以往者数易君，君臣乖乱，故晋复强，夺河西地。"孝公元年，下令国中，亦曰："会往者厉、躁、简公、出子之不宁，国家内忧，未遑外事，三晋攻夺我先君河西地，诸国卑秦，丑莫大焉。献公即位，镇抚边疆，徙治栎阳，且欲东伐。"云云。似灵公之世，国势颇蹙，又未尝东徙。《秦始皇本纪》后虽云"灵公居泾阳"，然于其陵墓，则云"葬悼公西"，悼公葬雍，则灵公亦葬雍。厥后，简公、出子亦葬于雍，是灵公虽居泾阳，未尝定都也。然以其经营东北观之，则其居泾阳之事，殆无可疑。河西之失，亦非尽事实。《本纪》书简公六年"堑洛城重泉"，而灵公之子献公未立时亦居河西，则河西仍为秦有，不过疆场之事，一彼一此，时有之耳。孝公下令，欲激发国人，故张大其辞，观《本纪》、《六国表》所纪灵公时事可知矣。

秦郡考[*]

　　自《史记·秦始皇本纪》载始皇二十六年从廷尉李斯议，分天下以为三十六郡，于是言秦郡者分为二说：一以为三十六郡乃秦一代之郡数，而史家追纪之；一以为始皇二十六年之郡数，而后此所置者不与焉。前说始于班固《汉书·地理志》，后说始于裴骃《史记集解》，而成于《晋书·地理志》。《汉志》所纪郡国沿革，其称"秦置"者二十七，河东、太原、上党、东郡、颍川、南阳、南郡、九江、巨鹿、齐郡、琅邪、会稽、汉中、蜀郡、巴郡、陇西、北地、上郡、云中、雁门、代郡、上谷、渔阳、右北平、辽西、辽东、南海。称"秦郡"者一，长沙。称"故秦某郡"者八，三川、泗水、九原、桂林、象郡、邯郸、砀郡、薛郡。中有始皇三十三年所置之南海、桂林、象郡三郡。由余所考定，则九原郡亦三十三年置。裴骃不之数，而易以郭郡、黔中，并数内史为三十六郡。《晋志》从之，益以后置之闽中、南海、桂林、象郡，由余所考定，则闽中郡实始皇二十五年所置。为四十郡。近者钱氏大昕用班说，姚氏鼐用裴说，二者争而不决久矣。原钱氏之意，以《汉志》秦郡之数适得三十六，与《史记》冥合。又以班氏为后汉人，其言较可依据。余谓充钱氏之说，则以《汉书》证《史记》，不若以《史记》证《史记》。夫以班氏较裴氏，则班氏古矣。以司马氏较班氏，则司马氏又古矣。细绎《史记》之文，无一与《汉志》相合，始知持班、裴二说者，皆未尝深探其本也。今尽置诸家之说，而于《史记》中求始皇二十六年所置三十六郡之数，则《秦本纪》惠文君十年，魏始纳上郡十五县，秦于是始有上郡。后九年，司马错伐蜀，灭之，秦于是有蜀郡。后十三年，攻楚汉中，取地六百里，置汉中郡。昭

---

　　[*] 据《观堂集林》卷第十二，史林四。

襄王二十九年，大良造白起攻楚，取郢为南郡。三十年，蜀守若伐取巫郡及江南为黔中郡。三十五年，初置南阳郡。庄襄王元年，初置三川郡。四年，初置太原郡。《始皇本纪》又谓始皇即位时，秦地已并巴、蜀、汉中，越宛有郢，置南郡；北收上郡以东，有河东、太原、上党郡。则巴郡、河东、上党三郡，亦始皇以前所置也。嗣后，始皇五年，初置东郡。十七年，内史腾攻韩，以其地为郡，名曰颍川。二十五年，王翦定荆江南地，降越君，置会稽郡。此十四郡皆见于本纪者也。其散见于《列传》者，则《穰侯列传》云："穰侯卒于陶，而因葬焉。秦复收陶为郡。"案：昭王十六年，封魏冉陶为诸侯，陶在齐、魏之间，蕞尔一县，难以立国。二十二年，蒙武伐齐河东为九县。齐之九县，秦不能越韩、魏而有之，其地当入于陶。三十六年，客卿灶攻齐，取刚寿予穰侯，则陶固有一郡之地矣。《赵策》："秦下甲攻赵，赵略以河间十二县。"又云："甘罗说赵，令割五城，以广河间。"《史记·甘茂传》实用此文。河间共十七城，则亦有一郡之地。《樊哙传》"河间守军于杠里破之"，是秦有河间守矣。汉初疆域，当因其故，故彭越王梁实都定陶，辟疆分赵，乃王河间。由前后证之，则始皇时实有此二郡也。《东越列传》云："闽越王无诸及越东海王摇者，皆越王句践之后也。秦已并天下，皆废为君长，以其地为闽中郡。"而《始皇本纪》系降越君于二十五年，则闽中郡之置亦当在是年。《本纪》但书降越君、置会稽郡，文有所略也。《匈奴列传》言秦昭襄王时有陇西、北地、上郡，筑长城以拒胡。赵武灵王置云中、雁门、代郡，燕亦置上谷、渔阳、右北平、辽西、辽东郡以拒胡。是秦之北鄙，于上郡外，固有陇西、北地二郡，及灭燕、赵，又得其缘边八郡。故始皇二十六年前之郡，明见于《史记》者共二十有七。至《项羽》、《高祖》二纪中之砀郡，《高祖纪》之泗川郡，《纪》有泗川监平，泗川守壮、守监，皆郡官。《陈涉世家》中之陈郡、东海郡，皆见于始皇二十六年之后，然不得谓二十六年未有此郡。故秦郡之见于《史记》者共三十有一。今姑不论，而于《汉书·地理志》求之，则邯郸、巨鹿二郡当为十九年灭赵后所置，砀郡当为二十二年灭魏后所置，长沙，九江、泗水、薛郡当为二十三年灭楚后所置，齐郡、琅邪当为二十六年春灭齐后所置。《汉志》之秦郡中，除与《史记》复出外，求其真为二十六年前所有之郡，又得九郡，以益《史记》之二十七郡，共为三十六郡。比之《汉志》之三十六郡，则有陶郡、河间、闽中、黔中，而无九原、南海、桂林、象郡。《史记》于始皇二十六年大书"分天下为三十六郡"，即谓是也。自是以后，则三十三年略取陆梁地为桂林、象郡、南海。又前年，使蒙恬发兵三十万人北击胡，略取河南地。是年，又西北斥逐匈奴，自榆中并河以东属之阴山，以为三十四县。《匈奴列传》作四十四县。此三十四县者，优足以置一大郡。以地理准之，实即九原郡之地。三十五年除道，道九原，抵云阳，自是九原之名始见于史。故三十二年始皇之碣石，归巡北边，自上郡入。至三十七年，始皇崩于沙邱，其丧乃从井陉抵九原，从直道至咸阳，明始皇三十二年以前未有九原郡也。至二世时，则有陈守、东海守见于《陈涉世家》，则秦之末年又置陈与东海二郡，故二十六年以后，于《史记》中又得六郡，并前为四十二郡，此秦一代之郡数也。然则秦郡遂尽于此乎？曰：据史文言之，似不能有他说矣。然以当时之建置言之，则余未敢信也。今以秦四十二郡还之六国，则除六郡为秦故地，汉中、蜀郡、巴郡、陇西、北地、上郡。六郡取之胡越会稽、闽中、南海、桂林、象郡、九原。外，楚得其八，南郡、九江、泗水、东海、长沙、薛郡、黔中、陈郡。赵亦如之，太原、上党、巨鹿、云中、雁门、代郡、邯郸、河间。燕得其五，上谷、渔阳、右北平、辽西、辽东。韩、魏共得其七，河东、三川、东郡、颍川、南阳、定陶、砀郡。齐得其二。齐郡、琅邪。夫齐地之大，虽不若楚、赵，以视韩、魏，固将倍也。且负海饶富，非楚、赵边地之比也。今举全齐之地，仅置二郡，其不可解一也。燕之五郡，皆缘边郡而无腹郡，自蓟以南，古称天府之地，今虚不置郡。其不可解二也。余以为三十六郡之分，在始皇二十六年，齐国之灭，近在是年之春，距燕之亡亦不过一岁，二国新定，未遑建置，故于燕仅因其旧置之缘边五郡，于齐略分为齐与琅邪二郡，其于区画固未暇也。讫于疆理既定，则齐尚得五郡，燕尚得一郡，何以征之？曰：《汉书·高帝纪》曰："以胶东、胶西、临淄、济北、博阳、城阳郡七十三城，立子肥为齐王。"博阳者，济南也。《史记·项羽本纪》以田安为济北王，都博阳。《田儋列传》亦云："田横走博阳。"《汉书》作"田横走博"，苏林以为即泰山博县。案：《汉书·王子侯表》，齐孝王子博阳顷侯，就下曰在济南，则汉初博阳当在济南，而田安之王济北，实兼济南北之地也。此汉初之郡，当因秦故。而临淄一郡，实齐郡之本名，加以琅邪，共得七郡，为田齐故地，如此则秦之疆理列国，庶得其平。故《史记·项羽本纪》云："徙齐王田市为胶东王，立田安为济北王。"《曹相国世家》云："还定济北郡。"《田儋列传》云："田荣反，击项羽于城阳。"此胶东、济北、城阳者，皆非县名，胶东治即墨，城阳治莒。则非郡奚属矣。故曰齐于临淄、琅邪外，尚有五郡也。秦于六国故都，多为郡治，临淄、邯郸，即以齐、赵之都名其郡者也。余如韩都阳翟，则秦颍川郡所治；楚都寿春，则秦九江郡所治；唯三川郡则不治魏都之大梁，而治周都之洛阳。燕则据《汉志》所载，仅得缘边五郡，而自蓟以南膏腴之地，以《汉志》郡国当之，当得广阳国之四县、涿郡之八县与渤海郡若干县，此燕宗庙社稷所在，八百余年藉以立国者也。其在秦时，不宜虚不置郡。《水经·灅水》注言："始皇二十一年灭燕，以为广阳郡。高帝以封卢绾为燕王，更曰燕国。"全氏祖望《地理志稽疑》力主是说。由今日观之，此郡之果名广阳与否，虽不可知，然其置郡之说，殊不可易，故曰燕尚有一郡也。此六郡者，于史虽无明征，然以建置言之，乃所当有，且其分置，或前乎南海六郡矣。由此言之，则秦郡当得四十有八。秦以水德王，故数以六为纪。二十六年，始分天下为三十六郡。三十六者，六之自乘数也。次当增置燕、齐六郡为四十二郡。四十二者，六之七倍也。至三十三年，南置南海、桂林、象郡，北置九原，其于六数不足者二，则又于内地分置陈、东海二郡，共为四十八郡。四十八者，六之八倍也。秦制然也。如谓不然，则请引贾生之言以证之，曰："秦兼并天下，山东三十余郡。"秦、汉之间，自关以东谓之山东。今四十八郡，除六郡为关中地，六郡得之胡越外，其余六国故地，适得三十六郡，故云"山东三十余郡"。若秦郡之数不至四十八，则山东安得有三十余郡乎？故三十六郡者，始皇二十六年之郡数，又六国故地之郡数。此语习于人口久矣，而班固遽以是为秦一代之郡，不已疏乎！后人眩于《汉志》之说，而于贾傅之所论，史迁之所纪，蓄若无睹，或反据《汉志》以订正《史记》及《汉书》纪传，此余所以不能无辨也。

汉郡考上 *

　　班孟坚志汉地理毕而总结之曰："本秦京师为内史，分天下作三十六郡。汉兴，以其郡太大，稍复开置，又立诸侯王国。武帝开广三边，故自高祖增二十六，文、景各六，武帝二十八，昭帝一，讫于孝平，凡郡国一百三。"《志》中各郡下，又分注其沿革。其称"高帝置"者二十：曰河内，曰汝南，曰江夏，曰魏郡，曰常山，曰清河，曰涿郡，曰渤海，曰平原，曰千乘，曰泰山，曰东莱，曰东海，曰豫章，曰桂阳，曰武陵，曰广汉，曰定襄，曰楚国，曰淮阳国。其称"高帝时为某郡"者三：京兆尹曰高帝二年为渭南郡，左冯翊曰高帝二年为河上郡，右扶风曰高帝二年为中地郡。称高帝郡国者二：中山国曰高帝郡，广阳国曰高帝燕国。称"故郡"者一：丹阳郡曰故鄣郡。计为郡二十三，为国三，合于后序增二十六之数。而后之祖述其说者，亦小有异同。《续汉书·郡国志》举信都而无武陵，《晋书·地理志》举梁国而无鄣郡，钱氏大昕举内史、胶东、衡山，而无渭南、河上、中地三郡，皆求以足《汉志》二十六之数。其是非暂置勿论，要皆以班氏之说为信而不可易也。岂独此数家而已，自来读《汉书》者，殆无不以班氏之说为信而不可易也。自余考之，则上所举二十六郡国，其真为高帝置者，曾不及三分之一，而世人莫之察焉，是可异已。诸郡中可确证为高帝置者，唯河内郡见于《史记·汉兴以来诸侯王年表》序，清河、常山二郡见于《樊哙传》，豫章郡见于《黥布传》。余如汝南、魏郡、中山已不足征。至江夏、涿郡、渤海、平原、千乘、泰山、东莱、桂阳、武陵、定襄十郡，尤可证其非高帝所置。江夏属县，半为衡山故郡。吴芮之王衡山，实都

* 据《观堂集林》卷第十二，史林四。

邾县。及芮徙长沙，而衡山为淮南别郡，英布、刘长迭有其地。至文帝分王淮南三子，而衡山复为一国。武帝初，伍被为淮南王画策云："南收衡山以击庐江，有寻阳之船，守下雉之城，结九江之浦，绝豫章之口。"寻阳为庐江属县，则下雉此时亦当属衡山，此四语者，实分指庐江、衡山、九江、豫章四郡，皆厉王时故地也。又云"强弩临江而守，以禁南郡之下"。则淮南所虑，仅汉南郡之兵，不言江夏。武帝之初，似尚无江夏郡。逮元狩元年，衡山国除。次年于其地置六安国，仅得衡山五县、江夏十四县，当以衡山余县及南郡东边数县置之，则高帝时不得有江夏郡也。前《秦郡考》言秦于燕之故都当置一郡，其地有《汉志》之广阳国四县及涿郡、渤海二郡之半，汉初置燕国，当仍其旧。而涿郡之地，介居《汉志》之广阳、河间二国间。中叶以后，广阳、河间各得四县，故中间得有涿郡之二十九县。若高帝时燕之内史与赵之河间郡，决非迫隘如此，则已无置郡之余地，故《史记·郦商传》："商破燕王臧荼军，食邑涿五千户，号曰'涿侯'。至高帝十二年，以破英布功，改封曲周。"若当时已置涿郡，决无以郡治为侯国之理。是岁卢绾称乱，子建受封，燕地未平而高皇晏驾，其于疆域，当无变革。是高帝时不得有涿郡、渤海二郡也。平原、千乘二郡，汉初为齐悼惠王封域，而平原实齐济北郡之地。景、武以后，济北国境反居济水之南，其在汉初，实跨济水南北。《史记·曹相国世家》云："还定济北郡，攻著、漯阴、平原、鬲、卢。"著于《汉志》为济南县，卢为泰山县，文帝后济北王所都。漯阴、平原、鬲皆平原属县，故徐广云："济北分平原、太山二郡。"高帝时，齐既有济北郡，则不得有平原郡也。《史记·诸侯王表》："文帝十五年，分齐为胶西国，都苑。"徐广曰："乐安有苑县。"按《汉志》，齐地无苑县，据《水经·瓠子河》注所引，则作"高苑"。高苑，千乘县也。案：《史记·功臣侯表》有"高苑侯丙倩，高祖六年封。武帝建元三年国除。"胶西之都，似不应与侯国同处。然《水经注》实有东、西二高苑。其所谓"东高苑城"者，胶西之都也；所谓"西高苑城"者，丙倩之邑也。东高苑城以今地望准之，当在乐安、高苑之间，是汉初千乘之地属于胶西，不得有千乘郡也。《封禅书》云："济北王以为天子且封禅，乃上书献泰山及其旁邑，天子以他县偿之。"则泰山郡之置在武帝时，非高帝所置也。东莱一郡，处胶东、胶西之北。《汉志》之胶东国仅得八县，高密国本胶东国。仅得五县，故其北得置十七县之东莱郡。汉初，胶西实有千乘之地。《史记·吴王濞传》言："胶西王卬以卖爵事有奸，削其六县。"《汉书·胶西于王端传》亦言："有司比再请削，其国去太半。"则高密国五县，当因胶西既削之余。胶东八县，恐亦非汉初旧域。东莱一郡，当置于二国削地后，非高帝所置也。故《汉书·高帝纪》云："以胶东、胶西、临淄、济北、博阳、城阳郡，立子肥为齐王。"《史记·齐悼惠王世家》数文帝时齐国别郡，亦但举济北、济南、菑川、胶西、胶东、城阳，而无平原、千乘、泰山、东莱四郡，则高帝时无此四郡也。武陵、桂阳二郡之地，高帝时为长沙国南境，故文帝赐赵佗书曰："前日闻王发兵于边，为寇灾不止，当其时，长沙苦之，南郡尤甚。"又曰："朕欲定地犬牙相入者，以问吏。吏曰：'此高皇帝所以介长沙土也。'朕不得擅变焉。"则长沙与南越之间，汉不得置郡。且长沙在文帝时不过二万五千户，势不能分置三郡，则武陵、桂阳二郡非高帝所置也。定襄一郡若为高帝所置，则其时当属代国。案：高帝封兄仲于代，王云中、代、雁门三郡，后封子恒，王太原、代、雁门三郡，皆无定襄。《史记》举汉郡，亦但计云中以西，而定襄则在其东，则定襄非高帝郡也。此外，如东海本秦郯郡，淮阳本秦陈郡，燕之国都亦秦之一郡，而史失其名，则高帝所置之郡，其余几何？又《汉志》所举秦郡，当高帝时，南海、桂林、象郡入于南越，闽中入于闽越，九原入于匈奴，《汉志》五原郡注：秦九原郡，武帝元朔二年更名，若汉初尚有是郡者。然《武帝纪》云：元朔二年，收河南地，置朔方、五原郡，则此郡实武帝所开。又《史记·匈奴传》：匈奴收蒙恬所夺地与汉关故河南塞，至朝那、肤施，事在楚汉之际。则九原之没久矣。黔中一郡，亦废于楚汉之际，则高帝时之郡数，又得几何？即令《汉志》二十余郡悉为高帝所置，则汝南当属淮阳，常山、清河、中山属赵，涿郡、渤海属燕，平原、千乘、泰山、东莱属齐，东海属楚，豫章属淮南，鄣郡属吴，桂阳、武陵属长沙，定襄属代，其得为汉郡者，不过江夏、魏郡、广汉三郡，而此三郡亦无所征。故谓此二十余郡为高帝所置，其误犹小；若直以孝平时之疆域为汉初之疆域，而谓此二十余郡者悉为天子所有，则全不合当时事实也。然但据《汉志》以为说，则此误必不能免。钱氏大昕谓高帝置郡二十六，其十之八皆属于王国，此说极是，他人未有明言之者。此则不可以不辨也。善夫太史公之言曰："汉初，内地自山以东尽诸侯地，汉独有三河、东郡、颍川、南阳，自江陵以西至蜀北，自云中至陇西，与内史凡十五郡。"此十五郡者，河东一、河内二、河南三，所谓三河也；东郡四、颍川五、南阳六；自江陵以西至蜀，则南郡七、巴郡八、蜀郡九；北自云中至陇西，则云中十、上郡十一、北地十二、陇西十三；而自山以西，尚有上党；巴蜀之北，尚有汉中。共十五郡，加内史为十六，此高帝五年初定天下时之郡数也。六年，以云中属代，则并内史得十五郡。至十一年，复置云中，而罢东郡以益梁，罢颖川郡以益淮阳，则并内史为十四郡。史公习闻十五郡之名，又习闻东郡、颖川之为汉郡，故既称与内史为十五，又并数东郡、颖川。虽云疏漏，然视班氏之误，则有间矣。由是言之，则高帝末年之郡，除王国支郡外，并内史唯得十四而已。至于文、景之间，亦仅有二十四郡。故枚乘说吴王曰："夫汉并二十四郡、十七诸侯，其珍怪不如山东之府。"乘之说吴，在景帝三年吴王举兵之后，而十七诸侯则为文、景间之事。《史记·诸侯王表》唯文帝后七年及景帝元年共十七国。夫十七诸侯既数文、景间之诸侯，知二十四郡亦数文、景间之郡也。乘于景帝三年说吴，何以不数三年之郡，而犹数元年以前之郡？曰：犹吾辈今日之言十八行省、二十二行省也。枚乘此书，刘奉世以其言齐赵事与史不合，疑为传者增之。然虽有增饰，而十七诸侯、二十四郡之数不能凿空为之也。此二十四郡者，除高帝时十四郡外，则左内史一、右内史二、《汉志》以分左、右内史为武帝建元六年事，然《百官公卿表》纪景帝元年以晁错为左内史，则景帝初已分内史为三。又《景帝纪》中六年诏曰"三辅举不如法令者"，诏文称三辅，不容有误，必《汉志》之误也。东郡三、《汉书·贾谊传》"请割淮阳北边二三列城与东郡以益梁"，则孝文之时，梁不得东郡。颖川四、淮阳五、淮阳王武于文帝十一年徙梁为郡。琅邪六、琅邪本齐别郡，文帝元年废琅邪国以与齐。十五年，齐文王薨，分其地为齐、济南、济北、菑川、胶西、胶东六国，并城阳为七国，而琅邪不以封，其为汉郡当在此时矣。河间七。河间哀王以文帝十五年薨，国除为郡。益上十四郡为二十一郡。其余三郡，则当为汝南、魏郡、广汉，此文帝末年郡数也。而汉郡之增，实在孝景之世。元年削赵之常山郡，二年削楚之东海郡，三年削吴之会稽、鄣郡。是岁，七国反，既平其地，又以其余威削诸侯，于是始得平原、千乘、济南、北海、东莱之地于齐，得涿郡、渤海、上谷、渔阳、右北平、辽西、辽东之地于燕，得巨鹿、清河于赵，得太原、雁门于代，得沛郡于楚，沛郡本秦泗水郡，至项羽都彭城后，徙治彭城，遂名彭城郡。汉初为元王交所都。景帝四年，封刘礼为楚王，续元王后，殆不尽与以彭城故地。沛郡之置，当在此时。观高帝十二年春吴濞尚为沛侯，可知，此时尚无沛郡。是岁复丰、沛二县为天子汤沐邑，其他县城属楚国。《水经·获水》注谓"楚元王冢在萧县之同孝山"，足证沛郡诸县多属楚国，或分属梁之砀郡。《史记》谓内地自山以东尽诸侯地，则汉初固不得有沛郡也。得庐江、豫章于淮南，得武陵、桂阳于长沙，而诸侯地之以新封皇子者尚不与焉。故《史记·诸侯王年表》序言之曰："吴楚时，前后诸侯或以谪削地，是以燕、代无北边郡，吴、淮南、长沙无南边郡，齐、赵、梁、楚支郡，名山陂海，咸纳于汉，诸侯稍微。"此实善道当时之大势者也。至《汉志》所谓"高帝增二十六郡国，文、景各六"者，参以《史》、《汉》纪传，无一相合，而自来未有理而董之者，此则余所大惑不解也。

汉郡考下 *

汉兴，矫秦郡县之失，大启诸国，时去六国之亡未远，大抵因其故壤，专制千里，建国之大，古今所未有也。当汉初定天下，异姓诸王各据其手定之地：韩信王楚，彭越王梁，张敖王赵，韩王信王韩，卢绾王燕，英布王淮南，吴芮王长沙，此诸王者，皆与高祖素等夷，又无骨肉之亲，外托君臣之名，而内有敌国之实。是时高帝之策，在建同姓以制异姓。故六年废楚王信，则分其地以王刘贾于荆，弟刘交于楚。又时齐、代无王，则王子肥于齐，王兄仲于代，而徙韩王信于太原，收颍川郡以通东方之道。明年，韩王信叛，而代王亦弃其国，则以代王爱子如意。九年，废赵王张敖，则徙代王于赵而益以代地，使陈豨以赵相国守之。明年，陈豨反，则王子恒于代；彭越反，则王子恢于梁，子友于淮阳；英布反，则王子长于淮南，兄子濞于吴。又明年，卢绾反，则王子建于燕。当始封子弟时，惟恐其地之不广，力不能有所禁御也。及异姓渐尽，又虑诸子分地之不均也，故新置之国，率因其故。洎吴濞受封，始虑东南之乱。未及半载，而高祖遽崩，吕后以嫡母之尊，废梁、赵，割齐、楚，以王张、吕，宫车朝驾，而临淄之兵夕起矣。文帝之世，亦第稍分齐、赵以众建其子弟，惟梁、代无王，则王子参于代，子武于梁，以控制东诸侯，其所用亦高帝遗策。所异者，高以同姓制异姓，文以亲制疏而已。孝景嗣位，始大削吴、楚、赵，而七国之乱随之。既平七国，因以余威宰制诸侯，其分王诸子，亦不过一郡之地。昭宣以降，王国益微。及孝平元始中，诸侯大者十余城，小者三四县，比汉初王国，或不能得其十分之一。变置既亟，作史者但据后世版籍，略纪沿革

＊ 据《观堂集林》卷第十二，史林四。

而已。故但据《汉志》之文以求汉初诸侯之疆域，则其大小广狭，不能与实际同日而语。今考汉初诸国之地，则大者七八郡，小者二三郡，而后世所置之郡，尚不计焉。举其目，则属齐者八：曰临淄，曰菑川，曰济南，曰济北，曰胶西，曰胶东，曰琅邪，曰城阳。《汉书·高帝纪》："以胶东、胶西、临淄、济北、博阳、城阳郡七十三城立子肥为齐王。"《史记·齐悼惠王世家》文帝十六年："齐孝王将闾以悼惠王子扬虚侯为齐王，故齐别郡尽以王悼惠王子：子志为济北王，子辟光为济南王，子贤为菑川王，子卬为胶西王，子雄渠为胶东王，与城阳、齐，凡七王。"皆不数琅邪。然《悼惠王世家》云："哀王八年，高后割齐琅邪郡立营陵侯刘泽为琅邪王。"又云："孝文帝元年，尽以高后时所割齐之城阳、琅邪、济南郡复与齐。"则汉初齐固得琅邪郡。至文帝十五年，齐文王薨，无后。其明年，文帝分齐为六，尽王悼惠王诸子，独琅邪不以封，殆于此时入汉也。属燕者六：曰□□，曰上谷，曰渔阳，曰右北平，曰辽西，曰辽东。案：燕国都所治之郡，史失其名。武帝元朔元年，燕王定国自杀，国除为郡，则名燕都。《汉书·徐乐传》称："乐，燕郡无终人是也。"无终，《汉志》属右北平，此时当属燕郡，若以右北平为燕别都，故曰燕郡，则景帝时右北平已属汉矣。至上谷五郡属燕，史虽无明文，然司马迁称诸侯地皆外接于胡越。景帝后，燕、代无北边郡，吴、淮南、长沙无南边郡，则景帝以前燕、代诸国各有边郡矣。下代、吴诸国仿此。属赵者六：曰邯郸，曰巨鹿，曰常山，曰清河，曰河间，曰中山，中间益郡三：曰代，曰雁门，曰云中。赵国诸郡，史无明文，以史迁云内地自山以东尽诸侯地知之。属代者三：曰太原，曰代，曰雁门。《汉书·高帝纪》：六年，以云中、雁门、代郡五十三县立兄宜信侯喜为代王。十一年，诏曰："代地居常山之北，与夷狄邻，赵乃从山南有之，远，数有胡寇，难以为国。颇取山南太原之地益属代，代之云中以西为云中郡，则代受边寇益少矣。"是文帝王代时，已以太原易云中也。属梁者二：曰砀郡，曰定陶，中间益郡一：曰东郡，属淮阳者曰陈郡，曰汝南，中间益郡一：曰颍川。《高帝纪》：十一年，立子恢为梁王，子友为淮阳王，罢东郡，颇益梁；罢颍川郡，颇益淮阳。属楚者三：曰彭城，曰东海，曰薛郡。《汉书·高帝纪》以砀郡、薛郡、郯郡三十六县立弟文信君交为楚王。郯郡即东海，砀郡乃彭城之误。楚元王云"王薛郡、东海、彭城三十六县"是也。属吴者三：曰广陵，曰会稽，曰鄣郡。《高帝纪》以东阳、鄣郡、吴郡三十三县立刘贾为荆王。及英布反，并荆地。吴王濞之封，实因故荆国境。东阳与广陵实为一郡，初治东阳，故名东阳。及吴濞乃都广陵，本传云"吴王起兵于广陵"是也。后广陵国转小，汉乃于其北置临淮郡耳。属淮南者四：曰九江，曰庐江，曰衡山，曰豫章。《史记·黥布传》：布遂剖符为淮南王，都六。九江、庐江、衡山、豫章，皆属布。后厉王王淮南，亦仍其封域。属长沙者一：曰长沙。故高帝时诸侯之郡凡三十有九，而诸

汉郡考下 | 305

郡之广狭，又当与《汉志》绝异。《汉志》齐郡即临淄。十二县，菑川三县，高密即胶西。五县，胶东八县，城阳、广阳、即燕□□郡。赵国、即邯郸。河间各四县，梁国即砀郡。八县，淮阳即陈郡。九县，楚国即彭城。七县，鲁国即薛郡。六县，广陵四县，六安即衡山。五县，皆非汉初郡域。以理度之，则《汉志》北海之二十六县，实得临淄、菑川之县；平原县十九，千乘县十五，济南县十四，泰山县二十四，实分齐之济南、济北、楚之薛郡之县；东莱县十七，实得胶西、胶东之县；琅邪县五十一，实得城阳之县；涿郡县二十九，渤海县二十六，实得广阳、河间之县；广平县十六，实得邯郸之县；沛郡、汝南县各三十七，一得砀郡、彭城之县，一得陈郡之县；临淮县二十九，实得彭城、广陵之县；江夏县十二，实得衡山之县。故汉初齐地，当得《汉志》之平原、千乘、济南、泰山、齐郡、北海、东莱、琅邪八郡及菑川、胶东、高密、城阳四国；燕地当得涿郡、渤海、上谷、渔阳、右北平、辽西、辽东七郡及广阳一国；赵地当得巨鹿、常山、清河三郡，与魏郡之半及赵广平、真定、中山、信都、河间六国；梁地当得山阳、济阴二郡与沛郡之半及梁、东平二国；淮阳当得汝南一郡与淮阳国；楚当得东海一郡与沛郡、临淮之半及鲁、楚二国；吴当得会稽、丹阳二郡与临淮之半及广陵国；淮南当得庐江、九江、豫章三郡与江夏之半及六安国；长沙当得桂阳、武陵、零陵三郡及长沙国。此三十二郡与一十七国者，以元始中之郡国言之也。而班《志》于诸郡国下，其言"故厶国"或"厶年为厶国"者仅十三郡国，而不言"故厶国"者三十有六，使后之读史者疑若自高帝时即为汉郡者，此所以不能不表而出之也。

浙江考*

　　浙江之名，始见于《山海经》、《史记》、《汉书》、《越绝书》、《吴越春秋》诸书，而《汉书·地理志》及《水经》皆有"渐江水"，无"浙江水"。《说文解字》于"江沱"二字下出"浙"字，曰"江水至会稽山阴入海为浙江"，其后又出"渐"字曰"渐水出丹阳黟南蛮中东入海"。乾、嘉以来言水地者，率祖《说文》之说，分浙、渐为二水，以今之钱唐江当渐水，以《汉志》之分江水或南江当渐水，是惑于班、许、《水经》之言，而不悟先秦、西汉之所谓浙江，固指今之钱唐江也。《海内东经》之说出汉人手，姑置勿论，试以《史记》定之。《史记》"浙江"凡六见，《秦始皇本纪》："过丹阳至钱唐，临浙江，水波恶，乃西百二十里从狭中渡。"《项羽本纪》："秦始皇帝游会稽，渡浙江。"若谓此浙江即分江水，则自丹阳至钱唐，当先渡浙江，不得云"至钱唐，临浙江"也。若以浙江为《汉志》之南江，则自钱唐至山阴，不须渡浙江，又钱唐之西百二十里不得复有浙江也。则《本纪》之浙江，正谓钱唐江也。其言水波恶，亦惟钱唐江为然。又《高祖功臣侯表》"堂邑侯陈婴"下云："定豫章、浙江，都折。"《汉书·侯表》作都渐。"费侯陈贺"下云："定会稽、浙江、湖阳。"《汉表》作湖陵。盖汉之定江南也，陈婴之兵自豫章至浙江之上游，定太末、黟、歙诸县；陈贺之兵自会稽会稽时会稽郡治吴。至浙江之下游，定钱唐、余暨、山阴诸县。陈婴所都之地，《史记》作"折"，《汉书》作"渐"，盖即《汉志》、《说文》、《水经》所谓蛮夷中地，非以水名地。即以地名水，尤"浙"、"渐"为一之明证矣。湖阳，《汉表》作湖陵，即《越绝书》及《吴志·孙静传》之固陵。即今西兴。固陵之为湖陵，犹"姑孰"之为"湖孰"矣。《越绝书》言："浙江西路固陵城者，范蠡敦兵城也。"其陵固可守，谓之固陵。汉初为楚守者，盖亦据此城以拒汉。故陈贺定浙江后，即至湖陵，则《侯表》中之浙江，亦谓今之钱唐江也。《越王句践世家》："楚尽取故吴地，至浙江北。"《货殖传》"浙江南则越"，即《论衡》所谓"余暨以南属越，钱唐以北属吴"，钱唐之江，两国界也。是实战国以后楚、越之界与春秋吴、越之界未必相合，而以山川大势分之，最为易晓，故移以言吴越之界。是《世家》、《列传》中之浙江，亦谓今之钱唐江也。史迁亲上会稽，吴、越诸水，皆所经历，所记不容有误。且始皇经行，皆有记注，彻侯功伐，亦书故府，其言当有所本。是秦、汉之间，已以今钱唐江为浙江，不自《史记》始。厥后袁康、赵晔、王充、朱育、韦昭等，凡南人所云浙江，无不与《史记》合。许叔重之说，自不能无误，乾、嘉诸儒过信其说，不复质之古书，是末师而非往古，重传说而轻目验，吾不能从之矣。

简牍文书

《流沙坠简》序 *

　　光绪戊申，英人斯坦因博士访古于我新疆、甘肃，得汉、晋木简千余以归。法国沙畹博士为之考释。越五年癸丑岁暮，乃印行于伦敦。未出版，沙氏即以手校之本寄上虞罗叔言参事，参事复与余重行考订，握椠逾月，粗具条理。乃略考简牍出土之地，弁诸篇首，以诒读是书者。案：古简所出，厥地凡三：一为敦煌迤北之长城，二为罗布淖尔北之古城，其三则和阗东北之尼雅城及马咱托拉、拔拉滑史德三地也。敦煌所出，皆两汉之物。出罗布淖尔北者，其物大抵上自魏末，讫于前凉。其出和阗旁三地者，都不过二十余简，又皆无年代可考。然其最古者犹当为后汉遗物，其近者亦当在隋、唐之际也。今略考诸地古代之情状，而阙其不可知者，世之君子，以览观焉。汉代简牍出于敦煌之北，其地当北纬四十度，自东经据英国固林威志经度。九十三度十分至九十五度二十分之间。出土之地，东西绵亘一度有余。斯氏以此为汉之长城，其说是也。案：秦之长城西迄临洮，及汉武帝时，匈奴浑邪王降汉，以其地为武威、酒泉郡，元狩三年。后又分置张掖、敦煌郡，元鼎六年。始筑令居以西，列四郡，据两关焉。此汉代筑城事之见于史者，不言其讫于何地也。其见于后人纪载者，则法显《佛国记》云："敦煌有塞，东西可八十里，南北四十里。"《晋书·凉武昭王传》云："玄盛乃修敦煌旧塞东、西二围，东、西疑东、北之讹。以防北虏之患。筑敦煌旧塞西、南二围，以威南虏。"案唐《沙州图经》，则沙州有古塞城、古长城二址。塞城周回州境，东在城东四十五里，西在城西十五里，南在州城南七里，北在州城北五里。古长城则在州北六十六里，东至阶亭烽一百八十里，入瓜

州常乐县界；西至曲泽烽二百一十二里，正西入碛，接石城界云云。李
暠所修，有东、西、南、北四围，当即《图经》之古塞城。法显所见，
仅有纵横二围。其东西行者，或即《图经》之古长城，而里数颇短。盖
城在晋末当已颓废，而《图经》所纪东西三百里者，则穷其废址者也。
此城遗址，《图经》谓在州北六十三里，今木简出土之地，正直其所，
实唐沙州，《图经》所谓古长城也。前汉时，敦煌郡所置三都尉，皆治
其所。都尉之下，又各置候官，由西而东，则首玉门都尉下之大煎都候
官、玉门候官，皆在汉龙勒县境。次则中部都尉所属平望候官、步广候
官，汉敦煌县境。又东则宜禾都尉所属各候官。汉效谷、广至二县境。以上
说均见本书屯戍丛残烽燧类考释中及附录烽燧图表。又东入酒泉郡，则有酒泉
西部都尉所治之西部障、北部都尉所治之偃泉障；又东北入张掖郡，则
有张掖都尉所治之遮虏障，疑皆沿长城置之。今日酒泉、张掖以北，长
城遗址之有无虽不可知，然以当日之建置言之，固宜如是也。今斯氏所
探得者，敦煌迤北之长城，当《汉志》敦煌、龙勒二县之北境，尚未东
及广至界，汉时简牍即出于此，实汉时屯戍之所，又由中原通西域之孔
道也。长城之说既定，玉门关之方位亦可由此决。玉门一关，《汉志》
系于敦煌郡龙勒县下，嗣是《续汉书·郡国志》及《括地志》、《元和郡
县志》、两《唐书·地理志》、《太平寰宇记》、《舆地广记》，以至近代官
私著述，亦皆谓汉之玉门关在今敦煌西北。惟《史记·大宛列传》云：
"太初二年，贰师将军李广利伐大宛，还至敦煌，请罢兵，益发而复往。
天子闻之，大怒，而使使遮玉门，曰：'军有敢入者辄斩之！'贰师恐，
因留敦煌。"沙畹博士据此以为太初二年前之玉门关尚在敦煌之东，其
徙敦煌西北，则为后日之事。其说是也。案：《汉志》酒泉郡有玉门县，
颜师古注引阚骃《十三州志》，谓："汉罢玉门关屯，徙其人于此。"余
疑玉门一县，正当酒泉出敦煌之孔道。太初以前之玉门关，当置于此。
阚骃徙屯之说，未必确也。嗣后关城虽徙，而县名尚仍其故，虽中更废
置，迄于今日，尚名玉门，故古人有误以玉门县为玉门关者。后晋高居
海《使于阗记》云："至肃州后渡金河，西百里出天门关，又西百里出
玉门关。"高氏所谓玉门关，实即自汉迄今之玉门县也。唐之玉门军亦置
于此，而玉门关则移于瓜州境。《元和郡县志》云：玉门关在瓜州晋昌县西二里，
而以在寿昌县西北者为玉门故关。则唐之玉门关，复徙而东矣。汉时西徙之关，
则《括地志》始记其距龙勒之方向道里曰："玉门关在县汉之龙勒在唐为
寿昌县。西北一百十八里。"《史记·大宛传》正义引。《旧唐书·地理志》、

《元和志》、《寰宇记》、《舆地广记》均袭其文。近秀水陶氏《辛卯侍行记》记汉玉门、阳关道路，谓"自敦煌西北行六十里之大方盘城，为汉玉门关故地"，又谓"其西七十里有地名西湖，有边墙遗址及烽墩数十所"。斯氏亦于此发见关城二所，一在东经九十四度以西之小盐湖，一在东经九十三度三十分，相距二十余分，与大方盘城及西湖相去七十里之说相近。然则当九十四度稍西者，殆即陶《记》之大方盘城，当九十三度三十分者，殆即陶氏所谓西湖耶？沙畹博士疑九十四度稍西之废址，为太初以前之玉门关，而在其西者，乃其后徙处。余谓太初以前玉门关，当在酒泉郡玉门县。如在东经九十四度、北纬四十度间，则仍在敦煌西北，与《史记·大宛传》文不合，而太初以后之玉门关，以《括地志》所记方位道里言之，则在唐寿昌县西北百一十八里。今自敦煌西南行一百四十里，有巴彦布喇泛，陶氏以为唐寿昌县故址。自此西北百一十八里，讫于故塞，则适在东经九十四度、北纬四十度之交。则当九十四度稍西之废址，实为太初以后之玉门关。而当九十三度三十分者，当为玉门以西之他障塞。盖汉武伐大宛后，西至盐泽，往往起亭。又据《沙州图经》，则古长城遗址且西入碛中，则玉门以西亦当为汉时屯戍之所，未足据以为关城之证也。故博士二说之中，余取其一，但其地为汉志龙勒县之玉门关，而非《史记·大宛传》之玉门，则可信也。其西徙之年，史书不纪。今据斯氏所得木简，则有武帝大始三年玉门都尉护众文书。《屯戍丛残》第一叶。其时关城当已西徙于此，上距太初二年不过十载，是其西徙必在李广利克大宛之后，太初四年。西起亭至盐泽之时也。又汉及新莽时玉门都尉所有版籍，皆出于此，可为《汉志》玉门关之铁证，不独与古书所纪——吻合而已。至魏、晋木简残纸，则出于罗布淖尔涸泽北之古城稍西，于东经九十度、当北纬四十度三十一分之地。光绪庚子，俄人希亭始至此地，颇获古书。后德人喀尔亨利及孔拉第二氏，据其所得遗书，定此城为古楼兰之虚。沙畹博士考证斯坦因博士所得遗物，亦从其说。余由斯氏所得简牍及日本橘瑞超氏于此所得之西域长史李柏二书，知此地决非古楼兰，其地当前凉之世，实名海头。而《汉书·西域传》及《魏略·西戎传》之居庐仓、《水经·河水》注之龙城，皆是地也。何以知其非古楼兰也？曰：斯氏所得简牍中，其中言楼兰者凡三：一曰"帐下督薛明言"。谨案文书"前至楼兰□还守堤兵"。本书《屯戍丛残》第三叶。此为本地部将奉使至楼兰后所上之文书，盖不待言。其二曰"八月廿八日，楼兰白疏恽惶恐白"。本书《简牍遗文》

第四叶。其三曰"楼兰□白"。同上。而细观他书疏之例，则或云"十月四日，具书焉耆元顿首"，同上。或云"敦煌具书畔毗再拜"，同上第五叶。皆于姓名前著具书之地。以此推之，则所云"楼兰白疏悍惶恐白"者，必为自楼兰所致之疏，其书既自楼兰来，则所抵之地不得为楼兰矣。此遗物中之一确证也。更求之地理上之证据，亦正不乏。《水经·河水》注云："河水东径墨山国南，又东径注宾城南，又东径楼兰城而东注，河水又东径于渤泽，即经所谓蒲昌海也。"云云。案：河水者，今之宽车河或塔里木河。渤泽与蒲昌海者，今之罗布淖尔也。则楼兰一城，当在塔里木河入罗布淖尔处之西北，亦即在淖尔西北隅，此城则在淖尔东北隅。此其不合者一也。古楼兰国，自昭帝元凤四年徙居罗布淖尔西南之鄯善后，国号虽改，而城名尚存。《后汉书·班勇传》："议遣西域长史将五百人屯楼兰，西当焉耆、龟兹径路，南强鄯善、于阗心胆，北扞匈奴，东近敦煌。"《杨终传》亦言"远屯伊吾、楼兰、车师、戊己"。《魏略》言："过龙堆到故楼兰，皆谓罗布淖尔西北之楼兰城，故东方人之呼淖尔也，曰渤泽，曰盐泽，曰浦昌海，而自西方来者，则呼曰牢兰海。"《水经·河水》注引释氏《西域记》："南河自于阗于东北三千里至鄯善入牢兰海是也。"古牢、楼同音，《士丧礼》"牢中"郑注："牢读为楼。"盖自西方来，必先经楼兰城而后至罗布淖尔，故名此淖尔曰牢兰海。《史记正义》引《括地志》作穿兰海，字之误也。此又楼兰在淖尔西北之一证。此其不合二也。故曰希、斯二氏所发见淖尔东北之古城，决非古楼兰也。然则其名可得而言之欤？曰：由橘氏所得李柏二书观之，此地当前凉之世，实名海头。李书二纸，其中所言之事同，所署之月日同，所遣之使者同，实一书之二草稿。可决其为此城中所书，而非来自他处者也。其一书曰："今奉台使来西，月二日到此。""此"字旁注"海头"二字。其二曰："诏家见遣使来慰劳诸国，月二日来到海头。"或云"此"，或云"海头"，则此地在前凉时固名海头。海头之名，诸史未见，当以居蒲昌海东头得名，未必古有此称也。求古籍中与此城相当之地，惟《水经》之龙城足当之。《水经·河水》注："蒲昌海水积鄯善之西北，龙城之东南。龙城，故姜赖之墟，胡之大国也。蒲昌海溢，荡覆其国。城基尚存而至大。晨发西门，莫达东门。"云云。其言颇夸大难信。然其所记龙城方位，正与此城相合。又据其所云"姜赖之墟"，郦注：此事本《凉州异物志》。《太平御览》八百六十五引《异物志》云：姜赖之虚，今称龙城。恒溪无道，以感天廷。上帝震怒，溢海荡倾。刚卤千里，蒺藜

之形，其下有盐，累棋而生。原注：姜赖，胡国名也。郦注隐括其事。可以知此
城汉时之名焉。案各史《西域传》，绝不闻有姜赖国，惟汉、魏时由玉
门出蒲昌海孔道以达楼兰、龟兹，中间有"居庐仓"一地，姜居、赖
庐，皆一声之转。准以地望，亦无不合。何以言之？《汉书·西域传》：
"乌孙乌就屠袭杀狂王，自立为昆弥。汉遣破羌将军辛武贤将兵万五千
人至敦煌，遣使者案行表穿卑鞮侯井以西，欲通渠转谷积居庐仓以讨
之。"孟康曰："卑鞮侯井，大井六通渠也，下流涌出，在白龙堆东土山
下。"夫井之下流在白龙堆东，而居庐仓则在井西，其地望正与此城合。
《魏略·西戎传》《魏志·乌丸传》注引。云："从玉门关西出，发都护井，
此都护井当即《汉志》之卑鞮侯井。回三陇沙北头，经居庐仓，从沙西井转
西北过龙堆，到故楼兰，转西诣龟兹，为西域中道。"案：今敦煌塞外
大沙碛，古人或总称之曰"白龙堆"，《汉书·地理志》敦煌郡下云，正西关
外有白龙堆沙。《西域传》云楼兰当白龙堆。孟康言卑鞮侯井在白龙堆东土山下。
是敦煌以西、楼兰以东之沙碛皆谓之白龙堆也。或总名之曰"三陇沙"。《广
志》：流沙在玉门关外，东西二千里，南北数百里，有断石曰三陇。则似以三陇沙
为沙碛总名也。而《魏略》之文殊为分晓，其在东南者谓之曰三陇沙，
而在西北者则专有白龙堆之名。今此城适在大沙碛之中间，又当玉门、
楼兰间之孔道，与《魏略》之居庐仓地望正合，则其为汉之居庐仓无
疑。又观《魏略》、《水经注》所纪蒲昌海北岸之地，仅有二城，其在西
者，二书均谓之楼兰，则其在东者，舍居庐、姜赖将奚属矣？然则此城
之称，曰居庐，曰姜赖，乃汉时之旧名；曰海头，则魏、晋以后之新
名；而龙城则又西域人所呼之异名也。《水经注》所纪出《凉州异物志》，疑
亦用释氏《西域记》"观晨发西门，莫达东门"二语，可知为西方人所记。即令为
《异物志》语，恐亦本之西域贾胡也。此地自魏、晋以后为西域长史治所，
亦有数证。橘氏所得李柏二书，既明示此事，斯氏于此所得简牍中，有
书函之检署，曰"因王督致西域长史张君坐前，元言疏"，《简牍遗文》第
一叶。又有出纳簿书上署"□西域长史文书事□中阙□"。《屯戍丛残》第
十一叶。一为抵长史之书，一则著长史之属，则西域长史曾驻此地，盖
无可疑。此二简皆无年月，不能定其为魏、晋及前凉之物，然参伍考
之，则魏、晋间已置西域长史于此，不自前凉始矣。案《后汉书·西域
传》："西域长史实屯柳中，以行都护之事。"后汉之初，亦放西京之制，以
都护统西域，未几而罢。后班超以将兵长史平定西域，遂为都护，未几复罢。嗣是
索班以行敦煌长史出屯伊吾。索班没后，班勇建议遣西域长史屯楼兰。延光三年，
卒以勇为西域长史出屯柳中，不复置都护。自是长史遂摄行都护事矣。故《汉

书》纪西域诸国道里，以都护治所乌垒城为据，而《后汉书》所纪，则以长史所治柳中为据。逮汉末，中原多事，不遑远略，敦煌旷无太守且二十载，《魏志·仓慈传》。则柳中之屯与长史之官，必废于是时矣。魏黄初元年，始置凉州刺史，《张既传》。并以尹奉为敦煌太守。《阎温传》。三年，鄯善、龟兹、于阗各遣使贡献，西域遂通，置戊己校尉，《文帝纪》。以行，敦煌长史张恭为之。《阎温传》。而西域长史之置，不见于纪传，惟《仓慈传》言："慈太和中迁敦煌太守，数年卒官。西域诸胡闻慈死，共会聚于戊己校尉及长吏治下发哀。""长吏"二字，语颇含混，后汉以来，西域除西域长史、戊己校尉外，别无他长吏，魏当仍之，则"长吏"二字，必"长史"之讹也。又据斯氏所得一简云："西域长史承移今初除，月廿三日当上道，从上邽至天水。"以简中所记地名考之，实为自魏至晋太康七年间之物。见《屯戍丛残》考释。恐西域长史一官，自黄初以来即与戊己校尉同置，惟其所治之地，不远屯柳中而近据海头，盖魏、晋间中国威力已不如两汉盛时，故近治海头，与边郡相依倚，此又时势所必然者矣。至前凉时，西域长史之官始见于史，《晋书·张骏传》。而《魏书·张骏传》则又称为"西域都护"。《传》言："骏分敦煌、晋昌、高昌三郡，西域都护、戊己校尉、玉门大护军三营为沙州，以西胡校尉杨宣为刺史。"《晋书·地理志》亦引此文，错乱不可读。案：张骏时，西域有长史，无都护，"都护"二字必"长史"之误，或以其职掌相同而互称之。《晋书·刘曜载记》：曜使其大鸿胪田崧署张茂为凉州牧，领西域大都护、护氐羌校尉凉王。则西域大都护乃凉州牧兼官，犹后此凉州牧之恒领西胡校尉也。斯氏于此地所得一简云"今遣大侯究犁与牛诣营下受试"，《屯戍丛残》第三叶。称长史所居为"营下"。又斯氏于尼雅北古城所得木简，有"西域长史营写鸿胪书"语，本书补遗。此又《魏书·张骏传》之三营，其一当为西域长史之证也。此三营者，戊己校尉屯高昌，《晋书·张骏传》：初，戊己校尉赵贞不附于骏，至是骏击禽之，以其地为高昌郡。玉门大护军屯玉门，而西域长史则屯海头，以成鼎足之势。则自魏、晋讫凉，海头为西域重地，盖不待言。张氏以后，吕光、李暠及沮渠蒙逊父子迭有其地。后魏真君之际，沮渠无讳兄弟南并鄯善，北取高昌，此城居二国之间，犹当为一重镇。逮魏灭鄯善、蠕蠕，据高昌，沮渠氏亡，此城当由是荒废。作《凉州异物志》者，乃有"海水荡覆"之说，而郦氏注《水经》用之。顾周、隋以前，碛道未闭，往来西域者尚取道于此，故郦氏犹能言其大略。然倘非希、斯诸氏之探索，殆不能知为古代西域之重地矣。其余木简，出于和阗所属尼雅城北及马咱托拉、拔拉滑史德三地者，其数颇少。尼雅废墟，斯氏以为古之精绝国。案今官书，尼雅距和阗七百十里，与《汉书·西域传》、《水经·河水》注所纪精绝去于阗道里数合，而与所纪他国去于阗之方向道里皆不合，则斯氏说是也。《后汉书·西域传》言，光武时，"莎车王贤诛灭诸国"，贤死明帝永平四年。之后，遂更相攻伐，小宛、精绝、戎卢、且末为鄯善所并。故范书无精绝国传。今尼雅所出木简十余，隶书精妙，似汉末人书迹，必在永平以后，所署之人曰王，曰大王，曰且末夫人。盖且末王女为精绝王夫人者。盖后汉中叶以后，且末、精绝仍离鄯善而自立也。考释既竟，爰序其出土之地并其关于史事之荦荦大者如右，其戍役情状与言制度名物者，并具考释中，兹不赘云。甲寅正月。

《流沙坠简》后序*

　　余与罗叔言参事考释流沙坠简，属稿于癸丑岁杪，及甲寅正月，粗具梗概。二月以后，从事写定，始得读斯坦因博士纪行之书。乃知沙氏书中，每简首所加符号，皆纪其出土之地，其次自西而东，自敦一、敦二讫于敦三十四，大抵具斯氏图中，思欲加入考释中，而写定已过半矣。乃为图一、表一，列烽燧之次及其所出诸简，附于书后。并举其要如次。前序考定汉简出土之地，仅举汉长城及玉门关二事，又考释中所定候官烽燧次第，全据简文。今据其所出之地，知前由文字所考定者，虽十得七八。今由各地所出之简以定其地之名，有可补正前考者若干事。一、《汉志》效谷县及鱼泽障之故址也。效谷故城，自来无考。《大清一统志》云："效谷、龙勒故城，俱在沙州卫西。"《西域图志》亦云："今日敦煌县西，逾党河，旧城基址。"不一而足。效谷、龙勒诸城遗址，疑于是乎在。近宜都杨氏《汉书·地理志图》，亦图效谷于敦煌之西、龙勒之东。惟唐写本《沙州图经》载"古效谷城在州唐沙州即今敦煌县。东北三十里，是汉时效谷县"云云。案《汉志》，效谷县，本鱼泽障，今本此上有"师古曰"三字。然下引桑钦《记》实系班氏自注，胡胐明已驳正之是也。今木简中虽不见效谷县，然鱼泽之名凡两见。其一云："入西蒲书一吏马行，鱼泽尉印，十三日起诣府。永平十八年正月十四日日下铺时，扬威卒□□受□□卒赵□。"卷二《簿书类》第六十一简。此简出于敦二十八，其地在前汉为步广候官，在新莽及后汉为万岁扬威燧。简中所谓"府"者，谓敦煌太守或都尉府。前汉敦煌郡置宜禾、中部、玉门、阳关四都尉。后汉惟置敦煌都尉。故鱼泽障在前汉本属宜禾都尉，至后汉则属敦煌都

* 据《观堂集林》卷第十七，史林九。

尉也。太守、都尉，皆治敦煌。自鱼泽诣敦煌之书，经过敦二十八，而曰"入西蒲书"，则鱼泽必在敦二十八即步广。之东。又一简云："宜禾郡简中都尉所治，亦谓之郡。烽第，广汉第一，美稷第二，昆仑第三，鱼泽第四，宜禾第五。"卷二《烽燧类》第七简。此自东而西之次第。见考释。他简云"万岁扬威燧长许玄受宜禾临介卒张均"，同上第十简。又云"万岁扬威燧长石佽受宜禾临介卒赵时"，同上第十一简。此皆记受书簿录。而宜禾临介卒之书，传至万岁扬威燧，则万岁之东必为宜禾，宜禾之东乃为鱼泽。今据斯氏图，则敦二十八一地，即前汉步广，后汉万岁。已远在敦煌东北。如效谷县即鱼泽障，当在敦煌东北百里余，则《一统志》诸说固非，即《沙州图经》以沙州东北三十里之古城为效谷城，亦未为得也。今据诸简及《汉志》，知中部都尉所辖障塞，在汉敦煌县境。其东则效谷县境，其障塞为宜禾，为鱼泽，又东则广至县境，其障塞为昆仑，为美稷，为广汉，皆宜禾都尉所辖。此敦煌以东诸地之可考者也。
二、汉敦煌郡中部、玉门二都尉及四候官之治所也。前考言敦煌中部都尉下二候官，东为万岁，西为步广。今知莫宿步广《烽燧类》第二简。与步广烽同上第八简。两简，均出于敦二十八，而万岁候造史同上第一简。一简，则出于敦二十七，二地相距至近，乃知步广、万岁，乃一候官之异名。而万岁候造史一简，中有"间田"二字，乃王莽时物，则改步广候官为万岁，当属王莽时事也。至中部都尉下之弟二候官，实为平望。据器物类弟一及二十二两简，则平望青堆燧即敦二十二乙，平望朱爵燧即敦十九，则敦二十二乙与敦十九之间，自为平望辖境。而敦二十二甲所出一简，有"候官谨□亭"等语，《烽燧类》第六简。又簿书类弟五十九简亦出于敦二十二乙，其文曰："入西书二封，其一中部司马□平望候官。""官"字，前不能确定为何字，后更审谛，确系"官"字。此二简皆平望本有候官之证。又中部司马抵平望候官之书，经过敦二十二乙，而谓之入西书，则候官治所自在敦二十二乙之西，或即敦二十二甲。斯氏书中有此名而图中无此地。矣。此中部都尉下二候官之可考者也。至玉门都尉下二候官，初疑玉门候官当与都尉同治，然都尉治敦十四，而其旁敦十五甲一地所出木简颇多，自系当时重地。沙氏释文弟四百五十八简此简沙氏书中未景印。亦出于此，其文曰"玉门候官"，则其地为玉门候官治所无疑。至都尉所属大煎都候官，则据簿书类第六简云"敦煌玉门都尉子光丞□年谓大煎都候"云云，此都尉告候官之书，出于敦六乙，即凌胡燧，则大煎都候官当治凌胡燧矣。此玉门都尉下二候官之可考者也。三、各烽燧之次弟也。顾由各烽燧所出之简以定其地之名，有当审慎者二：异地致书，自署地名，一也；记事之中，偶涉他地，二也。惟器物之楬所署之地，则以本地之物署本地之名，更无疑义。今以此求之，则自东徂西，首利汉燧，为斯氏图中敦三十四之地；次万岁显武燧，即敦二十六之地；而万岁扬威燧之即敦二十七，吞胡燧之即敦二十八，中部都尉治此。可由是决之矣。次平望青堆燧即敦二十二乙之地，次平望朱爵燧即敦十九之地，次玉门即敦十四，次玉门候官下所属诸燧，当谷即敦十三，广新即敦十二，显明即敦八。又次则大煎都候官下属诸燧，凌胡燧即敦六乙，厌胡燧即敦六丙，以下均据器物类诸简所出地。而广武之为敦五，步昌之为敦六甲，广昌之为敦六丁，亦可由是决之矣。由是沙漠中之废址，骤得而呼其名，断简上之空名，亦得而指其地，较前此凭空文考定者，依据灼然。故已著其事于表，复会其要最于编首，览者详焉。甲寅三月。

敦煌所出汉简跋一*

　　制诏酒泉太守敦煌郡到戍卒二千人发酒泉郡其假□如品司马以下与将卒长史将屯要害处属太守察地刑依阻险坚辟垒远候望母第一简。

　　上阙。陈却适者赐黄金十斤□□元年五月辛未下第二简。

右二简书法相似，又自其木理观之，乃一简裂为二者，第二简斤字之半，尚在第一简末，可证也。此宣帝神爵元年所赐酒泉太守制书。《独断》云：“制书，其文曰制诏三公、刺史、太守、相。”又云：“凡制书有印使符下远近皆玺封，尚书令重封，故汉人亦谓之玺书。”《汉书·武五子传》：“元康二年，遣使者赐山阳太守玺书，曰制诏山阳太守。”《陈遵传》：“宣帝赐陈遂玺书，曰制诏太原太守。”《赵充国传》：“上赐书曰制诏后将军，下文目为进兵玺书。”则玺书之首，例云“制诏某官”。此简云“制诏酒泉太守”，则赐酒泉太守书也。案《赵充国传》：神爵元年，先零羌反，遣后将军赵充国击之。《宣帝纪》在四月。酒泉太守辛武贤奏言：“屯兵在武威、酒泉、张掖万骑以上，皆羸瘦，可益马食。以七月上旬赍三十日粮，并出张掖、酒泉，合击罕、开在鲜水上者。”于是即拜武贤为破羌将军，《宣帝纪》在六月。以书敕让充国曰：“今诏破羌将军武贤将兵六千一百人，敦煌太守快将二千人，长水校尉富昌、酒泉侯奉世将婼、月氏兵四千，亡虑万二千人，赍三十日粮，以七月二十二日击罕羌，入鲜水北句廉上。”云云。后从充国计，兵不果出，均与此诏情事合。但此诏下于五月辛未，二十一日。尚在武贤拜破羌将军之前，此时酒泉太守即系武贤。又其时敦煌戍卒已至酒泉，武贤

---

* 据《观堂集林》卷第十七，史林九。

奏言屯兵在武威、张掖、酒泉万骑以上，可证也。后从武贤大举之议，故敦煌戍卒二千人，别以敦煌太守快领之。此时太守未行，故令司马以下与将卒长吏将屯要害处，受酒泉太守节度也。司马与将卒长吏，皆统兵之官。将卒长吏即将兵长史，古史、吏二字通用。《汉书·百官公卿表》："郡守有丞，边郡又有长史，掌兵马，秩皆六百石。"《续汉书·百官志》："郡当边戍者，丞为长史。"是边郡有长史，又称将兵长史，《后汉书·和帝纪》："永元十四年五月丁未，初置象郡将兵长史官。"《班超传》："建初八年，拜超为将兵长史。"《章帝纪》称为西域长史。《班勇传》："元初六年，敦煌太守曹宗遣长史索班将千余人屯伊吾。"盖皆敦煌郡之将兵长史也。后延光二年，以班勇为西域长史。自是讫于汉末，常置此官以领西域各国，如都护故事，实则本敦煌郡吏，后乃独立，不属敦煌，然长史之名，犹郡吏之故号也。此诏乃神爵元年物，已有将卒长史，后汉谓卒为兵，故改称将兵长史，其实则一也。云"神爵元年五月辛未下"者，亦制诏旧式。《隶释·中常侍樊敏碑》所载诏书，末署"延熹元年八月廿四日丁酉下魏下豫州刺史修老子庙诏"，末署"黄初三年十月十五日□子下"，木简有新莽诏，末署"始建国三年五月己丑下"，皆是也。此诏本下酒泉太守，其出于敦煌塞上者，盖由酒泉传写至此也。

敦煌汉简跋二 *

四月庚子丞吉下中二二二千郡太守诸侯相承书从事下当用者

右简亦诏书后行下之辞，而失其前诏，且语多讹阙，盖传写者之失也。以文例言之，当云"丞吉下中二千石，中二千石下郡太守诸侯相"。《史记·三王世家》："太仆臣贺请三王所立国名，制曰：'立皇子闳为齐王，旦为燕王，胥为广陵王。'四月丁酉奏未央宫。六年四月戊寅朔，癸卯，御史大夫汤下丞相，丞相下中二千石，二千石下郡太守诸侯相，丞当作承。书从事下当用者，如律令。"以此例之，则此"中"字下之小"二"字，当在"千"字之下，而其下又脱"石二"二字也。又"丞"、"吉"二字间，疑脱一"相"字。考汉时行下诏书之例，如高帝十二年二月诏，则由御史大夫昌下相国，相国酂侯下诸侯王，御史中执法下郡守。上所引元狩六年诏书，则由御史大夫下丞相，丞相下中二千石，二千石下郡太守诸侯相。孔庙置百石卒史碑载元嘉三年壬寅诏书，则由司徒、司空下鲁相。无极山碑载光和四年八月丁丑诏书，则由尚书令下太常，太常耽丞敏下常山相。此简但云"丞吉"，不著何官之丞。汉代文书，初无是例，则丞字下脱相字无疑也。汉丞相名吉者，惟有丙吉。丙吉为相在神爵三年四月戊戌，而卒于五凤三年正月癸卯，中间凡四年。此四年中，神爵四年、五凤元、二年四月，皆有庚子，此简即此三年中物也。"承书从事下当用者"，乃汉时公文常用语，《三王世家》、孔庙置百石卒史碑、无极山碑并有此文，犹后世所谓主者施行也。

---

* 据《观堂集林》卷第十七，史林九。

敦煌汉简跋三 *

　　三月癸酉大煎都侯婴□下厌胡守土吏方承书从事下当用者如诏
书　　令史偃第一简。
　　□□丙寅大煎都守侯丞□□□□□□□土吏异承从书事下当用
如诏书令史尊第二简。

右二简，亦诏书后行下之辞，而脱其前简者。"大煎都"者，玉门
都尉所属候官之名。"厌胡"者，燧名。"土吏"者，士吏之或作，汉碑
"士"或作"土"。士吏，主兵之官。《汉书·王莽传》，莽下书曰："予
之皇初祖考黄帝定天下，士吏四十五万人，士千三百五十万人。"其余
所举，悉汉官名，则士吏亦汉官也。《汉书·匈奴传》注引《汉律》：
"近塞郡皆置尉，百里一人，士史、尉史各二人。"古史、吏二字通用，
士史即士吏也。守土吏则摄行士吏事者。"令史"者，主书之官，故署
名于简末。此二简，"令史"之上，均以笔作斜画，下简亦然，不知何
义，或如后世押字欤？

----

　　* 据《观堂集林》卷第十七，史林九。

敦煌汉简跋四 *

二月庚午敦煌玉门都尉子光丞□年谓大煎都候写移书到气郡□
言到日如律令

　　　　　　　　　　　　　　　　卒史山书佐遂已

右简乃玉门都尉下大煎都候官之书。玉门都尉，见《汉书·地理志》。都尉有丞，秩六百石，见《百官公卿表》。言到日者，犹《史记·三王世家》及汉碑诏书后所谓"书到言"也。汉时行下公文，必令报受书之日，或云书到言，或云言到日，其义一也。"律令"者，《史记·酷吏传》云"前主所是著为律，后主所是疏为令"、《汉书·朱博传》云"三尺律令"是也。汉时行下诏书，或曰如诏书，或曰如律令。苟一事为律令所未具而以诏书定之者，则曰如诏书，如孔庙置百石卒史碑、无极山碑及前二简是也。苟为律令所已定而但以诏书督促之者，则曰如律令，《三王世家》所载元狩六年诏书是也。如者，谓如诏令行事也。如律令一语，不独诏书，凡上告下之文皆得用之。《朱博传》博告姑蔑令丞永初讨羌檄及此简皆是。其后民间契约、道家符呪，亦皆用之。唐李匡乂《资暇录》遂以律令为雷边捷鬼，不经甚矣。卒史书"佐"，亦主文书之官，故列名于简末。

---

* 据《观堂集林》卷第十七，史林九。

敦煌汉简跋五[*]

　　十一月壬子玉门都尉阳丞□敢言之谨写移敢言之　掾安守属贺
书佐通成

　　右简为玉门都尉言事之书。"敢言之"者，下白上之辞。《汉书·王
莽传》："莽进号宰衡，位上公。三公言事称'敢言之'。"《论衡·谢短》
篇："郡、言事二府，称'敢言之'。"孔庙置百石卒史碑"鲁相平行长
史事卞守长擅叩头死罪，敢言之司徒、司空府。"此简不云"叩头死
罪"，而但云"敢言之"，或系都尉与敦煌太守之书，而出于都尉治所
者，盖具书之草稿也。"掾安"、"守属贺"、"书佐通成"，皆主文书之
官。樊毅复华下民租口算碑表后署"掾臣条，属臣淮，书佐臣谋"。此
简末亦署掾、属、书佐三人名，与彼碑同。《汉书音义》云："正曰掾，
副曰属。"守属则摄行属事者也。

---

　　* 据《观堂集林》卷第十七，史林九。

敦煌汉简跋六[*]

　　上阙。尉融使告部从事移

　　上阙。更主踵故以以上简面。

　　上阙。从事□事令史□以上简背。

　　右简盖窦融所下书也。案《后汉书·窦融传》："融出为张掖属国都尉，酒泉太守梁统等推融行河西五郡大将军事，融居属国行都尉职如故，置从事监察五郡。"此简上半折去，其下尚存"尉融使告部从事移"八字。案：汉制都尉下无部从事，此简必出窦融，其全文必云"某月日，行河西五郡大将军事张掖属国都尉融，使告部从事"云云。而所告之部从事，即融所置监察五郡之从事也。《续汉书·百官志》"司隶校尉刺史"下有"部郡国从事"，主督促文书，察举非法，皆州自辟除，故通为百石。每郡各一人。窦融领河西五郡，与刺史体制略同，故亦置从事。此所告之部从事，盖即部敦煌郡从事也。凡汉时文书云"告"者，皆上告下之辞，若他都尉对刺史属官，非其所属，不得云告，此为窦融书无疑。

---

　　* 据《观堂集林》卷第十七，史林九。

敦煌汉简跋七[*]

本始六年三月癸亥朔丁丑逮辛卯十五日　乙酉到官

右简云"本始六年"，案：宣帝本始之号仅有四年，无六年。本始六年即地节二年。据《太初术》推之，则地节二年三月正得癸亥朔，与此简合。考武帝建元、元光、元朔、元鼎、元封六号，皆六年而改。太初、天汉、大始、征和四号，皆四年而改。昭帝始元、元凤二号，亦六年而改，疑宣帝本始之元，初亦因昭帝之制，六年而改，后更用四年递改之制，遂以地节元年为三年，而追减本始为四年。否则敦煌距京师仅一月程，不应改元二年后尚用本始旧号，而月朔干支，又恰与地节二年密合也。是月癸亥朔，则丁丑者月之十五日，辛卯者，月之二十九日，是月小尽。乙酉则二十三日。丁丑逮辛卯，盖所定到官之程限，乙酉到官则在限内矣。

---

* 据《观堂集林》卷第十七，史林九。

敦煌汉简跋八 *

广昌候史敦煌富贵里孙无恳未得二月尽五月积四月奉钱二千四百

案简云"积四月奉钱二千四百",则月奉六百。考候史秩在候长下,据下简候长秩百石,则候史之秩当在百石以下,汉律所谓斗食也。《续汉书·百官志》:"百石月奉十六斛,斗食月奉十一斛,凡受奉皆半钱半谷。"刘昭注引《晋·百官志》载汉延平中制,"百石,月钱八百,谷四斛八斗。"而《汉书·宣帝纪》注引如淳曰:"《律》百石,月奉六百。"二说不同。如淳所引《汉律》,不知何时制,此简乃前汉物。而候史之秩不满百石者,月奉六百,与延平中制为近矣。

---

* 据《观堂集林》卷第十七,史林九。

敦煌汉简跋九[*]

　　敦德步广尉曲平望塞有秩候长敦德亭闲田东武里五士王参秩庶士以上第一列。

　　新始建国地皇上戊元年十月乙未起尽二年九月晦积三百六十日除月小五日定三百五十五以令二日当三日增劳百袤十袤日半日为五月二十袤日半日以上第二列。

　　右简乃计资劳之书。"敦德"者，王莽所改敦煌郡名。"步广尉"，即《汉志》之"敦煌中部都尉"，《志》云"中部都尉治步广候官"是也。"曲"者，部曲，《续汉志》领军皆有部曲，大将军营五部，部校尉一人，比二千石；部下有曲，曲有军候一人，比六百石；曲下有屯。汉制，都尉秩视校尉，其下有二候官。盖视军候，则候官即校尉下之曲矣。"平望"者，步广尉所辖塞名。"有秩候长"者，候长之秩百石者也。《汉书·百官公卿表》"乡有三老，有秩，啬夫"。《续汉志》有"乡有秩。秩，百石"。李翕《西狭颂》有"衡官有秩"。此简有"有秩候长"。汉制计秩，自百石始，不及百石者谓之斗食，百石则称有秩矣。以上十三字乃官名。而"敦德亭闲田东武里"，乃其县里之名。敦德亭即汉之敦煌县，莽时县以亭名三百六十九，凡县与郡同名者，亦皆加"亭"字以别之。《汉志》于"敦煌郡"下注"莽曰敦德"，于"敦煌县"下亦注"莽曰敦德"，不曰"敦德亭"，则夺"亭"字也。闲田者，《莽传》云"诸侯国闲田为圌陟增减"，乃用《王制》语，凡郡县未封之地，皆闲田也。"五士"，即汉之"士伍"，汉人有爵者称爵，如云"公乘某五大夫某"，是无爵者称士伍，如《淮南厉王传》之"士伍开章"，《丙

　　* 据《观堂集林》卷第十七，史林九。

吉传》之"士伍尊",是汉时五、伍通用。莽改汉制,又喜颠倒、反易其名,故士伍为五士矣。"王参",人姓名。"秩庶士"者,百石之秩,《莽传》云"更名秩百石为庶士"是也。年号始建国,"地皇"之下复云"上戊"者,莽自谓以土德王,故即位用戊辰日,又以戊子代甲子为首,故曰上戊。《莽传》称"地皇三十年,其王光上戊之六年",莽作新历,六岁一改元。王光者,其所豫定之年号。宋韩缜家藏莽铜枓铭云"始建国天凤上戊六年",见《避暑录话》。候钲铭见《隶续》。及潍县陈氏藏常乐卫士上元士铜饭帻皆云"始建国地皇上戊二年"是也。此简乃计边吏资劳之书,云"令二日当三日"者,即边郡增劳之制,疑汉制已如斯矣。

敦煌汉简跋十 *

建武十九年四月一日甲寅玉门障尉戍告候长晏到任

右简乃玉门障尉令候长到官之檄。案：前汉时有玉门关都尉，《续汉志》建武六年省诸郡都尉及关都尉，惟边郡往往置都尉。此建武十九年事，故玉门关但有障尉，无都尉。《续志》云"边县有障塞尉"，又云"诸边障塞尉、诸陵校尉长皆二百石"，盖微官也。《后汉书·西域传》及刘宽碑阴皆有"玉门关候"，此候官之候，非候长、候史之候。盖永平复通西域后，以敦煌都尉下之一候官移驻于此。此时则惟有障尉，盖光武闭玉门以谢西域之质，其设官亦俭于前后矣。

---

* 据《观堂集林》卷第十七，史林九。

敦煌汉简跋十一 *

入西书二封一封中部司马□平望候官一封中部司马□阳关都尉府十二月丙辰日下铺时受旅故卒张永日下铺时□□燧长张□第一简。

入西蒲书二封其一封文德大尹章诣大使五威将莫府一封文德长史印诣大使五威将莫府始建国元年十月辛未日食时关啬夫受□□卒赵彭第二简。

入西蒲书一吏马行鱼泽尉印十三日起诣府永平十八年正月十四日日中时扬威卒□□受□□卒赵仲　第三简。

右三简皆记邮书之簿。"中部司马"者，敦煌中部都尉属官。"文德"，地名，不见《汉志》，据上简，文德有大尹，有长史，则为边郡矣。《续汉志》郡当边戍者丞为长史。他简举西北边郡，有文德、酒泉、张掖、武威、天水、陇西、西海、北地八郡，举文德而无敦煌，故沙畹氏释彼简文德为王莽所改敦煌郡之初名，以此简证之，沙说是也。此简称文德，为始建国元年事。至地皇二年一简，则称敦德，与《汉志》合。然则《汉志》所载，乃其再改之名也。据《莽传》，始建国元年秋，"遣五威将王奇等十二人颁符命四十二篇于天下，外及匈奴、西域。三年，又遣大使五威将王骏出西域"。此乃始建国元年事，则"大使五威将"者，乃王奇等十二人之一，其出匈奴者为王骏，出西域者，其人无可考。据上简十月辛未文德大尹长史之书，自塞上送五威将莫府，其时当已出塞矣。鱼泽尉亦障塞尉之类。诸简所云"某官诣某官"者，皆据封泥及检署之文录之。"中部司马"、"文德大尹章"、"文德长史印"、"鱼泽尉印"诸字，皆封泥上文；而"平望候官"、"阳关都尉府"、"大使五威

---

* 据《观堂集林》卷第十七，史林九。

威将莫府"诸字，则检上所署之字也。余曩作《简牍检署考》，据《王莽传》哀、章所作铜匮之检及刘熙《释名》，谓古人封书既用玺印，故但须署受书之人，不须自署官位姓名，此数简所记，足以证之。又第三简云"十三日起诣府"，则并署发书之日矣。此种邮书，皆自东向西之书，故曰"入西蒲书"。蒲者，簿之或作也。又诸简皆记受书日时，曰"日下餔时"，曰"日食时"，曰"日中时"，又皆燧卒致之燧长，或燧卒受之，以次传送至他燧。可见汉时邮递之制，即寓于亭燧中，而书到日时与吏卒姓名，均有记录，可见当时邮书制度之精密矣。

敦煌汉简跋十二 [*]

　　宜禾郡蜂第广汉第一美稷第二昆仑第三鱼泽第四宜禾第五第一简。

　　上缺。望步广烽第二简。

　　大威关蓬第三简。

　　右三简所记，凡七烽（㷭）。而或作"蜂（蠭）"，或作"㷭"，或作"蓬"，皆"烽（㷭）"之别字也。《说文》："烽隧，候表也。边有警则举火。从火，逢声"。又："䆉，塞上亭守烽火者，从𨸏，遂声。"则隧以其地言，而烽以其物言，其实一也。然析言之，则烽与隧又自不同。《史记·司马相如传》"闻烽举燧燔"，《集解》引《汉书音义》曰："烽，如覆米䉤县著桔槔头，有寇则举之。燧，积薪，有寇则燔然之。"《汉书·贾谊传》"斥候望烽燧不得卧"，注引文颖曰："边方备胡寇，作高土橹，橹上作桔槔，桔槔头悬兜零，以薪草置其中，常低之，有寇则火然，举之相告曰烽。又积薪，寇至即然之，以望其烟曰燧。"二说略同。则烽用火，燧用烟。夜宜用火，昼宜用烟，他简云"昼不见烟，夜不见火"是也。乃张揖、《文选·谕巴蜀檄》李善注引。张宴、《汉书·贾谊传》注。司马贞、《史记·周本纪》索隐。张守节《史记·司马相如传》正义。皆以为烽主昼，燧主夜。颜师古独于《贾谊传》注破张宴之说曰："昼则燔燧，夜乃举烽。"其识卓矣。据木简所记，则举烽燧之地或曰烽，或曰燧，而燧之名多至数十，烽则仅上三简所记而已。以理度之，则夜中之火视昼中之烟所及者远。盖古者设烽，必据高地，又烽台之高至五丈余，《太白阴经》、《通典》及木简皆云。烽干之高亦至三丈，沙畹书第六百

---

　　* 据《观堂集林》卷第十七，史林九。

九十简。二者合计，得八丈有奇，夜中火光，自可及数十里。若昼中之烟，较不易辨，故置燧之数宜密于置烽，此自然之理。简中诸燧，以燧数及里数差之，大率相去十里许。而烽之相距，自右简观之，则昆仑在广至县境，鱼泽在效谷县境，宜禾在效谷西界，与敦煌中部都尉之步广候官相接，则诸烽间相去颇远矣。以后世事证之，则庾阐《扬都赋》注云："烽火以置于高山头，缘江相望，或百里，或五十里，或三十里。"《太平御览》卷三百三十五引。《唐六典·兵部》职方郎中职云："凡烽候所置，大率相去三十里。"而唐《沙州图经》纪白亭烽与长亭烽相去四十里，长亭烽与阶亭烽相去五十里。盖塞外广衍，无林麓之蔽，幕中干燥，无霁雾之虞，则置烽自不必如内地三十里之密。后世如此，汉亦宜然。然则简中所记，烽少而燧多，虽烽、燧本可互言，而多少殆为事实矣。"宜禾郡"者，汉无此郡名，殆指宜禾都尉辖境。以太守、都尉官秩略同，故其所治亦谓之郡。《汉志》"敦煌郡广至县"下"宜禾都尉治昆仑障"，此出平帝元始时版籍，其先当治鱼泽，故孝武时有鱼泽都尉。《汉志》效谷县下注引桑钦说：孝武元封六年，济南崔不意为鱼泽尉。唐《沙州图经》引作鱼泽都尉。其后盖徙治宜禾，故又称宜禾都尉。后徙治昆仑障，仍用宜禾之号。此简中五烽，其次自东而西，广汉、美稷、昆仑三烽，皆在广至县境，鱼泽、宜禾皆在效谷县境。《汉志》云："效谷县，本鱼泽障也。"宜禾一烽又在效谷之西，西与敦煌之步广候官接界。详见《〈流沙坠简〉后序》。然则此五烽绵亘广至、效谷二县北界，其地不下二三百里，而仅有此五烽，可见烽、燧疏数之比矣。步广一烽，则属中部都尉，又在宜禾之西。至大威关烽一简，疑尚有阙字，当为玉门关之烽矣。

敦煌汉简跋十三 *

　　县承塞亭各谨候北塞燧即举表皆和尽南端亭以札署表到日时第一简。

　　七月乙丑日出二干时表一通至其夜食时苣火一通从东方来杜充见第二简。

　　右二简皆记举烽之事。"承塞亭"者，亭之最近塞者也。汉敦煌北塞，自西而东，所有亭燧皆沿塞上置之。此简乃云承塞亭及南端亭者，盖非塞上各亭燧，而谓自塞上南至郡治之亭燧也。汉制，内地十里一亭，其当孔道者，即为传烽之所矣。"表"，即《说文》所谓"烽燧，候表也"。然不云"举烽"而云"举表"者，意汉时塞上告警，烽燧之外，尚有不然之烽。晋灼《汉书音义》云："烽，如覆米籆县著桔槔头，有寇则举之。"但言举而不言然，盖浑言之，则烽表为一物；析言之，则然而举之谓之烽，不然而举之谓之表。夜则举烽，昼则举表。烽台五丈，上著烽干，举之足以代燔燧矣。《墨子·号令》篇之"垂"与《杂守》篇之"烽"，实皆谓是物也。《号令》篇云："望见寇，举一垂；孙氏诒让《间诂》以垂为表字之讹是也。入境，举二垂；狎郭，举三垂；入郭，举四垂；狎城，举五垂。夜以火，亦如此。"《杂守》篇云："望见寇，举一烽；入境，举二烽；射妻，举三烽；郭会，举四烽；城会，举五烽。夜以火，如此数。"或云垂，或云烽，又别烽与火为二物，明烽即表也。"表到"、"表至"者，谓见表之时。"苣"者，"炬"之本字，《说文》："苣，束苇烧也。""一通"者，古者传烽以多少为识，如《墨子·号令》、《杂守》二篇所言，皆以烽之多少示敌之远近者也。《唐兵

---

　　* 据《观堂集林》卷第十七，史林九。

部烽式》《白氏六帖》引。则云："寇贼不满五百,放烽一炬;得蕃界事宜,知欲南入,放二炬;蕃贼五百骑以上,放三炬;千人放四炬;余寇万人亦四炬。"《御览》引《李卫公兵法》,语亦略同。此以烽之多少示敌之多寡者也。惟李筌《太白阴经》及《通典》则云："每晨及夜半安举一火,闻警因举二火,见烟尘举三火,见敌烧柴笼,则又以一火为报平安之烽。"汉人举烽不知用何法。然沙氏书中别录一简,释文原简沙书未印。云:"六月丁巳,丁亥第二百一十,苣火一通从东方来。"所谓"丁亥第二百一十"者,盖谓自丁亥岁首至六月丁巳所见之烽数,一百七八十日间,而烽火之数至二百一十。恐汉时每夜亦有报平安之烽,如李、杜二书所云也。此简出玉门大煎都候官所治凌胡燧,苣火一通从东方来,则来自玉门方面也。

敦煌汉简跋十四[*]

　　出粟一斗二升以食使莎车续相如上书良家子二人八月癸卯下
阙。第一简。

　　出粟五石二斗二升以食使车师□君卒八十七人下阙。第二简。

　　右二简，均记禀给行客之事。《汉书·功臣侯表》："承父侯续相如
以使西域，发外王子弟，诛斩扶乐王首虏二千五百人侯，千百五十户，
大始三年五月封。"此事不见《西域传》。使莎车与斩扶乐，殆一时事，
则此简乃大始二年以前物也。"良家子二人"，乃相如所遣上书者，时过
塞下，故出粟食之。汉时禀食，率日六升。《匈奴传》严尤谏王莽曰：
"计一人三百日食，用糒十八斛。"则百日得六斛，一日得六升，故右一
斗二升者，二人一日食，五石二斗二升者，八十七人六日食也。此二简
出玉门，而往反南北道之使皆过此者。案《西域传》言："自玉门、阳
关出西域有二道：从鄯善傍南山北波河西行至莎车为南道，自车师前王
庭随北山波河西行至疏勒为北道。"《后书》语亦略同。《魏略·西戎传》
言从玉门关入西域，前有二道，今有三道：从玉门关西出婼羌，转西越
葱岭，经县度入大月氏，为南道；从玉门关西出，发都护井，回三陇沙
北头，经居庐仓，从沙西井转西北，过龙堆到故楼兰，转西诣龟兹，至
葱岭，为中道；从玉门关西北经横坑，避三陇沙及龙堆，出五船北，到
车师界，戊己校尉所治高昌，转西与中道合，至龟兹，为新道。《北
史·西域传》所记二道，其一当《魏略》之新道，其一当其中道，而皆
云出玉门。《隋书·裴矩传》所言三道，亦皆与《魏略》同，而不言所
从出。《元和郡县志》则言："阳关谓之南道，西趣鄯善、莎车；玉门谓

　　* 据《观堂集林》卷第十七，史林九。

之北道，西趣车师前庭及疏勒。"综上诸说观之，《汉书》记西域二道之所从出，但浑言玉门、阳关；《魏略》、《北史》专言玉门；《元和志》言"南道出阳关，北道出玉门"。今案：汉时南、北二道分歧，不在玉门、阳关，而当自楼兰故城始。自此以南，则从鄯善傍南山北波河西行至莎车，北则东趣车师前王庭，或西趣都护治所，皆随北山波河西行至疏勒，故二道皆出玉门。若阳关道路止于婼羌，往鄯善者绝不取此。故《西域传》言"婼羌僻在东南，不当孔道。"《汉书》纪北道自车师前王庭始，纪南道自鄯善始，当得其实。然则楼兰以东，实未分南、北二道也。右简出玉门塞上，而自南道莎车还者乃经其地，益知南、北二道之分歧不在玉门、阳关，而当自故楼兰城始矣。

简牍检署考

书契之用，自刻画始。金石也，甲骨也，竹木也，三者不知孰为后先，而以竹木之用为最广。竹木之用，亦未识始于何时。以见于载籍者言之，则用竹者曰"册"，《书·金縢》"史乃册祝"，《洛诰》"王命作册逸祝册"，《顾命》"命作册度"。"册"字或假"鞭策"之"策"字为之。《聘礼》"百名以上书于策"，《既夕礼》"书遣于策"，《周礼·内史》"凡命诸侯及公卿大夫，皆策命之"，《左传》"灭不告败，克不告胜，不书于策"，又"名藏在诸侯之策"，是也。曰"简"，《诗·小雅》"畏此简书"，《左传》"执简以往"，《王制》"太史执简记"，是也。用木书者曰"方"，《聘礼》"不及百名书于方"，《既夕礼》"书赗于方"，《周礼·内史》"以方出之"，《哲簇氏》"以方书十日之号"，是也。曰"版"，《周礼·小宰》"听闾里以版图"，《司书》"掌邦人之版"，《大胥》"掌学士之版"，《司士》"掌群臣之版"，《司民》"掌民之数，自生齿以上，皆书于版"，是也。曰"牍"，《韩诗外传》七"周舍见赵简子云'墨笔操牍'"，是也。竹木通谓之"牒"，亦谓之"札"。司马贞《史记索隐》："牒，小木札也。"颜师古《汉书注》："札，木简之薄小者也。"此谓木牒、木札也。《说文》六"简，牒也"；又七"牒，札也"，《论衡》十二《量知》篇"截竹为简，破以为牒"，《文心雕龙》五"短简编牒"，此谓竹牒也。《左传疏》"单执一札，谓之为简"，此谓竹札也。殷、周制度，虽不可得而详，然战国以降，则可略述焉。

简、策之别，旧说不一。郑康成《仪礼》、《记注》，杜元凯《左传注》，皆云："策，简也。"贾公彦《仪礼疏》谓："简据一片而言，策是连编之称。"孔颖达《左传疏》亦曰："单执一札，谓之为简，连编诸简，乃名为策。"是贾、孔二君，均以简为策中一札。然孔氏于《尚书疏》又引顾彪说曰："二尺四寸为策,一尺二寸为简。"则又以长短别之。前说是也。

古策有长短,最长者二尺四寸,其次二分而取一,其次三分取一,最短者四分取一。《论衡》十二《量知》篇:"截竹为筒,破以为牒。加笔墨之迹,乃成文字。大者为经,小者为传记。"又十二《谢短》篇:"二尺四寸,圣人文语,朝夕讲习,义类所及,故可务知。汉事未载于经,名为尺籍短书,比于小道,其能,非儒者之责也。"案:《说文》五引庄都说:"典,大册也。"而五帝之书名"典",则以策之大小为书之尊卑,其来远矣。周末以降,经书之策皆用二尺四寸。《仪礼疏》引郑注《论语序》云:"《诗》、《书》、《礼》、《乐》、《春秋》策,皆长尺二寸。《孝经》谦半之,《论语》八寸策,又谦焉。"案:"尺二寸"当作"二尺四寸"。《左传疏》云:"郑元注《论语序》,以《孝经钩命决》云:'《春秋》二尺四寸书,《孝经》一尺二寸书。'故知六经之策,皆长二尺四寸。"《通典》五十四封禅使许敬宗等奏:"案:《孝经钩命决》云:'六经策长二尺四寸,《孝经》策长一尺二寸。'"则贾疏之"尺二寸"为"二尺四寸"之讹,无疑也。以上三说,贾、孔二君仅见康成《论语序》,未见《钩命决》原文,而所引郑《序》,又皆仅掇其意,不尽举其辞。细绎之,则郑之所以知六经策皆二尺四寸者,亦第据《钩命决》所云《春秋》策推之,并未亲见六经策。盖郑君生年后于王仲任,其时中原简策制度已有变易。《后汉书·周磐传》:"磐遗令编二尺四寸简,写《尧典》一篇,以置棺前。"盖其时旧制渐废,故磐特用之,史亦著之云尔。且不独古六经策为二尺四寸也。荀勖《穆天子传序》:"古文《穆天子传》者,太康二年汲县民不准盗发古冢所得书也,皆竹简,素丝纶,以臣勖前所考定古尺度其简,长二尺四寸,以墨书,一简四十字。"则周时国史记注策,亦二尺四寸也。礼制法令之书亦然。《后汉书·曹褒传》:"褒撰天子至于庶人冠、昏、吉、凶终始制度,以为百五十篇,写以二尺四寸简。"则礼书之制也。《盐铁论》下《贵圣》篇:"二尺四寸之律,古今一也。"则律书之制也。此上所云尺寸,皆汉尺,非周尺。周尺二种:一以十寸为尺,一以八寸为尺。案:周尺之制,其说不一。《隋书·律历志》以周尺与汉尺为一种,汉人则多用周八寸为尺之说。今以经传考之,则《考工记》言瑑圭九寸,琰圭九寸,璧琮九寸,大璋、中璋九寸,不云尺一寸也。《国语》"其长尺有咫",不云二尺二寸也。《左传》"天威不违颜咫尺",咫、尺并言,明咫自为咫,尺自为尺也。《礼·檀弓》:"榇以为笄,长尺而总八寸。"明尺自为尺,八寸自八寸也。然《说文·尺部》:"咫,中妇人手,长八寸,周尺也。"

又《夫部》："夫，丈夫也。周制八寸为尺，十尺为丈，人长八尺，故曰丈夫。"《论衡》二十八《正说》篇："周以八寸为尺。"《独断》："夏十寸为尺，殷九寸为尺，周八寸为尺。"《通典》五十五引《白虎通》："夏十寸为尺，殷十二寸为尺，周八寸为尺。"《礼·王制》："古者以周尺八尺为步，今以周尺六尺四寸为步。"郑注："周尺之数，未详闻也。据礼制，周犹以十寸为尺，盖六国时多变乱法度。或言周尺八寸，则步更为八八六十四寸。"则周时自有八寸尺。郑君之解，可谓明通。至周代，此二种尺用于同时，或用之有先后，则不可考也。其以八寸为尺者，汉之二尺四寸，正当周之三尺，故《盐铁论》言"二尺四寸之律"，而《史记·酷吏传》称"三尺法"，《汉书·朱博传》言"三尺律令"，盖犹沿用周时语也。《南齐书·文惠太子传》："时襄阳有盗发古冢者，相传云是楚王冢，大获宝物，玉屐、玉屏风、竹简书、青丝纶。简广数分，长二尺，皮节如新。盗以把火自照，后人有得十余简，以示抚军王僧虔。僧虔云是科斗书《考工记》，《周官》所阙文也。"案：齐尺长短，史无明文。《隋书·律历志》谓："宋氏尺比晋前尺与汉尺同一尺六分四厘，梁朝俗间尺比晋前尺一尺七分一厘。"齐尺当在宋、梁之间，南齐二尺，大抵当汉二尺一寸有奇。则《考工记》竹简，殆亦为汉之二尺四寸，而史特举其成数耳。此最长之简也。二分取一，则得一尺二寸。《钩命决》所云《孝经》策是也。汉以后官府册籍，亦用一尺二寸。《汉书·元帝纪》注："应劭曰：'籍者，为尺二竹牒，今本作"二尺竹牒"，从《玉海》八十五所引，及崔豹《古今注下》改正。记其年纪、名字、物色，悬之宫门。'"《续汉书·百官志》亦云："凡居宫中者，皆有口籍于门之所属。宫名两字，为铁印文符，案省符乃纳之。"注引胡广曰："符用木，长尺二寸。"盖始用竹，而后改为木也。《太平御览》六百六引晋令："郡国诸户口黄籍，皆用一尺二寸札，已在官役者载名。"疑亦用汉制也。三分取一为八寸，《论语》策是也。《论衡》二十八《正说》篇："说《论》者，皆知说文解语而已，不知《论语》本几何篇；但周以八寸为尺，不知《论语》所独一尺之意。夫《论语》者，弟子共记孔子之言行，敕己之时甚多，数十百篇，以八寸为尺，纪之省约，怀持之便也。以其遗非经传文，纪识恐忘，故以但八寸尺，不二尺四寸也。"又《书解》篇云："秦虽无道，不燔诸子，诸子尺书、文书具在。"此尺书当亦以八寸尺言。则诸子亦八寸策也。四分取一为六寸，符、筹是也。《说文》五："符，信也。汉制以竹，长六寸，分而相合。"又："筹，长六寸，纪历数者。"此种短简，连编不易，故不用于书籍。唯符信之但需二印相合者，始用之。筹筹则本分别用之，亦以短为便。故周时用一尺二寸者，汉亦用六寸。此周、秦、两汉间简策种类之大略也。

筹之为策，或颇疑之。然由其制度及字形观之，则为策之一种，无可疑也。《礼·投壶》："筹长尺有二寸。"《乡射礼》则云："箭筹八十，长尺，有握，握素。"郑注："箭，筊也。筹，筭也。""握，本所持处也。素，谓刊之也。刊本一肤。"贾疏："长尺，复云有握，则握在一尺之外，则此筹尺四寸矣。"其尺寸与《投壶》不同，盖此以周八寸尺言，而《投壶》以十寸尺言，其实一也。若计历数之筹，则其长半之，此当由便于运算之故。《汉书·律历志》："筭法用竹六寸，径一分，长六寸。"《说文》亦云："筹，长六寸。"尺二寸与六寸，皆二尺四寸之分数，其出于策之遗制，明矣。又，古者史官，一名"作册"。其于文字，从手执中。中者，册也。故册祝、册命及国之典册，史实掌之。而《大射礼》实筹、释筹亦太史之事。明策之与筹，非异物也。故古筹字往往作筊，筊者，策之别字也。《既夕礼》："主人之史请读赗，执筭从，柩东。"郑注："古文筭，皆作筊。"《老子》："善计者，不用筹策。"意谓不用筹筭也。《史记·五帝本纪》："迎日推筊。"《集解》引晋灼曰："筊，数也。迎，数之也。"案《说文》："算，数也。"则原文当作"迎日推筭"，又借"筭"为"算"也。汉张迁碑："八月筊民。"亦以"筊"为"算"之证。又，古者筮亦用筹以代蓍，故言龟策者，多于言蓍龟。《易·系辞传》言"乾之策"，"坤之策"；《曲礼》言"龟筊敝，则埋之"，"倒筊侧龟于君前，有诛"，"龟筊不入公门"，"龟为卜，筊为筮"；《秦策》言"错龟数策"；《楚辞》言"端策拂龟"；《韩非子》言"凿龟数策"；《史记》有《龟策传》。皆以龟、策并称。筮字从竹，当亦由此。愚意此字或竟从筊，而《周礼》之簭，小篆之筮，均非其本字。本字当从筊从曰，即《周礼》簭字所从出。或从筊从廾，即小篆筮字所从出。一象筊在下篚中，一象两手奉筊之形，于义为长。是以古筹、筊互相通假，筮、筊二字亦然。《士冠礼》："筮人执筊抽上韇，兼执之，进受命于主人。"是言筮仪也。而《特牲馈食礼》则云："筮人取筊于西塾，执之，东面受命于主人。"《少牢馈食礼》则云："史朝服，左执筊，右抽上韇，兼与筊执之，东面受命于主人。"又云："抽下韇，左执筊，右兼执韇以击筊。"又云："吉，则史韇筊，史兼执筊与卦，以告于主人。"郑注《特牲馈食礼》之"筮人取筊"曰："筮人，官名也。筊，问也。取其所用，问神明者，谓蓍也。"其实，"取筊"、"执筊"、"击筊"、"韇筊"之"筊"，均当作"筊"。郑君于《士冠礼》、《既夕礼》注亦皆云："韇者，藏笑之器。"而此独云"筮，问也"，殊为迂曲，必为"笑"字无疑。然则筮也，笑也，筭也，实非异物也。故知"筭"为"策"之一种也。

制策之始，所以告鬼神，命诸侯，经所谓"册祝"、"策命"是也。《说文》二："册，符命也，诸侯进受于王者也。象其札一长一短，中有两编之形。"此言王言诸侯，殆谓周制。《史记·三王世家》："褚先生曰：'孝武帝之时，同日而俱拜三子为王，为作策以申戒之，至其次序分绝，文字之上下，简之参差长短，皆有意，人莫之能知。'"则汉策亦有长短也。后汉犹然。《独断》云："策书。策者，简也。其制，长二尺，短半之。此或较古制稍短，或举成数，不可考。其次一长一短，两编，下附篆书，起年月日，称皇帝曰，以命诸侯、王、三公。"自是以降，讫于北齐，仍用此制。《隋书·礼仪志》后齐"诸王、三公、仪同、尚书令、五等开国、太妃、妃、公主封拜册，轴长二尺，以白练衣之。用竹简十二枚，六枚与轴平，六枚长尺二寸。文出集书，皆篆字。哀册、赠册亦同"是也。《释名》六："简，间也，编之篇篇有间。"殆亦长短相间，故云"篇篇有间"也。初疑此制惟策命之书为然，未必施之书籍。然古书之以策名者，有《战国策》。刘向《上〈战国策〉书序》："中书本号，或曰《国策》，或曰《国事》，或曰《短长》，或曰《事语》，或曰《长书》，或曰《修书》。"窃疑周、秦游士甚重此书，以策书之，故名为策。以其札一长一短，故谓之《短长》。比尺籍短书，其简独长，故谓之《长书》、《修书》。刘向以战国时游士辅所用之国，为之策谋，定其名曰《战国策》。以"策"为策谋之"策"，盖已非此书命名之本义。由是观之，则虽书传之策，亦有一长一短，如策命之书者。至他书尽如此否，则非今日所能臆断矣。

若一简行数，则或两行，或一行。字数则视简之长短以为差，自四十字至八字不等。《晋书·束晳传》："有人于嵩高山下得竹简一枚，上两行科斗书，传以相示，莫有知者。司空张华以问晳，晳曰：'此汉明帝显节陵中策文也。'"《穆天子传》简长二尺四寸，而一简四十字，恐亦两行。然以一行为常。《左传疏》云："简之所容一行字耳。"《尚书》本二尺四寸策。《聘礼疏》引郑注云："《尚书》三十字一简。"《汉书·艺文志》："刘向以中古文《尚书》校欧阳、大、小夏侯三家经文，《酒诰》脱简一，《召诰》脱简二。率简二十五字者，脱亦二十五字。简二十二字者，脱亦二十二字。"以二尺四寸策，而每简二三十字，则一行可知。《左传》之策当短于《孝经》，或用八寸策。《聘礼疏》引服虔注

《左氏》曰："古文篆书，一简八字。"当亦每简一行也。此外，《易》、《诗》、《礼经》、《春秋》策之长短与《尚书》同，则字数亦当如之。《礼记》为释经之书，其策当视《左传》。今考《记》中错简，则《玉藻》错简六，计三十五字、三十一字者各一，二十九字者二，二十六字者一，八字者一。《乐记》错简二，一为五十一字，一为四十九字。《杂记》错简四，一二十一字，与十九字相错；一二十九字，与十八字相错。唯《玉藻》之"王后袆衣，夫人揄狄"一简，独为八字。由此推之，则五十一字、四十九字者，当由五简相错；三十五字、三十一字、二十九字者，当由三简相错；其二十六字者，简末"天子素带，朱里，终辟"，与下简之首"而朱里，终辟"五字不接，其下当脱烂"诸侯□□"四字，并脱字计之，共三十字，则亦三简也。其二十一字、十九字、十八字者当为二简，则每简一行可知也。

上古简策书体，自用篆书。至汉、晋以降，策命之书亦无不用篆者。《独断》云："策书，篆书。三公以罪免，亦赐策文，如上策，而隶书，以尺一木两行，惟此为异。"《通典》五十五晋博士孙毓议曰："今封建诸王，裂土树藩，为册告庙，篆书竹册，执册以祝，讫，藏于庙。中略。四时享祀祝文，事讫，不藏。故但礼称祝文尺一白简，此简字谓木简，犹《独断》之以尺一木为策也。隶书而已。"然则事大者用策，篆书；事小者用木，隶书。殆为通例。《隋志》言北齐封拜册用篆字，盖亦用汉、晋之制也。孔安国《尚书序》云："以所闻伏生之书，考论文义，定其可知者，为隶古定，更以竹简写之。"则汉时六经之策似用隶书，然孔《传》赝作不足信。又，汉经籍虽有古、今文之分，然所谓今文，对古、籀言之，亦不能定其为篆、为隶。唯汉时宫籍狱辞亦书以简，则容有用隶书之事。又书传所载，似简策亦有用草书者，则殊不然。《史记·三王世家》："褚先生曰：'臣幸得以文学为侍郎，好览观太史公之列传。列传中称《三王世家》文辞可观，求其世家终不能得。窃从长老好故事者，取其封策书，编列其事而传之。中略。谨论次其真草诏书，编于左方。'"顾氏炎武《日知录》二十一据此遂谓："褚先生亲见简策之文，而孝武时诏已用草书。"然褚先生所谓真草诏书，盖指草稿而言。封拜之册，诸王必携以就国，则长老好故事者所藏，必其草稿无疑，未足为草书策之证也。宋黄伯思《东观余论》上《汉简辨》云："近岁关右人上条记《与刘无言论书》云：'政和初，人于陕右发地，得竹木简一瓮。'发地得古瓮，中有东汉时竹简甚多，往往散乱不可考，独《永初二年讨羌符》，文字尚完，皆章草书，书迹古雅可喜。其词云云。"则汉时似真有草书之简。然据赵彦卫《云麓漫钞》七所纪，则不云"竹简"，而云"木简"，且谓吴思道亲见之于梁师成所，其言较为可据，则以章草书简均无确证，或竟专用篆、隶矣。

至简策之文，以刀书，或以笔书，殊不可考。《考工记》："筑氏为削。"郑注："今之书刀。"贾疏："古者未有纸笔，则以削刻字。至汉虽有纸笔，仍有书刀。"案：汉之书刀，殆用以削牍，而非用以刻字，故恒以刀笔并言。虽殷、周之书，亦非尽用刀刻。《大戴礼·践阼》篇："师尚父谓黄帝、颛顼之道在丹书。"《周礼·司约》："小约剂，书于丹图。"《左传》："斐豹，隶也，著于丹书。"郑注《周礼》云："丹图，未详。"杜注《左传》云："以丹书其罪。"案：《越绝书》十三云："越王以丹书帛，致诸枕中，以为国宝。"则杜说殆是也。至周之季年，则有墨书。《管子》九《霸形》篇："令百官有司，削方墨笔，明日皆朝于太庙之门，朝定令于百吏。"《韩诗外传》七："周舍见赵简子曰：'臣愿为谔谔之臣，墨笔操牍，从君之后，伺君之过而书之。'"此足为周时已有墨书之据。且汲冢所出《穆天子传》，必书于魏安釐王以前，而为墨书。见上。则战国以后，殆无有用刀刻者矣。古又有漆书之说。《后汉书·杜林传》："林前于西州得漆书古文《尚书》一卷。"又《儒林传》："有私行金货，定兰台漆书经字，以合其私文。"案：周末既有墨书，则汉时不应更有漆书。盖墨色黑而有光，有类于漆，故谓之漆书。且杜林所得古文《尚书》，云"卷"而不云"篇"，则其书当为缣帛而非简策，简策用漆，殊不足信也。

策之编法，用韦或丝。《史记·孔子世家》："孔子晚而喜《易》，读《易》韦编三绝。"此用韦者也。《穆天子传》以素丝纶，《考工记》以青丝纶，并见上。《孙子》以缥丝纶，见《御览》引刘向《别录》此用丝者也。至编次之状，则《说文》所谓"中有二编"，《独断》所谓"两编"者是，观篆文 𣃔 字之形可悟矣。

汉、魏以后，两简相连之处，并作镟缝。颜师古《匡谬正俗》六："欻缝，此语言元出魏、晋律令。《字林》本作'镞，刻也'。古未有纸之时，所有簿领皆用简牍，其编连之处，恐有改动，故于缝上刻记之，承前以来，呼为镟缝。"此即六朝以后印缝、押缝之所由出，未必为周、秦、汉初之制也。《说文·刀部》："券别之书，以刀判契其旁，故曰书契。"此为古制或汉制，许君不言。郑玄《周礼·质人》注："书契，取予市物之券也。其券之象，书两札，刻其侧。"此亦与魏、晋之镟缝略同。然恐许、郑二君以契字为刊刻之义，故望文训之，未必周制如是也。

　　周时方版尺寸，盖不可得而详。若秦、汉以降之牍，则其制度可略言焉。牍之未成者为椠。《说文》七："椠，牍朴也。"《论衡·量知》篇："断木为椠，析之为板，力加刮削，乃成奏牍。"此椠之本义也。牍之未制者，必长于常牍，故牍之长者亦称为椠。《西京杂记》三："杨子云好事，常怀铅提椠，从诸计吏，访殊方绝域四方之语。"《释名》六："椠，板之长三尺者也。椠，渐也，言其渐渐然长也。"颜师古《急就篇注》三亦云此后起之义也。牍之最长者为椠，其次为檄，长二尺。《说文》六："檄，二尺书。"段氏玉裁注据《韵会》所引《说文系传》及《后汉书·光武纪》注所引《说文》改为"尺二书"。然宋本《说文系传》实作"二尺书"。又，《史记索隐》于《张仪》、《韩信》二传中两引《说文》，《艺文类聚》二十八、《太平御览》五百九十七、元应《一切经音义》十所引《说文》，与颜师古《汉书·申屠嘉传》、《急就篇注》均作"二尺"，不作"尺二"，段改非是。其次为传信，长一尺五寸。《汉书·孝平纪》"一封轺传"注："如淳曰：'律，诸当乘传及发驾置传者，皆持尺五寸木传信，封以御史大夫印章。'"是也。其次为牍，长一尺。《汉书·游侠传》："陈遵与人尺牍，主皆藏弄之，以为荣。"《说文》七："牍，书版也。"《后汉书·北海靖王兴传》、《蔡邕传》注皆云："《说文》曰：'牍，书版也。'长一尺。"盖通行之制也。唯天子诏书独用尺一牍。《史记·匈奴传》"汉遗单于书牍以尺一寸"，《汉旧仪》之"尺一板"，《续汉志注》、《大唐六典》、《通典》诸书引。《汉仪》之"尺一诏"，《御览》五百九十三引。《独断》之"尺一木"，皆是也。汉人又单谓之"尺一"。《后汉书·杨赐传》云"断绝尺一"，《李云传》云"尺一拜用"，《儒林传》云"尺一出升"，《续汉书·五行志》云"尺一雨布"，皆是。《魏志·夏侯玄传》"先是有诈，作尺一诏书，以玄为大将军"，则魏制犹然。汉时以长牍为尊，故臣下用一尺，天子用尺一。至中行说教单于用尺二寸牍，乃用以夸汉，非定制。惟封禅玉牒，其制仿牍为之，而长尺三寸，此又非常大典，不能以定制论也。魏、晋以后，浸以加侈，有至一尺二寸者。《通典》五十八注："晋六礼版，聘皇后用。长尺二寸，以象十二月；博四寸，以象四时；厚八分，以象八节。皆真书。"又有至一尺三寸者。《隋书·礼仪志》："后齐正旦，侍中宣诏慰劳州郡国使。诏牍长一尺三寸，广一尺，雌黄涂饰，上写诏书三。"又有二尺五寸者。《隋志》："后齐颁五条诏书于诸州郡国使人，写以诏牍一版，长二尺五寸，广一尺三寸，亦以雌黄涂饰，上写诏书。正会依仪宣示使人，归以告刺史二千石。"此二事，殆因所书非一诏，又或因宣示使人，故书以大牍，自非常制。若汉时之牍，则仅有一尺、尺一两种，此外别无所闻。又其次则为五寸，门关之传是也。《汉书·孝文帝纪》："除关无用传。"案：传信有二种，一为乘驿者之传，上所云"尺五寸"者是也；一为出入关门之传，郑氏《周礼注》所谓"若今过所文书"是也，其制则崔豹《古今注》云："凡传皆以木为之，长五寸，书符信于上。又以一板封之，皆封以御史印章。"此最短之牍也。此二者一为乘传之信，一为通行之信；一长尺五寸，一长五寸；一封以御史大夫印章，一封以御史印章。尊卑之别，显然可知。由是观之，则秦、汉简牍之长短，皆有比例存乎其间。简自二尺四寸，而再分之，三分之，四分之；牍则自三尺、檄。而二尺、檄。而尺五寸、传信。而一尺、牍。而五寸，门关之传。一均为二十四之分数，一均为五之倍数，此皆信而可征者也。

简之长短，皆二十四之分数，牍皆五之倍数，意简者秦制，牍者汉制欤？案：《史记·秦始皇本纪》："数以六为纪，符、法冠皆六寸。"六寸之符，本为最短之策，自是而一尺二寸正得其二倍，二尺四寸正得其四倍。又以秦一代制度推之，无往而不用六为纪。秦刻石文以三句为一韵，一句四字，《史记》所录文中，"二十有六年"、"二十有九年"、"三十有七年"皆当作"廿有六年"、"廿有九年"、"卅有七年"，观峄山刻石可知。三句十二字。十二字者，六之一倍也。故碣石刻石文九韵，一百八字，为六之十八倍。泰山、之罘、东观、峄山诸刻皆十二韵，一百四十四字，为六之二十四倍。会稽刻石二十四韵，二百八十八字，为六之四十八倍。唯琅玡台刻石，颂文二句一韵，然用三十六韵，二百八十八字，亦六之四十八倍也。不独字数为然，以韵数言之，则九者六之一倍有半，十二者六之二倍，二十四者六之四倍，三十六者又六之自乘数也。此外，如上虞罗氏所藏秦虎符，文曰："甲兵之符，右在皇帝，左在阳陵。"凡十二字。阿房宫址所出瓦当文曰："惟天降灵，延元万年，天下康宁。"亦十二字。秦之遗物，殆无一不用六之倍数，则简策之长短，亦何必不然？然《穆天子传》出于魏安釐王家，而已用二尺四寸策，又八寸为尺，是周末之制。若简策长短自秦制出，则二尺四寸之律不应称三尺法。且《论语》八寸策，又何以不以六为纪也？牍亦如之。据《史记·封禅书》，武帝太初元年，始更印章以五字，数以五为纪。此后，汉之符传，皆用五寸，颇疑牍之制或出于此。然当文帝时，遗单于书已用尺一牍。

天子用尺一，则臣下自用一尺，余牍当以此差之，则牍用五之倍数，亦不自武帝始矣。恐后人必有以余之所疑为疑者，故附辨之。

周时方版尺寸虽不可考，然《聘礼》云："不及百名，书于方。"则一方固可容八九十字。《既夕礼》："知死者赠，知生者赙。书赗于方，若九，若七，若五。"郑注："方，板也。书赗奠赙赠之人名与其物于板。若九行，若七行，若五行。"夫一方之字数可至八九十，而行数可至于九，则其制不得过狭。所谓方者，或即以其形制名欤？至汉时之牍，则分广、狭二种，广者为牍，狭者为奏。《释名》六："奏，邹也。邹，狭小之言也。"《论衡》十三《效力》篇："书五行之牍、十奏之记，其才劣者笔墨之力尤难。"案：记之为言书也，"十奏之记"，犹言十牍之书也。《史记·滑稽列传》："东方朔至公车上书，用三千奏牍。"盖奏事之书以狭牍连编之，故得"奏"之名。《魏志·张既传》注引《魏略》云："既常蓄好刀笔及版、奏，伺诸大吏有乏，辄给与。"则版与奏明为二物。《释名》六："画姓名于奏上曰'画刺'。"以刺但需写爵姓里名，故用牍之狭者也。至诸牍广狭之制，则常牍之广，大抵三分其袤而有其一。《续汉书·祭祀志》玉牒书"长尺三寸，广五寸"，《通典》晋六礼版"长尺二寸，广四寸"，其式可以此推。牍上之字，以五行为率。《论衡》云"五行之牍"，《独断》云"表文多，以编两行；少，以五行"，盖文多者编两行牍若干书之，而少者以五行牍一，与周之"百名以上书于策，不及百名书于方"同意。广四五寸者，容五行之字，于形制亦宜。若以小字细书之，则得书十行。《后汉书·循吏传》："初，光武长于民间，颇达情伪，见稼穑艰难，百姓病害。至天下已定，务用安静，中略。其以手迹赐方国者，皆一札十行，细书成文，俭约之风行于上下。"此于五行之牍书十行之字，乃光武示民以俭之意，初非常制如斯也。至狭牍之书，则容两行。《独断》云："表文多，以编两行。"又云："三公以罪免，亦赐策文，隶书，尺一木，两行。"案：前、后《汉书》所载策免三公之文，多者至数百字，断非一牍两行所能容，当亦编众牍为之也。匈牙利人斯坦因于敦煌西北长城址所得木札，长汉尺一尺，广半寸许。余所见日本橘瑞超所得于吐峪沟者，大略相同。未及以汉尺量之。其书或一行，或二行，此当为最狭之牍矣。《南齐书·祥瑞志》："延陵令戴景度称所领季子庙泉中，得一根木简，长一尺，广二寸。隐起文曰：'庐山道人张陵谒诣起居。'"此牍出方士伪造，盖无可疑。然其文实名刺之体裁，或足征古代奏之广狭也。

版牍书体，周、秦以上自用篆书，汉后多用隶书。《独断》言："隶书，尺一木。"《通典》载晋博士孙毓议，亦以"篆书，竹册"与"尺一白简，隶书"并称，此所谓"尺一白简"，即指"尺一木"而非竹简。李善注《文选》引萧子良《古今篆隶文体》云："鹤头书、偃波书，俱诏板所用，汉时谓之尺一简。"上云"诏板"，下云"尺一简"，亦简、板互文也。"鹤头书"谓隶书之一体，《隋书·百官志》之"鹤头板"，指"鹤头书"所书之板也。"偃波书"亦同。《初学记》二十一引挚虞《决疑要注》云："尚书台召人用虎爪书，告下用偃波书，皆不可卒学，以防诈伪。"盖官省所用隶书变体也。晋纳后六礼版文用真书，则通行版牍自以真、行为主。《后汉书·北海靖王传》："作草书尺牍。"蔡邕《答诏问灾异八事》亦云："受诏书各一通，尺一木版，草书。"宋时所得《汉永初二年讨羌符》亦用草书。则汉牍固亦通用章草矣。

简牍之外，古人所用以书字者，尚有一种，则曰"籯"、曰"笘"、曰"觚"是也。《说文》三："籯，书僮竹笘也。"又云："颍川人名小儿所书写为笘。"《礼》所谓"伸其占毕"是也。又谓之"籢"。《广雅》云："笘，籢也。"至其形制如何，殊不可确知。《急就篇》云："急就奇觚与众异。"颜师古注："觚者，学书之牍，或以记事，削木为之，其形或六面，或八面，皆可书。"今以《仓颉》、《训纂》诸篇每章之字数计之，然后知颜氏之说之足据也。《汉书·艺文志》："汉时闾里书师，合《仓颉》、《爰历》、《博学》三篇，断六十字以为一章，凡五十五章，并为《仓颉》篇。"又云："元始中，征天下通小学者以百数，各令记字于廷中。扬雄采其有用者以作《训纂》篇，顺续《仓颉》，又易《仓颉》中重复之字，凡八十九章。"而许氏《说文解字·序》则云："黄门侍郎扬雄采以作《训纂》篇，凡《仓颉》以下十四篇，凡五千三百四十字。"以八十九章而得五千三百四十字，则《训纂》篇亦以六十字为一章也。《急就篇》则每章六十三字。求其所以以六十字为一章之故，则此种字书必书于觚，而以一觚为一章，故《急就篇》首句即云"急就奇觚与众异"也。其觚既为六面形，或八面形，则每面必容一行，每行必容十字或八字。凡小学诸书皆如是。故他书每章字数无一定，而字书独整齐如是也。古人字书非徒以资诵读，且兼作学书之用，观皇象书《急就篇》可知。故书以觚。觚可直立，亦可移转，皆因便于临摹故也。至小儿所书之笘，势无即仿其制之理，或即以所学之牍之名，加诸学之之牍，亦未可知。此实由简牍而变者，故附著之。

简策、版牍之制度，略具于右。至简牍之用，始于何时，讫于何代，则无界限可言。殷人龟卜文字及金文中，已见"册"字，则简策之制古矣。"方"、"版"二字，始见《周礼》，然古代必已有此物。又世或有以缣帛之始为竹木之终者，则又不然。帛书之古，见于载籍者，亦不甚后于简牍。《周礼·大司马》："王载太常，中略。各书其事与其号焉。"又《司勋》："凡有功者，铭书于王之太常。"《士丧礼》："为铭各以其物，注：'杂帛为物。'亡则以缁，曰某氏某之柩。"皆书帛之证。《墨子》八《明鬼》篇："古者圣王必以鬼神为其务，又恐后世子孙不能知也，故书之竹帛，传遗后世子孙。咸恐其腐蠹绝灭，后世子孙不得而纪，故琢之盘盂，镂之金石以章之。有毕注：'当为犹。'国维案：'有'即'又'字。恐后世子孙不能敬若以取羊，故先王之书，圣人一尺之帛，一篇之书，语数鬼神之有也，重又重之。"《墨子》之书，虽作于周季，然以书竹帛称先王，则其来远矣。《晏子春秋》七："昔吾先君桓公予管仲狐与谷，其县十七，著之于帛，申之以策，通之诸侯。"《论语》："子张书诸绅。"《越绝书》十三："越王以丹书帛。"《韩非子·安危》篇亦云："先王致理于竹帛。"则以帛写书，至迟亦当在周季。然至汉中叶，而简策之用尚盛。《汉书·公孙贺传》朱安世曰："南山之竹不足尽我辞。"是狱辞犹用简也。刘向序录诸书，皆云"定以杀青"，是书籍多用简也。《汉书·艺文志》所录各书，以卷计者不及以篇计者之半。至言事通问之文，则全用版奏。少竹之处，亦或用以写书，虽蔡伦造纸后犹然。晋时户口黄籍，尚用一尺二寸札，至晋末始废。《初学记》二十一引桓元《伪事》曰："古无纸，故用简，非敬也。今诸用简者，皆以黄纸代之。"至版牍之废，则尚在其后。晋人承制拜官则曰"版授"，抗章言事则曰"露版"。《南史·张兴世传》："宋明帝即位，四方反叛。时台军据赭圻，朝廷遣吏部尚书褚彦回就赭圻行选。是役也，皆先战授位，檄板不供，由是有黄纸札"。盖简牍时代，肇于缣素之先，而尚延于谷网等纸之后，至南北朝之终，始全废矣。

既知简牍之制，则书记所用之版牍，亦略可识矣。至书牍之封缄法，则于牍上复加一板，以绳缚之。《古今注》下："凡传皆以木为之，长五寸，书符信于上，又以一板封之，皆封以御史印章。"此虽言符传，然可以见书函之制。其所用以封之板谓之检。《说文》六："检，书署也。"此为"检"字之本义，其所书署之物，因亦谓之检。徐锴《说文系传》十一："检，书函之盖也。玉刻今祁氏重刊宋本作'玉刻'，疑'三刻'

之讹。其上，绳封之，然后填以金泥，题书而印之也。大唐开元封禅礼，为石函以盛玉牒，用石检也。"戴侗《六书故》亦云："检，状如封箧，盖以木为之。"其说盖从《系传》出。今案：徐说颇确，当有所本，惟由封禅所用玉检、石检遂谓通用之检如是，未免小误。然欲明检之制度，亦舍封禅之检末由矣！《汉书·孝武纪》注："孟康曰：'王者功成治定，告成功于天，刻石纪号，有金策石函、金泥、玉检之封。'"案：历代东封泰山者，有秦始皇、汉武帝、光武帝、唐高宗、元宗、宋真宗凡六次。秦制不可考，汉武封禅之礼，史亦不详，惟光武所用，尚为元封故事，其典物具详。《续汉书·祭祀志》曰："有司奏当用方石，再累坛中，皆方五尺，厚一尺，用玉牒书藏方石，厚五寸，长尺三寸，广五寸，有玉检。又用石检十枚列于石旁，东西各三，南北各二，皆长三尺，广一尺，厚七寸。检中刻三处，深四寸，方五寸，有盖，检用金缕五周，以水银和金为泥。玉玺一方寸二分，一枚方五寸。"又云"尚书令奉玉牒简，皇帝以寸二分玺亲封之，讫。太常令人发坛上石，尚书令藏玉牒已，复石覆讫。尚书令以五寸玺封石检"云云。此仅言玉检，未言其用，石检十枚，但云列于石旁，未言其嵌石之道也。凡诸疑窦，览唐制而始明。唐封禅玉石检制度，见于《开元礼》六十三、《通典》五十四、《旧唐书·礼仪志》、《唐书·礼乐志》者大略相同，而《旧志》之文尤明。文曰："造玉策三枚，皆以金绳编玉简为之。每简长一尺二分，广寸二分，厚三分，刻玉填金为字。又为玉匮一，以藏正座玉策，长一尺三寸。并玉检方五寸，当绳处刻为五道，当封玺处刻深二分，方一寸二分。又为金匮二，以藏配座玉策。又为黄金绳以缠玉匮、金匮各五周。为金泥以泥之。为玉玺一枚，方一寸二分，文同受命玺，以封玉匮、金匮。又为石䃭，以藏玉匮。此二字据《通典》补。用方石再累，各方五尺，厚一尺。刻方石，令容玉匮。䃭旁施检处《开元礼》'处'作'篆'，《新志》无'处'字，皆误。皆刻深三寸三分，阔一尺。当绳处皆刻深三分，阔一寸五分。为石检十枚，以检石䃭，皆长三尺，阔一尺，厚七寸。皆刻为印齿三道，深四寸。当封玺处方五寸，当通绳处阔一寸五分，皆有小石盖，以检抦封泥。其检立于䃭旁，南方、北方各三，东方、西方各二，去䃭隅皆七寸。又为金绳以缠䃭，各五周，径三分。为石泥以泥石䃭，其泥，末石和方色土为之。"宋祥符封禅制度，见于《宋史·礼志》者，亦与此同。皆足补《汉志》之简略者也。汉封禅玉牒检，《祭祀志》不详其制，惟唐贞观十一年，左仆射房元龄议制封禅玉牒曰："今请玉牒，长一尺三寸，广、厚各五寸。玉检厚二寸，长、短、阔一如玉牒。其印齿请随玺大小，仍缠以金绳五周。"《通典》及《旧志》。此略同于《续汉志》所云，而稍详明，盖从汉制。后麟德封禅，从许敬宗等议，废牒用策，其藏策玉匮之检，又与此不同，见上所引。亦当别有所本。然则检之为制，自有长短。其与底同广袤者，玉牒之检是也。其广同而袤少杀者，玉匮之检是也。若石检则形制全异，随石礛之形而变通之者也。此二者不必尽同，而其加于封物之上，刻数线以通绳，刻印齿以容泥、以受玺、以完封闭之用，则所同也。建武封禅用元封故事，而唐复用建武故事，则视《唐志》所云为汉制，无不可也。由汉玉牒、石礛之检以推书函之检，亦无不可。书函之上既施以检，而复以绳约之，以泥填之，以印按之，而后题所予之人，其事始毕。故《论衡》十二《程材》篇曰"简绳检署"，然则署为最后之事，许君所释，仅以最后之用言，未为赅也。若以徐、戴之说为不足，请征诸汉、唐人之说。《释名》六："检，禁也。禁闭诸物，使不得开露也。"又："书文书检曰署。署，予也，题所予者官号也。"明检与署为二事也。《急就篇》："简、札、检、署、椠、牍、家。"颜师古注："检之言禁也，削木施于物上，所以禁闭之，使不得辄开露也。署谓题书其检上也。"此即用《释名》之说。《广韵》云："检，印窠封题也。"此语当为陆法言、孙缅旧文。其实"印窠封题"，皆检之附属物，而非检，其说之不赅备，亦略与许君等也。若犹以汉、唐人之说为不足，则请引汉人之检以明之。《汉书·王莽传》："梓潼人哀章见莽居摄，即作铜匮，为两检，署其一曰'天帝行玺金匮图'，其一署曰'赤帝行玺某传予黄帝金策书'。某者，高皇帝名也。""赤帝行玺某"，盖封泥之文，而"传予黄帝金策书"，则所署之字也。如以书籍所记者为不足，则请征诸实物以明之。近斯坦因于于阗所得书牍有二种。其一种刻上者，检与牍同大小，与唐房元龄所议玉牒检同。其作长方形者，则检略短于牍，与唐玉匮之玉检同；其嵌于牍中，又与唐石礛之检同。至其刻线以通绳，刻印齿以容泥，则二种并同。则检之为书函之盖，盖一定而不可易也。

检之与牍同大小者，亦谓之椠，又谓之检柙。《说文》六："椠，检柙也。"《说文系传》十一："臣锴曰：'谓书函封之上，恐摩灭文字，更以一版于上柙护之，今人作"柙"。古封禅玉检上用柙也，今人言文书柙署是也。'"案：徐说似是而非。古封禅石检当玺处有盖，玉检未尝用柙。唯玉牒上之检，与牒之长短广狭均同，与"椠"之字义合。若检，则大小之通称，梜可云检，而检不必尽为梜，如唐封禅全玉匮之检。其广与匮同，而其袤减匮之八寸，不能相夹，则不得命之为梜矣。

　　检之为制，有穹窿，其背作正方形，如覆斗而刻深其中，以通绳且容封泥者，汉时谓之斗检封。《周礼·司市》："凡通货贿，以玺节出入之。"注："玺节，印章，如今斗检封矣。"贾疏："案汉法斗检封，其形方，上有封检，其内有书。则周时印章，上书其物，识事而已。"疏语不明。余观斯坦因所得之剡上书牍，而悟其为汉斗检封之制，然后知阮文达、张叔未诸公以汉不知名之铜器为斗检封者，失之远矣。今传世铜器有方汉尺一寸一分许，高二分许，南北二边正中有孔，底面有篆文四，曰"官律所平"，底背亦有篆文四，曰"鼓铸为职"。文达《积古斋钟鼎彝器款识》十及鲍昌熙《金石屑》一均摹其形制文字，今传世尚多。余所见一枚，仅有底背铭四字，曰"官律所平"，其余形制皆同。初疑边上二孔为通绳之处，或施于检上，以容封泥，然玩其铭文，当为嘉量上之附属物，决非作封检之用者。且苟用诸封检，则底面之文适在封泥下，而底背之文又紧附于检上，均为赘设。若以斯氏所得剡上书牍之封检当之，则无乎不合。"斗"以言乎其形，"检"以言乎其物，"封"以言乎其用。盖秦、汉之遗物而留传于西域者也。

　　汉时书牍，其于牍上施检者，则牍检如一，所谓检柙是也。然大抵以囊盛书，而后施检。《汉书·东方朔传》文帝"集上书囊以为殿帷"，则汉初已用之。天子诏书用绿囊。《汉书·赵皇后传》"中黄门田客持诏记，盛绿绨方底，封御史中丞印"，《西京杂记》四"中书以武都紫泥为玺室，加绿绨其上"，《汉旧仪》"玺以武都紫泥封，青布囊，白素里，两端无缝，尺一板，中约署"，是也。亦用皂囊；《后汉书·公孙瓒传》"皂囊施检，文称诏"是也。臣下章表则用皂囊。《独断》云："凡章表皆启封，其言密事，得皂囊盛。"亦用绿囊。《汉书·赵皇后传》许美人"以苇箧一合盛所生儿，缄封，及绿囊报书"是也。亦用赤白囊。《汉书·丙吉传》吉驭吏"见驿吏持赤白囊，边郡发犇命书驰来"是也。通用函牍亦用皂囊。《通典》五十八"东晋王堪《六礼辞》："裹以皂囊，白绳缄之，如封章。"至囊之形制，则《汉书》谓之"方底"。师古曰："方底，盛书囊，形若今之算縢耳。"唐算縢之制不可考。《旧书·舆服志》："一品以下带手巾、算袋。"算袋即算縢，亦不言其制。《玉篇》："两头有物，谓之縢担。"《广韵》："縢，囊可带者。"合此二条及《汉旧仪》所纪观之，其制亦不难测。《旧仪》云："青布囊，白素里，两端无缝，尺一板，中约署。"《唐六典》引作"两端缝，尺一板"。然《续汉志》、《通典》诸书所引"缝"上皆有"无"字，殆《六典》误也。"两端无缝"，则缝当纵行而在中央，约署之处即在焉，则其形当略如今之捎马袋。"捎马"之音，疑"算码"之转，谓"算"为"马"，自《礼·投壶》已然，今日犹谓之"算马"，盖即唐之算袋。故两头有物，则可担，其小者可带，亦与縢之制合也。唯中央之缝，必与囊之长短相同，否则书牍无由得入耳。以上所引书牍之封，恒在囊外，惟《西京杂记》所云"中书以武都紫泥为玺室，加绿绨其上"，似又封而后加囊者。案：汉诏皆重封，《独断》："凡制书，有竹使符，下远近，皆玺封，尚书令重封。"殆玺封在囊内，而尚书令印封在囊外。宫中书，御史中丞印封亦在囊外，观《赵后传》语可知"皂囊施检"，亦施于囊外之证也。囊用布帛为之，故其检亦或用帛，《说文》六："检，书署也。"又七："帖，帛书署也。"知用木谓之检，用帛谓之帖。至后汉之末，始见书函。《初学记》二十一引魏武令曰："自今掾属、治中、别驾，常以月朔各进得失，纸书函封主者朝，常结纸函各一。"此函以何物为之，亦不可考。然东晋六礼版文尚用皂囊，而如封章，则江左之初，犹有存焉者矣。

古之书牍，所以兼用梜与囊者，盖有故焉。盖用梜则每书仅能一牍，惟短文为宜。若用数牍或至数十牍，势必一牍一梜，不便孰甚焉。用囊则一书牍数稍多无害，且书牍各面均可书字。《通典》五十八："东晋王堪《六礼辞》，并为赞颂仪文：于板上各方书礼文，婿父名、媒人正板中，纳采于板左方。裹以皂囊，白绳缠之，如封章。"此所谓"各方"，或指牍面之上下左右，尚未足为各面书字之证。然《汉书·赵皇后传》："客持诏记与武，问：'儿死未？手书对牍背。'武即书对：'儿现在，未死。'"师古曰："牍，木简也。时以为诏记问之，故令于背上书对辞。"答书犹书牍背，则书语遇牍面不能容时，必书牍背无疑矣。然苟不用囊，则牍背向外，势无可书之理，此书囊之制之所以广也。

绳缄之法，亦无定制。古封禅玉石检，皆以金绳五周。至今日所见古封泥，则底面绳迹有从有横，有十字形，而以横者为多。其迹自一周以至五周皆有之。唯斯坦因所得于阗古牍，则检上皆刻通绳处三道，每道以绳一周或二周。古封禅石检，其通绳处亦三道，每道各五周。古金人之"三缄其口"，或即以缄牍之法缄之。而于阗古牍或犹用周、汉之制也。自书囊盛行而检绳之制多不如法，故今日所见封泥，罕有作正方形如斗检封之埴者，其绳迹亦少整齐画一者，盖已非最古之制矣。

古牍封处多在中央,《汉旧仪》所谓"中约署"是也,于阗古牍亦然。惟汉时传信亦有两封、三封、四封、五封者。《汉书·孝平帝纪》"一封轺传"注:"如淳曰:'律,诸当乘传及发驾置传者,皆持尺五寸木传信,封以御史大夫印章。其乘传参封之。参者,三也。有期会累封两端,二各两封,凡四封也。乘置驰传,五封也。两端各二,中央一也。轺传两马再封之,一马一封之。'"此以封之多少为尊卑,盖传信特别之制,若书牍之封,固不必如此烦复矣。

古人以泥封书,虽散见于载籍,然至后世,其制久废,几不知有此事实。段氏《说文注》十三下至谓:"周人用玺书印章,必施于帛,而不可施于竹木。"封泥之出土,不过百年内之事。当时或以为印范,及吴氏式芬之《封泥考略》出,始定为封泥。然其书但考证官制、地理,而于封泥之为物,未之详考也。案:《说文》十二《土部》:"玺,王者之印也。以主土,从土,尔声。籀文从玉。"段氏注曰:"盖周人已刻玉为之,曰'籀文从玉',则知从土者,古文也。"段注以"玺"为古文,其说甚是。唯许君谓玺"以主土",故从土,则颇有可疑者。古者上下所用印章,通谓之"玺",玺非守土者所专有。窃意玺印之创,在简牍之世,其用必与土相须,故其字从土。《周礼·职金》:"揭而玺之。"用玺于揭上,非用封泥不可。《吕氏春秋》十九《离俗览》:"故民之于上也,若玺之于涂也。抑之以方则方,抑之以圆则圆。"《淮南子》十一《齐俗训》亦云:"若玺之抑埴,正与之正,倾与之倾。"《续汉书·百官志》少府官属有守宫令,"主御纸、笔、墨及尚书财用诸物及封泥"。"封泥"二字,始见于此。古人玺印皆施于泥,未有施于布帛者,故封禅玉检则用水银和金为泥,天子诏书则用紫泥,常人或用青泥。《御览》六百六引《东观汉记》。其实一切粘土皆可用之。宋赵彦卫《云麓漫钞》十二云:"古印文作白字,盖用以印泥,紫泥封诏是也。今之米印及印仓廒印近之。自有纸,始用朱字。"案:古印但以印泥,其说甚确。唯印文之阴阳,则颇不拘。今周、秦古玺多作阳文,唯汉印多阴文,故封泥之文亦有阴阳二种。赵氏之言未尽确也。唯印泥之废与印绢纸之始,殊不可考。《周礼·载师》:"宅不毛者出里布。"郑司农云:"布参印书,广二寸,长二尺,以为币,贸易物。"或曰:"布,泉也。"后郑则用后说。若如前说,又不知所谓"布参印书"者,为于布上施印乎?抑以泥附于布上而印之也?惟汉时门关之传,用木之外,兼用缯帛,《汉书·终军传》"关吏予军缯"是也。《古今注》谓"传皆封以御史印章",则缯亦当用印，或竟施于帛上，亦未可知。自后汉以降，纸素盛行，自当有径印于其上者。唐窦臮《述书赋》下："印验则玉斯胡书，金镂篆字，中略。古小雌文，东朝周颙。"唐代流传之古迹，仅有绢素，则晋周颙之印当施于其上矣。至南北朝，而朱印之事始明著于史籍。后魏中兵勋簿，"令本曹尚书以朱印印之"，又令"本军印记其上，然后印缝"。《魏书·卢同传》。后齐有"督摄万机"印一钮，"以木为之，此印常在内，唯以印籍缝"。《隋书·礼仪志》。而梁陆法和上元帝启文，"朱印名上，自称司徒"《北齐书·陆法和传》。盖印泥之事，实与简牍俱废矣。

　　若夫书牍封题之式，则亦不可得而详。《释名》："署，予也。题所予者官号也。"《王莽传》："哀章作铜匮，为两检，其一署曰'天帝行玺金匮图'，其一曰'赤帝行玺某传予黄帝金策书'。"疑"天帝行玺"、"赤帝行玺"八字乃封泥上之玺文，而非题署者。盖有玺印，自不烦更题寄书之人，但题所予之人与所予之物足矣。《通典》五十八："后汉郑众《百官六礼辞》，六礼文皆封之，先以纸封表，又加以皂囊，著箧中。又以皂箧衣表讫，以大囊表之。题检上言：谒表某君门下。某礼物凡三十种。各有谒文，外有赞文各一首。封如礼文箧，表记蜡封题，用皂帔盖于箱中。无囊表，便题检文言：谒箧某君门下，便书赞文，通'通'上疑脱'几'字。共在检上。"由此观之，则检上所题，但所予之人与所遗之物，不题予者姓名也。至东晋王堪《六礼辞》"裹以皂囊，白绳缠之，如封章。某官某君门下封，某官甲乙白奏，无官言贱子"，则兼题予者姓名，盖其时封印之制已渐废不用矣。

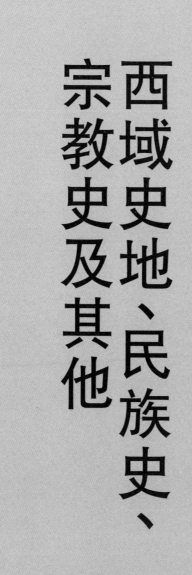

西域史地、民族史、宗教史及其他

西域井渠考 *

　　今新疆南北路通凿井取水，吐鲁番有所谓卡儿水者，乃穿井若干，于地下相通以行水。伯希和教授以为与波斯之地下水道相似，疑此法自波斯传来。余谓此中国旧法也。《史记·河渠书》："武帝初，发卒万余人穿渠，自征引洛水至商颜下。岸善崩，乃凿井深者四十余丈，往往为井，井下相通行水，水颓以绝。商颜东至山岭十余里间，井渠之生自此始。"此事史家不纪其年，然记于塞瓠子元封二年。之前，时西域尚未通也。又《大宛列传》云："宛城中无井，汲城外流水。"又云："宛城新得秦人，知穿井。"是穿井为秦人所教，西域本无此法。及汉通西域，以塞外乏水，且沙土善崩，故以井渠法施之塞下。《汉书·乌孙传》："汉遣破羌将军辛武贤将兵万五千人至敦煌，遣使案行卑鞮侯井，欲通渠转谷积居庐仓以讨之。"孟康曰："卑鞮侯井，大井六通渠也。下流涌出，在白龙堆东土山下，井名通渠，又有上下流，则确是井渠。"《沙州图经》云："大井泽在州北十五里。"引《汉书》辛武贤事云："遣使者案行，悉穿大井。"是汉时井渠，或自敦煌城北直抵龙堆矣。汉于鄯善、车师屯田处，当亦用此法。波斯乏水，与葱岭以东略同。《北史·西域传》言："波斯地多沙碛，引水灌溉。"《西域记》言："波剌斯国引水为田。"皆不言其引水之法。刘郁《西使记》言："穆锡地无水，土人隔岭凿井，相沿数十里，下通流以溉田。"所言与汉井渠之法无异，盖东来贾胡以此土之法传之彼国者，非由彼土传来也。元王祯《农书·农器图谱》十三《灌溉门》所载阴沟法，即古井渠之遗。明陆容《菽园杂记》一，陕西城中，旧无水道，井亦不多，居民日汲水西门外。参

政余公子俊知西安府时，以为关中险要之地，使城闭数日，民何以生？始凿渠城中，引灞、浐水，从东入西出，环甃其下以通水，其上仍为平地，迤逦作井口，使民得就以汲。此永世之利也。可见井渠之制，历代行之无废。今京师阴沟用以泄潴秽水者，亦用是法也。

鞑靼考 *

鞑靼之名，始见于唐之中叶阙特勤碑之突厥文中，有"三十姓鞑靼"（Otuz Tatar）、"九姓鞑靼"（Tokuz Tatar），是为鞑靼初见纪录之始。案：阙持勤碑立于开元二十年，则鞑靼之名古矣。李德裕《会昌一品集》卷五有《赐回鹘嗢没斯特勒等诏书》，末云："卿及部下诸官，并左相阿波兀等部落、黑车子达怛等，平安好。"又卷八《代刘沔与回鹘宰相颉于伽思书》云："纥扢斯专使将军踏布合祖云：发日，纥扢斯即移就合罗川，居回鹘旧国，兼已得安西、北庭、达怛等五部落。"是为鞑靼见于汉籍之始，时唐武宗会昌二年也。嗣于懿宗咸通九年，从朱邪赤心讨庞勋；僖宗中和二年，从李克用讨黄巢。并有功。至后唐、汉、周，仍世入贡，故薛、欧《五代史》及欧、宋《唐书》并记其事，而欧氏于《五代史》并为达怛立传。宋初太祖、太宗朝尚三次入贡，后为西夏隔绝，不与中国通，而两宋人纪录中，尚屡见其名，乃《辽史·营卫志》所记诸部族、《百官志》所记属国职名中，皆无鞑靼。《本纪》中虽三见"达旦"字，亦去其偏旁。《金史》乃并绝其迹。正史中，至《明史》始复有《鞑靼传》。而《明史》之《鞑靼传》，实《蒙古传》也。然则辽、金三百年中，唐、宋间所谓鞑靼者，果何往乎？观宋、元人之著书，知当时固有鞑靼，其对辽、金之关系决非浅鲜，正史中必不容没其事，而竟不概见，此读史者当发之疑问也。以余之所见，则唐、宋间之鞑靼，在辽为阻卜，在金为阻䪆，在蒙古之初为塔塔儿。其漠南之汪古部，当时号为白达达者，亦其遗种也。

曷言乎鞑靼在辽为阻卜、在金为阻䪆也？《辽史·圣宗纪》："开泰

元年正月，达旦国兵围镇州，州军坚守，寻引去。"而《萧图玉传》云："开泰中，阻卜复叛，围图玉于可敦城，势甚张。图玉使诸军齐射却之，屯于窝鲁朵城。"案：《圣宗纪》："统和二十二年，以可敦城为镇州。"《地理志》："镇州建安军节度，本古可敦城。"则《纪》、《传》所载地名既合，年岁又同，自是一事。而一称达旦，一称阻卜，是阻卜即鞑靼之证一也。《续资治通鉴长编》：卷五十五。"真宗咸平六年七月，契丹供奉官李信来归，言戎主母后萧氏有姊二人，长适齐王，王死，自称齐妃，领兵三万，屯西鄙驴驹儿河，使西捍塔靼，尽降之。"案：《辽史·圣宗纪》："统和十二年八月，诏皇太妃领西北路乌古等部兵及永兴宫分军抚定西边，以萧挞凛督其军事。十五年三月，皇太妃献西边捷。九月，萧挞凛奏讨阻卜捷。"而《萧挞凛传》则云："十二年，夏人梗边，皇太妃受命总乌古及永兴宫分军讨之。挞凛为阻卜都详稳，凡军中号令，太妃并委挞凛。十五年，敌烈部人杀详稳而叛，遁于西北荒，挞凛将轻骑逐之，因讨阻卜之未服者。诸蕃岁贡方物充于国，自后往来若一家焉。挞凛以诸部叛服不常，上表乞建三城以绝后患，从之。"考三城者，谓镇州及防、维二州，皆在驴驹河西南，与西夏相去绝远。是统和间太妃西征，非讨西夏，而实经营阻卜诸部。乃李信谓之"西捍塔靼"，是阻卜即鞑靼之证二也。而此事完全之证据，乃在《金史》。《金史·夹谷清臣传》："北阻㲄叛，上遣责清臣，命右丞相襄代之。"又内族《襄传》："襄代清臣，遂屯临潢。中略。乃命支军出东道，襄由西道。而东军至龙驹河，为阻㲄所围，三日不得出，求援甚急。中略。襄即鸣鼓进发。中略。响晨压敌，突击之，围中将士亦鼓噪出，大战，获舆帐牛马，众皆奔斡里札河，遣完颜安国追蹑之。众散走，会大雨，冻死者十七八。降其部长，遂勒勋九峰山石壁。"云云。今案《元朝秘史》：四。"大金因塔塔儿篾古真薛兀勒图不从他命，教王京丞相领军来剿捕，逆著浯泐札河，将篾古真薛兀勒图袭将来。"案："王京"者，"完颜"之对音。《圣武亲征录》、《元史·太祖纪》并记此事，皆作"丞相完颜襄"。浯泐札河亦即《金史》之斡里札河。今乌尔载河。是二书纪事并相符合。而《金史》之"阻㲄"，《元秘史》谓之"塔塔儿"，正与《辽史·萧图玉传》之"阻卜"，《圣宗纪》作"达旦"者，前后一揆。而"塔塔儿"一语，为"鞑靼"之对音，更不待言。故曰：唐、宋间之鞑靼，在辽为阻卜，在金为阻㲄也。

更从地理上证之。唐时鞑靼住地，据阙特勤碑侧之突厥文，两记

"三十姓鞑靼"，皆在"黠戛斯、骨利幹"之后、"契丹、白霫"之前。日本箭内博士谓黠戛斯在突厥西北，骨利幹又在其北，契丹白霫皆在突厥之东，则在其间之三十姓鞑靼，当居突厥东北，与金、元间之塔塔儿方位全同。其说良是。今假名此部曰东鞑靼。然此碑突厥文中，尚有"九姓鞑靼"，此部住地无可考。然《唐书·地理志》引贾耽《入四夷道里记》云："中受降城正北如东八十里，有呼延谷，谷南口有呼延栅，北口有归唐栅，车道也，入回鹘使所经。又五百里至鸊鹈泉，又十里入碛，经麚鹿山、鹿耳山、错甲山，八百里至山燕子井。又西北经密粟山、达旦泊、野马泊、可汗泉、横岭、绵泉、镜泊，七百里至回鹘牙帐。"此达旦泊在回鹘牙帐东南数百里，疑以鞑靼人所居得名。九姓鞑靼所居，盖当在此。今假名此部曰西鞑靼。《会昌一品集》所见达怛，其一与黑车子连称者，似与东方之三十姓鞑靼相当；其一与安西北庭连称者，似即西方之九姓鞑靼也。而唐末、五代以来，见于史籍者，只有近塞鞑靼。此族东起阴山，西逾黄河、额济纳河流域。至北宋中叶，并散居于青海附近，今假名之曰南鞑靼。欧阳公《五代史》之所传、王延德使高昌时之所经、李仁甫《续通鉴长编》之所记，皆是族也。而《辽史》所记阻卜，其分布区域，乃各与此三部鞑靼相当。李信谓辽齐妃领兵屯西鄙驴驹儿河，西捍鞑靼，而《辽史·文学传》萧韩家奴之言曰："阻卜诸部，自来有之。曩时，北至胪朐河，南至边境，人多散居，无所统壹，惟往来抄掠。及太祖西征，至于流沙，阻卜诸部望风悉降。"是辽时边境以北至胪朐河，皆有阻卜部落，此可拟唐时之"东鞑靼"。又《太祖纪》云："天赞二年九月丙申朔，次古回鹘城。丙午，遣骑攻阻卜。"《萧图玉传》云："阻卜复叛，围图玉于可敦城。"《萧惠传》云："西阻卜叛，都监涅鲁古等将兵来援，遇敌于可敦城西南。"又《萧挞不也传》："阻卜酋长磨古斯绐降，挞不也逆于镇州西南沙碛间。"案：古回鹘城，即今外蒙古额尔德尼昭西北之合剌八剌合孙，唐时回鹘牙帐。在鄂尔昆河西岸；可敦城即镇州，其地今虽未能考定，要当在鄂尔昆河之东，喀鲁哈河左右。而阻卜自其西南来，则其住地当在可敦城西南，唐时达旦泊正在此方面。故此部可拟唐时之"西鞑靼"。又《辽史·属国表》圣宗开泰五年书"阻卜酋长魁可来降"，《圣宗纪》作"党项魁可来"。《兵卫志》言："西夏元昊谅祚智勇过人，能使党项、阻卜掣肘大国。"此以"阻卜"与"党项"互举连言，则阻卜又南与党项相近。此种阻卜，又可拟唐末、五代之"南鞑靼"。故辽时阻卜分布之广，正与唐、宋人所谓鞑靼相同。至见于《金史》之阻鞯、若北阻鞯，则略当唐时之"东鞑靼"，亦即蒙古人所谓"塔塔儿"，此亦可由地理上证明之。《金史·宗浩传》云："内族襄以为攻破广吉刺，则阻鞯无东顾忧。"是阻鞯在广吉刺之西。而《元朝秘史》记翁吉刺住地云："合勒合河流入捕鱼儿海子处，有帖儿格等翁吉刺。"其记塔塔儿住地则云："阿亦里兀惕、备鲁兀惕两种塔塔儿，在捕鱼儿海子与阔连海子中间，兀儿失温地面。"今鄂尔顺河。又云："察阿安、阿勒赤都塔兀惕、阿鲁孩四种塔塔儿，在兀勒灰失鲁格勒只惕地面。"今乌尔浑河与色野尔集河合流处。皆东与在喀尔喀河流域之翁吉刺为邻。又载扯克扯儿地面今苏克斜鲁山。有塔塔儿人，距翁吉刺之德薛禅家不远，与《金史》所载阻鞯地望无一不合。故《辽》、《金》二史中阻卜、阻鞯之为鞑靼，自地上证之而有余矣。

若然，辽、金之阻卜、阻鞯，于唐、宋为鞑靼，于蒙古为塔塔儿，则阻卜、阻鞯之名，乌从起乎？又于唐、宋以前，蒙古以后，得求此名之源流否乎？然求之前后诸史，绝不见有与阻卜或阻鞯相类之名称。余乃不得不设一极武断、极穿凿之假说，曰：阻卜、阻鞯者，"鞑靼"二字之倒误，且非无意之误，而有意之误也。何以言之？曰：辽、金人文字中多言鞑靼，如史愿《亡辽录》《北盟会编》卷二十一引。云："辽于沙漠之北，则置西北路招讨府，中略。镇摄鞑靼、蒙骨、迪烈诸国。"又金主亮遣翰林学士韩汝嘉与宋国信使副徐嚞等宣谕公文《北盟会编》卷二百二十九引。云："向来北边有蒙古、鞑靼等，从东昏王时数犯边境。"是辽、金时固有鞑靼，其《国史》、《实录》亦当不讳言鞑靼，而《辽》、《金》二史中无之者，曰蒙古人讳言鞑靼故。蒙古人何以讳言鞑靼？曰：蒙人本非鞑靼，而汉人与南人辄以此名呼之，固为蒙古人所不喜。且元末修史之汉臣，已不复知鞑靼与蒙古之别，而辽、金史料中所记鞑靼事，非朝贡即寇叛，彼盖误以蒙古之先朝贡于辽、金也。虑其有损国体，故讳之尤深。当蒙古盛时，《秘史》、《亲征录》并记太祖受金官职事，初未尝以此为讳。然《宋》、《辽》、《金》三史之作，在顺帝之世，其时蒙古之势力既已坠地，故于文字之间尤多忌讳，试举实证以明之。《续资治通鉴长编》于太祖乾德四年、开宝二年、太宗太平兴国八年，并书"鞑靼入贡"，盖本与国史及《会要》。《建炎以来朝野杂记》乙集十九。亦云："鞑靼于太祖、太宗朝各再入贡。"乃《宋史》本纪于外国朝贡无一不书，独无太祖、太宗鞑靼入贡事。王延德《使高昌记》载于王明清《挥麈前录》者，中有鞑靼字凡六处，《宋史·高昌传》全录其文，惟删去有"鞑靼"字之处。《亡辽录》《北盟会编》卷二十一引。"天祚于保大四年得大石林牙兵，又得阴山鞑靼毛割石兵，自谓天助，欲出兵收复燕、云。大石林牙力谏"云云。《东都事略》附录二。亦云："耶律延僖得大石林牙七千骑，又阴结鞑靼、毛褐室韦三万骑助之。"而《辽史·天祚纪》则云："天祚既得林牙耶律大石兵，又得阴山室韦谟葛失兵，自谓得天助，再谋出兵，收复燕、云。"《辽史》此节，分明出于二书，而二书皆有"鞑靼'字，《辽史》独无。又《松漠记闻》："余都父子以游猎为名，遁入夏国。夏人问其兵几何？云'亲兵二三百'。遂不纳。投鞑靼，鞑靼先受悟室之命，其首领诈出迎，具食帐中，潜以兵围之。余都出敌，不胜，父子皆死。"《辽史·耶律余睹传》则云："余睹假游猎为名，遁西夏。夏人问：'汝来有兵几何？'余睹以'二三百'对，夏人不纳，卒。"此事与《纪闻》同，当出《纪闻》，而独无投鞑靼被杀事。《金史·叛臣传》亦但言："边部杀余睹及其二子，函其首以献。"《太宗纪》亦言"部族节度使土古斯捕斩余睹及其诸子"，而不明言其为何部。是数证者，谓非元人修史时有意删去"鞑靼"字不可也。然辽、金史料中之鞑靼，固自倍蓰于宋史料，又不必与他事并见，史臣以其不可删，且不胜删也。乃或省其偏旁作"达旦"字。又创为改字之法。考鞑靼之始见载籍也，其字本作"达怛"，《会昌一品集》及《册府元龟》。后作"达靼"。薛、欧《五代史》及《梦溪笔谈》。至宋南渡后，所撰、所刊之书乃作"鞑靼"。"鞑"字不见于《集韵》、《类篇》，是北宋中叶尚无此字，其加革旁，实涉靼字而误。然辽、金史料中，其字当已有作"鞑靼"者。其倒也或作"怛达"，或作"靼鞑"，极与阻鞢二字相似。当时史料中或有一二处误作"阻鞢"，或又省作"阻卜"者，史臣乃利用其误，遂并史料中之不误者而尽改之，以避一时之忌讳。其于《辽史·太祖》、《圣宗纪》三处尚存"达旦"字者，盖史臣所未及改，抑故留此间隙，以待后人之考定者也。且《辽史》所见之"达旦"三处，不独省其偏旁，亦异其书法。凡史家于敌国使来则书"聘"，属国则书"贡"，此诸史之通例。《辽史》本纪惟于梁、唐、周、宋四国书"聘"，后晋、北汉、西夏之称臣或受册而书"贡"，南唐虽未称臣，亦仍书"贡"。至塞北诸部，更无不书"贡"者。惟《道宗纪》"太康十年二月庚午朔，萌古国遣使来聘。三月戊午，远萌古国遣使来聘"独书"聘"者，以示蒙古之先与辽世为敌国也。而《太祖纪》书"神册三年二月，达旦国来聘"，《圣宗纪》书"统和二十三年六月，达旦国九部遣使来聘"，亦书聘者，盖元代脩史诸臣已不知鞑靼与蒙古之分，误以辽史料中之鞑靼为蒙古之先，故以敌国书法书之，与《道宗纪》之书"萌古来聘"，同一用意。由此二条，可见元人脩史时讳言鞑靼之隐。《金史》之中亦有类是之特笔，如西北、西南招讨司下之乣军详稳，本有十处，今《地理志》、《兵志》所载，均为九处。《地理志》有移典乣而无萌骨乣，《兵志》反是。其实二者均当有之。盖萌古、萌骨之为蒙古，此人人所易知。元人必以蒙古列于金之乣军为讳，故于《地理志》删之，而于《兵志》亦删去移典乣，以与《地理志》之九处相应。然于其首大书曰："西北、西南之乣军十。"明移典、萌骨二乣皆所当有，故于二志互见，以使人推考得之。《兵志》部族节度使有"萌骨部族"，而《地理志》中无之，亦由此故。其所以删彼而存此者，缘《地理志》记各部族节度使各详稳，皆自为一行，易属人目。若《兵志》之文，则蝉联而下，非通读全文，难以觉察故也。此皆史臣之微辞。《辽》、《金》二史中之阻卜、阻鞑，亦犹是矣。要之，吾侪既发见元人讳言鞑靼之隐，则其删剟事实、改易名目，并不足深怪。而上所陈述武断穿凿之假说，固自有可能性在也。

漠南鞑靼阴山鞑靼。之见于载籍也，较漠北东西二鞑靼三十姓鞑靼及九姓鞑靼。为后。唐会昌初年，回鹘为黠戛斯所破，其一部南走中国近塞。时李德裕为相，筹所以防御、招抚之者甚备，具见《会昌一品集》中。而其中所记近塞蕃族，仅有沙陀、契苾、退浑、党项四部而无鞑靼。至咸通九年，鞑靼始从朱邪赤心讨庞勋。赤心时为蔚州刺史，则尔时鞑靼必已居蔚州近塞，知鞑靼之徙阴山左右，当在会昌与咸通之间。然则未徙之时，果居何地？抑称何名？自欧《史》以来，颇有异说。余谓阴山鞑靼，当即"三十姓鞑靼"或"九姓鞑靼"一部之南下者。盖当时东、西二鞑靼，均有南徙之可能性，即《会昌一品集》中之达怛与黑车子连称者，余前既定为三十姓鞑靼。当唐之季黑车子一族，实已南徙幽州近塞，见拙著《书津田博士室韦考后》。则其邻部之达怛；同时亦南徙并州近塞，固非不可解之事。又九姓鞑靼住地，余前以贾耽《道里记》中之"达旦泊"拟之。此泊在回鹘牙帐东南，当回鹘入唐之道。回鹘既破，此部相率南徙，亦自然之势也。日本箭内博士乃据阎复驸马高唐忠献王碑所引《汪古氏家传》及《蒙鞑备录》，谓阴山鞑靼出于沙陀，乃突厥人种，与漠北鞑靼之属蒙古人种者全非同族。余意此二族在唐并为鞑靼，在《辽史》并为阻卜，自不既视为异种。但南徙之后，与沙陀、党项诸部杂居，故此部中颇含有他种人，而其与党项之关系，尤较沙陀为密，故昔人多互称之。如折氏本党项大姓，而《册府元龟》卷九百七十二。之"党项折文通"，同卷又称之为"达怛都督折文通"。又《辽史·属国表》有"阻卜酋长魁可"，而《圣宗纪》作"党项魁可"。《宋史·党项传》："景德二年，熟户旺家族击夏兵，擒军主一人以献。"又："大中祥符二年，夏州略去熟户旺家族首领都子等来归。"案："旺家"即白鞑靼名族"汪古"之异译，而《宋史》以为党项部族。《元史·阿剌兀思剔吉忽里传》云："阿剌兀思剔吉忽里，汪古部人。金源氏堑山为界，以限南北，阿剌兀思剔吉忽里以一军守其冲要。"而《蒙鞑备录》则云："金章宗筑新长城，在静州之北，以唐古乣人戍之。""唐古"亦即"党项"之异译。盖鞑靼与党项，自阴山、贺兰山以西，往往杂居，故互受通称。然若据此而遽谓阴山鞑靼出于党项，则与谓其出于沙陀者，同为无根之说也。故余对箭内博士之二元论，宁主张一元论，以唐之鞑靼、辽之阻卜名称之统一，非是无以解释之故也。

附　鞑靼年表

唐咸通九年	达靼从朱邪赤心讨庞勋。《五代史·四裔附录》。
广明元年	李涿引大兵攻蔚州，李国昌原作献祖。战，不利，乃率其族奔达靼部，居数月，吐浑赫连铎密遣人赂达靼，以离间国昌。国昌子克用原作武皇。知之，中略。谕之曰："予父子为贼臣谗间，报国无由，今闻黄巢北犯江淮，必为中原之患。一旦天子赦宥，有诏征兵，仆与公等南向而定天下，是予心也。"达靼知无留意，皆释然无间。《旧五代史》、《唐书·武皇纪》。
中和二年	八月，李国昌自达靼部率其属归代州，同上。克用募达靼万人以从。《唐书·沙陀传》。九月，克用率忻代蔚朔达靼之军三万五千骑，赴难于京师。《旧五代史·武皇纪》。
辽神册三年梁 贞明四年	二月，达旦国来聘。《辽史·太祖纪》。
天赞二年后 唐同光元年	九月丙午，遣骑攻阻卜。《辽史·太祖纪》。

后唐同光二年 辽天赞三年	二月，河西郡族折文通贡驼马。《册府元龟》九七二。契丹从碛北归帐，达靼因相掩击，其首领裕悦族帐自碛北以部族羊马三万来降。《旧史》、《唐书·庄宗纪》。
同光四年 辽天显元年	正月，达怛都督折文通贡驼马。《元龟》九七二。
天成三年 辽天显三年	四月，达怛遣使入贡。同上。
天成四年 辽天显四年	五月，党项折文通进马。同上。十月，达怛首领张十三朝。同上。《旧史》、《唐书·明宗纪》云："七月丙寅，达靼来朝。" 去年四月，义武军节度使王都反，《五代史·唐本纪》。诱契丹入寇。明宗诏达靼入契丹界以张军势，遣宿州刺史薛敬忠以所获契丹团牌二百五十及弓箭数百，赐云州界生达靼。《五代史·四裔附录》。
长兴二年 辽天显六年	正月，达怛列六萨娘居等进马。十一月，党项达怛阿属朱并来朝贡。《元龟》九七二。
长兴三年 辽天显七年	三月，达怛尝葛苏进马十匹及方物。同上。六月，达靼首领颉哥以其族来附。《五代史·唐本纪》。十一月丁未，阻卜贡海东青鹘三十连于辽。《辽史·太宗纪》。
辽天显八年后 唐长兴四年	二月、七月、十月，阻卜入贡。《辽史·太宗纪》、《属国表》。
后唐清泰元年 辽天显九年	二月，云州上言：达怛胡禄末族帐到州界贸易。《元龟》九九九。 八月，达怛首领没于越入朝贡羊马。《元龟》九七二。
辽会同二年晋 天福三年	九月甲戌，阻卜来贡。《辽史·太宗纪》。《属国表》作十月。
会同三年晋 天福四年	八月，阻卜三入贡。《辽史·太宗纪》、《属国表》。
会同四年晋 天福五年	十一月，阻卜入贡。同上。
会同五年晋 天福六年	七月、八月，阻卜入贡。《太宗纪》。《属国表》在六、七二月。
汉乾祐三年辽 天禄四年	八月，达怛来附。《五代史·汉本纪》。

周显德五年辽 应历八年	四月，回鹘达靼遣使者来。《五代史·周本纪》。
宋乾德四年辽 应历十六年	夏六月甲寅，塔坦国天王娘子及宰相允越皆来修贡。《长编》七。原注："《国史》及《会要》俱称四年夏，因附此，新旧录无之。"
开宝二年辽 保宁元年	塔坦国天王娘子之子策卜迪来贡。《长编》十。原注："《会要》不记其时。"
辽乾亨元年宋 太平兴国四年	阻卜惕隐曷鲁夷离堇阿里睹来朝。《辽史·景宗纪》。
宋太平兴国六 **年辽乾亨三年**	使王延德使高昌，假道于鞑靼九族。王延德《使高昌记》：《挥麈前录》卷四引。"初自夏州历玉亭镇，次历黄羊平，其地平而产黄羊。渡沙碛无水，行人皆载水，凡二日。至都啰啰族，汉使过者，遗以货财，谓之'打当'。次历茅家喝子族，族临黄河，以羊皮为囊，吹气实之，浮于水面，或以囊驼牵木筏而渡。次历茅女王子开道族，行入六窠沙，沙深三尺，马不能行，行者皆乘囊驼，不育五谷，沙中生草，名'登相'，收子以食。次历楼子山，无居人，行沙碛中，以日为占，旦则背日，暮则向日，日中则止，夕行望月亦如之。次历卧羊梁劲特族，地有都督山，唐回鹘之地。次历大虫太子族，族接契丹界，人尚衣锦绣，器用金银，马乳酿酒，饮之亦醉。次历屋地目族，盖达于于越王子之子也。次至达于于越王子族。此九族，达靼中尤尊者。次历拽利王子族，有合罗川，唐回鹘公主所居之地，城基尚在，有汤泉池，传曰：契丹旧为回纥牧羊，达靼旧为回纥牧牛，回纥徙甘州，契丹、达靼遂各争长攻战。次历阿墩族。"云云。 同上，"闻有契丹使者来，谓其王曰：'闻汉遣使入达靼，而道出王境，诱王窥边，宜早送至达靼，无使久留。'" 同上，"延德初至达靼之境，颇见晋末陷虏者之子孙，咸相率迎献饮食。问其乡里亲戚，咸甚凄感，留旬日不得去。"

辽乾亨四年宋 太平兴国七年	十二月戊午，耶律速撒讨阻卜。《辽史·圣宗纪》、《属国表》。
统和元年宋 太平兴国八年	正月辛巳，速撒献阻卜俘。同上。
宋太平兴国八年辽统和元年	塔坦国遣使唐特墨，与高昌国使安骨卢俱入贡。骨卢复道夏州以还，特墨请道灵州，且言其国王欲观山川迂直，择便路入贡，诏许之。《长编》二十四。
辽统和二年宋 雍熙元年	十一月，速撒等讨阻卜，杀其酋长挞刺干。同上。
统和四年宋 雍熙三年	十月，阻卜遣使来贡。同上。
统和八年宋 淳化元年	十月，阻卜遣使来贡。同上。
统和十二年 宋淳化五年	九月，阻卜来贡。同上。
统和十五年 宋至道三年	九月，萧挞凛奏讨阻卜捷。同上。
统和十八年 宋咸平三年	六月，阻卜叛酋鹘碾之弟铁敕不率众来附，鹘碾无所归，遂降。诏诛之。同上。
统和廿一年 宋咸平六年	六月，阻卜酋长铁刺里率诸部来降。七月，来贡。八月，阻卜铁刺里来朝。《圣宗纪》。《属国表》来朝作六月。
统和廿二年 宋景德元年	八月，阻卜酋铁刺里来朝，并求婚，许之。《属国表》。《圣宗纪》作不许。
统和廿三年 宋景德二年	六月甲午，阻卜酋铁刺里遣使贺与宋和。《圣宗纪》、《属国表》。己亥，达旦国九部遣使来聘。《圣宗纪》。
统和廿五年 宋景德四年	九月，西北路招讨使萧图玉讨阻卜，破之。同上。
统和廿九年 宋大中祥符四年	六月，诏西北路招讨使萧图玉，安抚西鄙，置阻卜诸部节度使。同上。《图玉传》：自后节度使往往非材，部民怨而思叛。
开泰元年宋 大中祥符五年	十月，萧图玉奏：七部太师阿里底因其部民之怨，杀本部节度使霸暗，并屠其家以叛。阻卜执阿里底以献，而沿边诸郡皆叛。《圣宗纪》、《耶律化哥传》：开泰元年，伐阻卜。阻卜弃辎重遁走，俘获甚多。

开泰二年宋 大中祥符六年	正月，达旦国兵围镇州，州军坚守，寻引去。《圣宗纪》。 七月，化哥破阻卜酋长乌八之众。《圣宗纪》、《属国表》。 《萧图玉传》："开泰元年七月，石烈太师阿里底杀其节 度使，西奔窝鲁朵城，盖古所谓龙庭单于城也。已而 阻卜复叛，围图玉于可敦城，势甚张。图玉使诸军齐 射却之，屯于窝鲁朵城。明年，北院枢密使耶律化哥 引兵来救，图玉使人诱诸部，皆降。"
开泰三年宋 大中祥符七年	正月，阻卜酋长乌八来朝，封为王。《圣宗纪》、《属国 表》。
开泰四年宋 大中祥符八年	四月，耶律世良等破阻卜，上俘获数。《圣宗纪》。《属国 表》作三月。
开泰五年宋 大中祥符九年	二月，阻卜酋长来朝。三月，叛命阻卜酋长魁可来降。 《属国表》。《圣宗纪》作党项魁可来降。
开泰七年宋 天禧二年	乌古敌烈部都监萧普达，遣敌烈骑卒取北阻卜名马以 献。《萧普达传》。
开泰八年宋 天禧三年	七月，诏阻卜依旧岁贡马千七百、驼四百四十、貂鼠 皮万、青鼠皮二万五千。《圣宗纪》。
太平元年宋 天禧五年	六月，阻卜札剌部来贡。《属国表》。
太平六年宋 天圣四年	三月，阻卜来侵，西北招讨使萧惠破之。八月，萧惠 攻甘州，不克，师还。阻卜诸部皆叛，辽军与战，皆 为所败。诏遣惕隐耶律洪古林牙化哥等将兵讨之。《圣 宗纪》、《属国表》。 《萧惠传》："太平六年，讨回鹘阿萨兰部，征兵诸路， 独阻卜酋长直剌后期，立斩以徇。进至甘州，攻围三 日，不克而还。时直剌之子聚兵来袭，阻卜酋长乌八 密以告，惠未之信。会西阻卜叛，袭三克军，都监涅 鲁古突举部节度使谐里阿不吕等将兵三千来救，遇敌 于可敦城西南，谐里阿不吕战没，士卒溃散。惠仓卒 列阵，敌出不意攻我营。众请乘时奋击，惠以我军疲 敝未可用，弗听。乌八请以夜斫营，惠又不许。阻卜 归，惠乃设伏兵击之，前锋始交，敌败走。惠为招讨 累年，屡遭侵掠，士马疲困。

太平七年宋 天圣五年	六月，诏萧惠再讨阻卜。《圣宗纪》。
太平八年宋 天圣六年	九月癸丑，阻卜别部长胡懒来降。乙卯，阻卜长春古来降。《圣宗纪》。
重熙六年宋 景祐四年	十一月，阻卜酋长来贡。《兴宗纪》、《属国表》。
重熙七年宋 景祐五年	七月，阻卜酋长屯秃古斯来朝。同上。
重熙十二年 宋庆历三年	六月，阻卜大王屯秃古斯弟太尉撒葛里来朝。八月，阻卜来贡。同上。
重熙十三年 宋庆历四年	六月，阻卜酋长乌八遣其子执元昊求援使者宓邑改来，且乞以兵助战。从之。同上。
重熙十四年 宋庆历五年	六月，阻卜大王屯秃古斯率诸酋长来朝。同上。
重熙十六年 宋庆历七年	六月，阻卜大王屯秃古斯来朝，进方物。同上。
重熙十七年 宋庆历八年	六月，阻卜进马驼二万。同上。
重熙十八年 宋皇祐元年	六月，阻卜来贡马驼珍玩。同上。冬十月，北道行军都统耶律迪鲁古率阻卜诸军至贺兰山，获李元昊妻及其官僚家。遇夏人三千来战，殪之。《兴宗纪》。
重熙十九年 宋皇祐二年	七月，阻卜酋长斡得剌弟斡得来朝，加太尉遣之。八月，阻卜酋长喘只葛拔里斯来朝。十一月，阻卜酋长斡得剌遣使来贡。同上。
重熙廿二年 宋皇祐五年	七月，阻卜酋长屯秃古斯率诸部长献马驼。同上。
重熙廿三年 宋至和元年	十一月，阻卜酋长来贡。同上。
清宁二年宋 嘉祐元年	六月，阻卜酋长来朝，及贡方物。《道宗纪》、《属国表》。
咸雍二年宋 治平三年	六月，阻卜酋长来贡。同上。
咸雍五年宋 熙宁二年	三月，阻卜酋长叛。以南京留守晋王仁先为西北路招讨使，领禁军讨之。九月，晋王仁先遣使奏阻卜之捷。

同上。

《耶律仁先传》："阻卜塔里干叛。命仁先为西北路招讨使。仁先严斥堠，扼敌冲。塔里干复来寇，仁先逆击，追杀八十余里。大军继至，又败之。别部把里斯秃没等来救，见其屡挫，不敢战而降，北边遂安。"

咸雍六年宋熙宁三年　二月，阻卜酋长来朝，且贡方物。四月，西北招讨使以所降阻卜酋来。同上。六月，阻卜来朝。《道宗纪》。七月，阻卜酋长来贡。《属国表》。十月，西北路招讨使擒阻卜酋长来献，以所降阻卜酋长图木同刮来。《道宗纪》、《属国表》。十一月，禁鬻生铁于回鹘、阻卜等界。《道宗纪》。

咸雍十年宋熙宁七年　二月，阻卜来贡。《道宗纪》、《属国表》。

太康四年宋元丰元年　六月，阻卜诸酋长进良马。同上。是月又有来贡一事。《萧迂鲁传》："太康初，阻卜叛，迁西北路招讨都监，从都督耶律赵三征讨有功。"此事《纪》、《表》未见，不知在何年。

太康五年宋元丰二年　六月，阻卜酋长来贡。《道宗纪》、《属国表》。

太康七年宋元丰四年　六月，阻卜余古赧来贡。同上。

太康八年宋元丰五年　六月，阻卜酋长来贡。同上。

太康九年宋元丰六年　六月，阻卜酋长来贡，同上。

太康十年宋元丰七年　五月，阻卜诸酋长来贡。同上。

宋元丰七年　遣皇甫旦使达靼，不达。《续资治通鉴长编》卷三百四十六。

辽大安二年宋元祐元年　六月，阻卜酋长余古赧及爱的来朝，诏燕王延禧相结为友。《道宗纪》。

大安五年宋元祐四年　五月，以阻卜摩古斯为诸部长。道宗纪。

大安七年宋　八月，塔坦入夏国西界娄贝博监军司界，掠人户一千

元祐六年	余户，牛羊孳畜，不知数目。《续资治通鉴长编》卷四百七十一。
大安八年宋 元祐七年	正月，阻卜诸酋长来降。四月，来贡。同上。耶律何鲁扫古知西北路招讨使事，时边部耶都刮等来侵。何鲁扫古诱北阻卜酋豪磨古斯攻之，俘获甚众，以功加左仆射。复讨耶睹刮等，误击磨古斯，北阻卜由是叛。《耶律何鲁扫古传》。十月，酋长磨古斯杀金吾秃古斯以叛，遣奚六部秃里耶律郭三发诸蕃兵讨之。《道宗纪》、《属国表》。
大安九年宋 元祐八年	二月，磨古斯来侵。三月，西北路招讨使耶律阿鲁扫古追磨古斯还，都监萧张九遇贼，与战不利。二室韦拽刺北王府特满群牧宫分等军多陷于贼。十月庚戌，有司奏：磨古斯诣西北路招讨使耶律挞不也伪降，既而乘虚来袭，挞不也死之。阻卜乌古札叛。丙辰，有司奏：阻卜酋长辖底掠西路群牧。癸亥，乌古敌烈统军使萧朽哥奏讨阻卜等部捷。十一月辛巳，特末等奏讨阻卜捷。同上。 《萧挞不也传》："磨古斯之为酋长，由挞不也所荐。至是遣人诱致之，磨古斯绐降。挞不也逆于镇州西南沙碛间，禁士卒毋得妄动。敌至，裨将耶律绾徐烈见其势锐，不及战而走，遂遇害。"
大安十年宋 绍圣元年	正月，乌古札等来降。七月，阻卜等寇倒塌岭，尽掠西路群牧马去。东北路统军使耶律石柳以兵追及，尽获所掠而还。九月，斡特刺破磨古斯。十月，西北路统军司获阻卜酋长拍撒葛蒲鲁来献。十一月，阻卜酋的烈等来降。十二月，西北路统军司奏讨磨古斯之捷。《道宗纪》、《属国表》。
寿隆元年宋 绍圣二年	六月，阻卜酋长秃里底及图木葛来贡。七月庚子，阻卜酋长猛达斯来贡。同上。甲寅，斡特刺奏讨磨古斯捷。《道宗纪》。
寿隆二年宋 绍圣三年	八月，阻卜来贡。《道宗纪》、《属国表》。
寿隆三年宋	二月，阻卜酋长猛撒葛等请复旧地以贡方物。五月，

绍圣四年	斡特剌讨阻卜，破之。同上。
寿隆四年宋 元符元年	正月己巳，徙阻卜等贫民于山前。《道宗纪》。
寿隆五年宋 元符二年	六月，阻卜酋长来贡。同上。
寿隆六年宋 元符三年	六月，阻卜酋长来贡。同上。
乾统二年宋 崇宁元年	正月，斡特剌执磨古斯来献。二月，磔磨古斯于市。《道宗纪》。六月，阻卜入寇，斡特剌等战败之。《天祚帝纪》、《属国表》。 《萧夺剌传》："乾统元年，复为西北路招讨使。北阻卜耶刮睹率邻部来侵，夺剌逆击，追奔数十里。二年，乘耶刮睹无备，以轻骑袭之，获马万五千匹，牛羊称是。"
乾统六年宋 崇宁五年	七月，阻卜来贡。《天祚帝纪》、《属国表》。
乾统十年宋 大观四年	六月，阻卜来贡。同上。
天庆二年宋 政和二年	六月，阻卜酋长来贡。同上。
天庆九年宋 宣和元年	五月，阻卜补疏只等反。同上。
保大二年宋 宣和四年	耶律大石自立为王，率精骑二百宵遁，北行三日，过黑水，见白达达详稳床古儿。床古儿献马四百，驼二十，羊若干。西至可敦城，会阻卜等十八部，遂得精兵万余，立排甲具器仗。《天祚帝纪》。
保大四年宋 宣和六年	天祚帝以鞑靼兵南伐，兵溃被执。 《亡辽录》：《三朝北盟会编》卷二十一引。"保大四年，天祚得大石林牙，又得阴山鞑靼毛割石兵，自谓天助，谋出兵收复燕、云。大石林牙力谏，中略。不从，遂率诸军出夹山，下渔阳岭，取天德军、东胜、宁边、云内等州。南下武州，遇金人，战于奄遏水奔山。金司小胡房密遣人报粘罕，遣伍百骑劫迁入云中。" 《马扩茅斋自序》：同上卷二十一引。"天祚驱鞑靼众三万

余骑，乘粘罕归国，山后空虚，直抵云中府袭击。兀室率蔚、应、奉圣州、云中汉儿乡兵为前驱，女直以军马千余伏于山谷间，出鞑靼军之后，鞑靼溃乱大败，天祚南走。"

《东都事略附录》：二。"耶律延禧得大石林牙七千骑，又阴结鞑靼、毛褐室韦三万骑助之，中略。南侵，遇金人兀室军。兀室率山西汉儿乡兵为前驱，以女真千余骑伏山间，乃出，鞑靼等顾之，大骇而溃。"

金天会五年_宋
建炎元年　鞑靼献羊于金。

傅雱《建炎通问录》：《北盟会编》卷一百十引时在建炎元年。"当日鞑靼国献羊，黑水国献马，两国人使，同时在帅府前伺候。"

　天会十年_宋
建炎六年　故辽将余都叛入鞑靼，鞑靼杀之。

《松漠纪闻》："余都父子以射猎为名，遁入夏国。夏人问有兵几何？云'亲兵二三百'，遂不纳。投达靼，达靼先受晤室之命，其首领诈出迎，具食帐中，潜以兵围之。达靼善射，无衣甲，余都出敌不胜，父子皆死。"

　□□□年　塔塔儿执蒙古俺巴该汗送于金，金人杀之。

《元朝秘史》：一。"捕鱼儿海子、阔连海子两个海子中间的河，名兀儿失温那，河边住的塔塔儿一种人。据蒙文为阿亦兀里惕、备鲁兀惕两种。俺巴孩将女儿嫁与他，亲自送去，被塔塔儿人拿了，送与大金家。俺巴孩去时，别速氏巴剌合赤名字的人说将回去，说道：'你对合不皇帝的七个儿子中间的忽图剌根前，并我十个儿子内的合答安太子根前说：我是众百姓的主人，为亲送女儿上头被人拿了，今后以我为戒，你每将五个指甲磨尽，便坏了十个指头，也与我报仇。'"

　大定元年_宋
绍兴三十一年　宋刘锜等传檄鞑靼诸国，讨金主亮。《三朝北盟会编》卷二百三十二。

　大定二年_宋
绍兴三十二年　蒙古伐塔塔儿。

《秘史》：一。"忽图剌做了皇帝，同合答安太子往塔塔儿处报仇，与阔湍巴剌合、札里不花两人厮杀了十三次，不曾报得仇。与塔塔儿厮杀时，也速该把阿秃儿将他帖木真木格、豁里不花等掳来，那时也速该把阿秃儿的妻诃额仑正怀孕，于斡难河边迭里温孛勒答黑山下生了太祖。中略。因掳将帖木真兀格来时生，故就名帖木真。"

大定七年宋乾道三年	十二月，遣武定军节度使移剌桉招谕阻𩏼。《金史·世宗纪》。
大定十年宋乾道六年	塔塔儿毒死蒙古也速该。 《秘史》：一。"也速该自翁吉剌部。还去，到扎克扎儿地面，遇著塔塔儿每做筵席。因行得饥渴，就下马住了，不想塔塔儿每认得，说也速该乞颜来了。因记起旧日被掳的冤仇，暗地里和了毒药，与吃了。也速该上马行到路间，觉身子不好了。行了三日，到家越重了，中略。说罢死了。"
大定十二年宋乾道八年	四月，阻𩏼来贡。《金史·世宗纪》。
明昌五年宋绍熙五年	九月甲申，命上京等九路并诸抹及乣等处，选军三万，俟来春调发，仍命诸路并北阻𩏼，以六年夏会兵临潢。《金史·章宗纪》。
明昌六年宋庆元元年	北阻𩏼叛，遣右丞相完颜襄讨之。十二月，出师大盐泺，分兵攻取诸营。同上。 《金史·夹谷清臣传》："明昌六年，清臣受命出师。行尚书省事于临潢府，遣人侦知虚实，以轻骑八千，令宣徽使移剌敏为都统，左卫将军充招讨使，完颜安国为左右翼，分领前队，自选精兵一万，以当后进。至合勒河，前队敏等于栲栳泺攻营十四，下之。回迎大军，属部斜出，掩其所获羊马资物以归。清臣遣人责其赎罚，北阻𩏼由是叛去，大侵掠。上遣责清臣，命右丞相襄代之。" 《完颜襄传》："襄屯临潢，顷之，出师大盐泺，复遣右卫将军完颜充进军斡鲁速城，欲屯守，俟隙进兵，绘图以闻。"
承安元年宋	右丞相襄大败阻𩏼于斡里札河。十月，阻𩏼复叛。

庆元二年	《完颜襄传》："襄遣西北路招讨使完颜安国等趋多泉子，密诏进讨。乃令支军出东道，襄由西道。而东军至龙驹河，为阻𩫳所围，三日不得出，求援甚急。或请俟诸军集乃发，襄曰：'我军被围数日，驰救之犹恐不及，岂可后时。'即鸣鼓夜发。或请先遣人报围中，使知援至。襄曰：'所遣者傥为敌得，使知我兵寡而粮在后，则吾事败矣。'乃益疾驰，迟明，距敌近，众请少憩。襄曰：'吾所以乘夜疾驰者，欲掩其不备尔，缓则不及。'向晨压敌，突击之，围中将士亦鼓噪出大战，获舆帐牛羊。众皆奔斡里札河，遣安国追蹑之，众散走，会大雨，冻死者十八九，降其部长，遂勒勋九峰石壁。十月，阻𩫳复叛。"
	《秘史》：四。"大金因塔塔儿篾古真薛兀勒图不从他命，教王京丞相领军来剿捕。逆著浯勒札河，将篾古真薛兀勒图袭著来。太祖知了，中略。遂与脱斡邻引军顺著浯勒札河，与王京夹攻塔塔儿。时塔塔儿在忽速秃失秃延地面蒙文尚有纳速秃失秃延一地。立了寨子，被太祖脱斡邻攻破，将塔塔儿篾古真薛兀勒图杀了。金国的王京知太祖与脱斡邻将塔塔儿寨子攻破，杀了篾古真等，大欢喜了，与太祖札兀忽里的名分，脱斡邻王的名分，王京又对太祖说：'杀了篾古真，好生得你济，我回去金国皇帝行奏知，再大的名分招讨官教你做者。'说罢，自那里回去了。太祖与脱斡邻将塔塔儿共掳著，也各自回家去了。"
承安二年宋 庆元三年	北部复叛，拜完颜襄枢密使兼平章政事，屯北京。《完颜襄传》。
承安三年宋 庆元四年	二月，斜出内附。《章宗纪》。
	《完颜襄传》："襄屯北京，议北讨。奏遣同判大睦亲府事宗浩出军泰州，又请左丞衡于抚州行枢密院，出军西北路以邀阻𩫳，而自帅兵出临潢，上从其策。其后斜出部族诣抚州降，上专使问襄。襄以为受之便，诏度宜穷讨，乃令士自赍粮以省挽运，进屯于沨移烈、乌满扫等山以逼之，因请就用步卒，穿濠筑障，起临

潢，左界北京路，以为阻塞。中略。无何，泰州军与敌接战，宗浩督其后，杀获过于诸部，相率送款，襄纳之，自是北陲遂定。"

内族《宗浩传》："北部广吉刺者尤桀骜，屡胁诸部入塞。宗浩请乘其春暮马弱击之。时阻䩄亦叛，内族襄行省事于北京，诏议其事。襄以为若攻破广吉刺，则阻䩄无东顾忧，不若留之，以牵其势。宗浩奏：'国家以堂堂之势，不能扑灭小部，顾欲藉彼为捍乎？臣请先破广吉刺，然后提兵北灭阻䩄。'章再上，从之。中略。宗浩觇知合底忻与婆速火相结，广吉刺之势必分，彼既畏我见讨，而复掣肘仇敌，则理必求降，可呼致也。因遣主簿撒领军二百为先锋，戒之曰：'若广吉刺降，可征其兵以图合底忻，仍侦余部所在，速使来报。大军当进与汝合击，破之必矣。'合底忻者，与山只昆皆北方别部，恃强中立，无所羁属，往来阻䩄、广吉刺间，连岁扰边，皆二部为之也。撒入敌境，广吉刺果降。遂征其兵万四千骑，驰报以待。宗浩北进，命人赍三十日粮，报撒会于移米河共击敌。而所遣人误入婆速火部，由是东军失期。时宗浩前军至忒里葛山，遇山只昆所统石鲁、浑滩两部，击走之，斩首千二百级，俘生口车畜甚众。进至呼歇水，敌势大蹙。于是合底忻部长白古带山、只昆部长胡必刺及婆速火所遣和火者皆乞降。宗浩承诏谕而释之。胡必刺因言所部必列土，近在移米河，不肯偕降。乞讨之，乃移军趋移米，与必列土遇，击之，斩首三百级，赴水死者十四五，获牛羊万二千，车帐称是。合底忻等恐大军至，西渡移米，弃辎重遁去。撒与广吉刺部长忒里虎追蹑，及之于窊里不水，纵击，大破之，婆速火九部斩首、溺水死者四千五百余人，获驼马牛羊不可胜计。军还，婆速火乞内属，并请置吏。上优诏褒谕。"

泰和元年宋
嘉泰元年　塔塔儿等十一部，共立札木合为局儿可汗，进兵攻蒙古。蒙古汗帖木真与克烈汗汪罕逆战于阔亦田，大败之。

《秘史》：四。"其后鸡儿年，案：泰和元年岁在辛酉。合塔斤等十一部落，蒙文中有合塔斤、撒只兀惕、朵儿边、塔塔儿、亦乞列思、翁吉刺、豁罗刺思、乃蛮、篾儿乞、斡亦刺惕、泰亦赤兀惕共十一部。于阿勒灰不刺阿地面聚会商议，欲立札木合做君。于是众部落共杀马设誓讫，顺额沛古涅河至于刊沐涟河洲的地，行将札木合立做皇帝，欲攻成吉思与王罕。中略。王罕与成吉思相合著，顺著客鲁涟河迎著札木合去。中略。次日，成吉思军与札木合军相接于阔亦田地面对阵。布阵间，札木合军内，不亦鲁黑、忽都合两人，有术能致风雨，欲顺风雨击成吉思军。不意风雨逆回，天地晦暗，札木合军不能进，皆坠涧中。札木合等共说：'天不护祐，所以如此。'军遂大溃。"

泰和二年宋
嘉泰二年

秋，蒙古灭四种塔塔儿。

《秘史》：五。"其后狗儿年秋，成吉思于答阑捏木儿格思与四种塔塔儿据蒙文为察阿安、阿勒赤、都塔兀惕、阿鲁孩四种。对阵，中略。战胜塔塔儿，遂至兀勒灰河失鲁格勒只惕地面，并四种奥鲁掳尽。密与亲族共议：'在先，塔塔儿有杀咱父亲的仇怨，如今可将他男子似车辖大的尽诛了，余者各分做奴婢使用。'共议已定，别勒古台出来，塔塔儿种人也客扯连问：'今日商议何事？'别勒古台说：'欲将你每男子但似车辖大的尽诛了。'也客扯连传说与塔塔儿种人，塔塔儿遂据了山寨。成吉思教打他山寨。军多辛苦，及至打开，将塔塔儿男子似车辖大的都杀了。初，也客扯连既知其谋，说与众人道：'他若杀咱每时，每人袖著一把刀，要先杀他一人籍背却死。'至此，每人果袖一刀，将军每多杀伤了。"

泰和四年宋
嘉泰四年

蒙古军伐乃蛮，至斡儿寒河。太阳可汗同篾里乞部长脱脱、克烈部长札阿绀孛阿邻大石、斡亦刺部长忽都花别吉及札木合、朵鲁班、塔塔儿、哈答斤、散只兀诸部相合，中略。乃蛮众溃。于是朵鲁班、塔塔儿、哈答斤、散只兀诸部亦来降。《元圣武亲征录》。

萌古考[*]

　　余曩作《鞑靼考》，始证明元之季世讳言"鞑靼"，故鞑靼之名虽已见于唐代，而《宋》、《辽》、《金》三史中乃不概见，又或记其实而没其名。其于蒙古亦然。"蒙兀"之名亦见于唐世，《辽史》虽两记"萌古来聘"事，而部族属国中并无其名。《金史·兵志》虽有"萌骨部族节度使及萌骨乣详稳"，而《地理志》部族节度使八处、详稳九处皆无之。知元人讳言其祖，与讳言鞑靼同。乃就书传所记蒙古上世事实汇而考之，署曰《萌古考》。一年以来，频有增益，既别成《南宋人所传蒙古史料考》，又就前考稍有补正，因并写为此篇，以俟异日论定焉。

　　《旧唐书·北狄传》："室韦，契丹之别类也。中略。其北大山之北，有大室韦，其部落傍望建河居。其河源出突厥东北界俱轮泊，屈曲东流，经西室韦界，又东经大室韦界，又东经蒙兀室韦之北，落俎室韦之南，又东与那河、忽汗河合，又东经南黑水靺鞨之北，北黑水靺鞨之南，东流注于海。"

　　《唐书·北狄传》："室韦直北曰纳北支部，北有大山，山外曰大室韦，濒于室建河。河出俱伦泊，迆而东，河南有蒙瓦部，其北落坦部。水东合那河、忽汗河，又东贯黑水靺鞨，故靺鞨跨水，有南北部，而东注于海。"

　　案：新旧二《书》记室韦事大略相同，知《新书》实本《旧书》，惟"望建河"作"室建河"，"蒙兀"作"蒙瓦"，"落俎"作"落坦"为异耳。望建河所出之"俱轮泊"，即今"呼伦泊"，《元朝秘史》之"阔连海子"也。今由呼伦泊东出者，惟额尔古讷河，东北流与黑龙江合，又东流与混同江合。混同江之北源为嫩江，即《魏书·失韦传》之"难水"，此传之"那河"，《元朝秘史》之"纳浯河"也。而此那河在忽汗河前。忽汗河者，今之呼尔喀河。然则此传之那河，非谓其下流之混同江，而谓其上流之嫩江也。然额尔古讷河与嫩江实不相通，故日本津田博士左右吉。《勿吉渤海诸考》以此传所记为出传闻之误，其说是也。然则望建河只是额尔古讷河之古名，不兼黑龙江、混同江言之。蒙兀室韦亦只在额尔古讷河之下游，然后后来蒙古住地在额尔古讷河、敖嫩河流域者，始可得而说矣。

《五代史记·四裔附录》引胡峤《陷虏记》："契丹东北至轊劫子，其人髡首，披布为衣，不鞍而骑，大弓长箭，尤善射。遇人辄杀而生食其肉，契丹诸国皆畏之。契丹五骑遇一轊劫子，则皆散走。其国三百皆室韦。"

案：此"轊劫子"，日本箭内博士亘。《鞑靼考》以《辽史》之"梅里急"、《元朝秘史》之"篾儿乞惕"当之。然元初篾儿乞惕住今色楞格河流域，远在契丹西北，与此记东北之说不合，其左右亦绝无室韦部落。惟《唐书》之蒙兀室韦，则西有大室韦，北有落俎室韦，东亦与兴安岭东之室韦本部相望，与三面皆室韦之说合。又《唐书·地理志》载贾耽《入四夷道里记》云："俱轮泊四面皆室韦。"蒙兀室韦在出俱轮泊之望建河南，又南与契丹接，故云其国三面皆室韦矣。然则"轊劫子"殆即"蒙兀室韦"之讹转，后世所以称蒙古者，曰梅古悉，曰谟葛失，曰毛割石，曰毛揭室，曰毛揭室韦，曰萌古子，曰盲骨子，曰蒙国斯，曰蒙古斯，曰萌子，曰蒙子，皆与此轊劫子之音相关系，似不能以梅里急、篾儿乞惕当之也。

《契丹国志》：二十二。"四至邻国地理远近，正北至蒙古里国，国无君长所管，亦无耕种，以弋猎为业，不常其居。每四季出行，惟逐水草，所食惟肉酪而已。不与契丹争战，惟以牛羊驼马皮毳之物与契丹为交易，南至上京四千余里。"

案：《契丹国志》系采辑诸书而成，此条今未见所本，当出赵志忠《阴山杂录》诸书。

《辽史·道宗纪》："太康十年二月庚午朔，萌古国遣使来聘。三月戊申，远萌古国遣使来聘。"

> 凡史家于敌国使来则书"聘"，属国则书"贡"，此诸史之通例也。《辽史》本纪惟于梁、唐、周、宋四国书聘，后晋、北汉、西夏以称臣或受册而书贡，南唐虽未称臣，亦仍书贡，至漠北诸部，更无不书贡者。此于萌古及远萌古独书聘，以示蒙古之先与辽世为敌国也。又《太祖纪》："神册三年二月，达旦国来聘。"《圣宗纪》："统和二十二年六月，达旦国九部遣使来聘"。亦书聘者，缘元时修史诸臣不知蒙古与鞑靼之别，误以鞑靼为蒙古之先，故亦以敌国书法书之也。元人修三史时，讳言鞑靼及蒙古，余已于《鞑靼考》中详论之。此二条乃史臣删剟未尽者，然亦异其书法。蒙古入贡于辽，当不止此二次也，此区别萌古与远萌古为二，知当时实分数部。《辽史·营卫志》有"鹤剌唐古部"，《钦定辽史国语解》三。云："蒙古语：鹤剌，远也。"则远萌古国，其本语当云"鹤剌萌古国"。然此为契丹人分别之辞，而非蒙古人所自称，不待言也。

《辽史·天祚纪》："保大二年四月，金已取西京，沙漠以南部族皆降，上遂遁于讹沙烈。时北部谟葛失赆马、驼、食羊。六月，谟葛失以兵来援，为金人败于洪灰水，擒其子陀古及其属阿敌音。"

同上，"保大四年春正月，上趋都督马哥军，金人来攻，弃营北遁，马哥被执，谟葛失来迎，赆马、驼、羊，又率部人防卫，封谟葛失为神于越王。"

同上，"天祚既得大石林牙兵，又得阴山室韦谟葛失兵，自谓得天助，再谋出兵，收复燕、云。"

史愿《亡辽录》：《三朝北盟会编》卷二十一引。"天祚于保大四年得大石林牙兵，又得阴出鞑靼毛割石兵，自谓天助，谋出兵收复燕、云。"

《东都事略附录》：二。"耶律延禧得大石林牙七千骑，又阴结鞑靼毛褐室韦三万骑助之。"

《金史·太祖纪》："天辅六年辽保大二年。五月，谟葛失遣其子菹泥格失贡方物。"

同上，《太宗纪》："天会三年三月，斡鲁以谟葛失来附，请授印绶。"

> 案：谟葛失、毛割石、毛褐室韦，当作"毛揭室韦"，见下。上与蒙兀室韦、鞑劫子，下与萌古子、萌骨子、蒙国斯、见《三朝北盟会

编》卷二百三十。蒙古斯诸名相应，亦当指蒙古。惟《辽》、《金》二史所记"谟葛失事"，一若人名，非部族名者，其实不然。《续资治通鉴长编记事本末》：卷一百四十三。"宣和五年二月，兀室杨璞到馆，谓赵良嗣等曰：'西京路疆土，又非原约当割，若我家不取，待分与河西毛揭室家，必得厚饷。'河西谓夏国，毛揭室谓鞑靼也。"云云。毛揭室即毛褐室韦，亦即谟葛失，是谟葛失是部名非人名之证。其云毛揭室为鞑靼者，缘中国人不甚分别蒙古、鞑靼故也。又《辽》、《金》二史记谟葛失若人名然者，缘蒙古之祖先受封入贡于辽、金，为元末所深讳，故变其辞如此。亦犹《亡辽录》、《东都事略》记保大四年天祚南下事，并有"鞑靼"，而《辽史》特删之也。且谟葛失、毛割石之为蒙古，尚有他证。赵良嗣《燕云奉使录》《北盟会编》卷九引。载良嗣问金史乌歇等曰："闻契丹旧酋走入夏国，借得人马过黄河，夺了西京以西州县，占了地土不少，不知来时知子细否？"使副对曰："来时听得契丹旧酋在沙漠，已曾遣人马追赶，终须捉得，兼沙漠之间是鞑靼、萌古子地分，两国君长并已降拜了本国，却走那里去，国书中已载矣。"云云。是天祚北走时，所依乃鞑靼、蒙古二部，其所率以南下者，亦即此二部之众，其谓两国"已降拜了本国"者，即指天辅六年谟葛失贡方物之事也。然则视谟葛失、毛割石、毛揭室韦为蒙古之对音，与史事亦合。顾保大二年三月天祚走入夹山，则谟葛失所居当距夹山不远，与前之蒙兀室韦、后之蒙古住地不合。然当辽之世，蒙古人已有一部南徙阴山左右，辽西南面招讨司所属有梅古悉部，《营卫志》：梅古悉部，圣宗以唐古户置唐古。疑本作萌古。《辽史》以忌讳改之也。金西北、西南二路之乣军，有萌骨乣详稳，见《金史·兵志》。而《地理志》详稳几处中删之。皆谓此蒙古一部之南徙者。《马哥保罗记行》记天德军金丰州，在今归化城附近。事云："此地，我辈呼之为 Cog 及 Magog 国，而彼等自称为汪古 Ung 及萌古 Mungul 国。当鞑靼移动谓蒙古南征。之前，此二族早住此地，故以名之。汪古乃此地土著，萌古亦有时为鞑靼之别称。"云云。据此记事，则蒙古未兴之前，阴山左右早有蒙古人移居。此东西记事之互相符合者也。

《松漠记闻》："盲骨子，契丹事迹谓之朦古国，即《唐书》所记之蒙兀部。"

同上，"盲骨子，其人长七尺，捕生麋鹿食之。金人尝获数辈至燕。

其目能视数十里，秋毫皆见，盖不食烟火，故眼明。与金人隔一江，尝渡江之南为寇，御之则返，无如之何。"

案：此所记者，蒙古本部事也。蒙古人不火食，事或有之，胡峤所记鞑劫子杀人生食其肉之说，即由此传讹。江，盖谓克鲁伦河。

《建炎以来系年要录》：卷九十六。"绍兴五年，金天会十三年。是冬，金主亶以蒙古叛，遣领三省事宋国王宗盘提兵破之。蒙古者，在女真之东北，在唐为蒙兀部，其人劲悍善战，夜中能视，以鲛鱼皮为甲，可捍流矢。"下略。原注："以张汇《金虏节要》、洪皓《记闻》、王大观《行程录》……《蒙国编年》谓之'萌骨子'，《记闻》谓之'盲骨子'，今从《行程录》。"

同上，卷一百三十三。"绍兴九年，金天眷二年。女真万户呼沙呼此四库馆臣校改《大金国志》作"胡沙虎"，当是《要录》原文。北攻蒙古部，《国志》作"盲骨子"。粮尽而还，蒙古追袭之。至上京之西北，大败其众于海岭。"

同上，卷一百四十八。"绍兴十三年金皇统三年。三月，蒙古复叛金，金主亶命将讨之。初，鲁国王昌既诛，其子星哈都《大金国志》作"胜花都"。郎君者，率其父故部曲以叛，与蒙古通，蒙古由是强取二十余团寨，金人不能制。"原注："据王大观《行程录》。案：《松漠记闻》，达赉长子大伊玛被囚，遇赦得出。次子勖，今为平章。皓以今年六月归，乃不见此事。未知孰的，今姑附见，更俟详考。"

同上，卷一百五十五。"绍兴十六年金皇统六年。八月，金元帅兀术之未卒也，自将中原所教神臂弓弩手八万人讨蒙古。因连年不能克，是月，领汴京行台尚书省事萧博硕诺《大金国志》作"萧保寿奴"。与蒙古议和，割西平河以北二十七团寨与之，岁遗牛羊米豆，且命册其酋鄂伦贝勒《国志》作"熬罗孛极烈"。为蒙古国王。蒙人不肯。"原注："据王大观《行程录》。"

同上，卷一百五十六。"绍兴十七年金皇统七年。三月，蒙古与金人始和，岁遗牛羊米豆绵绢之属甚厚。于是蒙古鄂伦贝勒乃自称祖元皇帝，改元天兴。金人用兵连年，卒不能讨，但遣精兵分割要害而还。"原注："此据王大观《行程录》。"案：《录》称岁遗牛羊五十万口，米豆共五十万斛，绢三十万匹，绵三十万两。恐未必如此之多。今削去其数，第云甚厚，更俟详考。

《旧闻证误》：卷四。"皇统四年秋，元帅遣使报监军，原注："时监军者讨蒙古。"曰：'南宋以重兵逼胁，和约大定，除措置备御，早晚兵到矣。'至次年冬十月，元帅亲统大军十万众，水陆并集。"原注："出王大观《行程录》。"案：皇统四年甲子，本朝绍兴十四年也，前二年已分画地界矣。不知兀术何以历二年之久而后加兵于蒙古，恐必有误。

同上，卷四。"皇统七年春三月，国使还。蒙古许依所割地界，牛羊倍增。金国许赐牛羊各二十五万口，今又倍之，每岁仍赂绢三十万匹，绵三十万两，许从和约。"原阙书名，《四库》本注云：当出王大观《行程录》。案：本朝岁遗北人银、绢各二十五万匹、两，而北人遗蒙古乃又过之，恐未必然。

刘时举《续宋中兴编年资治通鉴》：卷四。"绍兴五年冬，蒙国叛金。"

同上，"八年，金伐蒙，为所败。"

同上，"十七年，金与蒙国议和，蒙国自称祖元皇帝。"

《大金国志·熙宗纪》："天会十三年冬，皇伯宋王宗盘提兵攻盲骨子，败之。"

同上，"天眷元年，女真万户胡沙虎北攻盲骨子，粮尽而还，为盲骨子袭之，至上京之西北，大败其众于海岭。"下皇统六年又出此条。

同上，"皇统七年，朦骨国平。初，挞懒既诛，其子胜花都郎君者，率其父故部曲以叛，与朦骨通。兀术之未死也，自将中原所教神臂弓手八万人讨之，连年不能克。皇统之六年，复遣萧保寿奴与之和，议割西平河以北二十七团寨与之，岁遗牛羊米豆，且册其酋长熬罗孛极烈为朦辅国王，至是始和，岁遗甚厚。于是熬罗孛极烈自称祖元皇帝，改元天兴。大金用兵连年，卒不能讨，但遣精兵分据要害而还。"

《建炎以来朝野杂记》：乙集卷十九。"有蒙国者，在女真之东北，唐谓之蒙兀部，金人谓之蒙兀，亦谓之萌骨，人不火食，夜中能视，以鲛鱼皮为甲，可捍流矢。自绍兴时叛，都元帅宗弼用兵连年，卒不能讨，但分据要害，反厚贿之。其主僭称祖元皇帝，至金亮之际，并为边患，其来久矣。"

《蒙鞑备录》："旧有蒙古斯国，在金人伪天会间，亦尝扰金房为患，金人尝与之战，后乃多与金帛和之"。案：李谅《征蒙记》曰："蒙人尝改元天兴，自称太祖元明皇帝。今鞑人甚朴野，无制度，琪尝讨究于彼。闻蒙已残灭久矣。"

《直斋书录解题》："《征蒙记》一卷，金人明威将军登州刺史李大谅撰。建炎巨寇之子，随其父成降金者也。所记蒙人原作"家人"，因字形相近而误。跳梁，自其全盛时已不能制矣。"

以上十五条，李氏所记，出于王大观《行程录》；赵珙所录，出于李大谅《征蒙记》；而刘时举、字文懋昭又本于李氏。李氏、赵氏对《行程录》、《征蒙记》二书，本执存疑之态度。余于《南宋人所传蒙古史料考》，始证明二书皆南宋人伪作，其所记事，无一不与史实相矛盾。语已具彼考中，兹不复赘。

《宋史·洪皓传》："绍兴十二年八月，金人来取赵彬等三十人家属，诏归之。皓谓秦桧曰：'彼方困于蒙兀，姑示强以尝中国。若遽从之，谓秦无人，益轻我耳。'"

案：此出《盘洲文集卷七十四。·忠宣行状》，可知金皇统间，蒙古实有寇金之事，但不至如《行程录》、《征蒙记》之所载耳。

炀王《江上录》：《三朝北盟会编》二百四十三引。"正隆三年，下诏小龙虎大王镇守蒙古。"

《三朝北盟会编》：卷二百二十九。"绍兴三十一年金正隆六年。七月廿一日，金遣翰林学士韩汝嘉与国信使副徐嚞、张抡宣谕公文云：'向来北边有蒙古、鞑靼等，从东昏王时，数犯边境。自朕即位，久已宁息。顷准边将屡申，此辈又复作过，比之以前，保聚尤甚，众至数十万。'"下略。

案：此事缘金主亮已决南伐之计，故借北征蒙、鞑为辞，以拒宋使入境，非真有此事也。

楼钥《北行日录》：卷下。"乾道六年正月十五日，宿相州城外安阳驿。把车人言：'去年十二月，方差使一番为年时被蒙子国炒，旧时南畔用兵，尽般兵器在南京，今却般向北边去。三月中，用牛三千头般未尽，间被黄河水涨后且休。'又云：'蒙古国作梗，太子自去边头议和，半年不决，又且归，今又遣莫都统提兵去。'"

案："蒙子"，即"蒙古子"之略。《系年要录》：卷一百九十一。"张抡问韩汝嘉曰：'萌子小邦，何烦皇帝亲行？'"是当时亦谓蒙古谓萌子、蒙子也。宋乾道六年，即金大定十年。《金史·世宗纪》："是年八月壬申，遣参知政事宗叙北征巡。"又《宗叙传》："十一年，奉诏巡边。六月至军中，将战，有疾。诏以右丞相纥石烈志宁代宗叙还。"《志宁传》亦云："十一年，代宗叙北征。"虽二《传》

纪事并后于《本纪》一年，然此数年中，金有事于北方可知也。《金史》但言北巡、北征，而不言所征者何部，赖楼氏所记知之。若太子自去边头议和云云，则固齐东野语也。要之，《金史》于金人用兵蒙古事，往往多所忌讳，不明白书之如此，及章宗朝兵事皆是。然则蒙古故事，宋人既增其伪，而元人复汩其真，诚可谓史学之不幸也。

《蒙鞑备录》云："金虏大定间，燕京及契丹地有谣言云：'鞑靼来，鞑靼去，赶得官家没去处。'葛酋雍宛转闻之，惊曰：'是必鞑人为我国患。'乃下令极于穷荒出兵剿之，每三岁遣兵向北剿杀，谓之'减丁'。中略。至伪章宗立，明昌年间不令杀戮，是以鞑人稍稍还本国，添丁长育。"案：此事正史绝无纪载，惟《世宗纪》书："大定七年闰七月甲戌，诏秘书监移剌子敬经略北边。"又："十年八月壬申，遣参知政事宗叙北巡。"十年之役既缘蒙古，则七年之役当亦相同。二役相去适三年，每三岁减丁之说，殆由此传讹。然大定十年以后，纪不复书巡边事。惟《唐括安礼传》载"大定十七年，诏遣监察御史完颜觌古速行边。"而筑壕之议，即起于是年。可知大定之世，北边未尝无事也。

《金史·夹谷清臣传》："明昌六年，清臣受命出师，行尚书省事于临潢府。遣人侦知虚实，以轻骑八千，令宣徽使移剌敏为都统，左卫将军充招讨使，完颜安国为左右翼，分领前队，自选精兵一万以当后队。进至合勒河，前队敏等于栲栳泺攻营十四，下之。回迎大军，属部斜出，掩其所获羊马资物以归。清臣遣人责其赎罚，北阻𩰚由是叛去。"

案：《金史·章宗纪》于明昌、承安间兵事，不书叛者主名，此传亦然。今以地理考之，合勒河者，《元朝秘史》之合勒合河，今之喀尔喀河也。栲栳泺者，《唐书》之俱轮泊、《秘史》之阔连海子、今之呼伦泊也。移剌敏等自合勒河北进，则所至者为栲栳泺东畔。此地当金、元间为蒙古合答斤、撒勒只兀惕二部所居。《圣武亲征录》太祖责汪罕书曰："我时又如青鸡海鹘，自赤儿黑山飞越于杯而之泽，搦斑脚鸽以归君。此谁？哈答斤、散只兀、弘吉剌诸部是也。"案：此处有阙文。贝勒津译《拉施特集史》中太祖书曰："我如鸷鸟，自赤儿古山飞越捕鱼儿淖尔，擒灰色、蓝色足之鹤以致于汝。此鹤谓谁？朵儿奔、塔塔儿诸人是也。我又如蓝色之鹰，越古阑淖尔，擒蓝色足之鹤以致于汝，此鹤谓谁？哈答斤、撒儿助特、翁吉剌特是也。"据洪侍郎钧汉译本。案：捕鱼儿淖尔即贝尔泊，古阑淖尔即呼伦泊，则合答斤、撒勒只兀惕二部，正在呼伦泊之东，清臣所攻，即此二部。内族《宗浩传》所谓"连岁扰边，皆合底忻、山只昆二部为之"者，亦于此传得其证矣。

同上，内族《宗浩传》："北方有警，命宗浩佩金虎符驻泰州便宜从事……北部广吉剌者尤桀骜，屡胁诸部入塞。宗浩请乘其春莫马弱攻之。时阻𪏮亦叛，内族襄行省事于北京，诏议其事。襄以为若攻破广吉剌，则阻𪏮无东顾忧，不若留之，以牵其势。宗浩奏：'国家以堂堂之势，不能扫灭小部，顾欲藉彼为捍乎？臣请先破广吉剌，然后提兵北灭阻𪏮。'章再上，从之。诏谕宗浩曰：'将征北部，固卿之诚，更宜加意，毋致后悔。'宗浩觇合底忻与婆速火相结，广吉剌之势必分。彼既畏我见讨，而复掣肘仇敌，则理必求降，可呼致也。因遣主簿撒领军为先锋，戒之曰：'若广吉剌降，可就征其兵以图合底忻，仍侦余部所在，速使来报，大军当进，与汝夹击，破之必矣。'合底忻者，与山只昆皆北方别部，恃强中立，无所羁属，往来阻𪏮、广吉剌间，连岁扰边，皆二部为之也。撒入敌境，广吉剌果降。遂征其兵万四千骑，驰报以待。宗浩北进，命人赍三十日粮，报撒会于移米河共击敌。而所遣人误入婆速火部，由是东军失期。宗浩前军至忒里葛山，遇山只昆所统石鲁、浑滩两部，击走之，斩首千二百级，俘生口车畜甚众。进至呼歇水，敌势大蹙，于是合底忻部长白古带、山只昆部长胡必拉及婆速火所遣和火者皆乞降。宗浩承诏，谕而释之。胡必拉言，所部必烈土，近在移米河，不肯偕降，乞讨之。乃移军趋移米，与迪烈土遇，击之，斩首三百级，赴水死者十四五，获牛羊万二千，车帐称是。合底忻等恐大军至，西渡移米弃辎重遁去。撒与广吉剌部长忒里虎追蹑，及至窊里不水大破之。婆速火九部斩首、溺水死者四千五百余人，获驼马牛羊不可胜计。军还，婆速火请内属，并请置吏。上优诏褒谕。迁光禄大夫，以所获马八千置牧以处之。"

案：此亦记金人用兵蒙古事也。广吉剌，即《辽史·天祚纪》之王纪剌、《元朝秘史》之翁吉剌、《元史》之弘吉剌也。元世瓮吉剌歹、瓮吉歹二氏，入蒙古七十二种中。《辍耕录》一。而《金史·百官志》："光吉剌为白号姓，蒙古为黑号姓。"则广吉剌疑本非蒙古同族也。此传有广吉剌部长忒里虎，即《秘史》蒙文卷四所谓翁吉剌敦迭儿格克、卷六所谓合勒合河入捕鱼儿海子处有帖儿格等翁吉剌、《圣武亲征录》所谓弘吉剌部长帖木哥者也。婆速火则广吉剌之别部，《元史·特薛禅传》："特薛禅，孛思忽儿，弘吉剌氏。"婆速火，即孛思忽儿之异译。又婆速火所遣和火者，即特薛禅之子。案：陈那颜之弟火忽也。广吉剌与婆速火本是一族，故宗浩言合底忻与婆速火相结，广吉剌之势必分也。合底忻、山只昆二部，皆蒙古奇渥温氏，《秘史》：一。"朵奔篾儿干之子，不忽合塔吉做了合答斤姓氏，不忽秃撒勒只做了撒勒只兀惕姓氏，孛端察儿做了孛儿只斤姓氏。"此合底忻即合答斤，山只昆即撒勒只兀惕，皆孛端察儿二兄之后。《秘史》蒙文四。有"合答斤、撒勒只兀惕相和的种"一语，知二族本自相合，若必列土、迪列土，传文前后互异，不知"必"、"迪"二字孰是。如"必"字不误，则必烈土当即《秘史》之别勒古讷惕，此亦与合答斤、撒勒只兀惕同出于朵奔篾儿干，或此族中微，乃为撒勒只兀惕所役属耳。传中地名，如戓里葛山当即今之特尔根山，呼歇水当即辉河，移米河当即伊敏河，一名依奔河，并在呼伦泊东南，与弘吉剌、合答斤、撒勒只兀惕地望皆合，惟窊里不水无考耳。

此传所记宗浩北伐事，以《章宗纪》及内族《襄传》参校之，在承安三年。考金自明昌以后，北垂多事，《纪》、《传》于防边事岁不绝书，而不明言所防者何部。钱竹汀《金史考异》乃疑《大金国志》所记爱王事为实有其人，殊不知爱王事出金人《南迁录》，其书乃南人伪撰，宋人已有定论，绝不足据。惟此传明言"连岁扰边，皆合底忻、山只昆二部为之"。然后章宗一朝之边患，始得其主名。又案《董师中传》："明昌四年，师中上疏曰：'今边鄙不驯，反侧无定，必里哥孛瓦贪暴强悍，深为可虑。'又云：'南北两属部数十年捍边者，今为必里哥孛瓦诱胁，倾族随去。'"考必里哥亦云毕勒哥、必勒格，《辽史·天祚纪》有"回鹘王毕勒哥"，《秘史》俺巴孩罕之父名想昆必勒格，乃蛮太阳罕之父，称亦难察必勒格罕，是毕勒哥、必勒格乃美名或爵名，其名当为孛瓦。孛瓦即此传之合底忻部长白古带，亦即《秘史》蒙文四。之合答斤部长巴忽撒罗吉也。孛瓦、白古带、巴忽，相为对音，甚为明白。然则为明昌、承安间之边患者，合底忻其首也。其余诸部，惟广吉剌一败移剌睹之兵，阻䪁则本从金师北伐，后因争俘获而叛，故明昌、承安间之兵事，非对鞑靼而对蒙古也。《金史·李愈传》：愈于泰和二年上书，谓"北部侵我旧疆千有余里，不能雪耻"，则当时部族之猖獗与金师之失利，可想而知。故自明昌之末，先后遣丞相夹谷清臣、内族襄行省于临潢、北京，又遣尚书右丞夹谷衡行院于抚州，出重臣以临之，筑壕堑以备之。而明昌六年夹谷清臣栲栳泺之役，承安元年内族襄斡里札河之役，三年内族宗浩移米河之役，最为大举。以今考之，惟斡里札河一役，系伐鞑靼，其前后二役，皆为蒙古也。此传所云连岁扰边皆二部为之者，确为史家特笔。盖元之季年，讳言"鞑靼"，即蒙古寇金之事，当时亦不乐闻，故《纪》、《传》虽偶见广吉刺、合底忻、山只昆分部之名，而此诸部之总名迄不一见，但浑言"北部"而已。当此诸部寇金之时，成吉思汗己崛起三河之源，斡里札河一役，实与金人掎角以覆阻鞹，而此役与移米河一役，诸部受创颇巨，故泰和元年漠北十一部共立札木合为局儿可汗，翁吉刺、合答斤、撒勒只兀惕、塔塔儿皆与焉。此固对成吉思汗之同盟，亦对女真之同盟也。阔亦田之役，诸部尽为成吉思所败，金之边患亦以稍息。成吉思亦有事于克烈、乃蛮诸部，未遑南伐。逮诸部既灭，遂一举而下中都，上距移米河之役，不过十六年，亦可谓兴之暴矣。元人以章宗朝边患虽非孛儿只斤氏，而实其同族，故隐约书之。余顷考鞑靼事，知《辽》、《金》二史中有待发之覆，因汇举蒙古上世事实，疏通证明之，庶足为读史者之一助乎。丁卯四月八日重改正。

日本奈良正仓院藏六唐尺摹本跋[*]

　　日本奈良正仓院藏唐尺六，乃彼国天平胜宝八年当唐至德二载。孝谦天皇之母后献于东大寺者，凡红牙拨镂尺二，绿牙拨镂尺二，白牙尺二。曾影印于《东瀛珠光》中，余从沈乙庵先生借摹。以今工部营造尺度之，绿牙尺乙长九寸五分五厘，红牙尺乙长九寸四分八厘。白牙尺二均长九寸三分，红牙尺甲与绿牙尺甲均长九寸二分六厘。其最长者，与余所制开元钱尺略同。其刻镂傅色，工丽绝伦。《大唐六典》"中尚署令"注："每年二月二日进镂牙尺。"此云红牙拨镂尺、绿牙拨镂尺，并唐旧名。其制作之工，亦非有唐盛时不办。我国素无唐尺，此当为海内外所仅存者矣。丙寅五月，乌程蒋谷孙寄余镂牙尺拓本，其形制长短与正仓院所藏唐尺同。此尺即藏谷孙处，始知我国非无唐尺也。唐尺，旧史无述，亦不言其与前代尺之比例，余疑其即用周、隋之尺。何以征之？《大唐六典》"金部郎中"职言："凡度以北方秬黍中者，一黍之广为一分，十分为寸，十寸为尺，十二寸为大尺，十尺为丈。"又云："凡积秬黍为度量权衡者，调钟律，测晷景，合汤药，及冠冕之制则用之。内外官司悉用大者。"而《隋志》谓"开皇官尺即后周市尺，当后周铁尺一尺二寸"。周、隋时以铁尺调律，以市尺、官尺供官私之用，唐之尺制全出于此。此一证也。开皇时，以古斗三升为一升，古秤三斤为一斤。唐亦以古三两为一大两，分明出于隋制，权衡如是，度亦宜然。此二证也。后周铁尺，据达奚震、牛弘校以上党羊头山大黍，累百满尺，谓为合古，则《六典》所云"累黍之尺"，虽语出《汉志》，而事本宇文。又周、隋则累百满尺，唐则一黍为分，事正相合。且达奚震等奏，谓许慎解秬黍体

---

　　* 据《观堂集林》卷第十九，史林十一。

大，本异于常，疑今之大者，正是其中。是周、隋所据大黍，与唐所云中黍本非有异。此三证也。《宋史·律历志》载翰林学士丁度议："今司天监表尺，和岘所谓西京铜望臬者，盖以为洛都故物也。原注："晋荀勖所用西京铜望。臬，盖西汉之物。和岘以洛阳为西京，乃唐东都耳。"今以货泉、错刀、货布、大泉等校之，则景表尺长六分有奇，略合宋、周、隋之尺。由此论之，铜斛、货布等尺寸，昭然可验。有唐享国三百年，其间制作法度，虽未逮周、汉，然亦可谓治安之世矣。今朝廷必欲尺之中当依汉泉分寸，若以太祖膺图受禅，尝诏和岘用景表尺典修金石，七十年间，荐之郊庙，稽合唐制，以示诒谋，则可且用景表旧尺。"云云。如是，则丁度以宋司天监所用景表尺为唐尺，其尺当汉泉尺一尺六分有奇，故丁度等谓唐尺略合于周、隋之尺，《玉海》谓其与后周铁尺同。此四证也。宋司天监景表尺，丁度等以为唐尺。然《宋史·律历志》又谓，今司天监圭表，乃石晋时天文参谋赵延义所造，则实非唐物。然五季未遑制作，则亦当仍用唐尺也。《隋志》言开皇官尺当建武尺之一尺二寸八分一厘，今此六尺中之红牙尺乙，正当建初尺之一尺二寸八分二者，比例相同。又《唐书·食货志》言开元通宝钱径八分，此钱铸于高祖武德四年，必用隋尺。今累开元通宝钱十二有半，即唐之一尺，较此六尺中最长者仅长二分许，而寸寸而累之，又不能无稍赢余，其相去实属无几。此五证也。故唐尺存而隋尺存，隋尺存而《隋志》之十四尺无不存，学者于此观其略焉可也。

胡服考*

胡服之入中国，始于赵武灵王。

《史记·六国表》："赵武灵王十九年，初胡服。"《赵世家》同。

其制，冠则惠文。

蔡邕《独断》："武冠，或曰繁冠，今谓之大冠，武官服之，侍中、中常侍加黄金附蝉，貂鼠尾饰之。太傅胡公说曰：'赵武灵王效胡服，始施貂蝉之饰。秦灭赵，以其君冠赐侍中。'"

司马彪《续汉书·舆服志》："武冠，一曰武弁大冠，诸武官服之，侍中、中常侍加黄金珰，附蝉为文，貂尾为饰，谓之'赵惠文冠'。刘昭《补注》又名鹖鹦冠。胡广说曰：'赵武灵王效胡服，以金貂饰首，前插貂尾，为贵职。秦灭赵，以其君冠赐近臣。'"

又，"武冠，俗谓之大冠，环缨无蕤，以青丝为绲，加双鹖尾，为鹖冠云。中略。鹖者，勇雉也，其斗对一死乃止，故赵武灵王以表勇士，秦施安焉。"

案：胡服之冠，汉世谓之武弁，又谓之繁冠，古弁字读若盘，繁读亦如之。疑或用周世之弁，若插貂蝉及鹖尾，则确出胡俗也。其插貂蝉者，谓之赵惠文冠。惠文者，赵武灵王子何之谥。武灵王服胡服，惠文王亦服之，后世失其传，因以惠文名之矣。其加双鹖尾者谓之鹖冠，亦谓之鹪鹦冠。《淮南·主术训》："赵武灵王贝带鹪鹦而朝，赵国化之。"高诱注："鹪鹦，读曰私钕头。"两字三音，盖以鹪鹦为带钩之师比。然《史记·佞幸传》云："孝惠时，郎中

---

* 据《观堂集林》卷第二十二，史林十四。

皆冠鹖鹬，贝带。"《说文解字》鸟部亦云："秦、汉之初，侍中冠鹖鹬。"则《淮南》书之"鹖鹬"，确为"鹖鹬"之误，又冠名而非带钩名也。如是，胡服冠饰既有貂蝉鸟羽之殊，而鸟羽中又有鹖与鹖鹬之异，然用武冠则同。其插鹖鹬或貂蝉，盖无定制，恐自赵时已然。汉初侍中插鹖鹬，中叶以后易以貂蝉，《汉书·武五子传》燕王旦郎中侍从者著貂羽，黄金附蝉，号为侍中。则侍臣之易貂蝉，自武帝时已然矣。而以插鹖鹬者为武臣冠，故《续汉志》分别言之。至鹖鹬与鹖同为雉属，《说文解字》："鹖鹬，鳖也"。"鳖，赤雉也。""鹖，似雉，出上党。"二者相似，故得互言之。其冠，汉时有武冠、武弁、繁冠、大冠诸名。晋、宋以后，又谓之建冠，又谓之笼冠，《晋》、《隋》二《志》。盖比余冠为高大矣。

其带具带，

《赵策》："赵武灵王赐周绍胡服衣冠，具带，黄金师比，以傅王子也。"

《淮南·主术训》："越武灵王贝带鹖鹬而朝。"

案：具带、贝带，《国策》、《淮南》互异。《史记》及《汉书·匈奴传》皆云"黄金饰具带一"，姚宏《战国策续注》引《汉书》作贝带。贾谊《新书·匈奴》篇云"绣衣具带"，而《史》、《汉》"《佞幸传》"及今本《穆天子传》均作"贝带"，《太平御览》卷六百九十六引《穆天子传》作"贝带"。二字形相近，故传写多讹。颜师古注《汉书·佞幸传》云："贝带，海贝饰带。"然此带本出胡制，胡地乏水，得贝綦难，且以黄金饰，不容更以贝饰，当以作"具"为是。具带者，"黄金具带"之略，犹《汉书·隽不疑传》之云"櫑具剑"，《王莽传》之云"玉具剑"也。古大带、革带皆无饰，有饰者胡带也。后世以其饰名之，或谓之校饰革带，《吴志·诸葛恪传》。或谓之鞍饰革带，《御览》引《吴录》。或谓之金环参镂带，同引《邺中记》。或谓之金梁络带，《金楼子》。或谓之起梁带，新、旧两《唐书·舆服志》，说见后。凡此皆汉名，胡名则谓之郭洛带。高诱《淮南·主术训》注："私钲头，郭洛带系铫镝也。"颜师古《汉书·匈奴传》注引张宴曰："鲜卑郭洛带瑞兽也，东胡好服之。"鱼豢《典略》谓之廓落带，《御览》引。《吴志·诸葛恪传》谓之钩络带，《御览》引。《吴书》及《吴录》皆作钩络带。《宋书·礼志》裤褶服之络带，即郭洛带、钩络带之省也。"黄金师比"者，具带之钩，亦本胡名，《楚辞·大招》作"鲜卑",王逸注:"鲜卑,绲带头也。"《史记·匈奴传》作"胥纰",《汉书》作"犀毗",高诱《淮南》注作"私铊头",皆"鲜卑"一语之转,延笃所谓胡革带钩是也。古有大带,有革带,《玉藻》记大带之制曰"并纽约用组三寸",是大带无钩也。《左氏》昭十一年传云"衣有襘,带有结",此不明言其为大带、革带,有结则亦无钩矣。然古革带当用钩,《左氏》僖二十四年传:"齐桓公置射钩而使管仲相。"《史记·齐太公世家》云:"管仲射中小白带钩。"《荀子·礼论》篇:"缙绅而无钩带。"绅为大带,则钩带或指革带,皆古带用钩之证。然其制无考。其用黄金师比为带钩,当自赵武灵王始矣。

其履靴。

《广韵》八戈引《释名》:"靴本胡服,赵武灵王所服。"

《太平御览》卷六百九十八。引《释名》:"靴本胡名也,赵武灵王始服之。"

案:今本《释名》云"靴,跨也,两足各以一跨骑也。鞾鞷,靴之缺前壅者,胡中所名也。"无赵武灵王始服事,盖今本讹脱。《广韵》与《御览》所引亦非原文,皆隐括其意。疑赵武灵王始服之一语,《释名》本系于"鞾鞷,靴之缺前壅者,胡中所名也"下。

其服,上褶下袴。

《史记·赵世家》:"当道者谒简子曰:'及君之后嗣,且有革政而胡服。'"张守节《正义》:"胡服,谓今时服也,废除裘裳也。"

案:胡服之衣,《赵策》及《赵世家》皆无文,自来亦无质言之者,惟张守节《正义》以唐之时服当之。唐之时服,有常服、袴褶二种,谓日常所服者。今定以为上褶、下袴,即以后世所谓"袴褶服"当之者,由胡服之冠、带、履知之也,《汉书·武五子传》:"故昌邑王衣短衣大绔,冠惠文冠。"则惠文者,袴褶服之冠也。《晋书·舆服志》、《宋书·礼志》皆云:"袴褶之服,腰有络带以代鞶革。"络带者,具带之胡名,则具带者,袴褶服之带也。《隋书·礼仪志》:"履则诸服皆用,惟褶服以靴。"则靴者,袴褶服之履也。赵武灵王所服胡服,冠褶服之冠,束褶服之带,履褶服之履,则其服为袴褶可知。此可由制度推之者也。褶者,上衣,《士丧礼》"襚者以褶",则必有裳,褶与裳对文言之。《释名》:"褶,袭也,覆上之言也。"又："留幕，冀州人所名大襦，下至膝者也。"大襦至膝，则小者较膝为短矣。颜师古注《急就》篇云："襦，重衣之最在上者也，其形若袍，短身而广袖。"皆襦为上衣之证也。案：襦字古亦通作袭，《士丧礼》"襚者以襦"，郑注："古文襦为袭。"《说文解字》衣部有袭无襦，盖用《礼经》古文。然郑玄于《丧礼》之商祝袭祭服乃袭三称，乃《聘礼》之裼袭。《乡射礼》、《大射礼》、《士丧礼》之袒袭，诸袭字皆作袭，独于《士丧礼》"襚者以襦"从今文作襦，不从古文者，是郑以襦、袭为二字也。且郑于《礼经》诸袭字下不云今文袭为襦，是今文本有襦、袭二字。又《丧大记》于"君襦衣襦衾"作襦，于"凡敛者袒，迁尸者袭"作袭，是今文礼家皆以襦、袭为二字也。二字音义皆近，襦谓一衣自有表里，袭则数衣相为表里。襦为衣名，袭乃加衣之名。然今文礼家分别用之，辨微之意也。又微论之，则襦字又有二义。《玉藻》："禅为绸，帛为襦。"襦谓袷衣，对单衣之绸言之。《士丧礼》："襚者以襦，则必有裳。"襦谓上衣对下衣之裳言之。汉以后襦字亦兼二义。又古者高低谓之上下，表里亦谓之上下。《释名》覆上之训及颜师古云重衣之最在上者，皆据二义为说也。袴者，《说文》云："绔，胫衣也。"《释名》云："袴，跨也，两股各跨别也。"盖特举其异于裳者言之。案绔、袴一字，袴与今时裤制无异。古无异说。惟段氏玉裁《说文解字注》谓今之套裤，古之绔也。今之满裆裤，古之裈也。盖据《说文》胫衣、《释名》跨别之训以为言。然二书但就袴、踦言之，以别于无踦之犊鼻裈，非必谓绔之两踦各别为一物也。《汉书·上官皇后传》"为穷绔多其带"，服虔曰："穷绔有前后当，不得交通也。"师古曰："穷绔即今之绲裆绔也。"《方言》"无䙓袴谓之鼻"，郭璞注："袴无踦者，今之犊鼻裈也。"是汉时下衣之有前后当及无踦者通谓之袴。段氏以今之套裤当之，非也。上短衣而下跨别，此古服所无也。古之亵衣亦有襦袴，《内则》："衣不帛襦袴。"《左氏传》："征褰与襦。"褰亦袴也。然其外必有裳。若深衣以覆之，虽有襦袴不见于外，以袴为外服，自袴襦服始。然此服之起，本于乘马之俗，盖古之裳衣本乘车之服，至易车而骑，则端衣之联诸幅为裳者，与深衣之连衣裳而长且被土者，皆不便于事。赵武灵王之易胡服，本为习骑射计，则其服为上襦下袴之服可知。此可由事理推之者也。虽当时尚无袴襦之名，其制必当如此，张守节废裳之说，殆不可易矣。

战国之季，他国已有效其服者。

《楚辞·大招》："小腰秀颈。若鲜卑只。"

《齐策》："田单攻狄，三月而不克之也。齐婴儿谣曰：'大冠若箕，修剑拄颐。攻狄不能，下垒枯邱。'中略。鲁仲子曰：'今将军东有夜邑之奉，西有菑上之虞，黄金横带而驰乎淄渑之间。'"

《汉书·艺文志》"《鹖冠子》一篇"，原注："楚人居深山，以鹖为冠。"

案：《大招》或云屈原所作，或云景差，二说不同。要在楚顷襄王放原江南以后，去赵武灵王之初胡服，至少且十余年，故有鲜卑之语。若田单之"大冠"、"修剑"、"黄金横带"，大冠即惠文冠。黄金横带，古服所无，即具带也。单攻狄之岁虽不可考，然在复齐之后，则后于赵武灵王之服胡服殆三十年矣。鹖冠子未详何时人，其书有《赵武灵王》篇，知亦在武灵王以后，故皆用其冠、带。知战国时之服胡服，不限于赵国矣。

至汉而为近臣及武士之服，或服其冠，或服其服，或并服焉。

《史记·佞幸传》："孝惠时，郎中皆冠鵕䴊，贝带。"

《汉书·景十三王传》："广陵王去殿门有成庆画短衣大绔长剑，去好之，作七尺五寸剑，被服皆效焉。"

又，《武五子传》："故昌邑王衣短衣大绔，冠惠文冠。"

又，《盖宽饶传》："宽饶初拜为卫司马，未出殿门，断其单衣，令短离地，冠大冠，带长剑。"

《东观汉纪》：《御览》卷六百八十七引。"光武初兴，与诸季市弓弩、绛衣、赤帻。初，伯升之起，诸家子弟皆曰：'伯升杀我。'及见上绛衣、大冠，乃惊曰：'谨厚者亦复为之。'"

又，同上引。"诏赐段颎赤帻大冠一具。"

《独断》："武冠或曰繁冠，今谓之大冠，武官服之，侍中、中常侍加黄金附蝉，貂鼠尾饰之。"

《续汉志》："武冠，亦曰武弁大冠，诸武官服。"

又，"武冠加双鹖尾，竖左右，为鹖冠云。五官、左右中郎虎贲、羽林、五中郎将、羽林左右监皆冠鹖冠，纱縠单衣。虎贲将虎文绔，白虎文剑佩刀。虎贲武骑皆鹖冠，虎文单衣"。

案：上九事，或箸胡服之冠，或但箸其服，或并箸冠、服，或并箸冠、带。《续汉志》言五中郎将、虎贲、武骑等皆冠鹖冠而服单衣。案：汉之单衣如深衣制，则但箸其冠者未必即服其服也。然其初冠、服大抵相将，如昌邑王所服者是。盖宽饶之断其单衣者，以未出殿门，不及易服也。又如《东观记》所记光武之绛衣赤帻及赤帻大冠，虽但箸其冠及服之色，而不箸服之种类。然汉时赤帻绛衣实为袴褶之服。何以证之？《周礼·司服》郑注云："今伍伯缇衣。"缇，赤黄色。崔豹《古今注》云："今户伯绛帻缥衣。"缥色亦在赤黄之间，与绛相类。伍伯者，车前导引之卒，见《释名》、《续汉志》、《古今注》。今传世汉画象，车前之卒，随家庄画像第一石及汶上县城垣东西二石，又山东金石保存所、日本东京工科大学所藏各一石。车前皆有四人，执毕及仗前导。案《续汉志》云：车前伍伯中二千石、二千石、六百石皆四人，则上五石中之军前四卒确为伍伯无疑。皆短衣著袴。由伍伯之绛帻缥衣为袴褶之服，知光武之绛衣赤帻及赤帻大冠，不独冠胡服之冠，亦服胡服之服矣。前汉侍臣及武官之服殆皆如此。后汉以还，颇有变革，或以胡服之冠为武官之冠而易其服，如《续汉志》所纪中郎将等。以胡服之服为士卒之服以汉画象证之，如孝堂山东石室东壁画象中之持弓行刑者及持弓步行者。又西石室西壁之持戈步行者，与武梁祠第二石之怨家攻者，皆短衣箸袴，如汉世士卒皆服袴褶，伍伯亦其一也。而去其冠，然犹用武冠之帻，如伍伯。其皆出于古之胡服，犹可得而求其踪迹也。然则后汉中叶后，袴褶之服但施于士卒，而不及武官，故崔琰《谏魏太子书》以褶为虞旅之贱服也。

汉末，军旅数起，服之者多，于是始有"袴褶"之名。

《江表传》：《吴志·吕范传》裴注引。"吕范自请暂领孙策都督。策曰：'子衡，卿既上大夫，加手下已有大众，立功于外，岂宜复屈小职，知军中细碎事乎？'中略。范出，便释褠著袴褶，执鞭诣阁下，自称领都督。"

《魏志·崔琰传》："太祖征并州，留琰傅文帝于邺，世子仍出田猎变易服乘，志在驱逐。琰书谏曰：'深惟储副以身为宝，而猥袭虞旅之贱服，忽驰骛而陵险，意雉兔之小娱，忘社稷之为重，斯诚有识所以恻心也。惟世子燔翳捐褶，以塞众望，不令老夫获罪于天。'世子报曰：'昨奉嘉命，惠示雅数，欲使燔翳捐褶，翳已坏矣，褶亦去矣。'"

案："袴褶"二字连文，始见《江表传》。《魏志》言"燔翳捐褶"，则袴褶之略也。由此二事，知汉末袴褶为将领之卑者及士卒之之服，及魏文帝为魏太子，驰骋田猎，亦服此服。自是复通行于上下矣。

魏、晋以后，至于江左，士庶服之，

《语林》：《北堂书钞》卷一百二十九引。"夏少明在东国，不知名，闻裴逸民名知人，乃入洛从之。日未至家，少许，见一人著黄皮袴褶，乘马将猎，即逸民也。"

《晋书·郭璞传》："璞中兴初行经越城，遇一人呼其姓名，因以袴褶遗之，其人辞不受。"

又，《隐逸传》："余杭令顾飏，以郭文山行或须皮衣，赠以韦袴褶一具，文不纳。"

《南齐书·王奂传》："上以行北诸戍士卒多缊缕，送袴褶三千具，令奂分赋之。"

百官服之，

《魏百官名》：《御览》卷六百九十引。"三公朝赐青林文绮长袖袴褶。"案：《隋书·艺文志》有《魏晋百官名》五卷，则魏乃汉魏之魏，非后魏也。

《晋书·舆服志》："袴褶之制，未详所起。近世凡车驾亲戎、中外戒严之服，服无定色，冠黑帽，缀紫标，标以缯为之，长四寸，广一寸，腰有络带以代鞶革。中官紫标，外官绛标，又有纂严戎服而不缀标，行留文武悉同，其畋猎巡幸，则惟从臣戎服带鞶革，文官不下缨，武官服冠。"《宋书·礼志》"标（標）"作"褾"，"武官服冠"作"武官脱冠"。

《宋书·礼志》同上。末有"宋文帝元嘉中巡幸蒐狩皆如之，救宫庙水火亦如之"二语。

《隋书·礼仪志》："梁天监令袴褶，近代服以从戎，今纂严则百官文武咸服之。"陈天嘉令同。

《晋书·杨济传》："济尝从武帝校猎北邙下，与侍中王济俱著布袴褶，骑马执角弓，在辇前。"

《晋义熙起居注》：《北堂书钞》卷一百二十九，《御览》卷六百九十引。"安帝自荆州至新亭，诏曰：'诸侍官戎行之时，不备朱服。'悉令袴褶从也。"此据《御览》所引。《书钞》引元年更服，而诸侍官不备采衣袴褶，疑有脱误。

《宋书·文九王传》："时内外戒严，普服袴褶。"

天子亦服之，

《晋书·舆服志》："袴褶，近世凡车驾亲戎、中外戒严之服。"

《宋书·后废帝纪》:"帝尝著小袴褶,未尝服衣冠。"

《齐书·东昏侯纪》:"帝著织成袴褶,金簿帽,执七宝缚稍,戎服急装,不变寒暑。"

又,"高祖师至,帝著乌帽袴褶,备羽仪,登南掖门临望。"

《南史·东昏侯纪》:"戎服急装缚袴,上著绛衫,以为常服。"

案:袴褶本天子亲戎之服,若宋之苍梧,齐之东昏,以为常服,非晋、宋以来故事。故宋太皇太后令云:"昱弁冠毁冕,长袭戎衣。"齐宣德皇后令云:"身居元首,好是贱服,危冠短服,坐卧以之。"以是为二帝罪状也。

然但以为戎服及行旅之服而已,北朝起自戎夷,此服尤盛,

《赵书》:《北堂书钞》卷一百二十九引。"裴宪撰《三正东耕仪》,中书令徐光奏亲耕改服青缣袴褶。"

至施之于妇女。

陆翙《邺中记》:"石虎时,皇后出女骑一千为卤簿,冬月皆著紫纶巾,孰锦袴褶,《御览》卷六百九十六引。腰中著金环参镂带,同上引。皆著五采织成靴。"同上卷六百九十八引。

后魏之初,以为常服,

《魏书·胡叟传》:"叟每至贵胜之门,恒乘一特牛,敝韦袴褶而已。"

又,"叟于高允馆见中书侍郎赵郡李璨,璨被服华靡,叟贫老衣褐,璨颇忽之。叟谓云:'老子今若相许,脱体上袴褶衣帽,君欲作何计也。'讥其惟假盛服,璨惕然失色。"

又,《孝义传》:"显祖崩,王元威立草庐于州城门外,衰裳蔬粥,哭踊无时。至大除日,诏送白袖袴褶一具,与元威释服。"

及朝服。

《魏书·成淹传》:"太和中,文明皇后崩,萧赜遣其散骑常侍裴昭明、朝散侍郎谢竣等来吊,欲以朝服行事。主客执之曰:'吊有常式,何得以朱衣入山庭。'昭明等言:'本奉朝命,不容改易。'高祖敕尚书李冲选一学识者更与论执,冲奏遣淹。昭明言:'使人惟赍袴褶,比既戎服不可以吊,幸借缁衣帻以申国命。'高祖敕送衣帻给昭明等。"

案：裴昭明言"使人惟赍袴褶"，是本欲以袴褶吊，而魏人谓之欲以朝服行事，是北人以袴褶为朝服也。昭明言"比既戎服不可以吊"，是南人以袴褶为戎服也。

《齐书·魏虏传》："虏主宏诏：'季冬朝贺，典无成文，以袴褶事，事字上疑夺一行字。非礼敬之谓。若置寒朝，服徒成烦浊。自今罢小岁贺，岁初一贺。'"

案：《魏书·高祖纪》："太和十五年十一月丙戌，初罢小岁贺。先是，太和十年正月朔，帝始服衮冕朝飨万国。又夏四月，始置五等公服，至是五年，而小岁贺时百官尚无寒朝服者，盖后魏本以袴褶为朝服，相沿已久，不能遽变也。至太和十八年十二月革衣服之制，然后严其法制矣。"

后虽复古衣冠，而此服不废。

《梁书·陈伯之传》："褚绪在魏，魏人欲擢用之。魏元会，绪戏为诗曰：'帽上著笼冠，袴上著朱衣。不知是今是，不知非昔非。'魏人怒，出为始平太守。"

案：笼冠者，武冠，亦即惠文冠。见《晋书·舆服志》、《隋书·礼仪志》。朱衣者，袴褶之色。见上所引《魏书·成淹传》及下所引《宋书·刘怀慎传》诸条。褚绪诗所咏，正袴褶服也。绪与陈伯之入魏在梁天监元年。即魏世宗景明三年。绪作此诗时，距太和革衣服之制已近十年，而元会之时仍服袴褶，盖世宗以后，又复用代北旧俗也。惟《洛阳伽蓝记》一事与此不合，《记》谓杨元慎含水喷陈庆之曰："吴人之鬼，住居建康，小作冠帽，短制衣裳。"又谓："庆之还梁，羽仪服式，悉如魏法，江东士庶竞相模楷，褒衣博带，被及秣陵。"云云。似南北衣服与上所征引者相反。然是时魏元会之服尚用袴褶，则常服可知。其所云短小褒博者，殆不过同一衣制，南北稍有大小长短之别而已。

隋则取其冠，以为天子之戎服。

《隋书·礼仪志》："武弁，金附蝉，平巾帻，余服具服。案：具服者，朝服，即通天冠之服。其制玉簪导，绛纱袍，深衣制，白纱内单，皂领、襈、襈、裾，绛纱蔽膝，白假带，方心曲领。革带，玉钩䚢，鹿卢玉具剑，火珠镖首，白玉双佩，玄组。双大绶，玄黄赤白缥绿，纯玄质，长二丈四尺，五百首，广一尺；小双绶长二尺六寸，色同大绶，而首半之，间施三玉环。朱袜，赤舄，舄加金饰。讲武、出征、四时蒐狩、大射、祃、类、宜社、赏祖、罚社、纂严则服之。"案：北齐制略同。

武臣之朝服，

《隋书·礼仪志》："左右卫、左右武卫、左右武候大将军、领左右大将军，并武弁，绛朝服，带，佩，绶。左右卫、左右武卫、左右武候将军、领左右将军、左右监门卫将军、太子左右卫、左右宗卫、左右内等率、左右监门郎将及诸副率，并武弁，绛朝服，剑，佩，绶。直阁将军、直寝、直斋、太子直阁，武弁，绛朝服，剑，佩，绶。"案：南朝武臣亦皆服武冠，见《隋志》梁天监令、陈天嘉令。

取其服为天子田猎豫游之服。

《隋书·礼仪志》："乘舆黑介帻之服，紫罗褶，南布袴，玉梁带，紫丝鞋，长鞲袜，田猎豫游则服之。"

皇太子侍从田狩之服，

《隋书·礼仪志》："皇太子平巾黑帻，玉冠枝，金花饰，犀簪导，紫罗褶，南布袴，玉梁带，长鞲袜，侍从田狩则服之。"

上下公服。

《隋书·礼仪志》："乘舆鹿皮弁服，绯大襦，白罗裙，金乌皮履，革带，中略。视朝听讼则服之。凡弁服，自天子以下、内外九品以上，弁皆以乌为质，并衣袴褶。五品以上以紫，六品以下以绛。"

案：乘舆弁服既有裙襦，是与袴褶服异。而下复云"并衣袴褶"者，盖弁服或服裙襦，或服袴褶，二者通著，犹唐之翼善冠、进德冠，或服常服，或服袴褶也。

武官侍从之服，

《隋书·礼仪志》："左右卫大将军等侍从，则平巾帻，紫衫，大口袴褶，金玳瑁装两裆甲。左右卫将军等侍从，则平巾帻，紫衫大口袴，金装两裆甲。直阁将军等侍从，则绛衫，大口袴褶，银装两裆甲。"案：此两云大口袴褶，两褶字皆衍文。上所云紫衫、绛衫，衫即褶也。否则褶上加衫，又加两裆甲，亦太赘矣。

取其带与履，以为常服。

《隋书·礼仪志》："百官常服同于匹庶，皆著黄袍，出入殿省。高祖朝服亦如之，惟带加十三环，以为差异。"

《旧唐书·舆服志》："隋代贵臣多服黄文绫袍，乌纱帽，九环带，乌皮六合靴。百官常服同于匹庶，皆著黄袍，出入殿省。高祖朝服亦如之，惟带加十三环，以为差异。盖取于便事。其乌纱帽渐废，贵贱通服，折上巾，其制周武帝建德年所造也。"

《唐书·车服志》："初，隋文帝听朝之服，以赭黄文绫袍，乌纱帽，折上巾，六合靴，与贵臣通服。惟天子之带十有三环。"

唐亦如之，武弁之服用其冠，

《大唐六典》："殿中省尚衣局奉御职，武弁，金附蝉，平巾帻，余服具服。讲武、出征、四时蒐狩、大射、祃、类、宜社、赏祖、罚社、纂严则服之。"

《旧唐书·舆服志》："武弁，平巾帻，侍中中书令则加貂蝉，侍左者左珥，侍右者右珥。皆武官及门下、中书、殿中、内侍省、天策上将府、诸卫领军武候监门、领左右太子诸坊、诸率、及镇戍流内九品服之，其诸王府佐九品以上准此。"

平巾帻之服用其服，

《六典》："殿中省尚衣局奉御职，平巾帻，簪导冠支皆以玉，紫褶亦白褶。白袴，玉具装真珠宝钿带，著靴，乘马则服之。翼善冠，其常服及白练裙襦通箸之，若服袴褶，则与平巾帻通著。"

又，"太子内直局内直郎职，平巾帻，犀簪导，紫绾白袴，玉梁珠宝钿带，著靴，乘马则服之。进德冠，九璪加金饰，其常服及白练裙襦通著之，若服袴褶，则与平巾帻通著"。

又，"礼部郎中员外郎职，凡百官平巾帻之服，武官以卫官寻常公事则服之。冠及褶依本品色并大口袴起梁带乌皮靴，若武官陪立大仗加螣蛇裲裆。袴褶之服，朔望朝会则服之"。五品已上通用绅绫及罗，六品已下用小绫，应著袴褶，并起十月一日至二月三十日已前。

案：平巾帻之服即是袴褶，而《六典》于百官服乃分平巾帻之服与袴褶之服为二者，盖名武官所服者为平巾帻之服，文官所服者为袴褶之服，取便于称谓，其实非有异也。《旧书·舆服志》云："平巾帻簞簪导冠支，五品以上紫褶，六品已下绯褶，加两裆螣蛇，并白袴，起梁带靴，武官及卫官陪立大仗则服之。若文官乘马，亦通服之，去裲裆腾蛇。"《六典》于"平巾帻"下亦云："冠及褶依本品色，并大口裤，起梁带，乌皮靴。"而"袴褶服"下不言带履，意谓已见于上，是平巾帻之服与袴褶为一服之证也。又《新书·车服志》："开元中，御史大夫李适之建议，冬至元日大礼，朝参官及六品服朱衣，六品以下通服袴褶。天宝中，御史中丞吉温建议，京官朔望朝参用朱袴褶。"此又《六典》朔望朝参用之袴褶专指文官所服者之证也。若以为二服，则失之矣。

常服用其带与履。

《旧唐书·舆服志》："常服赤黄袍衫，折上头巾，九环带，六合靴，皆起自魏、周，便于从事。自贞观以后，非元日、冬至、受朝及大祭祀，皆常服而已。"案：唐百官常服袍衫用本品色带之铸，数亦随其品，余与天子同。

唐季褶服渐废，专用常服，宋初议复之而未行，

《宋史·舆服志》："袴褶之制，乾德四年范质与礼官议，故令：'文三品以上紫褶，五品以上绯褶，七品以上绿褶，九品以上碧褶并白大口裤，起梁带，乌皮靴。'此谓《唐》令。今请造袴褶如令文之制，其起梁带制度检寻未是，望以革带代之，奏可。是岁造成而未用。"

然仪卫中尚用之。

《宋史·仪卫志》。文繁不录。

《文昌杂录》："皇朝导驾官袴褶。"盖马上之服也。

又自六朝至唐，武官小吏流外多服袴褶。

《晋书·仪卫志》："中朝太驾卤簿，末大戟一队，九尺楯一队，刀楯一队，弓一队，弩一队，队各五十人，黑袴褶将一人。"

《隋书·礼仪志》："陈天嘉令：领军捉刃人，乌总帽、袴褶、皮带。太子二傅骑吏，玄衣、赤帻、武冠，常行则袴褶。案轺、小舆、持车、轺车给使，平巾帻、黄布袴褶、赤鼧带。廉帅、整阵、禁防，平巾帻、白布袴褶。鞦角五音帅、长麾，青布袴褶、岑帽、绛绞带。都伯，平巾帻、黄布袴褶。武官问讯、将士给使，平巾帻、白布袴褶。"

又，《音乐志》："隋制：皇帝大鼓、长鸣工人，皂地苣文；金

钲、枹鼓、小鼓、中鸣、吴横吹工人，青地苣文；凯乐工人，武
弁，朱褠衣；横吹，绯地苣文。并为帽、袴褶。大角工人，平巾
帻、绯衫、白布大口袴。内宫鼓乐服色皆准此。"

又，皇太子大鼓、长鸣、横吹工人，紫帽、绯袴褶。金钲、枹
鼓、小鼓、中鸣工人，青帽、青袴褶。铙吹工人，武弁，朱褠衣。
大角工人，平巾帻、绯衫、白布大口袴。"

又，"正一品，横吹工人，紫帽、赤布袴褶。金钲、枹鼓、小
鼓、中鸣工人，青帽、青布袴褶。铙吹工人，武弁，朱褠衣。大角
工人，平巾帻、绯衫、白布大口袴。三品以上同正一品。四品，枹
鼓、大鼓工人，青帽、青布袴褶。"

《旧唐书·舆服志》："民任杂掌无官品者，皆平巾帻、绯衫、
大口袴，朝集从事则服之。品子任杂掌者，皆平巾帻、绯衫、大口
袴，朝集从事则服之。平巾帻、绯褶、大口袴、紫附褠，尚食局主
食、典膳局主食、太官署、食官署、掌膳服之。平巾绿帻、青布袴
褶，尚食局主膳、典膳局典食、太官署、食官署、供膳服之。平巾
五瓣髻、青袴褶、青耳屏，羊车小史服之。总角髻、青袴褶，刻漏
生、刻漏童服之。"

《唐书·仪卫志》："千牛备身冠进德冠、服袴褶。"

又，"皇帝仗，指南车、记里鼓车、白鹭车、鸾旗车、辟恶车、
皮轩车，皆四马，有驾士十四人，皆平巾帻、大口袴、绯衫。凡五
路皆有副。驾士皆平巾帻、大口袴，衫从路色。大辇主辇二百人，
平巾帻、黄丝布衫、大口袴、紫诞带、紫行縢、鞋袜。尚乘直长二
人，平巾帻、绯袴褶。"

又，"太皇太后、皇太后、皇后仗，内给使百二十人，平巾帻、
大口袴、绯裲裆。"

又，"亲王卤簿，憧弩一，执者平巾帻、绯袴褶，骑。次青衣
十二人，平巾青帻、青布袴褶，执青布仗袋。次节一，夹稍一，各
一人骑执，平巾帻、大口袴、绯衫。次府佐六人，平巾帻、大口
袴、绯裲裆，骑，持刀夹引。象路一，驾四马，佐二人立侍，一人
武弁、朱衣、革带、居左；一人绯裲裆、大口袴，持刀居右。"

案：《隋志》与《唐志》例，袴褶同色，则连言"某袴褶"，如
云"绯袴褶"、"青袴褶"是也。袴褶异色，则云"某衫某色大口
袴"，或但云"某衫大口袴"。凡袴皆白色，故多不言色。《旧唐志》或

云"绯衫大口袴",或云"绯褶大口袴",衫、褶互言,知衫即褶。然则上所云"某衫大口袴"或"大口袴某衫"者,皆袴褶服也。

此胡服行于中国之大略也。自汉以迄隋、唐,诸外国之服亦大抵相似。

《汉书·匈奴传》:"中行说曰:其得汉缯絮以驰草棘中,衣袴皆裂弊,以视不如旃裘坚善也。"

案:中国古服如端衣深衣,袴皆在内,驰草棘中不得裂弊。袴而裂弊,是匈奴之服。袴外无表,即同于袴褶服也。

《淮南·氾论训》"古者有鍪而绻领以王天下者矣",高注:"绻领,皮衣,屈而纫之,如今胡家韦袭反褶以为领也。"

案:"袭"、"褶"二字通用,然一句中用字不得互异,恐褶乃"折(摺)"字之讹,反折为领,所谓"屈而纫之",是匈奴衣韦褶也。胡家对汉家言之也。

《说文解字》:"鞮,草履也。胡人履连胫,谓之络鞮。"下九字今本无,《韵会》引有之。

《魏志·扶余传》:"扶余国人,在国衣白布大袂袍袴,履革鞮。"

《吴时外国传》:《御览》卷六百九十六引。"大秦国人皆著袴褶络带。"又:"扶南人悉著钩络带。"

《流沙坠简补遗》:上缺。"著布袴褶胪履。"

又,上缺。"丑年十四,短小著布袴褶,□。"下缺。

案:此二简出和阗东尼雅城北,乃魏、晋间物,纪是时往来西域商胡之年名物色者也。

《梁书·诸夷传》:"芮芮国,辫发,衣锦,小袖袍,小口袴。"

《魏书·蠕蠕传》:"肃宗赐阿那瓌绯纳小口袴褶一具,内中宛具;紫纳大口袴褶一具,内中宛具。"

又,《高车传》:"诏员外散骑侍郎可足浑使高车,赐阿伏至罗与穷奇各绣袴褶一具。"

《隋书·东夷传》:"高丽人皆皮冠,《北史》作头著折风,形如弁。使者《北史》作士人。皆插鸟羽。《北史》鸟字上有"二"字。贵者冠用紫罗,饰以金银。服大袖衫,大口袴,素皮带,黄革屦。"

殆与中国胡服同源,至此服入中国后之制,代有变革。其初有冠,冠前有珰，珰以黄金为之，加貂蝉焉。

《独断》："武冠加黄金附蝉，貂鼠尾饰之。"

《续汉书·舆服志》："武冠加黄金珰，附蝉为文，貂尾为饰。"

案：附蝉之制，古无明文。传世古器中多见玉蝉，或古武冠以黄金为珰，上加玉蝉，故云"附蝉"。蝉殆加于冠前。《隋志》引徐爰《舆服注》云："博山附蝉谓之金颜。"故《续汉志》谓之黄金珰。珰者，当也，当冠之前，犹瓦当之当瓦之前矣。

貂则有左右之别。

《后汉书·宦者传》："汉兴，置中常侍官，皆银珰左貂，给事殿省。自明帝以后，迄乎延平，委用渐大，而其员稍增，改以金珰右貂，兼领卿署之职。"

《晋书·舆服志》："武冠插以貂毛，黄金为竿，侍中插左，常侍插右。"

《宋书·礼志》："侍中左貂，常侍右貂。"

《旧唐书·舆服志》："武弁平巾帻，侍中、中书令则加貂蝉，侍左者左珥，侍右者右珥。"

案：《齐书·舆服志》言："应劭《汉官》及司马彪《志》，并不见侍中与常侍有异，惟言左右珥、貂而已。然范蔚宗已言汉初中常侍银珰左貂，后汉改为金珰右貂，则侍中左貂，常侍右貂，自后汉已然矣。"

汉时又于冠内加帻，是为平巾帻。

《续汉书·舆服志》："古者有冠无帻。秦雄诸侯，乃加其武将首饰，为绛帕以表贵贱。其后稍稍作颜题，至孝文乃高颜题，续之为耳，上下群臣贵贱皆服之。文者长耳，武者短耳，称其冠也。"

《独断》："元帝额有壮发，不欲使人见，始进帻服之，群臣皆随焉。然尚无巾，如今半帻而已。王莽无发，乃施巾，故语曰：'王莽秃帻施屋。'冠进贤者宜长耳，冠惠文者宜短耳，各随所宜。"

《宋书·礼志》汉注曰："冠进贤者宜长耳，今介帻也。冠惠文者宜短耳，今平巾帻也。知时各随所宜，遂因冠为别。介帻服文吏，平上服武官也。"

后或去冠而存其帻，帻之色，或赤或黑，

《晋书·舆服志》："袴褶之制，服无定色，冠黑帽。"《宋志》同。

案：古者帽与帻相似，黑帽即黑帻也。赤帻已见前。

上缀紫标。

《晋书·舆服志》："袴褶之制，冠黑帽，上缀紫标。《宋志》作褾。标以缯为之，长四寸，广一寸。中官紫标，外官绛标。"《宋志》同。

《南史·王琨传》："景和中，讨义阳王昶，六军戒严，应须紫褾，左右欲营办。琨曰：'元嘉中讨谢晦，有紫褾在匣中，不须更作。'检取果得焉。"

六朝亦间用冠。

《宋书·刘怀慎传》："孝武乘画轮车，幸太宰江夏王义恭第，怀慎子德愿著笼冠短朱衣执辔，进止甚有容状。"

《梁书·陈伯之传》："魏元会，褚绲戏为诗曰：'帽上著笼冠，袴上著朱衣。'"

隋、唐以后则惟用平巾帻而已。袴褶之质，魏、晋、六朝杂用缣锦织成绅布皮韦为之；隋则天子及皇太子褶以罗，袴以布；唐则五品以上通用绅绫及罗，六品以下用小绫，流外小吏亦用布焉。

《隋书·礼仪志》及《大唐六典》，均见前。

褶之色，汉、魏以降大抵用绛及朱，

《东观记》及《古今注》，并见前。

《宋书·刘怀慎传》："德愿著笼冠短朱衣。"

又，《元凶劭传》："劭以朱衣加戎服上，乘画轮车，与萧斌同载。"

《齐书·郁林王本纪》："高宗使萧谌等率兵入云龙门，戎服，加朱衣于其上。"

《梁书·陈伯之传》、《南史·东昏侯纪》、《魏书·成淹传》，并见前。

然亦无定色。

《晋书·舆服志》："袴褶之制，服无定色。"《宋志》同。

隋则天子及皇太子以紫，百官五品以上亦以紫，六品以下用绛。

《隋书·礼仪志》，见前。

唐则天子或紫或白，皇太子以紫。

《大唐六典》，见前。

百官服色初与隋同，后以品差为四等。

《旧唐书·舆服志》："五品以上紫褶，六品以下绯褶。"

《唐书·车服志》："袴褶之制，三品以上紫，五品以上绯，七品以上绿，九品以上碧。"

袴皆白色，又古之袴褶大抵褒博，故有缚袴之制。

《宋书·袁淑传》："太子劭左右引淑等袴褶，又就主衣取锦三尺为一段，又中破分淑斌及左右，使以缚袴。"

又，《沈庆之传》："刘湛之被收之夕，上开门召庆之。庆之戎服履袜缚袴入，上见而惊曰：'卿何意乃尔急装？'庆之曰：'夜半唤队主，不容缓服。'"

《齐书·虞悰传》："郁林废，悰窃叹曰：'王徐遂缚袴废天子，天下岂有此理耶？'"

《南史·东昏侯纪》，见前。

《隋书·礼仪志》："陈天嘉令：袴褶，近代服以从戎，今纂严则文武百官咸服之，车驾亲戎，则缚袴不舒散。"

隋、唐以后，行从骑马所服者颇窄小矣。

《隋书·礼仪志》："炀帝时，师旅务殷，车驾多行幸，百官行从惟服袴褶，而军旅间不便，至六年后，诏从驾涉远者，文武官等皆戎衣。"

案：袴褶即戎衣，兹别袴褶与戎衣为二者，盖自魏以来，袴褶有大口、小口二种，《魏书·蠕蠕传》。隋时殆以广袖大口者为袴褶，窄袖小口者为戎衣，否则无便不便之可言矣。

《旧唐书·舆服志》："刘子玄《乘马著衣冠议》：'臣伏见比者鸾舆出幸，法驾首涂，左右侍臣皆以朝服骑马，夫冠履而出，止可配车而行。今乘车既停，而冠履不易，可谓唯知其一而未知其二。何者？褒衣博带，革履高冠，本非马上所施，自是车中之服。且长

裙广袖，襜如翼如，倘马有惊逸，人从颠坠，固已受嗤行路，有损
威仪。'"

案子玄此议，以朝服之广袖长裙为不便于乘马，则唐时乘马所
服之袴，其非褒博可知。故仪卫中服袴褶者，皆云大口袴以别之，
知乘马之服非复广袖大口矣。

其带之饰，则于革上列置金玉，名曰校具，亦谓之𫞖，亦谓之环，
其初本以佩物，后但致饰而已。

《吴书》《御览》卷六百九十六引。"陆逊破曹休于石亭，上脱御金
校带以赐逊。"

《吴志·诸葛恪传》："钩落者，校饰革带，世谓钩络带。"

《吴录》：《御览》卷六百九十六引。"钩络者，鞍饰革带也。"

《邺中记》：同上。"石虎皇后女骑，腰中著金环参镂带。"

《金楼子》："齐东昏侯自捉玉手版金梁络带。"

《周书·侯莫陈顺传》："顺破赵青雀，魏文帝亲执顺手，解所
佩金镂玉梁带赐之。"

《隋书·礼仪志》："革带，今博三寸，加金镂䤩螳螂钩，以相
拘带。"

《唐书·车服志》："袴褶服起梁带，起梁带之制，三品以上玉
梁宝钿，五品以上金梁宝钿，六品以下金饰隐起而已。"

《朝野佥载》："巧人张崇者，能作灰画腰带铰具，每一胯大如
钱，灰画烧之，见火即隐起，作鱼龙鸟兽之形，莫不悉备。"

《旧唐书·舆服志》："上元元年八月制，一品以下带手巾算袋，
仍佩刀子、砺石。武官欲带者听之。景云中又制，令依上元故事，
带手巾算袋，其刀子、砺石等许不佩。武官五品以下佩𫞖𫞖七事，
七事为：佩刀、刀子、砺石、契苾真、哕厥、针筒、火石袋也。至
开元初复罢之。"

《唐文粹》：七十七。"韦端符《李卫公故物记》，有玉带一，首
末为玉十有三，方者七，挫两隅者六，每缀环焉为附，而固者以
金。传云：'环者列佩用也。'公擒萧铣时，高祖所赐于闉献三带，
其一也。又火镜二、大觿一、小觿一、算囊二、椰盂一。盖常佩于
玉带环者十三，物亡其五，存者有八。"

《梦溪笔谈》：一。"中国衣冠，自北齐以来，乃全用胡服，窄
袖绯绿短衣长靿靴，有蹀躞带，皆胡服也。带衣所垂蹀躞，盖欲佩

带弓剑、帉帨、算囊、刀砺之类。自后虽去鞢韀，而犹存其环，环所以衔鞢韀，如马之鞦根，即今之带铐也。"

案：以上带具之名，皆取诸马鞍具。《吴录》谓络带为鞍饰革革，《吴志》及《吴书》谓之校饰革带。金校带，校者即《朝野佥载》之铰具，亦马鞍之饰也。《宋史·仪卫志》载鞍勒之制有校具。日本人源顺《倭名类聚钞》引杨氏《汉语钞》二书之作，皆当中国唐时。云："腰带之革，未著铰具为鋋。"即"鞓"字。又云："铰具腰带及鞍具，以铜属革也"。是铰具谓革上所施铜鞍，与带共之者也。又《金楼子》及《周》、《隋》二书，带有金梁、玉梁之名，而《初学记》有宋刘义康《谢金梁鞍启》，则梁之名，亦鞍与带共之者也。又《隋志》之䩞，《唐六典》、《新》、《旧》二书之鞢及鞢䩞，《梦溪笔谈》之鞢韀，亦谓马鞍之饰。《说文》："䩞，鞍饰。"《玉篇》："䩞，鞍䩞也。"又："䩞鞢，鞍具也。"《宋史·仪卫志》："鞍勒之制，有䩞鞢革带之环。"《笔谈》亦以马之鞦根比之。是带上之饰，其名皆取诸鞍饰。欲知带制，必于鞍制求之矣。古者鞍有垂饰，名之曰韄。《说文》："韄，绥也。"盖其饰下垂如冠缨之绥，故训之以绥。《广雅》："韄谓之鞘。"《广韵》："韄，垂貌。"王氏念孙曰："鞘亦垂貌也，犹旗旒谓之旓矣。"《宋史·仪卫志》说鞍勒之制，《校具》下云："皆垂六鞘。"是古之鞍有垂饰之证也。且马之腹带及后鞦，即马鞧，《说文》所谓纣也。皆系于鞍，故鞍上必有系鞘与鞦带之处。以理度之，则鞍之左右必缘以革，而施金于其上，以贯垂鞘及鞦带等，是为铰具。据宋制，则垂鞘有六，又加以腹带后鞦，则鞍上所施铰具，必至十余。颜延之《赭白马赋》云"宝铰星罗"，是古制已如斯矣。络带铰具，其数略等。又鞍之铰具以贯垂鞘，络带铰具以佩七事，其用亦略同，故古人谓之鞍饰革带或校饰革带也。《隋》、《唐》志之䩞或鞢，亦校具之异名。所谓玉钩䩞、金钩䩞者，钩谓带钩，䩞则校具也。至沈氏《笔谈》云："带环所以衔鞢韀，如马之鞦根。"又《宋史·西夏传》云"金涂银束带，垂鞢韀，佩解结锥、短刀、弓矢韣"，则误以所垂之物为鞢韀矣。《宋史·仪卫志》纪鞍上诸物，先䩞鞢，次校具，次六鞘。盖以鞍左右所缘之革为䩞鞢，此盖䩞之本义。䩞者，帖也。以革帖于木上，犹帖之帖于帛书上也。《玉篇》鞓字即䩞声之转，隋、唐之间以带鞓上所施校具为䩞。此名之转移者也。宋人犹以鞍上所帖之革为䩞，此名之未变者也。古带校具或作环形，或校具之上更缀以环，如《李卫公故物记》所云。故其带又谓之环带。隋、唐以后，则常服之带谓之环带，袴褶服之带谓之起梁带。梁者，盖于铰具作鼻为桥梁之形，因以贯环。意者常服为燕居及执事之服，故其带须有环以佩刀、砺之属。袴褶为骑马之服，故校具之制不必作环形软。即常服之带，后亦并去其环，故唐中叶以后不谓之环，而谓之铐。宋时带环有笏头注面诸名，其无环可知矣。

周、隋之际，始以环数别尊卑。

《周书·李贤传》："高祖赐贤御所服十三环金带一要。"

又，《宇文孝伯传》："高祖赐以十三环金带。"

《隋书·李穆传》："高祖作相，穆奉十三环金带于高祖。"盖天子之服也。

又，《礼仪志》："百官常服同于匹庶，皆著黄袍，出入殿省。高祖朝服亦如之，惟带加十三环以为差异。"

唐世因之，以为服章。

《唐书·车服志》："腰带一品、二品铐以金，六品以上以犀，九品以上以银，庶人以铁。"

又其后以紫为三品之服，金玉带铐十三。绯为四品之服，金带铐十一。浅绯为五品之服，金带铐十。深绿为六品之服，浅绿为七品之服，皆银带铐九。深青为八品之服，浅青为九品之服，皆输石带铐八。黄为流外官及庶人之服，铜铁带铐七。

履之专用靴，盖六朝以后则然。

《隋书·礼仪志》："履则诸服皆服，惟褶服以靴。靴，胡履也，取便于事，施于戎服。"

此胡服入中国后变革之大略也。此服通行于中国者千有余年，而沈约乃谓"袴褶之服，不详所起"。沈括知其为胡服，而又以为始于北齐，后人亦无考其源流及制度者，故备著之。

摩尼教流行中国考 *

志磐《佛祖统纪》：卷三十九。"延载元年，波斯国人拂多诞西海大秦国人。持《二宗》伪经来朝。

案：《二宗》，摩尼教经名，见《佛祖统纪》卷四十八。拂多诞，摩尼教僧侣之一级，见《摩尼教残经》，是为摩尼经入中国之始。

《册府元龟》：卷九百九十七。"开元七年六月，大食国、吐火罗国、南天竺国遣使朝贡。其吐火罗国支汗那王上表，献解天文人大慕阇，其人智慧幽深，问无不知。伏乞天恩，唤取慕阇。亲问臣等事意及诸教法，知其人有如此之艺能，望请令其供奉，并置一法堂，依本教供养。"

《太平寰宇记》：卷一百八十六。"开元七年，吐火罗国叶护支汗那帝赊献天文人大慕阇，请加试验。"

案：九姓回鹘可汗碑"摩尼传教师谓之慕阇"，此大慕阇疑亦摩尼师也。

《通典》：卷四十。"开元二十年七月敕，末摩尼本是邪见，妄称佛教，诳惑黎元，宜严加禁断。以其西胡等既是乡法，当身自行，不须科罪。"九姓回鹘爱登里啰汩没蜜施合毗伽可汗圣文神武碑：上阙。"师将睿息等四僧入国，阐扬二祀，洞彻三际，况法师妙达明门，精通七部，才高海岳，辩若悬河，故能开正教于回鹘。□□□□□□为法立大功绩，乃□□傔悉德于时都督刺史内外宰相中阙。今悔前非，愿事正教，奉旨宣示。此法微妙，难可受持，再三恳□，往者无识，谓鬼为佛，今

已误真，不可复事。特望□□□□□曰：既有至诚，任即持受，应有刻画魔形，悉令焚爇。祈神拜鬼，并中阙。受明教，薰血异俗，化为蔬饭之乡。宰杀家邦，变为劝善之国。故□□之在人，上行下效，法王闻受正法，深赞虔□□□□德，领诸僧尼入国阐扬，自后慕阇徒众，东西往来，循环教化。"

案：此记摩尼教入回鹘事。碑记于□登里啰汨没蜜施吉啜登蜜施合俱录毗伽可汗即《唐书》之英义建功毗伽可汗。之世，回鹘助唐灭史朝义之后事，殆在唐代宗广德二年矣。

《僧史略》：卷下。"大历三年六月，敕回纥置寺，宜赐额大云光明之寺。"又："大历六年正月，又敕荆、越、洪等各置大云光明寺一所。"

《祖佛统记》：卷四十一。"大历三年，敕回纥奉末尼者建大云光明寺。六年，回纥请于荆、扬、洪、越等州，置大云光明寺，其徒白衣白冠。"

《册府元龟》：卷九百七十九。"贞元十二年，回鹘又遣摩尼人至。"

《旧唐书·德宗纪》："四月丁丑，以久旱令阴阳人法术祈雨。"

《唐会要》：卷四十九。"贞元十五年，以久旱命摩尼师求雨。"

《资治通鉴》：卷二百三十七。"元和元年，是岁回鹘入贡，始以摩尼偕来于中国。置寺处之，其法日晏乃食，食荤而不饮湩酪。回鹘信奉之，或与议国事。"

《旧唐书·宪宗纪》："元和二年正月庚子，回纥请于河南府、太原府置摩尼寺，许之。"

《白氏文集》卷四十。"《与回鹘可汗书》："其东都、太原置寺，已令人勾当，事缘功德，理合精严。又有彼国师僧，不必更劳人检校，其见撼拓勿施邬达等，今并放归。所令帝德将军安庆云供养师僧，请住外宅，又令骨都禄将军充检校功德使，其安悉立请随班次放归本国者，并依来奏，想宜知悉。今赐少物，具如别录。内外宰相及判官摩尼师等，并各有赐物，至宜准数，分付内外宰相官吏师僧等并存问之，遣书指不多及。"

《旧唐书·回纥传》："元和八年十二月二日，宴归国回鹘摩尼八人，令至中书见宰臣。先是，回鹘请和亲，宪宗使司计之，礼费约五百万贯。方内有诛讨，未任其费。以摩尼为回鹘信奉，故使宰臣言其不可。"

又，《穆宗纪》："长庆元年五月，回鹘宰相、都督、公主、摩尼等五百七十三人入朝。"

《唐国史补》：卷下。"回鹘常与摩尼议政，故京师为之立寺。其法：日晚乃食，饮水而茹荤，不饮乳酪。其大摩尼数年一易，往来中国，小者年转，江岭西市商胡囊橐，其源生于回鹘有功也。"

《唐文粹》卷六十五。舒元舆重岩寺碑："国朝沿近古而有加焉，亦容杂夷，而来者有摩尼焉、大秦焉、火祆焉，合天下三夷寺，不足当吾释寺一小邑之数。"

《会昌一品集》卷四。"《论回鹘石诚直状》"："石诚直是卑微一首领，岂能有所感悟。况自今夏以来，两度检点摩尼回鹘，又宠待嗢没斯至厚，恐诚直之徒必怀疑怨，此去岂止于无益，实虑生奸。"

同上，卷五。"《赐回鹘书》"："朕二年以来，保护可汗一国，内阻公卿之议，外遏将帅之言，朕于可汗，心亦至矣。可汗亦宜深鉴事体，早见归还，所求种粮及安存摩尼，寻勘退浑、党项劫掠等事，并当应接处置，必遣得宜。"

同上，卷五。"赐回鹘可汗书：摩尼教，天宝以前中国禁断。自累朝缘回鹘敬信，始许施行，江淮数镇，皆令阐教。近各得本处申奏，缘自闻回鹘破亡，奉法因兹懈怠，蕃僧在彼，稍似无依。吴楚水乡，人情嚣薄，信心既去，翕集至难。且佛是大师，尚随缘行教，与苍生缘尽，终不力为。朕深念异国远僧，欲其安堵，且令于两都及太原信向处行教，其江淮诸寺权停，待回鹘本土安宁，即却令如旧。"

同上，卷十八。"讨回鹘制：其回鹘既以破灭，义在翦除。宜令诸道兵马并同进讨。河东立功将士以下，优厚给赏，续次条疏处分。应在京外宅及东都修功德回鹘，并勒冠带，各配诸道收管。其回鹘及摩尼等庄宅钱物，并委功德使与御史台、京兆府，各差精强干事官点检收录，不得容诸色职掌人及坊市富人辄有影占。如有犯者，并当极法，钱物纳官。摩尼等僧委中书门下即时条疏闻奏。"

《唐书·回鹘传》："回鹘元和初再朝献。始以摩尼至，其法：日晏始食，饮水茹荤，屏湩酪，可汗常与共国者也。摩尼至京师，岁往来西市，商贾颇囊橐为奸，武宗诏回鹘营功德使在二京者悉冠带之，有司收摩尼经若象烧于道，资产入之官。"

日本僧圆仁《人唐求法巡礼日记》：卷三。"会昌三年四月中旬，敕下令杀天下摩尼师，剃发，令著袈裟作沙门形而杀之。摩尼师即回鹘所崇重也。"

　　赞宁《僧史略》：卷下。"会昌三年，敕天下摩尼寺并废入官，京城女摩尼七十二人皆死，及在此国回纥诸摩尼等配流诸道，死者大半。"

　　《旧五代史·梁书·末帝纪》："贞明六年冬十月，陈州妖贼母乙、董乙伏诛。陈州里俗之人喜习左道，依浮屠氏之教，自立一宗，号曰'上乘'，不食荤茹，诱化庸民，揉杂淫秽，宵聚昼散，州县因循，遂致滋蔓。时刺史惠王友能，恃戚藩之宠，动多不法，故奸慝之徒望风影附，母乙数辈，渐及千人，攻掠乡社，长吏不能诘。是岁秋，其众益盛，南通淮夷。朝廷累发州兵讨捕，反为贼所败，陈、颍、蔡三州大被其毒。群贼乃立母乙为天子，其余豪首各有署置。至是发禁军及数郡兵合势追击，贼溃，生擒母乙等首领八十余人，械送阙下，并斩于都市。"

　　《佛祖统记》：卷四十五。"梁贞明六年，陈州末尼聚众反，立母乙为天子。朝廷发兵禽母乙，斩之。其徒以不茹荤饮酒，夜聚淫秽，画魔王踞坐，佛为洗足。方佛是大乘，我法乃上之乘。"

　　《僧史略》：卷下。"梁贞明六年，陈州末尼党类立母乙为天子，累讨未平。及贞明中，诛斩方尽。后唐、石晋时，复潜兴，推一人为主，百事禀从。或画一魔王踞坐，佛为其洗足，盖影傍佛教所谓相似道也。或有比邱为饥冻，往往随之效利。有识者尚远离之。"

　　《册府元龟》：卷九百七十六。"后唐天成四年八月癸亥，北京奏葬摩尼和尚。摩尼者，回鹘之佛师也。先自本国来。太原少尹李彦图者，武宗时怀化郡王李思忠之孙也。思忠本回鹘王子嗢没斯也，归国锡姓名。关中大乱之后，彦图挈其族归，太祖赐宅一区，宅边置摩尼院以居之，至是卒。"

　　徐铉《稽神录》："清源都将杨某，为本郡防遏营副将，有人见一鹅负纸钱入其第，俄化为双髻白发老翁，变怪遂作，二女惊病。召巫立坛召之，鬼亦立坛作法，愈甚于巫。巫惧而去，二女遂卒。后有善作魔法者，名曰'明教'，请为持经一宿，鬼乃唾骂而去。"

　　张君房《云笈七签序》："臣于时尽得降到道书，并续取到苏州旧道藏经本千余卷，越州、台州旧道藏经本亦千余卷，朝廷续降到福建等州道书明使摩尼经等。"

　　《佛祖统纪》：卷四十八。"尝考《夷坚志》云，吃菜事魔，三山尤炽。为首者紫衣宽衫，女人黑冠白服，称为明教会。所事佛衣白，引经中所谓'白佛言世尊'。取《金刚经》一佛，二佛，三、四、五佛，以为第五佛。又名末摩尼，采《化胡经》'乘自然光明道气，飞入西那玉界苏邻国中，诞降王宫为太子，出家称末摩尼'，以自表证。其经名《二宗》、《三际》。《二宗》者，明与暗也。《三际》者，过去、未来、现在也。大中祥符兴《道藏》，富人林世长赂主者，使编入藏，安于亳州明道宫，复假称白乐天诗云：'静览苏邻传，摩尼道可惊。二宗陈寂默，五佛继光明。日月为资敬，乾坤认所生。若论斋洁志，释子好齐名。'以此八句表于经首。其修持者，正午一食，裸尸以葬，以七时作礼。盖黄巾之遗习也。"原注："尝检乐天《长庆集》，无苏邻之诗。乐天知佛，岂应为此不典之辞？"

方勺《泊宅编》：卷五。"宣和二年十月，睦州青溪县揭村居人方腊，托左道以惑众。县官不即锄治，腊自号'圣公'，改元'永乐'，置偏裨将，以巾色饰为别，自红巾而上凡六等，无甲胄，惟以鬼神诡秘事相扇诱。"

同上，"后汉张角、张燕辈，托天师道陵，立祭酒治病，使人出米五斗而病随愈，谓之五斗米道。至其滋盛，则剽劫州县，无所不为。其流至今，蔬食事魔夜聚晓散者是也。凡魔拜必北向，以张角实起于北方。观其拜，足以知其所宗。原其平时，不饮酒食肉，甘枯槁，趋静默，若有志于为善者。然男女无别，不事耕织，衣食无所得，则务攘夺以挻乱，其可不早辨之乎？有以其疑似难识，欲痛绳之，恐其滋蔓，置而不问，驯致祸变者有之。有舍法令一切弗问，但魔迹稍露，则使属邑尽驱之死地，务绝其本根，肃清境内。而此曹急，则据邑聚而反者有之。此风日扇，殆未易察治。如能上体国禁之严，下令愚民之无辜，迷而入于此道，不急不怠，销患于冥冥之中者，良有司也。"

《建炎以来系年要录》：卷七百十六。"绍兴四年五月，起居舍人王居正言：伏见两浙州县有吃菜事魔之俗。方腊以前，法禁尚宽，而事魔之俗犹未甚炽。方腊之后，法禁愈严，而事魔之俗愈不可胜禁。州县之吏，平居坐视，一切不问则已。间有贪功或畏事者，稍踪迹之，则一方之地流血积尸，至于庐舍积聚、山林鸡犬之属，焚烧杀戮，靡有孑遗。自方腊之平，至今十余年间，不幸而死者不知几千万人矣。所宜恻然动心而思欲究其所以然之说也。臣闻事魔者，每乡每村有一二桀黠，谓之'魔头'，尽录乡村姓名，相与诅盟为党。凡事魔者，不肉食，而一家有事，同党之人皆出力以相赈恤。盖不肉食则费省，费省故食易足。同党则相亲，相亲故相恤，而事易济。臣以为此先王导其民，使相亲、相友、相助之意，而甘淡泊、务节俭，有古淳朴之风。今民之师帅既不能以是为政，乃为魔头者，窃取以瞀惑其党，使皆归德于魔。于是从而附益之以邪僻害教之说，民愚无知，谓吾从魔而食易足事易济也，故以魔说为皆可信而争趋归之，此所以法禁愈严而愈不可胜禁。伏望陛下念民迷之日久，下哀矜之诏书，使人晓然，知以为不肉食则费省，故易足；同党则相亲，故相恤而事易济。此自然之理，非魔之力。至于邪僻害教，如不祭其先之类，则事魔之罪也。部责监司，郡县责守令，宣明诏旨，许以自新。又择平昔言行为乡曲所信者，家至而户晓之。其间有能至诚用心、率众归附者，优加激赏，以励其徒。庶几旧染之俗，闻风丕变，实一方生灵赤子之幸。诏诸帅宪司措置，毋得骚扰生事。"

廖刚《高峰先生文集》卷二。"《乞禁妖教劄子》"："臣伏睹刑部关报，臣寮上言，乞修立吃菜事魔条禁，务从轻典。奉圣旨令刑部看详上尚书省。臣谨案《王制》曰：'执左道以乱政，杀。假于鬼神、时日、卜筮以疑众，杀。'非乐于杀人，为其邪说诡道足以疑惑愚众，使之惟己之从，则相率为乱之阶也。今之吃菜事魔，传习妖教，正是之谓。臣访闻两浙江东西，此风方炽，创自一人，其从至于千百为群，阴结死党，犯罪则人出千钱或五百行赇，死则人执柴烧变，不用棺椁衣衾，无复丧葬祭祀之事，一切务减人道，则其视君臣上下复何有哉？此而不痛惩之，养成其乱，至于用兵讨除，则杀人不可胜数矣。臣闻传习事魔，为首之人盖有所利而为之，诳惑愚民，诋以祸福而取其财物，谓之教化，此最不可恕者。推究为首之人，峻法治之，自当衰息。若不分首从，概欲以不应为坐之，恐非所以戢奸弭乱也。臣谓贫穷而为盗贼，情或可恕，事魔非迫于不得已也。故为邪僻败坏风俗之事，其措心积虑已不顺矣。是故易诱为乱也。如被诱之人尚或可以阔略，彼为首者，虽未有不顺之迹，岂可轻恕？欲望睿旨并送刑部，看详施行。"

庄季裕《鸡肋编》："事魔食菜，法禁甚严，有犯者，家人虽不知情，亦流于远方，以财产半给告人，余皆没官。而近时事者益众，云自福建流至温州，遂及二浙。睦州方腊之乱，其徒处处相扇而起。闻其法：断荤酒，不事神佛祖先，不会宾客，死则裸葬，方敛，尽饰衣冠，其徒使二人坐于尸傍，其一问曰：'来时有冠否？'则答曰：'无。'遂去其冠，逐一去之，以至于尽。乃曰：'来时何有？'曰：'有胞衣。'则以布囊盛尸焉，云事之后致富。小人无识，不知绝酒肉、燕祭、厚葬自能积财焉。又始投其党，有甚贫者，众率财以助，积微以至于小康矣。凡出入经过，虽不识，党人皆馆谷焉。人物用之无间，谓为一家，故有无碍被之说，以是诱惑其众。其魁谓之'魔王'，佐者谓之'魔翁'、'魔母'，各诱化人。旦望人出四十九钱于魔翁处烧香，翁母则聚所得缗钱，以时纳于魔王。岁获不赀云。亦诵《金刚经》，取以色见我为邪道，故不事神佛，但拜日月，以为真佛。其说经如'是法平等无有高下'，则以'无'字连上句，大抵多如此解释。俗讹以'魔'为'麻'，谓其魁为麻黄，或云易魔王之称也。其初授法，设誓甚重。然以张角为祖，虽死于汤镬，终不敢言'角'字。传记何执中守官台州，州获事魔之人，勘鞫久不能得。或云：'何，处州龙泉人，其乡邑多有事者，必能察其虚实。'乃委之穷究。何以杂物数件示之，能识其名则非是，而置羊角其中，他皆名之，至角则不言。遂决其狱，如不事祖先裸葬之类，固已害风俗，而又谓人生为苦，若杀之，是救其苦也，谓之度人，度多者则可以成佛。故结集既众，乘乱而起，甘嗜杀人，最为大患。尤憎恶释氏，盖以戒杀与之为戾耳。但禁令太严，每有告者，株连既广，又当籍没全家，流放与死为等，必协力同心，以拒官吏。州县惮之，率不敢案，反致增多。余谓薄其刑典，除去籍财之令，但治其魁首，则可以已也。"

同上，"余既书此，未一岁而衢州开化县余五婆者为人所告，逃于严州遂安县之白马洞缪罗家，捕之则阻险为拒，杀害官吏。至遣官军平荡，两州被患，延及平民甚众，殊可伤闵。"

陆游《渭南文集》：卷五。"条对状：一、自盗贼之兴，若止因水旱饥馑，迫于寒饿，啸聚攻劫，则措置有方，便可抚定，必不能大为朝廷之忧。惟是妖幻邪人，平时诳惑良民，结连素定，待时而发，则其为害未易可测。伏缘此色人处处皆有，淮南谓之'二桧子'，两浙谓之'牟尼教'，江东谓之'四果'，江西谓之'金刚禅'，福建谓之'明教揭谛斋'之类，名号不一。明教尤甚，至有秀才、吏人、军兵，亦相传习，其神号曰'明使'，及有'肉佛'、'骨佛'、'血佛'等号。白衣乌帽，所在成社。伪经妖像，至于刻板流布，假借政和中道官程若清等为校勘，福州知州黄裳为监雕。以祭祖考为引鬼，永绝血食，以溺为法水，用以沐浴。其他妖滥，未易概举。烧乳香则乳香为之贵，食菌蕈则菌蕈为之贵。更相结习，有同胶漆。万一窍发，可为寒心。汉之张角，晋之孙恩，近岁之方腊，皆是类也。欲乞朝廷戒敕监司守臣，常切觉察，有犯于有司者，必正典刑。毋得以习不根经教之文，例行阔略。仍多张晓示，见今传习者，限一月，听赍经像衣帽赴官自首，与原其罪，限满，重立赏，许人告捕。其经文印版，令州县根寻，目下焚毁。仍立法，凡为人图画妖像及传写刊印明教经等妖妄经文者，并从徒一年论罪，庶可阴消异时窃发之患。"

陆游《老学庵笔记》："闽中有习左道者，谓之明教，亦有《明教经》甚多，刻板摹印，妄取《道藏》中校定官衔赘其后。烧必乳香，食必红蕈，故二物皆翔贵。至有士人宗子辈，众中自言今日赴明教会，予尝诘之：'此魔也，奈何与之游？'则对曰：'不然，男女无别者为魔，男女不亲授者为明教。明教遇妇人所作食则不食。'然尝得所谓《明教经》观之，诞谩无可取，直俚俗习妖妄者所为耳。又或指名族士大夫家曰：'此亦明教也。'不知信否。偶读徐常侍《稽神录》之'有善魔法者名曰明教'，则明教亦久矣。"

《嘉定赤城志》卷三十七。李守谦《戒事魔》十诗："劝尔编民莫事魔，魔成划地祸殃多。家财破荡身狼藉，看取胡忠季子和。""白衣夜会说无根，到晓奔逃各出门。此是邪魔名外道，自投刑辟害儿孙。""金针引透白莲池，此语欺人亦自欺。何似田桑家五亩，鸡豚狗彘勿违时。""莫念《双宗二会经》，官中条令至分明。罪流更溢三千里，白佛安能救尔生。""生儿只遣事犁锄，有智宜令早读书。莫被胡辉相引诱，此人决脊尚囚拘。""蚩蚩女妇太无知，吃菜何须自苦为？料想阿童鞭背后，心中虽悔不能追。""仙居旧有祖师堂，坐落当初白塔乡。眼见菜头头落地，今人讳说吕师囊。""贵贱家家必有尊，如何毁祖事魔神。细思父母恩难报，早转头来孝尔亲。""肉味鱼腥吃不妨，随宜茶饭守家常。朝昏但莫为诸恶，底用金炉爇乳香。""官家为是爱斯民，临遣知州诲尔谆。愿尔进知庠序教，怕嫌尔做事魔人。"

案：李谦，考《志中郡守题名》作"李兼"，以开禧三年三月三十日知台州，嘉定元年九月二十一日除宗正丞，未行卒。

《佛祖统纪》卷三十九。引《释门正统》："良渚曰：'准国朝法令，诸以《二宗经》及非《藏经》所载不根经文传习惑众者，以左道论罪。'二宗者，谓男女不嫁娶，互持不语，病不服药，死则裸葬等。不根经文者，谓《佛佛吐恋师》、《佛说啼泪》、大小《明王出世经》、《开元括地变文》、《齐天论五来子曲》之类。其法不茹荤饮酒，昼寝夜兴，以香为信，阴相交结，称为善友，一旦郡邑有小隙，则冯狠作乱，如方腊、吕昇辈是也。其说以天下禅人但传卢行者十二部假禅，若吾徒即是真禅。有云：'菩提子，达摩栽，心地种，透灵台。'或问终何所归？则曰：

'不生天，不入地，不求佛，不涉余途，直过之也。'如此魔教，愚民皆乐为之。其徒以不杀、不饮、不荤辛为至严，沙门有行为弗谨，反遭其讥，出家守法，可不自勉。"

同上，卷四十四。"良渚曰：'白云、白莲、摩尼三宗，皆假名佛教以诳愚俗，犹五行之有沴气也。今摩尼尚扇于三山，而白莲、白云处处有习之者。大抵不事荤酒，故易于裕足；而不杀物命，故近于为善。愚民无知，皆乐趋之。甚至第宅姬妾，为魔女所诱，入其众中，以修忏念佛为名，而实通奸秽。有识士夫，宜加禁止。'"

《至正金陵新志》卷八。"《风俗志·陆子遹除妖害记》"："自夫白云魔教之滋也。而雄据阡陌，豪夺民业，衔辛茹毒，罔所诉理。有司一问，则群噪酿贿，白黑淆乱。弱下窭乏，困于徭征，则独偃然自肆。寸丝粒粟，不入公上，群□邑甿，或以赴诉，则赇吏鬻证，反为所诬。根深蒂固，岁月滋久，民视若禽兽，视法令无如也。中略。岁在己卯，先疆域民之习魔教者，夺民业则正而归之，不输赋则均而取之，嚣顽之俗，革于一旦，党与之众，散于反掌。"

《西山先生真文忠公文集》卷四十。"《再守泉州劝农文》"："莫习魔教，莫信邪师。"

《大明律集解附例》：卷十一。"凡妄称弥勒佛、白莲社、明尊教、白云宗等会，一应左道乱正之术，扇惑人民。为首者绞，为从者各杖一百，流三千里。"原注："西方弥勒佛、远公白莲社、牟尼明尊教、释氏白云宗是四样。"

右古书所记摩尼教事，其概如此。当宣统元年，吴县蒋伯斧郎中跋《巴黎所藏摩尼教残经卷》，附考摩尼教入中国源流，仅及唐会昌而止。后上虞罗叔言参事印行京师图书馆所藏《摩尼教经》一卷，法国伯希和教授译之，后复附《摩尼教考》，并增宋世摩尼教事实，较蒋君所考，甚为该博。伯氏书用法文，余曩曾抄撮其所引汉籍，数年以来，流览所及，颇有增益。计增日本僧圆化《求法记》一则，赞宁《僧史略》一则，方勺《泊宅编》、庄季裕《鸡肋编》各二则，《建炎以来系年要录》、《高峰先生文集》、《嘉定赤城志》、《至正金陵新志》、《真西山文集》各一则，与前所抄者汇为一编，庶唐、宋二代彼教情形，略可观览。考唐代置摩尼寺之地，北则两都、太原，南则荆、扬、洪、越诸州。会昌禁绝后，回鹘摩尼师虽绝迹于中土，然中土人传习者尚如其故。至于五季，尚有陈州母乙之乱、明教禳鬼之事。及大中祥符重修《道藏》，明教经典乃得因缘编入。东都盛时，其流盖微。南北之交，死灰复炽。寻其缘起，别出三山。盖海舶贾胡之传，非北陆大云之旧矣。南渡文人不能纪远，佥谓出自黄巾，祖彼张角。放翁笔记亦仅上援《稽神录》为其滥觞。实则"二宗"、"三际"、"明使"等语，具见唐译《摩尼经》中，故唐、宋彼教，其源或殊，其实则一，观于上所抄撮，可知斯言之不误矣。

文学史及文学评论

宋元戏曲考

序

　　凡一代有一代之文学，楚之骚，汉之赋，六代之骈语，唐之诗，宋之词，元之曲，皆所谓一代之文学，而后世莫能继焉者也。独元人之曲，为时既近，托体稍卑，故两朝史志与《四库》集部均不著于录，后世儒硕皆鄙弃不复道。而为此学者，大率不学之徒，即有一二学子以余力及此，亦未有能观其会通，窥其奥窔者。遂使一代文献郁堙沈晦者且数百年，愚甚惑焉。往者读元人杂剧而善之，以为能道人情，状物态，词采俊拔而出乎自然，盖古所未有，而后人所不能仿佛也。辄思究其渊源，明其变化之迹，以为非求诸唐、宋、辽、金之文学弗能得也，乃成《曲录》六卷、《戏曲考原》一卷、《宋大曲考》一卷、《优语录》二卷、《古剧脚色考》一卷、《曲调源流表》一卷。从事既久，续有所得，颇觉昔人之说与自己之书罅漏日多，而手所疏记与心所领会者亦日有增益。壬子岁莫，旅居多暇，乃以三月之力，写为此书。凡诸材料，皆余所蒐集，其所说明亦大抵余之所创获也。世之为此学者自余始，其所贡于此学者亦以此书为多，非吾辈才力过于古人，实以古人未尝为此学故也。写定有日，辄记其缘起，其有匡正补益，则俟诸异日云。海宁王国维序。

一、上古至五代之戏剧

　　歌舞之兴，其始于古之巫乎？巫之兴也，盖在上古之世，《楚语》：

"古者民神不杂，民之精爽不携贰者，而又能齐肃衷正，中略。如此，则明神降之。在男曰觋，在女曰巫。中略。及少皞之衰，九黎乱德，民神杂糅，不可方物。夫人作享，家为巫史。"然则巫觋之兴，在少皞之前，盖此事与文化俱古矣。巫之事神，必用歌舞，《说文解字》五："巫，祝也，女能事无形以舞降神者也。象人两褎舞形，与工同意。"故《商书》言："恒舞于宫，酣歌于室，时谓巫风。"《汉书·地理志》言：陈太姬"妇人尊贵，好祭祀，用史巫，故其俗巫鬼。《陈诗》曰：'坎其击鼓，苑邱之下。无冬无夏，值其鹭羽。'又曰：'东门之枌，宛邱之栩。子仲之子，婆娑其下。'此其风也"。郑氏《诗谱》亦云。是古代之巫，实以歌舞为职，以乐神人者也。商人好鬼，故伊尹独有巫风之戒。及周公制礼，礼秩百神而定其祀典。官有常职，礼有常数，乐有常节，古之巫风稍杀。然其余习犹有存者，方相氏之驱疫也，大蜡之索万物也，皆是物也。故子贡观于蜡，而曰"一国之人皆若狂"，孔子告以张而不弛，文武不能。后人以八蜡为三代之戏礼，《东坡志林》。非过言也。

周礼既废，巫风大兴。楚越之间，其风尤盛。王逸《楚辞章句》谓："楚国南部之邑，沅湘之间，其俗信鬼而好祠。其祠必作歌乐鼓舞以乐诸神。"屈原"见俗人祭祀之礼，歌舞之乐，其词鄙俚，因为作《九歌》之曲"。古之所谓巫，楚人谓之曰"灵"。《东皇太一》曰："灵偃蹇兮姣服，芳菲菲兮满堂。"《云中君》曰："灵连蜷兮既留，烂昭昭兮未央。"此二者，王逸皆训为巫，而他"灵"字则训为神。案：《说文》一："灵，巫也。"古虽言巫而不言灵，观于屈巫之字子灵，则楚人谓巫为灵，不自战国始矣。

古之祭也必有尸。宗庙之尸，以子弟为之。至天地百神之祀，用尸与否，虽不可考，然《晋语》载"晋祀夏郊，以董伯为尸"，则非宗庙之祀，固亦用之。《楚辞》之灵，殆以巫而兼尸之用者也。其词谓巫曰灵，谓神亦曰灵。盖群巫之中，必有象神之衣服形貌动作者，而视为神之所冯依，故谓之曰灵，或谓之灵保。《东君》曰："思灵保兮贤姱。"王逸《章句》训"灵"为"神"，训"保"为"安"。余疑《楚辞》之"灵保"与《诗》之"神保"，皆"尸"之异名。《诗·楚茨》云："神保是飨。"又云："神保是格。"又云："鼓钟送尸，神保聿归。"毛传云："保，安也。"郑笺亦云："神安而飨其祭祀。"又云："神安归者，归于天也。"然如毛、郑之说，则谓神安是飨、神安是格、神安聿归者，于辞为不文。《楚茨》一诗，郑、孔二君皆以为述绎祭宾尸之事，其礼亦与古礼《有司彻》一篇相合。则所谓神保，殆谓尸也。其曰："鼓钟送尸，神保聿归。"盖参互言之，以避复耳。知《诗》之神保为尸，则《楚辞》之灵保可知矣。至于浴兰沐芳，华衣若英，衣服之丽也；缓节安歌，竽瑟浩倡，歌舞之盛也；乘风载云之词，生别新知之语，荒淫之意也。是则灵之为职，或偃蹇以象神，或婆娑以乐神，盖后世戏剧之萌芽，已有存焉者矣。

巫觋之兴，虽在上皇之世，然俳优则远在其后。《列女传》云夏桀既弃礼义，求倡优、侏儒、狎徒为奇伟之戏。此汉人所纪，或不足信。其可信者，则晋之优施，楚之优孟，皆在春秋之世。案：《说文》八："优，饶也。一曰倡也。"又曰："倡，乐也。"古代之优，本以乐为职，故优施假歌舞以说里克。《史记》称优孟，亦云"楚之乐人"。又优之为言，戏也。《左传》："宋华弱与乐辔少相狎，长相优。"杜注："优，调戏也。"故优人之言，无不以调戏为主。优施鸟乌之歌，优孟爱马之对，皆以微词托意，甚其有谑而为虐者。《穀梁传》："颊谷之会，齐人使优施舞于鲁君之幕下。孔于曰：'笑君者，罪当死。'使司马行法焉。"厥后秦之优旃，汉之幸倡郭舍人，其言无不以调戏为事。要之，巫与优之别：巫以乐神，而优以乐人；巫以歌舞为主，而优以调谑为主；巫以女为之，而优以男为之。至若优孟之为孙叔敖衣冠而楚王欲以为相，优施一舞，而孔子谓其笑君，则于言语之外，其调戏亦以动作行之，与后世之优颇复相类。后世戏剧当自巫、优二者出。而此二者，固未可以后世戏剧视之也。

附考：古之优人，其始皆以侏儒为之，《乐记》称优侏儒。颊谷之会，孔子所诛者，《穀梁传》谓之优，而《孔子家语》、何休《公羊解诂》均谓之侏儒。《史记·李斯列传》：侏儒倡优之好，不列于前。《滑稽列传》亦云："优旃者，秦倡侏儒也。"故其自言曰："我虽短也，幸休居。"此实以侏儒为优之一确证也。《晋语》："侏儒扶卢。"韦昭注："扶，缘也；卢，矛戟之柲，缘之以为戏。"此即汉寻橦之戏所由起。而优人于歌舞、调戏外，且兼以竞技为事矣。

汉之俳优，亦用以乐人，而非以乐神。《盐铁论·散不足》篇虽云"富者祈名岳，望山川，椎牛击鼓，戏倡舞像"，然《汉书·礼乐志》载郊祭乐人员，初无优人，惟朝贺置酒陈前殿房中，有常从倡三十人，常从象人孟康曰："象人，若今戏鱼虾狮子者也。"韦昭曰："著假面者也。"四人，诏随常从倡十六人，秦倡员二十九人，秦倡象人员三人，诏随秦倡一人，此外尚有黄门倡。此种倡人，以郭舍人例之，亦当以歌舞调谑为事。以倡而兼象人，则又兼以竞技为事，盖自汉初已有之，贾子《新书·匈奴》篇所陈者是也。至武帝元封三年，而角抵戏始兴。《史记·大宛传》：安息以"黎轩善眩人献于汉"。"是时上方巡狩海上，乃悉从外国客。大觳抵，出奇戏诸怪物。及加其眩者之工，而觳抵奇戏岁增变，甚盛益兴，自此始。"按：角抵者，应劭曰："角者，角技也；抵者，相抵触也。"文颖曰："名此乐为角抵者，两两相当角力，角技艺射御，故名角抵。盖杂技乐也。"是角抵以角技为义，故所包颇广，后世所谓百戏者是也。角抵之地，汉时在平乐观。观张衡《西京赋》所赋平乐事，殆兼诸技而有之。"乌获扛鼎，都卢寻橦，冲狭燕濯，胸突铦锋，跳丸剑之挥霍，走索上而相逢"，则角力、角技之本事也；巨兽之为曼延，舍利之化仙车，"吞刀吐火，云雾杳冥"，所谓加眩者之工而增变者也；"总会仙倡，戏豹舞罴，白虎鼓瑟，苍龙吹篪"，则假面之戏也；"女娲坐而长歌，声清畅而委蛇，洪厓立而指挥，被毛羽之襳褷，度曲未终，云起雪飞"，则歌舞之人又作古人之形象矣；"东海黄公，赤刀粤祝，冀厌白虎，卒不能救"，则且敷衍故事矣。至李尤《平乐观赋》《艺文类聚》六十三。亦云："有仙驾雀，其形蚴虬。骑驴驰射，狐兔惊走。侏儒巨人，戏谑为偶。"则明明有俳优在其间矣。及元帝初元五年，始罢角抵。然其支流之流传于后世者尚多，故张衡、李尤在后汉时犹得取而赋之也。

至魏明帝时，复修汉平乐故事。《魏略》：《魏志·明帝纪》裴注所引。帝"引谷水过九龙殿前"，"水转百戏。岁首，建巨兽，龟龙曼延，弄马倒骑，备如汉西京之制"。故魏时优人，乃复著闻。《魏志·齐王纪》注引《世语》及《魏氏春秋》云："司马文王镇许昌，征还击姜维，至京师，帝于平乐观以临军过。中领军许允与左右小臣谋，因文王辞，杀之勒其众以退大将军。已书诏于前。文王入，帝方食栗，优人云午等唱曰：'青头鸡，青头鸡。'青头鸡者，鸭也。谓押诏书。帝惧，不敢发。"又《魏书》裴注引。载司马师等废帝奏亦云：使小优郭怀、袁信"于广望观下作辽东妖妇，嬉亵过度，道路行人掩目"。太后废帝令亦云："日延倡优，恣其丑谑。"则此时倡优，亦以歌舞戏谑为事。其作辽东妖妇，或演故事，盖犹汉世角抵之余风也。

晋时优戏，殊无可考。惟《赵书》《太平御览》卷五百六十九引。云：

"石勒参军周延为馆陶令，断官绢数万匹，下狱。以八议宥之。后每大会，使俳优著介帻，黄绢单衣。优问：'汝何官，在我辈中？'曰：'我本为馆陶令。'斗数单衣，曰：'正坐取是，入汝辈中。'以为笑。"唐段安节《乐府杂录》亦载此事，云："参军始自后汉馆陶令石耽。"然后汉之世，尚无参军之官，则《赵书》之说殆是。此事虽非演故事而演时事，又专以调谑为主，然唐、宋以后脚色中有名之参军，实出于此，自此以后以迄南朝，亦有俗乐。梁时设乐，有曲，有舞，有技。然六朝之季，恩幸虽盛，而俳优罕闻。盖视魏、晋之优，殆未有以大异也。

由是观之，则古之俳优，但以歌舞及戏谑为事；自汉以后，则间演故事；而合歌舞以演一事者，实始于北齐。顾其事至简，与其谓之戏，不若谓之舞之为当也。然后世戏剧之源，实自此始。《旧唐书·音乐志》云："代面出于北齐。北齐兰陵王长恭，才武而面美，常著假面以对敌。尝击周师金墉城下，勇冠三军，齐人壮之，为此舞以效其指挥击刺之容，谓之《兰陵王入阵曲》。"《乐府杂录》与崔令钦《教坊记》所载略同。又《教坊记》云："《踏摇娘》，北齐有人姓苏，齁鼻，实不仕而自号为郎中。嗜饮酗酒，每醉辄殴其妻。妻衔悲诉于邻里。时人弄之，丈夫著妇人衣，徐步入场行歌。每一叠，旁人齐声和之云：'踏摇，和来，踏摇娘苦，和来。'以其且步且歌，故谓之踏摇；以其称冤，故言苦。及其夫至，则作殴斗之状，以为笑乐。"此事《旧唐书·音乐志》及《乐府杂录》亦纪之，但一以苏为隋末河内人，一以为后周士人。齐、周、隋相距历年无几，而《教坊记》所纪独详，以为齐人，或当不谬。此二者皆有歌有舞，以演一事。而前此虽有歌舞，未用之以演故事；虽演故事，未尝合以歌舞，不可谓非优戏之创例也。盖魏、齐、周三朝，皆以外族入主中国，其与西域诸国交通频繁，龟兹、天竺、康国、安国等乐，皆于此时入中国。而龟兹乐则自隋、唐以来，相承用之，以迄于今。此时外国戏剧，当与之俱入中国，如《旧唐书·音乐志》所载《拨头》一戏，其最著之例也。案：《兰陵王》、《踏摇娘》二舞，《旧志》列之歌舞戏中，其间尚有《拨头》一戏。《志》云："《拨头》者，出西域。胡人为猛兽所噬，其子求兽杀之，为此舞以象之也。"《乐府杂录》谓之《钵头》，此语之为外国语之译音，固不待言，且于国名、地名、人名三者中，必居其一焉。其入中国，不审在何时。按：《北史·西域传》有拔豆国，去代五万一千里。按：五万一千里，必有误字。《北史·西域传》诸国，虽大秦之远，亦仅去代三万九千四百里；拔豆上之南天竺国，去代三万一千五百里；叠伏罗国，去代三万一千里。此五万一千里，疑亦三万一千里之误也。《隋》、《唐》二《志》，即无此国，盖于后魏之初一通中国，后或亡或隔绝，已不可知。如使"拨头"与"拔豆"为同音异译，而此戏出于拔豆国，或由龟兹等国而入中国，则其时自不应在隋、唐以后，或北齐时已有此戏，而《兰陵王》、《踏摇娘》等戏，皆模仿而为之者欤？

此种歌舞戏，当时尚未盛行，实不过为百戏之一种。盖汉、魏以来之角抵奇戏，尚行于南北朝，而北朝尤盛。《魏书·乐志》言太宗增修百戏，撰合大曲。《隋书·音乐志》亦云："齐武平中，有鱼龙烂漫，俳优侏儒。中略。奇怪异端，百有余物，名为百戏。"周明帝武成间，朔旦会群臣，亦用百戏。及宣帝时，"征齐散乐人并会京师为之"。至隋炀帝大业二年，"突厥染干来朝，炀帝欲夸之，总追四方散乐，大集东都"。自是"每岁正月，万国来朝，留至十五日，于端门外建国门内，绵亘八里，列为戏场。百官起棚夹路，从昏至旦以纵观，至晦而罢。伎人皆衣锦绣缯彩，其歌舞者多为妇人服，鸣环佩，饰以花眊者，殆三万人"。故柳彧上书谓："鸣鼓聒天，燎炬照地，人戴兽面，男为女服，倡优杂技，诡状异形。"《隋书·柳彧传》。薛道衡《和许给事善心戏场转韵诗》《初学记》卷十五。所咏亦略同。虽侈靡跨于汉代，然视张衡之赋西京，李尤之赋平乐观，其言固未有大异也。

至唐而所谓歌舞戏者，始多概见。有本于前代者，有出新撰者，今备举之。

一、《代面》、《大面》

《旧唐书·音乐志》一则。见前。

《乐府杂录·鼓架部》条："有《代面》，始自北齐神武弟，有胆勇，善战斗，以其颜貌无威，每入阵即著面具，后乃百战百胜。戏者衣紫、腰金、执鞭也。"

《教坊记》："《大面》出北齐兰陵王长恭，性胆勇，而貌妇人，自嫌不足以威敌，乃刻为假面，临陈著之。因为此戏，亦入歌曲。"

二、《拨头》、《钵头》

《旧唐书·音乐志》一则。见前。

《乐府杂录·鼓架部》条："《钵头》，昔有人，父为虎所伤，遂上山寻其父尸。山有八折，故曲八叠。戏者被发素衣，面作啼，盖遭丧之状也。"

三、《踏摇娘》、《苏中郎》、《苏郎中》

《旧书·音乐志》："《踏摇娘》，生于隋末河内。河内有人貌恶而嗜酒，常自号郎中，醉归必殴其妻。其妻美色善歌，为怨苦之辞。河朔演其声而被之弦管，因写其夫之容。妻悲诉，每摇顿其身，故号'踏摇娘'。近代优人改其制度，非旧旨也。"

《乐府杂录·鼓架部》条："《苏中郎》，后周士人苏葩，嗜酒落魄，自号中郎，每有歌场，辄入独舞。今为戏者，著绯带帽，面正赤，盖状其醉也。郎有《踏摇娘》。"

《教坊记》一则。见前。

四、参军戏

《乐府杂录·俳优》条："开元中，黄幡绰、张野狐弄参军，始自汉馆陶令石耽。耽有赃犯，和帝惜其才，免罪。每宴乐，即令衣白夹衫，命俳优弄辱之，经年乃放。后为参军，误也。""开元中，有李仙鹤善此戏，明皇特授韶州同正参军，以食其禄。是以陆鸿渐撰词言韶州参军，盖由此也。"

赵璘《因话录》卷一："肃宗宴于宫中，女优有弄假官戏，其绿衣秉简者，谓之参军桩。"

范摅《云溪友议》卷九：元稹廉问浙东，"有俳优周季南、季崇及妻刘采春，自淮甸而来，善弄陆参军，歌声彻云。"

（附）《五代史·吴世家》："徐氏之专政也，杨隆演幼懦，不能自持，而知训尤凌侮之。尝饮酒楼上，命优人高贵卿侍酒，知训为参军，隆演鹑衣髽髻为苍鹘。"

（附）姚宽《西溪丛语》下引《吴史》："徐知训怙威骄淫，调谑王，无敬长之心。尝登楼狎戏，荷衣木简，自称参军，令王髽髻鹑衣，为苍头以从。"

五、《樊哙排君难》戏、《樊哙排闼》剧

《唐会要》卷三十三："光化四年正月，宴于保宁殿，上制曲，名曰《赞成功》。时盐州雄毅军使孙德昭等杀刘季述，反正。帝乃制曲以褒之，仍作《樊哙排君难》戏以乐焉。"

宋敏求《长安志》卷六："昭宗宴李继昭等将于保宁殿，亲制《赞成功》曲以褒之，仍命伶官作《樊哙排君难》戏以乐之。"

陈旸《乐书》卷一百八十六："昭宗光化中，孙德昭之徒刃刘季述，始作《樊哙排闼剧》。"

此五剧中其出丁后赵者一，参军。出于北齐或周、隋者二，《大面》、《踏摇娘》。出于西域者一，《拨头》。惟《樊哙排君难》戏乃唐代所自制，且其布置甚简，而动作有节，固与《破阵乐》、《庆善乐》诸舞相去不远。其所异者，在演故事一事耳。顾唐代歌舞戏之发达，虽止于此，而滑稽戏则殊进步。此种戏剧，优人恒随时地而自由为之。虽不必有故事，而恒托为故事之形。惟不容合以歌舞，故与前者稍异耳。其见于载籍者，兹复汇举之，其可资比较之助者颇不少也。

《资治通鉴》卷二百十二："侍中宋璟疾负罪而妄诉不已者，悉付御史台治之。谓中丞李谨度曰：'服不更诉者，出之；尚诉未已者，且系。'由是人多怨者。会天旱，优人作魃状，戏于上前。问魃：'何为出？'对曰：'奉相公处分。'又问：'何故？'对曰：'负罪者三百余人，相公悉以系狱抑之，故魃不得不出。'上心以为然。"

《旧唐书·文宗纪》："太和六年二月己丑寒食节，上宴群臣于麟德殿。是日，杂戏人弄孔子。帝曰：'孔于古今之师，安得侮黩！'亟命驱出。"

高彦休《唐阙史》卷下："咸通中，优人李可及者，滑稽谐戏，独出辈流。虽不能托讽匡正，然智巧敏捷，亦不可多得。尝因延庆节，缁黄讲论毕，次及倡优为戏。可及乃儒服险巾，褒衣博带，摄齐以升讲座，自称三教论衡。其隅坐者问曰：'既言博通三教，释迦如来是何人？'对曰：'是妇人。'问者惊曰：'何也？'对曰：'《金刚经》云："敷座而坐。"或非妇人，何烦夫坐然后而坐也？'上为之启齿。又问曰：'太上老君何人也？'对曰：'亦妇人也。'问者益所不喻。乃曰：'《道德经》云："吾有大患，是吾有身，及吾无身，吾复何患。"倘非妇人，何患乎有娠乎？'上大悦。又问：'文宣王何人也？'对曰：'妇人也。'问者曰：'何以知之？'对曰：'《论语》云："沽之哉！沽之哉！吾待贾者也。"向非妇人，待嫁奚为？'上意极欢，宠锡甚厚。翌日，授环卫之员外职。"

唐无名氏《玉泉子真录》《说郛》卷四十六："崔公铉之在淮南，尝俾乐工集其家僮，教以诸戏。一日，其乐工告以成就，且请试焉。铉命阅于堂下，与妻李坐观之。僮以李氏妒忌，即以数僮衣妇人衣，曰妻曰妾，列于傍侧。一僮则执简束带，旋辟唯诺其间。张乐命酒，不能无属意者，李氏未之悟也。久之戏愈甚，悉类李氏平昔所尝为。李氏虽少悟，以其戏偶合，私谓不敢而然，且观之。僮志在发悟，愈益戏之。李果怒，骂之曰：'奴敢无礼！吾何尝如此？'僮指之，且出，曰：'咄咄！赤眼而作白眼讳乎？'铉大笑，几至绝倒。"

孙光宪《北梦琐言》卷六："光化中，朱朴自《毛诗》博士登庸，恃其口辨，可以立致太平。由藩邸引导，闻于昭宗，遂有此拜。对扬之日，面陈时事数条，每言：'臣为陛下致之。'洎操大柄，无以施展，自是恩泽日衰，中外腾沸。内宴日，俳优穆刀陵作念经行者，至御前曰：'若是朱相，即是非相。'翌日出官。"

附　五代

《北梦琐言》卷十四："刘仁恭之军，为汴帅败于内黄。尔后汴帅攻燕，亦败于唐河。他日命使聘汴，汴帅开宴，俳优戏医病人以讥之。且问：'病状内黄，以何药可瘥？'其聘使谓汴帅曰：'内黄，可以唐河水浸之，必愈。'宾主大笑。"

钱易《南部新书》卷癸："王延彬独据建州，称伪号。一日大设，为伶官作戏，辞云：'只闻有泗州和尚，不见有五县天子。'"

郑文宝《江南余载》卷上："徐知训在宣州，聚敛苛暴，百姓苦之。入觐侍宴，伶人戏作绿衣大面若鬼神者。傍一人问：'谁？'对曰：'我宣州土地神也。吾主人人觐，和地皮掘来，故得至此。'"

又卷上："张崇帅庐州，人苦其不法。因其入觐，相谓曰：'渠伊必不来矣。'崇闻之，计口征'渠伊钱'。明年又入觐，人不敢交语，唯道路相目，捋须为庆而已。崇归，又征'捋须钱'。其在建康，伶人戏为死而获谴者曰：'焦湖百里，一任作獭。'"

观上文之所汇集，知此种滑稽戏始于开元，而盛于晚唐。以此与歌舞戏相比较，则一以歌舞为主，一以言语为主；一则演故事，一则讽时事；一为应节之舞蹈，一为随意之动作；一可永久演之，一则除一时一地外不容施于他处。此其相异者也。而此二者之关纽，实在参军一戏。参军之戏，本演石耽或周延故事。又《云溪友议》谓"周季南等弄陆参军，歌声彻云"，则似为歌舞剧。然至唐中叶以后，所谓参军者，不必演石耽或周延，凡一切假官皆谓之参军。《因话录》所谓"女优弄假官戏，其绿衣秉简者谓之参军桩"是也。由是参军一色，遂为脚色之主，其与之相对者，谓之苍鹘。李义山《骄儿诗》："忽复学参军，按声唤苍鹘。"《五代史·吴世家》所纪，足以证之。上所载滑稽剧中，无在不可见此二色之对立。如李可及之儒服险巾，褒衣博带；崔铉家童之执简束带，旋辟唯诺；南唐伶人之绿衣大面，作宣州土地神：皆所谓参军者为之。而与之对待者，则为苍鹘。此说观下章所载宋代戏剧自可了然，此非想像之说也。要之，唐、五代戏剧，或以歌舞为主，而失其自由；或演一事，而不能被以歌舞。其视南宋、金、元之戏剧，尚未可同日而语也。

二、宋之滑稽戏

今日流传之古剧，其最古者出于金、元之间。观其结构，实综合前此所有之滑稽戏及杂戏、小说为之。又宋、元之际，始有南曲、北曲之分，此二者亦皆综合宋代各种乐曲而为之者也。今欲溯其发达之迹，当分为三章论之：一、宋之滑稽戏，二、宋之杂戏小说，三、宋之乐曲是也。

宋之滑稽戏，大略与唐滑稽戏同，当时亦谓之杂剧。兹复汇集之如下：

刘攽《中山诗话》："祥符、天禧中，杨大年、钱文僖、晏元献、刘子仪以文章立朝，为诗皆宗李义山，后进多窃义山语句。尝内宴，优人有为义山者，衣服败裂，告人曰：'吾为诸馆职挦扯至此。'闻者欢笑。"

范镇《东齐纪事》卷一："赏花钓鱼赋诗，往往有宿构者。天圣中，永兴军进山水石，适至会命赋山水石，其间多荒恶者，盖出其不意耳。中坐，优人入戏，各执笔若吟咏状。其一人忽仆于界石上，众扶掖起之。既起，曰：'数日来作赏花钓鱼诗，准备应制，却被这石头擦倒。'左右皆大笑。翌日，降出其诗，令中书铨定，秘阁校理韩义最为鄙恶，落职，与外任。"

张师正《倦游杂录》江少虞《皇宋事实类苑》卷六十四引："景祐末，诏以郑州为奉宁军，蔡州为淮康军。范雍自侍郎领淮康节钺，镇延安。时羌人旅拒，戍边之卒，延安为盛。有内臣卢押班者为钤辖，心常轻范。一日军府开宴，有军伶人杂剧，称参军，梦得一黄瓜，长丈余，是何祥也？一伶贺曰：'黄瓜上有刺，必作黄州刺史。'一伶批其颊曰：'若梦见镇府萝卜，须作蔡州节度使？'范疑卢所教，即取二伶杖背，黥为城旦。"

宋无名氏《续墨客挥犀》卷五："熙宁九年，太皇生辰，教坊例有献香杂剧。时判都水监侯叔献新卒，伶人丁仙现假为一道士善出神，一僧善入定。或诘其出神何所见，道士云：'近曾出神至大罗，见玉皇殿上有一人披金紫，熟视之，乃本朝韩侍中也，于捧一物。窃问旁立者，曰："韩侍中献国家金枝玉叶万世不绝图。"'僧曰：'近入定到地狱，见阎罗殿侧有一人衣绯垂鱼，细视之，乃判都水监侯工部也，手中亦擎一物。窃问左右，云："为奈何水浅，献图欲别开河道耳。"时叔献兴水利以图恩赏，百姓苦之，故伶人有此语。"江少虞《皇宋事实类苑》卷六十五引此条作《倦游杂录》。

朱彧《萍洲可谈》卷三："熙宁间，王介甫行新法。中略。其时多引人上殿。伶人对上作俳，跨驴直登轩陛，左右止之。其人曰：'将谓有脚者尽上得。'荐者少沮。"

陈师道《谈丛》卷一："王荆公改科举，暮年乃觉其失，曰：'欲变学究为秀才，不谓变秀才为学究也。'盖举子专诵王氏章句而不解其义，正如学究诵注疏尔。教坊杂戏亦曰：'学《诗》于陆农师，学《易》于龚深之。"之"当作"父"。'盖讥士之寡闻也。"

王辟之《渑水燕谈录》卷十："顷有秉政者，深被眷倚，言事无不从。一日御宴，教坊杂剧为小商，自称姓赵，以瓦瓿卖沙糖。道逢故人，喜而拜之。伸足误踏瓿倒，糖流于地。小商弹采叹息曰：'甜采，你即溜也怎奈何？'左右皆笑。俚语以王姓为甜采。"

李廌《师友谈记》："东坡先生近令门人作《人不易物赋》。或戏作一联曰：'伏其几而袭其裳，岂为孔子；学其书而戴其帽，未是苏公。'士大夫近年做东坡桶高檐短帽，名曰子瞻样。廌因言之。公笑曰：'近扈从醴泉观，优人以相与自夸文章为戏者。一优丁仙现曰："吾之文章，汝辈不可及也。"众优曰："何也？"曰："汝不见吾头上于瞻乎？"'上为解颜，顾公久之。"

《萍洲可谈》卷三："王德用为使相，黑色俗号'黑相'。尝与北使伴射，使已中的，黑相取箭锝头，一发破前矢，俗号'劈笴箭'。姚麟亦善射，为殿帅十年，伴射尝蒙奖赐。崇宁初，王恩以遭遇处位殿帅，不习弓矢，岁岁以伴射为窘。伶人对御作俳，先一人持一矢入，曰：'黑相劈笴箭，售钱三百万。'又一人持八矢入，曰：'老姚射不输箭，售钱三百万。'后二人挽箭一车入，曰：'车箭卖一钱。'或问：'此何人家箭，价贱如此？'答曰：'王恩不及垛箭。'"

又："崇宁铸九鼎，帝鼐居中，八鼎各镇一隅。是时行当十钱，苏州无赖子弟冒法盗铸。会浙中大水，伶人对御作俳：'今岁东南大水，乞遣彤鼎往镇苏州。'或作鼎神附奏云：'不愿前去，恐一例铸作当十钱。'朝廷因治章縡之狱。"

曾敏行《独醒杂志》卷九："崇宁二年铸大钱，蔡元长建议，俾为折十。民间不便。优人因内宴，为卖浆者。或投一钱，饮一杯，而索偿其余。卖浆者对以方出市，未有钱，可更饮浆。乃连饮至于五六。其人鼓腹曰：'使相公改作折百钱，奈何？'上为之动，法由是改。又大农告乏，时有献廪俸减半之议。优人乃为衣冠之士，自束带、衣裾、被身之物，辄除其半。众怪而问之，则曰：'减半。'已而两足共穿半袴，踅而来前。复问之，则又曰：'减半。'乃长叹曰：'但知减半，岂料难行。'语传禁中，亦遂罢议。"

洪迈《夷坚志》丁集卷四："俳优侏儒，周技之下且贱者，然亦能因戏语而箴讽时政，有合于古矇诵工谏之义，世目为杂剧者是已。崇宁初，斥远元祐忠贤，禁锢学术，凡偶涉其时所为所行，无论大小，一切不得志。伶者对御为戏：推一参军作宰相，据坐，宣扬朝政之美。一僧乞给公据游方，视其戒牒，则元祐三年者，立涂毁之，而加以冠巾。道士失亡度牒，闻被载时，亦元祐也，剥其衣服，使为民。一士以元祐五年获荐，当免举，礼部不为引用，来自言，即押送所属屏斥。已而主管宅库者附耳语曰：'今日在左藏库请相公料钱一千贯，尽是元祐钱，合取钧旨。'其人俯首久之，曰：'从后门搬入去。'副者举所挺，杖其背曰：'你做到宰相，元来也只要钱！'是时，至尊亦解颜。"

又："蔡京作宰，弟卞为元枢。卞乃王安石婿，尊崇妇翁。当孔庙释奠时，跻于配享而封舒王。优人设孔子正坐，颜、孟与安石侍侧。孔子命之坐，安石揖孟子居上。孟辞曰：'天下达尊，爵居其一。轲近蒙公爵，相公贵为真王，何必谦光如此。'遂揖颜。曰：'回也陋巷匹夫，平生无分毫事业，公为命世真儒，位貌有间，辞之过矣。'安石遂处其上。夫子不能安席，亦避位。安石惶惧拱手，云：'不敢。'往复未决。子路在外，情愤不能堪，径趋从礼室，挽公冶长臂而出。公冶为窘迫之状，谢曰：'长何罪？'乃责数之曰：'妆全不救护丈人，看取别人家女婿。'其意以讥卞也。时方议欲升安石于孟子之上，为此而止。"

又："又常设三辈为儒、道、释，各称颂其教。儒者曰：'吾之所学，仁、义、礼、智、信，曰"五常"。'遂演畅其旨，皆采引经书，不杂媟语。次至道士，曰：'吾之所学，金、木、水、火、土，曰"五行"。'亦说大意。末至僧，僧抵掌曰：'二子腐生常谈，不足听。吾之所学，生、老、病、死、苦，曰"五化"。《藏经》渊奥，非汝等所得闻，当以现世佛菩萨法理之妙，为汝陈之。盍以次问我？'曰：'敢问生？'曰：'内自太学辟雍，外至下州偏县，凡秀才读书者，尽为三舍生。华屋美馔，月书季考，三岁大比，脱白挂绿，上可以为卿相。国家之于生也如此。'曰：'敢问老?'曰：'老而孤独贫困，必沦沟壑。今所在立孤老院，养之终身。国家之于老也如此。'曰：'敢问病?'曰：'不幸而有疾，家贫不能拯疗，于是有安济坊使之存处。差医付药，责以十全之效。其于病也如此。'曰：'敢问死?'曰：'死者人所不免。惟贫民无所归，则择空隙地为漏泽园。无以敛，则与之棺，使得葬埋。春秋享祀，恩及泉壤。其于死也如此。'曰：'敢问苦?'其人瞑目不应，阳若恻怆然。促之再三，乃蹙额答曰：'只是百姓一般受无量苦。'徽宗为恻然长思，弗以为罪。"

周密《齐东野语》卷二十："宣和间，徽宗与蔡攸辈在禁中自为优戏。上作参军趋出，攸戏上曰：'陛下好个神宗皇帝。'上以杖鞭之曰：'你也好个司马丞相。'"

又卷十："宣和中，童贯用兵燕蓟，败而窜。一日内宴，教坊进伎，为三四婢，首饰皆不同。其一当额为髻，曰：'蔡太师家人也。'其二髻偏坠，曰：'郑太宰家人也。'又一人满头为髻如小儿，曰：'童大王家人也。'问其故，蔡氏者曰：'太师觐清光，此名朝天髻。'郑氏者曰：'吾太宰奉祠就第，此懒梳髻。'至童氏者，曰：'大王方用兵，此三十六髻也。'"三十六计，走为上计，宋人有此俗语。

刘绩《霏雪录》："宋高宗时，饔人瀹馄饨不熟，下大理寺。优人扮两士人，相貌各异。问其年，一曰甲子生，一曰丙子生。优人告曰：'此二人皆合下大理。'高宗问故，优人曰：'饺子、饼子皆生，与馄饨不熟者同罪。'上大笑，赦原饔人。"

张知甫《可书》："金人自侵中国，惟以敲棒击人脑而毙。绍兴间，有伶人作杂戏云：'若要胜金人，须是我中国一件件相敌乃可。且如金国有粘罕，我国有韩少保；金国有柳叶枪，我国有凤凰弓；金国有凿子箭，我国有镞子甲；金国有敲棒，我国有天灵盖。'人皆笑之。"

岳珂《桯史》卷七："秦桧以绍兴十五年四月丙子朔，赐第望仙桥。丁丑，赐银绢万匹两，钱千万，彩千缣。有诏：'就第赐燕，假以教坊优伶。'宰执咸与。中席，优长诵致语，退。有参军者前，褒桧功德，一伶以荷叶交倚从之。诙语杂至，宾欢既洽。参军方拱揖谢，将就倚，忽坠其幞头，乃总发为髻，如行伍之巾，后有大巾环，为双叠胜。伶指而问曰：'此何环?'曰：'二圣环。'遽以朴击其首，曰：'尔但坐太师交倚，请取银绢例物，此环掉脑后可也。'一坐失色。桧怒，明日下伶于狱，有死者。于是语禁始益繁。"

《夷坚志》丁集卷四："绍兴中，李椿年行经界量田法。方事之初，郡县奉命严急，民当其职者颇困苦之。优者为先圣先师，鼎足而坐。有弟子从末席起，咨叩所疑。孟子奋然曰：'仁政必自经界始。吾下世千五百年，其言乃为圣世所施用，三千之徒皆不如。'颜子默默无语。或于傍笑曰：'使汝不是短命而死，也须做出一场害人事。'时秦桧方主李议，闻者畏获罪，不待此段之毕，即以谤亵圣贤，叱执送狱。明日，杖而逐出境。"

又："壬戌省试，秦桧之子熺，侄昌时、昌龄，皆奏名。公议籍籍而无敢辄语。至乙丑春首，优者即戏场误为士子赴南宫，相与推论知举官为谁，指侍从某尚书、某侍郎当主文柄。优长者非之曰：'今年必差彭越。'问者曰：'朝廷之上，不闻有此官员。'曰：'汉梁王也。'曰：'彼是古人，死已千年，如何来得？'曰：'前举是楚王韩信，彭越一等人，所以知今为彭王。'问者嗤其妄且扣厥指，笑曰：'若不是韩信，如何取得他三秦？'四座不敢领略，一哄而出。秦亦不敢明行遣罚云。"

明田汝成《西湖游览志余》卷二十二，此条当出宋人小说，未知所本："绍兴间，内宴，有优人作善天文者，云：'世间贵官人必应星象，我悉能窥之。法当用浑仪，设玉衡，若对其人窥之，则见星而不见其人。玉衡不能卒办，用铜钱一文亦可。'乃令窥光尧，云：'帝星也。'秦师垣，曰：'相星也。'韩蕲王，曰：'将星也。'张循王，曰：'不见其星。'众皆骇，复令窥之，曰：'中不见星，只见张郡王在钱眼内坐。'殿上大笑。俊最多资，故讥之。"

张端义《贵耳集》卷一："寿皇赐宰执宴，御前杂剧，妆秀才三人。首问曰：'第一秀才，仙乡何处？'曰：'上党人。'次问：'第二秀才，仙乡何处？'曰：'泽州人。'次问第三秀才，曰：'湖州人。'又问：'上党秀才，汝乡出何生药？'曰：'某乡出人参。'次问：'泽州秀才，汝乡出甚生药？'曰：'某乡出甘草。'次问：'湖州出甚生药？'曰：'出黄檗。''如何湖州出黄檗？''最是黄檗苦人。'当时，皇伯秀王在湖州，故有此语。寿皇即日召入，赐第，奉朝请。"

又："何自然中丞上疏，乞朝廷并库，寿皇从之。方且讲究未定，御前有燕。杂剧伶人妆一卖故衣者，持裤一腰，只有一只裤口。买者得之，问：'如何著？'卖者曰：'两脚并做一裤口。'买者曰：'裤却并了，只恐行不得。'寿皇即寝此议。"

《桯史》卷十："淳熙间，胡给事元质既新贡院，嗣岁庚子，适大比。中略。会初场赋题，出《舜闻善若决江河》，而以'闻善而行，沛然莫御'为韵。士既就案矣。中略。忽一老儒摘《礼部韵》示诸生，谓'沛'字惟十四泰有之，一为'颠沛'，一为'沛邑'，注无'沛决'之义。惟它有'霈'字，乃从'雨'，为可疑。众曰是，哄然叩帘请，中略。或入于房，执考校者一人殴之，考校者惶遽，急曰：'有雨头也得，无雨头也得。'或又咎其误，曰：'第二场更不敢也。'盖一时祈脱之辞，移时稍定，试司申：'鼓噪场屋。'胡以其不称于礼遇也，怒，物色为首者，尽系狱。韦布益不平。既折号，例宴主司以劳还，毕三爵，优伶序进。有儒服立于前者，一人旁揖之，相与诧博洽，辨古今，岸然不相下，因各求挑试所诵忆。其一问：'汉名宰相凡几?'儒服以萧、曹以下，枚数之无遗。群优咸赞其能。乃曰：'汉相吾言之，敢问唐三百年间，名将帅何人也?'旁揖者亦诎指英、卫，以及季叶曰：'张巡、许远、田万春。'儒服奋起争曰：'巡、远是也，万春之姓雷，历考史牒，未有以雷为田者。'揖者不服，撑拒腾口。俄一绿衣参军自称教授，据几，二人敬质疑。曰：'是故雷姓。'揖者大诟，袒裼奋拳，教授遽作恐惧状，曰：'有雨头也得，无雨头也得。'坐中方失色，知其讽己也。忽优有黄衣者，持令旗跃出稠人中，曰：'制置大学给事台旨："试官在座，尔辈安得无礼。"'群优亟敛下，喏曰：'第二场更不敢也。'侠伣皆笑，席客大惭。明日，遁去，遂释系者。胡意其为郡士所使，录优而诘之，杖而出诸境。然其语盛传至今。"

又卷五："韩平原在庆元初，其弟仰胄为知阁门事，颇与密议，时人谓之'大小韩'，求捷径者争趋之。一日内宴，优人有为衣冠到选者，自叙履历、才艺，应得美官，而流滞铨曹，自春徂冬，未有所拟，方徘徊浩叹。又为日者，敝帽持扇过其旁，遂邀使谈庚申，问以得禄之期。日者厉声曰：'君命甚高，但以五星局中财帛宫若有所碍。目下若欲亨达，先见小寒；更望成事，必见大寒可也。'优盖以寒为韩，侍宴者皆缩颈匿笑。"

张仲文《白獭髓》《说郛》卷三十八："嘉泰末年，平原公恃有扶日之功，凡事自作威福，政事皆不由内出。会内宴，伶人王公瑾曰：'今日政如客人卖伞，不由里面。'"

叶绍翁《四朝闻见录》戊集："韩侂胄用兵既败，为之须发俱白，困闷不知所为，优伶因上赐侂胄宴，设樊迟、樊哙，旁有一人曰樊恼。

又设一人，揖问迟：'谁与你取名？'对以'夫子所取'。则拜曰：'此圣门之高弟也。'又揖问哙曰：'谁名汝？'对曰：'汉高祖所命。'则拜曰：'真汉家之名将也。'又揖恼曰：'谁名汝？'对以'樊恼自取'。又因郭倪、郭果按'果'当作'倬'。败，因赐宴，以生菱进于桌上，命二人移桌。忽生菱堕，尽碎。其一人曰：'苦，苦，苦！坏了多少生灵，只因移果桌！'"

《贵耳集》卷下："袁彦纯尹京，专一留意酒政。煮酒卖尽，取常州宜兴县酒、衢州龙游县酒在都下卖。御前杂剧，三个官人：一曰京尹，二曰常州太守，三曰衢州太守。三人争坐位，常守让京尹曰：'岂宜在我二州之下？'衢守争曰：'京尹合在我二州之下。'常守问曰：'如何有此说？'衢守云：'他是我二州拍户。'宁庙亦大笑。"

又："史同叔为相日，府中开宴，用杂剧人作一士人，念诗曰：'满朝朱紫贵，尽是读书人。'旁一士人曰：'非也。满朝朱紫贵，尽是四明人。'自后相府有宴，二十年不用杂剧。"

《桯史》卷十三："蜀伶多能文，俳语率杂以经史，凡制帅幕府之燕集，多用之。嘉定中，吴畏斋帅成都，从行者多选人，类以京削系念。伶知其然。一日，为古衣冠服数人，游于庭，自称孔门弟子，交质以姓氏。或曰'常'，或曰'于'，或曰'吾'。问其所莅官，则合而应曰：'皆选人也。'固请析之。居首者率然对曰：'子乃不我知，《论语》所谓"常从事于斯矣"，即某其人也。官为从事而系以姓，固理之然。'问其次，曰：'亦出《论语》"于从政乎何有"，盖即某官氏之称。'又问其次，曰：'某又《论语》十七篇所谓"吾将仕者"。'遂相与叹诧，以选调为淹抑。有怂恿其旁者曰：'子之名不见于七十子，固圣门下弟，益叩十哲而请教焉。'如其言，见颜、闵方在堂，群而请益。子蹇蹙额曰：'如之何？何必改？'衮公应之曰：'然回也不改。'众怃然不怡，曰：'无已，质诸夫子。'如之，夫子不答，久而曰：'钻遂改，火急可已矣。'坐客皆愧而笑，闻者至今启颜。优流侮圣言，直可诛绝。特记一时之剧语如此。"

《齐东野语》卷十三："蜀优尤能涉猎古经，援引经史，以佐口吻，资笑谈。当史丞相弥远用事，选人改官多出其门。制阃大宴，有优为衣冠者数辈，皆称为孔门弟子，相与言'吾侪皆选人'。遂各言其姓，曰'吾为常从事'，'吾为于从政'，'吾为吾将仕'，'吾为路文学'。别有二人出曰：'吾宰予也，夫子曰："于予与改。"可谓侥幸。'其一曰：'吾颜回也。夫子曰："回也不改。"吾为四科之首而不改，汝何为独改？'曰：'吾钻故，汝何不钻？'曰：'吾非不钻，而钻弥坚耳。'曰：'汝之不改宜也，何不钻弥远乎？'其离析文义，可谓侮圣言，而巧发微中，有足称言者焉。有袁三者，名尤著。有从官姓袁者，制蜀，颇乏廉声。群优四人，分主酒、色、财，气，各夸张其好尚之乐，而余者互讥笑之。至袁优，则曰：'吾所好者，财也。'因极言财之美利，众亦讥诮不已。徐以手自指曰：'任你讥笑，其如袁丈好此何！'"

又："近者己亥，史岩之为京尹，其弟以参政督兵于淮。一日内宴，伶人衣金紫，而幞头忽脱，乃红巾也。或惊问曰：'贼裹红巾，何为官亦如此？'傍一人答云：'如今做官的都是如此。'于是褫其衣冠，则有万回佛自怀中坠地。其旁者曰：'他虽做贼，且看他哥哥面。'"

又："女冠吴知古用事，人皆侧目。内宴，参军肆筵张乐，胥辈请金文书，参军怒曰：'吾方听觱栗，可少缓。'请至再三，其答如前。胥击其首曰：'甚事不被觱栗坏了。'盖是俗呼黄冠为'觱栗'也。"又："王叔知吴门日，名其酒曰'彻底清'。锡宴日，伶人持一樽，夸于众曰：'此酒名"彻底清"。'既而开樽，则浊醪也。旁诮之云：'汝既为彻底清，却如何如此？'答云：'本是彻底清，被钱打得浑了。'"

罗大经《鹤林玉露》卷三："端平间，督西山参大政，未及有所建置而薨。魏鹤山督师，亦未及有所设施而罢。临安优人装一儒生，手持一鹤，别一儒生与之解后，问其姓名，曰：'姓钟名庸。'问所持何物，曰：'大鹤也。'因倾盖欢然，呼酒对饮。其人大嚼洪吸，酒肉靡有孑遗。忽颠仆于地，群数人曳之不动。一人乃批其颊，大骂曰：'说甚《中庸》、《大学》，吃了许多酒食，一动也动不得！'遂一笑而罢。或谓有使其为此以姗侮君子者，府尹乃悉黥其人。"

《西湖游览志余》卷二，不知其所本："丁大全作相，与董宋臣表里。中略。一日内宴，一人专打锣，一人扑之，曰：'今日排当，不奏他乐，丁丁董董不已，何也？'曰：'方今事皆丁、董，吾安得不丁董！'"

仇远《稗史》《说郛》卷二十五："至元丙子，北兵入杭，庙朝为虚。有金姓者，世为伶官，流离无所归。一日，道遇左丞范文虎，向为宋殿帅时熟知其为人，谓金曰：'来日公宴，汝来献伎，不愁贫贱。'如期往，为优戏，作浑曰：'某寺有钟，寺僧不敢击者数日。主僧问故，乃言钟楼有巨神，神怪，不敢登也。主僧亟往视之，神即跪伏投拜。主僧曰：'汝何神也？'答曰：'钟神。'主僧曰：'既是钟神，何故投拜？'众皆大笑，范为之不怿，其人亦不顾。识者莫不多之。"

附 辽、金、伪齐

《宋史·孔道辅传》：道辅奉使契丹，"契丹宴使者。优人以文宣王为戏，道辅艴然径出"。

邵伯温《闻见前录》卷十："潞公谓温公曰：'吾留守北京，遣人入大辽侦事。回云："见辽主大宴群臣，伶人剧戏，作衣冠者，见物必攫取怀之。有从其后以梃朴之者，曰：'司马端明耶？'"君实清名，在夷狄如此。'温公愧谢。"

沈作喆《寓简》卷十："伪齐刘豫既僭位，大宴群臣，教坊进杂剧。有处士问星翁曰：'自古帝王之兴，必有受命之符，今新主有天下，抑有嘉祥美瑞以应之乎？'星翁曰：'固有之。新主即位之前一日，有一星聚东井，真所谓符命也。'处士以杖击之曰：'五星非一也，乃云聚耳。一星又何聚焉？'星翁曰：'汝固不知也，新主圣德，比汉高祖只少四星儿里。'"

《金史·后妃传》：章宗元妃李氏，"势位熏赫，与皇后侔。一日，宴宫中，优人玳瑁头者，戏于上前。或问：'上国有何符瑞？'优曰：'汝不闻凤凰见乎？'曰：'知之而未闻其详。'优曰：'其飞有四，所应亦异：若向上飞，则风雨顺时；向下飞，则五谷丰登；向外飞，则四国来朝；向里飞，音同李妃。则加官进禄。'上笑而罢。"

宋、辽、金三朝之滑稽剧，其见于载籍者略具于此。此种滑稽剧，宋人亦谓之杂剧，或谓之杂戏。吕本中《童蒙训》曰："作杂剧者，打猛浑入，却打猛浑出。"吴自牧《梦粱录》亦云："杂剧全用故事，务在滑稽。"孟元老《东京梦华录》云：圣节"内殿杂戏，为有使人预宴，不敢深作谐谑"，则无使人时可知。是宋人杂剧，固纯以诙谐为主，与唐之滑稽剧无异。但其中脚色较为著名，而布置亦稍复杂。然不能被以歌舞，其去真正戏剧尚远。然谓宋人戏剧遂止于此，则大不然。虽明之中叶，尚有此种滑稽剧，观文林《琅邪漫钞》、徐咸《西园杂记》、沈德符《万历野获编》所载者，全与宋滑稽剧无异。若以此概明之戏剧，未有不笑之者也。宋剧亦然。故欲知宋、元戏剧之渊源，不可不兼于宋之小说、杂戏及乐曲方面求之也。

三、宋之小说、杂戏

宋之滑稽戏，虽托故事以讽时事，然不以演事实为主，而以所含之意义为主。至其变为演事实之戏剧，则当时之小说实有力焉。

　　小说之名起于汉，《西京赋》云："小说九百，本自虞初。"《汉书·艺文志》有"《虞初周说》九百四十四篇"。其书之体例如何，今无由知。唯《魏略》《魏志·王粲传》注引。言临淄侯植"诵俳优小说数千言"。则似与后世小说已不相远。六朝时，干宝、任昉、刘义庆诸人咸有著述。至唐而大盛。今《太平广记》所载，实集其成。然但为著述上之事，与宋之小说无与焉。宋之小说，则不以著述为事，而以讲演为事。灌园耐得翁《都城纪胜》谓说话有四种：一小说，一说经，一说参请，一说史书。《梦粱录》卷二十。所纪略同。《武林旧事》卷六。所载诸色伎艺人中，有书会，谓说书会。有演史，有说经诨经，有小说。而《都城纪胜》、《梦粱录》均谓小说人能以一朝一代故事，顷刻间提破。则演史与小说自为一类。此三书所纪，皆南渡以后之事，而其源则发于宋初。高承《事物纪原》卷九："仁宗时，市人有能谈三国事者，或采其说，加缘饰作影人。"《东坡志林》卷六："王彭尝云：'涂巷中小儿薄劣，为其家所厌苦，辄与钱，令聚坐听说古话，至说三国事'"云云。《东京梦华录》卷五。所载京瓦伎艺，有霍四究说《三分》，尹常卖《五代史》。至南渡以后，有敷衍《复华》篇及《中兴名将传》者，见于《梦粱录》。此皆演史之类也。其无关史事者，则谓之小说。《梦粱录》云："小说，一名银字儿，如烟粉、灵怪、传奇、公案、朴刀、杆棒、发发、踪参等事。"则其体例，亦当与演史大略相同。今日所传之《五代平话》，实演史之遗；《宣和遗事》，殆小说之遗也。此种说话，以叙事为主，与滑稽剧之但托故事者迥异。其发达之迹，虽略与戏曲平行，而后世戏剧之题目，多取诸此，其结构亦多依仿为之。所以资戏剧之发达者，实不少也。

　　至与戏剧更相近者，则为傀儡。傀儡起于周季，《列子》以偃师刻木人事，为在周穆王时，或系寓言。然谓列子时已有此事，当不诬也。《乐府杂录》以为起于汉祖平城之围，其说无稽。《通典》则云："《窟礧子》，作偶人以戏。善歌舞，本丧家乐也。汉末始用之于嘉会。"其说本于应劭《风俗通》，则汉时固确有此戏矣。汉时此戏结构如何，虽不可考，然六朝之际，此戏已演故事。《颜氏家训·书证》篇："或问：'俗名傀儡子为郭秃，有故实乎？'答曰：'《风俗通》云："诸郭皆讳秃。"当是前世有姓郭而病秃者，滑稽调戏，故后人为其象，呼为郭秃。'"唐时傀儡戏中之郭郎实出于此，至宋犹有此名。唐之傀儡，亦演故事。《封氏闻见记》卷六："大历中，太原节度辛景云葬日，诸道节度使使人修祭。范阳祭盘，最为高大，刻木为尉迟鄂公、突厥斗将之象，机关动作，不异于生。祭讫，灵车欲过，使者请曰：'对数未尽。'又停车，设项羽与汉高祖会鸿门之象，良久乃毕。"至宋而傀儡最盛，种类亦最繁。有悬丝傀儡、走线傀儡、杖头傀儡、药发傀儡、肉傀儡、水傀儡各种。见《东京梦华录》、《武林旧事》、《梦粱录》。《梦粱录》云："凡傀儡敷衍烟粉、灵怪、铁骑、公案、史书、历代君臣将相故事话本或讲史，或作杂剧，或如崖词。中略。大抵弄此多虚少实，如《巨灵神》、《朱姬大仙》等也。"则宋时此戏，实与戏剧同时发达，其以敷衍故事为主，且较胜于滑稽剧。此于戏剧之进步上，不能不注意者也。

傀儡之外，似戏剧而非真戏剧者，尚有影戏，此则自宋始有之。《事物纪原》九："宋朝仁宗时，市人有能谈三国事者，或采其说，加缘饰，作影人，始为魏、吴、蜀三分战争之象。"《东京梦华录》所载京瓦伎艺，有影戏，有乔影戏。南宋尤盛，《梦粱录》云："有弄影戏者，元汴京初以素纸雕簇，自后人巧工精，以羊皮雕形，以彩色装饰，不致损坏。中略。其话本与讲史书者颇同，大抵真假相半。公忠者雕以正貌，奸邪者刻以丑形，盖亦寓褒贬于其间耳。"然则影戏之为物，专以演故事为事，与傀儡同。此亦有助于戏剧之进步者也。

以上三者，皆以演故事为事。小说但以口演，傀儡、影戏则为其形象矣。然而非以人演也，其以人演者，戏剧之外尚有种种，亦戏剧之支流，而不可不一注意也。

三教。《东京梦华录》卷十：十二月，"即有贫者三教人为一火，装妇人神鬼，敲锣击鼓，巡门乞钱，俗呼为'打夜胡'。"

讶鼓。《续墨客挥犀》卷七："王子醇初平熙河，边陲宁静，讲武之暇，因教军士为讶鼓戏，数年间遂盛行于世。其举动舞装之状与优人之词，皆子醇初制也。或云子醇初与西人对阵，兵未交，子醇命军士百余人装为讶鼓队，绕出军前。虏见皆愕眙。进兵奋击，大破之。'"《朱子语类》卷一百三十九。亦云："如舞讶鼓，其间男子、妇人、僧道杂色，无所不有，但都是假的。"

舞队。《武林旧事》卷二所纪舞队，全与前二者相似。今列其目：《查查鬼》《查大》、《李大口》《一字口》、《贺丰年》、《长瓠敛》《长头》、《兔吉》《兔毛大伯》、《吃遂》、《大憨儿》、《粗妲》、《麻婆子》、《快活三郎》、《黄金杏》、《瞎判官》、《快活三娘》、《沈承务》、《一脸膜》、《猫儿相公》、《洞公觜》、《细妲》、《河东子》、《黑遂》、《王铁儿》、《交椅》、《夹棒》、《屏风》、《男女竹马》、《男女杵歌》、《大小斫刀鲍老》、《交衮鲍老》、《子弟清音》、《女童清音》、《诸国献宝》、《穿心国入贡》、《孙武子教女兵》、《六国朝》、《四国朝》、《遏云社》、《绯绿社》、《胡安女》、《凤阮稽琴》、《扑蝴蝶》、《回阳丹》、《火药》、《瓦盆鼓》、《焦锤架儿》、《乔三教》、《乔迎酒》、《乔亲事》、《乔乐神》《马明王》、《乔捉蛇》、《乔学堂》、《乔宅眷》、《乔像生》、《乔师娘》、《独自乔》、《地仙》、《旱划船》、《教象》、《装态》、《村田乐》、《鼓板》、《踏橇》一作《踏跷》、《扑旗》、《抱锣装鬼》、《狮豹蛮牌》、《十斋郎》、《耍和尚》、《刘衮》、《散钱行》、《货郎》、《打娇惜》。

其中装作种种人物，或有故事。其所以异于戏剧者，则演剧有定所，此则巡回演之。然后来戏名曲名中，多用其名目，可知其与戏剧非毫无关系也。

四、宋之乐曲

前二章既述宋代之滑稽戏及小说、杂戏，后世戏剧之渊源略可于此窥之。然后代之戏剧，必合言语、动作、歌唱，以演一故事，而后戏剧之意义始全，故真戏剧必与戏曲相表里。然则戏曲之为物，果如何发达乎？此不可不先研究宋代之乐曲也。

宋之歌曲，其最通行而为人人所知者，是为词，亦谓之近体乐府，亦谓之长短句。其体始于唐之中叶，至晚唐、五代而作者渐多，及宋而大盛。宋人宴集，无不歌以侑觞。然大率徒歌而不舞，其歌亦以一阕为率。其有连续歌此一曲者，如欧阳公之《采桑子》，凡十一首。赵德麟之商调《蝶恋花》，凡十首。一述西湖之胜，一咏会真之事，皆徒歌而不舞。其所以异于普通之词者，不过重叠此曲以咏一事而已。

其歌舞相兼者，则谓之传踏，曾慥《乐府雅词》卷上。亦谓之转踏，王灼《碧鸡漫志》卷三。亦谓之缠达《梦粱录》卷二十。北宋之转踏，恒以一曲连续歌之，每一首咏一事，共若干首，则咏若干事。然亦有合若干首而咏一事者。《碧鸡漫志》卷三。谓石曼卿作《拂霓裳转踏》，述开元、天宝遗事是也。其曲调唯《调笑》一调用之最多，今举其一例：

调笑转踏　郑仅《乐府雅词》卷上

良辰易失，信四者之难并。佳客相逢，实一时之盛会。用陈妙曲，上助清欢。女伴相将，调笑入队。

秦楼有女字罗敷。二十未满十五余。金环约腕携笼去，攀枝折叶城南隅。使君春思如飞絮。五马徘徊芳草路，东风吹鬓不可亲，日晚蚕饥欲归去。

归去。携笼女。南陌春愁三月暮。使君春思如飞絮。五马徘徊频驻。蚕饥日晚空留顾。笑指秦楼归去。

石城女子名莫愁。家住石城西渡头。拾翠每寻芳草路，采莲时过绿蘋洲。五陵豪客青楼上，醉倒金壶待清唱。风高江阔白浪飞，急催艇子操双桨。

双桨。小舟荡。唤取莫愁迎叠浪。五陵豪客青楼上。不道风高江广。千金难买倾城样，那听绕梁清唱。

绣户朱帘翠幕张。主人置酒宴华堂。相如年少多才调，消得文君暗断肠。断肠初认琴心挑。么弦暗写相思调。从来万曲不关心，此度伤心何草草。

草草。最年少。绣户银屏人窈窕。瑶琴暗写相思调。一曲关心多少。临邛客舍成都道。苦恨相逢不早。此三曲分咏罗敷、莫愁、文君三事，尚有九曲咏九事，文多略之。

放队

新词宛转递相传。振袖倾鬟风露前。月落乌啼云雨散，游人陌上拾花钿。

此种词前有勾队词，后以一诗一曲相间，终以放队词，则亦用七绝，此宋初体格如此。然至汴宋之末，则其体渐变。《梦粱录》卷二十："在京时，只有缠令、缠达，有引子、尾声为缠令，引子后只有两腔迎互循环，间有缠达。"此缠达之音与传踏同，其为一物无疑也。吴《录》所云，与上文之传踏相比较，其变化之迹显然。盖勾队之词，变而为引子；放队之词，变而为尾声；曲前之诗，后亦变而用他曲，故云"引子后只有两腔迎互循环"也。今缠达之词皆亡，唯元剧中正宫套曲，其体例全自此出，观第七章所引例，自可了然矣。

传踏之制，以歌者为一队，且歌且舞，以侑宾客。宋时有与此相似，或同实异名者，是为队舞。《宋史·乐志》：队舞之制，其名各十。小儿队凡七十二人：一曰柘枝队，二曰剑器队，三曰婆罗门队，四曰醉胡腾队，五曰诨臣万岁乐队，六曰儿童感圣乐队，七曰玉兔浑脱队，八曰异域朝天队，九曰儿童解红队，十曰射雕回鹘队。女弟子队凡一百五十三人：一曰菩萨蛮队，二曰感化乐队，三曰抛球乐队，四曰佳人剪牡丹队，五曰拂霓裳队，六曰采莲队，七曰凤迎乐队，八曰菩萨献香花队，九曰彩云仙队，十曰打球乐队。其装饰各由其队名而异：如佳人剪牡丹队，则衣红生色砌衣，戴金冠，剪牡丹花；采莲队则执莲花；菩萨献香花队则执香花盘。其舞未详，其曲宋人或取以填词。其中有拂霓裳队，而《碧鸡漫志》谓石曼卿作《拂霓裳传踏》，恐与传踏为一，或为传踏之所自出也。

宋时舞曲，尚有曲破。《宋史·乐志》：太宗洞晓音律，制曲破二十九。此在唐、五代已有之，至宋时又藉以演故事。史浩《鄮峰真隐漫录》之《剑舞》即是也。今录其辞如左：

剑舞《鄮峰真隐漫录》卷四十六

二舞者对厅立褥上。下略。乐部唱《剑器曲破》，作舞一段了。二舞者同唱《霜天晓角》。

莹莹巨阙，左右凝霜雪。且向玉阶掀舞，终当有用时节。唱彻，人尽说，宝此刚不折，内使奸雄落胆，外须遣豺狼灭。

乐部唱曲子，作舞《剑器曲破》一段。舞罢，二人分立两边。别二人汉装者出，对坐。桌上设酒桌。竹竿子念：

伏以断蛇大泽，逐鹿中原。佩赤帝之真符，接苍姬之正统。皇威既振，天命有归。量势虽盛于重瞳，度德难胜于隆准。鸿门设会，亚父输谋。徒矜起舞之雄姿，厥有解纷之壮士。想当时之贾勇，激烈飞扬，宜后世之效颦，回翔宛转。双鸾奏技，四座腾欢。

乐部唱曲子，舞《剑器曲破》一段。一人左立者，上褥舞，有欲刺右汉装者之势。又一人舞进前，翼蔽之。舞罢，两舞者并退，汉装者亦退，复有两人唐装者出，对坐。桌上设笔砚纸，舞者一人换妇人装立褥上。竹竿子念：

伏以云鬟耸苍璧，雾縠罩香肌。袖翻紫电以连轩，手握青蛇而的皪。花影下、游龙自跃，锦褥上、跄凤来仪。逸态横生，瑰姿谲起。领此入神之技，诚为骇目之观。巴女心惊，燕姬色沮。岂唯张长史草书大进，抑亦杜工部丽句新成。称妙一时，流芳万古。宜呈雅态，以洽浓欢。

乐部唱曲子，舞《剑器曲破》一段，作龙蛇蜿蜒曼舞之势。

两人唐装者起，二舞者一男一女，对舞，结《剑器曲破》彻。

竹竿子念：

项伯有功扶帝业，大娘驰誉满文场。合兹二妙甚奇特，欲使嘉
宾醑一觞。霍如羿射九日落，矫如群帝骖龙翔。来如雷霆收震怒，
罢如江海含晴光。歌舞既终，相将好去。

念了，二舞者出队。

由此观之，其乐有声无词，且于舞踏之中寓以故事，颇与唐之歌舞
戏相似。而其曲中有"破"有"彻"，盖截大曲入破以后用之也。此外
兼歌舞之伎，则为大曲。大曲自南北朝已有此名。南朝大曲，则清商三
调中之大曲，《宋书·乐志》所载者是也。北朝大曲，则《魏书·乐志》
言之而不详。至唐而雅乐、清乐、燕乐、西凉、龟兹、安国、天竺、疏
勒、高昌乐中均有大曲。见《大唐六典》卷十四"协律郎"条注。然传于后
世者，唯胡乐大曲耳。其名悉载于《教坊记》，而其词尚略存于《乐府
诗集·近代曲辞》中。宋之大曲，即自此出。教坊所奏，凡十八调四十
大曲，《文献通考》及《宋史·乐志》具载其目。此外亦尚有之，故又
有五十大曲及五十四大曲之称。详见予《唐宋大曲考》，兹略之。其曲辞之
存于今日者，有董颖《薄媚》、《乐府雅词》卷上。曾布《水调歌头》、王明
清《玉照新志》卷二。史浩《采莲》《鄮峰真隐漫录》卷四十五。三曲稍长，
然亦非其全遍。其中间一二遍，则于宋词中间遇之。大曲遍数，多至一
二十。其各遍之名，则唐时有排遍、入破、彻。《乐府诗集》卷七十九。而
排遍、入破，又各有数遍。彻者，入破之末一遍也。宋大曲则王灼谓：
"凡大曲有散序、靸、排遍、攧、正攧、入破、虚催、实催、衮遍、歇
拍、杀衮，始成一曲，谓之'大遍'。"《碧鸡漫志》卷三。沈括亦云："所
谓'大遍'者，有序、引、歌、㴭、嗺、哨、催、攧、衮、破、行、中
腔、踏歌之类，凡数十解。"《梦溪笔谈》卷五。沈氏所列各名与现存大曲
不合，王说近之。惟攧后尚有延遍，实催前尚有衮遍。即张炎《词源》所
谓"中衮"。而散序与排遍均不止一遍，排遍且多至八九，故大曲遍数往
往至于数十，唯宋人多裁截用之。即其所用者，亦以声与舞为主，而不
以词为主，故多有声无词者。自北宋时，葛守诚撰四十大曲，而教坊大
曲始全有词。然南宋修内司所编《乐府混成集》，大曲一项凡数百解，
有谱无词者居半，周密《齐东野语》卷十。则亦不以词重矣。其攧、破、
催、衮，以舞之节名之。此种大曲，遍数既多，自于叙事为便，故宋人
咏事多用之。今录董颖《薄媚》，以示其一例。宋人大曲之存者，以此
为最长矣。

薄媚西子词，《乐府雅词》卷上

排遍第八

怒涛卷雪，巍岫布云，越襟吴带如斯。有客经游，月伴风随。值盛世。观此江山美。合放怀、何事却兴悲？不为回头，旧国天涯。为想前君事。越王嫁祸献西施。吴即中深机。阖庐死。有遗誓。句践必诛夷。吴未干戈出境，仓卒越兵，投怒夫差。鼎沸鲸鲵。越遭劲敌，可怜无计脱重围。归路茫然，城郭邱墟，飘泊稽山里。旅魂暗逐战尘飞。天日惨无辉。

排遍第九

自笑平生，英气凌云，凛然万里宣威。那知此际。熊虎涂穷，来伴麋鹿卑栖。既甘臣妾，犹不许，何为计？争若都燔宝器。尽诛吾妻子，径将死战决雄雌。天意恐怜之。偶闻太宰正擅权，贪赂市恩私。因将宝玩献诚，虽脱霜戈，石室囚系。忧嗟又经时。恨不如巢燕自由归。残月朦胧，寒雨潇潇，有血都成泪。备尝险厄反邦畿。冤愤刻肝脾。

第十撷

种陈谋，谓吴兵正炽。越勇难施。破吴策，唯妖姬。有倾城妙丽，名称一作字。西子。岁方笄。算夫差惑此。须致颠危。范蠡微行，珠贝为香饵。苎萝不钓钓深闺。吞饵果殊姿。素肌纤弱，不胜罗绮。鸾镜畔、粉面淡匀，梨花一朵琼壶里。嫣然意态娇春，寸眸剪水。斜鬟松翠。人无双，宜名动君王，翠履容易。来登玉陛。

入破第一

窣湘裙，摇汉佩。步步香风起。敛双蛾，论时事，兰心巧会君意。殊珍异宝，犹自朝臣未与。妾何人，被此隆恩，虽令效死。奉严旨。隐约龙姿忻悦。更把甘言说，辞俊美，质娉婷，天教汝、众美兼备。闻吴重色，凭汝和亲，应为靖边陲。将别金门，俄挥粉泪。靓妆洗。

第二虚催

飞云驶。香车故国难回睇，芳心渐摇，迤逦吴都繁丽。忠臣子胥，预知道为邦祟。谏言先启。愿勿容其至。周亡褒姒。商倾妲己。吴王却嫌胥逆耳。才经眼、便深恩爱。东风暗绽娇蕊。彩鸾翻妒伊。得取次于飞共戏。金屋看承，他宫尽废。

第三衮遍

华宴夕，灯摇醉，粉菡萏，笼蟾桂。扬翠袖，含风舞，轻妙处，惊鸿态。分明是。瑶台琼榭，阆苑蓬壶，景尽移此地。花绕仙步，莺随管吹。宝帐暖留春，百和馥郁融鸳被。银漏水，楚云浓，三竿日、犹褪霞衣。宿醒轻腕，嗅宫花，双带系。合同心时，波下比目，深怜到底。

第四催拍

耳盈丝竹，眼摇珠翠。迷乐事。宫闱内。争知。渐国势陵夷。奸臣献佞，转恣奢淫，天谴岁屡饥。从此万姓离心解体。越遣使。阴窥虚实，蚤夜营边备。兵未动，子胥存，虽堪伐、尚畏忠义。斯人既戮，又且严兵卷土，赴黄池观衅，种蠡方云可矣。

第五衮遍

机有神，征鼙一鼓，万马襟喉地。庭喋血，诛留守，怜屈服，敛兵还，危如此。当除祸本，重结人心，争奈竟荒迷。战骨方埋，灵旗又指。势连败。柔荑携泣。不忍相抛弃。身在兮，心先死。宵奔兮，兵已前围。谋穷计尽，唳鹤啼猿，闻处分外悲。丹穴纵近，谁容再归。

第六歇拍

哀诚屡吐，甬东分赐。垂暮日，置荒隅，心知愧。宝锷红委。鸾存凤去，辜负恩怜，情不似虞姬。尚望论功，荣归故里。降令曰：吴亡赦汝，越与吴何异？吴正怨，越方疑。从公论，合去妖类。蛾眉宛转，竟殒鲛绡，香骨委尘泥。渺渺姑苏，荒芜鹿戏。

第七煞衮

王公子。青春更才美，风流慕连理。耶溪一日，悠悠回首凝思。云鬟烟鬓，玉佩霞裙，依约露妍姿。送目惊喜。俄迁玉趾。同仙骑，洞府归去，帘栊窈窕戏鱼水。正一点犀通，遽别恨何已！媚魄千载，教人属意。况当时金殿里。

此曲自《排遍第八》至《煞衮》，共十遍，而截去《排遍第七》以上不用。此种大曲遍数既多，虽便子叙事，然其动作皆有定则，欲以完全演一故事固非易易。且现存大曲皆为叙事体，而非代言体。即有故事，要亦为歌舞戏之一种，未足以当戏曲之名也。

由上所述宋乐曲观之，则传踏仅以一曲反复歌之，曲破与大曲则曲之遍数虽多，然仍限于一曲。至合数曲而成一乐者，唯宋鼓吹曲中有之。宋大驾鼓吹恒用《导引》、《六州》、《十二时》三曲。梓宫发引，则加《祔陵歌》；虞主回京，则加《虞主歌》。各为四曲。南渡后郊祀，则于《导引》、《六州》、《十二时》三曲外，又加《奉裸歌》、《降仙台》二曲，共为五曲。合曲之体例，始于鼓吹见之。若求之于通常乐曲中，则合诸曲以成全体者实自诸宫调始。诸宫调者，小说之支流而被之以乐曲者也。《碧鸡漫志》卷二：熙宁、元丰间，"泽州孔三传始创诸宫调古传，士大夫皆能诵之"。《梦粱录》卷二十。云："说唱诸宫调，昨汴京有孔三传，编成传奇灵怪，入曲说唱。"《东京梦华录》卷五。纪崇、观以来瓦舍伎艺，有孔三传奭秀才诸宫调。《武林旧事》卷六。所载诸色伎艺人，诸宫调传奇，有高郎妇等四人。则南、北宋均有之。今其词尚存者唯金董解元之《西厢》耳。董解元《西厢》，胡元瑞、焦理堂、施北研笔记中均有考订，迄不知为何体。沈德符《野获编》卷二十五。且妄以为金人院本模范。以余考之，确为诸宫调无疑。观陶南村《辍耕录》谓"金章宗董解元所编《西厢记》，时代未远，犹罕有人能解之"，则后人不识此体，固不足怪也。此编之为诸宫调有三证：本书卷一《太平赚》词云："俺平生情性好疏狂，疏狂的情性难拘束。一回家想么，诗魔多爱选多情曲。比前贤乐府不中听，在诸宫调里却著数。"此开卷自叙作词缘起，而自云"在诸宫调里"，其证一也。元凌云翰《柘轩词》，有《定风波》词赋《崔莺莺传》云："翻残金旧日诸宫调本，才入时人听。"则金人所赋《西厢》词，自为诸宫调，其证二也。此书体例，求之古曲，无一相似。独元王伯成《天宝遗事》见于《雍熙乐府》、《九宫大成》所选者，大致相同。而元钟嗣成《录鬼簿》卷上。于王伯成条下注云："有《天宝遗事诸宫调》行于世。"王词既为诸宫调，则董词之为诸宫调无疑，其证三也。其所以名诸宫调者，则由宋人所用大曲传踏，不过一曲，其在同一宫调中甚明。唯此编每宫调中多或十余曲，少或一二曲，即易他宫调，合若干宫调以咏一事，故谓之诸宫调。今录二三调以示其例：

黄钟宫（出队子）最苦是离别，彼此心头难弃舍。莺莺哭得似痴呆，脸上啼痕都是血，有千种恩情何处说。夫人道："天晚教郎疾去！"怎奈红娘心似铁，把莺莺扶上七香车。君瑞攀鞍空自撷，道得个冤家宁奈此。（尾）马儿登程，坐车儿归舍。马儿往西行，坐车儿往东拽。两口儿一步儿离得远如一步也。

仙吕调（点绛唇缠令）美满生离，据鞍兀兀离肠痛，旧欢新宠，变作高唐梦。回首孤城，依约青山拥。西风送，戍楼寒重，初品《梅花弄》。（瑞莲儿）衰草凄凄一径通，丹枫索索满林红。平生踪迹无定著，如断蓬。听塞鸿，哑哑的飞过暮云重。（风吹荷叶）忆得枕鸳衾凤，今宵管半壁儿没用。触目凄凉千万种，见滴流流的红叶，渐零零的微雨，率剌剌的西风。（尾）驴鞭半袅，吟肩双耸，休问离愁轻重，向个马儿上驼也驼不动。离蒲西行三十里，日色晚矣，野景堪画。

仙吕调赏花时。落日平林噪晚鸦，风袖翩翩催瘦马，一径入天涯，荒凉古岸，衰草带霜滑。瞥见个孤林端入画。篱落萧疏带浅沙，一个老大伯捕鱼虾，横桥流水，茅舍映荻花。（尾）驼腰的柳树上有鱼槎，一竿风旆茅檐上挂。澹烟潇洒，横锁著两三家。生投宿于村落。

此上八曲已易三调，全书体例皆如是。此于叙事最为便利，盖大曲等先有曲，而后人借以咏事。此则制曲之始，本为叙事而设，故宋、金杂剧、院本中，后亦用之，见后二章。非徒供说唱之用而已。

宋人乐曲之不限一曲者，诸宫调之外又有赚词。赚词者，取一宫调之曲若干，合之以成一全体。此体久为世人所不知。案：《梦粱录》卷二十："绍兴年间，有张五牛大夫，因听动鼓板中有《太平令》或赚鼓板，即今拍板大节抑扬处是也，遂撰为'赚'。赚者，误赚之之义，正堪美听中，不觉已至尾声，是不宜为片序也。又有'覆赚'，其中变花前月下之情及铁骑之类。"云云。是唱赚之中亦有敷演故事者，今已不传。其常用赚词，余始于《事林广记》日本翻元泰定本，戊集卷二。中发见之。其前且有唱赚规例，今具录如左：

（遏云要诀）夫唱赚一家，古谓之道赚。腔必真，字必正。欲有墩亢掣拽之殊，字有唇喉齿舌之异。抑分轻清、重浊之声，必别合口、半合口之字。更忌马噪镫子，俗语乡谈。如对圣案，但唱乐道、山居、水居、清雅之词，切不可以风情花柳、艳冶之曲，如此则为渎圣。社条不赛。筵会吉席，上寿庆贺，不在此限。假如未唱之初，执拍当胸，不可高过鼻，须假鼓板村掇；三拍起引子，唱头一句；又三拍至两片结尾，三拍煞；入序，尾，三拍，巾斗煞；入赚，头一字当一拍，第一片三拍，后仿此。出赚三拍，出声巾斗，又三拍煞。尾声总十二拍：第一句四拍，第二句五拍，第三句三拍煞。此一定不逾之法。

遏云致语筵会用。鹧鸪天

遇酒当歌酒满斟，一觞一咏乐天真。三杯五盏陶情性，对月临风自赏心。环列处，总佳宾，歌声缭亮遏行云。春风满座知音者，一曲教君侧耳听。

圆社市语　中吕宫　圆里圆

（紫苏丸）相逢闲暇时，有闲的打唤瞒儿，呵喝啰声嗽道睬厮，俺嗟欢喜。才下脚，须和美，试问伊家，有甚夹气，又管甚官场侧背，算人间落花流水。

（缕缕金）把金银锭打旋起，花星临照我，怎鞞避？近日闲游戏，因到花市帘儿下，瞥见一个表儿圆，咱每便著意。

（好女儿）生得宝妆跷。身分美，绣带儿缠脚，更好肩背。画眉儿入鬓春山翠，带著粉钳儿，更绾个朝天髻。

（大夫娘）忙入步，又迟疑，又怕五角儿冲撞我没跷踢。纲儿尽是札，圆底都松例，要抛声忒壮果难为，真个费脚力。

（好孩儿）供送饮三杯，先入气，道今宵打歇处，把人拍惜。怎知他水脉透不由得你，咱们只要表儿圆时，复地一合儿美。

（赚）春游禁陌，流莺往来穿梭戏，紫燕归巢，叶底桃花绽蕊。赏芳菲，蹴秋千高而不远，似踏火不沾地，见小池，风摆荷叶戏水。素秋天气，正玩月斜插花枝，赏登高惜料沙羔美，最好当场落帽，陶潜菊绕篱。仲冬时，那孩儿忌酒怕风，帐幔中缠脚忒稳腻。讲论处，下梢团圆到底，怎不则剧？

（越恁好）勘脚并打二，步步随定伊，何曾见走衮。你于我，我与你，场场有踢，没些拗背。两个对垒，天生不枉作一对。脚头果然厮稠密密。

（鹘打兔）从今后一来一往，休要放脱些儿。又管甚搅闲底，拽闲定白打睬厮，有千般解数，真个难比。

骨自有

（尾声）五花丛里英雄辈，倚玉偎香不暂离，做得个风流第一。

《事林广记》虽载此词，然不著其为何时人所作。以余考之，则当出南渡之后。词前有"遏云要诀"，遏云者，南宋歌社之名。《武林旧事》卷三："二月八日为相川张王生辰，霍山行宫朝拜极盛。百戏竞集，如绯绿社、杂剧。齐云社、蹴球。遏云社唱赚。等。"云云。《梦粱录》卷十九。《社会》条下亦载之。今此词之首有"遏云要诀"、"遏云致语"，又云"唱赚"、"道赚",而词中又有赚词,则为宋遏云社所唱赚词无疑也。所唱之曲题为"圆社市语",圆社,谓蹴球。《事林广记》戌集卷二。《圆社摸场》条,起四句云:"四海齐云社,当场蹴气球,作家偏著所,圆社最风流。"今曲题如此,而曲中所使,皆蹴球家语,则圆社为齐云社无疑。以遏云社之人,唱齐云社之事,谓非南宋人所作不可也。此词自其结构观之,则似北曲;自其曲名,则疑为南曲。盖其用一宫调之曲,颇似北曲套数;其曲名则《缕缕金》、《好孩儿》、《越恁好》三曲,均在南曲中吕宫。《紫苏丸》则在南曲仙吕宫,北曲中无此数调。《鹧打兔》则南北曲皆有,唯皆无《大夫娘》一曲。盖南、北曲之形式及材料,在南宋已全具矣。

五、宋官本杂剧段数

由前三章研究之所得,而后宋之戏曲,可得而论焉。戏曲之作,不能言其始于何时。宋《崇文总目》卷一。已有《周优人曲辞》二卷。原释云:"周史部侍郎赵上交、翰林学士李昉、谏议大夫刘陶、司勋郎中冯古纂录燕优人曲辞。"此燕为刘守光之燕或契丹之燕,其曲辞为乐曲或戏曲,均不可考。《宋史·乐志》亦言:"真宗不喜郑声,而或为杂剧词,未尝宣布于外。"《梦粱录》卷二十。亦云:"向者汴京教坊大使孟角球曾做杂剧本子,葛守诚撰四十大曲。"则北宋固确有戏曲,然其体裁如何则不可知。惟《武林旧事》卷十。所载官本杂剧段数,多至二百八十本。今虽仅存其目,可以窥两宋戏曲之大概焉。

就此二百八十本精密考之,则其用大曲者一百有三,用法曲者四,用诸宫调者二,用普通词调者三十有五。兹分别叙之。大曲一百有三本:

《六么》二十本:案:《宋史·乐志》、《文献通考·教坊部》十八调中,中吕调、南吕调、仙吕调均有《绿腰》大曲。《六么》即其略字也。

《争曲六么》、《扯拦六么》、《教鳌六么》、《鞭帽六么》、《衣笼六么》、《厨子六么》、《孤夺旦六么》、《王子高六么》、《崔护六么》、《骰子六么》、《照道六么》、《莺莺六么》、《大宴六么》、《驴精六么》、《女生外向六么》、《慕道六么》、《三偌慕道六么》、《双拦哮六么》、《赶厥夹六么》、《羹汤六么》。

《瀛府》六本:《宋史·乐志》及《通考·教坊部》十八调中,正宫、南吕宫中均有《瀛府》大曲。

《索拜瀛府》、《厚熟瀛府》、《哭骰子瀛府》、《醉院君瀛府》、《懊骨头瀛府》、《赌钱望瀛府》。

《梁州》七本：《宋史·乐志》及《通考·教坊部》十八调中，正宫调、通调宫、仙吕宫、黄钟宫均有《梁州》大曲。

《四僧梁州》、《三索梁州》、《诗曲梁州》、《头钱梁州》、《食店梁州》、《法事馒头梁州》、《四哮梁州》。

《伊州》五本：《宋史·乐志》及《通考·教坊部》十八调，越调、歇指调中均有《伊州》大曲。

《领伊州》、《铁指甲伊州》、《闹伍伯伊州》、《裴少俊伊州》、《食店伊州》。

《新水》四本：《宋史·乐志》及《通考·教坊部》十八调，双调中有《新永调》大曲，《新水》即《新水调》之略也。

《桶担新水》、《双哮新水》、《烧花新水》、《新水爨》。

《薄媚》九本：《宋史·乐志》及《通考·教坊部》十八调，道调宫、南吕宫中均有《薄媚》大曲。

《简帖薄媚》、《请客薄媚》、《错取薄媚》、《传神薄媚》、《九妆薄媚》、《本事现薄媚》、《打调薄媚》、《拜褥薄媚》、《郑生遇龙女薄媚》。

《大明乐》三本：《宋史·乐志》及《通考·教坊部》十八调，大石调中有《大明乐》大曲。

《土地大明乐》、《打球大明乐》、《三爷老大明乐》。

《降黄龙》五本：案：《宋史·乐志》及《通考·教坊》大曲中，无《降黄龙》之名，然张炎《词源》卷下云："如《六幺》，如《降黄龙》，皆大曲。"又云："大曲《降黄龙》、《花十六》，当用十六拍。"今《董西厢》及南、北曲均有《降黄龙衮》一调。衮者，大曲中一遍之名，则此五本为大曲无疑。

《列女降黄龙》、《双旦降黄龙》、《柳耻上官降黄龙》、《入寺降黄龙》、《偷标降黄龙》。

《胡渭州》四本：《宋史·乐志》及《通考·教坊部》十八调，小石调、林钟商中均有《胡渭州》大曲。

《赶厥胡渭州》、《单番将胡渭州》、《银器胡渭州》、《看灯胡渭州》。

《石州》三本：《宋史·乐志》及《通考·教坊部》十八调，越调中有《石州》大曲。

《单打石州》、《和尚那石州》、《赶厥石州》。

《大圣乐》三本：《宋史·乐志》及《通考·教坊部》十八调，道调宫中有

《大圣乐》大曲。

《塑金刚大圣乐》、《单打大圣乐》、《柳毅大圣乐》。

《中和乐》四本：《宋史·乐志》及《通考·教坊部》十八调，黄钟宫中有《中和乐》大曲：

《霸王中和乐》、《马头中和乐》、《大打调中和乐》、《封鹭中和乐》。

《万年欢》二本：《宋史·乐志》及《通考·教坊部》十八调，中吕宫中有《万年欢》大曲。

《喝贴万年欢》、《托合万年欢》。

《熙州》三本：案：《宋史·乐志》及《通考·教坊部》十八调，四十大曲中无《熙州》之名，然洪迈《容斋随笔》卷十四云："今世所传大曲皆出于唐，而以州名者五：伊、凉、熙、石、渭也。"周邦彦《片玉词》有《氏州第一》词。毛晋注《清真集》作《熙州摘遍》，是"氏州"即"熙州"。"摘遍"者，谓摘大曲之一遍为之，亦宋人语，则《熙州》之为大曲审矣。

《迓鼓熙州》、《骆驼熙州》、《二郎熙州》。

《道人欢》四本：《宋史·乐志》及《通考·教坊部》十八调，中吕调中有《道人欢》大曲。

《大打调道人欢》、《会子道人欢》、《打拍道人欢》、《越娘道人欢》。

《长寿仙》三本：《宋史·乐志》及《通考·教坊部》十八调，般涉调中有《长寿仙》大曲。

《打勘长寿仙》、《偌卖旦长寿仙》、《分头子长寿仙》。

《剑器》二本：《宋史·乐志》及《通考·教坊部》十八调，中吕宫、黄钟宫中均有《剑器》大曲。

《病爷老剑器》、《霸王剑器》。

《延寿乐》二本：《宋史·乐志》及《通考·教坊部》十八调，仙吕宫中有《延寿乐》大曲。

《黄杰进延寿乐》、《义养娘延寿乐》。

《贺皇恩》二本：《宋史·乐志》及《通考·教坊部》十八调，林钟商中有《贺皇恩》大曲。

《扯篮儿贺皇恩》、《催妆贺皇恩》。

《采莲》三本：《宋史·乐志》及《通考·教坊部》十八调，双调中有《采莲》大曲。

《唐辅采莲》、《双哮采莲》、《病和采莲》。

《保金枝》一本：《宋史·乐志》及《通考·教坊部》十八调，仙吕宫中有《保金枝》大曲。

《槛偌保金枝》。

《嘉庆乐》一本：《宋史·乐志》及《通考·教坊部》十八调，小石调中有《嘉庆乐》大曲。

《老孤嘉庆乐》。

《庆云乐》一本：《宋史·乐志》及《通考·教坊部》十八调，歇指调中有《庆云乐》大曲。

《进笔庆云乐》。

《君臣相遇乐》一本：《宋史·乐志》及《通考·教坊部》十八调，歇指调中有《君臣相遇乐》大曲，《相遇乐》即《君臣相遇乐》之略也。

《裴航相遇乐》。

《泛清波》一本：《宋史·乐志》及《通考·教坊部》十八调，林钟商中有《泛清波》大曲。

《能知他泛清波》、《三钓鱼泛清波》。

《彩云归》二本：《宋史·乐志》及《通考·教坊部》十八调，仙吕调中有《彩云归》大曲。

《梦巫山彩云归》、《青阳观碑彩云归》。

《千春乐》一本：《宋史·乐志》及《通考·教坊部》十八调，黄钟羽中有《千春乐》大曲。

《禾打千春乐》。

《罢金钲》一本：《宋史·乐志》及《通考·教坊部》十八调，南吕调中有《罢金钲》大曲。

《牛五郎罢金钲》。原作《罢金征》，误也。

以上百有三本，皆为大曲。其为曲二十有八，而其中二十六在《教坊部》四十大曲中。余如《降黄龙》、《熙州》二曲之为大曲，亦有宋人之说可证也。

法曲四本：

《棋盘法曲》、《孤和法曲》、《藏瓶法曲》、《车儿法曲》。

《宋史·乐志》有法曲部。其曲二：一曰道调宫《望瀛》，二曰小石调《献仙音》。《词源》卷下。谓大曲片数即遍数。与法曲相上下，则二者略相似也。

诸宫调二本：

《诸宫调霸王》、《诸宫调卦册儿》。

按：此即以诸宫调填曲也。

普通词调三十本：

《打地铺逍遥乐》、《病郑逍遥乐》、《崔护逍遥乐》、《瀽泔逍遥乐》、《四郑舞杨花》、《四偌满皇州》原脱"满"字、《浮沤暮云归》、《五柳菊花新》、《四季夹竹桃》、《醉花阴爨》、《夜半乐爨》、《木兰花爨》、《月当厅爨》、《醉还醒爨》、《扑蝴蝶爨》、《满皇州卦铺儿》、《白苎卦铺儿》、《探春卦捕儿》、《三哮好女儿》、《二郎神变二郎神》、《大双头莲》、《小双头莲》、《三笑月中行》、《三登乐院公狗儿》、《三教安公子》、《普天乐打三教》、《满皇州打三教》、《三姐醉还醒》、《三姐黄莺儿》、《卖花黄莺儿》。

其不见宋词而见于金、元曲调者九本：

《四小将整乾坤》、《棹孤舟爨》、《庆时丰卦铺儿》、《三哮上小楼》、《鹘打兔变二郎神》、《双罗罗啄木儿》、《赖房钱啄木儿》、《园城啄木儿》、《四国朝》。

此外有不著其名而实用曲调者。如《三十拍爨》则李涪《刊误》云："釂酒三十拍，促曲名《三台》。"则实用《三台》曲也。《三十六拍爨》当亦仿此。《钱手帕爨》注云："小字《太平歌》。"则用《太平歌》曲也。余如《两相宜万年芳》之《万年芳》，《病孤三乡题》、《王魁三乡题》、《强偌三乡题》之《三乡题》，《三哮文字儿》之《文字儿》，虽词曲调中均不见其名，以他本例之，疑亦俗曲之名也。又如《崔智韬艾虎儿》、《雌虎》原注云："崔智韬。"二本，并不见有用歌曲之迹，而关汉卿《谢天香》杂剧楔子曰："郑六遇妖狐，崔韬逢雌虎，大曲内尽是寒儒。"则此二本之一当以大曲演之。此外各本之类此者，当亦不乏也。

由此观之，则此二百八十本中，其用大曲、法曲、诸宫调、词曲调者，共一百五十余本，已过全数之半。则南宋杂剧，殆多以歌曲演之，与第二章所载滑稽戏迥异。其用大曲、法曲、诸宫调者，则曲之片数颇多，以敷衍一故事，自觉不难。其单用词调及曲调者，只有一曲，当以此曲循环敷衍，如上章传踏之例。此在元、明南曲中尚得发现其例也。

且此二百八十本，不皆纯正之戏剧。如《打调薄媚》、《大打调中和乐》、《大打调道人欢》三本，则刘昌诗《芦浦笔记》卷三。谓"街市戏谑，有打砌、打调之类"，实滑稽戏之支流，而佐以歌曲者也。如《门子打三教爨》、《双三教》、《三教安公子》、《三教闹著棋》、《打三教庵宇》、《普天乐打三教》、《满皇州打三教》、《领三教》，则演前章所述三教人者也。《迓鼓儿熙州》、《迓鼓孤》则前章所云讶鼓之戏也。《天下太平爨》及《百花爨》，则《乐府杂录》所谓字舞、花舞也。案：《齐东野语》卷十。云："州郡遇圣节赐宴，率命猥伎数十，群舞于庭，作天下太平字，殊为不经。而唐王建《宫词》云：'每过舞头分两向，太平万岁字当中。'则此事由来久矣。"云云。可知宋代戏剧，实综合种种之杂戏，而其戏曲亦综合种种之乐曲，此事观后数章自益明也。

此项官本杂剧，虽著录于宋末，然其中实有北宋之戏曲，不可不知也。如《王于高六幺》一本，实神宗元丰以前之作。赵彦卫《云麓漫钞》卷十："王迥，字子高，旧有周琼姬事，胡徽之为作传，或用其传作《六幺》。"朱彧《萍洲可谈》卷一："王迥美姿容，有才思，少年时不甚持重，间为狎邪辈所诬，播入乐府。今《六幺》所歌'奇俊王家郎'者，乃迥也。元丰初，蔡持正举之，可任监司，神宗忽云：'此乃奇俊王家郎乎？'持正叩头请罪。"又见一宋人小说云：或荐子高于王荆公，公举此语。今不能举其书名。案：子高尝从荆公游，则语或近是。则此曲实作子神宗时，然至南宋末尚存。吴文英《梦窗乙稿》中，《惜秋华》词自注尚及之。然其为北宋之作无可疑也。又如《三爷老大明乐》、《病爷老剑器》二本，"爷老"二字，中国夙未闻有此，疑是契丹语。《唐书·房琯传》：彼"曳落河虽多，岂能当我刘秩等"。愚谓"曳落河"即《辽史》屡见之"拽剌"。《辽史·百官志》云："走卒，谓之拽剌"，元马致远《荐福碑》杂剧尚有"曳剌"，为从傔之属。"爷老"二字，当亦"曳剌"之同音异译，此必北宋与辽盟聘时输入之语，则此二本当亦为北宋之作。以此推之，恐尚不止此数本。然则此二百八十本，与其视为南宋之作，不若视为两宋之作为妥也。

六、金院本名目

两宋戏剧均谓之杂剧，至金而始有院本之名。院本者，《太和正音谱》云："行院之本也。"初不知行院为何语，后读元刊《张千替杀妻》杂剧云："你是良人良人宅眷，不是小末小末行院。"则行院者，大抵金、元人谓倡伎所居，其所演唱之本，即谓之院本云尔。院本名目六百九十种，见于陶九成《辍耕录》卷二十五。者，不言其为何代之作。而院本之名，金、元皆有之，故但就其名颇难区别。以余考之，其为金人所作，殆无可疑者也。见下。自此目观之，甚与宋官本杂剧段数相似，而复杂过之。其中又分子目若干，曰"和曲院本"者十有四本，其所著曲名皆大曲、法曲，则和曲殆大曲、法曲之总名也。曰"上皇院本"者十有四本，其中如《金明池》、《万岁山》、《错入内》、《断上皇》等，皆明示宋徽宗时事，他可类推，则上皇者，谓徽宗也。曰"题目院本"者二十本。按：题目，即唐以来合生之别名。高承《事物纪原》卷九。"合生"条言："《唐书·武平一传》：'平一上书，比来妖伎胡人于御座之前，或言妃主情貌，或列王公名质，咏歌舞踏，名曰合生。始自王公，稍及闾巷。'即合生之原，起于唐中宗时也。今人亦谓之唱题目。"云云。此云"题目"，即"唱题目"之略也。曰"霸王院本"者六本，疑演项羽之事。曰"诸杂大小院本"者一百八十有九，曰"院么"者二十有一，曰"诸杂院爨"者一百有七。陶氏云：院本"又谓之五花爨弄"，则爨亦院本之异名也。曰"冲撞引首"者一百有九，曰"拴搐艳段"者九十有二。案：《梦粱录》卷二十。云："杂剧先做寻常熟事一段，名曰'艳段'，次做正杂剧。"则引首与艳段，疑各相类。艳段，《辍耕录》又谓之"焰段"，曰："焰段，亦院本之意，但差简耳。取其如火焰，易明而易灭也。"其所以不得为正杂剧者当以此。但不知所谓冲撞、拴搐作何解耳？曰"打略拴搐"者八十有八，曰"诸杂砌"者三十。案：《芦浦笔记》谓："街市戏谑，有打砌、打调之类。"疑杂砌亦滑稽戏之流，然其目则颇多故事，则又似与打砌无涉。《云麓漫抄》卷八："近日优人作杂班，似杂剧而稍简略。金虏官制，有文班、武班，若医卜、倡优，谓之杂班。每宴集，伶人进，曰杂班上，故流传作此。"然《东京梦华录》已有杂扮之名，《梦粱录》亦云："杂扮或曰'杂班'，又名'经当作纽。元子'，又谓之'拔和'，即杂剧之后散段也。顷在汴京时，村落野夫，罕得入城，遂撰此端，多是借装为山东、河北村叟，以资笑端。"则自北宋已有之。今"打略拴搐"中，有《和尚家门》、《先生家门》、《秀才家门》、《列良家门》、《禾下家门》各种，每种各有数本，疑皆装此种人物以资笑剧，或为杂扮之类，而所谓杂砌者，或亦类是也。

更就其所著曲名分之，则为大曲者十六：

《上坟伊州》、《烧花新水》、《熙州骆驼》、《列良瀛府》、《贺贴万年欢》、《捵廪降黄龙》、《列女降黄龙》。以上和曲院本。《进奉伊州》诸杂大小院本、《闹夹棒六么》、《送宣道人欢》、《撺彩延寿乐》、《讳老长寿仙》、《背箱伊州》、《酒楼伊州》、《抹面长寿仙》、《羹汤六么》。以上诸杂院爨。

为法曲者七：

《月明法曲》、《郓王法曲》、《烧香法曲》、《送香法曲》。以上和曲院本。《闹夹棒法曲》、《望瀛法曲》、《分拐法曲》。以上诸杂院爨。

为词曲调者三十有七：

《病郑逍遥乐》、《四皓逍遥乐》、《四酸逍遥乐》。以上和曲院本。《春从天上来》。上皇院本。《杨柳枝》。题目院本。《似娘儿》、《丑奴儿》、《马明王》、《斗鹌鹑》、《满朝欢》、《花前饮》、《卖花声》、《隔帘听》、《击梧桐》、《海棠春》、《更漏子》。以上诸杂大小院本。《逍遥乐打马铺》、《夜半乐打明皇》、《集贤宾打三教》、《喜迁莺刬草鞋》、《上小楼衮头子》、《单兜望梅花》、《双声叠韵》、《河转迓鼓》、《和燕归梁》、《谒金门爨》。以上诸杂院爨。《憨郭郎》、《乔捉蛇》、《天下乐》、《山麻秸》、《捣练子》、《净瓶儿》、《调笑令》、《斗鼓笛》、《柳青娘》。以上冲撞引首。《归塞北》、《少年游》。以上拴搐艳段。《春从天上来》、《水龙吟》。以上打略拴搐。

又："拴搐艳段"中，有一本名《诸宫调》，殆以诸宫调敷演之，则其体裁，全与宋官本杂剧段数相似。唯著曲名者，不及全体十分之一，而官本杂剧则过十分之五，此其相异者也。

此院本名目中，不但有简易之剧，且有说唱杂戏在其间。如：

《讲来年好》、《讲圣州序》、《讲乐章序》、《讲道德经》、《讲蒙求爨》、《讲心字爨》。

此即推说经、诨经之例而广之。他如：

《订注论语》、《论语谒食》、《擂鼓孝经》、《唐韵六帖》。

疑亦此类。又有：

《背鼓千字文》、《变龙千字文》、《摔盒千字文》、《错打千字文》、《木驴千字文》、《埋头千字文》。

此当取周兴嗣《千字文》中语以演一事，以悦俗耳，在后世南曲宾白中犹时遇之，盖其由来已古。此亦说唱之类也。又如：

《神农大说药》、《讲百果爨》、《讲百花爨》、《讲百禽爨》。

案：《武林旧事》卷六。载，说药有杨郎中、徐郎中、乔七官人，则南京亦有之。其说或借药名以制曲，或说而不唱，则不可知。至讲百果、百花、百禽，亦其类也。

"打略拴搐"中，有《星象名》、《果子名》、《草名》等，以"名"字终者二十六种，当亦说药之类。又有：

《和尚家门》四本、《先生家门》四本、自其子目观之，"先生"谓道士也。《秀才家门》十本、《列良家门》六本、"列良"谓日者。《禾下家门》五本、"禾下"谓农夫。《大夫家门》八本、"大夫"谓医士。《卒子家门》四本、《良头家门》二本、"良头"未详。《邦老家门》二本、"邦老"谓盗贼。《都子家门》三本、"都子"谓乞丐。《孤下家门》三本、"孤下"谓官吏。《司吏家门》二本、《仵作行家门》一本、《撅俫家门》一本、"撅俫"未详。

此五十五本，殆摹写社会上种种人物、职业，与三教、迓鼓等戏相似。此外如"拴搐艳段"中之《遮截架解》、《三打步》、《穿百倬》，"打略拴搐"中之《难字儿》、《猜谜》等，则并竞技、游戏等事而有之。此种或占演剧之一部分，或用为戏剧中之材料，虽不可知，然可见此种戏剧实综合当时所有之游戏技艺，尚非纯粹之戏剧也。

此院本名目之为金人所作，盖无可疑。《辍耕录》云："金有杂剧、院本、诸宫调。院本、杂剧，其实一也。国朝院本、杂剧，始厘而二之。"今此目之与官本杂剧段数同名者十余种，而一谓之杂剧，一谓之院本，足明其为金之院本，而非元之院本。一证也。中有《金皇圣德》一本，明为金人之作，而非宋、元人之作。二证也。如《水龙吟》、《双声叠韵》等之以曲调名者，其曲仅见于《董西厢》，而不见于元曲。三证也。与宋官本杂剧名例相同，足证其为同时之作。四证也。且其中关系开封者颇多。开封者，宋之东都，金之南都，而宣宗贞祐后迁居于此者也，故多演宋汴京时事。"上皇院本"且勿论，他如郓王、蔡奴，汴京之人也；金明池、陈桥，汴京之地也。其中与宋官本杂剧同名者，或犹是北宋之作，亦未可知。然宋、金之间，戏剧之交通颇易，如杂班之名，由北而入南；唱赚之作，由南而入北。唱赚始于绍兴间，然《董西厢》中亦多用之。又如演蔡中郎事者，则南有负鼓盲翁之唱，而院本名目中亦有《蔡伯喈》一本，可知当时戏曲流传，不以国土限也。

七、古剧之结构

宋、金以前，杂剧、院本今无一存。又自其目观之，其结构与后世戏剧迥异，故谓之古剧。古剧者，非尽纯正之剧，而兼有竞技游戏在其中，既如前二章所述矣。盖古人杂剧，非瓦舍所演，则于宴集用之。瓦舍所演者，技艺甚多，不止杂剧一种。而宴集时所以娱耳目者，杂剧之外，亦尚有种种技艺，观《宋史·乐志》、《东京梦华录》、《梦粱录》、《武林旧事》所载天子大宴礼节可知。即以杂剧言，其种类亦不一。正杂剧之前，有艳段，其后散段谓之杂扮，见第六章。二者皆较正杂剧为简易。此种简易之剧，当以滑稽戏、竞技游戏充之，故此等亦时冒杂剧之名，此在后世犹然。明顾起元《客座赘语》谓："南都万历以前，大席则用教坊打院本，乃北曲四大套者。中间错以撮垫圈，舞观音，或百丈旗，或跳队。"明代且然，则宋、金固不足怪。但其相异者，则明代竞技等，错在正剧之中间，而宋、金则在其前后耳。至正杂剧之数，每次所演，亦复不多。《东京梦华录》谓："杂剧入场，一场两段。"《梦粱录》亦云："次做正杂剧，通名两段。"《武林旧事》卷一。所载"天基圣节排当乐次"，亦皇帝初坐，进杂剧二段；再坐，复进二段。此可以例其余矣。

　　脚色之名，在唐时只有参军、苍鹘，至宋而其名稍繁。《梦粱录》卷二十。云："杂剧中末泥为长，每一场四人或五人。中略。末泥色主张，引戏色分付，副净色发乔，副末色打诨。或添一人，或曰装孤。"《辍耕录》卷二十五。所述略同。唯《武林旧事》卷一。所载"乾淳教坊乐部"中，杂剧三甲，一甲或八人或五人，其所列脚色五，则有戏头而无末泥，有装旦而无装孤，而引戏、副净、副末三色则同，唯副净则谓之次净耳。《梦粱录》云："杂剧中末泥为长。"则末泥或即戏头。然戏头、引戏，实出古舞中之舞头、引舞。唐王建宫词"舞头先拍第三声"，又"每过舞头分两向"，则舞头唐时已有之。《宋史·乐志》有引舞，亦谓之引舞头。《乐府杂录·傀儡》条有引歌舞者郭郎，则引舞亦始于唐也。则末泥亦当出于古舞中之舞末。《东京梦华录》卷九。云：舞旋"多是雷中庆。舞曲破攧前一遍，舞者入场。至歇拍，一人入场，对舞数拍。前舞者退，独后舞者终其曲，谓之舞末。"末之名当出于此。又长言之则为末尼也。净者，参军之促音。宋代演剧时，参军色手执竹竿子以句之，见《东京梦华录》卷九。亦如唐代协律郎之举麾乐作、偃麾乐止相似，故参军亦谓之竹竿子。由是观之，则末泥色以主张为职，参军色以指麾为职，不亲在搬演之列。故宋戏剧中净、末二色反不如副净、副末之著也。

　　唐之参军、苍鹘，至宋而为副净、副末二色。夫上既言净为参军之促音，兹何故复以副净为参军也？曰：副净本净之副，故宋人亦谓之参军。《梦华录》中执竹竿子之参军，当为净；而第二章滑稽剧中所屡见之参军，则副净也。此说有征乎？曰：《辍耕录》云："副净，古谓之参军。副末，古谓之苍鹘。鹘能击禽鸟，末可打副净。"此说以第二章所引《夷坚志》、丁集卷四。《桯史》、卷七。《齐东野语》卷十三。诸事证之，无乎不合，则参军之为副净，当可信也。故净与末，始见于宋末诸书，而副净与副末则北宋人著述中已见之。黄山谷《鼓笛令》词云："副靖传语木大，鼓儿里且打一和。"王直方《诗话》《苕溪渔隐丛话》前集卷二十引。载欧阳公致梅圣俞简云："正如杂剧人上名，下韵不来，须副末接续。"凡宋滑稽剧中与参军相对待者，虽不言其为何色，其实皆为副末。此出于唐代参军与苍鹘之关系，其来已古。而《梦粱录》所谓末泥色主张，引戏色分付，副净色发乔，副末色打诨，此四语实能道尽宋代脚色之职分也。主张、分付，皆编排命令之事，故其自身不复演剧。发乔者，盖乔作愚谬之态，以供嘲讽；而打诨，则益发挥之以成一笑柄也。试细玩第二章所载滑稽剧，无在不可见发乔、打诨二者之关系。至他种杂剧，虽不知如何，然谓副净、副末二色，为古剧中最重之脚色，无不可也。

至"装孤"、"装旦"二语，亦有可寻味者。元人脚色中有孤有旦，其实二者非脚色之名。孤者，当时官吏之称；旦者，妇女之称。其假作官吏、妇女者，谓之装孤、装旦则可，若径谓之孤与旦，则已过矣。孤者，当以帝王、官吏自称孤寡，故谓之孤，旦与姐不知其义。然《青楼集》谓张奔儿为风流旦，李娇儿为温柔旦，则旦疑为宋、元倡伎之称。优伶本非官吏，又非妇人，故其假作官吏、妇人者，谓之装孤、装旦也。

要之，宋杂剧、金院本二目所现之人物，若姐、若旦、若徕，则示其男女及年齿；若孤、若酸、若爷老、若邦老，则示其职业及位置；若厥、若偌，则示其性情举止；其解均见拙著《古剧脚色考》。若哮、若郑、若和，虽不解其义，亦当有所指示。然此等皆有某脚色以扮之，而其自身非脚色之名，则可信也。

宋杂剧、金院本二目中，多被以歌曲。当时歌者与演者果一人否，亦所当考也。滑稽剧之言语必由演者自言之，至自唱歌曲与否则当视此时已有代言体之戏曲否以为断。若仅有叙事体之曲，则当如第四章所载史浩《剑舞》，歌唱与动作分为二事也。

综上所述者观之，则唐代仅有歌舞剧及滑稽剧，至宋、金二代而始有纯粹演故事之剧。故虽谓真正之戏剧起于宋代，无不可也。然宋、金演剧之结构虽略如上，而其本则无一存。故当日已有代言体之戏曲否，已不可知，而论真正之戏曲，不能不从元杂剧始也。

八、元杂剧之渊源

由前数章之说，则宋、金之所谓杂剧、院本者，其中有滑稽戏，有正杂剧，有艳段，有杂班，又有种种技艺游戏。其所用之曲，有大曲，有法曲，有诸宫调，有词。其名虽同，而其实颇异。至成一定之体段，用一定之曲调，而百余年间无敢逾越者，则元杂剧是也。元杂剧之视前代戏曲之进步，约而言之，则有二焉。宋杂剧中用大曲者几半。大曲之为物，遍数虽多，然通前后为一曲，其次序不容颠倒，而字句不容增减，格律至严，故其运用亦颇不便。其用诸宫调者，则不拘于一曲。凡同在一宫调中之曲，皆可用之。顾一宫调中，虽或有联至十余曲者，然大抵用二三曲而止。移宫换韵，转变至多，故于雄肆之处稍有欠焉。元杂剧则不然，每剧皆用四折，每折易一宫调，每调中之曲，必在十曲以上。其视大曲为自由，而较诸宫调为雄肆。且于正宫之《端正好》、《货郎儿》、《煞尾》，仙吕宫之《混江龙》、《后庭花》、《青哥儿》，南吕宫之《草池春》、《鹌鹑儿》、《黄钟尾》，中吕宫之《道和》，双调之《□□□》、《折桂令》、《梅花酒》、《尾声》，共十四曲，皆字句不拘，可以增损，此乐曲上之进步也。其二，则由叙事体而变为代言体也。宋人大曲，就其现存者观之，皆为叙事体。金之诸宫调，虽有代言之处，而其大体只可谓之叙事。独元杂剧于科白中叙事。而曲文全为代言。虽宋、金时或当已有代言体之戏曲，而就现存者言之，则断自元剧始，不可谓非戏曲上之一大进步也。此二者之进步，一属形式，一属材质，二者兼备，而后我中国之真戏曲出焉。

顾自元剧之进步言之，虽若出于创作者，然就其形式分析观之，则颇不然。元剧所用曲，据周德清《中原音韵》所纪，则黄钟宫二十四章，正宫二十五章，大石调二十一章，小石调五章，仙吕四十二章，中吕三十二章，南吕二十一章，双调一百章，越调三十五章，商调十六章，商角调六章，般涉调八章，都三百三十五章。章即曲也。而其中小石、商角、般涉三调，元剧中从未用之。故陶九成《辍耕录》卷二十七。无此三调之曲，仅有正宫二十五章，黄钟十五章，南吕二十章，中吕三十八章，仙吕三十六章，商调十六章，大石十九章，双调六十章，都二百三十章。二者不同。观《太和正音谱》所录，全与《中原音韵》同，则以曲言之，陶说为未备矣。然剧中所用，则出于陶《录》二百三十章外者甚少。此外百余章，不过元人小令、套数中用之耳。今就此三百三十五章研究之，则其曲为前此所有者几半。更分析之，则出于大曲者十一：

《降黄龙衮》、黄钟。《小梁州》、《六么遍》。以上正宫。《催拍子》、大石。《伊州遍》、小石。《八声甘州》、《六么序》、《六么令》。以上仙吕。

《普天乐》、《宋史·乐志》太宗撰大曲，有《平晋普天乐》，此或其略语也。《齐天乐》。以上中吕。《梁州第七》。南吕。

出于唐、宋词者七十有五：

《醉花阴》、《喜迁莺》、《贺圣朝》、《昼夜乐》、《人月圆》、《抛球乐》、《侍香金童》、《女冠子》。以上黄钟宫。《滚绣球》、《菩萨蛮》。以上正宫。《归塞北》、即词之《望江南》。《雁过南楼》、晏殊《珠玉词·清商怨》中有此句，其调即词之《清商怨》。《念奴娇》、《青杏儿》、宋词作《青杏子》。《还京乐》、《百字令》。以上大石。《点绛唇》、《天下乐》、《鹊踏枝》、《金盏儿》、词作《金盏子》。《忆王孙》、《瑞鹤仙》、《后庭花》、《太常引》、《柳外楼》。即《忆王孙》以上仙吕。《粉蝶儿》、《醉春风》、《醉高歌》、《上小楼》、《满庭芳》、《剔银灯》、《柳青娘》、《朝天子》。以上中吕。《乌夜啼》、《感皇恩》、《贺新郎》。以上南吕。《驻马听》、《夜行船》、《月上海棠》、《风入松》、《万花方三台》、《滴滴金》、《太清歌》、《捣练子》、《快活年》、宋词作《快活年近拍》。《豆叶黄》、《川拨棹》、宋词作《拨棹子》。《金盏儿》、《也不罗》、原注："即《野落索》。"案：其调即宋词之《一落索》也。《行香子》、《碧玉箫》、《骤雨打新荷》、《减字木兰花》、《青玉案》、《鱼游春水》。以上双调。《金蕉叶》、《小桃红》、《三台印》、《耍三台》、《梅花引》、《看花回》、《南乡子》、《糖多令》。以上越调。《集贤宾》、《逍遥乐》、《望远行》、《玉抱肚》、《奏楼月》。以上商调。《黄莺儿》、《踏莎行》、《垂丝钓》、《应天长》。以上商角调。《哨遍》、《瑶台月》。以上般涉调。

其出于诸宫调中各曲者二十有八：

《出队子》、《刮地风》、《寨儿令》、《神仗儿》、《四门子》、《文如锦》、《啄木儿煞》。以上黄钟。《脱布衫》、正宫。《荼蘼香》、《玉翼蝉煞》。以上大石。《赏花时》、《胜葫芦》、《混江龙》。以上仲吕。《迎仙客》、《石榴花》、《鹘打兔》、《乔捉蛇》。以上中吕。《一枝花》、《牧羊关》。以上南吕。《搅筝琶》、《庆宣和》。以上双调。《斗鹌鹑》、《青山口》、《凭栏人》、《雪里梅》。以上越调。《耍孩儿》、《墙头花》、《急曲子》、《麻婆子》。以上般涉调。

然则此三百三十五章，出于古曲者一百有十，殆当全数之三分之一。虽其词字句之数，或与古词不同，当由时代迁移之故，其渊源所自，要不可诬也。此外，曲名尚有虽不见于古词曲而可确知其非创造者如左：

《六国朝》大石。曾敏行《独醒杂志》卷五："先君尝言，宣和末客京师，街巷鄙人多歌蕃曲，名曰《异国朝》、《四国朝》、《六国朝》、《蛮牌序》、《蓬蓬花》等。其言至俚，一时士大夫亦皆歌之。"则汴宋末已有此曲也。

《憨郭郎》大石。《乐府杂录·傀儡子》条云："其引歌舞有郭郎者，发正秃，善优笑，闾里呼为郭郎，凡戏场必在俳儿之首也。"《后山诗话》载杨大年《傀儡诗》"鲍老当筵笑郭郎"，则宋时尚有之，其曲当出宋代也。

《叫声》中吕。《事物纪原》卷九。《吟叫》条："嘉祐末，仁宗上仙。四海遏密，故市井初有叫果子之戏。其本盖自至和、嘉祐之间叫《紫苏丸》，洎乐工杜人经十叫子始也。京师凡卖一物，必有声韵，其吟哦俱不同。故市人采其声调，间以词章，以为戏乐也。今盛行于世，又谓之吟哦也。"《梦粱录》卷二十："今街市与宅院，往往效京师叫声，以市井诸色歌叫卖合之声，采合宫商，成其词也。"

《快活三》中吕。《东京梦华录》卷七。关扑有名者，"任大头、快活三之类"。《武林旧事》卷二。舞队有《快活三郎》、《快活三娘》二种，盖亦宋时语也。

《鲍老儿》、《古鲍老》中吕。杨文公诗："鲍老当筵笑郭郎。"《武林旧事》卷二。舞队中有《大小斫刀鲍老》、《交衮鲍老》，则亦宋时语也。

《四边静》中吕。《云麓漫钞》卷四："巾之制，有圆顶、方顶、砖顶、琴顶，秦伯阳又以砖顶服去顶上之重纱，谓之四边净。"则此亦宋时语也。

《乔捉蛇》中吕。《武林旧事》卷二。舞队中有《乔捉蛇》。金人院本名目中亦有《乔捉蛇》一本。

《拨不断》仙吕。《武林旧事》卷六。唱《拨不断》有张胡子、黄三二人，则亦宋时旧曲也。

《太平令》仙吕。《梦粱录》卷二十："绍兴年间，有张五牛大夫，因听动鼓板中有《太平令》或赚鼓板，遂撰为'赚'。"则亦宋时旧曲也。

此上十章，虽不见于现存宋词中，然可证其为宋代旧曲，或为宋时习用之语，则其有所本，盖无可疑。由此推之，则其他二百十余章，其为宋、金旧曲者，当复不鲜，特无由证明之耳。

虽元剧诸曲配置之法，亦非尽由创造。《梦粱录》谓宋之缠达，"引子后只有两腔迎互循环"。今子元剧仙吕宫、正宫中曲，实有用此体例者。今举其例：如马致远《陈抟高卧》剧第一折仙吕。第五曲后，实以《后庭花》、《金盏儿》二曲迎互循环。今举其全折之曲名：

仙吕《点绛唇》、《混江龙》、《油葫芦》、《天下乐》、《醉中天》、《后庭花》、《金盏儿》、《后庭花》、《金盏儿》、《醉中天》、《金盏儿》、《赚煞》。

郑廷玉《看钱奴买冤家债主》第二折，则其例更明：

正宫《端正好》、《滚绣球》、《倘秀才》、《滚绣球》、《倘秀才》、《滚绣球》、《倘秀才》、《滚绣球》、《倘秀才》、《塞鸿秋》、《随煞》。

此中《端正好》一曲，当宋缠达中之引子，而以《滚绣球》、《倘秀才》二曲循环迎互，至于四次，《随煞》则当缠达之尾声，唯其上多《塞鸿秋》一曲。《陈抟高卧》剧之第四折亦然，其全折之曲名如左：

正宫《端正好》、《滚绣球》、《倘秀才》、《滚绣球》、《倘秀才》、《叨叨令》、《倘秀才》、《滚绣球》、《倘秀才》、《滚绣球》、《倘秀才》、《三煞》、《二煞》、《煞尾》。

元刊无名氏《张千替杀妻》杂剧第二折亦同：

《端正好》、《滚绣球》、《倘秀才》、《滚绣球》、《倘秀才》、《滚绣球》、《倘秀才》、《滚绣球》、《叨叨令》、《尾声》。

此亦皆以《滚绣球》、《倘秀才》二曲相循环，中唯杂以《叨叨令》一曲。他剧正宫曲中之相循环者，亦皆用此二曲，故《中原音韵》于此二曲下皆注"子母调"。此种自宋代缠达出，毫无可疑。可知元剧之构造，实多取诸旧有之形式也。

且不独元剧之形式为然，即就其材质言之，其取诸古剧者不少。兹列表以明之：

元杂剧		宋官本杂剧	金院本名目	其他
作者	剧名			
关汉卿	《姑苏台范蠡进西施》		《范蠡》	董颖《薄媚》大曲
同	《包待制三勘蝴蝶梦》		《蝴蝶梦》	
同	《隋炀帝牵龙舟》		《牵龙舟》	
同	《刘盼盼闹衡州》		《刘盼盼》	
高文秀	《刘先主襄阳会》		《襄阳会》	
白　朴	《鸳鸯简墙头马上》（一作《裴少俊墙头马上》）	《裴少俊伊州》	《鸳鸯简》《墙头马》	

续前表

元杂剧		宋官本杂剧	金院本名目	其他
作者	剧名			
同	《崔护谒浆》	《崔护六么》《崔护逍遥乐》		
庾天锡	《隋炀帝风月锦帆舟》		《牵龙舟》	
同	《薛昭误入兰昌宫》		《兰昌宫》	
同	《封骘先生骂上元》	《封陟中和乐》		
李文蔚	《蔡逍遥醉写石州慢》		《蔡消闲》	
李直夫	《尾生期女渰蓝桥》		《渰蓝桥》	
吴昌龄	《唐三藏西天取经》		《唐三藏》	
同	《张天师断风花雪月》	《风花雪月爨》	《风花雪月》	
王实父	《韩彩云丝竹芙蓉亭》		《芙蓉亭》	
同	《崔莺莺待月西厢记》	《莺莺六么》		董解元《西厢诸宫调》
李寿卿	《船子和尚秋莲梦》		《船子和尚四不犯》	
尚仲贤	《海神庙王魁负桂英》	《王魁三乡题》		宋末有《王魁》戏文
同	《凤凰坡越娘背灯》	《越娘道人欢》		
同	《洞庭湖柳毅传书》	《柳毅大圣乐》		
同	《崔护谒浆》	见前		
同	《张生煮海》		《张生煮海》	
史九敬先	《花间四友庄周梦》		《庄周梦》	
郑光祖	《崔怀宝月夜闻筝》		《月夜闻筝》	
范 康	《曲江池杜甫游春》		《杜甫游春》	
沈 和	《徐驸马乐昌分镜记》			南宋有《乐昌分镜》戏文
周文质	《孙武子教女兵》			宋舞队有《孙武子教女兵》
赵善庆	《孙武子教女兵》			同上
无名氏	《朱砂担滴水浮沤记》	《浮沤传永成双》《浮沤暮云归》		
同	《逞风流王焕百花亭》			宋末有《王焕》戏文
同	《双斗医》		《双斗医》	
同	《十样锦诸葛论功》		《十样锦》	

今元剧目录之见于《录鬼簿》、《太和正音谱》者，共五百余种。而

其与古剧名相同或出于古剧者，共三十二种。且古剧之目，存亡恐亦相半，则其相同者，想尚不止于此也。

由元剧之形式、材料两面研究之，可知元剧虽有特色，而非尽出于创造。由是其创作之时代，亦可得而略定焉。

九、元剧之时地

元杂剧之体创自何人，不见于纪载。钟嗣成《录鬼簿》所著录，以关汉卿为首；宁献王《太和正音谱》以马致远为首。然《正音谱》之评曲也，于关汉卿则云："观其词语，乃可上可下之才。盖所以取者，初为杂剧之始，故卓以前列。"盖《正音谱》之次第，以词之甲乙论，而非以时代之先后。其以汉卿为杂剧之始，固与《录鬼簿》同也。汉卿时代，颇多异说。杨铁崖《元宫词》云："开国遗音乐府传，白翎飞上十三弦，大金优谏关卿在，《伊尹扶汤》进剧编。"此关卿当指汉卿而言。虽《录鬼簿》所录汉卿杂剧六十本中无《伊尹扶汤》，而郑光祖所作杂剧目中有之，然马致远《汉宫秋》杂剧中有云："不说它《伊尹扶汤》，则说那《武王伐纣》。"案：《武王伐纣》乃赵文殷所作杂剧，则《伊尹扶汤》亦必为杂剧之名。马致远时代在汉卿之后、郑光祖之前，则其所云《伊尹扶汤》剧自当为关氏之作，而非郑氏之作。其不见于《录鬼簿》者，亦犹其所作《窦娥冤》、《续西厢》等，亦未为钟氏所著录也。杨诗云云，正指汉卿，则汉卿固逮事金源矣。《录鬼簿》云："汉卿，大都人，太医院尹。"明蒋仲舒《尧山堂外纪》卷六十八。则云："金末为太医院尹，金亡不仕。"则不知所据。据《辍耕录》，卷二十三。则汉卿至中统初尚存。案：自金亡至元中统元年，凡二十六年。果使金亡不仕，则似无于元代进杂剧之理。宁视汉卿生于金代，仕元为太医院尹为稍当也。又《鬼董》五卷末，有元泰定丙寅临安钱孚跋云："关解元之所传。"后人皆以解元为即汉卿。《尧山堂外纪》遂误以此书为汉卿所作，钱氏《元史·艺文志》仍之。案：解元之称始于唐，而其见于正史也，始于《金史·选举志》。金人亦喜称人为解元，如董解元是已。则汉卿得解，自当在金末；若元则唯太宗九年金亡后三年。秋八月一行科举，后废而不举者七十八年。至仁宗延祐元年八月，始复以科目取士，遂为定制。故汉卿得解，即非在金世，亦必在蒙古太宗九年。至世祖中统之初，固已垂老矣。杂剧苟为汉卿所创，则其创作之时，必在金天兴与元中统间二三十年之中，此可略得而推测者也。

《正音谱》虽云汉卿为杂剧之始，然汉卿同时，杂剧家业已辈出。此未必由新体流行之速，抑由元剧之创作，诸家亦各有所尽力也。据《录鬼簿》所载，于杨显之则云"与汉卿莫逆交，凡有珠玉，与公较之"，于费君祥则云"与汉卿交，有《爱女论》行于世"，于梁进之则云"与汉卿世交"。又如红字李二、花李郎二人，皆注教坊刘耍和婿。按：《辍耕录》所载院本名目，前章既定为金人之作，而云教坊"魏、武、刘三人鼎新编辑"，刘疑即刘耍和。金李冶《敬斋古今黈》卷一。云："近者伶官刘子才蓄才人隐语数十卷。"疑亦此人。则其人自当在金末，而其婿之时代，当与汉卿不甚相远也。他如石子章，则《元遗山诗集》卷九。有《答石子璋兼送其行》七律一首，李庭《寓庵集》卷二。亦有《送石子章北上》七律一首。按：寓庵生于金承安三年，卒于元至元十三年，其年代与遗山略同。如杂剧家之石子章，即《遗山》、《寓庵集》中之人，则亦当与汉卿同时矣。

此外与汉卿同时者尚有王实父。《西厢记》五剧，《录鬼簿》属之实父。后世或谓王作而关续之，都穆《南濠诗话》、王世贞《艺苑卮言》。或谓关作而王续之者。《雍熙乐府》卷十九载无名氏《西厢十咏》。然元人一剧，如《黄粱梦》、《骟骟裘》等，恒以数人合作，况五剧之多乎？且合作者皆同时人，自不能以作者与续者定时代之先后也。则实父生年，固不后于汉卿。又汉卿有《闺怨佳人拜月亭》一剧，实甫亦有《才子佳人拜月亭》剧，其所谱者乃金南迁时事，事在宣宗贞祐之初，距金亡二十年。或二人均及见此事，故各有此本欤？

此外元初杂剧家，其时代确可考者，则有白仁甫朴。据元王博文《天籁集序》谓，仁甫"年甫七岁，遭壬辰之难"。又谓："中统初，开府史公将以所业荐之于朝。"按：壬辰为金哀宗天兴元年，时仁甫年七岁，则至中统元年庚辰，年正三十五岁，故于至元一统后，尚游金陵。盖视汉卿为后辈矣。

由是观之，则元剧创造之时代，可得而略定矣。至有元一代之杂剧，可分为三期：一、蒙古时代。此自太宗取中原以后，至至元一统之初。《录鬼簿》卷上所录之作者五十七人，大都在此期中，中如马致远、尚仲贤、戴善甫均为江浙行省务官，姚守中为平江路吏，李文蔚为江州路瑞昌县尹，赵天锡为镇江府判，张寿卿为浙江省掾史，皆在至元一统之后。侯正卿亦曾游杭州，然《录鬼簿》均谓之"前辈名公才人"，与汉卿无别，或其游宦江浙为晚年之事矣。其人皆北方人也。二、一统时代。则自至元后，至至顺、后至元间，《录鬼簿》所谓"已亡名公才人，与余相知"或"不相知者"是也。其人则南方为多，否则北人而侨寓南方者也。三、至正时代。《录鬼簿》所谓"方今才人"是也。此三期，以第一期之作者为最盛，其著作存者亦多。元剧之杰作，大抵出于此期中。至第二期，则除宫天挺、郑光祖、乔吉三家外，殆无足观，而其剧存者亦罕。第三期则存者更罕，仅有秦简夫、萧德祥、朱凯、王晔五剧，其去蒙古时代之剧远矣。

就诸家之时代，今取其有杂剧存于今者著之。

第一期：

关汉卿、杨显之、张国宝、一作国宾。石子章、王实父、高文秀、郑廷玉、白朴、马致远、李文蔚、李直夫、吴昌龄、武汉臣、王仲文、李寿卿、尚仲贤、石君宝、纪君祥、戴善甫、李好古、孟汉卿、李行道、孙仲章、岳百川、康进之、孔文卿、张寿卿。

第二期：

杨梓、宫天挺、郑光祖、范康、金仁杰、曾瑞、乔吉。

第三期：

秦简夫、萧德祥、朱凯、王晔。

此外如王子一、刘东生、谷子敬、贾仲名、杨文奎、杨景言、汤式，其名均不见《录鬼簿》。《元曲选》于谷子敬、贾仲名诸剧，皆云元人，《太和正音谱》则直以为明人。案：王、刘诸人，不见他书，唯贾仲名，则元人有同姓名者。《元史·贾居贞传》："居贞字仲明，真定获鹿人"，官至江西行省参知政事，卒于至元十七年，年六十三。则尚为元初人，似非作曲之贾仲名。且《正音谱》宁献王所作，纪其同时之人，当无大谬。又谷、贾二人之曲，虽气骨颇高，而伤于绮丽，颇与元曲不类，则视为明初人，当无大误也。

更就杂剧家之里居研究之，则如左表：

大都	中书省所属		河南江北等处行中书省所属	江浙等处行中书省所属
关汉卿	李好古保定	陈无安东平	赵天锡汴梁	金仁杰杭州
王实甫	彭伯威同	王廷秀益都		范　康同
庾天锡	白　朴真定	武汉臣济南	陆显之同	沈　和同
马致远	李文蔚同	岳百川同	钟嗣成同	鲍天祐同
王仲文	尚仲贤同	康进之棣州	姚守中洛阳	陈以仁同

续前表

大都	中书省所属		河南江北等处行中书省所属	江浙等处行中书省所属
杨显之	戴善甫同	吴昌龄西京即大同	孟汉卿亳州	范居中同
		李寿卿太原		
纪君祥	侯正卿同	刘唐卿同	张鸣善扬州	施惠同
费君祥	史九敬先同	乔吉甫同	孙子羽同	黄天泽同
费唐臣	江泽民同	石君宝平阳		沈拱同
张国宝	郑廷玉彰德	于伯渊同		周文质同
石子章		赵公辅同		萧德祥同
李宽甫	赵文殷同	狄君厚同		陆登善同
梁进之	陈宁甫大名	孔文卿同		王晔同
孙仲章	李进取同	郑光祖同		王仲元同
赵明道	宫天挺同	李行甫同		杨梓嘉兴
李子中	高文秀东平			
李时中	张时起同			
曾瑞	顾仲清同			
	张寿卿同			
王伯成涿州	赵良弼同			

由右表观之，则六十二人中，北人四十九，而南人十三。而北人之中，中书省所属之地，即今直隶，山东、西产者，又得四十六人，而其中大都产者十九人。且此四十六人中，其十分之九为第一期之杂剧家，则杂剧之渊源地，自不难推测也。又北人之中，大都之外以平阳为最多，其数当大都之五分之二。按《元史·太宗纪》：太宗二七年，"耶律楚材请立编修所于燕京，经籍所于平阳，编集经史"。至世祖至元二年，始徙平阳经籍所于京师。则元初除大都外，此为文化最盛之地，宜杂剧家之多也。至中叶以后，则剧家悉为杭州人，中如宫天挺、郑光祖、曾瑞、乔吉、秦简夫、钟嗣成等，虽为北籍，亦均久居浙江。盖杂剧之根本地已移而至南方，岂非以南宋旧都，文化颇盛之故欤？

元初名臣中，有作小令、套数者。唯杂剧之作者，大抵布衣，否则为省掾令史之属。蒙古、色目人中，亦有作小令、套数者。而作杂剧者，则唯汉人。其中唯李直夫为女直人。盖自金末重吏，自掾史出身者，其任用反优于科目。至蒙古灭金，而科目之废垂八十年，为自有科目来未有之事。故文章之士，非刀笔吏无以进身，则杂剧家之多为掾史，固自不足怪也。沈德符《万历野获编》卷二十五。及臧懋循《元曲选序》均谓蒙古时代曾以词曲取士，其说固诞妄不足道。余则谓元初之废科目，却为杂剧发达之因。盖自唐、宋以来，士之竞于科目者，已非一朝一夕之事，一旦废之，彼其才力无所用，而一于词曲发之。且金时科目之学，最为浅陋。观刘祁《归潜志》卷七、八、九数卷可知。此种人士，一旦失所业，固不能为学术上之事，而高文典册，又非其所素习也。适杂剧之新体出，遂多从事于此，而又有一二天才出于其间，充其才力，而元剧之作遂为千古独绝之文字。然则由杂剧家之时代爵里，以推元剧创造之时代及其发达之原因，如上所推论，固非想像之说也。

　　附考：案，金以律赋、策论取士。逮金亡后，科目虽废，民间犹有为此学者。如王博文《白仁甫〈天籁集〉序》谓："律赋为专门之学，而太素有能声，太素，仁甫字。号后进之翘楚。"案：仁甫金亡时不及十岁，则其作律赋，必在科目已废之后。当时人士之热中科目如此。又元代士人不平之气，读宫天挺《范张鸡黍》剧第一、二折，可见一斑也。

十、元剧之存亡

　　元人所作杂剧共若干种，今不可考。明李开先作《张小山乐府序》云："洪武初年，亲王之国，必以词曲千七百本赐之。"然宁献王权亦当时亲王之一，其所作《太和正音谱》，卷首著录元人杂剧仅五百三十五本，加以明初人所作，亦仅五百六十六本，则李氏之言或过矣。元钟嗣成《录鬼簿序》作于至顺元年，而书中纪事，讫于至正五年。其所著录者，亦仅四百五十八本。虽此二书所未著录而见于他书，或尚传于今者，亦尚有之。然现今传本出于二书外者，不及百分之五，则李氏所云千七百本，或兼小令、套数言之，而其中杂剧，至多当亦不出千种。又其煊赫有名者，大都尽于二书所录，良可信也。至明隆、万间而流传渐少，长兴臧懋循之刻《元曲选》也，从黄州刘延伯借元人杂剧二百五十种。然其所刻百种内，已有明初人作六种，《儿女团圆》、《金安寿》、《城南柳》、《误入桃源》、《对玉梳》、《萧淑兰》。则二百五十种中，亦非尽元人作矣。与臧氏同时刊行杂剧者，有无名氏之《元人杂剧选》，海宁陈与郊之《古名家杂剧》，而金陵唐氏世德堂亦有汇刊之本。唐氏所刊，仅见残本三种：一为明王九思作，余二种皆《元曲选》所已刊。至《元人杂剧选》与《古名家杂剧》二书，至为罕觏，存佚已不可知。第就其目观之，则《元人杂剧选》之出《元曲选》外者，仅马致远《踏雪寻梅》、罗贯中《龙虎风云会》、无名氏《九世同居》、《荷金锭》四种耳。《古名家杂剧》正、续二集，虽多至六十种，然并刻明人之作，内同于《元曲选》者三十九种，同于《元人杂剧选》者一种。此外，则除明周宪王、徐文长、汪南溟各四种外，所余唯八种，且为元为明，尚不可知。可知隆、万间人所见元曲，当以臧氏为富矣。姚士粦《见只编》谓："汤海若先生妙于音律，酷嗜元人院本。自言箧中所藏，多世不常有，已至千种。"朱竹垞《静志居诗话》谓：山阴祁氏淡生堂所藏"元、明传奇，多至八百余部"。汤氏自言，未免过于夸大。若祁氏所藏，有明人作在内，则其中元剧当亦不过二三百种。何元朗《四友斋丛说》卷三十七。谓，其家所藏杂剧本几三百种，则当时元剧存者，其数略可知矣。惟钱遵王也是园藏曲，则目录具存。其中确为元人作者一百四十一种，而注元、明间人及古今无名氏杂剧者，凡二百有二种，共三百四十三种。其后钱书归泰兴季氏，《季沧苇书目》载钞本元曲三百种一百本，当即此书。则季氏之元曲三百种，当亦含明人作在内也。自是以后，藏书家罕注意元剧。唯黄氏丕烈，于题跋中时时夸其所藏词曲之富，而其所跋元曲，仅《太平乐府》数种，向颇疑其夸大。然其所藏《元刊杂剧三十种》，今藏乃显于世。此书本函上刊黄氏手书题字有云"《元刻古今杂剧乙编》，士礼居藏。"不知当时共有几编。而其前尚有甲编，则固无疑。如甲编种数与乙编同，则其所藏元刊杂剧，当有六十种，可谓最大之秘笈矣。今甲编存佚不可知，但就其乙编言之，则三十种中为《元曲选》所无者，已有十七种。合以《元曲选》中真元剧九十四种，与《西厢》五剧，则今日确存之元剧而为吾辈所能见者，实得一百十六种。今从《录鬼簿》之次序，并补其所未载者，叙录之如左：

关汉卿十三本：凡元刊本均不著作者姓名，并识。

《关张双赴西蜀梦》元刊本。《录鬼簿》、《太和正音谱》并著录。《正音谱》作《双赴会》。

《闺怨佳人拜月亭》元刊本。《录鬼簿》、《正音谱》、《也是园书目》并著录。"亭"，《录鬼簿》作"庭"。钱《目》作《王瑞兰私祷拜月亭》。

《钱大尹智宠谢天香》《元曲选》甲集下。《录鬼簿》、《正音谱》、《也是园书目》并著录。

《杜蕊娘智赏金线池》《元曲选》辛集上。《录鬼簿》、《正音谱》、《也是园书目》著录。

《望江亭中秋切鲙旦》《元曲选》癸集上。《录鬼簿》、《正音谱》、《也是园书目》著录。

《赵盼儿风月救风尘》《元曲选》乙集上。《录鬼簿》、《正音谱》、《也是园书目》著录。《录鬼簿》作《烟月旧风尘》。

《关大王单刀会》元刊本。《录鬼簿》、《正音谱》、《也是园书目》著录。

《温太真玉镜台》《元曲选》甲集下。《录鬼簿》、《正音谱》、《也是园书目》著录。

《诈妮子调风月》元刊本。《录鬼簿》、《正音谱》著录。

《包待制三勘蝴蝶梦》《元曲选》丁集下。《正音谱》、《也是园书目》著录。

《感天动地窦娥冤》《元曲选》壬集下。《正音谱》、《也是园书目》著录。

《包待制智斩鲁斋郎》《元曲选》戊集下。《也是园书目》著录作元无名氏,《元曲选》题元大都关汉卿撰。

《崔莺莺待月西厢记》第五剧明归安凌氏覆周定王刊本。近贵池刘氏覆凌本。他本皆改易体例,不足信据。《南濠诗话》、《艺苑卮言》皆以第五剧为汉卿作,是也。

高文秀三本:

《黑旋风双献功》《元曲选》丁集下。《录鬼簿》、《正音谱》著录。《录鬼簿》作《黑旋风双献头》。

《须贾诔范叔》《元曲选》庚集下。《录鬼簿》、《正音谱》、《也是园书目》著录。《录鬼簿》作《须贾诔范雎》。

《好酒赵元遇上皇》元刊本,《录鬼簿》、《正音谱》、《也是园书目》著录。

郑廷玉五本:

《楚昭王疏者下船》元刊本,《元曲选》乙集下。《录鬼簿》、《正音谱》、《也是园书目》著录。

《包待制智勘后庭花》《元曲选》己集上。《录鬼簿》、《正音谱》、《也是园书目》著录。

《布袋和尚忍字记》《元曲选》庚集上。《录鬼簿》、《正音谱》、《也是园书目》著录。

《看钱奴买冤家债主》元刊本,《元曲选》癸集上。《录鬼簿》、《正音谱》、《也是园书目》著录。

《崔府君断冤家债主》《元曲选》庚集上。《也是园书目》著录作元郑廷玉撰,《元曲选》题元无名氏撰。

白朴二本:

《唐明皇秋夜梧桐雨》《元曲选》丙集上。《录鬼簿》、《正音谱》、《也是园书目》著录。

《裴少俊墙头马上》《元曲选》乙集下。《录鬼簿》、《正音谱》、《也是园书目》著录。《录鬼簿》作《鸳鸯简墙头马上》。

马致远六本：

《江州司马青衫泪》《元曲选》己集上。《录鬼簿》、《正音谱》、《也是园书目》著录。

《吕洞宾三醉岳阳楼》《元曲选》丁集下。《录鬼簿》、《正音谱》、《也是园书目》著录。

《太华山陈抟高卧》元刊本，《元曲选》戊集上。《录鬼簿》、《正音谱》、《也是园书目》著录。

《破幽梦孤雁汉宫秋》《元曲选》甲集上。《录鬼簿》、《正音谱》、《也是园书目》著录。《录鬼簿》无"破幽梦"三字。

《半夜雷轰荐福碑》《元曲选》丁集上。《正音谱》、《也是园书目》著录。

《马丹阳三度任风子》元刊本，《元曲选》癸集下。《正音谱》、《也是园书目》著录。

李文蔚一本：

《同乐院燕青博鱼》《元曲选》乙集上。《录鬼簿》、《正音谱》、《也是园书目》著录。《录鬼簿》作《报冤台燕青扑鱼》。

李直夫一本：

《便宜行事虎头牌》《元曲选》丙集上。《录鬼簿》、《正音谱》、《也是园书目》著录。《录鬼簿》作《武元皇帝虎头牌》。

吴昌龄二本：

《张天师断风花雪月》《元曲选》乙集上。《录鬼簿》、《正音谱》著录。《录鬼簿》作《张天师夜断辰钩月》，《正音谱》作《辰钩月》。

《花间四友东坡梦》《元曲选》辛集上。《正音谱》、《也是园书目》著录。

王实甫二本：

《崔莺莺待月西厢记》明归安凌氏覆周定王刊本。近覆凌本。《录鬼簿》、《正音谱》、《也是园书目》著录。

《四丞相歌舞丽春堂》《元曲选》己集上。《录鬼簿》、《正音谱》、《也是园书目》著录。《录鬼簿》"四丞相"作"四大王"。

武汉臣三本：

《散家财天赐老生儿》元刊本，《元曲选》丙集上。《录鬼簿》、《正音谱》、《也是园书目》著录。

《李素兰风月玉壶春》《元曲选》丙集下。《也是园书目》著录，作元无名氏，《元曲选》题武汉臣撰。

《包待制智勘生金阁》《元曲选》癸集下。《也是园书目》著录，作元无名氏；《元曲选》题武汉臣撰。

王仲文一本：

《救孝子烈母不认尸》《元曲选》戊集上。《录鬼簿》、《正音谱》著录。

李寿卿二本：

《说专诸伍员吹箫》《元曲选》丁集下。《录鬼簿》、《正音谱》、《也是园书目》著录。

《月明和尚度柳翠》《元曲选》辛集下。《录鬼簿》、《正音谱》、《也是园书目》著录。《录鬼簿》作《月明三度临歧柳》。

尚仲贤四本：

《洞庭湖柳毅传书》《元曲选》癸集上。《录鬼簿》、《正音谱》、《也是园书目》著录。

《尉迟公三夺槊》元刊本。《录鬼簿》、《正音谱》著录。

《汉高祖濯足气英布》元刊本，《元曲选》辛集上。《录鬼簿》、《正音谱》、《也是园书目》著录。《元曲选》不著谁作。

《尉迟公单鞭夺槊》《元曲选》庚集下。《也是园书目》著录。

石君宝三本：

《鲁大夫秋胡戏妻》《元曲选》丁集上。《录鬼簿》、《正音谱》、《也是园书目》著录。

《李亚仙诗酒曲江池》《元曲选》乙集下。《录鬼簿》、《正音谱》著录。

《诸宫调风月紫云庭》元刊本。《录鬼簿》、《正音谱》著录。《录鬼簿》"庭"作"亭"，又戴善甫亦有《宫调风月紫云亭》，此不知石作或戴作也。

杨显之二本：

《临江驿潇湘夜雨》《元曲选》乙集上。《录鬼簿》、《正音谱》、《也是园书目》著录。

《郑孔目风雪酷寒亭》《元曲选》己集下。《录鬼簿》、《正音谱》、《也是园书目》著录。"郑孔目"，《录鬼簿》作"萧县君"。

纪君祥一本：

《赵氏孤儿冤报冤》元刊本，《元曲选》壬集上。《录鬼簿》、《正音谱》、《也是园书目》著录。"冤报冤"，钱《目》作"大报仇"。

戴善甫一本：

《陶学士醉写风光好》《元曲选》丁集上。《录鬼簿》、《正音谱》、《也是园书目》著录。"陶学士"，《录鬼簿》作"陶秀实"。

李好古一本：

《沙门岛张生煮海》《元曲选》癸集下。《录鬼簿》、《正音谱》、《也是园书目》著录。《录鬼簿》无"沙门岛"三字。

张国宾三本：

《公孙汗衫记》元刊本，《元曲选》甲集下。《录鬼簿》、《正音谱》著录。《录鬼簿》"公"字上有"相国寺"三字。《元曲选》作《相国寺公孙合汗衫》。

《薛仁贵衣锦还乡》元刊本，《元曲选》乙集下。《录鬼簿》、《正音谱》著录。

《罗李郎大闹相国寺》《元曲选》壬集下。《也是园书目》著录。元无名氏。《元曲选》题元张国宾撰。

石子章一本：

《秦翛然竹坞听琴》《元曲选》壬集上。《录鬼簿》、《正音谱》、《也是园书目》著录。

孟汉卿一本：

《张鼎智勘魔合罗》元刊本，《元曲选》辛集下。《录鬼簿》、《正音谱》、《也是园书目》著录。钱《目》及《元曲选》作《张孔目智勘魔合罗》。

李行道一本：

《包待制智勘灰阑记》《元曲选》庚集上。《录鬼簿》、《正音谱》著录。

王伯成一本：

《李太白贬夜郎》元刊本。《录鬼簿》、《正音谱》著录。

孙仲章一本：

《河南府张鼎勘头巾》《元曲选》丁集下。《也是园书目》著录。《录鬼簿》孙仲章下无此本，而陆登善下有之。《元曲选》题元孙仲章撰。

康进之一本：

《梁山泊李逵负荆》《元曲选》壬集下。《录鬼簿》、《正音谱》著录。《录鬼簿》作《梁山泊黑旋风负荆》。

岳伯川一本：

《岳孔目借铁拐李还魂》元刊本，《元曲选》丙集下。《录鬼簿》、《正音谱》、《也是园书目》著录。《录鬼簿》、《元曲选》作《吕洞宾度铁拐李岳》，钱《目》作《铁拐李借尸还魂》。

狄君厚一本：

《晋文公火烧介子推》元刊本。《录鬼簿》、《正音谱》著录。

孔文卿一本：

《东窗事犯》元刊本。《录鬼簿》、《正音谱》、《也是园书目》著录。《录鬼簿》、钱《目》均作《秦太师东窗事犯》。案：金仁杰亦有此本，未知孔作或金作也。

张寿卿一本：

《谢金莲诗酒红梨花》《元曲选》庚集上。《录鬼簿》、《正音谱》、《也是园书目》著录。

马致远、李时中、花李郎、红字李二合作一本：

《邯郸道省悟黄粱梦》《元曲选》戊集上。《录鬼簿》、《正音谱》、《也是园书目》著录。《录鬼簿》、钱《目》作《开坛阐教黄粱梦》。

宫天挺一本：

《死生交范张鸡黍》元刊本，《元曲选》己集上。《录鬼簿》、《正音谱》、《也是园书目》著录。

郑光祖四本：

《㑳梅香翰林风月》《元曲选》庚集下。《录鬼簿》、《正音谱》、《也是园书目》著录。钱《目》作《㑳梅香骗翰林风月》。

《周公辅成王摄政》元刊本。《录鬼簿》、《正音谱》著录。

《醉思乡王粲登楼》《元曲选》戊集下。《录鬼簿》、《正音谱》、《也是园书目》著录。

《迷青琐倩女离魂》《元曲选》戊集上。《录鬼簿》、《正音谱》、《也是园书目》著录。

金仁杰一本：

《萧何追韩信》元刊本。《录鬼簿》、《正音谱》著录。《录鬼簿》作《萧何月夜追韩信》。

范康一本：

《陈季卿悟道竹叶舟》元刊本，《元曲选》己集下。《录鬼簿》、《正音谱》、《也是园书目》著录。

曾瑞一本：

《王月英元夜留鞋记》《元曲选》辛集上。《录鬼簿》、《正音谱》、《也是园书目》著录。《录鬼簿》作《佳人才子误元宵》。

乔吉甫三本：

《玉箫女两世姻缘》《元曲选》己集下。《录鬼簿》、《正音谱》、《也是园书目》著录。

《杜牧之诗酒扬州梦》《元曲选》戊集下。《录鬼簿》、《正音谱》、《也是园书目》著录。

《李太白匹配金钱记》《元曲选》甲集上。《录鬼簿》、《正音谱》、《也是园书目》著录。《录鬼簿》作《唐明皇御断金钱记》。

秦简夫二本：

《东堂老劝破家子弟》《元曲选》乙集上。《录鬼簿》、《正音谱》、《也是园书目》著录。

《宜秋山赵礼让肥》《元曲选》己集下。《录鬼簿》、《正音谱》、《也是园书目》著录。

萧德祥一本：

《王翛然断杀狗劝夫》《元曲选》甲集下。《录鬼簿》、《也是园书目》著录。钱《目》作无名氏撰。

朱凯一本：

《昊天塔孟良盗骨殖》《元曲选》甲集下。《录鬼簿》、《正音谱》著录。《录鬼簿》无"昊天塔"三字，《正音谱》及《元曲选》作元无名氏撰。

王晔一本：

《破阴阳八封桃花女》《元曲选》戊集下。《录鬼簿》、《也是园书目》著录。钱《目》作元无名氏撰。

杨梓一本：

《霍光鬼谏》元刊本。《正音谱》著录，作元无名氏撰。今据姚桐寿《乐郊私语》定为杨梓撰。

李致远一本：

《都孔目风雨还牢末》《元曲选》癸集上。《正音谱》、《也是园书目》著录，均作元无名氏撰，《元曲选》题元李致远撰，钱《目》作《小妻大妇还牢末》。

杨景贤一本：

《马丹阳度脱刘行首》《元曲选》辛集上。《正音谱》、《也是园书目》均作无名氏撰，《元曲选》题元杨景贤撰，或与明初之杨景言为一人。

无名氏二十七本：

《严子陵垂钓七里滩》元刊本。各家均未著录，唯《录鬼簿》宫天挺条下有《严子陵钓鱼台》，此剧气骨亦与宫氏《范张鸡黍》相似，疑或即此本。

《诸葛亮博望烧屯》元刊本。《正音谱》、《也是园书目》著录。

《张千替杀妻》元刊本。《正音谱》著录，作《张子替杀妻》。

《小张屠焚儿救母》元刊本。各家均未著录。

《陈州粜米》《元曲选》甲集上。未著录。

《玉清庵错送鸳鸯被》《元曲选》甲集上。《也是园书目》著录。

《随何赚风魔蒯通》《元曲选》甲集上。未著录。

《争报恩三虎下山》《元曲选》甲集下。未著录。

《庞居士误放来生债》《元曲选》乙集下。未著录。

《朱砂担滴水浮沤记》《元曲选》丙集上。《正音谱》、《也是园书目》著录。

《包待制智赚合同文字》《元曲选》丙集上。《也是园书目》著录。

《冻苏秦衣锦还乡》《元曲选》丙集下。《正音谱》著录，作《苏秦还乡》，又有《张仪冻苏秦》一本。

《小尉迟将斗将认父归朝》《元曲选》丙集下。《也是园书目》著录：《小尉迟将斗将将鞭认父》。

《神奴儿大闹开封府》《元曲选》丁集上。《正音谱》、《也是园书目》著录。

《谢金吾诈拆清风府》《元曲选》丁集上。未著录。

《庞涓夜走马陵道》《元曲选》戊集上。《正音谱》、《也是园书目》著录。

《朱太守风雪渔樵记》《元曲选》戊集下。《也是园书目》著录。

《孟德耀举案齐眉》《元曲选》己集上。《正音谱》、《也是园书目》著录。

《李云英风送梧桐叶》《元曲选》庚集下。《也是园书目》著录。

《两军师隔江斗智》《元曲选》辛集上。未著录。

《玎玎珰珰盆儿鬼》《元曲选》辛集下。《正音谱》、《也是园书目》著录。

《逞风流王焕百花亭》《元曲选》壬集上。《也是园书目》著录。

《锦云堂暗定连环计》《元曲选》壬集上。《正音谱》、《也是园书目》著录。《正音谱》作《王允连环计》，钱《目》作《锦云堂美女连环计》。

《金水桥陈琳抱妆匣》《元曲选》壬集上。《正音谱》、《也是园书目》著录。

《风雨像生货郎旦》《元曲选》癸集上。《正音谱》、《也是园书目》著录。

《萨真人夜断碧桃花》《元曲选》癸集上。《也是园书目》著录，"夜断"作"夜斩"。

《冯玉兰夜月泣江舟》《元曲选》癸集下。未著录。

右百十六本，我辈今日所据以为研究之资者，实止于此。此外零星折数，如白朴之《箭射双雕》、费唐臣之《苏子瞻风雪贬黄州》、李进取之《神龙殿栾巴噀酒》、赵明道之《陶朱公范蠡归湖》、鲍天祐之《王妙妙死哭秦少游》、周文质之《持汉节苏武还乡》，《雍熙乐府》中均有一折。吾人耳目所及，仅至于此。至如明季所刊之《元人杂剧选》、《古名家杂剧》与钱遵王所藏钞本，虽绝不经见，要不能遽谓之已佚。此外佚籍，恐尚有发现之一日，但以大数计之，恐不能出二百种以上也。

十一、元剧之结构

元剧以一宫调之曲一套为一折。普通杂剧大抵四折，或加楔子。

案：《说文》六："楔，櫼也。"今木工于两木间有不固处，则斫木札入之，谓之楔子，亦谓之櫼。杂剧之楔子亦然。四折之外，意有未尽，则以楔子足之。昔人谓北曲之楔子即南曲之引子，其实不然。元剧楔子或在前，或在各折之间，大抵用仙吕《赏花时》或《端正好》二曲。唯《西厢记》第二剧中之楔子，则用正宫《端正好》全套，与一折等，其实亦楔子也。除楔子计之，仍为四折。唯纪君祥之《赵氏孤儿》则有五折，又有楔子，此为元剧变例。又张时起之《赛花月秋千记》，今虽不存，然据《录鬼簿》所纪，则有六折。此外无闻焉。若《西厢记》之二十折，则自五剧构成，合之为一，分之则仍为五。此在元剧中亦非仅见之作。如吴昌龄之《西游记》，其书至国初尚存。其著录于《也是园书目》者云四卷，见于曹寅《楝亭书目》者云六卷。明凌濛初《西厢序》云"吴昌龄《西游记》有六本"，则每本为一卷矣。凌氏又云："王实甫《破窑记》、《丽春园》、《贩茶船》、《进梅谏》、《于公高门》，各有二本；关汉卿《破窑记》、《浇花旦》，亦有二本。"此必与《西厢记》同一体例。此外《录鬼簿》所载，如李文蔚有《谢安东山高卧》，下注云"赵公辅次本"，而于赵公辅之《晋谢安东山高卧》，下则注云"次本"。武汉臣有《虎牢关三战吕布》，下注云"郑德辉次本"，而于郑德辉此剧下，则注云"次本"。盖李、武二人作前本，而赵、郑续之，以成一全体者也。余如武汉臣之《曹伯明错勘赃》，尚仲贤之《崔护谒浆》，赵子祥之《太祖夜斩石守信》、《风月害夫人》，赵文殷之《宦门子弟错立身》，金仁杰之《蔡琰还朝》，皆注"次本"。虽不言所续何人，当亦续《西厢记》之类。然此不过增多剧数，而每剧之以四折为率，则固无甚出入也。

杂剧之为物，合动作、言语、歌唱三者而成，故元剧对此三者，各有其相当之物。其纪动作者曰科；纪言语者曰宾，曰白；纪所歌唱者曰曲。元剧中所纪动作，皆以"科"字终，后人与白并举，谓之科白，其实自为二事。《辍耕录》纪金人院本，谓"教坊魏、武、刘三人鼎新编辑，魏长于念诵，武长子筋斗，刘长于科泛"。科泛，或即指动作而言也。宾白，则余所见周宪王自刊杂剧，每剧题目下即有"全宾"字样。明姜南《抱璞简记》《续说郛》卷十九。曰："北曲中有全宾、全白，两人相说曰宾，一人自说曰白。"则宾、白又有别矣。臧氏《元曲选序》云："或谓元取士有填词科。中略。主司所定题目外，止曲名及韵耳。其宾白则演剧时伶人自为之，故多鄙俚蹈袭之语。"填词取士说之妄，今不必辨，至谓宾白为伶人自为，其说亦颇难通。元剧之词，大抵曲、白相生，苟不兼作白，则曲亦无从作，此最易明之理也。今就其存者言之，则《元曲选》中百种，无不有白，此犹可诿为明人之作也。然白中所用之语，如马致远《荐福碑》剧中之"曳剌"，郑光祖《王粲登楼》剧中之"点汤"，一为辽、金人语，一为宋人语，明人已无此语，必为当时之作无疑。至《元刊杂剧三十种》，则有曲无白者诚多，然其与《元曲选》复出者，字句亦略相同，而有曲、白相生之妙，恐坊间刊刻时，删去其白，如今日坊刊脚本然。盖白则人人皆知，而曲则听者不能尽解。此种刊本，当为供观剧者之便故也。且元剧中宾白，鄙俚蹈袭者固多，然其杰作如《老生儿》等，其妙处全在于白。苟去其白，则其曲全无意味。欲强分为二人之作，安可得也？且周宪王时代去元未远，观其所自刊杂剧，曲、白俱全，则元剧亦当如此。愈以知臧说之不足信矣。

元剧每折唱者止限一人，若末，若旦，他色则有白无唱，若唱则限于楔子中，至四折中之唱者，则非末若旦不可。而末若旦所扮者，不必皆为剧中主要之人物。苟剧中主要之人物于此折不唱，则亦退居他色，而以末若旦扮唱者，此一定之例也。然亦有出于例外者，如关汉卿之《蝴蝶梦》第三折，则旦之外俫儿亦唱。尚仲贤之《气英布》第四折，则正末扮探子唱，又扮英布唱。张国宾之《薛仁贵》第三折，则丑扮禾旦上唱，正末复扮伴哥唱。范子安之《竹叶舟》第三折，则首列御寇唱，次正末唱。然《气英布》剧探子所唱，已至尾声，故元刊本及《雍熙乐府》所选，皆至尾声而止，后三曲或后人所加。《蝴蝶梦》、《薛仁贵》中俫及丑所唱者，既非本宫之曲，且刊本中皆低一格，明非曲。《竹叶舟》中列御寇所唱，明曰道情，至下《端正好》曲，乃入正剧。盖但以供点缀之用，不足破元剧之例也。唯《西厢记》第一、第四、第五剧之第四折，皆以二人唱。今《西厢》只有明人所刊，其为原本如此，抑由后人窜入，则不可考矣。

元剧脚色中，除末、旦主唱，为当场正色外，则有净有丑。而末、旦二色，支派弥繁。今举其见于元剧者，则末有外末、冲末、二末、小末，旦有老旦、大旦、小旦、旦俫、色旦、搽旦、外旦、贴旦等。《青楼集》云："凡妓以墨点破其面为花旦。"元剧中之色旦、搽旦，殆即是也。元剧有外旦、外末，而又有外。外则或扮男，或扮女，当为外末、外旦之省。外末、外旦之省为外，犹贴旦之后省为贴也。案：《宋史·职官志》："凡直馆院则谓之馆职，以他官兼者谓之贴职。"又《武林旧事》卷四"乾淳教坊乐部"有衙前，有和顾，而和顾人中，如朱和、蒋宁、王原全下皆注云："次贴衙前"，意当与贴职之贴同，即谓非衙前而充衙前衙前谓临安府乐人。也。然则曰冲，曰外，曰贴，均系一义，谓于正色之外，又加某色以充之也。此外见于元剧者，以年龄言，则有若孛老、卜儿、俅儿；以地位职业言，则有若孤、细酸、伴哥、禾旦、曳剌、邦老。皆有某色以扮之，而其自身则非脚色之名，与宋、金之脚色无异也。

元剧中歌者与演者之为一人，固不待言。毛西河《词话》独创异说，以为演者不唱，唱者不演。然《元曲选》各剧，明云"末唱"、"旦唱"，《元刊杂剧》亦云"正末开"或"正末放"，则为旦、末自唱可知。且毛氏连厢之说，元、明人著述中从未见之，疑其言犹蹈明人杜撰之习。即有此事，亦不过演剧中之一派，而不足以概元剧也。

演剧时所用之物谓之砌末。焦理堂《易余籥录》卷十七。曰："《辍耕录》有诸杂砌之目，不知所谓。按：元曲《杀狗劝夫》只从取砌末上，谓所埋之死狗也；《货郎旦》外旦取砌末付净科，谓金银财宝也；《梧桐雨》正末引宫娥挑灯拿砌末上，谓七夕乞巧筵所设物也；《陈抟高卧》外扮使臣引卒子捧砌末上，谓诏书、缥帛也；《冤家债主》和尚交砌末科，谓银也；《误入桃源》正末扮刘晨、外扮阮肇，带砌末上，谓行李包裹或采药器具也；又净扮刘德引沙三、王留等将砌末上，谓春社中羊酒、纸钱之属也。"余谓焦氏之解砌末是也。然以之与杂砌相牵合，则颇不然。杂砌之解，已见上文，似与砌末无涉。砌末之语，虽始见元剧，必为古语。案：宋无名氏《续墨客挥犀》卷七。云："问今州郡有公宴，将作曲，伶人呼细末将来，此是何义？对曰：凡御宴进乐，先以弦声发之，然后众乐和之，故号丝抹将来，今所在起曲，遂先之以竹声，不唯讹其名，亦失其实矣。"又张表臣《珊瑚钩诗话》卷二。亦云："始作乐，必曰'丝抹将来'，亦唐以来如是。"余疑砌末或为细末之讹。盖丝抹一语，既讹为细末，其义已亡，而其语独存，遂误视为将某物来之意，因以指演剧时所用之物耳。

十二、元剧之文章

元杂剧之为一代之绝作，元人未之知也。明之文人始激赏之，至有以关汉卿比司马子长者。韩文靖邦奇。三百年来，学者文人大抵屏元剧不观，其见元剧者，无不加以倾倒。如焦理堂《易余籥录》之说，可谓具眼矣。焦氏谓一代有一代之所胜，欲自楚骚以下撰为一集：汉则专取其赋，魏、晋、六朝至隋则专录其五言诗，唐则专录其律诗，宋专录其词，元专录其曲。余谓律诗与词固莫盛于唐、宋，然此二者果为二代文学中最佳之作否，尚属疑问。若元之文学，则固未有尚于其曲者也。元曲之佳处何在？一言以蔽之，曰：自然而已矣。古今之大文学，无不以自然胜，而莫著于元曲。盖元剧之作者，其人均非有名位学问也；其作剧也，非有藏之名山、传之其人之意也。彼以意兴之所至为之，以自娱娱人。关目之拙劣，所不问也；思想之卑陋，所不讳也；人物之矛盾，所不顾也。彼但摹写其胸中之感想与时代之情状，而真挚之理与秀杰之气时流露于其间。故谓元曲为中国最自然之文学，无不可也。若其文字之自然，则又为其必然之结果，抑其次也。

明以后传奇无非喜剧，而元则有悲剧在其中。就其存者言之，如《汉宫秋》、《梧桐雨》、《西蜀梦》、《火烧介子推》、《张千替杀妻》等，初无所谓先离后合、始困终亨之事也。其最有悲剧之性质者，则如关汉卿之《窦娥冤》、纪君祥之《赵氏孤儿》。剧中虽有恶人交构其间，而其蹈汤赴火者，仍出于其主人翁之意志，即列之于世界大悲剧中，亦无愧色也。

元剧关目之拙，固不待言。此由当日未尝重视此事，故往往互相蹈袭，或草草为之。然如武汉臣之《老生儿》、关汉卿之《救风尘》，其布置结构，亦极意匠惨淡之致，宁较后世之传奇，有优无劣也。

然元剧最佳之处，不在其思想结构，而在其文章。其文章之妙，亦一言以蔽之，曰：有意境而已矣。何以谓之有意境？曰：写情则沁人心脾，写景则在人耳目，述事则如其口出是也。古诗词之佳者，无不如是，元曲亦然。明以后，其思想结构尽有胜于前人者，唯意境则为元人所独擅。兹举数例以证之。其言情述事之佳者，如关汉卿《谢天香》第三折：

（正宫端正好）我往常在风尘，为歌妓，不过多见了几个筵席，回家来仍作个自由鬼，今日倒落在无底磨牢笼内！

马致远《任风子》第二折：

（正宫端正好）添酒力晚风凉，助杀气秋云暮，尚兀自脚趔趄、醉眼模糊。他化的我一方之地都食素，单则俺杀生的无缘度。

语语明白如画，而言外有无穷之意。又如《窦娥冤》第二折：

（斗虾蟆）空悲戚，没理会，人生死，是轮回。感著这般病疾，值著这般时势，可是风寒暑湿，或是饥饱劳役，各人证候自知。人命关天关地，别人怎生替得？寿数非干一世，相守三朝五夕。说甚一家一计，又无羊酒缎匹，又无花红财礼，把手为活过目，撒手如同休弃。不是窦娥忤逆，生怕旁人论议。不如听咱劝你，认个自家悔气。割舍的一具棺材，停置几件布帛，收拾出了咱家门里，送入他家坟地。这不是你那从小儿年纪指脚的夫妻，我其实不关亲，无半点凄怆泪。休得要心如醉，意似痴，便这等嗟嗟怨怨，哭哭啼啼。

此一曲直是宾白，令人忘其为曲。元初所谓当行家，大率如此。至中叶以后，已罕觏矣。其写男女离别之情者，如郑光祖《倩女离魂》第三折：

（醉春风）空服遍晒眩药不能痊，知他这腌臜病何日起，要好时直等的见他时，也只为这症侯因他上得。得。一会家缥渺呵，忘了魂灵；一会家精细呵，使著躯壳；一会家混沌呵，不知天地。

（迎仙客）日长也愁更长，红稀也信尤稀，春归也奄然人未归。我则道相别也数十年，我则道相隔著数万里。为数归期，则那竹院里刻遍琅玕翠。

此种词如弹丸脱手，后人无能为役。唯南曲中《拜月》、《琵琶》差能近之。至写景之工者，则马致远之《汉宫秋》第三折：

（梅花酒）呀！对著这回野凄凉，草色已添黄。兔起早迎霜，犬褪得毛苍，人搠起缨枪，马负著行装，车运著糇粮，打猎起围场。他他他伤心辞汉主，我我我携手上河梁。他部从，入穷荒；我銮舆，返咸阳。返咸阳，过宫墙；过宫墙，绕回廊；绕回廊，近椒房；近椒房，月昏黄；月昏黄，夜生凉；夜生凉，泣寒螀；泣寒螀，绿纱窗；绿纱窗，不思量。

（收江南）呀！不思量，便是铁心肠，铁心肠也愁泪滴千行。美人图今夜挂昭阳，我那里供养，便是我高烧银烛照红妆。

（尚书云）陛下回銮罢，娘娘去远了也。驾唱：

（鸳鸯煞）我煞大臣行，说一个推辞谎，又则怕笔尖儿那火编修讲。不见那花朵儿精神，怎趁那草地里风光。唱道伫立多时，徘徊半响，猛听的塞雁南翔，呀呀的声嘹亮，却原来满目牛羊，是兀那载离恨的毡车，半坡里响。

以上数曲，真所谓写情则沁人心脾，写景则在人耳目，述事则如其口出者。第一期之元剧，虽浅深大小不同，而莫不有此意境也。

古代文学之形容事物也，率用古语，其用俗语者绝无。又所用之字数亦不甚多。独元曲以许用衬字故，故辄以许多俗语，或以自然之声音形容之。此自古文学上所未有也。兹举其例，如《西厢记》第四剧第四折：

（雁儿落）绿依依墙高柳半遮，静悄悄门掩清秋夜，疏剌剌林梢落叶风，昏惨惨云际穿窗月。

（得胜令）惊觉我的是颤颤巍巍竹影走龙蛇，虚飘飘庄周梦蝴蝶，絮叨叨促织儿无休歇，韵悠悠砧声儿不断绝。痛煞煞伤别，急煎煎好梦儿应难舍，冷清清的咨嗟，娇滴滴玉人儿何处也？

此犹仅用三字也。其用四字者，如马致远《黄粱梦》第四折：

（叨叨令）我这里稳丕丕土坑上迷颩没腾的坐，那婆婆将粗剌剌陈米喜收希和的播。那寒驴儿柳阴下舒著足乞留恶滥的卧，那汉子去脖项上婆娑没索的摸。你则早醒来了也么哥，你则早醒来了也么哥，可正是窗前弹指时光过。

其更奇绝者，则如郑光祖《倩女离魂》第四折：

（古水仙子）全不想这姻亲是旧盟，则待教煨庙火刮刮匝匝烈焰生。将水面上鸳鸯忒楞楞腾分开交颈，疏剌剌沙鞴雕鞍撤了锁鞿。厮琅琅汤偷香处喝号提铃，支楞楞争弦断了不续碧玉筝。吉丁丁玱精砖上摔破菱花镜，扑通通东井底坠银瓶。

又无名氏《货郎旦》剧第二折，则所用叠字其数更多：

（货郎儿六转）我则见黯黯惨惨天涯云布，万万点点潇湘夜雨；正值著窄窄狭狭沟沟堑堑路崎岖，黑黑黯黯彤云布，赤留赤律潇潇洒洒断断续续，出出律律忽忽鲁鲁阴云开处，霍霍闪闪电光星注。正值著飕飕摔摔风，淋淋渌渌雨，高高下下凹凹答答一水模糊，扑扑簌簌湿湿渌渌疏林人物，却便似一幅惨惨昏昏潇湘水墨图。

由是观之，则元剧实于新文体中自由使用新言语，在我国文学中，于《楚辞》、《内典》外，得此而三。然其源远在宋、金二代，不过至元而大成。其写景、抒情、述事之美，所负于此者，实不少也。

元曲分三种，杂剧之外，尚有小令、套数。小令只用一曲，与宋词略同。套数则合一宫调中诸曲为一套，与杂剧之一折略同。但杂剧以代言为事，而套数则以自叙为事，此其所以异也。元人小令、套数之佳，亦不让于其杂剧。兹各录其最佳者一篇，以示其例，略可以见元人之能事也。

小令

天净沙

无名氏。此词《庶斋老学丛谈》及元刊《乐府新声》均不著名氏，《尧山堂外纪》以为马致远撰，朱竹垞《词综》仍之，不知何据。

枯藤老树昏鸦，小桥流水人家，古道西风瘦马。夕阳西下，断肠人在天涯。

套数

秋思

马致远。见元刊《中原音韵》、《乐府新声》。

（双调夜行船）百岁光阴如梦蝶，重回首往事堪嗟。昨日春来，今朝花谢，急罚盏夜阑灯灭。（乔木查）秦宫汉阙，做衰草牛羊野，不恁渔樵无话说。纵荒坟横断碑，不辨龙蛇。庆宣和。投至狐踪与兔穴，多少豪杰。鼎足三分半腰折，魏耶？晋耶？落梅风。天教富，不待奢，无多时好天良夜，看钱奴硬将心似铁，空辜负锦堂风月。（风人松）眼前红日又西斜，疾似下坡车。晚来清镜添白雪，上床与鞋履相别。莫笑鸠巢计拙，葫芦提一就装呆。（拨不断）利名竭，是非绝，红尘不向门前惹，绿树偏宜屋角遮，青山正补墙东缺，竹篱茅舍。（离亭宴煞）蛩吟罢一枕才宁贴，鸡鸣后万事无休歇，算名利何年是彻。密匝匝蚁排兵，乱纷纷蜂酿蜜，闹穰穰蝇争血。裴公绿野堂，陶令白莲社。爱秋来那些？和露滴黄花，带霜烹紫蟹，煮酒烧红叶。人生有限杯，几个登高节？嘱付与顽童记者，便北海探吾来，道东篱醉了也。

《天净沙》小令，纯是天籁，仿佛唐人绝句。马东篱《秋思》一套，周德清评之以为万中无一，明王元美等亦推为套数中第一，诚定论也。此二体虽与元杂剧无涉，可知元人之于曲，天实纵之，非后世所能望其项背也。

元代曲家，自明以来，称关、马、郑、白，然以其年代及造诣论之，宁称关、白、马、郑为妥也。关汉卿一空倚傍，自铸伟词，而其言曲尽人情，字字本色，故当为元人第一。白仁甫、马东篱高华雄浑，情深文明；郑德辉清丽芊绵，自成馨逸。均不失为第一流。其余曲家，均在四家范围内。唯宫大用瘦硬通神，独树一帜。以唐诗喻之，则汉卿似白乐天，仁甫似刘梦得，东篱似李义山，德辉似温飞卿，而大用则似韩昌黎。以宋词喻之，则汉卿似柳耆卿，仁甫似苏东坡，东篱似欧阳永叔，德辉似秦少游，大用似张子野。虽地位不必同，而品格则略相似也。明宁献王《曲品》跻马致远于第一，而抑汉卿于第十。盖元中叶以后，曲家多祖马、郑而祧汉卿，故宁王之评如是，其实非笃论也。

元剧自文章上言之，优足以当一代之文学。又以其自然故，故能写当时政治及社会之情状，足以供史家论世之资者不少。又曲中多用俗语，故宋、金、元三朝遗语所存甚多。辑而存之，理而董之，自足为一专书。此又言语学上之事，而非此书之所有事也。

十三、元院本

元人杂剧之外，尚有院本。《辍耕录》云：国朝杂剧、院本，分而为二。盖杂剧为元人所创，而院本则金源之遗，然元人犹有作之者。《录鬼簿》卷下。云：屈英甫名彦英，"编《一百二十行》及《看钱奴》院本"是也。元人院本，今无存者，故其体例如何，全不可考。唯明周宪王《吕洞宾花月神仙会》杂剧中有院本一段。此段系宪王自撰或剪裁金、元旧院本充之，虽不可知，然其结构简易，与北剧、南戏均截然不同，故作元院本观可。即金人院本，亦即此而可想像矣。今全录其文如下：

> 末云："小生昨日街上闲行，见了四个乐工，自山东瀛州来到此处，打躉觅钱。小生邀他今日在大姐家，庆会小生生辰，偌早晚还不见来。"
>
> 办净同捷讥、付末、末泥上，相见了，做院本《长寿仙献香添寿》。院本上。捷云："歌声才住。"末泥云："丝竹暂停。"净云："俺四大佳戏向前。"付末云："道甚清才谢乐。"捷云："今日双秀才的生日，您一人要一句添寿的诗。"捷先云："桧柏青松常四时。"

付末云："仙鹤仙鹿献灵芝。"末泥云："瑶池金母蟠桃宴。"付净云："都活一千八百岁。"付末打云："这言语不成文章，再说。"净云："都活二千九百岁。"付末云："也不成文章。"净云："有了，有了，都活三万三千三百岁，白了髭髯白了眉。"付末云："好，好！到是一个寿星。"捷云："我问你一人要一件祝寿底物。"捷云："我有一幅画儿，上面三个人儿：两个是福、禄星君，一个是南极老儿。"问付末，云："我有一幅画儿，上面四科树儿：两科是青松、翠柏，两科是紫竹、灵芝。"问末泥，云："我有一幅画儿，上面两般物儿：一个是送酒黄鹤，一个是衔花鹿儿。"净趋抢云："我也有！我有一幅画儿，上面一个靶儿，我也不识是甚物，人都道是春画儿。"付末打云："这个甚底，将来献寿。"净云："我子愿欢会长生。"净趋抢云："俺一人要两般乐器，一般是丝，一般是竹，与双秀才添寿咱。"捷云："我有一个玉笙，有一架银筝，就有一个小曲儿添寿，名是《醉太平》。"捷唱："有一排玉笙，有一架银筝，将来献寿凤鸾鸣，感天仙降庭。玉笙吹出悠然兴，银筝挡得新词令，都来添寿乐官星，祝千年寿宁。"

末泥云："我也有一管龙笛，一张锦瑟，就有一个曲儿添寿。"末泥唱：

"品龙笛凤声，弹锦瑟泉鸣，供筵前添寿老人星，庆千春万龄。瑟呵！冰蚕吐出丝明净；笛呵！紫筠调得声相应。我将这龙笛锦瑟贺升平，饮香醪玉瓶。"

付末云："我也有一面琵琶，一管紫箫，就有个曲儿添寿。"付末唱：

"拨琵琶韵美，吹箫管声齐，琵琶、箫管庆樽席，向筵前奏只。琵琶弹出长生意，紫箫吹得天仙会，都来添寿笑嬉嬉，老人星贺喜。"

净趋抢云："小子儿也有一条弦儿、一个孔儿的丝竹，就有一个曲儿添寿。"净唱："弹棉花的木弓，吹柴草的火筒，这两般丝竹不相同，是俺付净色的受用。这木弓弹了棉花呵，一夜温暖衣衾重；这火筒吹著柴草呵，一生饱食凭他用。这两般不受饥，不受冷，过三冬，比你乐器的有功。"

付末打云："付净的巧语能言。"净云："说遍这丝竹管弦。"付末云："蓝采和手执檀板。"净云："汉钟离书捧真筌。"付末云：

"铁拐李忙吹玉管。"净云:"白玉蟾舞袖翩翩。"付末云:"韩湘子生花藏叶。"净云:"张果老击鼓喧阗。"付末云:"曹国舅高歌大曲。"净云:"徐神翁慢抚琴弦。"付末云:"东方朔学踏焰爨。"净云:"吕洞宾掌记词篇。"付末云:"总都是神仙作戏。"净云:"庆千秋福寿双全。"付末云:"问你付净的办个甚色?"净云:"哎哎,哎哎!我办个富乐院里乐探官员。"付末收住:"世财红粉高楼酒,都是人间喜乐时。"末云:"深谢四位伶官,逢场作戏,果然是锦心绣口,弄月嘲风。"

此中脚色,末泥、付末、付净即副末、副净。三色,与《辍耕录》所载院本中脚色同,唯有捷讥而无引戏。案:上文说唱,皆捷讥在前,则捷讥或即引戏。捷讥之名,亦起于宋。《武林旧事》卷六。"诸色伎艺人"中,"商谜"有捷机和尚是也。此四色中,以付净、付末二色为重,且以付净色为尤重,较然可见。此犹唐、宋遗风。其中付末打付净者三次,亦古代鹘打参军之遗。而末一段付净、付末各道一句,又欧阳公《与梅圣俞书》所谓"如杂剧人上名,下韵不来,须副末接续"者也。此一段之为古曲,当无可疑。即非古曲,亦必全仿古剧为之者。以其足窥金、元之院本,故兹著之。

院本之体例,有白有唱,与杂剧无异。唯唱者不限一人,如上例中捷讥、末泥、付末、付净,各唱《醉太平》一曲是也。明徐充《暖姝由笔》《续说郛》卷十九。曰:"有白有唱者名杂剧,用弦索者名套数,扮演戏跳而不唱者名院本。"杂剧与套数之别,既见上章,绝非如徐氏之说。至谓院本演而不唱,则不独金人院本以曲名者甚多,即上例之中,亦有歌曲。而《水浒传》载白秀英之演院本,亦有白有唱,可知其说之无根矣。且院本一段之中,各色皆唱,又与南曲戏文相近。但一行于北,一行于南。其实院本与南戏之间,其关系较二者之与元杂剧更近。以二者一出于金院本,一出于宋戏文,其根本要有相似之处,而元杂剧则出于一时之创造故也。

十四、南戏之渊源及时代

元剧进步之二大端,既于第八章述之矣。然元剧大都限于四折,且每折限一宫调,又限一人唱,其律至严,不容逾越。故庄严雄肆,是其所长,而于曲折详尽,犹其所短也。至除此限制,而一剧无一定之折数，一折南戏中谓之一出。无一定之宫调，且不独以数色合唱一折，并有以数色合唱一曲，而各色皆有白有唱者，此则南戏之一大进步，而不得不大书特书以表之者也。

南戏之渊源于宋，殆无可疑。至何时进步至此，则无可考。吾辈所知，但元季既有此种南戏耳。然其渊源所自，或反古于元杂剧。今试就其曲名分析之，则其出于古曲者，更较元北曲为多。今南曲谱录之存者，皆属明代之作。以吾人所见，则其最古者，唯沈璟之《南九宫谱》二十二卷耳。此书前有李维桢序，谓出于陈、白二谱，然其注新增者不少。今除其中之犯曲即集曲。不计，则仙吕宫曲凡六十九章，羽调九章，正宫四十六章，大石调十五章，中吕宫六十五章，般涉调一章，南吕宫八十四章，黄钟宫四十章，越调五十章，商调三十六章，双调八十八章，附录三十九章，都五百四十三章。而其中出于古曲者如左。出于大曲者二十四：

《剑器令》仙吕引子、《八声甘州》仙吕慢词、《梁州令》、《齐天乐》。以上正宫引子。《普天乐》正宫过曲、《催拍》、《长寿仙》。以上大石调过曲。《大胜乐》疑即《大圣乐》、《薄媚》。以上南吕引子。《梁州序》、《大胜乐》、《薄媚衮》。以上南吕过曲。《降黄龙》黄钟过曲、《入破》、《出破》。以上越调近词。《新水令》双调引子、《六么令》双调过曲、《薄媚曲破》附录过曲、《入破第一》、《破第二》、《衮第三》、《歇拍》、《中衮第五》、《煞尾》、《出破》。以上黄钟过曲，见《琵琶记》。七曲相连，实大曲之七遍，而亡其调名者也。

其出于唐、宋词者一百九十：

《卜算子》、《番卜算》、《探春令》、《醉落魄》、《天下乐》、《鹊桥仙》、《唐多令》、《似娘儿》、《鹧鸪天》。以上仙吕引子。《碧牡丹》、《望梅花》、《感庭秋》、《喜还京》、《桂枝香》、《河传序》、《惜黄花》、《春从天上来》。以上仙吕过曲。《河传》、《声声慢》、《杜韦娘》、《桂枝香》。以上仙吕慢词。《天下乐》、《喜还京》。以上仙吕近词。《浪淘沙》、羽调近词。《燕归梁》、《七娘子》、《破阵子》、《瑞鹤仙》、《喜迁莺》、《猴山月》、《新荷时》。以上正宫引子。《玉芙蓉》、《锦缠道》、《小桃红》、《三字令》、《倾杯序》、《满江红急》、《醉太平》、《双鸂鶒》、《洞仙歌》、《丑奴儿近》。以上正宫过曲。《安公子》、正宫慢词。《东风第一枝》、《少年游》、《念奴娇》、《烛影摇红》。以上大石引子。《沙塞子》、《沙塞子急》、《念奴娇序》、《人月圆》。以上大石过曲。《蓦山溪》、《乌夜啼》、《丑奴儿》。以上大石慢词。

《插花三台》、大石近词。《粉蝶儿》、《行香子》、《菊花新》、《青玉案》、《尾犯》、《剔银灯引》、《金菊对芙蓉》。以上中吕引子。《泣颜回》、见《太平广记》，有哭颜回曲。《好事近》、《驻马听》、《古轮台》、《渔家傲》、《尾犯序》、《丹凤吟》、《舞霓裳》、《山花子》、《千秋岁》。以上中吕过曲。《醉春风》、《贺圣朝》、《沁园春》、《柳梢青》。以上中吕慢词。《迎仙客》、中吕近词。《哨遍》、般涉调慢词。《恋芳春》、《女冠子》、《临江仙》、《一剪梅》、《虞美人》、《意难忘》、《薄幸》、《生查子》、《于飞乐》、《步蟾宫》、《满江红》、《上林春》、《满园春》。以上南吕引子。《贺新郎》、《贺新郎衮》、《女冠子》、《解连环》、《引驾行》、《竹马儿》、《绣带儿》、《琐窗寒》、《阮郎归》、《浣溪沙》、《五更转》、《满园春》、《八宝妆》。以上南吕过曲。《贺新郎》、《木兰花》、《乌夜啼》。以上南吕慢词。《绛都春》、《疏影》、《瑞云浓》、《女冠子》、《点绛唇》、《传言玉女》、《西地锦》、《玉漏迟》。以上黄钟引子。《绛都春序》、《画眉序》、《滴滴金》、《双声子》、《归朝欢》、《春云怨》、《玉漏迟序》、《传言玉女》、《侍香金童》、《天仙子》。以上黄钟过曲。《浪淘沙》、《霜天晓角》、《金蕉叶》、《杏花天》、《祝英台近》。以上越调引子。《小桃红》、《雁过南楼》、《亭前柳》、《绣停针》、《祝英台》、《忆多娇》、《江神子》。以上越调过曲。《凤凰阁》、《高阳台》、《忆秦娥》、《逍遥乐》、《浇池游》、《三台令》、《二郎神慢》、《十二时》。以上商调引子。《满园春》、《高阳台》、《击梧桐》、《二郎神》、《集贤宾》、《莺啼序》、《黄莺儿》。以上商调过曲。《集贤宾》、《永遇乐》、《熙州三台》、《解连环》。以上商调慢词。《骤雨打新荷》、小石调近词。《真珠帘》、《花心动》、《谒金门》、《惜奴娇》、《宝鼎现》、《捣练子》、《风入松慢》、《海棠春》、《夜行船》、《贺圣朝》、《秋蕊香》、《梅花引》。以上双调引子。《昼锦堂》、《红林檎》、《醉公子》。以上双调过曲。《柳摇金》、《月上海棠》、《柳梢青》、《夜行船序》、《惜奴娇》、《品令》、《豆叶黄》、《字字双》、《玉交枝》、《玉抱肚》、《川拨棹》。以上仙吕入双调过曲。《红林檎》、《泛兰舟》。以上双调慢词。《帝台春》、附录引子。《鹤冲天》、《疏影》。以上附录过曲。

出于金诸宫调者十三：

《胜葫芦》、《美中美》。以上仙吕过曲。《石榴花》、《古轮台》、《鹘打兔》、《麻婆子》、《荼縻香傍拍》。以上中吕过曲。《一枝花》、南吕引子。《出队子》、《神仗儿》、《啄木儿》、《刮地风》。以上黄钟过曲。《山麻稽》。越调过曲。

出于南宋唱赚者十：

《赚》、《薄媚赚》。以上仙吕近词。《赚》、《黄钟赚》。以上正宫过曲。
《本宫赚》、大石过曲。《本宫赚》、《梁州赚》。以上南吕过曲。《赚》。南吕近
词。《本宫赚》。越调过曲。《入赚》。越调近词。

同于元杂剧曲名者十有三：

《青哥儿》。仙吕过曲。《四边静》。正宫过曲。《红绣鞋》、《红芍药》。
以上中吕过曲。《红衫儿》。南吕过曲。《水仙子》。黄钟过曲。《秀厮儿》、
《梅花酒》。以上越调过曲。《绵搭絮》。越调近词。《梧叶儿》。商调过曲。
《五供养》。双调过曲。《沈醉东风》、《雁儿落》、《步步娇》。以上仙吕入双
调过曲。《货郎儿》。附录过曲。

其有古词曲所未见，而可知其出于古者如左：

《紫苏丸》、仙吕过曲。《事物纪原》。卷九。《吟叫》条："嘉祐末，仁
宗上仙。四海遏密，故市井初有叫果子之戏。盖自至和、嘉祐之间，叫
《紫苏丸》，洎乐工杜人经十叫子始也。京师凡卖一物，必有声韵，其吟
哦俱不同。故市人采其声调，间以词章，以为戏曲也。"则《紫苏丸》
乃北宋叫声之遗，南宋赚词中犹有此曲，见第四章。

《好女儿》、《缕缕金》、《越恁好》均中吕过曲。均见第四章所录南宋
赚词。

《耍鲍老》、中吕过曲。又黄钟过曲。《鲍老催》黄钟过曲。见第八章
"鲍老儿"条。

《合生》中吕过曲。见第六章。

《杵歌》。中吕过曲。《园林杵歌》。越调过曲。《事物纪原》卷九。有
《杵歌》一条。又《武林旧事》卷二。舞队中有《男女杵歌》。

《大迓鼓》南吕过曲。见第三章。

《刘衮》。南吕过曲。《山东刘衮》。仙吕入双调过曲。《武林旧事》卷四：
杂剧三甲，内中只应一甲五人，内有次净刘衮。又卷二。舞队中有《刘
衮》，又金院本名目中有《调刘衮》一本。

《太平歌》。黄钟过曲。南宋官本杂剧段《钱手帕爨》下注小字"《太
平歌》"。

《蛮牌令》越调过曲。见第八章"六国朝"条。

《四国朝》双调引子。见第八章"六国朝"条。

《破金歌》。仙吕入双调过曲。此词云"破金"，必南宋所作也。

《中都俏》。附录过曲。案：金以燕京为中都，元世祖至元元年又改

燕京为中都，九年改大都，则此为金人或元初遗曲也。

以上十八章，其为古曲或自古曲出，盖无可疑，此外想尚不少。总而计之，则南曲五百四十三章中，出于古曲者凡二百六十章，几当全数之半，而北曲之出于古曲者，不过能举其三分之一，可知南曲渊源之古也。

南戏之曲名出于古曲者，其多如此。至其配置之法，一出中不以一宫调之曲为限，颇似诸宫调；其有一出，首尾只用一曲，终而复始者，又颇似北宋之传踏。又《琵琶记》中第十六出，有大曲一段，凡七遍，虽失其曲名，且其各遍之次序与宋大曲不尽合，要必有所出。可知南戏之曲，亦综合旧曲而成，并非出于一时之创造也。

更以南戏之材质言之，则本于古者更多。今日所存最古之南戏，仅《荆》、《刘》、《拜》、《杀》与《琵琶记》五种耳。《荆》谓《荆钗》，《刘》谓《白兔》，《拜》、《杀》则谓《拜月》、《杀狗》二记，此四本与《琵琶》均出于元、明之间，见下。然其源颇古。施愚山《矩斋杂记》云："传奇《荆钗记》丑诋孙汝权。按：汝权，宋名进士，有文集，尚气谊，王梅溪先生好友也。梅溪劾史浩八罪，汝权怂恿之。史氏切齿，故入传奇，谬其事以污之。温州周天锡，字懋宠，尝辨其诬，见《竹懒新著》。"施氏之说，信否不可知，要足备参考也。《白兔记》演李三娘事，然元刘唐卿已有《李三娘麻地捧印》杂剧，则亦非创作矣。《杀狗》则元萧德祥有《王翛然断杀狗劝夫》杂剧。《拜月》之先，已有关汉卿《闺怨佳人拜月亭》、王实甫《才子佳人拜月亭》二剧。《琵琶》则陆放翁既有"满村听唱蔡中郎"之句，而金人院本名目，亦有《蔡伯喈》一本，又祝允明《猥谈》谓南戏："余见旧牒，其时有赵闲夫榜禁，颇述名目，如《赵真女蔡二郎》等，亦不甚多。"余案：元岳伯川《吕洞宾度铁拐李岳》杂剧第二折"煞尾"云："你学那守三贞赵真女，罗裙包土将坟台建。"则其事正与《琵琶记》中之赵五娘同。岳伯川，元初人，则元初确有此南戏矣。且今日《琵琶记》传本第一出末有四语，末二语云："有贞有烈赵真女，全忠全孝蔡伯喈。"此四语实与北剧之题目正名相同。则虽今本《琵琶记》，其初亦当名《赵真女》或《蔡伯喈》，而《琵琶》之名，乃由后人追改，则不徒用其事，且袭其名矣。然则今日所传最古之南戏，其故事关目，皆有所由来，视元杂剧对古剧之关系，更为亲密也。

南戏始于何时，未有定说。明祝允明《猥谈》《续说郛》卷四十六。

云："南戏出于宣和之后。南渡之际，谓之温州杂剧。予见旧牒，其时有赵闳夫榜禁，颇述名目，如《赵真女蔡二郎》等，亦不甚多。"云云。其言出于宣和之后，不知何据。以余所考，则南戏当出于南宋之戏文，与宋杂剧无涉。唯其与温州相关系，则不可诬也。"戏文"二字，未见于宋人书中，然其源则出于宋季。元周德清《中原音韵》云："南宋都杭，吴兴与切邻，故其戏文如《乐昌分镜》等，唱念呼吸，皆如约韵。"谓沈韵约。此但浑言南宋，不著其为何时。刘一清《钱唐遗事》则云："贾似道少时，佻侻尤甚。自入相后，犹微服间行，或饮于伎家。至戊辰、己巳间，《王焕》戏文盛行于都下，始自太学，有黄可道者为之。"则戏文于度宗咸淳四五年间，既已盛行，尚不言其始于何时也。叶子奇《草木子》则云："俳优戏文，始于《王魁》，永嘉人作之。识者曰：'若见永嘉人作相，国当亡。'及宋将亡，乃永嘉陈宜中作相。其后元朝南戏盛行，及当乱，北院本特盛，南戏遂绝。"案：宋官本杂剧中，有《王魁三乡题》，其翻为戏文，不知始于何时，要在宋亡前百数十年间。至以戏文为永嘉人所作，亦非无据。案：周密《癸辛杂志别集》上纪："温州乐清县僧祖杰，杨髡之党。中略。旁观不平，乃撰为戏文以广其事。"又撰《琵琶记》之高则诚，亦温州永嘉人。叶盛《菉竹堂书目》有《东嘉韫玉传奇》。则宋、元戏文大都出于温州。然则叶氏永嘉始作之言，祝氏"温州杂剧"之说，其或信矣。元一统后，南戏与北杂剧并行。《青楼集》云：龙楼景、丹墀秀"皆金门高之女，俱有姿色，专工南戏"。《录鬼簿》谓："南北调，合腔自沈和甫始。"又云：萧德祥"凡古文俱櫽括为南曲，街市盛行，又有南曲戏文等"。以"南曲戏文"四字连称，则南戏出于宋末之戏文，固昭昭矣。

　　然就现存之南戏言之，则时代稍后。后人称《荆》、《刘》、《拜》、《杀》为元四大家，明无名氏亦以《荆钗记》为柯丹邱撰，世亦传有元刊本。贵池刘氏有之，余未见。然闻缪艺风秘监言，中有制义数篇，则为洪武后刊本明矣。然柯敬仲未闻以制曲称，想旧本当题丹邱子或丹邱先生撰。丹邱子者，明宁献王道号也。《千顷堂书目》有丹邱子《太和正音谱》二卷，谱中亦自称丹邱先生。其实此书，乃宁献王撰，故书中著录，讫于明初人也。后人不知，见"丹邱"二字，即以为敬仲耳。《白兔记》不知撰人。《杀狗记》据《静志居诗话》卷四。则为徐畖所作，畖字仲由，淳安人，洪武初征秀才，至藩省辞归，则其人至明初尚存。其制作之时，在元在明，已不可考矣。《拜月亭》其刻于《六十种曲》中者，易名《幽闺记》。则明王元美、何元朗、臧晋叔等皆以为元施君美惠。所撰。君美，杭人，卒于至顺、至正间。然《录鬼簿》谓君美"诗酒之暇，唯以填词和曲为事，有《古今砌话》编成一集"，而无一语及《拜月亭》。虽《录鬼簿》但录杂剧，不录南戏，然其人苟有南戏或院本，亦必及之，如范居中、屈彦英、萧德祥等是也。则《拜月》是否出君美手，尚属疑问。唯就曲文观之，定为元人之作，当无大谬。而其撰人与时代确乎可知者，唯《琵琶》一记耳。

作《琵琶》者，人人皆知其为高则诚，然其名则或以为高拭，或以为高明；其字则或以为则诚，或以为则成。蒋仲舒《尧山堂外记》卷七十六："高拭字则成，作《琵琶记》者。或谓方国真据庆元时，有高明者，避地鄞之栎社，以词曲自娱。中略。案：高明，温州瑞安人，以《春秋》中至正乙酉第，其字则诚，非则成也。或曰二人同时同郡，字又同音，遂误耳。"以上皆蒋氏说。王元美《艺苑卮言》亦云"南曲高拭则诚遂掩前后"。朱竹垞《静志居诗话》于"高明"条下引《外纪》之说，复云"涵虚子《曲谱》，有高拭而无高明，则蒋氏之言或有所据"云云。余案：元刊本张小山《北曲联乐府》，前有海粟冯子振、燕山高拭题词，此即涵虚子《曲谱》中之高拭。《琵琶》乃南曲戏文，则其作者自当为永嘉之高明，而非燕山之高拭。况明人中如姚福《青溪暇笔》、田艺衡《留青日札》，皆以作《琵琶》者为高明，当不谬也。既为高明，则其字自当为则诚，而非则成。至其作《琵琶记》之时代，则据《青溪暇笔》及《留青日札》，均谓在寓居栎社之后。其寓居栎社，据《留青日札》及《列朝诗集》，又在方国珍降元之后。按：国珍降元者再，其初降时，尚未据庆元，其再降则在至正十六年。则此记之作，亦在至正十六年以后矣。然《留青日札》又谓高皇帝微时，尝奇此戏。案：明太祖起兵在至正十二年闰三月，若微时已有此戏，则当成于十二年以前。又《日札》引一说谓："初东嘉以伯喈为不忠不孝，梦伯喈谓之曰：'公能易我为全忠全孝，当有以报公。'遂以全忠全孝易之。东嘉后果发解。"案：则诚中进士第在至正五年，则成书又当在五年以前。然明人小说所载，大抵无稽之说，宁从《青溪暇笔》及《留青日札》前说，谓成书于避地栎社之后为较妥也。

由是观之，则现存南戏，其最古者，大抵作于元、明之间，而《草木子》反谓"元朝南戏盛行，及当乱，北院本此谓元人杂剧。特盛，南戏遂绝"者，果何说欤？曰：叶氏所记，或金华一地之事。然元代南戏之盛，与其至明初而衰息，此亦事实，不可诬也。沈氏《南九宫谱》所选古传奇，如《刘盼盼》、《王焕》、《韩寿》、《朱买臣》、《古西厢》、《王魁》、《孟姜女》、《冤家债主》、《玩江楼》、《李勉》、《燕子楼》、《郑孔目》、《墙头马上》、《司马相如》、《进梅谏》、《诈妮子》、《复落倡》、《崔护》等，其名各与宋杂剧段数、金院本名目、元人杂剧相同，复与明代传奇不类，疑皆元人所作南戏。此外命名相类者，亦尚有二十余种，亦当为同时之作也。而自明洪武至成、宏间，则南戏反少。沈德符《万历野获编》卷二十五："原明之南曲，谓《四节》、《连环》、《绣襦》之属，出于成、宏间，始为时所称。"则元、明之间，南曲一时衰熄，事或然也。观明初曲家所作，杂剧多而传奇绝少，或足证此事欤。

十五、元南戏之文章

元之南戏，以《荆》、《刘》、《拜》、《杀》并称，得《琵琶》而五。此五本尤以《拜月》、《琵琶》为眉目，此明以来之定论也。元南戏之佳处，亦一言以蔽之，曰：自然而已矣。申言之，则亦不过一言，曰：有意境而已矣。故元代南、北二戏，佳处略同，唯北剧悲壮沉雄，南戏清柔曲折，此外殆无区别，此由地方之风气及曲之体制使然。而元曲之能事，则固未有间也。

元人南戏，推《拜月》、《琵琶》。明代如何元朗、臧晋叔、沈德符辈，皆谓《拜月》出《琵琶》之上。然《拜月》佳处，大都蹈袭关汉卿《闺怨佳人拜月亭》杂剧，但变其体制耳。明人罕睹关剧，又尚南曲，故盛称之。今举其例资读者之比较焉。

关剧第一折：

（油葫芦）分明是风雨催人辞故国，行一步一叹息。两行愁泪脸边垂，一点雨间一行凄惶泪，一阵风对一声长吁气。百忙里一步一撒，索与他一步一提。这一对绣鞋儿分不得帮和底，稠紧紧粘煨煨带着淤泥。

南戏《拜月亭》第十三出：

（剔银灯）老旦：迢迢路不知，是那里？前途去，安身在何处？旦：一点点雨间着一行行凄惶泪，一阵阵风对着一声声愁和气。合：云低，天色向晚，子母命存亡兀自尚未知。

（摊破地锦花）旦：绣鞋儿分不得帮和底，一步步提，百忙里褪了跟儿。老旦：冒雨冲风带水拖泥。合：步迟迟，全没些气和力。

又如《拜月》南戏中第三十二出，实为全书中之杰作，然大抵本于关剧第三折。今先录关剧一段如下：

旦做入房里科。小旦云了。"夜深也，妹子你歇息去波，我也待睡也。"小旦云了。"梅香安排香桌儿去，我去烧炷夜香咱。"梅香云了。

（伴读书）你靠栏槛临台榭，我准备名香爇。心事悠悠冯谁说？只除向金鼎焚龙麝。与你殷勤参拜遥天月，此意也无别。

（笑和尚）韵悠悠比及把角品绝，碧荧荧投至那镫儿灭。薄设设衾共枕空舒设，冷清清不偢采，闲遥遥生枝节，闷恹恹怎揑他如年夜？梅香云了，做烧香科。

（倘秀才）天那！这一炷香，则愿削减俺尊君狠切！这一炷香，则愿俺那抛闪下的男儿较些！那一个耶娘不间叠，不似俺忒吞嚬，劣缺。

做拜月科，云："愿天下心厮爱的夫妻，永无分离，教俺两口儿早得团圆！"小旦云了，做羞科。

（叨叨令）元来你深深的花底将身儿遮，搭搭的背后把鞋儿捻，涩涩的轻把我裙儿拽，煴煴的羞得我腮儿热。小鬼头直到撞破我也末哥，直到撞破我也末哥，我一星星都索从头儿说。

小旦云了。"妹子，你不知我兵火中多得他本人气力来，我以此上忘不下他。"小旦云了，打悲科。"恁姐夫姓蒋名世隆字彦通，如今二十三岁也。"小旦打悲科，做猛问科。

（倘秀才）"来波！我怨感我合哽咽，不剌你啼哭你为甚迭？"小旦云了。"你莫不元是俺男儿旧妻妾？阿！是是是！当时只争个字儿别，我错呵了应者。"小旦云了。"你两个是亲弟兄。"小旦云了，做欢喜科。

（呆古朵）"似凭的呵，咱从今后越索著疼热，休想似在先时节。你又是我妹妹姑姑，我又是你嫂嫂姐姐。"小旦云了。"这般者，俺父母多宗派，您兄弟无枝叶。从今后休从俺耶娘家根脚排，只做俺儿夫家亲眷者。"小旦云了。"若说著俺那相别呵，话长！"

（三煞）他正天行汗病，换脉交阳，那其间被俺耶把我横拖倒拽在招商舍，硬厮强扶上走马车。谁想舞燕啼莺，翠鸾娇凤，撞著猛虎狞狼，蝎蝎頑蛇。又不敢号咷悲哭，又不敢囑咐丁宁，空則索感叹伤嗟！据著那凄凉惨切，一霎兒似痴呆。

（二煞）則就里先肝肠眉黛千千结，烟水云山万万叠。他便似烈焰飘风，劣心牛性。怎禁他后拥前推，乱棒胡茄。阿谁无个老父？谁无个尊君？谁无个亲耶？从头兒看来，都不似俺那狠爹爹。

（尾）"他把世间毒害收拾彻，我将天下忧愁结揽绝。"小旦云了。"没盘缠，在店舍，有谁人，厮抬贴？那萧疏，那凄切，生分离，厮抛撇。从相别，那时节，音书无，信音绝。我这些时眼跳腮红耳轮热，眠梦交杂不宁贴，您哥哥暑湿风寒纵较些，多被那烦恼忧愁上断送也。"下。

《拜月》南戏第三十二出，全从此出，而情事更明白曲尽，今亦录一段以比较之：

旦："呀！这丫头去了。天色已晚，只见半弯新月，斜挂柳梢，不免安排香案对月祷告一番，争些误了。"

（二郎神慢）"拜星月，宝鼎中明香满爇。"小旦潜上听科。旦："上苍！这一炷香呵。愿我抛闪下的男兒疾效些，得再瞭同欢同悦！"小旦："悄悄轻把衣袂拽，却不道小鬼头春心动也。"走科。旦："妹子到那里去？"小旦："我也到父亲行去说。"旦扯科。小旦："放手！我这回定要去。"旦跪科。"妹子饶过姐姐罢。"小旦："姐姐请起。那娇怯，无言俯首，红晕满腮颊。"

（莺集御林春）"恰才的乱掩胡遮，事到如今漏泄，姊妹心肠休见别，夫妻每是些周折。"旦："教我难推恁阻。罢！妹子。我一星星对伊仔细从头说。"小旦："姐姐，他姓甚么？"旦："姓蒋。"小旦："呀！他也姓蒋？叫做甚么名字？"旦："世隆名。"小旦："呀！他家在那里？"旦："中都路是家。"小旦："呀！姐姐，你怎么认得他？他是甚么样人？"旦："是我男兒受儒业。"

（前腔）小旦悲科。"听说罢姓名家乡，这情苦意切。闷海愁山，将我心上撖，不由人不泪珠流血。"旦："我凄惶是正理，只合此愁休对愁人说。妹子，你啼哭为何因？莫非是我男兒旧妻妾？"

（前腔）小旦："他须是瑞莲亲兄。"旦："呀！元来是令兄，为何失散了？"小旦："为军马犯阙。"旦："是，我晓得了。散失忙寻相应者，那时节只争个字兒差迭。妹子，和你比先前又亲，自今越更著疼热，你休随著我跟脚，久已后是我男兒那枝叶。"

（前腔）小旦："我须是你妹妹姑姑，你是我嫂嫂又是姐姐。未审家兄和你因甚别，两分离是何时节？"旦："正遇寒冬冷月，恨爹爹将奴拆散在招商舍。"小旦："你如今还思量著他么？"旦："思量起痛心酸，那其间染病耽疾。"小旦："那时怎生割舍得撇了？"旦："是我男儿，教我怎割舍？"

（四犯黄莺儿）小旦："他直恁太情切，你十分忒软怯，眼睁睁忍相抛撇。"旦："枉自怨嗟，无可计设，当不过他抢来推去望前拽。"合："意似虺蛇，性以蝎螫，一言如何诉说？"

（前腔）小旦："流水下似马和车，顷刻间途路赊，他在穷途递旅应难舍。"旦："那时节呵，囊箧又竭，药食又缺，他那里闷恹恹捱不过如年夜。"合："宝镜分裂，玉钗断折，何日重圆再接？"

（尾）自从别后信音绝，这些时魂惊梦怯，莫不是烦恼忧愁将人断送也？

细较南北二戏，则汉卿杂剧固酣畅淋漓，而南戏中二人对唱亦宛转详尽，情与词偕，非元人不办。然则《拜月》纵不出于施君美，亦必元代高手也。

《拜月亭》南戏，前有所因，至《琵琶》则独铸伟词，其佳处殆兼南北之胜。今录其《吃糠》一节，可窥其一斑：

商调过曲（山坡羊）旦："乱荒荒不丰稔的年岁，远迢迢不回来的夫婿，急煎煎不耐烦的二亲，软怯怯不济事的孤身体。衣典尽，寸丝不挂体，几番拼死了奴身己，争奈没主公婆教谁看取。思之，虚飘飘命怎期？难捱，实丕丕灾共危。"

（前腔）滴溜溜难穷尽的珠泪，乱纷纷难宽解的愁绪，骨崖崖难扶持的病身，战兢兢难捱过的时和岁。这糠，我待不吃你呵，教奴怎忍饥？我待吃你呵，教奴怎生吃？思量起来不如奴先死，图得不知亲死时。思之，虚飘飘命怎期？难捱，实丕丕灾共危。奴家早上安排些饭与公婆吃，岂不欲买些鲑菜，争奈无钱可买。不想公婆抵死埋怨，只道奴家背他自吃了甚么东西，不知奴家吃的是米膜糠秕。又不敢教他知道，便使他埋怨杀我，我也不敢分说。苦！这些糠秕怎生吃得下！吃吐科。

（双调过曲）孝顺歌。旦："呕得我肝肠痛，珠泪垂，喉咙尚兀自牢嗄住。糠那，你遭砻，被杵杆，筛你簸扬你，吃尽控持，好似奴家身狼狈，千辛万苦皆经历。苦人吃著苦滋味，两苦相逢，可知道欲吞不去。"外净潜上觑科。

（前腔）旦："糠和米，本是相依倚，被簸扬作两处飞。一贵与一贱，好似奴家与夫婿，终无见期。丈夫便是米呵，米在他方没处寻；奴家便似糠呵，怎的把糠来救得人饥馁？好似儿夫出去，怎的教奴，供膳得公婆甘旨？"外净潜下科。

（前腔）旦："思量我生无益，死又值甚底！不如忍饥死了为怨鬼。只一件公婆老年纪，靠奴家相依倚，只得苟活片时。片时苟活虽容易，到底日久也难相聚。漫把糠来相比，这糠尚兀自有人吃，奴家的骨头，知他埋在何处？"外净上。净云："媳妇，你在这里吃甚么？"旦云："奴家不曾吃甚么。"净搜夺科。旦云："婆婆，你吃不得！"外云："咳！这是甚么东西？"

（前腔）旦："这是谷中膜，米上皮。"外云："呀！这便是糠，要他何用？"旦："将来饢饠可疗饥。"净云："咦！这糠只好将去喂猪狗，如何把来自吃？"旦："尝闻古贤书，狗彘食人食，也强如草根树皮。"外净云："恁的苦涩东西，怕不噎坏了你。"旦："啮雪吞毡，苏卿犹健；餐松食柏，到做得神仙侣。这糠呵！纵然吃些何虑？"净云："阿公你休听他说谎，这糠如何吃得？"旦："爹妈休疑，奴须是你孩儿的糟糠妻室。"外净看哭科："媳妇，我元来错埋怨了你，兀的不痛杀我也。"

此一出实为一篇之警策。竹垞《静志居诗话》谓："闻则诚填词，夜案烧双烛，填至《吃糠》一出，句云'糠和米本一处飞'，双烛花交为一。"吴舒凫《长生殿传奇序》亦谓："则诚居栎社沈氏楼，清夜案歌，几上蜡炬二枚光交为一，因名其楼曰'瑞光'。"此事固属附会，可知自昔皆以此出为神来之作。然记中笔意近此者，亦尚不乏。此种笔墨，明以后人全无能为役，故虽谓北剧南戏，限于元代可也。

十六、余论

一

由此书所研究者观之，知我国戏剧，汉、魏以来，与百戏合，至唐而分为歌舞戏及滑稽戏二种。宋时滑稽戏尤盛，又渐借歌舞以缘饰故事。于是向之歌舞戏，不以歌舞为主，而以故事为主。至元杂剧出而体制遂定。南戏出而变化更多，于是我国始有纯粹之戏曲，然其与百戏及滑稽戏之关系，亦非全绝。此于第八章论古剧之结构时已略及之，元代亦然。意大利人马哥朴禄《游记》中，记元世祖时曲宴礼节云："宴毕彻案，伎人入。优戏者，奏乐者，倒植者，弄手技者，皆呈艺于大汗之前，观者大悦。"则元时戏剧，亦与百戏合演矣。明代亦然。吕毖《明宫史》木集。谓钟鼓司"过锦之戏，约有百回，每回十余人不拘。浓淡相间，雅俗并陈，全在结局有趣。如说笑话之类，又如杂剧故事之类，各有引旗一对，锣鼓送上。所装扮者，备极世间骗局俗态，并闺阃拙妇骏男，及市井商匠、刁赖词讼、杂耍把戏等项"。则与宋之杂扮略同。至杂耍把戏，则又兼及百戏，虽在今日，犹与戏剧未尝全无关系也。

二

由前章观之，则北剧南戏，皆至元而大成，其发达亦至元代而止。嗣是以后，则明初杂剧如谷子敬、贾仲名辈，矜重典丽，尚似元代中叶之作。至仁、宣间，而周宪王有燉，最以杂剧知名，其所著见于《也是园书目》者，共三十种。即以平生所见者论，其所自刊者九种，刊于《杂剧十段锦》者十种，而一种复出，共得十八种。其词虽谐稳，然元人生气至是顿尽，且中颇杂以南曲，且每折唱者不限一人，已失元人法度矣。此后唯王漾陂九思、康对山海，皆以北曲擅场，而二人所作《杜甫游春》、《中山狼》二剧，均鲜动人之处。徐文长渭之《四声猿》，虽有佳处，然不逮元人远甚。至明季所谓杂剧，如汪伯玉道昆、陈玉阳与郊、梁伯龙辰鱼、梅禹金鼎祚、王辰玉衡、卓珂月人月所作，蒐于《盛明杂剧》中者，既无定折，又多用南曲，其词亦无足观。南戏亦然。此戏明中叶以前作者寥寥，至隆、万后始盛，而尤以吴江沈伯英璟、临川汤义仍显祖为巨擘。沈氏之词以合律称，而其文则庸俗不足道。汤氏才思，诚一时之隽，然较之元人，显有人工与自然之别。故余谓北剧、南戏限于元代，非过为苛论也。

三

"杂剧"、"院本"、"传奇"之名，自古迄今，其义颇不一。宋时所谓杂剧，其初殆专指滑稽戏言之。孔平仲《谈苑》卷五："山谷云：作诗正如作杂剧，初时布置，临了须打诨。"吕本中《童蒙训》亦云："如作杂剧，打猛诨入，却打猛诨出。"《梦粱录》亦云：杂剧"全用故事，务在滑稽"。故第二章所集之滑稽戏，宋人恒谓之杂剧，此杂剧最初之意也。至《武林旧事》所载之官本杂剧段数，则多以故事为主，与滑稽戏截然不同，而亦谓之杂剧，盖其初本为滑稽戏之名，后扩而为戏剧之总名也。元杂剧又与宋官本杂剧截然不同，至明中叶以后，则以戏曲之短者为杂剧，其折数则自一折以至六七折皆有之，又舍北曲而用南曲，又非元人所谓杂剧矣。

"院本"之名义亦不一。金之院本，与宋杂剧略同。元人既创新杂剧，而又有院本，则院本殆即金之旧剧也。然至明初，则已有谓元杂剧为院本者，如《草木子》所谓"北院本特盛，南戏遂绝"者，实谓北杂剧也。顾起元《客座赘语》谓："南都万历以前，大席则用教坊打院本，乃北曲四大套者。"此亦指北杂剧言之也。然明文林《琅玡漫钞》《苑录汇编》卷一百九十七。所纪太监阿丑打院本事，与《万历野获编》卷二十六。所纪郭武定家优人打院本事，皆与唐、宋以来之滑稽戏同，则犹用金、元院本之本义也。但自明以后，大抵谓北剧或南戏为院本。《野获编》谓"逮本朝，院本久不传，今尚称院本者，犹沿宋、元之旧也。金章宗时，董解元《西厢》尚是院本模范"云云，其以《董西厢》为院本，固误，然可知明以后所谓院本，实与戏曲之意无异也。

"传奇"之名，实始于唐。唐裴铏所作《传奇》六卷，本小说家言，此"传奇"之第一义也。至宋则以诸宫调为传奇。《武林旧事》所载"诸色伎艺人"，"诸宫调传奇"，有高郎妇、黄淑卿、王双莲、袁太道等。《梦粱录》亦云"说唱诸宫调，昨汴京有孔三传，编成传奇、灵怪入曲说唱"，即《碧鸡漫志》所谓"泽州孔三传，首唱诸宫调古传，士大夫皆能诵之"者也。则宋之传奇，即诸宫调，一谓之"古传"，与戏曲亦无涉也。元人则以元杂剧为传奇。《录鬼簿》所著录者均为杂剧，而《录》中则谓之"传奇"。又杨铁崖《元宫词》云："《尸谏灵公》演传奇，一朝传到九重知，奉宣赍与中书省，诸路都教唱此词。"按：《尸谏灵公》乃鲍天祐所撰杂剧，则元人均以杂剧为传奇也。至明人则以戏曲之长者为传奇，如沈璟《南九宫谱》等。以与北杂剧相别。乾隆间，黄文旸编《曲海目》，遂分戏曲为杂剧、传奇二种，余曩作《曲录》从之。盖"传奇"之名，至明凡四变矣。

"戏文"之名出于宋、元之间，其意盖指南戏。明人亦多用此语，意亦略同。唯《野获编》始云："自北有《西厢》，南有《拜月》，杂剧变为戏文，以至《琵琶》遂演为四十余折，几倍杂剧。"则戏曲之长者，不问北剧、南戏，皆谓之戏文，意与明以后所谓传奇无异。而戏曲之长者，北少而南多，故亦恒指南戏。要之，意义之最少变化者，唯此一语耳。

　　至我国乐曲与外国之关系，亦可略言焉。三代之顷，庙中已列夷蛮之乐。汉张骞之使西域也，得《摩诃兜勒》之曲以归。至晋吕光平西域，得龟兹之乐，而变其声。魏太武平河西得之，谓之西凉乐。魏、周之际，遂谓之国伎。龟兹之乐，亦于后魏时入中国。至齐、周二代，而胡乐更盛。《隋志》谓："齐后主唯好胡戎乐，耽爱无已。于是繁手淫声，争新哀怨。故曹妙达、安未弱、安马驹之徒，至有封王开府者，曹妙达之祖曹婆罗门，受琵琶曲于龟兹商人，盖亦西域人也。遂服簪缨而为伶人之事。后主亦自能度曲，亲执乐器，悦玩无厌，使胡儿、阉官之辈齐唱和之。"北周亦然。太祖辅魏之时，得高昌伎，教习以备飨宴之礼。及武帝大和六年，罗掖庭四夷乐。其后帝娉皇后于北狄，得其所获康国、龟兹等乐，更杂以高昌之旧，并于大司乐习焉。故齐、周二代，并用胡乐。至隋初而太常雅乐，并用胡声，而龟兹之八十四调，遂由苏祇婆、郑译而显。当时九部伎，除清乐、文康为江南旧乐外，余七部皆胡乐也。有唐仍之。其大曲、法曲，大抵胡乐，而龟兹之八十四调，其中二十八调尤为盛行。宋教坊之十八调，亦唐二十八调之遗物。北曲之十二宫调与南曲之十三宫调，又宋教坊十八调之遗物也。故南北曲之声，皆来自外国。而曲亦有自外国来者。其出于大曲、法曲等自唐以前入中国者且勿论，即以宋以后言之，则徽宗时蕃曲复盛行于世。吴曾《能改斋漫录》卷一。云：徽宗政和初，"有旨立赏钱五百千，若用鼓板改作北曲子，并著北服之类，并禁止支赏。其后民间不废鼓枝之戏，第改名太平鼓"云云。至"绍兴年间，有张五牛大夫听动鼓板，中有《太平令》，因撰为赚。"见上。则北曲中之《太平令》与南曲中之《太平歌》，皆北曲子。又第四章所载南宋赚词，其结构似北曲，而曲名似南曲者，亦当自蕃曲出，而南北曲之赚，又自赚词出也。至宣和末，京师街巷鄙人多歌蕃曲，名曰《异国朝》、《四国朝》、《六国朝》、《蛮牌序》、《蓬蓬花》等，其言至俚，一时士大夫皆能歌之。见上。今南北曲中尚有《四国朝》、《六国朝》、《蛮牌令》，此亦蕃曲，而于宣和时已入中原矣。至金人入主中国，而女真乐亦随之而入，《中原音韵》谓："女真《风流体》等乐章，皆以女真人音声歌之。虽字有舛讹，不伤于音律者，不为害也。"则北曲双调中之《风流体》等，实女真曲也。此外如北曲黄钟宫之《者刺古》，双调之《阿纳忽》、《古都白》、《唐兀歹》、《阿忽令》，越调之《拙鲁速》，商调之《浪来里》，皆非中原之语，亦当为女真或蒙古之曲也。

以上就乐曲之方面论之。至于戏剧，则除《拨头》一戏自西域入中国外，别无所闻。辽、金之杂剧、院本，与唐、宋之杂剧结构全同。吾辈宁谓辽、金之剧皆自宋往，而宋之杂剧不自辽、金来，较可信也。至元剧之结构，诚为创见。然创之者实为汉人，而亦大用古剧之材料与古曲之形式，不能谓之自外国输入也。

至我国戏曲之译为外国文字也，为时颇早。如《赵氏孤儿》，则法人特赫尔特实译于千七百六十二年，至一千八百三十四年而裴利安又重译之。又英人大维斯之译《老生儿》在千八百十七年，其译《汉宫秋》在千八百二十九年。又裴利安所译尚有《灰阑记》、《连环记》、《看钱奴》，均在千八百三四十年间。而拔残氏所译尤多，如《金钱记》、《鸳鸯被》、《赚蒯通》、《合汗衫》、《来生债》、《薛仁贵》、《铁拐李》、《秋胡戏妻》、《倩女离魂》、《黄粱梦》、《昊天塔》、《忍字记》、《窦娥冤》、《货郎旦》，皆其所译也。此种译书，皆据《元曲选》，而《元曲选》百种中译成外国文者，已达三十种矣。

附录　元戏曲家小传_{今取有戏曲传于今者为之传}

一、杂剧家

关汉卿，不知其为名或字也，号己斋叟，大都人。金末，以解元贡于乡，后为太医院尹，则亦未知其在金世欤？元与欤？元初，大名王和卿滑稽佻达，传播四方。中统初，燕市有一蝴蝶，其大异常，王赋《醉中天》小令，由是其名益著。汉卿与之善，王尝以讥谑加之，汉卿虽极意还答，终不能胜。王忽坐逝，而鼻垂双涕尺余，人皆叹骇。汉卿来吊唁，询其由，或曰："此释家所谓坐化也。"复问鼻悬何物，又对曰："此玉箸也。"汉卿曰："我道你不识，不是玉箸，是嗓。"咸发一笑。或戏汉卿云："你被王和卿轻侮半世，死后方还得一筹。"凡六畜劳伤，则鼻中常流脓水，谓之嗓；又爱讦人之过者，亦谓之嗓。故云尔。《录鬼簿》。参《辍耕录》、《鬼董跋》、《尧山堂外纪》。

高文秀，东平人，府学生，早卒。《录鬼簿》。

郑廷玉，彰德人。同上。

白朴，字太素，一字仁甫，号兰谷，隩州人。后居真定，故又为真定人焉。祖元遗山为作墓表，所谓善人白公是也。父华，字文举，号寓斋，仕金贵显，为枢密院判官，《金史》有传。仁甫为寓斋仲子，于遗山为通家姓。甫七岁，遭壬辰之难，寓斋以事远适。明年春，京城变，遗山遂挈以北渡。自是不茹荤血，人问其故，曰："俟见吾亲则如初。"尝罢疫，遗山昼夜抱持，凡六日，竟于臂上得汗而愈。盖视亲子侄不啻过之。数年，寓斋北归，以诗谢遗山云："顾我真成丧家狗，赖君曾护落巢儿。"居无何，父子卜筑于漳阳。律赋为专门之学，而太素有能声，为后进之翘楚。遗山每遇之，必问为学次第，尝赠之诗曰："元白通家旧，诸郎独汝贤。"未几，生长见闻，学问博览。然自幼经丧乱，仓皇失母，便有满目山川之叹。逮亡国，恒郁郁不乐，以故放浪形骸，期于适意。中统初，开府史公将以所业荐之于朝，再三逊谢，栖迟衡门，视荣利蔑如也。至元一统后，徙家金陵，从诸遗老放情山水间，日以诗酒优游，用示雅志。诗词篇翰，在在有之。后以子贵，赠嘉议大夫，掌礼仪院大卿。著有《天籁词》二卷。《金史·白华传》、《录鬼簿》、《元遗山文集》，王博文、孙大雅《天赖集序》。

马致远，号东篱，大都人，任江浙行省务官。《录鬼簿》。

李文蔚，真定人，江州路瑞昌县尹。同上。

李直夫，女直人，居德兴府。一称蒲察李五。同上。

吴昌龄，西京人。同上。

工实甫，大都人。同上。

武汉臣，济南府人。同上。

王仲文，大都人。同上。

李寿卿，太原人。将仕郎除县丞。同上。

尚仲贤，真定人。江浙行省务官。同上。

石君宝，平阳人。同上。

杨显之，大都人。与汉卿莫逆交，凡有珠玉，与公校之。同上。

纪君祥，一作天祥。大都人。与李寿卿、郑廷玉同时。同上。

戴善甫，真定人，江浙行省务官。同上。

李好古，保定人，或云西平人。同上。

张国宾，一作国宝。大都人。即喜时营教坊句管。同上。

石子章，大都人。与元遗山、李显卿同时。《录鬼簿》、《遗山集》、《寓庵集》。

孟汉卿，亳州人。《录鬼簿》。

李行道，一作行甫。绛州人。同上。

王伯成，涿州人。有《天宝遗事》诸宫调行于世。同上。

孙仲章，大都人，或云姓李。同上。

岳伯川，济南人，或云镇江人。同上。

康进之，棣州人，一云姓陈。同上。

狄君厚，平阳人。同上。

孔文卿，平阳人。同上。

张寿卿，东平人。浙江省掾史。同上。

李时中，大都人。同上。

杨梓，字□□，海盐人。至元三十年二月，元师征爪哇，公以招谕爪哇等处宣慰司官，随福建行省平章政事伊克穆苏，以五百余人、船十艘先往招谕之。大军继进，爪哇降，公引其宰相昔剌难答吒耶等五十余人来迎。后为安抚总使，官至嘉议大夫、杭州路总管。致仕卒，赠两浙都转运使，上轻车都尉，追封弘农郡侯，谥康惠。公节侠风流，善音律，与武林阿里海涯之子云石交善。云石翩翩公子，所制乐府散套，骏逸为当行之冠，即歌声高引，可彻云汉，而公独得其传。杂剧中有《豫让吞炭》、《霍光鬼谏》、《敬德不服老》，皆公自制，以寓祖父之意，特去其著作姓名耳。其后长公国材，少公次中，复与鲜于去矜交好。去矜亦乐府擅场，以故杨氏家僮千指，无不善南北歌调者。由是州人往往得其家法，以能歌名于浙右云。《元史·爪哇传》、元姚桐寿《乐郊私语》、明董毂《续澉水志》。

宫天挺，字大用，大名开州人。历学官，除钓台书院山长。为权豪所中，事获辨明，亦不见用，卒于常州。《录鬼簿》。

郑光祖，字德辉，平阳襄陵人。以儒补杭州路史。为人方直，不妄与人交。病卒，火葬于西湖之灵芝寺。伶伦辈称郑老先生，皆知其为德辉也。同上。

范康，字子安，杭州人。明性理，善讲解，能词章，通音律。因王伯成有《李太白贬夜郎》，乃编《杜子美游曲江》，一下笔即新奇。盖天资卓异，人不可及也。同上。

曾瑞，字瑞卿，大兴人。自北来南，喜江浙人才之多，羡钱唐景物之盛，因而家焉。神采卓异，衣冠整肃，优游于市井，洒然如神仙中人。志不屈物，故不愿仕，自号褐夫。江湖之达者，岁时馈送不绝，遂得以徜徉卒岁。善丹青，能隐语、小曲，有《诗酒余音》行于世。同上。

乔吉，一作吉甫。字梦符，号笙鹤翁，又号惺惺道人，太原人。美容仪，能词章，以威严自饬，人敬畏之。居杭州太乙宫前，有赵西湖

《梧叶儿》百篇，名公为之序。江湖间四十年，欲刊行所作，竟无成事者。至正五年，病卒于家。尝谓："作乐府亦有法，凤头、猪肚、豹尾是也。大概起要美丽，中要浩荡，结要响亮。尤贵在首尾贯串，意思清新。能若是，斯可以言乐府矣。"明李中麓辑其所作小令为《惺惺道人乐府》一卷，与《小山乐府》并刊焉。《录鬼簿》。参《辍耕录》。

秦简夫，初擅名都下，后居杭州。《录鬼簿》。

萧德祥，号复斋，杭州人。以医为业。凡古文俱橐括为南曲，街市盛行，所作杂剧外，又有南曲戏文等。同上。

朱凯，字士凯，所编《升平乐府》及隐语《包罗天地》、《谜韵》，皆大梁钟嗣成为之序。同上。

王晔，字日华，杭州人。能词章乐府，所制工巧。又尝作《优戏录》，杨铁崖为之序云："侏儒奇伟之戏，出于古亡国之君。春秋之世，陵铄大诸侯，后代离析文义，至侮圣人之言为大剧，盖在诛绝之法。而太史公为滑戏者作传，取其谈言微中，则感世道者实深矣。钱唐王晔，集历代之优辞有关于世道者，自楚国优孟而下，至金人玳瑁头，凡若干条。太史公之旨，其有概于中者乎？予闻仲尼论谏之义有五，始曰谲谏，终曰讽谏。且曰：吾从者讽乎？盖以讽之效，从容一言之中，而龙逢、比干不获称，良臣者之所不及也。及观优之寓于讽者，如'漆城'、'瓦衣'、'雨税'之类，皆一言之微，有回天倒日之力，而勿烦乎牵裾伏蒲之勃也。则优戏之伎，虽在诛绝，而优谏之功，岂可少乎？他如安金藏之刳肠，申渐高之饮酖，敬新磨之免戮疲令，杨花飞之易乱主于治，君子之论，且有谓'台官不如伶官'。至其锡教及于弥侯解愁，其死也，足以愧北面二君者，则忧世君子不能不三唶于此矣。故吾于晔之编为书如此，使览者不徒为轩渠一噱之助，则知晔之感，太史氏之感也欤！至正六年秋七月序。"《录鬼簿》、《东维子文集》。

二、南戏家

施惠，一云姓沈。字君美，杭州人。居吴山城隍庙前，以坐贾为业。巨目美髯，好谈笑，诗酒之暇，唯以填词和曲为事。有《古今砌话》编成一集，其好事也如此。《录鬼簿》。

高明，字则诚，温州瑞安人。《玉山草堂雅集》、《列朝诗集》皆云永嘉平阳人。以《春秋》中至正乙酉第，授处州录事。后改调浙江阃幕都事，转江西行台掾，又转福建行省都事。初方国珍叛，省臣以则诚温人，知海滨事，择以自从。后仍以江西、福建官佐幕事，与幕府论事不合。国珍就抚，欲留置幕下，不从，即日解官。旅寓鄞栎社沈氏，以词曲自娱。明太祖闻其名，召之，以老病辞归，卒于宁海。则诚所交皆当世名士，尝往来无锡顾阿瑛玉山草堂。阿瑛选其诗入《草堂雅集》，称其"长才硕学，为时名流"。其为浙幕都事与归温州也，会稽杨维桢与东山赵汸作序送之。尝有岳鄂王墓诗云："莫向中州叹黍离，英雄生死系安危。内廷不下班师诏，绝漠全收大将旗。父子一门甘伏节，山河万里竟分支。孤臣尚有埋身地，二帝游魂更可悲。"又尝作《乌宝传》，谓钞也。虽以文为戏，亦有裨于世教。其卒也，孙德旸以诗哭之曰："乱离遭世变，出处叹才难。坠地文将丧，忧天寝不安。名题前进士，爵署旧郎官。一代儒林传，真堪入史刊。"所著有《柔克斋集》。《辍耕录》、《玉山草堂雅集》、《东维子文集》、《留青日札》、《列朝诗集》、《静志居诗话》。

徐眆，字仲由，淳安人。明洪武初征秀才，至藩省辞归。尝谓："吾诗文未足品藻，唯传奇词曲，不多让古人。"有《叶儿乐府·满庭芳》云："乌纱裹头，清霜篱落，黄叶林邱，渊明彭泽辞官后，不事王侯。爱的是青山旧友，喜的是绿酒新篘，相拖逗，金樽在手，烂醉菊花秋。"比于张小山、马东篱，亦未多逊。有《巢松集》。《静志居诗话》。

附考：元代曲家，与同时人同姓名者不少。就见闻所及，则有三白贲，三刘时中，三赵天锡，二马致远，二赵良弼，二秦简夫，二张鸣善。《中州集》有白贲，汴人，自上世以来至其孙渊，俱以经术著名，此一白贲也。元遗山《善人白公墓表》：次子贲即仁甫仲父。则陕州人，此又一白贲也。曲家之白无咎，亦名贲，姚际恒《好古堂书画记》"白贲，字无咎，大德间钱唐人"是也。《元史·世祖纪》"以刘时中为宣慰使，安辑大理"，此一刘时中也。《遂昌杂录》又有刘时中，名致。曲家之刘时中则号逋斋，洪都人，官学士，《阳春白雪》所谓古洪刘时中者是也。此与《遂昌杂录》之刘时中时代略同，或系一人。世祖武臣有赵天锡，冠氏人，《元史》有传。《遂昌杂录》谓今河南行省参事宛邱赵公，名颐，字子期，其先府君宛邱公，讳祐，字天锡，为江浙行省照磨，此又一赵天锡也。曲家之赵天锡，则汴梁人，官镇江府判官也。马致远，其一制曲者为大都人；一为金陵人，即马文璧琬。之父，见张以宁《翠屏集》。赵良弼，一为世祖大臣，《元史》有传；一为东平人，即见于《录鬼簿》者也。秦简夫，一名略，陵川人，与元遗山同时；一为制曲者，即《录鬼簿》所谓"见在都下擅名，近岁来杭"者也。张鸣善，一名择，平阳人。或云湖南人。为江浙提学，谢病隐居吴江，见王逢《梧溪集》；一为扬州人，宣慰司令史，则制曲者也。元代曲家，名位既微，传记更阙，恐世或疑为一人，故附著焉。

人间词话

卷　上

词以境界为最上。有境界则自成高格，自有名句。五代、北宋之词所以独绝者在此。

有造境，有写境，此理想与写实二派之所由分。然二者颇难分别。因大诗人所造之境必合乎自然，所写之境亦必邻于理想故也。

有有我之境，有无我之境。"泪眼问花花不语，乱红飞过秋千去"，"可堪孤馆闭春寒，杜鹃声里斜阳暮"，有我之境也。"采菊东篱下，悠然见南山"，"寒波澹澹起，白鸟悠悠下"，无我之境也。有我之境，以我观物，故物皆著我之色彩。无我之境，以物观物，故不知何者为我，何者为物。古人为词，写有我之境者为多，然未始不能写无我之境，此在豪杰之士能自树立耳。

无我之境，人唯于静中得之。有我之境，于由动之静时得之。故一优美，一宏壮也。

自然中之物，互相关系，互相限制。然其写之于文学及美术中也，必遗其关系、限制之处。故虽写实家，亦理想家也。又虽如何虚构之境，其材料必求之于自然，而其构造，亦必从自然之法律。故虽理想家，亦写实家也。

境非独谓景物也。喜怒哀乐，亦人心中之一境界。故能写真景物、真感情者，谓之有境界，否则谓之无境界。

"红杏枝头春意闹"，著一"闹"字，而境界全出。"云破月来花弄影"，著一"弄"字，而境界全出矣。

境略有大小，不以是而分优劣。"细雨鱼儿出，微风燕子斜"，何遽不若"落日照大旗，马鸣风萧萧"。"宝帘闲挂小银钩"，何遽不若"雾失楼台，月迷津渡"也。

严沧浪《诗话》谓："盛唐诸公，唯在兴趣。羚羊挂角，无迹可求。故其妙处，透澈玲珑，不可凑拍。如空中之音、相中之色、水中之影、镜中之象，言有尽而意无穷。"余谓北宋以前之词，亦复如是。然沧浪所谓"兴趣"，阮亭所谓"神韵"，犹不过道其面目，不若鄙人拈出"境界"二字，为探其本也。

太白纯以气象胜。"西风残照，汉家陵阙"，寥寥八字，遂关千古登临之口。后世唯范文正之《渔家傲》，夏英公之《喜迁莺》差足继武，然气象已不逮矣。

张皋文谓飞卿之词"深美闳约"，余谓此四字，唯冯正中足以当之。刘融斋谓飞卿"精艳绝人"，差近之耳。

"画屏金鹧鸪"，飞卿语也，其词品似之。"弦上黄莺语"，端己语也，其词品亦似之。正中词品，若欲于其词句中求之，则"和泪试严妆"，殆近之欤。

南唐中主词："菡萏香销翠叶残，西风愁起绿波间。"大有"众芳芜秽"，"美人迟暮"之感。乃古今独赏其"细雨梦回鸡塞远，小楼吹彻玉笙寒"，故知解人正不易得。

温飞卿之词，句秀也。韦端己之词，骨秀也。李重光之词，神秀也。

词至李后主而眼界始大，感慨遂深，遂变伶工之词而为士大夫之词。周介存置诸温、韦之下，可谓颠倒黑白矣。"自是人生长恨水长东"，"流水落花春去也，天上人间"，《金荃》、《浣花》能有此气象耶？

词人者，不失其赤子之心者也。故生于深宫之中，长于妇人之手，是后主为人君所短处，亦即为词人所长处。

客观之诗人，不可不多阅世。阅世愈深，则材料愈丰富、愈变化，《水浒传》、《红楼梦》之作者是也。主观之诗人，不必多阅世。阅世愈浅，则性情愈真，李后主是也。

尼采谓："一切文学，余爱以血书者。"后主之词，真所谓以血书者也。宋道君皇帝《燕山亭》词亦略似之。然道君不过自道身世之戚，后主则俨有释迦、基督担荷人类罪恶之意，其大小固不同矣。

冯正中词虽不失五代风格，而堂庑特大，开北宋一代风气。与中、后二主词皆在《花间》范围之外，宜《花间集》中不登其只字也。

正中词除《鹊踏枝》、《菩萨蛮》十数阕最煊赫外，如《醉花间》之"高树鹊衔巢，斜月明寒草"，余谓韦苏州之"流萤渡高阁"，孟襄阳之"疏雨滴梧桐"不能过也。

欧九《浣溪沙》词"绿杨楼外出秋千"，晁补之谓只一"出"字，便后人所不能道。余谓此本于正中《上行杯》词"柳外秋千出画墙"，但欧语尤工耳。

梅舜俞《苏幕遮》词："落尽梨花春事了。满地斜阳，翠色和烟老。"刘融斋谓少游一生似专学此种。余谓冯正中《玉楼春》词："芳菲次第长相续，自是情多无处足。尊前百计得春归，莫为伤春眉黛促。"永叔一生似专学此种。

人知和靖《点绛唇》、舜俞《苏幕遮》、永叔《少年游》三阕为咏春草绝调，不知先有正中"细雨湿流光"五字，皆能摄春草之魂者也。

《诗·蒹葭》一篇，最得风人深致。晏同叔之"昨夜西风凋碧树。独上高楼，望尽天涯路"，意颇近之。但一洒落，一悲壮耳。

"我瞻四方，蹙蹙靡所骋"，诗人之忧生也。"昨夜西风凋碧树。独上高楼，望尽天涯路"似之。"终日驰车走，不见所问津"，诗人之忧世也。"百草千花寒食路。香车系在谁家树"似之。

古今之成大事业、大学问者，必经过三种之境界："昨夜西风凋碧树。独上高楼，望尽天涯路"，此弟一境也；"衣带渐宽终不悔，为伊消得人憔悴"，此弟二境也；"众里寻他千百度，回头蓦见，那人正在，灯火阑珊处"，此弟三境也。此等语皆非大词人不能道。然遽以此意解释诸词，恐晏、欧诸公所不许也。

永叔"人间自是有情痴，此恨不关风与月"，"直须看尽洛城花，始与东风容易别"，于豪放之中有沉著之致，所以尤高。

冯梦华《宋六十一家词选·序例》谓："淮海、小山，古之伤心人也。其淡语皆有味，浅语皆有致。"余谓此唯淮海足以当之。小山矜贵有余，但可方驾子野、方回，未足抗衡淮海也。

少游词境最为凄惋。至"可堪孤馆闭春寒，杜鹃声里斜阳暮"，则变而凄厉矣。东坡赏其后二语，犹为皮相。

"风雨如晦，鸡鸣不已"，"山峻高以蔽日兮，下幽晦以多雨，霰雪纷其无垠兮，云霏霏而承宇"，"树树皆秋色，山山尽落晖"，"可堪孤馆闭春寒，杜鹃声里斜阳暮"，气象皆相似。

　　昭明太子称陶渊明诗"跌宕昭彰，独超众类，抑扬爽朗，莫之与京"，王无功称薛收赋"韵趣高奇，词义晦远，嵯峨萧瑟，真不可言"，词中惜少此二种气象。前者唯东坡，后者唯白石，略得一二耳。

　　词之雅郑，在神不在貌。永叔、少游虽作艳语，终有品格。方之美成，便有淑女与倡伎之别。

　　美成深远之致不及欧、秦，唯言情体物，穷极工巧，故不失为第一流之作者。但恨创调之才多，创意之才少耳。

　　词忌用替代字。美成《解语花》之"桂华流瓦"，境界极妙。惜以"桂华"二字代"月"耳。梦窗以下，则用代字更多。其所以然者，非意不足，则语不妙也。盖意足则不暇代，语妙则不必代。此少游之"小楼连苑"、"绣毂雕鞍"所以为东坡所讥也。

　　沈伯时《乐府指迷》云："说桃不可直说破桃，须用'红雨'、'刘郎'等字。说柳不可直说破柳，须用'章台'、'霸岸'等字。"若惟恐人不用代字者。果以是为工，则古今类书具在，又安用词为耶？宜其为《提要》所讥也。

　　美成《青玉案》词："叶上初阳干宿雨。水面清圆，一一风荷举。"此真能得荷之神理者。觉白石《念奴娇》、《惜红衣》二词，犹有隔雾看花之恨。

　　东坡《水龙吟》咏杨花，和均而似原唱。章质夫词，原唱而似和均。才之不可强也如是。

　　咏物之词，自以东坡《水龙吟》为最工，邦卿《双双燕》次之。白石"暗香"、"疏影"格调虽高，然无一语道著，视古人"江边一树垂垂发"等句何如耶？

　　白石写景之作，如"二十四桥仍在，波心荡、冷月无声"，"数峰清苦，商略黄昏雨"，"高树晚蝉，说西风消息"，虽格韵高绝，然如雾里看花，终隔一层。梅溪、梦窗诸家写景之病，皆在一"隔"字。北宋风流，渡江遂绝。抑真有运会存乎其间耶？

　　问"隔"与"不隔"之别，曰：陶、谢之诗不隔，延年则稍隔矣。东坡之诗不隔，山谷则稍隔矣。"池塘生春草"、"空梁落燕泥"等二句，妙处唯在不隔。词亦如是。即以一人一词论，如欧阳公《少年游》咏春草上半阕云："阑干十二独凭春，晴碧远连云。二月三月，千里万里，行色苦愁人。"语语都在目前，便是不隔。至云"谢家池上，江淹浦上"，则隔矣。白石《翠楼吟》："此地。宜有词仙，拥素云黄鹤，与君游戏。玉梯凝望久，叹芳草、萋萋千里"，便是不隔。至"酒祓清愁，花消英气"，则隔矣。然南宋词虽不隔处，比之前人，自有浅深厚薄之别。

"生年不满百，常怀千岁忧。昼短苦夜长，何不秉烛游"，"服食求神仙，多为药所误。不如饮美酒，被服纨与素"，写情如此，方为不隔。"采菊东篱下，悠悠见南山。山气日夕佳，飞鸟相与还"，"天似穹庐，笼盖四野。天苍苍，野茫茫，风吹草底见牛羊"，写景如此，方为不隔。

古今词人格调之高，无如白石。惜不于意境上用力，故觉无言外之味，弦外之响，终不能与于第一流之作者也。

南宋词人，白石有格而无情，剑南有气而乏韵。其堪与北宋人颉颃者，唯一幼安耳。近人祖南宋而祧北宋，以南宋之词可学，北宋不可学也。学南宋者，不祖白石，则祖梦窗，以白石、梦窗可学，幼安不可学也。学幼安者，率祖其粗犷、滑稽，以其粗犷、滑稽处可学，佳处不可学也。幼安之佳处，在有性情，有境界。即以气象论，亦有"傍素波、干青云"之概。宁后世龌龊小生所可拟耶？

东坡之词旷，稼轩之词豪。无二人之胸襟而学其词，犹东施之效捧心也。

读东坡、稼轩词，须观其雅量高致，有伯夷、柳下惠之风。白石虽似蝉蜕尘埃，然终不免局促辕下。

苏、辛，词中之狂。白石，犹不失为狷。若梦窗、梅溪、玉田、草窗、中麓辈，面目不同，同归于乡愿而已。

稼轩"中秋饮酒达旦，用《天问》体作《木兰花慢》以送月"，曰："可怜今夜月，向何处、去悠悠？是别有人间，那边才见，光景东头。"词人想像，直悟月轮绕地之理，与科学家密合，可谓神悟。

周介臣谓："梅溪词中，喜用'偷'字，足以定其品格。"刘融斋谓"周旨荡而史意贪"。此二语令人解颐。

介臣谓梦窗词之佳者，如"水光云影，摇荡绿波，抚玩无极，追寻已远"。余览梦窗甲乙丙丁稿中，实无足当此者。有之，其"隔江人在雨声中，晚风菰叶生秋怨"二语乎？

梦窗之词，余得取其词中之一语以评之，曰："映梦窗，凌乱碧。"玉田之词，余得取其词中之一语以评之，曰："玉老田荒。"

"明月照积雪"、"大江流日夜"、"中天悬明月"、"黄河落日圆"，此种境界，可谓千古壮观。求之于词，唯纳兰容若塞上之作，如《长相思》之"夜深千帐灯"、《如梦令》之"万帐穹庐人醉,星影摇摇欲坠"差近之。

纳兰容若以自然之眼观物,以自然之舌言情。此由初入中原,未染汉人风气,故能真切如此。北宋以来,一人而已。

陆放翁跋《花间集》,谓:"唐、宋、五代,诗愈卑,而倚声辄简古可爱。能此不能彼,未可以理推也。"《提要》驳之,谓:"犹能举七十斤者,举百斤则蹶,举五十斤则运掉自如。"其言甚辨。然谓词必易于诗,余未敢信。善乎陈卧子之言曰:"宋人不知诗而强作诗,故终宋之世无诗。然其欢愉愁苦之致,动于中而不能抑者,类发于诗余,故其所造独工。"五代词之所以独胜,亦以此也。

四言敝而有楚辞,楚辞敝而有五言,五言敝而有七言,古诗敝而有律绝,律绝敝而有词。盖文体通行既久,染指遂多,自成习套。豪杰之士亦难于其中自出新意,故遁而作他体,以自解脱。一切文体所以始盛中衰者,皆由于此。故谓文学后不如前,余未敢信,但就一体论,则此说固无以易也。

诗之《三百篇》、《十九首》,词之五代、北宋,皆无题也。非无题也,诗词中之意不能以题尽之也。自《花庵》、《草堂》每调立题,并古人无题之词亦为作题。如观一幅佳山水,而即曰此某山某水,可乎?诗有题而诗亡,词有题而词亡。然中材之士,鲜能知此而自振拔者矣。

大家之作,其言情也必沁人心脾,其写景也必豁人耳目。其辞脱口而出,无矫揉妆束之态。以其所见者真,所知者深也。诗词皆然。持此以衡古今之作者,可无大误矣。

人能于诗词中不为美刺、投赠之篇,不使隶事之句,不用粉饰之字,则于此道已过半矣。

以《长恨歌》之壮采,而所隶之事,只"小玉、双成"四字,才有余也。梅村歌行,则非隶事不办。白、吴优劣,即于此见。不独作诗为然,填词家亦不可不知也。

近体诗体制,以五、七言绝句为最尊,律诗次之,排律最下。盖此体于寄兴言情,两无所当,殆有均之骈体文耳。词中小令如绝句,长调似律诗,若长调之《百字令》、《沁园春》等,则近于排律矣。

诗人对宇宙人生,须入乎其内,又须出乎其外。入乎其内,故能写之。出乎其外,故能观之。入乎其内,故有生气。出乎其外,故有高致。美成能入而不能出。白石以降,于此二事皆未梦见。

诗人必有轻视外物之意，故能以奴仆命风月。又必有重视外物之意，故能与花鸟共忧乐。

"昔为倡家女，今为荡子妇。荡子行不归，空床难独守。""何不策高足，先据要路津。无为久贫贱，辗轲长苦辛。"可谓淫鄙之尤。然无视为淫词、鄙词者，以其真也。五代、北宋之大词人亦然。非无淫词，读之者但觉其亲切动人。非无鄙词，但觉其精力弥满。可知淫词与鄙词之病，非淫与鄙之病，而游词之病也。"岂不尔思，室是远而。"而子曰："未之思也。夫何远之有？"恶其游也。

"枯藤老树昏鸦。小桥流水平沙。古道西风瘦马。夕阳西下，断肠人在天涯。"此元人马东篱《天净沙》小令也。寥寥数语，深得唐人绝句妙境。有元一代词家，皆不能办此也。

白仁甫《秋夜梧桐雨》剧，沉雄悲壮，为元曲冠冕。然所作《天籁词》，粗浅之甚，不足为稼轩奴隶。创者易工，而因者难巧欤？抑人各有能有不能也？读者观欧、秦之诗远不如词，足透此中消息。

宣统庚戌九月脱稿于京师宣武城南寓庐

卷　下

白石之词，余所最爱者，亦仅二语，曰："淮南皓月冷千山，冥冥归去无人管。"

双声叠韵之论，盛于六朝，唐人犹多用之。至宋以后，则渐不讲，并不知二者为何物。乾、嘉间，吾乡周松霭先生春。著《杜诗双声叠韵谱括略》，正千余年之误，可谓有功文苑者矣。其言曰："两字同母谓之双声，两字同韵谓之叠韵。"余按：用今日各国文法通用之语表之，则两字同一子音者谓之双声。如《南史·羊元保传》之"官家恨狭，更广八分"，"官"、"家"、"更"、"广"四字，皆从 k 得声。《洛阳伽蓝记》之"狞奴慢骂"，"狞"、"奴"二字皆从 n 得声，"慢"、"骂"二字皆从 m 得声也。两字同一母音者，谓之叠韵。如梁武帝之"后牖有朽柳"，"后"、"牖"、"有"三字，双声而兼叠韵。"有"、"朽"、"柳"三字，其母音皆为 ou。刘孝绰之"梁皇长康强"，"梁"、"长"、"强"三字，其母音皆为 ang 也。自李淑《诗苑》伪造沈约之说，以双声叠韵为诗中八病之二，后世诗家多废而不讲，亦不复用之于词。余谓苟于词之荡漾处多用叠韵，促节处用双声，则其铿锵可诵，必有过于前人者。惜世之专讲音律者，尚未悟此也。

诗至唐中叶以后，殆为羔雁之具矣。故五代、北宋之诗，佳者绝少，而词则为其极盛时代。即诗词兼擅如永叔、少游者，词胜于诗远甚。以其写之于诗者，不若写之于词者之真也。至南宋以后，词亦为羔雁之具，而词亦替矣。此亦文学升降之一关键也。

曾纯甫中秋应制，作《壶中天慢》词，自注云："是夜西兴亦闻天乐。"谓宫中乐声闻于隔岸也。毛子晋谓："天神亦不以人废言。"近冯梦华复辨其诬，不解"天乐"二字文义，殊笑人也！

北宋名家以方回为最次，其词如历下、新城之诗，非不华瞻，惜少真味。

散文易学而难工，骈文难学而易工。近体诗易学而难工，古体诗难学而易工。小令易学而难工，长调难学而易工。

古诗云："谁能思不歌？谁能饥不食？"诗词者，物之不得其平而鸣者也。故"欢愉之辞难工，愁苦之言易巧"。

社会上之习惯，杀许多之善人。文学上之习惯，杀许多之天才。昔人论诗词，有景语、情语之别。不知一切景语，皆情语也。

词家多以景寓情。其专作情语而绝妙者，如牛峤之"甘作一生拼，尽君今日欢"，顾敻之"换我心为你心，始知相忆深"，欧阳修之"衣带渐宽终不悔，为伊消得人憔悴"，美成之"许多烦恼，只为当时，一晌留情"，此等词求之古今人词中，曾不多见。

词之为体，要眇宜修。能言诗之所不能言，而不能尽言诗之所能言。诗之境阔，词之言长。

言气质，言神韵，不如言境界。有境界，本也。气质、神韵，末也。有境界而二者随之矣。

"西风吹渭水，落日满长安。"美成以之入词，白仁甫以之入曲，此借古人之境界为我之境界者也。然非自有境界，古人亦不为我用。

长调自以周、柳、苏、辛为最工。美成《浪淘沙慢》二词，精壮顿挫，已开北曲之先声。若屯田之《八声甘州》、东坡之《水调歌头》，则伫兴之作，格高千古，不能以常调论也。

稼轩《贺新郎》词《送茂嘉十二弟》，章法绝妙，且语语有境界，此能品而几于神者。然非有意为之，故后人不能学也。

稼轩《贺新郎》词："柳暗凌波路。送春归、猛风暴雨，一番新绿。"又《定风波》词："从此酒酣明月夜。耳热。""绿"、"热"二字，皆作上、去用。与韩玉《东浦词·贺新郎》以"玉"、"曲"叶"注"、"女",《卜算子》以"夜"、"谢"叶"食"、"月",已开北曲四声通押之祖。

谭复堂《箧中词选》谓:蒋鹿潭《水云楼词》"与成容若、项莲生,三百年间分鼎三足"。然《水云楼词》,小令颇有境界,长调唯存气格。《忆云词》精实有余,超逸不足,皆不足与容若比。然视皋文、止庵辈,则偶乎远矣。

词家时代之说,盛于国初。竹垞谓词至北宋而大,至南宋而深。后此词人,群奉其说。然其中亦非无具眼者。周保绪曰:"南宋下不犯北宋拙率之病,高不到北宋浑涵之诣。"又曰:"北宋词多就景叙情,故珠圆玉润,四照玲珑。至稼轩、白石,一变而为即事叙景,使深者反浅,曲者反直。"潘四农德舆。曰:"词滥觞于唐,畅于五代,而意格之闳深曲挚,则莫盛于北宋。词之有北宋,犹诗之有盛唐。至南宋则稍衰矣。"刘融斋熙载。曰:"北宋词用密亦疏,用隐亦亮,用沈亦快,用细亦阔,用精亦浑。南宋只是掉转过来。"可知此事自有公论。虽止弇词颇浅薄,潘、刘尤甚,然甚推尊北宋,则与明季云间诸公,同一卓识也。

唐、五代、北宋之词,可谓"生香真色"。若云间诸公,则彩花耳。湘真且然,况其次也者乎?

《衍波词》之佳者,颇似贺方回。虽不及容若,要在浙中诸子之上。近人词,如复堂词之深婉,疆村词之隐秀,皆在半塘老人上。疆村学梦窗,而情味较梦窗反胜。盖有临川、庐陵之高华,而济以白石之疏越者。学人之词,斯为极则。然古人自然神妙处,尚未见及。

宋尚木《蝶恋花》"新样罗衣浑弃却,犹寻旧日春衫著",谭复堂《蝶恋花》"连理枝头侬与汝,千花百草从渠许",可谓寄兴深微。

《半唐丁稿》中和冯正中《鹊踏枝》十阕,乃鹜翁词之最精者。"望远愁多休纵目"等阕,郁伊惝恍,令人不能为怀。定稿只存六阕,殊未为允也。

固哉,皋文之为词也!飞卿善《菩萨蛮》,永叔《蝶恋花》,子瞻《卜算子》,皆兴到之作,有何命意?皆被皋文深文罗织。阮亭《花草蒙抬》谓:"坡公命宫磨蝎,生前为王珪、舒亶辈所苦,身后又硬受此差排。"由今观之,受差排者,独一坡公已耶?

贺黄公谓:"姜论史词,不称其'软语商量',而称其'柳昏花暝',固知不免项羽学兵法之恨。"然"柳昏花暝",自是欧、秦辈句法,前后有画工、化工之殊。吾从白石，不能附和黄公矣。

"池塘春草谢家春，万古千秋五字新。传语闭门陈正字，可怜无补费精神。"此遗山《论诗绝句》也。梦窗、玉田辈当不乐闻此语。

朱子《清邃阁论诗》谓："古人有句，令人诗更无句，只是一直说将去。这般一日作百首也得。"余谓北宋之词有句，南宋以后便无句。如玉田、草窗之词，所谓"一日作百首也得"者也。

朱子谓："梅圣俞诗，不是平淡，乃是枯槁。"余谓草窗、玉田之词亦然。

"自怜诗酒瘦，难应接，许多春色。""能几番游？看花又是明年。"此等语亦算警句耶？乃值如许笔力。

文文山词风骨甚高，亦有境界，远在圣与、叔夏、公谨诸公之上。亦如明初诚意伯词，非季迪、孟载诸人所敢望也。

和凝《长命女》词："天欲晓。宫漏穿花声缭绕，窗里星光少。冷霞寒侵帐额，残月光沉树杪。梦断锦闱空悄悄。强起愁眉小。"此词前半，不减夏英公《喜迁莺》也。

宋《李希声诗话》曰："唐人作诗，正以风调高古为主。虽意远语疏，皆为佳作。后人有切近的当、气格凡下者，终使人可憎。"余谓北宋词亦不妨疏远。若梅溪以降，正所谓"切近的当、气格凡下"者也。

自竹垞痛贬《草堂诗馀》，而推《绝妙好词》，后人群附和之。不知《草堂》虽有褰诨之作，然佳词恒得十之六七。《绝妙好词》则除张、范、辛、刘诸家外，十之八九皆极无聊赖之词。古人云："小好小惭，大好大惭。"洵非虚语。

梅溪、梦窗、玉田、草窗、西麓诸家，词虽不同，然同失之肤浅。虽时代使然，亦其才分有限也。近人弃周鼎而宝康瓠，实难索解。

余友沈昕伯纮。自巴黎寄余《蝶恋花》一阕云："帘外东风随燕到。春色东来，循我来时道。一霎围场生绿草，归迟却怨春来早。锦绣一城春水绕。庭院笙歌，行乐多年少。著意来开孤客抱，不知名字闲花鸟。"此词当在晏氏父子间，南宋人不能道也。

"君王枉把平陈业，换得雷塘数亩田"，政治家之言也。"长陵亦是闲邱陇，异日谁知与仲多"，诗人之言也。政治家之眼，域于一人一事。诗人之眼，则通古今而观之。词人观物，须用诗人之眼，不可用政治家之眼。故感事、怀古等作，当与寿词同为词家所禁也。

宋人小说，多不足信。如《雪舟脞语》谓：台州知府唐仲友眷官伎岩蕊奴，朱晦庵系治之。及晦庵移去，提刑岳霖行部至台，蕊乞自便。岳问曰："去将安归?"蕊赋《卜算子》词云"住也如何住"云云。案：此词系仲友戚高宣教作，使蕊歌以侑觞者，见朱子《纠唐仲友奏牍》，则《齐东野语》所纪朱、唐公案，恐亦未可信也。

《沧浪》、《凤兮》二歌，已开楚辞体格。然楚辞之最工者，推屈原、宋玉，而后此之王褒、刘向之词不与焉。五古之最工者，实推阮嗣宗、左太冲、郭景纯、陶渊明，而前此曹、刘，后此陈子昂、李太白不与焉。词之最工者，实推后主、正中、永叔、少游、美成，而后此南宋诸公不与焉。

唐、五代之词，有句而无篇。南宋名家之词，有篇而无句。有篇有句，唯李后主降宋后之作，及永叔、子瞻、少游、美成、稼轩数人而已。

读《会真记》者，恶张生之薄幸，而恕其奸非。读《水浒传》者，恕宋江之横暴，而责其深险。此人人之所同也。故艳词可作，唯万不可作僻薄语。龚定庵诗云："偶赋凌云偶倦飞，偶然闲慕遂初衣。偶逢锦瑟佳人问，便说寻春为汝归。"其人之凉薄无行，跃然纸墨间。余辈读耆卿、伯可词，亦有此感。视永叔、希文小词何如耶？词人之忠实，不独对人事宜然。即对一草一木，亦须有忠实之意，否则所谓游词也。

读《花间》、《尊前集》，令人回想徐陵《玉台新咏》。读《草堂诗馀》，令人回想韦縠《才调集》。读朱竹垞《词综》，张皋文、董晋卿《词选》，令人回想沈德潜《三朝诗别裁集》。

明季国初诸老之论词，大似袁简斋之论诗，其失也纤小而轻薄。竹垞以降之论词者，大似沈归愚，其失也枯槁而庸陋。

东坡之旷在神，白石之旷在貌。白石如王衍口不言阿堵物，而暗中为营三窟之计，此其所以可鄙也。

蕙风词，小令似叔原，长调亦在清真、梅溪间，而沉痛过之。疆村虽富丽精工，犹逊其真挚也。天以百凶成就一词人，果何为哉！

蕙风《洞仙歌·秋日游某氏园》及《苏武慢·寒夜闻角》二阕，境似清真。集中他作，不能过之。

疆村词，余最赏其《浣溪沙·独鸟冲波去意闲》二阕。笔力峭拔，非他词可能过之。

蕙风听歌诸作，自以《满路花》为最佳。至《题香南雅集图》诸词，殊觉泛泛，无一言道著。

王国维学术年谱*

  王国维初名国桢，字静安，一字伯隅。初号礼堂，晚号观堂，又号永观。王氏先世籍今开封，及靖康之难，举家南渡，侨寓海宁。先生曾祖瀚，国学生。祖嗣旦，国学生。父乃誉，字与言，号莼斋，后弃儒行商，著《游月录》十卷，《娱庐诗集》二卷。母凌孺人。

光绪三年丁丑（1877）　一岁
  十月二十九日，先生生于浙江海宁州城双仁巷之私第。

光绪九年癸未（1883）　七岁
  是年，先生始入私塾，每自塾归，则泛览箧藏经部之外诸书。（《自序》，见《静庵文集续编》）

光绪二十四年戊戌（1898）　二十二岁
  五月，先生肄业罗振玉东文学社，始与罗振玉订交。

光绪二十五年己亥（1899）　二十三岁
  是年，先生从日人田冈佐代治读西洋文。

光绪二十七年辛丑（1901）　二十五岁
  夏，罗振玉于上海创办《教育世界》杂志，邀先生任主编。

----

  * 本年谱参考赵万里《王静安先生年谱》，袁英光、刘寅生《王国维年谱长编》等论著而成。

光绪二十八年壬寅（1902） 二十六岁

是年，先生始治西洋哲学。罗振玉助刘鹗校印《铁云藏龟》，先生获见殷墟书契，即始于此。

光绪三十年甲辰（1904） 二十八岁

秋，罗振玉任江苏师范学校监督，延先生至，主讲心理、论（伦）理、社会诸学。时日人藤田丰八亦在苏，先生暇时从藤田丰八问学，兼攻叔本华之哲学。

光绪三十一年乙巳（1905） 二十九岁

八月，先生《静安文集》、《静安诗稿》付印。

光绪三十三年丁未（1907） 三十一岁

十月，先生集此一年间所填词，计四十三阕，署曰《人间词乙稿》，刊于《教育世界》第一六一号。

是年，先生疲于西洋哲学有日，嗜好渐由哲学移入文学。

光绪三十四年戊申（1908） 三十二岁

三月，先生携眷抵京，寓居宣武门内新帘子胡同。

六月，先生据《花间集》、《尊前集》及《历代诗余》、《全唐诗》等书，辑成《唐五代二十家词》。

七月，先生于书肆获焦循旧藏《词林万选》，跋之（《观堂别集》卷三）。是月，先生《词录》稿成，序之。

八月，先生草《曲录》初稿成。（《〈曲录〉自序》，见《观堂别集》卷四）

冬，先生成《〈曲品新传奇〉跋》（见《观堂别集》卷三）。

宣统元年己酉（1909） 三十三岁

正月初三日，先生成《罗懋登注〈拜月亭〉跋》（见《观堂别集》卷三）。

闰二月，先生以鲍刻《蜕岩词》校所藏乾隆间旧抄本，并为之跋（《观堂别集》卷三）。

三月，先生过录厉鄂手抄宋元四家词，陈克《赤城词》即其一也。

先生校《南唐二主词》，跋之（《观堂别集》卷三）。

夏，先生修订《曲录》，析为六卷。而《戏曲考源》亦成于此时，并刊入《晨风阁丛书》。

四月，先生跋刘履芬《鸥梦词》手稿一卷（《观堂别集》卷三）。

十月，先生《宋大曲考》、《优语录》、《曲调源流表》、《戏曲源流》、《录曲余谈》稿成，唯《曲调源流表》不知所归，余四种并邮示邓实，于《国粹学报》刊之。先生撰《〈雍熙乐府〉跋》（见《观堂别集》卷三）。

十一月，藤田丰八邮示英国《地理学杂志》，中有英人斯坦因中亚细亚探险演说，先生译其文入《敦煌石室遗书》附录刊行。（《中亚细亚探险谈》，见《观堂译稿》）

十二月二十九日，先生以明季精抄本《录鬼簿》校《楝亭》本一过。（《新编录鬼簿校注》）

冬，先生于书肆获明沈泰《盛明杂剧初集》三十卷，跋之。（《庚辛之间读书记》）

宣统二年庚戌（1910）　三十四岁

二月，先生获睹明臧懋循合刻《元曲选》，遂评点全书一过，略以《雍熙乐府》校之，未竟。（《〈元曲选〉跋》，见《观堂别集》卷三）

八月，先生撰《〈续墨客挥犀〉跋》，断是书非彭乘所撰，乃两宋间人采辑诸书而成。（《庚辛之间读书记》）是月，先生影抄缪荃孙所藏尤贞起手抄本《录鬼簿》，知《楝亭》本从此本出而易其行款，非佳刻。（《新编录鬼簿校注》）

九月，先生《人间词话》此前先后刊于《国粹学报》第四十七期至第五十期，至是结集为一卷。

十一月，先生《清真先生遗事》一卷稿成，《古剧脚色考》亦属草于此时。

宣统三年辛亥（1911）　三十五岁

春，先生成《隋唐兵符图录附说》。

正月，先生撰《〈国学丛刊〉序》，倡言"学无新旧也，无中西也，无有用无用也"（《观堂别集》卷四）。

二月，先生以日人近卫家熙所校《大唐六典》，临于所藏明正德本

覆刻宋本上，至三月二十九日校毕，跋之。(《庚辛之间读书记》)

九月，日人藤田丰八、内藤湖南、富冈益太郎诸教授移书罗振玉浮海东渡，且为之卜宅京都，罗振玉与先生乃携眷避居扶桑。(《定居京都奉答铃山豹轩枉赠之作并柬君山湖南君执诸君子》，见《观堂别集》卷四)

是年，先生庚子、辛亥间所作跋文结集为《庚辛之间读书记》。

民国元年壬子（1912） 三十六岁

二月，先生赋得《颐和园词》，罗振玉颂而激赏之，为手写付石印。先生诗文原与放翁体略近，至是乃好唐音。

夏，先生于董康诵芬室获见嘉靖刻本《双溪文集》残本，所幸所附词尚全，假归令其子潜明影写之，并跋之。(《〈双溪诗余〉跋》，见《观堂别集》卷三)

九月，先生《简牍检署考》四易写定。

十月，先生以历年所获宋元戏曲诸史料，以三月之力，写为十六章，署曰《宋元戏曲史》。是书成，先生不复致力于斯艺。

是年，先生自以所学根柢未深，质之罗振玉治经之途，罗振玉晓之以乾嘉学者研经之法，先生闻之懼然，以往昔所学未醇，取箧中《静庵文集》百余册尽烧之，日以圈点《十三经注疏》为课。

民国二年癸丑（1913） 三十七岁

正月，隆裕太后薨，先生赋诗挽之。(《隆裕皇太后挽歌辞》，见《观堂集林》卷第二十四)

三月，先生成《明堂庙寝通考》(见《观堂集林》卷第三)。

五月，先生观罗振玉所藏敦煌写本《春秋后语》有背记，跋之。(《唐写本〈春秋后语〉背记跋》，见《观堂集林》卷第二十一)

七月，先生获见敦煌写本《兔园册府》残卷仅存序文，为跋述其源流。(《唐写本〈兔园册府〉残卷跋》，见《观堂集林》卷第二十一)

冬，先生草《布帛通考》，后更名曰《释币》，凡二卷。英人斯坦因所获汉晋简牍，法人沙畹为之考释成书，以手校本邮示罗振玉，罗乃与先生重加编订，《流沙坠简》始属稿。

是年，先生成《秦郡考》、《汉郡考》(均见《观堂集林》卷第十二)、《秦阳陵虎符跋》(见《观堂集林》卷第十八)、《书〈旧宫人诗词〉、〈湖山类稿〉、〈水云集〉后》（见《观堂集林》卷第二十一）诸文。

民国三年甲寅（1914）　　三十八岁

正月，《流沙坠简》稿本初具，先生撰序文详述西域史地。（《〈流沙坠简〉序》，见《观堂集林》卷第十七）

五月，先生《宋代金文著录表》告成，序之。（《〈宋代金文著录表〉序》，见《观堂集林》卷第六）

十二月，罗振玉《殷虚书契考释》竟，先生为之撰前序及后序（《观堂集林》卷第二十三）。

是年，先生成《邸阁考》（见《观堂别集》卷一）。

民国四年乙卯（1915）　　三十九岁

正月，先生写《殷虚书契》十二卷释文，竟。先生又成《〈洛诰〉笺》（即《观堂集林》卷第一所收《〈洛诰〉解》）。

二月初，先生《古代外族考》脱稿（后更名《鬼方昆夷猃狁考》，见《观堂集林》卷第十三）。

二月二十九日，先生返国居沪，因罗振玉之介，访沈曾植于寓所，稽求音韵、训诂之学。（《〈尔雅草木虫鱼鸟兽释例〉自序》，见《观堂别集》卷四）

三月，先生成《不𣪘敦盖铭考释》（见《观堂古金文考释》）。

四月，先生赴日本，成《三代地理小记》（后析为《说自契至于成汤八迁》、《说商》、《说亳》、《说耿》、《说殷》、《秦都邑考》，均见《观堂集林》卷第十二）。

七月，先生成《袴褶服考》（后更名《胡服考》，见《观堂集林》卷第二十二）。

九月，先生成《〈元刊杂剧三十种〉序录》（见《观堂别集》卷三）、《古礼器略说》（后析为《说珏》、《说觥》、《说盉》、《说彝》、《说俎上》、《说俎下》，均见《观堂集林》卷第三）。

十月，先生与林泰铺书，就殷、周间祼祭之疑相与切劘。（《与林浩卿博士论〈洛诰〉书》，见《观堂集林》卷第一）

十一月，先生成《生霸死霸考》（见《观堂集林》卷第一），据钟鼎铭文，谓殷、周以初吉、既生霸、既望、既死霸分一月为四。

十二月，先生复就殷、周祼礼，复书林泰铺，问难切磋。（《再与林

博士论〈洛诰〉书》，见《观堂集林》卷第一）

是年，先生成《〈宣和博古图〉跋》（后改名《书〈宣和博古图〉后》，见《观堂集林》卷第十八）、《浙江考》、《汉会稽东部都尉治所考》、《后汉会稽郡东郡候官考》（均见《观堂集林》卷第十二）。

民国五年丙辰（1916）　四十岁

正月，先生自日本返国，任英籍犹太人哈同《学术杂志》学术编辑之职。哈氏藏书雄厚，《四库全书》亦有抄本，先生悠游读书，耽于著述。（吴其昌《王国维先生及其学说》）

正月十七日，先生闻沈曾植藏《江氏音学十书》，假归读之，并取其《序录》、《谐声表》、《入声表》、《唐韵四声正》四种，先后刊入《学术丛编》。（《〈江氏音学十书〉跋》，见《观堂集林》卷第八）

正月二十六日，先生撰《〈周书·顾命〉考》，至三十日毕。（《丙辰日记》）

二月初七日，《〈史籀篇〉疏证》稿成。（《丙辰日记》）

二月十四日，先生撰《〈流沙坠简考释〉补正》，至十六日毕。（《丙辰日记》）是月，先生又为《〈史籀篇〉疏证》撰序弁其首（《观堂集林》卷第五）。

二月二十八日至三十日，先生成《殷礼征文》。（《丙辰日记》）

三月，先生获见柯劭忞所藏《大元马政记》，跋之（《观堂别集》卷三）。是月，先生又成《乐诗考略》（《丙辰日记》）、《〈书〉"作册"、〈诗〉"尹氏"说》（见《观堂别集》卷一）、《释史》（见《观堂集林》卷第六）等文。

四月，先生重为考释毛公鼎铭文，稿成而序之。（《〈毛公鼎考释〉序》，见《观堂集林》卷第六；《毛公鼎考释》，见《观堂古金文考释》）

春、夏间，先生成《释乐次》、《周〈大武〉乐章考》、《说〈勺〉舞、〈象〉舞》、《说〈周颂〉》、《说〈商颂〉上》、《说〈商颂〉下》、《汉以后所传周乐考》（均见《观堂集林》卷第二）。

五月，先生获见刘履芬手抄拜经楼旧藏元《秘书监志》十一卷，跋之（《观堂别集》卷三）。

八月，先生撰《魏石经考》（见《观堂集林》卷第二十）。

九月，先生获见范氏天一阁所藏明抄本《随志》二卷，跋之（《观堂别集》卷三）。先生又成《〈周书·顾命〉后考》（见《观堂集林》卷第一）、《书绩溪胡氏〈两京博士考〉、昭文张氏〈两汉博士考〉后》二文（均见《观堂集林》卷第二十一）。

十月，先生成《战国时秦用籀文六国用古文说》、《〈史记〉所谓古文说》、《〈汉书〉所谓古文说》、《〈说文〉所谓古文说》、《〈说文〉今叙篆文合以古籀说》、《汉时古文本诸经传考》、《汉时古文诸经有转写本说》、《两汉古文学家多小学家说》、《科斗文字说》（均见《观堂集林》卷第七）。

十一月，先生《尔雅草木虫鱼鸟兽》稿本初成，序之。（《〈尔雅草木虫鱼鸟兽释例〉自序》，见《观堂别集》卷四）

民国六年丁巳（1917） 四十一岁

二月，先生据《铁云藏龟》、《殷虚书契前编》、《殷虚书契后编》稽求殷、周先公先王，考得夒、相土、季、王亥、王恒、上甲、报乙、报丙、报丁等十三位，成《殷卜辞中所见先公先王考》（见《观堂集林》卷第九）。适罗振玉索稿甚急，即以稿本寄示。

闰二月下旬，先生获见哈同《戩寿堂所藏殷虚文字》拓本及罗振玉新拓之书契文字，复更为考其中之殷、周先公先王，成《殷卜辞中所见先公先王续考》（见《观堂集林》卷第九）。

三月，先生病朱右曾所辑古本《竹书纪年》尚未详备，乃取所校注者补正之，成《古本〈竹书纪年〉辑校》一卷。（《〈古本《竹书纪年》辑校〉自序》，见《观堂别集》卷四）

四月，先生取法惠栋《古文尚书考》，辨明今本《竹书纪年》之史料来源，成《今本〈竹书纪年〉疏证》。（《〈今本《竹书纪年》疏证〉自序》，见《观堂别集》卷四）

六月，先生撰《〈唐韵〉别考》成。

秋，先生成《书〈毛诗故训传〉后》（见《观堂别集》卷一）、《书〈春秋公羊传解诂〉后》、《书〈论语〉郑氏注残卷后》（均见《观堂集林》卷第四）、《商三句兵跋》、《铸公簠跋》、《楚公钟跋》、《记新莽四虎符》、《南粤黄肠木刻字跋》（均见《观堂集林》卷第十八）、《唐尺跋》（后更名《日本奈良正仓院藏六唐尺摹本跋》）、《王复斋钟鼎款识中晋前尺跋》（均见《观堂集林》卷第十九）。

七月二十三日，先生撰成《殷周制度论》（见《观堂集林》卷第十）。

八月，先生据所见两周金文石刻，稽其韵部，稿本初具，与王、江两家部目无乎不合，亦信古韵至王、江，遂令后世无可增损。(《〈两周金石文韵读〉序》，见《两周金石文韵部》卷首) 先生撰成《韵学余说》、《〈宋史·忠义传〉王仓禀补传》(后更名《补家谱忠状公传》，见《观堂集林》卷第二十三)。

是月，先生获见罗振玉所得王念孙、引之父子《广雅疏证补正》稿本，督促罗振玉重印黄刊本。(《〈广雅疏证补正〉跋》，见《殷礼在斯堂丛书》)

九月，先生据是年所获嘉庆、道光间刻本《江氏音学十书》，略议清儒古韵之分合及流变。(《〈江氏音学十书〉跋》，见《观堂集林》卷第八)

十月，先生汇集此数年间所为文，计五十七篇，凡二卷，署《永观堂海内外杂文》。

十二月，先生成《明黄勉之刻〈楚辞章句〉跋》(见《观堂别集》卷三)。

是年，先生成《新莽一斤十二两铜权跋》(见《观堂别集》卷二)、《刘平国治□谷关诵跋》、《魏毋邱俭丸都山纪功石刻跋》(均见《观堂集林》卷第二十)。

民国七年戊午 (1918)　四十二岁

正月，徐乃昌以所刊《积学斋丛书》寄赠先生，并以《随庵勘书图》属题，先生报书致谢，并为题三诗。(《题徐积余观察〈随庵勘书图〉》，见《观堂别集》卷四)

五月，先生撰成《唐写本〈唐韵〉残卷校记》及《〈唐韵〉佚文》。

是年，先生于仓圣明智大学讲授经学，编《经学讲义》。(罗继祖《观堂书札三跋》，见《王国维学术研究论文集》第二辑) 先生撰《女字说》(见《观堂集林》卷第三)、《书〈尔雅〉郭注后》(见《观堂集林》卷第五)、《邵钟跋》(见《观堂集林》卷第十八)、《释宥》(见《观堂别集》卷一)。

民国八年己未 (1919)　四十三岁

正月，先生写《殷虚书契前编》上卷释文，成《齐侯壶跋》(见《观堂别集》卷二)。

六月，先生撰《〈音学五书〉跋》（见《观堂别集》卷三）。

秋，先生撰《西域井渠考》（见《观堂集林》卷第十三）、《唐李慈艺授勋告身跋》（见《观堂集林》卷第十七）、《北伯鼎跋》（见《观堂集林》卷第十八）、《于阗公主供养地藏菩萨画象跋》、《曹夫人绘观音菩萨象跋》（均见《观堂集林》卷第二十）等文。

七月，先生获见狩野直喜所录不列颠博物馆藏敦煌唐写本文书，因草《敦煌石室碎金跋尾》（《唐写本残职官书跋》、《唐写本〈食疗本草〉残卷跋》、《唐写本〈灵棋经〉残卷跋》、《唐写本失名残书跋》、《唐写本〈大云经疏〉跋》、《唐写本〈老子化胡经〉残卷跋》、《唐写本韦庄〈秦妇吟〉跋》、《唐写本〈云谣集杂曲子〉跋》、《唐写本残小说跋》、《唐写本敦煌县户籍跋》、《宋初写本敦煌县户籍跋》，均见《观堂集林》卷第二十一）、《摩尼教流行中国考》（见《观堂别集》卷一）），并迻译伯希和《近日东方古言语学及史学上之发明与其结论》一文（见《观堂译稿》）。

闰七月，先生成《西胡考》、《西胡续考》（均见《观堂集林》卷第十三）。

八月，先生成《虢仲簋跋》（见《观堂别集》卷二）。

九月，先生成《高昌宁朔将军麹斌造寺碑跋》、《书虞道园〈高昌王世勋碑〉后》（均见《观堂集林》卷第二十）。

十一月，先生成《九姓回鹘可汗碑跋》（见《观堂集林》卷第二十）。

是年，先生成《西域杂考》（见《观堂别集》卷一）、《秉中丁卣跋》（见《观堂别集》卷二）、《〈元丰九域志〉跋》、《唐写本〈字宝〉残卷跋》（均见《观堂别集》卷三）等文。

民国九年庚申（1920） 四十四岁

春，先生成《天宝〈韵英〉、陈廷坚〈韵英〉、张戬〈考声切韵〉、武玄之〈韵铨〉分部考》（见《观堂集林》卷第八）。

三月初九日，先生撰《顾刻〈广韵〉跋》（见《观堂别集》卷三）。

夏，先生成《覆五代刊本〈尔雅〉跋》、《宋刊本〈尔雅疏〉跋》、《宋越州本〈礼记正义〉跋》、《旧刊本〈毛诗注疏〉残页跋》（均见《观堂集林》卷第二十一）。

五月，先生成《〈涧上草堂会合诗卷〉跋》（见《观堂别集》卷三）。

八月，先生成《残宋本〈三国志〉跋》（见《观堂集林》卷第二十一）。

冬，先生成《散氏盘跋》、《克钟克鼎跋》（均见《观堂集林》卷第十八）。

是年，先生成《释媵》、《释牌》（均见《观堂集林》卷第六）、《书金王文郁〈新刊韵略〉、张天锡〈草书韵会〉后》（均见《观堂集林》卷第八）、《秦新郪虎符跋》（见《观堂集林》卷第十八）、《〈诗·齐风〉"岂弟"释义》（见《观堂别集》卷一）、《杨绍荄跋》、《与友人论石鼓书》（均见《观堂别集》卷二）等文。

民国十年辛酉（1921）　四十五岁

春，先生应姚虞琴之请，为查慎行《敬业堂文集》撰序（《观堂集林》卷第二十三），冠其首。先生成《与友人论〈诗〉、〈书〉中成语书》（见《观堂集林》卷第二）、《小盂鼎跋》（见《观堂别集》卷二）。

夏，先生获见段玉裁手札，付装并跋之。（《〈段懋堂手迹〉跋》，见《观堂别集》卷三）

四月十五日，先生取平生著述，撷其精粹，编为《观堂集林》，弃三十五岁以前之作，所赋诗词亦不存一字。

十一月初十日，先生获见蒋汝藻所藏唐写本《唐韵》，跋之。（《书吴县蒋氏藏唐写本〈广韵〉后》，见《观堂集林》卷第八）是月，先生获见蒋汝藻所藏《明太傅朱文恪公手定〈册立光宗仪注稿卷〉》，跋之（《观堂别集》卷三）。罗振玉以宋赵不汃墓志拓本见贻，先生谓此志有补于其家谱，跋之。（《宋赵不汃墓志跋》，见《观堂别集》卷二）

十二月十一日，先生撰《宋刊〈后汉书·郡国志〉残叶跋》（见《观堂别集》卷三）。

十二月二十四日，先生成《宋韶州木造象刻字跋》（见《观堂别集》卷二）。

民国十一年壬戌（1922）　四十六岁

春，北京大学研究所成立，校长蔡元培兼所长，沈兼士兼主任，函聘先生为通讯导师，强之乃就。

二月，罗振玉于京师书肆中获见内阁大库档案遗物，寻其迹，乃知将造还魂纸，亟以三倍其价购之，移贮彰义门之善果堂。是月，《两浙古刊本考》稿本初具，先生撰《〈两浙古刊本考〉序》述之。

二、三月间，先生于蒋氏传书堂见《永乐大典》四册全载《水经注》河水至丹水二十卷，先生据之校武英殿聚珍本。

春、夏间，先生成《匈奴相邦印跋》（见《观堂集林》卷第十八）、《日本奈良正仓院藏六唐尺摹本跋》、《宋巨鹿故城所出三木尺拓本跋》、《宋三司布帛尺摹本跋》（均见《观堂集林》卷第十九）、《显德刊本〈宝箧印陀罗尼经〉跋》、《元刊本〈资治通鉴音注〉跋》、《元刊本西夏文〈华严经〉残卷跋》（均见《观堂集林》卷第二十一）。

四月二十日，先生撰《宋抚州本〈周易〉跋》（见《观堂别集》卷三）。

六月，先生为蒋汝藻撰《传书堂记》（见《观堂集林》卷第二十三）。

七月，先生撰《库书楼记》（见《观堂集林》卷第二十三），述内阁大库档案之源流。

冬，先生获见吴兴天宁寺所出五代刻《宝箧印陀罗经》，跋之（《观堂别集》卷三）。

十一月，先生提出研究问题四题目，寄示北京大学研究所主任沈兼士。

十二月，先生成《弜父丁角跋》（见《观堂别集》卷二）。

是年，先生成《梁虞思美造象跋》、《明拓石鼓文跋》、《书某氏所藏金石墨本后》（均见《观堂别集》卷二）、《宋刊〈分类集注杜工部诗〉跋》、《〈乾隆诸贤送曾南邨守郴州诗卷〉跋》（均见《观堂别集》卷三）等文。

民国十二年癸亥（1923） 四十七岁

元月，先生成《五代监本考》，此文与其译稿《近日东方古言语学及史学上之发明与其结论》并刊于北京大学《国学季刊》第一卷第一号。

二月，先生《高邮王怀祖先生训诂音韵书稿序录》稿成。

三月，先生代蒋汝藻编《传书堂藏书志》稿成，不分卷。

夏，先生赴津，假归罗振玉新购王念孙《释大》、《方言疏证》稿，手自录副藏之。先生既获见王念孙未定稿《谐声谱》，乃重草《说文谐声谱》一卷，以补王氏之阙，至岁终始写定。

八月，先生眷属来京，赁宅于地安门内织染局。先生撰《秦公敦跋》（见《观堂集林》卷第十八）、《古磬跋》（《观堂别集》卷二）。

冬，先生成《"肃霜"、"涤场"说》（见《观堂集林》卷第一）。

十、十一月间，先生以朱谋玮《水经注笺》校戴本一过，以全祖望七校本校戴本一过，始知戴震所改定经注，大半朱、全二氏已先为之矣。先生又假傅增湘藏宋刻残本及孙潜夫校宋刻残本校朱本。

十二月二十七日，先生获见罗振玉所得元结砚，跋之。（《元次山砚跋》，见《观堂别集》卷二）

民国十三年甲子（1924）　　四十八岁

正月，先生《韦庄的〈秦妇吟〉》、《书式〈古堂书画汇考〉所录〈唐韵〉后》刊于《国学季刊》第一卷第四号。

二月初三日，先生成《甘陵相碑跋》（见《观堂别集》卷二）。是月，先生成《明抄本〈水经注〉跋》、《聚珍本戴校〈水经注〉跋》（均见《观堂集林》卷第十二）、《古瓦灶跋》（《观堂别集》卷二）。

三月二十八日，先生撰《〈明内阁藏书目录〉跋》（见《观堂别集》卷三）。

五月，先生撰《攻吴王大差鉴跋》（见《观堂集林》卷第十八）。

秋，清华学校当局拟创办研究院，欲聘海内名宿为院长，胡适以先生荐，主其事者亲往致辞，先生以时变方亟，婉辞谢之。

七月，先生获见西安府学所藏伪齐阜昌七年岐州所刊《禹迹》、《华夷》二图，先生跋之（《观堂别集》卷三）。

十二月，清华学校校长曹云祥拟聘先生为研究院主任，担任国学研究事务，约以三年为期，自明年正月始。

是年，先生成《高宗肜日说》、《陈宝说》、《〈书·顾命〉"同瑁"说》（均见《观堂集林》卷第一）、《释天》（见《观堂集林》卷第六）、《周荟京考》（见《观堂集林》卷第十二）、《遹敦跋》、《王子婴次庐跋》（均见《观堂集林》卷第十八）、《以五介彰施于五色说》（见《观堂别集》卷一）、《羌伯敦跋》、《古画砖跋》、《沈司马石阙朱鸟象跋》（均见《观堂别集》卷二）。

民国十四年乙丑（1925）　　四十九岁

正月，先生被召至日使馆，面奉逊帝溥仪谕旨命就清华国学研究院之聘。

三月，先生移居清华园西院十八号，专任教授。主其事者，改聘吴宓为主任。又聘梁启超、赵元任、陈寅恪为教授。时梁、赵、陈均未在校，一切规划均请示先生而后定。

春，先生拟治西北史地及元史学。四月，先生从《通典》内抄出杜环《经行记》，而以《太平御览》所引者校之。又从《五代史》抄出高居诲《使于阗记》，从《宋史·外国传》抄出王延德《使高昌记》，并以王明清《挥麈前录》所引校之。又从《吴船录》抄出继业《三藏行记》，从《庶斋老学丛谈》抄出耶律文正《西游录》，从陶九成《游志续编》抄出刘祁《北使记》，又从明刊《秋涧大全文集》卷九四《玉堂嘉话》中抄出刘郁《西使记》，并以四库本校之。共得古行记七种，装为一册，以备参考。

闰四月，先生又从陶宗仪《南村辍耕录》补录《长春真人西游记》相关诏书及表二篇，时有所见，疏于眉端。

五月，先生断《李贺歌诗编》乃蒙古宪宗六年所刊，非金刊本，跋之（《观堂别集》卷三）。

六月，先生为清华学校暑期学校演讲《中国近二三十年来新发见之学问》。

七月，先生草《耶律文正公年谱》、《〈长春真人西游记〉校注》稿粗成。

八月开学，先生任经史小学导师并为诸生讲演《古史新证》。

九月，先生草《〈元朝秘史〉地名索引》成。

冬，先生撰《月氏未西徙大夏时故地考》（见《观堂别集》卷一）。

十月，先生据《元秘史》、《元史》等书校释《蒙古源流》一过，是月十五日，跋之（《观堂集林》卷第十六）。先生撰《鞑靼考》（见《观堂集林》卷第十四）、《鄂侯敦方鼎跋》（见《观堂别集》卷二）成。

十一月，先生撰《辽金时蒙古考》（后更名《萌古考》，见《观堂集林》卷第十五），先生《攻吴王大差鉴跋》、《汉王保卿买地券跋》两文刊于《学衡》第四十七期。是月，先生从《秋涧大全集》卷九四《玉堂嘉话》录出张德辉《纪行》。

十二月二十日，先生撰《〈黑鞑事略〉跋》（见《观堂集林》卷第十六）。

民国十五年丙寅（1926）　五十岁

春，先生撰《盂鼎铭考释》、《克鼎铭考释》（见《观堂古金文考释》）。

四月，先生重为增订《〈长春真人西游记〉校注》，序之。（《〈〈长春真人西游记〉校注〉序》（见《观堂集林》卷第十六）

六月，先生在燕京大学讲演《中国历代之尺度》。先生撰《记现存历代尺度》（见《观堂集林》卷第十九）。

秋，先生撰《六朝人韵书分部说》、《书内府所藏王仁昫〈切韵〉后》（均见《观堂集林》卷第八）。

八月，国学研究院开学，先生每周讲授《仪礼》二小时，《说文》一小时。先生撰《新莽嘉量跋》（见《观堂集林》卷第十九）。

九月，徐楙斋集其所藏玺印，编为印谱，征序于先生，先生重申前论秦用籀文、六国用古文说序之。

十月，先生为北京历史社会学会讲演《宋代之金石学》（见《静庵文集续编》）。

十一月，先生获见刘体乾影印《孟蜀石经》宋拓本，跋之。（《蜀石经残拓本跋》，见《观堂集林》卷第二十）先生跋所见影印本内府所藏唐写本王仁昫《切韵》。（《书内府所藏王仁昫〈切韵〉后》，见《观堂集林》卷第八）

十二月十一日，先生辨《行程录》、《征蒙记》所载全与史实不合，盖南宋初伪托之作，非金人之著。（《南宋人所传蒙古史料考》，见《观堂集林》卷第十五）

民国十六年丁卯（1927）　五十一岁

正月，先生读《元朝秘史》，见所载主因之语凡四，因就史实证明之，遂草《〈元朝秘史〉之主因亦儿坚考》（见《观堂集林》卷第十六），寄示日人藤田丰八，刊入《史学杂志》。

二月，赵万里临先生《水经注》校本成，先生为之撰《〈水经注笺〉跋》（见《观堂别集》卷三）。是月，先生撰《金长城考》（后更名《金界壕考》，见《观堂集林》卷第十五）。

三月，先生获读日本《满鲜历史地理研究报告》，中有箭内亘《鞑靼考》，先生不以为然，草《黑车子室韦考》（见《观堂集林》卷第十四）。

四月初八日，先生重为改订《辽金时蒙古考》，更名《萌古考》（见《观堂集林》卷第十五）。

四月十四日，先生改订《鞑靼考》（见《观堂集林》卷第十四）。是月，先生门生杨筼如《尚书覈诂》稿成，先生序之（《观堂别集》卷四）。先生摘录《元朝秘史》眉端笺识可存者凡七则，为《蒙古札记》（见《观堂集林》卷第十六）。

五月初三日，先生自沉昆明湖，蹈水而逝，春秋五十有一，时贤哀之。

七月十七日，先生家属遵遗命葬先生于清华园东二里西柳村七间房之原。

中国近代思想家文库

贺麟卷　　　　　　　　　　　高全喜　编
陈序经卷　　　　　　　　　　　田彤　编
徐复观卷　　　　　　　　　　干春松　编
巨赞卷　　　　　　　　　　　黄夏年　编
唐君毅卷　　　　　　　　　　　单波　编
牟宗三卷　　　　　　　　　　王兴国　编
费孝通卷　　　　　　　　　　吕文浩　编

图书在版编目（CIP）数据

中国近代思想家文库. 王国维卷/彭林编. —北京：中国人民大学出版社，2014.10
　　ISBN 978-7-300-20042-2

　　Ⅰ. ①中… Ⅱ. ①彭… Ⅲ. ①思想史-研究-中国-近代②王国维（1877—1927）-思想评论 Ⅳ. ①B250.5

　　中国版本图书馆 CIP 数据核字（2014）第 215707 号

中国近代思想家文库
王国维卷
彭　林　编
Wang Guowei Juan

出版发行	中国人民大学出版社				
社　　址	北京中关村大街 31 号		**邮政编码**	100080	
电　　话	010 - 62511242（总编室）		010 - 62511770（质管部）		
	010 - 82501766（邮购部）		010 - 62514148（门市部）		
	010 - 62515195（发行公司）		010 - 62515275（盗版举报）		
网　　址	http://www.crup.com.cn				
经　　销	新华书店				
印　　刷	涿州市星河印刷有限公司				
开　　本	720 mm×1000 mm　1/16		**版　　次**	2014 年 11 月第 1 版	
印　　张	35.75 插页 1		**印　　次**	2025 年 3 月第 3 次印刷	
字　　数	564 000		**定　　价**	119.00 元	